U0124125

明史新編

傅　衣　凌　主編

楊國楨、陳支平 著

台灣版序

《明史新編》在台灣再版，深感榮幸。這本書是我們遵照業師傅衣凌教授的遺願編寫的，目的正如前言中所指出的：「一是爲了闡揚傅衣凌教授的學術思想，彙報我們近年來學習研究的心得，以期獲得學界同仁和讀者們的批評教正，提高自己的學術素養和水平；二是在目前缺乏一部完備的明朝斷代史著作的情形下，拋磚引玉，希望能有助於明史的教學和學科建設。」我們以同樣的心情，誠懇地期待著台灣學界朋友和讀者們的賜教。

明代的歷史演進與中國走向現代化過程中面臨的困惑和挑戰有諸多關聯，這是近世學者學術關懷的一個熱點。從本世紀三十年代起，傅衣凌師運用社會史和經濟史相結合的方法，發掘大量民間文獻，展示新舊事物——資本主義萌芽與奴隸制殘餘在地主經濟制下共生共存的情景，提出不少發凡起例的見解，引起學術界的論爭。晚年病魔纏身之際，他對此認真地作了反思。我們依照他的思路，提出了明代後期出現了「原始工業化」的命題。東方傳統社會和西方中世紀社會不同，資本主義作爲人類社會近代化的模式只出現在西歐，使用「資本主義萌芽」一詞容易引起概念上的爭議，但在事實上，東方傳統社會並非停滯不前的封閉社會，中國傳統的海洋發展和海上交易圈，曾爲東西方經濟交流和世界市場的形成作出重大的貢獻，如果沒有外力的影響，完全可以自發地（雖然是緩慢地）走向近代化。這樣的認識也許還存在許多的不同意見，可以討論，但我深信是有道理的。

在本書的基礎上，我思考運用另一個角度，即從中國海洋社會經濟史的視野，審查明代以來的歷史演進，鼓勵博士研究生們朝這個方向努力，目前尚在試作的過程中。我相信假以時日，一定以可對傳統看法和本書作出校正的。

學術無止境。隨著時代的變遷，觀念的更新，我們對歷史的認識就會更深入一層。倘若本書能對新成果的誕生起某種催化的作用，我們就感到十分欣慰了。抱著這一態度，我們在再版時只改正一些錯字，對論證和提法均不作更改，這是必須聲明的。

楊國楨

一九九五年三月六日北京客次

五洲大酒店燈下

前言

十四世紀中葉至十七世紀中葉，即明朝統治時期，是中國歷史發展進程的一個重要轉折。明朝是漢族地主階級建立的最後一個王朝，它把專制主義中央集權的官僚政治推到了一個新的高度，社會經濟恢復和超過宋元時代的最高水平，並從中醞釀著新舊交替的衝動。伴隨明朝的由盛而衰，社會生活的各個領域，都顯示出天崩地解的徵兆，延續幾千年的中國封建社會進入了晚期發展階段。正是在這個時期內，中世紀的歐洲發生革命性的變革，向資本主義社會轉變。早期西方殖民主義勢力與中國航海勢力在東南亞和中國東南沿海的相遇，使中國的歷史發展進程再也不能孤立於世界歷史發展之外了。這些與以前歷代王朝不同的境遇，造就了明代獨特的歷史地位和豐富多變的時代風貌。

元亡明興，專制主義中央集權制度進一步強化了。明太祖朱元璋對元末政治撥亂反正，改革中央和地方官制，提高皇權，加強對基層社會的控制；成祖朱棣靖難，進而翦除藩王對皇權的威脅，草創內閣制度，爲鞏固自己的權力中心和進取北方邊疆而遷都北京。通過這些大刀闊斧的措施，奠定了有明一代政治體制的基本格局。北元蒙古勢力退守漠北草原，雄據中西亞洲的帖木兒帝國陷於內亂紛爭，爲明朝的由亂入治提供了有利的外部環境。在元末大動亂中受到嚴重破壞的社會經濟全面恢復並有所發展，社會風俗敦本尙樸。永樂年間的綜合國力，在亞洲乃至世界，都堪稱首屈一指。周邊和海外六十餘國和明朝建立了朝貢關係，鄭和下西洋以先進的船隊和航海技術開闢亞非之間的海上交通網絡，顯示了明朝在世界上的影響力。

「仁宣之治」，君臣融洽，社會和經濟穩定，是明朝的太平之世。仁、宣二宗，繼承明初成果，缺乏雄才大略，治國從開拓轉爲守成。在任用三楊，完成從丞相制到內閣制的轉變的同時，又開啓了宦官典兵預政之門；在輕傜薄賦、休養生息的同時，明初得以恢復的小農經濟又開始遭受破壞；在消除秕政、增加國家財政的同時，又因放棄經營邊疆而種下邊患，因結束下西洋使中國航海勢力絕跡於印度洋。治平的表象，潛伏著社會的危機。

到了正統至正德年間，宦官專政，政治腐敗；經濟秩序混亂，財政拮据。韃靼、瓦剌興起，屢叩邊關，突入長城。明廷失去了定國安邊的強大實力，內外交困。農民經濟狀況惡化，大量人口向邊區、山區流動，抗爭暴動，此伏彼起。與此相反，流民、棚民開發山區、邊區，促進了湖廣區經濟地位的提升；朝貢貿易衰落，沿海勢豪、商人以至亡賴「冒禁通番」，私人海上貿易興起。政治的腐敗與經濟的發展形成新的衝突，思想文化界也出現反傳統的呼號。王陽明創立的「心學」，很快風靡學林，「厭常喜新」蔚爲風尙。

嘉靖、萬曆年間，明朝政治衰象顯現，帝王腐化，首輔柄政與宦官專權交錯更疊，朝臣中朋黨樹立；賦役紊亂，財政匱乏，邊疆、海疆頻頻告急。除了歷史上常有的北方遊牧民族南下的威脅外，又加上東方的倭寇和西方的早期殖民主義者的挑戰。與王朝的沒落相反，社會經濟向商品經濟傾斜發展，農業商品化程度提高，地主經濟和農民經濟都和市場發生更密切的聯繫，契約租佃關係發展，定額地租普遍，地權分化激烈，產生永佃權和「一田二主」。手工業區域分工與專業化有所發展，流通市場擴大，區域性商人集團活躍，工商業市鎮在江南等先進經濟區興起，農村家內工業和市鎮手工業都有一些資本主義生產關係的萌芽。中西經濟文化的交流和衝突開始，中國的海寇海商與葡萄牙、荷蘭海盜商人角逐於東西洋上。月港——呂宋——美洲間太平洋航路的接通，使中國與海外市場的聯繫更加密切。中國海外貿易順差帶來大量白銀貨幣（西班牙銀元）進口，對社會經濟生活產生一定的衝擊。市鎮居民開始顯示力量，逐利拜金、奢侈浪費形成風氣。重利忘義，恃強凌弱，貧富貴賤起落不常，上下尊卑秩序顛倒。思想文化領域形成「以情反理」、衝擊傳統的浪潮，一向爲人們所輕視的商賈、庶人、優伶等起而搖鐸講學，鼓吹藐視禮法、追求個人情性、及時行樂等異端學說紛陳，科學巨著與通俗文藝並相爭妍。社會生活的許多方面，都透出一股活潑、開朗、新鮮的時代氣息，顯露出新舊衝突變動的徵兆。

天啓、崇禎年間，明朝統治走向窮途末路。黨爭激烈，宦官魏忠賢專權，加劇了政治上的混亂局面。滿族貴族在東北建立「後金」（後改稱「大清」）政權，並南下爭雄，荷蘭、西班牙殖民者侵佔臺灣。爲對付內憂外患，明朝統治者消耗了國力，進而向民間殘酷榨取。水、旱、蝗、兵等災猶如雪上加霜，南北農民紛紛揭竿而起。明廷招架無力，節節敗退，終於被李自成領導的農民軍所推翻。在大動盪、大分化、大組合的過程中，新興的滿族貴族戰勝了農民軍，建立了清朝。南明地主勢力和以鄭成功爲代表的海上勢力也在抗爭中失敗。社會經濟積累在內亂中消耗幾盡，新舊交替的衝動爲一場改朝換代的活劇所取代了。

從傳統史學的眼光看，明朝與秦、漢、隋、唐、宋、元諸朝相比，無論典章制度建設，還是文治武功，都缺少足可誇耀的業績，甚至顯得黯然失色。明朝的皇帝除太祖、成祖外，都沒有什麼作爲。因此，明朝被視爲沒有多少特點的朝代，明史在舊史學中受到忽視，研究成果也比較少。四九年以後，明史研究進入新的發展階段。明代典籍、檔案、民間文獻和外文資料的發掘和整理，成績顯著。研究領域不斷開拓，出現許多有價值的專著和論文。特別是資本主義萌芽問題的討論，爲認識明代的歷史地位提供了一個新的視角，引起中外學者的興趣和關注，培育了新一代的明史研究者。改革、開放以來，全國人民爲振興中華，建設有中國特色的社會主義而努力拼搏，迫切需要正確了解中國的國情，正確識別和揚棄先輩們留給我們的優秀遺產和落後包袱。史學界對以往的研究狀況進行了新的反思。與近現代社會、經濟發展的進步和困惑密切相關的明清時代，自然也成了研究的熱門課題。

從比較世界史的立場來觀察，明初中國國力的鼎盛時期，正是歐洲「黑暗」的中世紀。西方透露出資本主義的曙光，和明中葉以降中國社會新舊交替的衝動幾乎同時。西方的興起，英國資產階級革命的成功，正是我國的明清之際。西方文明趕上東方文明，中國從先進到滯後，就是在這一時期內發生的。

客觀地說，明代的中國，有發展，有遲滯。西方興起所出現的新事物，在明代也有類似的出現。馬克思指出：資本主義「這一運動的『歷史必然性』明確地限於西歐各國」（《馬克思恩格斯全集》第十九卷，人民出版社一九五六年版，第四三〇頁）。明代稀疏存在的資本主義萌芽和其他新因素，儘管沒有顯現出資本主義的發展前途，但卻是一場中國式的「原始工業化」（近代工業化前的工業化），「傳統內變遷」。明代後期，經濟作物的推廣，商品性農業的成長，家庭手工業從爲本地市場轉變到爲外地以至國外市場提供產品，商人資本向手工業滲透，在生產力進步有限的情形下，商品生產在量上有很大的增長。這就是「原始工業化」的開始。作爲「原始工業化」的成果，中國的手工商品在正在形成的世界市場中具有價廉物美的競爭優勢。而大量中國手工商品的輸出，還爲西方的興起準備了條件。當時的南中國，確有一股「海洋商業文化」的氣派。

從「西化」的標準來理解中國傳統社會內的「原始工業化」和以後的「近代化」，都是值得商榷的。論者往往誇大明朝統治者海禁政策的阻礙作用。實際上，民間私人海上貿易正是突破統治者厲行的海禁政策發展起來的，而「原始工業化」正好與此同步。有明一代，如果不是從政策制訂和實施的角度，而從社會實際生活的角度看問題，明代後期比明代前期應該是更爲開放的。中國人私人出海貿易，外國人私人來華貿易，在明代前期是不可想像的，但在後期卻已成氣候，屢禁而不止了。直至明亡，鄭成功的海上勢力操中國、日本、東南亞之間海洋貿易的牛耳，收復臺灣，頂住荷蘭等西方殖民者的東進，是舉世公認的事實。明朝海禁政策對「原始工業化」的進程有影響，但絕非決定性的。

把海洋貿易作爲西方興起的決定性因素，從而把資本主義文化概括爲「海洋文化」，即便在今天的西方學者看來，也屬偏頗之論。那種把中華傳統文化說成農業文化，否認其多元性，甚至把中國在近代的落伍歸咎於傳統文化，都是錯誤的。

那麼，明代中葉以後開始的「原始工業化」爲什麼沒有成功而且迅速退潮呢？

從根本上說，是中國傳統社會多元結構的影響和制約。中國傳統的社會結構具有既早熟又不成熟的特徵，它包容多種生態環境、歷史發展背景、經濟文化發展程度等各不相同的民族、區域於一體，互爲補充、互爲牽制，有其它社會所無法比擬的適應性和彈性。一方面，它可以比較靈活地改變自己的表層結構以適應各種變化；另一方面，又善於抵禦各種變化，保持深層結構的不變。這樣，新的因素往往成長到一定限度便被化解或吸收，反傳統最終被導向補強、完善傳統（參見傅衣凌：〈中國傳統社會：多元的結構〉，《中國社會經濟史研究》，一九八八年第三期）。在這一社會結構內進行的「原始工業化」，如果不被中斷的話，本來有可能自行發展爲與西歐資本主義發展模式截然不同的「近代化」。但明代後期傳統社會結構的化解力相當強大，致使這一過程扭曲，新的事物或很快夭折，或改變發展方向。

從這場「原始工業化」的發展機遇來說，它缺乏社會環境條件的配合。到了明末，明朝統治者超限度的榨取，持續、普遍的特大災害的襲擊，大規模的內戰和動亂，造成社會財富和社會生產力的巨大破壞。「原始工業化」所必須的環境條件遽然改變，而且本身也受到直接的摧殘。明朝滅亡，鄭成功海上勢力的消失，這一進程也就隨之中斷了。與西方的興起相比較，頗爲相似的事情，引出了完全不同的結果。明代歷史既透露了中國歷史前進的生機，又給後人留下扼腕歎息的遺憾。重溫和借鑒這段歷史的經驗教訓，無疑是很有意義的。

早在本世紀三十年代，傅衣凌教授爲探索中國封建社會長期遲滯問題而對明史產生濃厚的興趣。在五十年治史生涯中，他的大半精力耗費在對明清社會經濟史的研究上面，取得了很高的成就。六十年代初，在著名歷史學家翦伯贊、鄭天挺教授的主持下，制定並提出了一項編寫《中國通史參考資料》和中國斷代史的宏偉規劃，傅衣凌教授受命擔任明史部分的主編。這就是本書編寫最初的契機。傅衣凌教授接受任務後，首先組織力量完成《中國通史參考資料》古代部分第七冊的編選，一九六五年由中華書局排出清樣，但次年受文化大革命的衝擊，版毀稿失，不得不於七十年代末重新做起，直至一九八八年四月才公開面世。明史的編寫則到一九七八年才正式提到日程，由楊國楨擬出編寫大綱，並寫出若干章節草稿。後因寫作組成員各有任務，不遑兼顧，傅衣凌教授又罹大病，寫作遂陷於停頓。一九八七年，傅衣凌教授囑咐楊國楨、陳支平協作寫出全稿，並在病榻上面授調整編寫大綱的意見和設想，定書名爲《明史新編》。同年，這一寫作計劃還由楊國楨提出申請，列入國家教育委員會第二批博士點科研項目。就在本書開始寫作不久，傅衣凌教授不幸於一九八八年五月逝世。這對我們來說，是一次沉重的打擊和無可彌補的損失，承受的重擔和壓力是可以想見的。幾年來，我們遵照傅衣凌教授的遺願，不揣微力，不敢偷懶，兢兢業業地工作，總算拿出這束書稿，完成傅衣凌教授的囑託。

本書的寫作，以傅衣凌教授的論著爲基本依據，並儘可能地吸收、消化中外學界明史研究的成果。根據傅衣凌教授晚年對治史歷程的反思和我們的研討心得，還對他的一些論點作了修正和發展。我們所作的努力，主要有如下方面：

首先，力圖把傅衣凌教授對明史的見解系統化，貫穿在動態的歷史敘述之中。對於他未曾深入研究過的問題，也根據他的思路和方法進行研究，作出補充。

其次，力圖體現社會史和經濟史相結合的特色，以政治史的演變爲基本線索，同時著力於社會經濟、軍事、文化、民俗、中外關係等方面的闡述，以求揭示社會變遷的脈絡，展現共時態社會整體的風貌。

再次，力圖寫成既是有獨特學術風格的斷代史專著，又是適合大學文科師生和研究生學習或參考的教材，做到全面、簡明、既不遺漏基本史實，敘述又有一定深度。

由於學力未逮，上述努力的結果並不盡人意。我們之所以斗膽把它奉獻出來，一是爲了闡揚傅衣凌教授的學術思想，匯報我們近年來學習研究的心得，以期獲得學界同仁和讀者們的批評教正，提高自己的學術素養和水平；二是在目前缺乏一部完備的明朝斷代史著作的情形下，拋磚引玉，希望能有助於明史的教學和學科建設。

本書在寫作過程中，得到人民出版社的熱情關懷和幫助。特別是中國歷史編輯室的張維訓同志，詳細審閱書稿，貢獻修改意見，使本書避免了許多錯誤，並且增色不少。對於他們的熱心支持和辛勤勞動，在此表示誠摯的感謝和敬意。

楊國楨
陳支平
一九九一年九月三十日於廈門大學

目錄

附錄

明時期全圖

北山女真部
西女真部
苦兀
日本
朝鮮
瓦剌
韃靼
吉利吉思
哈薩克
葉爾羌
土魯番
韃靼土默特部
朵甘思宣慰司
烏思藏宣慰司
莫臥兒帝國
京師
順天府
山西
太原府
山東
濟南府
河南
開封府
陝西
西安府
南京
應天府
四川
成都府
湖廣
武昌府
浙江
杭州府
江西
南昌府
福建
福州府
貴州
貴陽府
廣西
桂林府
廣東
廣州府
雲南
雲南府
東番
呂宋
0
800Km
圖例
都城
省級駐所
政權部族界

第一章 朱元璋建立明朝

第一節 元末苛政和紅軍起義

一 元末苛政與統治危機

十三世紀初，一代天驕成吉思汗率領驃悍的蒙古騎兵，東征西討，滅國四十，建立了東起中國東北部、西到伊朗、南抵黃河的大蒙古國。他的繼承者窩闊台汗、蒙哥汗，滅金國，挺進歐洲和西南亞，把領土擴大到東起日本海、西達俄羅斯和地中海、南抵淮水和印度河的廣大區域，先後在伏爾加河下游建立欽察汗國，在阿母河至敘利亞之境建立伊利汗國，在錫爾河流域建立察哈台汗國，在阿爾泰山西麓地區建立窩闊台汗國。蒙哥汗死後，蒙古國陷入內亂，到忽必烈改國號為「大元」，滅南宋，統一中國之後，各汗國雖被稱為「西北諸王」，實際上是各自獨立的宗藩國家。元朝是蒙古貴族通過軍事征服在中國建立的新王朝，它結束唐末以來在我國境內幾個政權同時並存的割劇局面，爲中國統一的多民族國家的發展起了積極的作用。

元朝體制，「以國朝（蒙古）之成法，援唐、宋之故典，參遼、金之遺制，設官分職，立政安民」（郝經：《陵川集》卷三二，〈立政議〉）。政權的主體是蒙古貴族，從中央到地方的重要官職，都由他們擔任，享有特殊權益；其次是色目人（包括欽察、唐兀、阿速、禿八、康里、畏吾兒、回回、乃蠻、乞失迷兒等歐州、中西亞和西域人）中的上層份子，以長於「理財」被重用爲蒙古貴族的統治助手。漢人（指淮河以北和雲南、四川的漢族和契丹、女眞、高麗等族人）、南人（指原南宋境內的漢族和其他民族人）中的上層份子，則只有有限的參加政權的機會。人民分爲蒙古、色目、漢人、南人四等，待遇不同，具有顯明的民族壓迫的色彩。

蒙古貴族由漠北草原入主中原，知道「附會漢法」的重要性，但大部分人只接觸中國傳統文化的皮毛，真正接受吸收的很少。在蒙古族內部，則基本因襲舊俗成法。這就難以適應勢力擴張後的新形勢。特別是最高統治層所保留的蒙古制度的弊端，引發了宗王、權臣們對帝位、朝政的紛爭，而且愈演愈烈，莫可終止。這不僅損耗了國力，妨礙元朝統治制度的完善，反而加速統治集團的腐化，加深了統治的危機。

元世祖忽必烈於至元三十一年（一二九四年）病逝後，皇帝的嗣位之爭，從未停止。世代握有兵權的蒙古、色目貴族大臣，派別分立，任意擁廢皇帝，操縱朝政，互相殘殺。泰定五年（一三二八年）七月，泰定帝在上都（開平）病死，留守大都（北京）和上都的蒙古貴族各自擁立圖帖睦爾（文宗）和阿速吉八（天順帝）形成兩個皇帝並立的對峙局面。不久，阿速吉八戰敗被俘，文宗遣使奉迎其異母兄周王和世琜於漠北。天曆二年（一三二九年）正月，和世琜即帝位於和寧之北，爲明宗。八月，文宗北迎明宗於王忽察都（河北張北北），在欽察貴族大臣燕帖木兒的襄助下，害死明宗，趕到上都再即帝位。至順三年（一三三二年），文宗死，燕帖木兒擁立年僅七歲的明宗次子懿璘質班爲寧宗。寧宗即位不滿兩月病死，燕帖木兒爲立嗣與文宗后爭執不下。至順四年（一三三三年），因燕帖木兒荒淫過度身死，乃由文宗后與大臣議，立明宗長子妥懽貼睦爾爲惠宗（順帝）。六年中更換五個皇帝，元室衰敗的景象開始暴露無遺了。

宮廷內訌與權臣紛爭，削弱了元朝的統治力量，加劇了政局的不穩。那些在內訌紛爭中的得勢者，憑藉手中的暫時權力，貪婪地搜刮和掠奪民間財富，皇室朝臣奢侈腐化成風，揮霍浪費十分驚人。文宗時，「皇后日用所需鈔十萬錠，布五萬匹，綿五千斤」（《元史》卷三三，〈文宗紀二〉）。文宗、寧宗時的權臣燕帖木兒，「挾震主之威，肆意無忌。一宴或宰十三馬，取泰定帝后爲夫人，前後尚宗室之女四十人」（《元史》卷一三八，〈燕帖木兒傳〉）。順帝前期，燕帖木兒家族勢力猶存。至元元年（一三三五年），權臣伯顏誅燕帖木兒之子、中書左丞相唐其勢等，專權自恣，「擅爵人，赦死罪，任邪佞，殺無辜，諸衛精兵收爲己用，府庫錢帛聽其出納」，「勢焰熏灼，天下之人唯知有伯顏而已」（《元史》卷一三八，〈伯顏傳〉）至元六年（一三四〇年），伯顏被逐後，擔任中書右丞相的馬札八臺，竟「於通州置榻坊，開酒館、糟坊，日至萬石，又使廣販長蘆淮南鹽」（權衡：《庚申外史》）皇帝爲了拉攏勢力和優待擁戴有功的權臣，不惜賞賜大量金銀財物和土地。天曆元年（一三二八年），文宗賜燕帖木兒平江官田五百頃，賜西安王阿剌忒納失里平江田三百頃及嘉興蘆地；二年（一三二九年），還舊賜篤麟帖木兒平江田百頃；至順元年（一三三〇年），賜魯國大長公主平江等處官田五百頃。伯顏早在泰定年間就已獲得賜田五千頃，到至元二年（一三三六年），順帝又一次賜給五千頃，以後又屢有賞賜，前後共得賜田達兩萬頃之多。金銀錢鈔、幣帛的賞賜也毫無節制，以至於冗濫。文宗時，國家財政虧空日甚一日。至順元年（一三三〇年），政府的支出經費「以（世祖）至元三十年（一二九三年）以前較之，動增數十倍，至順經費缺二百三十九萬餘錠」（《元史》卷一八四，〈陳思謙傳〉）。

財政虧乏，勢必加緊對民間的賦役科派。天曆年間（一三二八～一三三〇年），天下總入之數，視至元七年（一二七〇年）所定之額，蓋不啻百倍」（《元史》卷九四，〈食貨志二〉）。各級官吏又乘機大肆搜括，「居官者習於貪，無異盜賊，己不以爲恥，人亦不以爲怪」（吳澄：《吳文正公文集》卷十四，〈贈史敏中侍親還家序〉）。順帝時，宣撫諸道「問民疾苦」的使臣，藉機肥私，民間有「奉使來時驚天動地，奉使去時烏天黑地，官吏都歡天喜地，百姓卻啼天哭地」和「官吏黑漆皮燈籠，奉使來時添一重」等怨謠（陶宗儀：《南村輟耕錄》卷十九，〈闌駕上書〉）。而肅政廉訪司官，則「所至州縣，各帶庫子檢鈔秤銀，殆同市道矣」（葉子奇：《草木子》卷四上，〈雜俎篇〉）。官貪吏污，「其問人討錢，各有名目：所屬始參曰『拜見錢』，無事白要曰『撒花錢』，逢節日曰『追節錢』，管事而索曰『常例錢』，送迎曰『人情錢』，句追曰『賚發錢』，論訴曰『公事錢』，覓得錢多時曰『得手』，除得州美曰『好地分』，補得職近曰『好窠窟』。漫不知忠君愛民之爲何事也」（葉子奇：《草木子》卷四下，〈雜俎篇〉）。軍隊也進一步腐化。文宗時，不僅「諸將沿襲，軍士多失訓練」，甚至「白晝揮刀戟走市，怖人奪資貨」，「縱火焚廬舍」（宋濂：《宋學士文集》卷六三，〈吳先生碑〉），等於強盜。順帝時，「將家之子，累世承襲，驕奢淫佚，自奉而已，至於武事，略之不講，但以飛觴爲飛炮，酒令爲軍令，肉陣爲軍陣，謳歌爲凱歌，兵政於是不修也久矣」（葉子奇：《草木子》卷三上，〈克謹篇〉）。

社會黑暗，人民生活痛苦，漢人、南人的境況更慘。江南百姓，「多無己產，皆於富家佃種土地，分收籽粒，以充歲計」（危素：《危太僕續集》卷九，〈書張成基傳後〉）福建官僚「職田」的租額，每畝達米三石，佃農往往「破產償之」（蘇天爵：《滋溪文稿》卷九，〈齊履謙神道碑〉）。順帝實行新鈔法，又把朝廷的財政困難轉嫁給廣大老百姓。至正十年（一三五〇年），戶部印造新的中統交鈔，又稱至正中統交鈔，「以中統交鈔一貫文省權銅錢一千文，准至元寶鈔二貫」。發行不久，「物價騰踊，價逾十倍」，引起通貨膨脹。而戶部卻「每日印造，不可數計」。至正十二年（一三五二年），印造一百九十萬錠，十五年（一三五五年）竟高達六百萬錠，「交料之散滿人間者，無處無之，……京師料鈔十錠，易斗粟不可得」（《元史》卷九七，〈食貨志五〉。）交鈔扔在路上，行人視之如廢紙。勞動人民在元末「變鈔」中深受其害，而國家的財政亦進一步惡化，陷於崩潰。

元代後期，全國各地自然災害不斷，更把脆弱的社會經濟逼上絕境。天曆二年（一三二九年），「陝西諸路飢民百二十三萬四千餘口，諸縣流民又數十萬」，大批流民因飢餓而「死亡相藉」。至順元年（一三三〇年），廣德、太平（安徽當塗）、集慶（南京）等路飢民凡數百萬戶，松江、平江（江蘇蘇州）等地亦有飢民四十餘萬人（《元史》卷三三、三四，〈文宗紀一、二〉）。元統、至正間，黃河屢屢決口，山東、河北、河南、關中等處又水旱蝗蟲交加，死者過半，「民罹此大困，田莱盡荒，蒿藜沒人，狐兔之跡滿道」（余闕：《青陽先生文集》卷八，〈書合魯易之作潁川老翁歌後續集〉）。

政治腐敗，經濟殘破，災荒頻仍，廣大勞動人民已經無法再照常生活下去了。自泰定年間以來，各地小股的農民暴動不斷發生。但是，腐朽的元朝統治者仍然醉生夢死地過著奢侈淫逸的生活，朝政日非。於是，廣大勞動人民再也無法忍受下去，終於在黃河之濱爆發了轟轟烈烈的農民大起義。

二　推翻元朝的紅軍起義

十四世紀中葉，以蒙古、色目貴族爲主體的元朝統治走到了崩潰的邊緣。「天雨線，民起怨，中原地，事必變」（《元史》卷五一，〈五行志〉）。元順帝統治時期，河北、山東、河南、湖廣、四川、江西、浙江、福建、廣東、雲南等地，接連不斷地發生三百餘起民眾起義。其中，黃河南北、長江流域以至東南沿海地區的起義，是以明教、彌勒教和白蓮教雜糅的宗教形式組織和發動的。北方以廣平府永年縣（河北永年縣）白鹿莊的韓山童、南方以袁州（江西宜春）南泉山慈化寺的彭瑩玉爲代表，「倡言天下大亂」，宣傳「彌勒佛下生」，「明王出世」，鼓動民眾起事。

至正十一年（一三五一年）四月二十二日，元順帝以賈魯爲工部尙書兼充總治河防使，發汴梁（河南開封）、大名（河北大名）等十三路民夫十五萬人，又命中書右丞玉樞虎兒吐華等統廬州（安徽合肥）等戍十八翼軍二萬人，修自黃陵崗、南達白茅口、西至陽青村的黃河故道二百八十里。時山東、河南、安徽一帶連年歉收，災害頻仍，民不聊生，民間徒增供應之累。而挑河民夫又備受克扣工食和鞭笞驅使之苦，怨聲載道。韓山童、劉福通、杜遵道等見民情思變，加緊宣傳彌勒下生、明王出世，又暗埋背刻「莫道石人一隻眼，此物一出天下反」的獨眼石人一具於黃陵崗黃河故道。挑河民夫掘出獨眼石人，消息傳開，激起了黃河兩岸和江淮地區農民揭竿而起的決心。五月初，韓山童在潁州（安徽阜陽）潁上與劉福通聚眾三千，歃血立誓，自稱宋徽宗八世孫，當爲中國主，高揭「虎賁三千，直抵幽燕之地；飛龍九五，重開大宋之天（陶宗儀：《南村輟耕錄》卷二七，〈旗聯〉）的旗幟，準備起兵，並發出討元檄文，痛斥元朝統治造成「貧極江南，富稱塞北」（葉子奇：《草木子》卷三，〈克謹篇〉），的人間慘劇。不料事洩，韓山童被捕遇害，其妻楊氏與子韓林兒避走武安山中。劉福通等苦戰殺出，出敵不意，迅速攻占潁州。「是時人物貧富不均，多樂從亂」（葉子奇：《草木子》卷三，〈克謹篇〉），貧苦民眾紛紛投入，黃陵崗修河民夫也殺官起義，前來會合，聲勢大振。元廷派赫厮、禿赤等統六千回回阿速軍和幾支漢軍前來進攻，望見潁州起義軍勢大，不戰而逃。六月，劉福通占領河南固始縣之朱皋鎮，開倉濟貧，連破河南羅山、真陽（河南正陽）、上蔡、確山諸縣，又分兵攻舞陽、葉縣等處。九月，攻下汝寧（河南汝南）、息州（河南息縣）、光州（河南潢川）、信陽，隊伍擴大到十萬餘人。同年八月，芝麻李（李二）和彭大、趙均用等起兵徐州及附近各縣，勢力及至江蘇豐、沛、靈璧和安徽宿州（宿縣）、五河、虹縣、安豐（壽縣）、泗縣（臨淮）。至正十二年（一三五二年）二月，孫德崖、郭子興等起兵於濠州（安徽鳳陽）。各路起義軍打著紅旗，頭扎紅帕，身穿紅襖，時稱爲「紅軍」、「紅巾」；因每夜燒香，供奉彌勒佛，又叫做「香軍」。他們活躍於黃河兩岸，江淮之間，可以說是北方紅軍。

紅軍崛起北方後，四方民眾蜂起響應。至正十一年（一三五一年）八月，原在江西袁州發動過起義的彭瑩玉，又與徐壽輝（眞一、眞逸）、鄒普勝等起於蘄州（湖北蘄春）、黃州（湖北黃崗），亦稱紅軍。十月，攻占蘄水（湖北浠水），建立政權，擁立徐壽輝爲皇帝，鄒普勝爲太師，倪文俊爲統軍元帥，「頒萬壽曆，建元治平，國號宋。」（劉禎：〈玄宮之碑〉。起義時間作歲庚寅〔至正十年，一三五〇年〕，待考）。這是元末紅軍最早建立的政權。這支紅軍活躍於湖廣長江流域，可以說是南方紅軍。

此外，起於湘水、漢水之間者，有至正十一年（一三五一年）十二月布王三（王權）等的「北瑣紅軍」，攻占鄧州（河南鄧縣）、南陽、唐（河南唐河）、嵩（河南嵩縣）、汝（河南臨汝）、河南府（河南洛陽一帶）；至正十二年（一三五二年）正月孟海馬等的「南瑣紅軍」，占領襄（湖北襄陽）、房（湖北房縣）、均（湖北均縣）、歸（湖北秭歸南）、峽（湖北宜昌）、荊門（湖北荆門）。山東、安徽、江蘇、江西、浙江、福建、湖南、陝西等地響應紅軍的小規模武裝起義，也相當普遍，實有「紅軍遍地」之稱。

紅軍起義的普遍發動，打亂了元朝在黃河兩岸，長江南北廣大地區的統治秩序，切斷了元朝中央政府與財賦重地江浙之間的聯繫。元順帝大爲恐懼，慌忙調兵遣將前往鎮壓，首先把兵鋒指向劉福通紅軍。至正十一年（一三五一年）九月，元順帝派也先帖木兒統兵十餘萬進攻劉福通紅軍。十月，又加派知樞密院事老章增援。十二月，元軍陷上蔡，次年三月，陷汝寧。劉福通紅軍乘元軍輕敵麻痺，偷襲屯駐汝寧沙河岸邊的也先帖木兒軍，元軍慘敗。

元廷見劉福通紅軍勢大，一方面召回也先帖木兒，命中書平章蠻子代領其軍，另一方面改變戰略，分兵進僕芝麻李紅軍和南、北瑣紅軍。至正十二年（一三五二年）正月，元順帝以逯魯曾爲淮東添設元帥，率三萬「黃軍」圍徐州。八月，元中書右丞相脫脫親往督戰。九月，攻破徐州，芝麻李敗死，彭大、趙均用等奔濠州。脫脫命賈魯進圍濠州。濠州紅軍據城堅守，與元軍相持七個月。至正十三年（一三五三年）五月，元兵因主將賈魯病死，撤濠州圍。自至正十二年（一三五二年）閏三月起，元軍幾次對南、北瑣紅軍進行分路圍剿。五月，答失八都魯率軍占襄陽，撲滅北瑣紅軍，布王三被俘遇害。至正十四年（一三五四年）正月，答失八都魯陷峽州，南瑣紅軍終於失敗。

正當北方紅軍抗擊和牽制元軍主力之時，南方紅軍趁機不斷發展壯大。至正十二年（一三五二年）正月起，徐壽輝先後派丁普郎、徐明達進攻漢陽、興國（湖北陽新）；鄒普勝攻克武昌、龍興（江西南昌）；曾法興占領安陸（湖北鍾祥）、沔陽、中興（湖北江陵）。歐普祥克袁州，陶九克瑞州（江西宜春），陳普文克吉安。周伯顏出擊湖南、廣西，王善進入福建。彭瑩玉、項普略（項奴兒）克江州（江西九江）、南康（江西星子）、饒州（江西鄱陽）、信州（江西上饒），入安徽，取婺源、黟縣、休寧、徽州（安徽歙縣），下浙江，占領杭州。旋北上轉戰於安徽、蘇南間。《元史》卷一九五〈魏中立傳〉描寫南方紅軍之盛、威力之強、發展之快時說：

> 紅巾……陷湖廣，分攻州郡，官兵多疲懦不能拒。所在無賴子多乘間竊發，不旬日，衆輒數萬，皆短衣草履，齒木為把，削竹為槍，截緋帛為巾襦，彌野皆赤。

後來成爲朱元璋謀士的宋濂也曾記述當時的情景云：

> 元至正十二年壬辰，大盜起江、漢間，郡縣相繼陷，聚落民爭揭竿為旗以應寇。
>
> ——宋濂：《翰苑別集》卷九，〈贈進義副尉金溪縣陳府君墓銘〉

> 當元之季，大盜起沔陽，蔓延江右，陷吉安。……盜所過井落，民皆相挺為變，殺掠

巨室，慘酷不忍聞。

——宋濂：《宋學士文集》卷二十八，〈故廬陵張府君光遠甫墓碣銘〉

至正十三年（一三五三年）春，彭瑩玉紅軍在安徽、蘇南與元軍反覆激戰中失利，隊伍退入江西饒州、瑞州，十一月，彭瑩玉戰死於瑞州。十二月，元軍陷蘄水，俘將相以下四百人，徐壽輝等退入黃梅山中及沔陽湖中，繼續堅持，伺機再起。

紅軍起義在初期四年的作戰中，雖然幾經反覆，受到挫折，但它對元朝的打擊是沉重的。紅軍所到之處，各級官僚機構被摧毀，大量元軍被擊潰，大批地主富豪被消滅，這就猛烈地衝擊了元朝的統治秩序，動搖了其賴以生存的根基。

至正十五年（一三五五年），劉福通紅軍突破了元軍的圍剿，開始主動出擊，南北紅軍又進入新的發展時期。這年二月，劉福通等迎立韓林兒為帝，號小明王，都於亳州（安徽亳縣），國號宋，建元龍鳳。龍鳳政權建立後，北方紅軍的統制大大加強，軍事、行政機構逐漸健全。六月起，北方紅軍與元軍在豫南至亳州一帶反覆激戰，互有勝負。龍鳳二年（一三五六年）三月，劉福通擊敗元朝驍將答失八都魯於亳州，戰局明顯地有利於紅軍。九月，劉福通遣李武、崔德西擊潼關，進入陝西、山西。十月，毛貴攻取海州（江蘇連雲港），由海道入山東。與此同時，南方紅軍亦轉危為安。治平五年（一三五五年）正月起，倪文俊率紅軍連克沔陽、襄陽、中興、武昌、漢陽、饒州等地。治平六年（一三五六年）正月，徐壽輝遷都漢陽，以倪文俊爲丞相，改元太平。接著，派兵四出攻擊，連克湖南之常德、澧州（澧縣）、辰州（沅陵）、衡州（衡陽）、岳州（岳陽）等地。

龍鳳三年（一三五七年），劉福通紅軍分兵三路，大舉反攻。東路由毛貴率領，連破山東膠州（膠縣）、萊州（掖縣）、益都、濱州（舊濱）、莒州（莒縣）。關先生、破頭潘、馮長舅、沙劉二、王士誠等率中路軍，進擊大名，逾太行，入山西，取陵州、高平、潞川（長治）。西路白不信、大刀敖、李喜喜等趨關中，攻秦隴，攻鞏昌。入鳳翔陷重圍潰敗後，李喜喜集舊部，自號「青巾軍」，入蜀據成都。

龍鳳四年（一三五八年）二月，毛貴克濟南，大敗元軍，乘勝北伐，抵達天津附近，鋒芒直指京師大都（北京）。元廷亂作一團，「或勸乘輿北巡以避之，或勸遷都關、陝，眾議紛然。」（《元史》卷一八八，〈劉哈喇不花傳〉）中路軍也向山西、河北發動進攻，占領晉北重鎮大同後，又北上取興和（河北張北），攻下元朝的上都，兵鋒所至，達及遼陽路（遼寧遼陽）。這年五月，劉福通率紅軍攻下汴梁，隨即迎來宋帝韓林兒，以汴梁爲都城，「造宮闕，易正朔，號召群盜，巴蜀、荊楚、江淮、齊魯、遼海，西至甘肅，所在兵起，勢相聯結。」（《元史》卷一四一，〈察罕帖木兒傳〉）至此，中原及其北，幾乎三分之二爲紅軍控制，元朝政權在全國的統治地位受到了嚴重的削弱。

三　軍閥混戰與群雄割劇

正當紅軍橫掃南北，元朝統治岌岌可危的時候，各地的地主豪強趁機擴展勢力，割據一方。

元朝統治者雖然一貫執行民族壓迫的野蠻政策，漢人、南人地位尤爲低下，但是，蒙古、色目貴族們對於各地的地主豪強們，也不時採取懷柔拉攏的政策，以期得到他們的支持，穩固統治基礎。所以，紅軍初起之時，各地地主豪強大多以元廷臣民自居，支持元朝中央政權撲滅四起的紅軍。隨著元末紅軍勢力的勝利發展，元軍主力的崩潰，一大批官僚、地主被消滅，以蒙古、色目貴族爲主體的政權結構被打亂，元朝統治階級內部產生了明顯的分化。原來處於當權地位的北方大地主集團，紛紛起兵保元，並在「擁元」的旗號下，互相爭奪，擴大勢力範圍。原來處於附庸地位的南方地主集團，或擁元頑抗，或結寨自保，或以「反元復漢」相號召，觀望事態變化，伺機擴大勢力。這些形形色色的地主集團，雖然各自採取的策略有所不同，但都是在階級大搏鬥中從地主階級營壘中產生的地方割據勢力，代表不同地域、不同層次地主階級的利益和願望。北方各大地主集團武裝實力雄厚，力圖在平定紅軍之後，通過軍閥混戰，混同天下，或是在今後的政權中取得更大的權勢和利益。南方各地主集團力量薄弱而且分散，沒有形成一支足與北方各地主集團抗衡的武裝力量，因而企圖利用紅軍的力量，作爲他們改朝換代的工具。

至正十四年（一三五四年）以後，取代元軍主力與紅軍較量的是各地方地主集團組織的「

義軍」、「鄉軍」、「民兵」。在北方，勢力最雄厚的有兩支：一支是河南沈丘探馬赤軍察罕帖木兒和羅山典吏李思齊糾集的地主武裝。這支地主武裝起於至正十二年（一三五二年），連年在河南、河北和關陝地區狙擊紅軍。至正十七年（一三五七年）李思齊據陝西，察罕帖木兒移軍山西，北踞太行，南守鞏、洛，成爲鎮壓劉福通紅軍的主力。另一支是元朝宿將答失八都魯招募的襄陽官吏和逃亡土豪組織的「義丁」，至正十二年（一三五二年）五月，敗紅軍於蠻河，樹幟湖北，兩年間奔逐於湖北、河南，鎮壓了南、北瑣紅軍。至正十五年（一三五五年）十二月，又大敗劉福通於太康（河南太康），進占亳州。至正十七年（一三五七年）十二月，答失八都魯死，其子孛羅帖木兒總領其眾。

在南方，足以與紅軍抗衡的地主武裝，最強的也有兩支。一是福建的陳友定（有定），陳友定雖係貧農出身，但於至正十二年（一三五二年）在清流縣起兵襲擊紅軍，數年間，屢敗福建紅軍於汀州（長汀）、延平（南平）、建甌、將樂、建寧等地，至正二十一年（一三六一年）被元廷任爲福建行省參知政事，成爲跋扈八閩的軍閥。二是廣東的何真，至正十二年（一三五二年）組織「義兵」鎮壓東莞民眾反元暴動而發跡，後升至江西行省左丞，割據於贛南、粵東。

這些軍閥都是「假元號以濟私」，擴張自己的勢力和地盤，他們既與紅軍爲敵，又各自爲爭奪地盤而混戰不休。至正十九年（一三五九年），察罕帖木兒在河南、山東連敗紅軍，八月破龍鳳政權的都城汴梁，劉福通奉小明王突圍，退入安豐（安徽壽縣）。此時，孛羅帖木兒軍已經北上代州（山西代縣）、斗州（內蒙陶卜齊）、雲內（內蒙土默特左旗北），移鎮大同。至正二十年（一三六〇年），察罕帖木兒軍進攻山東紅軍，孛羅帖木兒乘機進軍晉翼，強占察罕帖木兒的防地。察罕帖木兒志驕氣盈，有持眾遙制朝權的野心，當然不甘孛羅帖木兒挖他的牆腳，遂發兵攻伐，雙方混戰一團，元順帝下詔調解，皆不聽。與察罕帖木兒同時發跡的李思齊，以及鎮壓西路紅軍起家的張良弼、孔興、脫列伯，也不聽元廷號令，乘勢擴充地盤，互相吞噬，北方陷入軍閥混戰的狀態。

在紅軍內部，各路領袖由於龍蛇混雜，素質差異很大。在起兵之初，他們或激於民族義憤，或不堪地主富豪的欺凌重剝，揭竿而起。但稍具實力之後，大多忘其根本，「強者縱於暴橫，……荒淫者迷於子女，貪殘者耽於貨寶，奢侈者溺於富貴」（《明太祖實錄》卷五十八），逐漸向封建新貴轉化，並分別與不同的反元地主集團相結合，形成幾股互不相容的割據勢力。

太平二年（一三五七年）九月，正當南方徐壽輝紅軍重整旗鼓，迅速壯大之際，領導集團內部卻發生分裂。倪文俊居功驕恣，與徐壽輝不和，自漢陽奔黃州，部將陳友諒乘釁殺之，併其兵，自稱宣慰使，尋稱平章政事。陳友諒出身漁民，曾在元朝縣衙門裡當過貼書，因與上司不和而逃奔徐壽輝紅軍。自殺倪文俊後，權勢日大，稱王割據的野心日益暴露。天定元年（一三五九年）九月，陳友諒乘機殺害巢湖水師首領趙普勝，年底又挾持徐壽輝，遷都江州（江西九江），並伏殺徐壽輝的部屬，自稱漢王。天定二年（一三六〇年）閏五月，陳友諒占太平，殺徐壽輝，在采石王通廟即帝位，國號大漢，改元大義。自是陳友諒稱雄於江西、湖廣，史稱

「陳漢」。

在陳友諒篡權稱雄的同時，明玉珍崛起於四川。明玉珍本是隨州（湖北隨縣）地主，紅軍起事時，他招集鄉人千餘屯於青山，結寨自保。至正十二年（一三五二年），應徐壽輝召投歸農民軍，任統兵征虜大元帥，鎮守沔陽。翌年蘄水失陷後，從徐壽輝、倪文俊與元軍大戰於沔陽湖中，屢立戰功。至正十七年（一三五七年），奉徐壽輝命，帥鬥船五十艘溯長江攻取川峽，定夔（四川奉節）、萬。次年四月襲取重慶，接著攻上游，元軍獻降瀘州；冬，克敘南（四川宜賓市南）。至正十九年（一三五九年）六月，擊敗據成都的劉福通舊部李仲賢（李喜喜）的青巾軍於普州（四川安岳縣）。徐壽輝遣使來重慶，授四川行省參政。明玉珍見陳友諒圖謀不軌，上表斥其罪狀。至正二十年（一三六〇年）春，拜驃騎衛大將軍、隴蜀行省左丞，「友諒又要致王爵，即封還其詔書，請皇太子監國，皆不服。」（劉禎：〈玄宮之碑〉）。陳友諒殺徐壽輝後，明玉珍「斬使焚書，三軍縞素，爲宋主（徐壽輝）發喪」（劉禎：〈玄宮之碑〉），與陳友諒決裂，塞瞿塘，絕不與通。至正二十一年（一三六一年），下嘉定，平成都，略東川。十月，自立隴蜀王，發布文告，宣稱「予取爾蜀於青巾之手，非取諸元。爾輩亦當復見中華文明之化，不可安於元人之陋習也。」（楊學可：《明氏實錄》）。至正二十二年（一三六三年）正月，在重慶稱帝，國號大夏，改元天統，曆曰先天。自是據險於四川，旁及貴州、湖北部份地區，史稱「明夏」。

從北方紅軍分化出來的則是朱元璋，龍鳳十年（一三六四年）自立爲吳王，以應天（江蘇南京）爲基地，稱雄於江淮，史稱「西吳」。在東南割據稱雄的還有方國珍、張士誠。方國珍，浙江台州黃岩人，世以販鹽浮海爲業，至正八年（一三四八年）因被仇家告發私通海盜，聚眾數千下海反元，旋受元朝招降，爲慶元定海尉。方國珍沒有固定的政治目標，對元朝屢叛屢降，紅軍勢盛，他奉朔龍鳳，紅軍受挫，他通好於元朝，倚仗見風使舵、左右逢源的本事，以慶元（浙江寧波）爲據點，稱雄於浙東。張士誠（九四），泰州白駒場（屬江蘇東臺）人，以操舟運鹽爲業。至正十三年（一三五三年）乘紅軍大起，起兵反元，據江蘇泰州、興化、高郵一帶，旋降元，不久又反。次年正月，自稱誠王，國號大周，建元天祐。九月，元軍在高郵大敗，張士誠遂渡江南下。至正十六年（一三五六年）二月，攻佔平江，以爲國都，改稱隆平府。張士誠下江南後，「恐眾不附，大結人心，引士類爲己用」（胡翰：《胡仲子集》卷九，〈韓復陽墓碣〉），江南地主、文人和元朝失意官吏多趨附之。至正十七年（一三五七年），張士誠再次降元，二十三年（一三六三年）二月，張士誠破安豐，大敗紅軍，劉福通戰死。九月，自立吳王，史稱「東吳」。

打著元朝旗號裂地割據的北方軍閥，雖然一時氣吞如虎，鐵甲如雲，但喪失民心，終不免與元朝統治一道覆沒。反元的群雄，一因起自下層，對不滿蒙古貴族剝削壓迫的廣大民眾有一定的感召力，二因反元包含有民族鬥爭的意義，符合漢族各階層人民的要求，故能得到占全國人口大多數的漢族勞動人民和漢族地主士紳兩個方面的支持，具有取元朝而代之的潛力。到了至正後期，隨著群雄混爭，形勢逐漸明朗化，反元群雄中具有統一天下的資格者有三：陳友諒軍力最強，張士誠財力最富，朱元璋智慧最精。爭鬥的結果，是朱元璋取得勝利。

第二節　朱元璋的起兵和西吳政權的建立

一　朱元璋的身世和濠州投軍

朱元璋，原名重八，後名興宗，字國瑞。先世江蘇沛縣人，高祖伯六時徙居句容（江蘇句容），籍淘金戶。祖父初一因當地不出金子，賠納不起，徙泗州盱眙縣（安徽盱眙）墾荒。朱父五四（後名世珍）是個佃農，家境困難，早年從盱眙遷到靈璧，繼遷虹縣，晚年又從虹縣遷到濠州鍾離的東鄉，後又遷四鄉，最後定居於太平鄉孤莊村。由於「農業艱辛，朝夕徬徨」（〈御製皇陵碑〉），生活十分艱苦，往往「取草之可茹者，雜米以炊」（《明太祖實錄》卷三十九），勉強充饑，元璋幼時不得不給有錢人家放牛，備受貧窮的苦痛。

至正四年（一三四四年）春，淮北大旱，又來蝗災，繼而瘟疫流行，地主又強勒繳租，貧苦農民或死或逃，村圩荒涼。這年四月，朱元璋的父親五四、母親陳氏和長兄重四，連病帶饑，相繼死去。此時元璋十七歲，一貧如洗，而「田主德不我顧，呼叱昂昂」，只得「被體惡棠，浮淹三尺」（〈御製皇陵碑〉），埋葬父母、長兄的屍體。不久，因家食無著，大嫂及侄兒東歸故鄉，元璋孤貧無依，遂於九月入皇覺寺（亦云於皇寺、於覺寺）當行童，即做寺中長老、僧人的雜役。佃農家庭的社會地位和早年的悲慘遭遇，奠定了朱元璋疾世思亂投身紅軍的基礎。

朱元璋在皇覺寺當了五十日的行童，「未諳釋典」，由於年荒歲歉，寺租難收，「時師且有家室，所用弗濟」（《皇明本紀》），寺主封倉遣散眾僧，他不得不當上遊方僧，離開家鄉。在三年多的時間裡，他遍遊廬州、固始、信陽、汝州、陳州（河南淮陽）、鹿邑（河南鹿邑）、亳州、潁州，托鉢叩乞於富戶之門。他曾回憶這段生活說：「突朝煙而急進，暮投古寺以趍蹌，仰窮崖崔嵬而倚碧，聽猿啼夜月而凄涼。魂悠悠而覓父母無有，志落魄而佒佯。」雲遊乞食的經歷，一方面使他進一步了解到民間的苦痛、社會的弊病，增大知識，接受民間祕密流傳的「明王出世」思想的薰陶，「身如蓬逐風而不止，心滾滾乎沸湯」（〈御製皇陵碑〉），憤世情緒更加明顯。另一方面，不安定的生活境況，又使他沾染了遊民的習氣，勇狠而剛愎自用，奮進而猜忌心重；善於結交社會各階層人物，階級意識比較模糊。這些因素，對他日後的生涯都有著重要的影響。

至正八年（一三四八年）年底，「泗州盜起，列郡騷動」（《明太祖實錄》卷一），朱元璋復還皇覺寺，開始「立志勤學」（《皇明本紀》）佛經。

至正十一年（一三五一年），紅軍大起，淮水兩岸，赤幟遍野。次年二月，郭子興、孫德崖等舉義於濠州，元將齊里克布哈（徹里不花）統兵三千進圍濠州，但見紅軍勢大，不敢攻城，「惟日掠良民爲盜以繳賞，民皆洶洶相搧動，不自安」（《明太祖實錄》卷一），投奔紅軍者日多。這時，朱元璋在濠州紅軍中的友人寄書催他入伍。他「既憂且懼」，「兩畏而難前，欲出爲元，慮繫絳以廢生；不出，亦慮紅軍入鄉以傷命」（〈御製紀夢〉），還在猶疑不決。不料事情洩露，「傍有覺者，將欲聲揚」（〈御製皇陵碑〉），威脅到他的生命安全，加上元兵燒毀皇覺寺，斷了他的生活出路，「逼迫而無已」，朱元璋在友人「果束手以待罪，亦奮臂而相戕」的勸告下，於閏三月初一日挺身到濠州投軍。

二　經略江南

朱元璋參加濠州紅軍後，開始當一名步卒，兩個月後，升爲親兵九夫長。他作戰勇敢，服從調用，「匹馬單戈，日行百里」，是一名出色的戰士。朱元璋投身紅軍隊伍，是元朝地主壓迫、生活走投無路逼出來的，起初並沒有雄心壯志，正如他後來所回憶的那樣：「吾昔微時，自謂終身田野間一農民耳。及遭兵亂，措身行伍，亦不過爲自保之計。」（《皇明太訓記》卷二）「曩者四方紛亂，群雄競起，朕與卿等初起鄉土，本圖自全，非有意於天下。」（《明太祖實錄》卷五十八）但是，到了被郭子興招爲女婿，在軍中享有「朱公子」的權勢地位以後，他的思想感情開始漸起變化。

郭子興，本是定遠縣土豪，當江淮紅軍大起之時，「散家財，椎牛釃酒，與壯士結納」（

《明史》卷一二二，〈郭子興傳〉），燒香聚眾起事。至正十二年（一三五二年）二月，郭子興與孫德崖、俞某、魯某、潘某等四人領導的紅軍會合，一道攻占濠州。孫德崖等「起自農畝，性粗戇，智識皆出子興下」（《明太祖實錄》卷一），郭子興看不起他們，相謀常不合，分歧日大。郭子興看到朱元璋驍勇善戰，著意拉攏，將他「收爲宗人，親待同子弟」。（《皇明本紀》）。不久，郭子興和妻子張氏商量，把義女馬氏嫁給朱元璋，張氏表示同意，說：「今天下亂，君舉大事，正當收集豪傑，一旦彼（朱元璋）或爲他人所親，誰與共成事者！」（《明太祖實錄》卷一）朱元璋自幼落魄無倚，突遇郭子興如此厚愛，自然感恩戴德，看作是「再生之恩」。

這年九月，元軍攻破徐州，徐州紅軍首領芝麻李戰死，彭大、趙均用率殘部奔濠州，郭子興奉承彭大，孫德崖等奉承趙均用，雙方的矛盾進一步擴大，並發展爲公開衝突。趙均用、孫德崖等綁架郭子興，朱元璋爲報郭子興知遇之恩，冒死救郭子興於困境之中，並殺趙均用的祖父母以報復。不久，元軍包圍濠州，雙方暫棄前嫌，全力投入持續七個月的濠州保衛戰。

至正十三年（一三五三年）五月，元軍主將死，「元兵解圍去」（《皇明本紀》），濠州紅軍在守城戰中亦多死傷。六月，朱元璋回家鄉鍾離招兵，以舊時夥伴和鄉里農民徐達等二十餘人爲骨幹，招集「義兵」、民人七百人入伍，朱本人被郭子興提拔爲鎮撫。朱元璋雖然出身下層貧苦農民，在投身濠州紅軍後上升爲將領，但由於他曾經闖蕩江湖，了解社會各階層厭恨元朝統治的社會心理，「度量豁達，有智略」，和其他紅軍將領具有不同的素質和眼光。他不滿足於單純的劫富濟貧，認爲「彭、趙所部暴橫，子興弱」，「無足與共事」（《明史》卷一，〈太祖紀一〉），遂把原來率領的新兵讓給其他將領，留下徐達、湯和、關良、周德興等二十餘人作爲親信，於這年冬天南略定遠，中途染病而歸。至正十四年（一三五四年）春，得知定遠張家堡驢牌寨「民兵」乞食，朱元璋等前往收降，得兵三千。又招降豁鼻山秦把頭，得兵八百餘人。朱元璋依仗這支改編的武裝，於六月間東襲橫澗山元將老張知院營，得其卒七萬，從中挑精壯二萬，又得洪山寨「義兵」數千，充實自己的隊伍。朱元璋在定遠一帶擴展勢力，引起那些「結寨自保」、觀望形勢的地主武裝集團的注目。不久，定遠土豪馮國用、國勝兄弟和吳復、丁德興等各率部眾來投。馮氏兄弟「俱喜讀書，通兵法」，有遠略，他們向朱元璋獻策說：「金陵龍蟠虎踞，帝王之都，先拔之以爲根本，然後四出征戰，倡仁義，收人心，勿貪子女玉帛，天下不足定也。」（《明史》卷一二九，〈馮國用傳〉）馮國用的這一席話，正合朱元璋的心意，遂以國用爲幕府參謀，計議大事。

七月，朱元璋率軍南下攻占滁州（安徽滁縣）。進軍途中，定遠人李善長赴軍門求見。李善長「少讀書有智計，習法家言，策事多中」，他獻策說：「秦亂，漢高起布衣，豁達大度，知人善任，不嗜殺人，五載成帝業。今元綱既紊，天下土崩瓦解，公濠產，距沛不遠，山川王氣，公當受之，法其所爲，天下不足定也。」（《明史》卷一二七，〈李善長傳〉）朱元璋大悅，留爲掌書記，預機畫，甚見親信。

八月，濠州紅軍再次分裂，郭子興率所部萬餘從泗州到滁州，與朱元璋會合，升朱元璋爲總管。不久，郭子興發現朱元璋已不似以前那樣可以倚重，遂力圖削弱朱元璋，不讓他參與「四方征討總兵之權」。朱元璋意識到自己羽毛未豐，同時對郭子興仍抱感激之情，所以極力奉迎，「未嘗有怨言」，妻子馬氏又通過饋獻討好子興妻張氏，輒爲彌縫，「嫌隙得釋」（《明史》卷一一三，〈太祖孝慈高皇后傳〉）。

至正十四年（一三五四年）十一月，元丞相脫脫率元軍圍高郵。十二月，又分兵圍六合（江蘇六合）紅軍。朱元璋以「雄雖異處，勢同一家，今與元接戰，逼迫甚急，救則生，不救則亡，六合既虧，唇失齒寒」（《皇明本紀》）。說動郭子興，發兵解救。六合解圍後，朱元璋乘機以兵三千衣青衣，冒充廬州路「義兵」，配合萬餘紅軍，於至正十五年（一三五五年）正月攻克和州，奉郭子興命總諸將。三月，郭子興病死。這時韓林兒劉福通等於亳州建立了龍鳳政權，子興餘部派人到亳州受命，四月，小明王韓林兒委任子興子郭天敘爲和州都元帥，子興妻弟張天祐爲右副元帥，朱元璋爲左副元帥。

子興既死，朱元璋儼爲和州元帥，所以，當韓林兒任命朱元璋爲左副元帥時，他氣憤地說：「大丈夫寧能受制於人耶！」只是考慮到自己的實力尚未足稱雄於天下，「念林兒勢盛，可倚藉，乃用其年號，以令軍中」。（《明史》卷一，〈太祖〉一）不久，常遇春、鄧愈等來歸，又聯合李扒頭（國勝）、廖永安、俞通海等巢湖水師，實力大增，乃決計渡江，向南發展。六月，自和州渡江，拔采石，占太平，置太平興國翼元帥府，自領元帥事。這次渡江作戰，是朱元璋擺脫郭子興控制後的第一次重大軍事行動，也是他異軍突起爭奪天下的開端，正如他後來所回憶的那樣：「予本濠梁之民，初列行伍，漸至提兵，灼見妖言不能成事，又度胡運難以立功，遂引兵渡江。」（朱元璋：《平周榜》）「曩四方紛亂，朕與卿等圖生而已，渡江以來，……始有救民之心。」（何喬遠：《名山藏》卷二，〈典謨記〉）可見這次渡江作戰，意味著朱元璋追求布衣天子的目標已經確立。正因爲如此，他在這次行動中十分重視軍隊的紀律，一進太平城，就把李善長寫好的禁約榜之通衢，有一名士兵違令進一民家，立即斬首，「城中肅然」（《明太祖實錄》卷三）。注意安撫人心，收攏各方面的力量，尤其是儒士。這些措施取得了良好的效果，儒士李習、陶安等率眾迎接，歡呼「我輩有主矣！」（《明太祖實錄》卷三）陶安建議說：「方今四海鼎沸，豪傑並爭，攻城屠邑，互相雄長，然其志皆子女玉帛，取快一時，非有撥亂救世安天下之心。明公率眾渡江，神武不殺，人心悅服，以此順天應人而行弔伐，天下不足平也。」（《明太祖實錄》卷三）這一建議，更堅定了朱元璋攻取集慶爭奪天下的決心。

這年七月和九月，朱元璋兩次派兵進攻集慶，均失利。郭天敘、張天祐被俘殺，餘部盡歸朱元璋。龍鳳二年（一三五六年）三月，朱元璋親率水陸大軍攻克集慶，殺元江南行臺御史大夫福壽等，元水寨元帥康茂才等投降。遂改集慶路爲應天府，置天興建康翼統軍大元帥府，以廖永安爲統軍元帥；趙忠爲興國翼元帥，守太平。接著，又分兵占領鎮江、金壇、丹陽，置淮興鎮江翼元帥府，以徐達、湯和爲統軍元帥；置秦淮翼元帥府，以俞通海爲元帥。六月，克廣德路。七月，小明王升朱元璋爲樞密院同僉。不久，以應天爲基地，建立「江南等處行中書省」的地方政權，以朱元璋爲平章。

三 西吳政權的建立

朱元璋建立江南地方政權後，「以漢高自期」（《明史》卷一三五，〈孔克仁傳〉），獨立意識愈來愈強烈。龍鳳二年（一三五六年）六月以後，朱元璋連敗張士誠於鎮江、常州。次年二月克長興，三月克常州，又克江蘇泰興、江陰、常熟三縣。與此同時，又向盤踞東南的元軍發起進攻，連克徽州、休寧、武康、揚州等地。龍鳳四年（一三五八年），在東、西兩線與陳友諒、張士誠激烈爭奪地盤的同時，揮師南下浙江，取浦江，克蘭溪、宜興、婺州（金華），置中書浙東行省。龍鳳五年（一三五九年），又連克湖州、衢州、處州（浙江麗水）。是年五月，朱元璋升爲儀同三司江南等處行中書省左丞相。龍鳳六年（一三六〇年），又克信州，勢力擴展到江西境內。之後，朱元璋不斷派兵進據江西、湖廣、安徽及江浙一帶，地盤日益擴大，勢力日益增強。龍鳳七年（一三六一年）被封爲「吳國公」，成爲稱雄於皖南至浙江間的一大勢力。

朱元璋自占領集慶以後，繼續執行嚴明紀律和招撫人心的政策。入集慶時，朱元璋諭士民曰：「元政瀆擾，干戈蜂起，我來爲民除亂耳，其各安堵如故，賢士吾禮用之，舊政不便者除之，吏毋貪暴殃吾民。」（《明史》卷一，〈太祖一〉）攻打鎮江時，朱元璋「恐帥首縱諸軍焚掠太甚」，「令爾（徐達）帥三軍下京口，廬舍不焚，民無酷掠。」（《皇明本紀》）結果進鎮江時，「民不知有兵。」（《明太祖實錄》卷三）他的部將胡大海「所至郡邑輒下，未嘗以金帛子女之故，妄事剽戮，眾爭相附。」攻下蘭溪時，胡大海請地方長者吳季可監督軍紀，「授以大杖，命之曰：違律暴掠者，用此杖之。軍旅萬眾紛沓，見杖輒喘息去。」（胡翰：《胡仲子集》卷六，〈吳季可墓誌銘〉）胡大海在紹興一帶時，亦因嚴明紀律，「遠近之人皆爭趨附之。」（宋濂：《鑾坡前集》卷五，〈胡越公新廟碑〉）朱元璋親征婺州時，「下令禁戢軍事剽掠，有親隨知印黃某取民財，即斬以狥，民皆安堵。」（《明太祖實錄》卷六）並且「開倉以濟貧民。」（劉辰：《國初事跡》）朱元璋執行嚴明紀律和拉攏人心的政策，不僅有效地提高了軍隊的戰鬥力，而且贏得了社會上比較廣泛的支持。

元朝後期，有一大批文人學士認識到「元綱既紊，天下土崩瓦解」的趨勢，採取與元朝不相合作的態度，但又不願如韓山童輩，揭竿起事；有的則從與紅軍對抗轉變爲消極觀望。他們退避山林，「窮經積學，株守草野」（《明史》卷一三七，〈贊〉）。這些人在地方上有著舉足輕重的社會地位，是一支不可忽視的政治力量。朱元璋要在江南一帶站穩腳跟，務必要取得這些人的支持。所以，朱元璋自渡江以來，千方百計地拉攏地方上的上層人物和知識分子，加以重用。他把浙東著名的地主文人劉基、宋濂、葉琛、章溢等聘至應天，特地爲他們蓋了一所禮賢館，以示優渥賢才。在江南行中書省中，他任命許多文人學士擔任重要職務，如任用李善長、宋思顏爲參政，李夢祥、郭景祥、孔克仁、陶安、夏煜、孫炎、楊憲等數十人爲省中官。

在地方上，他先後任用知識分子李習、許瑗、范常爲太平府知府，王宗顯爲寧越（尋改金華府）知府，孫炎任池州知府，葉琛爲洪都（江西南昌）知府，章溢爲處州（浙江麗水）知府，陶安任黃州知府，潘庭堅爲金華府同知府事。這些人對朱元璋的事業成功起了不少的作用。

朱元璋對於元朝官吏和將士也盡力招羅，「所克城池，得元朝官吏及儒士盡用之。」（劉辰：《國初事跡》）他禮聘任過元江南行臺侍御史的秦從龍到應天府，「事無大小，悉與之謀。」（《明史》卷一三五，〈秦從龍傳〉）元將康茂才善於墾荒屯田，被任命爲營田使。元降將行省元帥胡深爲浙東行省左右郎中，總制處州軍民事。對於效忠於元朝的「殉節」官吏，他亦大加褒揚，「未嘗不憫其勞而惜其無成。」（《明太祖實錄》卷二十）取集慶後，他厚禮埋葬元福壽，「以旌其忠」。

朱元璋還善於調整和處理政權內部農民出身的武將與地主出身的文臣之間的關係。他嘗對李善長說：「吾觀群雄中持案牘者及謀事者，多毀左右將士，將士弗得效其能，以致於敗。其羽翼既去，主者安得獨存？故亦相繼而亡。汝宜鑒其失，務協諸將以成功，毋效彼所爲也。」（《明太祖實錄》卷一）又嘗告誡武將說：「汝從朕起兵，攻城略地，多宣其力。然近日新降附亦有擢居汝輩之上，而汝等反在其下，非棄舊取新也。今天下一家，用人之道，至公無私，彼有智謀才智，克建功勳，故居汝輩之上。」（《明太祖實錄》卷一）即要求他們相互尊重，化解矛盾，共謀大事。朱元璋在協調內部關係上的謀略，遠比陳友諒、張士誠等輩高出一籌，也就使他的隊伍對於農民和處於中間觀望的地主份子都具有吸引力。

朱元璋的這一系列措施，取得了明顯的成效。他的隊伍結構，已不單單是那般痛恨元朝統治、富豪剝削的紅軍隊伍，而是包括了江南社會各階級的勢力。他們在一致反元的前提下，團結在朱元璋的周圍。

朱元璋在江南的勢力雖然已經坐大，但他講究策略，沒有公開打出自己的旗號。多年來，他一直接受朱升「高築牆、廣積糧、緩稱王」（《明史》卷一三六，〈朱升傳〉）的建議，以北方紅軍的大旗作掩護，「靜看頡頏」（〈御製皇陵碑〉）。對於小明王，他奉之甚厚，所書告諭、文移，從不妄稱「聖旨」，「然事皆不稟其節制」（高岱：《鴻猷錄》卷二），獨立行事。

這樣，當北方紅軍在艱難苦戰，牽制和拖垮元軍的精銳，兩敗俱傷的時候，同時也是東、西線的張士誠、陳友諒匆忙稱王稱帝，急於功成，大量消耗軍力、財力的時候，朱元璋卻在佔領區內保持安定局面，養精蓄銳，儲備軍糧，鞏固和發展了自己的實力。待到龍鳳九年（一三六三年）北方紅軍主力在安豐之役失敗，朱元璋迎小明王到滁州居住，置於掌握之中，遂「張皇六師，飛旗角、亢」（〈御製皇陵碑〉），傾力於撲滅群雄的統一戰爭。龍鳳十年（一三六四年）正月元旦，在應天府即吳王位。龍鳳十二年（一三六六年）十二月，派廖永忠沉死小明王於瓜步，改明年為吳元年。

第三節　削平群雄和反元北伐

一　削平群雄

朱元璋建立江南政權後，處於被群雄包圍的格局。東面、北面有張士誠，西南是陳友諒，東南有方國珍，南面有陳友定。這種局面，既屏障了朱元璋政權，也阻礙了朱元璋勢力的擴張。其中軍力最強的陳友諒和財力最富的張士誠，是最大的威脅。面對這一形勢，朱元璋採納劉基的建議：「士誠自守虜，不足慮。友諒劫主掠下，名號不正，地據上游，其心無日忘我，宜先圖之。陳氏滅，張氏勢孤，一舉可定，然後而向中原，王業可成也。」（《明太祖實錄》卷四）決定集中兵力先打陳友諒，次打張士誠，然後削平南方其他割據勢力，北向中原。

㈠滅陳漢

天定二年（龍鳳六年，一三六〇年），陳友諒殺徐壽輝，建大漢稱帝後，即揮師順江南下，進攻朱元璋的基地應天。朱元璋利用部將康茂才和陳友諒的故友關係，以康詐降誘引陳友諒進軍江東橋，一面調胡大海軍取廣信（江西上饒），搗陳友諒的後路，一面於龍灣一帶設下埋伏。陳友諒中計大敗，逃回江州，朱元璋乘勝收復太平、安慶、信州、袁州。陳友諒不甘心，於次年發兵爭奪信州、安慶，被朱元璋軍擊敗。朱元璋乘勝進擊，大敗陳友諒於江州，陳友諒逃奔武昌。接著，朱元璋分兵攻南康、建昌、饒州、蘄州、黃州、廣濟、撫州。龍興（江西南昌）漢將胡廷瑞投降，改龍興為洪都府。龍鳳八年（一三六二年），朱元璋連下瑞州、吉安、臨江，陳漢「疆場日蹙」（《明太祖實錄》卷十二）。

大義四年（龍鳳九年，一三六三年）四月，陳友諒乘朱元璋大軍北上救援安豐紅軍，內部空虛之機，集中所有力量，發兵六十萬，巨艦數百艘，蔽江東下，圍困洪都，占取吉安、臨江、無為州。洪都守將朱文正等閉城堅守，雙方連續激戰達八十五天之久。七月，朱元璋急命徐達、常遇春回師，並親率大軍與合，馳援洪都。陳友諒聞朱元璋率軍二十萬前來，遂棄洪都圍，統軍入鄱陽湖迎戰。朱元璋抓住漢軍久戰兵疲、將帥不和等弱點，斷然揮師決戰。

七月二十一日，鄱陽湖大戰開始。陳友諒軍聯結大船為陣，行動不方便，而朱軍分軍十一隊，以小船輕駛禦戰，順風齊發火炮、火銃，靠攏施放弓弩，躍船廝殺。陳友諒船被焚二十艘，死六萬人，「煙焰障天，咫尺不斷辨，聲振山谷，軍浮水面，波浪漂沒。」（俞本：《皇明紀事錄》）朱元璋軍亦損失船七艘，將士七千餘人。二十二日，雙方布陣激戰，互有勝負。晡時，東北風起，朱元璋軍以七隻滿載火藥、荻葦的小舟，乘風火攻漢軍鐵索相連的水寨，焚艦數百艘。二十三、二十四日，又連接大戰，漢軍損失慘重。接著，朱元璋移舟泊左蠡，陳友諒亦出泊𤅉磯，隔水相持。這時，陳友諒因數戰失利，召集眾將研究對策，右金吾將軍力主「焚舟登陸，直趨湖南，謀為再舉」，左金吾將軍則以為「今雖不利，而我師猶多，尚堪一戰，若能僇力，勝負未可知。」陳友諒同意焚舟登陸。左金吾將軍見所謀不合，率部眾投降朱元璋，右金吾將軍見將士離心，跟著投降，陳友諒「自是兵力益衰。」（《明太祖實錄》卷十二）朱元璋又派使者下書友諒，要他「聽吾指揮」，陳友諒得書怒，留使者不遣，建金字旗周迴巡寨，並下令殺死所有的俘虜，決意頑抗。朱元璋聞訊，放回所有漢軍俘虜，並下令「但獲彼軍皆勿殺」，漢軍軍心瓦解。同時，又派舟師封鎖鄱陽湖口，截漢軍歸路。陳友諒久困湖中，漸漸食盡糧絕。

八月二十六日，陳友諒在糧絕勢困，進退失據的情勢下，決定退兵，奔回武昌。朱元璋軍截擊於湖口，陳友諒中飛矢死之，其軍五萬餘眾降。其子陳理和部將張定邊等乘夜用小舟載友諒屍首逃回武昌。陳理稱帝，改元德壽。

九月，朱元璋統兵親征武昌。十月圍城，並分兵取漢陽、德安，湖北諸郡皆降。龍鳳十年（一三六四年）二月，朱元璋再次親征武昌，破其丞相張必先（潑張）兵於洪山，陳理、張定邊等出降。陳漢亡，立湖廣行中書省。接著，徐達、常遇春等分兵略鄂、贛諸郡及廣東韶州、南雄，盡有陳漢之地。

㈡取東吳

朱元璋滅陳漢後，成為南方疆土最大、兵力最強的武裝力量。但是，經常和北方元軍同聲相應的張士誠，仍在東側威脅著朱元璋。從張士誠和元朝的關係來看，他還可能和北方元軍再次聯合起來。為了消滅側翼的威脅，朱元璋決策進取張士誠。

從建立江南政權時起，朱元璋就與張士誠不時發生衝突，爭奪地盤，大小數百戰，互有勝負。朱元璋與陳友諒決戰時，張士誠從東線配合陳友諒，屢次發兵爭奪朱元璋的後方諸暨、長興等地。龍鳳十一年（一三六五年）十月，朱元璋發布文告，指責張士誠「假元之命叛服不常，……起釁多端，襲我安豐，寇我諸全，連兵構禍，罪不可逭。」（《明太祖實錄》卷十五）令徐達、常遇春等統兵取東吳北境的淮東、淮陰諸郡，接連取得勝利。次年（一三六六年）三月，徐達攻克張士誠的重要據點高郵。四月，淮安守敵勢孤，被迫投降，接著，「濠、徐、宿三州相繼下」（《明史》卷一，〈太祖一〉），「淮地悉平。」四月十四日，徐達集中馬步舟師三萬人攻取安豐，並擊敗元朝援軍。至此，朱元璋的西吳軍已全部佔有江北之地，完全切斷了元軍和東吳的聯繫，迫使東吳退守長江以南，張士誠在江南的勢力完全陷於孤立。

五月，朱元璋發布〈平周檄〉，聲討張士誠，勸諭東吳臣僚「明識天時，或全城附順，或棄刃投降」，宣布百姓「果能安業不動，即我良民，舊有田產房舍，仍前為主，依額納糧，余無科取，使爾等永保鄉里，以全室家。」（吳寬：《平吳錄》）

八月，朱元璋命徐達、常遇春率師二十萬，分兵進取東吳的南部地區，以拔除張士誠王都平江的羽翼。徐達、常遇春統兵渡大浦口、出太湖，連敗東吳兵，直搗湖州。湖州守將張士騏拼力拒守，張士誠遣司徒李伯升來援，入城後被圍，又遣平章朱暹、王晟等率兵六萬，號稱三十萬來援，被阻於湖州城東舊館，後方接濟糧道也被切斷。張士誠見勢不妙，親自率兵來救，徐達等迎戰於宅林之野，張士誠敗遁，折兵三千餘人。不久，廖永忠、薛顯部取德清，進一步威脅湖州。張士誠恐懼，接連派兵增援舊館，均未得逞。十一月，湖州東吳守軍在援絕糧盡的情況下，全部投降。經過湖州之戰，東吳軍隊疲於奔命，鬥志盡喪，紛紛投降。除無錫外，東吳南境的湖州、杭州、紹興、嘉興等地城鎮，全部落入朱元璋手中，張士誠固守平江，難以抵抗了。

從十一月開始，朱元璋採用葉兌的「鎖城法」，派重兵圍困平江。徐達、常遇春等將領，各統兵封鎖各門、各方，四面築城，把平江團團包圍。又架敵樓（木塔），築臺三層，每層均安置弓弩火銃，並使用襄陽砲轟擊城內。東吳無錫守將莫天祐遣部將楊茂赴平江與張士誠聯繫，潛水至閶門水柵被捕投降。徐達用楊茂出入往來平江、無錫，盡知兩地虛實。然而張士誠憑仗平江地主糧餉支持，拒城死守，朱元璋軍久攻不下。吳元年（一三六七年）九月，徐達統兵向平江發動總攻擊，從葑門、閶門進薄城下，蟻附登城。張士誠帶殘部在萬壽寺東街一帶巷戰，戰敗逃歸王府。徐達遣李伯升和其女婿潘元紹前往勸降，張士誠拒戶自縊，李伯升決戶解救，俘執張士誠到應天，「竟自縊死。」（《明史》卷一二三，〈張士誠傳〉）與此同時，通州（南通）、無錫守將均降附朱元璋，東吳亡。

㈢降方國珍

朱元璋攻伐東吳南境時，方國珍擁兵坐視，並向朱元璋貢獻金銀綢緞，以「觀勝敗爲叛服計」（《明太祖實錄》卷十八）。張士誠覆滅前後，朱元璋派朱亮祖統兵下天台、台州（浙江臨海）、黃岩。方國珍怕被吞併，使人北通擴廓帖木兒，南交陳友定，並搜括珍寶，修治海船，準備逃亡海中。

吳元年（一三六七年）十月，朱元璋以湯和爲征南將軍，吳禎爲副將軍，進討方國珍，連下餘姚、上虞，長驅直入慶元，方國珍逃入海中。十一月，朱元璋又令廖永忠爲征南副將軍，率舟師入海，與湯和合擊方國珍。方國珍走投無路，於十二月遣子明完等奉表謝罪，尋及其弟國珉率部向湯和投降。

㈣平陳友定

朱元璋在發兵進討方國珍的同時，派胡廷瑞爲征南將軍，何文輝爲副將軍，由江西進攻福建陳友定。胡廷瑞等先後攻克閩西的汀州和閩北的邵武等地，陳友定部將紛紛出降。吳元年（一三六七年）十二月，朱元璋又命湯和、廖永忠由明州（寧波）從海道取福州。湯和等乘舟抵福州五虎門，敗元平章庫春，參政袁仁款附。湯和等入城，旋分兵取福寧等地，並詔諭興化、漳、泉諸路。次年（一三六八年）正月，胡廷瑞統兵占建寧，與湯和合圍延平。陳友定據城不出，圍十日，城中軍器局失火，砲聲震地，湯和等率兵乘隙急攻，友定自殺未成，俘執應天處死。興化、泉州降，漳州路達魯噶齊迭里彌實自殺，福建遂平。

至此，南方群雄除明夏龜縮於四川、何真負隅於粵東外，逐個被朱元璋削平。於是，朱元璋便傾其精銳，北取中原。

二 北伐大都

正當朱元璋逐個削平南方群雄的時候，北方各軍閥集團之間的火拼愈演愈烈。至正二十年

（一三六〇年）以後，孛羅帖木兒以元順帝及其支持者老的沙、禿堅帖木兒一派做靠山，聯合張良弼，擁兵跋扈。擴廓帖木兒則以奇皇后、皇太子及其支持者搠思監、扑不花一派爲後臺，聯合李思齊，鋒刃相抗。雙方旗鼓相當，在中原、關陝一帶混戰不休。至正二十四年（一三六四年）四月，搠思監、扑不花指責孛羅帖木兒圖謀不軌，逼元順帝下詔解其兵權，削其官爵。孛羅帖木兒不服，發兵入大都，皇太子逃。元順帝執搠思監、扑不花，並復孛羅帖木兒官爵，孛羅帖木兒才回師大同。皇太子命擴廓帖木兒討伐，孛羅帖木兒再次興兵進攻大都，皇太子敗，走太原依擴廓帖木兒。元順帝命孛羅帖木兒爲中書右丞相，總制天下兵馬。

皇太子企圖在太原稱帝，擴廓帖木兒不從。至正二十五年（一三六五年），擴廓帖木兒舉兵伐大都，孛羅帖木兒戰敗，七月被刺死於宮中。奇皇后要擴廓帖木兒帶重兵擁皇太子進京，逼元順帝讓位，擴廓帖木兒不肯。九月，擴廓帖木兒駐師大都城外三里，以數騎入朝，元順帝命爲中書左丞相。擴廓帖木兒擁兵恃強，既結怨於奇皇后、皇太子，又爲元順帝所忌，在大都站腳不住，只好請求出外帶兵。閏十月，元順帝封擴廓帖木兒爲河南王，總制關、陝、晉、冀、山東諸路兵馬，代皇太子出征南方。

至正二十六年（一三六六年）二月，擴廓帖木兒回河南軍中，下檄調李思齊、張良弼、孔興、脫列伯四將統兵前來會師，李思齊等抗命不聽。擴廓帖木兒見軍令不行，暫罷南征，引兵西向進攻關陝。至正二十七年（一三六七年）李思齊等會盟於長安，合力抗拒擴廓帖木兒軍，雙方爭戰數百次，勝負難分。七月，擴廓帖木兒調部將貊高、關保等搗鳳翔，貊高等倒戈不進，並列其罪狀上報元廷。十月，元順帝下詔奪擴廓帖木兒統兵權，只領本部兵馬，特設撫軍院，以皇太子總制天下兵馬。擴廓帖木兒統兵權被削後，駐軍澤州。皇太子爲防擴廓帖木兒再起，又命李思齊、貊高等發兵圍攻。

連綿不斷的軍閥混戰，把被紅軍打得七零八落的元朝殘餘軍事力量進一步削弱了。

朱元璋攻取東吳以後，洞察這一形勢，及時地決定了北伐的方針和策略。吳元年（一三六七年）十月，命徐達爲征虜大將軍，常遇春爲副將軍，率師二十五萬，由淮入河，進軍北伐，決定：「先取山東，撤其屏蔽，旋師河南，斷其羽翼，拔潼關而守之，據其戶檻，……然後進兵元都」（《明太祖實錄》卷二十六）。也就是先肅清外圍的守敵，待到「天下形勢入我掌握」，「彼勢孤援絕」之時，一舉奪取元朝的統治中心。

爲了爭取北方人民的支持，朱元璋在大軍出發前，告誡諸將說：「汝等師過，非必略地攻城而已，要在削平禍亂，以安生民。凡遇敵則戰，若所經之處及城下之日，勿妄殺人，勿奪民財，勿毀民居，勿廢農具，勿殺耕牛，勿掠人子女，民間或有遺棄孤幼在營，父母親戚來求者即還之。」（《明太祖實錄》卷二十六）還發布由宋濂起草的諭齊、魯、河、洛、燕、薊、秦、晉人民的檄文，申明北伐的目的是：「驅逐胡虜，恢復中華，立綱陳紀，救濟斯民」，「拯生民於塗炭，復漢官之威儀」，號召各地民人不要逃避，「如蒙古、色目，雖非華夏族類，然同生天地之間，有能知禮義、願爲臣民者，與中夏之人撫養無異，」宣布：「予號令嚴肅，無秋毫之犯，歸我者永安於中華，背我者自竄於塞外。」（《明太祖實錄》卷二十六）

朱元璋的北伐檄文，具體而明確地提出了重建漢族封建王朝的目標，有利於消除元政權下漢官漢兵的敵對情緒，分化蒙古、色目貴族集團的抵抗力量，同時也符合飽經軍閥混戰之苦的各族人民要求統一和安定的強烈願望，因而產生巨大的政治影響，爲北伐的勝利進軍打開了坦途。

北伐大軍按既定方針，先取山東。徐達兵駐淮安，遣人往沂州招降盤踞山東的元淮南淮北義軍都元帥、沂國公王宣父子。王宣假意奉表投降，暗派其子王信往莒州、密州求援。朱元璋推斷王宣投降有詐，令徐達帶重兵往沂州，以觀其變，相機進取。十一月，徐達率軍進駐沂州北門外，派人入城勸降，王宣口頭答應，來使出城後卻閉門拒守。於是徐達督軍進攻，王宣被迫出降，莒州、嶧州、海州、沭陽、日照、贛榆等地元軍跟著相繼投降，王信走山西。徐達取沂州後，兵向益都，並分兵扼黃河衝要，斷益都元軍後援之路。益都守將、元平章老保企圖頑抗，但得不到河上援兵，很快就被勢重力專的徐達大軍所打垮。取益都後，徐達又連下壽光、臨淄、昌樂、高苑、濰州、膠州、博興等地。十二月，徐達進至濟南，守將瞻同脫因帖木兒（擴廓帖木兒之弟）遁，其屬將獻城投降。部將汪興祖也連克東平、濟寧。至此，山東諸郡紛紛望風降附。

在北伐大軍進取山東，撤除元廷屏蔽的勝利聲中，朱元璋在李善長等人奉表勸進下，在吳二年（一三六八年）正月初四日即皇帝位，定國號爲大明，建元洪武，是爲明太祖。以應天爲京師，冊封馬氏爲皇后，立世子標爲皇太子，以李善長、徐達爲左右丞相。

洪武元年（一三六八年）三月，徐達實施「旋師河南，斷其羽翼，拔潼關而守之，據其門檻」的作戰計畫，引舟師由鄆城渡黃河，直趨汴梁。元將左君弼、竹昌迎降。四月，徐達大軍西下河南府（洛陽），大敗元軍於洛水北，元梁王阿魯溫降。又乘勝收復受滎陽、福昌、許州、陳州、汝州等地，「河南平。」同時，徐達命馮宗異（即馮國勝）、康茂才等分兵取陝州。五月，馮、康等長驅崤函，直抵潼關，據關而守，阻住了李思齊等援軍東來之路。至此，戰局已經明朗化，大都的克復指日可待。於是，朱元璋親到汴梁，從容佈置進克大都戰略。

閏七月，徐達、常遇春從汴梁率師北上，經彰德、磁州、廣平，大會諸將於臨清。接著，馬步舟師沿運河北進，克德州，下長蘆、青州，至直沽，元將也先自海口逃遁。二十七日，進克通州，元順帝聞報大懼，於次日夜三鼓帶后妃太子出居庸關逃往上都。八月初二日，北伐軍從齊化門填濠登城，克復大都，元朝亡。

第二章　明初政治的由亂入治

第一節　朱元璋重建統治秩序諸措施

一　肅清南北殘餘割據勢力

太祖建立明朝後，首先遇到的一個嚴重問題，便是如何盡快肅清南北各地殘存的割據勢力，實現中國的政治統一。

早在克復大都之前，太祖就部署南征，三方進師，下湖南、廣東，合兵以取廣西。洪武元年（一三六八年）二月，楊璟、周德興等趨湖南寶慶（邵陽），廖永忠、朱亮祖由福建航海取廣東，陸仲享從韶州（韶關）直搗德慶。楊璟等連取全州、道州（湖南道縣）、常寧、武岡州、永州（湖南零陵），廖永忠等航海至潮州，收降元江西行省左丞何真，遂進駐惠州、循州、廣州，俘殺邵宗愚，平廣東，進軍廣西。六月，楊璟、廖永忠兩路合兵圍靜江（廣西桂林），破之。接著，又克南寧、象州，廣西平。

大都克復後，元順帝逃往上都，擴廓帖木兒擁兵山西，李思齊、張良弼盤踞陝西，納哈出據守遼陽，把匝剌瓦爾密擁有雲南，明升夏政權割據於四川。這些割據勢力雖然力量不大，但它們的存在和發展，對新建立的王朝仍是一種威脅。其中擴廓帖木兒和李思齊等軍閥力量最強，又和北逃的元順帝相呼應，有可能捲土重來。

太祖分析形勢，決定集中兵力，優先解決西北的擴廓帖木兒和李思齊。洪武元年（一三六八年）九月，徐達、常遇春率西征軍由河北入山西，討伐擴廓帖木兒，擴廓帖木兒派兵抵抗，雙方展開激戰。十二月，擴廓帖木兒乘北平（太祖改大都為北平府）空虛，親出雁門關奔襲北平。徐達不回救，反而直搗擴廓帖木兒的巢穴太原。擴廓帖木兒急忙回師救太原，半途被徐達軍偷襲兵營，以十八騎敗走。西征軍克太原，平定山西。

洪武二年（一三六九年）三年，常遇春、馮宗異率軍由山西攻陝西奉元路，李思齊逃奔鳳翔，又奔臨洮。四月，李思齊在西征軍步步進逼的情況下，勢蹙投降。此時，元丞相也速乘明軍西征，反攻通州，常遇春、李文忠率步騎九萬還救，自北平連敗元軍於全寧、大興，直搗上都，元順帝北逃沙漠，明軍追擊數百里，俘元宗王慶生、平章鼎住以及將士萬人、車萬輪、馬三千匹、牛五萬頭，薊北悉平。七月，常遇春在回師南下途中，卒於柳河川，李文忠領兵與西征軍會合，大敗圍攻大同的元軍，活捉脫列伯，孔興被部將殺死。張良弼逃奔寧夏，爲擴廓帖木兒執殺，其弟張良臣據慶陽頑抗。八月，徐達率軍進攻慶陽、寧夏，張良臣以慶陽降，不久又叛，城破被殺，寧州、黃河等處悉平。

洪武三年（一三七〇年），擴廓帖木兒進圍蘭州。徐達再次出師，由潼關出西安，攻擴廓帖木兒的據點定西（甘肅定西縣）。擴廓帖木兒引兵還救，爲明軍大敗，逃和林（烏蘭巴托西南）。東路李文忠則率軍「出居庸，入沙漠，以追應昌。」（《明太祖實錄》卷四十八）此時元順帝死，皇太子愛猷識里達臘嗣立，李文忠軍出野狐嶺，至開平，破應昌（內蒙古多倫東北），皇太子亦敗逃和林，其子買的里八剌被明軍俘獲。翌年春，劉益以遼東降，置遼東衛於蓋州（遼東蓋縣），旋建定遼都司（後改為遼東都司）於遼陽。

洪武五年（一三七二年），太祖以徐達爲征虜大將軍，出雁門關，趨和林，李文忠趨應昌，馮國勝取甘肅，從三路征討擴廓帖木兒。徐達大軍進入沙漠，至嶺北爲擴廓帖木兒所敗。洪武六年（一三七三年），擴廓帖木兒反攻大同，徐達遣將極力抵禦，將擴廓帖木兒擊退。洪武七年（一三七四年），李文忠、藍玉出師北征，大敗元軍。洪武八年（一三七五年），擴廓帖木兒死，北方邊境的元朝殘餘勢力逐漸衰落。

太祖在派徐達等征伐元朝殘餘力量的同時，於洪武四年（一三七一年）命湯和爲征西將軍，率周德興、廖永忠、楊璟等由東路入川，攻重慶；命傅友德爲征虜前將軍，率顧時、何文輝等由秦隴入蜀，取成都。明昇據瞿塘天險，阻滯明朝水軍，湯和等攻三個月不下。傅友德等乘明昇專注東線，乘隙南下，連克階州（甘肅武都西北）、文州（甘肅文縣）、綿州（四川綿陽）、漢州（四川廣漢），並以木牌投江順流而下，向東線明軍通報戰績。廖永忠得知北伐明軍進展神速，繞間道攻瞿塘，克夔州，進逼重慶，明昇出降。傅友德亦不戰而得成都。至十月，全蜀郡縣平定，夏亡。和四川接壤的貴州宣慰和普定府總管也聞風歸附。嗣後，太祖兩次遣使王禕、吳雲赴昆明招降元梁王把匝剌瓦爾密，均被殺。

洪武十四年（一三八一年），太祖以傅友德爲征南將軍，藍玉、沐英爲副將軍，率兵三十萬從東、北兩方面進攻雲南，北路由四川南下取滇、黔邊境的烏撒（雲南鎮雄、貴州威寧等地）。東路由湖南「辰、沅趨貴州，進攻善定、普安」（談遷：《國榷》卷七），直取昆明，元梁王把匝剌瓦爾密兵敗自殺。洪武十五年（一三八二年）閏二月，明軍攻下大理，雲南全境平定。洪武十六年（一三八三年）明軍班師，太祖留義子沐英統兵鎮守雲南。

洪武二十年（一三八七年）春，太祖以馮國勝爲大將軍，與傅友德、藍玉等率軍二十萬，進軍東北，征討納哈出。明軍出長城松亭關，連下大寧（河北平泉）、寬河（河北寬城）、會州、富裕（河北平泉之北），乘夜襲占慶州（內蒙古林西縣），渡西遼河，過金山（遼寧開原西北），直逼松花江北，納哈出勢蹙投降。同年十二月，「野人部將」西陽哈等來降，兀者地區歸屬明朝。洪武二十二年（一三八九年），遼王阿札失里請求內附，置泰寧（洮安附近）、福餘（齊齊哈爾附近）、朵顏（洮兒河上源）三衛。至此，貝加爾湖以東，黑龍江上、中游以南，歸於明朝。除蒙古、新疆、西藏等邊疆區域外，南北各個主要的割據勢力集團均被消滅，全國基本上實現了統一。

二 改革地方官制

太祖朱元璋從吳王躍爲明朝的開國皇帝，李善長、徐達等文武官成了開國功臣。但是在洪武初年的一段時間裡，仍然基本上沿襲元朝的制度，行使中央權力的是中書省，最高軍事機關是大都督府，地方最高一級政權是行中書省，實際上僅是西吳政權的擴大而已。

隨著全國統一的完成，這套政權結構越來越不適應加強大一統專制主義統治的需要。在中央政權，中書省行政長官左、右丞相分掌了皇帝的一大部分權力。不過當時由於右丞相徐達長年統兵在外，獨掌省務的左丞相李善長又小心謹慎，皇權與相權的矛盾還不明顯。但行中書省總攬一省的民政、軍政和財政大權，其長官平章政事的職權很大，實際上削弱了中央對地方的控制。元末各地軍閥的跋扈，紅軍時代太祖勢力的擴大，在一定程度上都是利用了這一制度的弊病。太祖總結歷代的教訓和自己起家的經驗，認識到要重建強大而統一的國家，必須極度集權於上而適度分權於下。

洪武九年（一三七六年），太祖著手整頓地方官制，下令改行中書省爲承宣布政使司（簡稱布政司），置左、右布政使各一人，職權僅限於民政和財政。而且「朝廷有德澤、禁令，承流宣播以下於有司」（《明史》卷七十五，〈職官志四〉），事事都須秉承朝廷意旨。同時，把原行中書省的監察司法權分出，另設提刑按察使司（簡稱按察司），長官是按察使，掌一省刑名監察之事。又設都指揮使司（簡稱都司），置都指揮使，主管一省的軍政。布政司和按察司、都司合稱「三司」，分權鼎立，互相牽制，而決策、號令之權統歸中央，這就大大加強了中央對地方的控制能力和垂直統治。布政使司之下的地方行政機構，也由元朝的路、府（州）、縣三級簡化爲府（或直隸州）、縣（州）二級。

地方官制改革後，全國除京師（南京）和邊疆少數民族地區外，分浙江、江西、福建、北平、廣西、四川、山東、廣東、河南、陝西、湖廣、山西十二布政使司。洪武十五年（一三八二年），增設雲南布政使司，共十三布政使司。當時全國計有府一百五十九，州二百三十四，縣一千一百七十一個。在邊遠和少數民族地區，則由都指揮使司和宣慰使司、宣撫司、安撫司、招討司、長官司、蠻夷長官司、軍民州、土州、土縣等，統管軍民之政。

爲了使地方統治體制順利進入正常運轉，太祖親自擬定《授職到任須知》，對地方官吏的職權範圍和辦事項目、程序、方法作出具體規定。爲「懲吏職之弗稱」，他又「親制〈責任條例〉一篇，頒行各司府州縣，令刻而懸之，永爲遵守。」（萬曆《大明會典》卷十二，〈吏部〉）。爲了防止官吏和地方勢力結合，又於洪武十三年（一三八〇年）正月定「南北更調用人之法」（萬曆《大明會典》卷十二，〈吏部〉），實行地方官員不得在原籍任官的迴避制度。爲保證官方交通往來和通訊聯絡的暢通無阻，使「幅員萬里而遙，遐邇相聯，臂指相使」（張萱：《西園聞見錄》卷七十二），洪武元年（一三六八年）正月，詔令「置各處水馬站、遞運所、急遞鋪」（《明太祖實錄》卷二十九）。九月，改站爲驛。在水、陸路通達處和水陸路交匯處，凡六十里或八十里設一驛，傳遞軍情、章奏和緊急公文，迎送過往官員。在陸路要道和水路碼頭設遞運所，轉運上貢物料、軍餉錢糧等物資。在各府、州、縣境內，凡十里設一急遞鋪，專送政府公文。在都司衛所轄區內，還設有軍站。洪武二十七年（一三九四年），全國十三布政司共設馬驛三百六十一處，水驛二百二十四處，水馬驛四百九十三處，共一千零七十八處，形成東距遼東都司，西極四川松潘，西南距雲南金齒，南逾廣東崖州，東南至福建漳州府，北暨北平大寧衛，西北至陝西、甘肅的驛路網絡（《明太祖實錄》卷二三四）。這些措施，使明初對地方的控制力得到加強。

三　嚴密對農村社會的控制

太祖出身下層，對於民間社會的實際情況有著比較深刻的了解。他知道儘管從中央到地方府縣，層層設置了完整的官僚統治體系，但要對底層社會——農村社會的各個方面實行嚴格的控制，光靠這些官僚機構發揮職能還是遠遠不夠的。因此，他力圖在農村社會裡建立起「以良民治良民」（《明太祖實錄》卷六八）的統治秩序，充分利用鄉族共同體的力量，作爲官僚機構的補充工具。

元末農民戰爭掃蕩了舊地主，引起農村社會的重新組合。但是，以同姓共有的祠堂、異姓共有的神廟、村落、會社爲統治核心的深層結構並沒有被打破。太祖勢力崛起時，便注意保全這種農村社會結構，如下浦江時，對當地所謂「累世雍睦」的「義門」鄭氏加以保護，下令「

復其家」，並手書「孝義門」加以旌表。以血緣關係和地緣關係爲紐帶的農村社會組織，其頭面人物是有恆產的地主份子。太祖在重建和完善農村社會「私」的統治體制時，首先考慮的是使這些頭面人物的權力合法化，以財產田糧的多寡，作爲確立各色人等在基層社會中所處地位的標準。

早在龍鳳六年（一三六〇年）夏，太祖就在浙江金華縣試辦以糧多之戶經辦賦役的制度，由王愷主持，「令民自實田」，「每圖以糧多者爲正里長，寡者爲副。正，則以一家二家充；副，則合四、五至七、八而止。通驗其糧而均賦之。」（宋濂：《鑾坡前集》卷五，〈行中書省王公墓誌銘〉）。洪武三年（一三七〇年）六月，太祖以監察御史鄭沂奏言，命各地遞運官物的船隻，「於稅糧內定民貲之厚者充之。」（《明太祖實錄》卷五十三）。也就是把供應官物的運輸任務交給地方上的糧多之戶。洪武四年（一三七一年）九月，太祖下詔設立糧長制度，「料民土田，以萬石爲率，其中田土多者爲糧長，督其鄉之賦稅。」（《明太祖實錄》卷六十八）。首先在浙江和江蘇的蘇、松等地實行，以後逐漸在人口眾多、田賦繁劇的江西、湖廣等地推廣。糧長主持納糧一萬石或數千石的地區內田糧的催徵、經收和解運，並有管理鄉民往他處開荒、勸導教化鄉民、檢舉不法官吏和頑民等臨時或附帶的任務，且直接向皇帝負責。這樣，糧長成了明朝皇帝維持農村社會秩序、監督地主官吏和豪強，維護中央集權統治的有力助手。

爲了加強中央政府對於民間基層社會的控制，太祖尤爲注意對於戶籍的管理。在江南政權時期，寧國知府陳灌「創戶帖以便稽民」（《明史》卷二八一，〈陳灌傳〉）。建國不久，太祖便下令各地總兵官收拾元朝的戶口版籍，「其或迷失散在軍民之間者，許令官司送納。」（《明典章》，〈洪武元年十月詔〉）。洪武二年（一三六九年），太祖下令：「凡軍、民、醫、匠、陰陽諸色戶，許各以原報抄籍爲定，不許妄行變亂，違者治罪，仍從原籍。」（萬曆《大明會典》卷十九，〈戶口〉）。洪武三年（一三七〇年）十一月，太祖下令戶部在全國推行戶帖制度，置戶籍、戶帖，「各書戶之鄉貫、丁口、名、歲，以字號編爲勘合，用半印鈐記。籍藏於部，帖給於民。」（《續文獻通考》卷十三，〈戶口考〉）。根據洪武四年（一三七一年）頒給直隸徽州府祁門縣謝允憲戶的戶帖原件，戶帖所記載的內容，除上述鄉貫、丁口、姓名、年歲外，還列有事產一項，詳細登記該戶所佔有的田地、草屋、孳畜、黃牛等財產。戶帖上還刊有戶部洪武三年（一三七〇年）十一月二十六日欽奉聖旨，表明太祖不僅嚴厲督促各地官府普查人口，而且調派軍隊「去各州、縣裡下著遶地裡去點戶」，清查勘合，「比不著的便拏來做軍。比到其間，有司官吏隱瞞了的，將那有司官吏處斬。百姓每（們）自躲避了的，依律要了罪過，拏來做軍。」（中國人民大學歷史檔案系藏，見韋慶遠《明代黃冊制度》，中華書局一九六一年版，附圖一）。洪武初年戶帖制度得到比較認真的貫徹和執行，使得中央政府對各地戶口的控制有了牢靠的保證。

洪武十四年（一三八一年），太祖下令推行里甲制度，建立全國整齊劃一的基層管理組織，以一百一十戶爲一里（在城曰坊，近城曰廂），推丁糧多者爲里長，其餘一百戶爲十甲，每甲十戶，立甲首一人。里長十年一役，「凡其一里之中，一年之內，所有追徵錢糧、勾攝公事，與夫祭祀鬼神，接應賓旅，官府有所徵求，民間有所爭鬥，皆在見役者所司」（丘濬：《大學衍義補》卷三十一）。又設里正、甲正，掌田糧戶口冊籍；設總甲專職治安。同時，採納試戶部尚書范敏的建議，在設立里甲的基礎上，編造黃冊，記載所有編入里甲人戶的鄉貫、丁口、姓名、年歲、事產等項，「里各編一冊，冊首爲總圖。鰥寡孤獨不任役者，則繫於百十戶之外，著之圖尾，曰畸零帶管。冊成，上戶部，而省、府、州若縣各存其一以待會。皆十年，有司將定式給坊、廂、里長，令人戶諸丁口、田塘、山地、畜產，悉各以其實自占，上之州、縣。州縣官吏查比先年冊諸丁口，登下其死生，其事產、田塘、山地貿易者，一開除，一新收，過割其稅糧。其排年坊、里長消乏者，於百十戶內遴丁糧近上者補之。有事故戶絕者附畸零。」（傅維鱗：《明書》卷六十八，〈賦役志〉）。即用黃冊取代原來實行的戶帖，並增加十年大造一次，記載十年間人丁等項變化消長的情況。

太祖力圖通過地緣和血緣的鄉族關係，在農村社會建立起一種政治井然的秩序，大力推行「鄉飲之禮」。他在洪武五年（一三七二年）三月詔天下曰：「……古者鄰保相助，患難相救，……鄉黨論齒，從古所尚，凡平居相見，揖拜之禮，幼者先施；歲時燕會，坐次之列，長者居上。佃見田主，不論齒序，並如少事長之禮，若在親屬，不拘主佃，則以親屬之禮行之。鄉飲之禮，所以明長幼厚風俗，今廢缺已久，宜令中書評定儀式，頒布遵守。」（《明太祖實錄》卷七三）。每里各推「老人」一名，選年高有德爲眾所服者充當，負責勸民爲善，課督耕種和理斷鄉里爭訟，和里長共主一里之事。「老人」根據政令和《鄉約》施行教化，在特定的場所行使權利，發揮控制農村社會的作用，被稱為「方巾御史。」（顧炎武：《天下郡國利病書》卷一五，〈蘇州〉）。為使四民各守本業，太祖令各地方設置「見丁著業牌」，每日傳遞，使民警勵，「凡出入作息，相鄰必互知之。」（《明太祖實錄》卷一七七、卷二五五）。洪武三十年（一三九七年），「令天下民每鄉里各置木鐸一，內選年老或瞽者，每月六次持鐸徇於道路，曰：孝順母父，尊敬長上，和睦鄉里，教訓子孫，各安生理，毋作非為。」（《明太祖實錄》卷一七七、卷二五五）。配合「但出百里即驗文引（路條）」（《明律》卷十五，〈兵律〉）。的法律規定，限制人口和生業的流動。

通過里甲、黃冊制度以及鄉村控制系統的確立，明朝政府對於農村社會的控制更趨嚴密。

四 制定刑律

明初刑律，包括律、令、誥和榜文四個方面。

吳元年（一三六七年）十月，太祖命中書省定律、令。是年十二月，律、令成，洪武元年（一三六八年）正月頒行，即《大明律》二百八十五條，《大明令》一百四十四條。

洪武六年（一三七三年）十一月，命刑部尚書劉惟謙詳定《大明律》，篇目皆準唐律，共六百有六條，分為三十卷。洪武九年（一三七六年），因「律條猶有擬議未當者」，命胡惟庸、汪廣洋等復詳加考訂，「釐正十有三條」，後又幾經修改刪定。洪武二十二年（一三八九年）八月，以刑部奏言「比年律條增損不一，在外理刑官及初入仕者，不能盡知」，命翰林院同刑部取比年所增者，以類編附，成《更定大明律》三十卷，四百六十條。最後於洪武三十年（一三九七年）正式頒行全國。

《大明令》頒行於洪武元年（一三六八年），「《律》不載而具於《令》者，法司得援以爲證，請於上而後行焉。」（《明史》卷九十三，〈刑法一〉）。可見《大明令》是《大明律》的一種補充。

《大誥》頒行於洪武十八年（一三八五年），共七十四條，次年五月頒示《大誥續編》，共八十七條。洪武二十年（一三八七年）二月頒行《大誥三編》，共四十三條，次年又頒行《大誥武臣》，四編共二百三十六條。《大誥》匯集太祖審訊和判決官民犯罪的案例，尤其是懲處豪強和貪官污吏的案例，是一部特殊的法典。頒布《大誥》具有兩重的意義：一是加強《大明律》的實用性。洪武三十年（一三九七年），撮要選出《誥》文中的有關條目（其中案例多為法外用刑），附爲《大明律》例，使其在官吏實際判案中，起著補充、解釋《大明律》的作用。二是通過《大誥》的廣泛傳播和普及，教誡士民，「使人盡知趨吉避凶，不犯刑憲。」他不僅詔令各處學宮和官民之家教授傳誦，規定科舉考試中，「有記一編、兩編或全記者，俱受賞」（萬曆《大明會典》卷二十，〈戶部〉）；甚至規定「一切官民諸色人等，戶戶有此一本。若犯笞、杖、徒、流罪名，各減一等；無者，每加一等。」（《大誥》，〈頒行大誥第七十四〉）把是否藏有《大誥》作爲量刑從輕從重的標準。這一史無前例的作法，達到強化統治的效果，「於時，天下有講讀《大誥》師生來朝者十九萬餘人。」（《明史》卷九十三，〈刑法一〉）

爲了申明官民職守和違法懲戒辦法，太祖陸續制訂一些榜文，「揭榜示以昭大法」，命各部衙門懸掛遵守。據龐嵩《南京刑部志》卷三所載，嘉靖時南京刑部懸掛的洪武榜文，有刑部十九榜，都察院十榜，前軍都督府一榜，吏部一榜，戶部二榜，禮部七榜，兵部五榜，工部五榜，合計五十榜。萬曆《大明會典》中還錄有太祖所頒榜文或來源於榜文的令十來處。這是見諸現存記載的，實際上太祖所頒榜文當比上述數字大得多。榜文一般採用木材製成的板榜，張掛於衙門前或官署正廳內，一部分還曾懸掛在有關府、州、縣及各地的里、社「申明亭」上。有的則採用鐫刻在鐵板上的鐵榜，如洪武五年（一三七二年）七月所頒布的〈申誡公侯鐵榜〉九條，內容更顯莊嚴、重要。

太祖十分重視刑律，反覆加以修訂，用了三十年時間，方成規模。明代法律大抵以《唐律》爲原本，吸收歷代得失，加以增減，史稱「《明律》視唐簡核，而寬厚不如宋。」（《明史》卷九十三，〈刑法一〉）

明初刑律雖然包括律、令、誥、榜文四個方面，不過在洪武前期，刑律的應用實際上是以榜文爲主，律爲輔。洪武元年（一三六八年）頒示的《令》，隨著《大明律》的不斷完善，許多令條已歸并進律條，逐漸失其作用。洪武三十年（一三九七年），太祖頒《大明律誥》，將

《大誥》附為《大明律》例，「今後法司，只依《律》與《大誥》議罪」，「今後照條例發落，敢有違者，以變亂成法論。」（朱元璋：〈大明律序〉，《大明律誥》）。永樂時，詔示「毋引榜文條例為深文」（《明史》卷九十三，〈刑法一〉。），以後明代刑律過渡到以《大明律》及其條例為主了。

五 薦舉、學校和科舉

明初官吏的選拔，實行薦舉、學校與科舉「三途並用」。

薦舉的措施實行較早。太祖在渡江前後，便已四方搜羅耆儒、儒士，並在建康創禮賢館處之。立國之初，他以致賢為急，多次下詔求賢，要求各地官員薦舉各類人才，上報朝廷，徵召或禮送京師，親自策問，校定優劣，即行除官或送吏部決定任職。洪武年間，薦舉是任用官吏的一個重要方面，特別是洪武六年（一三七三年）至十七年（一三八四年）間，更是明朝選拔官吏的唯一途徑。薦舉的科目，由初期的耆儒、儒士、擴大為耆儒、儒士、明經耆儒、通經儒士、文儒、明經人才、茂才、秀才、才幹之士、稅戶人才、文學之士、精通術數者；賢良方正、聰明正直、孝悌力田、孝廉；明經行修、懷才抱德等十餘種；薦舉的途徑亦由初期的武官為主，擴大到大小官員。「時中外大小臣工皆得推薦，下至倉、庫、司局諸雜流，亦令舉文學才幹之士。其被薦而至者，又令轉薦。以故山林岩穴、草茅窮居，無不獲自達於上，由布衣而登大僚者不可勝計。」(《明史》卷七一,〈選舉三〉)在薦舉的過程中,「富戶耆民皆得進見,奏對稱旨,輒予美官」(《明史》卷七一,〈選舉三〉),糧長成績優異者,亦得不第擢遷,成爲大僚,如嚴震直,「以富民擇糧長,歲部糧萬石至京師,無後期,帝才之。二十三年(一三九〇年)特授通政司參議,再遷爲工部侍郎,二十六年(一三九三年)六月進尙書。」(《明史》卷一五一,〈嚴震直傳〉)

在薦舉賢才的同時,太祖逐步建立科舉取士制度。龍鳳十一年(一三六五年),他於應天創辦國子學,吳元年(一三六七年),又命有司「預爲勸諭民間秀士及智勇之人,以時勉學,俟開舉之歲,充貢京師。」(《明太祖實錄》卷十七)。洪武元年(一三六八年),「令眾官子弟及民俊秀通文義者,並充學生。」十五年(一三八二年),改國子學爲國子監。洪武二年(一三六九年)令於全國設立府、州、縣學,此後還有宗學、社學、武學之設,學校之盛,「唐、宋以來所不及也。」(《明史》卷六十九,〈選舉一〉)

國子學的學生叫作監生、歲貢生,功課的內容有:《御至大誥》、《大明律令》、《四書》、《五經》以及劉向《說苑》等書。入監學生以文學優劣,分隸正義、崇志、廣業、修道、誠心、率性六堂。升率性堂後,孟月試本經義一道,仲月試論一道,詔誥表章內科一道,季月試經史策一道,判語二條,「每試文理俱優與一分,理優文劣者半分,文理紕繆者無分。歲內積至八分者爲及格,與出身」(《南雍志》卷九,〈謨訓考〉,〈學規〉),便可直接任官,才學超越異常的不受此限。任官並無一定資歷順序,最低爲從九品的教授和無品級的教諭、吏目，最高的直接擢升爲行省左、右參政（從二品）。

洪武初大量任用監生爲官，亦同薦舉一樣，多少含有應急的性質，也沒有固定的標準，甚至出現入學才數月遽選入官的情況。洪武三年（一三七〇年）五月，始開設科舉，「使中外文臣皆由科舉而選，非科舉者，毋得與官」（《明史》卷七十，〈選舉二〉），並特令連試三年。但施行效果並不理想，「有司所取多俊望少年，觀其文詞，若可與有爲，及試用之，能以所學措諸行者甚寡」，太祖認爲這是「朕以實心求賢而天下以虛文應朕」，下令暫罷科舉，改行察舉（《明太祖實錄》卷七十九）。直至洪武十八年（一三八五年）恢復科舉制度，後遂以爲永制。

明代科舉規定以八股文取士，所謂「八股」，就是作文的格式由破題、承題、起講、入手、起股、中股、後股、束股這八部分組成。「專取四子書及《易》、《書》、《詩》、《春秋》、《禮記》五經命題」。每三年舉行一次，逢子午卯酉年鄉試，辰戌丑未年會試。考試分三級進行，童生先在州縣級考試，中試者稱爲「秀生」或「生員」，取得省試即鄉試的考試資格。鄉試中式者爲「舉人」，取得參加禮部考試即會試的資格。會試中式者再經皇帝親自「殿試」，欽點進士。進士分一二三甲發榜，一甲三人，曰：狀元、榜眼、探花，統名爲「賜進士及第」；二甲若干人，賜進士出身；三甲若干人，賜同進士出身。進士皆由朝廷任官。一般來說，狀元授修撰（從六品），榜眼、探花授編修（正七品）；二三甲考選庶吉士者皆爲翰林官，其他或授給事、御史、主事、中書、行人、評事、太常、國子博士，或授府推官、知州、知縣等官（《明史》卷七十，〈選舉二〉）。

洪武時期，薦舉和科舉並行不廢，保證了重建封建統治秩序的人才需要。

第二節 胡藍之獄與皇權的提高

一 胡惟庸黨案和中央官制的改革

明朝開國功臣，無論是農民出身，或是地主出身，無不膺有公侯之封，食祿自五千石以至六百石不等。祿田之外，還經常得到賞賜的「莊田」、「勳臣田」。如洪武四年（一三七一年）三月，太祖在一次賜田中，就給李善長等公侯臨濠山地六百五十八頃有奇（《明太祖實錄》卷六十二），十二月一次賜給湯和田地一萬畝（《明太祖實錄》，卷七十）。田地之外，還賜以第宅和畜產。洪武五年（一三七二年）十二月，太祖下令建公侯第宅於中都。洪武十七年（一三八四年）五月，「賜開平王、岐陽王二家及公侯、駙馬、指揮羊各有差。」（《明太祖實錄》，卷一六二）此外，還欽賜大量的人戶。六國公、二十八侯的佃戶，在洪武四年（一三七一年）就達三萬八千一百九十四戶之多，其餘「守墳人戶」、「儀仗戶」、「儀從戶」，也各有一定的名數。另外，還有私人武裝，號稱「奴軍」（《明太祖實錄》，卷二百二）。

這批從反元戰爭中起家的文武功臣，並不滿足既有的利益，千方百計地擴大法外特權，和封建國家發生了尖銳的矛盾。在經濟上，這些公侯之家，倚恃權豪，侵奪一般民眾的田地、房屋、孳畜，或者接受投獻，進而強占官地，甚至公開向明太祖提出賜田的要求。他們在欽賜佃田人戶和儀仗戶之外，還私養莊奴、家奴。有的還私役官軍守衛公侯門首，建造居室，甚至令其坐賈行商。這不但使許多勞動人民深受其害，而且嚴重危害了朱明王朝的財政收入，影響到國家統治秩序的穩定。太祖很早就注意到這一點，一再頒發敕令文告，嚴禁功臣驕淫奢侈，酣飲費貲，干預民事，私役軍士，縱軍鬻販，以及僮奴橫肆，莊佃倚勢冒法等等。其中重要的，有洪武五年（一三七二年）六月頒布的〈申誡公侯鐵榜文〉，十三年（一三八〇年）六月頒布的《臣戒錄》，十九年（一三八六年）十月頒布的《至戒錄》，二十一年（一三八八年）七月頒布的《大誥武臣》，二十六年（一三九三年）三月頒布的《稽制錄》等。但是，這一矛盾並不因太祖的三令五申而消失。

經濟上的衝突必然反映到政治上，首先突出地表現於皇權與相權的矛盾。

洪武四年（一三七一年）正月，李善長致仕，改徐達爲左丞相，高郵人汪廣洋爲右丞相，徐達仍統軍在外，中書省務實際上由汪廣洋獨專。洪武六年（一三七三年），以胡惟庸爲右丞相，十年（一三七七年）九月升任左丞相。胡惟庸是淮西定遠人，元末地主階級知識分子，至正十五年（一三五五年）歸朱元璋於和州，授元帥府奏差。他與李善長有親戚關係，又「嘗以曲謹當上意」，深得太祖信任。當上丞相之後，獨斷專行，「生殺黜陟，或不奏徑行。內外諸司上封事，必先取閱，害己者，輙匿不以聞。四方躁進之徒及功臣武夫失職者，爭走其門，饋遺金帛、名馬、玩好，不可勝數。」（《明史》卷三百八，〈胡惟庸傳〉）圍繞胡惟庸周圍的重要人物，大多是太祖在反元過程中吸收的地主文人、降官降將或地方地主武裝的頭子，可以說是由舊地主出身的「淮西派」官僚結成的小集團。他們勢力的擴張，引起農民出身的新地主集團和舊地主集團中的「浙東派」的不滿，矛盾漸趨表面化。徐達向太祖報告胡惟庸奸狀，幾爲所害。劉基曾說過胡惟庸不宜入相的話，被胡惟庸藉故革去歲祿，最後被毒死。胡家結黨，控制朝政，直至「僭用黃羅帳幔，飾以金龍鳳紋。」（《明太祖實錄》卷二四三）「其定遠舊宅，井中忽生筍，出水數尺，諛者爭引符瑞。又言其祖父三世塚上，皆夜有火光燭天，胡惟庸益喜自負，有異謀矣。」（《明史》卷三百八，〈胡惟庸傳〉）御史大夫陳寧、中丞涂節，得罪受譴的吉安侯陸仲亨、平涼侯費聚等都和他密相往來，黨羽日眾。

洪武十二年（一三七九年）九月，占城來貢，胡惟庸、汪廣洋等匿而不奏，爲太監所發。太祖怒責省臣，胡、汪推諉於禮部，禮部即咎於中書。太祖更加憤怒，「盡囚諸臣，窮詰主者。」不久，汪廣洋被處死。又以汪廣洋違法娶沒官婦女爲妾，下令查究胡惟庸及六部堂屬之罪，太祖和胡黨的矛盾便公開化了。

洪武十三年（一三八〇年）正月，涂節自首告胡惟庸謀反，太祖遂下令逮捕胡惟庸、陳寧、涂節等，以「擅權枉法」之罪處死。

太祖殺胡惟庸之後，痛感相權對於皇權的威脅，於是下令廢除中書省丞相制度，提高吏、

✓中書省丞相↓四輔官↓內閣大學士
✓御史台↓都察院
六科給事中稽察六部百司之事

戶、禮、兵、刑、工六部地位，分任朝政，直接由皇帝指揮，以期「權不專於一司，事不留於壅蔽。」（《明太祖實錄》卷一二九）但是，皇帝總攬六部，事務龐雜，「密勿論思，不可無人」（《明史》卷一三七，〈安然傳〉），於是年九月設立四輔官，起用年高的耆儒王本等九人先後擔任輔官，在皇帝左右講論治道，觀察各郡縣舉諸科貢才的才能，並兼封駁刑官疑讞。四輔官雖秩正三品，位列公侯都督之次，但實際上從未直接處理重大政務。洪武十五年（一三八二年）罷四輔官，設文淵閣、武英殿、文華殿諸大學士，秩正五品，詳看諸司章奏，兼司平駁，侍從左右，以備顧問。大學士辦事地點在宮內殿閣，後逐漸被稱爲內閣學士。但初期的內閣，不能參決政務，參署詔令，只是輔助性的辦事機構。同年，罷御史臺，改設都察院，置左、右都御史，與六部同稱七卿。「都御史職專糾劾百司，辨明冤枉，提督各道，爲天下耳目風紀之司。」（《明史》卷七十三，〈職官二〉）其下設十三道監察御史，以一布政司爲一道，共有御史一百十人，糾察地方官吏。此外，又有六科給事中稽察六部百司之事。這些機關「彼此頡頏，不敢相壓，事皆朝廷總之，所以穩當。」（《皇明祖訓》首章）皇帝的權力空前提高。

太祖殺胡惟庸後改革的中央官制，略如下表：

名稱	長官	職掌
四輔官	春夏秋冬官	講論治道，觀所舉賢才才能，封駁疑讞。

華蓋殿 武英殿 文淵閣 東閣 文華殿	大學士	侍從皇帝，以備顧問，輔導太子。
吏部	尚書	掌官吏選授、封勳、考課等人事政令。
戶部	尚書	掌全國戶口、田賦等財政政令。
禮部	尚書	掌禮儀、祭祀、宴饗、貢舉諸政令。
兵部	尚書	掌武衛官軍選授、簡練等軍事政令。
刑部	尚書	掌刑名、徒隸、勾覆、關禁等刑事政令。
工部	尚書	掌百工、山澤等官手工業的政令。
都察院	左右都御史	掌糾劾百司、巡按地方等監察情事。
通政使司	通政使	掌受內外章疏、敷奏封駁之事。
大理寺	卿	掌審讞平反刑獄之事。
詹事府	詹事	掌輔導太子。
翰林院	學士	掌制誥、史冊、文翰之事。
國子監	祭酒	掌國學諸生訓導情事。

太常寺	卿	掌陵廟祭祀禮樂之事。
光祿寺	卿	掌宮殿門戶及膳食等情事。
太僕寺	卿	掌牧馬之政令。
鴻臚寺	卿	掌朝會、賓客、吉凶儀禮之事。

太祖鎮壓胡惟庸集團，改革中央官制，消除主要來自舊地主出身的官僚集團（文臣）方面對於皇權的威脅，在當時的歷史條件下，這種作法是必要的。它既有穩定明初局勢的功效，同時也進一步剷除了元代政治的殘餘影響，使明代新確立的政治體制得以順利延續。但是，自此之後，太祖把胡惟庸黨案作爲實行專制獨裁、排斥異己的正當理由，把蓄意打擊的功臣統統羅織爲胡黨罪犯，抄家滅族，持續達十餘年之久，株連至三萬餘人。胡惟庸的罪名也不斷擴大，洪武十九年（一三八六年），增加了入海私通倭國謀判罪名；二十三年（一三九〇年），又增勾結北元的罪名，連「勳臣第一」的李善長也被牽連進去，加以誅殺。這又帶來削弱根本的惡果。

二　藍玉黨案和軍權的集中

太祖爲吳王時，就下令「革諸將襲元舊制樞密、平章、元帥、總管、萬戶諸官號，而覈其所部兵五千人爲指揮，千人爲千戶，百人爲百戶，五十人爲總旗，十人爲小旗。」（《明史》卷九十，〈兵二〉）洪武元年（一三六八年），在總結唐宋以來軍隊建制經驗教訓的基礎上，吸收唐代府兵制寓兵於農的精神，「革元舊制，自京師達於郡縣，皆立衛所。」（《明史》卷八十九，〈兵一〉）「度其要害，繫一郡者設所，連郡者設衛。」大抵五千六百人爲一衛，長官爲指揮使，管轄五個千戶所。每個千戶所爲一千一百二十人，長官爲千戶，管轄十個百戶所。每個百戶所爲一百一十二人，長官爲百戶。百戶之下「設總旗二，小旗十，大小聯比以成軍。」（《明史》卷九十，〈兵二〉）地方上的最高軍事機構是都指揮使司，簡稱都司。洪武二十六年（一三九三年），「定天下都司衛所，共計都司十有七，留守司一，內外衛三百二十九，守禦千戶所六十五。」（《明史》卷九十，〈兵二〉）照衛所數量及其編制推算，當時全國約有士兵一百八十萬左右。平時軍士由衛所軍官負責操練、屯田，一遇有警，則撥歸兵部派遣的總兵官統領，避免了軍事機構、將領獨專軍權的弊病。洪武四年（一三七一年）「造用寶金符及調發走馬符牌，用寶符爲小金牌二，中書省、大都督府各藏其一。有詔發兵，省府以牌入，內府出寶用之。」凡軍機文書，自都督府、中書省長官外，不許擅奏，有詔調軍，「省、府同覆奏，然後納符請寶。」七年（一三七四年），「申定兵衛之政，徵調則統於諸將，事平則散歸各衛。」（《明史》卷九十，〈兵二〉）

明初衛所軍士的來源，大體有四個方面：一是「從征」，即原來參加朱元璋起兵的所謂「諸將所部兵」；一是「謫發」，即因罪被罰充軍者；一是「垛集」，即是徵兵，按人口比例徵兵，三丁或五丁抽一軍，比例不一。軍士皆別立戶籍，叫作軍戶，軍戶是世襲的，一經簽派爲兵，就不能隨意脫籍。明朝政府往往把當兵作爲對犯罪者的一種懲罰手段，軍戶的社會地位十分低下。太祖把軍隊另立戶籍，成爲世業，又貶低其地位，固是爲了防止元代末期那種驕兵難制的局面，但由此也大大影響了軍隊的戰鬥力。

太祖在建立軍制之初，在中央設大都督府，任命他的親侄兒朱文正爲都督，「節制中外諸軍事」（《明史》卷七十六，〈職官五〉）。洪武十三年（一三八〇年）誅胡惟庸，罷中書廢丞相，太祖趁機廢大都督府，設中、左、右、前、後五軍都督府，每府以左、右都督爲長官，「分領在京各衛所及在外各都司、衛所。」（《明史》卷七十六，〈職官五〉）五軍都督府的職權與兵部相互配合又相互牽制。五軍都督府雖掌管軍籍、軍隊，但平時不能統率調動軍隊；兵部雖有任免升調、訓練軍隊和發布軍令的權限，但不能指揮軍隊作戰。每逢戰時，由皇帝作出決定，兵部頒發調兵命令，都督府長官才奉命出將統兵，「有大征討，則掛諸號將軍或大將軍、前將軍、副將軍印總兵出（徐禎卿：《翦勝野聞》），指揮作戰。戰事結束，總兵官歸還將印，軍隊各回衛所。

太祖雖然從制度上扼制了大將專權的危害，但這些武臣宿將身經百戰，部屬眾多，居功僭移，所爲多不法。他們手中掌握的軍權對於皇權是一種潛在的威脅。太祖除下戒諭外，還多次用嚴厲的手段加以懲治。十七年（一三八四年），臨川侯胡美以犯禁死。十八年（一三八五年），武功第一的魏國公徐達生背疽，太祖特賜蒸鵝，毒發而亡。但太祖和武臣之間的矛盾並沒有解決。

最嚴重的衝突，在太祖與藍玉之間發生。藍玉，定遠人，常遇春內弟，「臨敵勇敢，所向皆捷。」常遇春、徐達先後死去，藍玉「數總大軍多立功。」洪武二十年（一三八七年）征東北納哈出，藍玉爲征虜左副將軍，馮國勝得罪後，代爲大將軍。二十一年（一三八八年），率十五萬大軍征北元，一直打到捕魚兒海，大勝還朝，受封爲涼國公。藍玉總軍征戰多年，麾下驍將數十人，威望很高。他和其他功臣一樣，「驕蹇自恣，多蓄莊奴假子，乘勢暴橫，嘗占東昌民田，御史按問，玉怒逐御史。北征還，夜扣喜峰關，關吏不時納，縱兵毀關入」；「在軍擅黜陟將校，進止自專」；「西征還，命爲太子太傅，曰：『我不堪太師邪？』」（《明史》卷一三二，〈藍玉傳〉）太祖自誅胡惟庸之後，對功臣的戒心日重，藍玉的所作所爲，代表了新地主官僚集團中的武臣擴大勢力的野心，這更使太祖萌起殺之而後快的念頭。

洪武二十六年（一三九三年）春，錦衣衛指揮蔣瓛首告藍玉謀反，太祖於是下令逮捕藍玉和親黨景川侯曹震、鶴慶侯張翼、舳艫侯朱壽、東莞伯何榮及吏部尙書詹徽、戶部侍郎傅友文等高官多人。又以「藍黨」罪名株連殘殺一萬五千餘人，「列侯以下坐黨夷滅者不可勝數。」之後，宋國公馮國勝、潁國公傅友德等亦相繼賜死。至洪武末年，開國諸公、侯所剩無幾，「元功宿將相繼盡矣。」（《明史》卷一三二，〈藍玉傳〉）

與大興黨獄，翦除功臣勢力的同時，太祖不斷加強分封諸王的宗藩制度。洪武三年（一三七〇年），首封秦、晉、燕、吳、楚等十王，並定王府官制，設置大宗正院（二十二年改爲宗人院），掌管藩王事務。五年（一三七二年），設王府護衛都揮使司。洪武十一年（一三七八年），秦王、晉王就藩西安、太原，又封蜀、湘、豫、漢、衛五王。十三年（一三八〇年），燕王就藩北平。十四年（一三八一年），周王（原封吳王）、楚王就藩開封、武昌。十五年（一三八二年），齊王就藩青州。十八年（一三八五年）潭王、魯王、湘王就藩長沙、兗州、荊州。二十三年（一三九〇年），蜀王就藩成都。二十四年（一三九一年），再封慶、寧、岷、谷、韓等十王。二十五年（一三九二年），代王（原封豫王）就藩大同。二十六年（一三九三年），遼王（原封衛王）、慶王、寧王就藩廣寧（遼寧北鎮）、寧夏、大寧（承德平泉東北）。二十八年（一三九五年），肅王（原封漢王）、岷王、谷王就藩甘州（甘肅張掖）、雲南、宣府（河北宣化）。

太祖分封諸子爲藩王的目的，一是捍禦外患，二是夾輔王室。當時邊防的重點在對付北元蒙古勢力，故沿長城內外，擇其險要地區分封了九王。「此九王者，皆塞王也，莫不傅險陋，控要害，佐以元侯宿將，權崇制命，勢匹撫軍，肅清沙漠，壘帳相望。」（何喬遠：《名山藏》卷三十六，〈分藩記〉）其他分封內地的藩王，則分駐各地要衝，「分王內地用資夾輔」，「建藩屏上衛國家，下安生民」，世襲鎮守，「爲久安長治之計。」（《明太祖實錄》卷五十二）

諸王原則上是「列爵而不臨民，分土而不任事」，以維護中央集權的統治。但是藩王地位崇高，冕服車旗邸等下天子一等，「制祿歲萬石，府置相傅官屬，護衛甲士少者三千人，多者萬九千人。」（《明史稿》卷一百八，〈諸王〉）封在邊防要地的塞王，兵力特別雄厚，如在大寧的寧王，擁有護衛甲士八萬人，戰軍六千。晉、燕二王長期將兵出塞及築城屯田，大將軍如宋國公馮國勝、潁國公傅友德等，「皆受節制」（《明史》卷一一六，〈諸王傳〉）。而且封國內的守鎮兵，平常雖不屬藩王統轄，但「遇有緊急，其守鎮兵、護衛兵，並從王調遣。」（《皇明祖訓》）朝廷調兵，守鎮官須得御寶文書，又得藩王令旨，方許發兵，即使已得皇帝的御寶文書，而無藩王令旨，也不得發兵。《皇明祖訓》中還規定，朝廷中有權臣擅政，諸王有移文中央索拿奸臣並舉兵清君側的權力。這樣，藩王實際上是皇帝在地方上的軍權代表了。諸王就藩後，皆預軍務，軍權從武將轉移到皇室手中，文武官員中以武爲重的構成被打破，武職的地位逐漸下降。

三 錦衣衛、廷杖和文字獄

爲了監視、偵查、鎮壓官吏的不法行爲，太祖先後任用親信文武官員充當「檢校」，「專主察聽在京大小衙門官吏不公不法及風聞之事，無不奏聞。」（劉辰：《國初事跡》。）洪武十五年（一三八二年），設立「錦衣衛」，專掌緝捕、刑獄和侍衛之事，直屬皇帝指揮。

錦衣衛官員有指揮使一人，正三品，同知二人，從三品，僉事二人，四品，鎮撫二人，五品，十四所千戶十四人，五品，下屬有將軍、力士、校尉。有法庭和監獄，其中，「經歷司」

掌文移出入，「鎮撫司」掌本衛刑名，兼理軍匠，即「詔獄」。錦衣衛平日爲皇帝爪牙，鎮壓臣下時則羅織大獄，捕人，審訊和處刑。太祖大殺功臣，許多案件就是通過錦衣衛執行的，「幽縶慘酷，害無甚於此者，太祖時，天下重罪逮至京者，收繫獄中，數更大獄，多使斷治，所誅殺爲多。」（《明史》卷九十五，〈刑法三〉）

和錦衣衛有密切關係的一種刑法，叫「廷杖」，即在殿廷上責杖進諫觸怒或有過失的大臣，以提高皇帝的威權。洪武年間，公侯如朱文正、朱亮祖，大僚如工部尚書薛祥等，都是受廷杖致死的。

明朝初創，一部分地主文人不肯合作，加深太祖對士大夫的厭惡和猜忌。洪武十七年（一三八四年）到二十九年（一三九六年），太祖屢興文字獄，捕風捉影，牽強附會，任意株連，釀成冤案。如浙江府學教授林允亮替海門衛官作的〈謝增俸表〉中，有「作則垂憲」之語；北平府訓導趙伯寧爲都司作〈賀萬壽表〉中，有「垂子孫而作則」一語；福州府學訓導林伯璟爲按察使作〈賀冬至表〉中，有「儀則天下」一語；桂林府學訓導蔣質爲布、按二使作〈正旦賀表〉中有「建中作則」一語；澧州學政孟清爲本府作〈賀冬至表〉中有「怪德作則」一語，太祖以「則」字和「賊」諧音，是影射他當過紅軍，一概處死。常州府學訓導蔣鎮爲本府作〈正旦賀表〉，內有「睿性生知」之語；祥符縣學教諭賈翥爲本縣作〈正旦賀表〉有「取法象魏」之語；尉氏縣教諭許元爲本府作〈萬壽賀表〉有「體乾法坤，藻飾太平」之句，太祖硬說「生」是「僧」，「取法」是「去髮」，「法坤」是「髮髡」，影射他當過和尚，也一律處死。德安府訓導吳憲爲本府作〈賀立太孫表〉，說「天下有道，望拜青門」；杭州府學教授徐一夔〈賀表〉有「光天之下，天生怪人，爲世作則」，太祖認爲「道」是「盜」，「則」是「賊」，「光」是「光頭」，「生」是「僧」，「青門」是和尚廟，諷刺他當過盜賊，做過和尚，也一概處死。又如懷慶府學訓導呂睿爲本府作〈謝賜馬表〉，內有「遙瞻帝扉」；和尚來復作〈謝恩詩〉云：「金盤殊合來殊域」，「自慚無德頌陶唐」，太祖認爲「帝扉」即「帝非」，「殊」即「歹朱」，「無德」是罵他，都是誹謗朝政，一概處死。陷入文字獄的文人、官員，原是獻媚、頌揚太祖和明朝的，無意中觸犯了忌諱，招來慘禍。太祖以文字爲藉口，用高壓的手段對付他們，意在箝制社會輿論，顯示皇權至高無上的淫威，扼殺異己思想的萌發。這在當時，也收到一定的效果。

四　宦官預政的開端

雖立法不許宦官干政，卻因自身政務繁忙，不免得任用宦官辦事，造成宦官干政之端

太祖不僅對臣僚嚴加防範，對女寵、外戚干政也深有警惕。他嚴立家法，不准后妃、外戚干預政事。馬皇后仁慈有智鑒，偶而參問政事，但不干政，還曾以「國家爵祿宜與賢士大夫共之，不當私妾家」（《明史》卷一一三，〈后妃傳〉），勸阻太祖授其親族官職。洪武十五年（一三八二年），馬皇后死，太祖未再立后。洪武三十年（一三九七年）十二月，太祖病重，「慮他日有武后之禍」，曾令李淑妃自盡（張萱：《西園聞見錄》卷三）。洪武一代，后妃不

預政，外戚不敢恃寵病民，史稱「漢唐以來所不及。」（《明史》卷一一三，〈后妃傳〉）

太祖鑑於前代宦官之禍，也有意識地抑制宦官權勢。洪武二年（一三六九年）七月定內侍官制，太祖便諭吏部云：「內臣俱備使令，毋多人。古來若輩擅權，可爲鑒戒，馭之之道，當使之畏法，勿令有功，有功則驕恣矣。」（《明史》卷二，〈太祖二〉）所以當時宮廷內官不及百人。到了洪武末年，頒布《祖訓》，才稍爲完備了內侍十二監、四司、八局的體制，編員有所擴大。但仍然規定宦官之職只是供灑掃侍奉，「不得兼外臣文武銜，不得御外臣冠服，官無過四品，月米一石，衣食於內廷。」同時規定內侍不許讀書識字，內監衙門不得與外廷諸司文移往來。並「嘗鑄鐵牌置宮門曰：『內臣不得干預政事，預者斬』。」（《明史》卷三百四，〈宦官傳〉序）洪武十年（一三七七年）有內侍以久事內廷，「泛言及朝政，即日斥還鄉，終身不齒。」（談遷：《國榷》卷六）

然而，太祖雖然事必躬親獨斷，但畢竟精力所限，不可能完全不依靠左右，利用宦官辦事，因而也沒有將抑制宦官的措施貫徹始終。據《明太祖實錄》中的記載，宦官被派遣外出執行政務就有數十例，有的奉命詣軍觀兵閱勝，「雖未命爲監軍，而勢與監軍無異」；有的奉傳諭旨，擔任使臣；有的命爲市易，到邊地市馬易牛；有的委之會計，核天下稅課不如額者，等等。這些活動，「皆政所在，帝使之，則安得不預？」（楊椿：《孟鄰堂文鈔》卷三，〈惠帝論三〉）

終洪武之世，太祖任用宦官辦事，尚能駕馭得體，宦官干政的弊端還沒有發生。但他以上自相矛盾的言行，實爲明代宦官干政的出現打開了一個缺口。

第三節 靖難之役與永樂朝的政治

一 建文更改舊法與削藩

立國之初，太祖就立長子朱標爲皇太子，確立了皇位的繼承人。爲使朱標能順利地接班，太祖在其二十三歲時便令他「日臨群臣，聽斷諸司啓事，以練習國政。」（《明史》卷一一五，〈興宗孝康皇帝〉）洪武二十四年（一三九一年），太祖命太子朱標巡視關陝，省觀風俗形勢，考察秦王言行。不料陝西歸來後朱標即病，次年四月病死，太祖不得不立朱標才十六歲的兒子朱允炆爲皇太孫。太祖深恐皇太孫年少缺乏統治能力，千方百計規定嚴密的制度，頒《永鑒錄》和《皇明祖訓》，約束藩王、大臣，並定制後人不得更改。然而，擁有重兵並世襲鎮守邊塞的藩王已成氣候，大有和帝室分庭抗禮之勢。皇太孫朱允炆曾問太祖：「虜不靖，諸王禦之。諸王不靖，孰禦之？」（《明史竊》卷三）深感藩王對帝位的威脅。

洪武三十一年（一三九八年）閏五月，太祖死，皇太孫允炆即位，是爲建文帝。

建文帝即位後，罷斥一批洪武舊臣，提拔一批新人同參國事，任用兵部侍郎齊泰爲兵部尚書，翰林院修撰黃子澄爲太常卿，又召漢中府教授方孝孺爲翰林院侍講，決意施行新政。

建文帝推行世治宜用文的用人方針，改變太祖重武輕文的官僚體制，舉遺賢，興學校，提升文臣的地位。少壯文臣在朝廷中有很大的發言權，上疏建言多達一千餘通，政治空氣比較寬鬆。他又改變太祖「以猛治國」的方針，詔行寬政，「諭天下有司務崇禮教，赦疑獄，稱朕嘉與萬方之意。」（《明史》卷九十五，〈刑法三〉）使許多在洪武時期被殺、被流放的人得到平反。蠲逋賦，蠲荒田租，減免江浙重賦，限制僧道占田，使一些地區的社會經濟得以復甦。江南地區，「一時士大夫崇尚禮義，百姓樂利而重犯法。家給人足，外戶不闔，有得遺鈔於地，置于屋簷而去者。」（顧起元：《客座贅語》）同時，又針對「諸王多不遜」的迫切問題，與親信大臣齊泰、黃子澄等密議削藩。當時，秦王和晉王已死，削藩的首要對象是實力較大的北平燕王朱棣。計議中，齊泰主張把矛頭直指燕王，黃子澄不同意，說：「周、齊、湘、代、岷諸王在先帝時尚多不法，削之有名，今欲問罪，宜先周。周王，燕之母弟，削周是剪燕手足也。」（《明史》卷一四一，〈黃子澄傳〉）於是，建文帝採納「剪燕手足」的策略，在上臺後三個月，以周王橚有罪，「廢爲庶人，徙雲南。」明年四月，又廢齊王榑、代王桂爲庶人，湘王柏自焚死。六月，又以岷王楩有罪，廢爲庶人，徙漳州。這樣，建文帝即位後還不到一年，就削去了五個藩王。對於燕王，也採取了削弱其兵力並予嚴密監視的措施，一面派工部侍郎張昺爲北平左布政使，謝貴、張信掌北平都指揮使司，暗中偵察、監視燕王朱棣的行動。一面又藉口「北邊有寇警，以防邊爲名，遣將戍開平，悉調燕藩護衛兵出塞，去其羽翼。」（谷應泰：《明史紀事本末》卷十六，〈燕王起兵〉）同時又命令都督耿瓛駐兵於山海關，徐凱練兵於臨清，以觀北平動靜。

建文帝和他的輔臣所採取的上述新政，應該說是切中時弊的。但他們少年氣盛，急於求成，提出「皇明祖訓不會說話，只是用新法便」（《奉天靖難記注》卷二），這種猛烈更改制度的方案，在官僚層中缺乏心理準備和承受能力。加上他們缺乏政治經驗，提出的新法往往脫離實際，以致造成混亂。特別是過分重用文臣引起武臣的失落感增加，控制內廷過嚴引起宦官的離心。建文帝及其親信大臣對此不但沒有覺察，進行政策調整，反而在沒有掌握軍事實力的條件下，貿然削藩，使新政的基礎更不穩定。這樣，當削藩引起帝室與藩王之間的矛盾公開化的時侯，政治力量的重新組合便朝著建文帝主觀願望相反的方向發展了。

二 朱棣靖難與遷都北京

建文元年（一三九九年）六月，建文帝密令張昺、謝貴、張信等逮捕燕王朱棣。但是張信爲朱棣舊所信任，反而把建文帝的密令告訴了朱棣。接著，北平布政使司吏奈享、按察司吏李友直等也向朱棣密報了張昺、謝貴等人的行動。當時北平滿城都是謝貴的軍隊，燕王親兵甚寡，朱棣與張玉、朱能等商議，決定用計先擒殺謝貴、張昺，於是年七月四日，把張昺、謝貴騙至王府，在酒席間將其擒殺。北平城內將士聽到張昺、謝貴被擒殺，皆潰散，朱棣即命張玉等

「率兵乘夜出，攻奪九門」（高岱：《鴻猷錄》卷七，〈靖難師起〉），控制了北平。接著，朱棣援引《祖訓》，以清除皇帝身邊的奸惡齊泰、黃子澄即「清君側」爲名，舉兵「靖難」。

朱棣起兵之後，迅速拔居庸關，破懷來，取密云，克遵化，降永平（河北盧龍），二旬眾至數萬。而南京方面，建文帝「仁柔少斷」，齊泰、黃子澄「兩人本書生，兵事非其所長。」（《明史》卷一四一，〈齊泰傳〉）舊日功臣宿將，僅存長興侯耿炳文及武定侯郭英二人。建文帝無將可使，只好起用年已六十有五的耿炳文爲大將軍，率軍（下簡稱南軍）十三萬進軍北平，在滹沱河爲燕軍襲破，大敗而退。建文帝聞炳文軍敗，根據黃子澄的推薦，曹國公李景隆代領其軍。此時，寧王派兵攻永平，朱棣以王世子朱高熾留守北平，親自率軍救永平，進而直指寧王藩邸大寧。十月，朱棣以計入其城，誘俘寧王朱權，收其部屬八萬並朵顏三衛蒙古兵三千，勢力大增。李景隆領南軍圍攻北平，朱高熾拼死堅守。十一月，朱棣回師，內外夾攻，大敗南軍，李景隆退居德州。建文二年（一四〇〇年）四月，南軍與燕軍會戰於白溝河（河北雄縣北），復大敗，李景隆南逃，委棄器械輜重山積，斬首及溺死者十餘萬。都督瞿能、越巂侯俞淵、指揮滕聚等皆戰死。燕軍進圍濟南，幸得都督盛庸和參政鐵鉉奮力防守，並於八月擊敗燕軍，朱棣才撤兵回北平。

九月，建文帝擢鐵鉉爲兵部尚書，封盛庸爲歷城侯、平燕將軍，都督陳暉、平安副之，再次率兵北伐。十二月，南軍與燕軍會戰於東昌（山東聊城），燕軍大敗，亡數萬人，張玉戰死，朱棣潰圍而還。建文三年（一四〇一年），雙方仍然在山東和中原地區反覆爭奪，互有勝負。

建文四年（一四〇二年）四月，雙方主力又大戰於宿州（安徽宿縣）的齊眉山。時燕軍連失大將，「淮土盛暑蒸濕，諸將請休軍」（《明史》卷五，〈成祖一〉），多想北歸。這本是南軍大舉進攻的大好時機，但建文帝聽信左右一批廷臣的建議，認爲燕軍已北撤，京師不可無良將，於是在這關鍵的時刻，下令把魏國公徐輝祖統率的部隊撤回南京，部署被打亂了，朱棣趁機反攻，大敗南軍於靈璧，南軍驍將平安及陳暉、馬溥、徐真等三十七人皆被執，精銳喪失大半，燕軍士氣大振，戰場形勢明顯有利於朱棣。五月，燕軍南下攻占揚州。六月，燕軍自瓜洲渡過長江，下鎮江，進圍南京。這時南軍已毫無抵抗能力，李景隆和谷王橞等打開金川門迎降朱棣，都城遂陷，建文帝下落不明。

朱棣進南京後，「大索齊泰、黃子澄、方孝孺等五十餘人，榜其姓名曰奸臣」，多遭族誅，株連甚眾。方孝孺因不肯爲朱棣撰即位詔，被誅殺十族八百七十三人（《明史》卷一四一，〈方孝孺傳〉）。是月，朱棣在奉天殿即皇帝位，改元永樂，是爲明成祖，又稱明太宗。

成祖即位後，便醞釀遷都北平，並爲此進行一系列的準備。永樂元年（一四〇三年），從禮部尚書李至剛之請，改北平爲北京。以後，又先後設立北京行部、北京留守行後軍都督府、北京國子監，罷北平布政使司，改順天知府爲府尹，逐步提升北京的政治地位。永樂七年（一四〇九年）、十一年（一四一三年）、十五年（一四一七年），成祖三次北巡，坐鎮北京，計八年零八個月，使決策、軍事、行政系統逐漸北移。與此同時，通過恢復海運，開通陸運疏浚會通河，解決南糧北調的難題，滿足北京的糧食供應。永樂四年（一四〇六年），在北京修建元代舊宮，十四年（一四一六年）營建西宮。次年至十八年（一四二〇年），大興土木，改建擴充北京城，新建皇宮、郊廟，「悉如金陵之制，而宏敞過之」（《明太宗實錄》卷一一八）。永樂十九年（一四二一年）正月，成祖正式遷都北京。

明朝創立不久，便進行京都的大遷移，這在中國歷史上是罕見的。這因爲北京是成祖發跡之地，也是他控制全國政局的基地。政治實力所在是他決定遷都北京的首要因素。其次，從當時的軍事形勢看，明朝的主要威脅來自北元蒙古勢力，元朝復辟的可能性依然存在。在臨近隱患策源地建立全國政治中心，有利於指揮調度，靈活反應，及時制止禍亂，鞏固明朝基業。同時，北京所處的地理位置，臨中夏而控北荒，足以「控四夷創天下」（《明太宗實錄》卷一〇四），便於對遼闊的北方邊疆開拓進取。遷都北京對成祖政治戰略的發揮起了重要的作用。

三　廢止藩王兵權與提升內閣

成祖以藩王奪取帝位，深知太祖制訂的藩王擁有兵權的分封制度對皇權的危害。即位後，表面上繼續維護太祖的分封諸王制度，永樂元年（一四〇三年）正月，恢復了被建文帝革除的周王橚、齊王榑、代王桂、岷王楩諸藩王爵位。永樂六年（一四〇八年），令太祖分封的沈王、安王、唐王、郢王、伊王就藩潞州、平涼、南陽、安陸、洛陽。以後還分封自己的兒子朱高煦為高陽王、漢王，朱高燧為趙王，但實際上卻不斷地削奪諸王的軍事力量，改變諸王擁兵藩屏帝位的體制。

首先，把擁兵鎮撫北方邊境的藩王內遷。建文四年（一四〇二年），把駐宣府的谷王徙往湖廣長沙。永樂元年（一四〇三年），徙寧王於江西南昌。永樂五年（一四〇七年），改封韓王於平涼。其次，是逐步削弱諸王的護衛，消除藩王覬覦皇位的軍事力量。永樂元年（一四〇三年）四月，削代王桂護衛，只給校尉三十人隨從。七月，岷王楩有罪，削其護衛。四年（一四〇六年），調蜀王椿三護衛之馬步軍五千，隸西平侯沐晟就雲南操練從征，又廢齊王榑為庶人。六年（一四〇八年），「岷王楩復有罪，罷其官屬。」（《明史》卷六，〈成祖二〉）十年（一四一二年），削遼王植護衛及儀衛司。十四年（一四一六年），削漢王高煦二護衛。十九年（一四二一年），周王被迫獻出二護衛官軍。雖然諸王的護衛並未盡革，有的如代王等還曾予以恢復，但從總體上看，藩王擁有重兵的現象大為減弱了。第三，將靖難有功的將領派往邊塞要地，直接統率節制軍隊，取消諸王節制將帥出征的實權，實現軍權的再度轉移，杜絕了藩王擁兵奪權的機會。從此以後，宗藩起兵反抗朝廷的事件雖仍存在，但大致上可以說，宗藩已從藩屏帝室鎮守一方的地位下降為坐食祿米的皇族地主了。這正如《明史稿‧諸王傳》中所云：「自是以後，矯枉鑑覆，法網綦密。……藩封之局，日剝月削，雖支子代有封立，而恩澤遞降，規制無加。其舊封遠者，宗派繁昌，祿秩難給，末胄疏屬，不免饑寒。即號稱雄藩，而牽於文法，長吏得以束縛之，所謂維城之寄無有也。」（《明史稿》卷一百八）

成祖在靖難之役中，「多以建文帝左右爲耳目」（《明史》卷九十五，〈刑法三〉）。宦官「漏朝廷虛實」（《明史》卷二百四，〈宦官傳〉序），是靖難成功的因素之一。燕王時代的太監如王彥、鄭和等，出入戰陣，多建奇功，深得成祖的賞識。爲了強化對官僚的控制，成祖把周圍的太監倚爲親信，「明世宦官出使、專征、監軍、分鎮、刺臣民隱事諸大權，皆自永樂間始」（《明史》卷二百四，〈宦官傳〉序）。宦官不許讀書識字的禁令也被突破，如宦官范弘，「占對嫻雅，成祖愛之，教令讀書，涉經史，善筆札」（《明史》卷三百四，〈范弘傳〉）。爲了鎮壓異己勢力，成祖不僅恢復了一度被太祖詔止的錦衣衛獄，而且在永樂十八年（一四二〇年）設東緝事廠（簡稱「東廠」）於東安門內，由宦官統領，緝訪謀逆、妖言、大奸惡等，和錦衣衛並稱「廠衛」。終永樂之世，宦官對加強皇權發揮了重要作用。

提升內閣職權和閣臣地位，是永樂時期政治制度的一大變化。成祖即位之初，特簡侍讀解縉、胡廣，編修黃淮、楊士奇，修撰楊榮，檢討金幼孜、胡儼等七人入直文淵閣。這時閣臣的地位，最高爲正六品，最低爲從七品，表面上沒有超出太祖所定大學士正五品的官階，但內閣已不僅備顧問，而是「機密重務悉預聞」（《明史》卷一四七，〈黃淮傳〉），成祖在諸如和戰、立儲、用人、徵調、蠲免賦役等重大軍國政務上，都徵求內閣的意見，甚至對於六部的要政，也可以在御前進行更高層次的審議，以供皇帝參考。內閣成了皇帝指揮中央機關發號施令的機要所在，《明政統宗》云：「時上（成祖）念機務殷重，欲廣聰明，措天下於理也，乃開內閣於東角門，簡諸臣爲耳目，……諸六部大政，咸共平章。秩五品，恩禮賜賚，率與尚書並

。蓋內閣預機務，自此始也。」（《明政統宗》卷七）

隨著職權的變化，內閣學士的地位亦得到提高。永樂十五年（一四一七年），楊士奇升為正五品翰林學士，十八年（一四二〇年），楊榮、金幼孜升為正五品文淵閣大學士。終永樂之世，閣臣官階雖不出五品，但格外「賚予優渥」，文淵閣大學士胡廣於十六年（一四一八年）卒，葬禮特厚，「贈禮部尚書，謚文穆。文臣得謚，自廣始。」（《明史》卷一四七，〈胡廣傳〉）內閣實權的擴大和閣臣待遇的提高，使內閣在中央領導機關中的地位日益加強。

四 親征漠北與經營邊陲

占據漠北的北元蒙古勢力，是明朝面臨的最大威脅。成祖一反建文時期的消極防禦，以開拓進取的姿態，頻頻反擊。

北元退居漠北後，皇帝的權勢急遽衰落。洪武二十一年（一三八八年）脫古思帖木兒（元順帝之孫）在土剌河畔被部下也速迭兒縊死，北元內部陷入混亂，形成韃靼、瓦剌和兀良哈三股勢力。兀良哈部，在黃河以北到黑龍江以南的地區（相當於今天的昭烏達盟和哲里木盟地區）；瓦剌部則控制南起準噶爾盆地，北盡沙漠，西接中西亞的帖木兒帝國，東鄰韃靼的廣大地區（即今蒙古人民共和國的西部和我國新疆西北部的準噶爾盆地一帶）；處於兀良哈和瓦剌之間的是韃靼部，它以和林為中心（今蒙古人民共和國首都烏蘭巴托一帶），活動於今鄂嫩河、克魯倫河流域以及貝加爾湖以南地區。北元自脫古思帖木兒後，自立皇帝屢被部帥弒殺。到了建文三年（一四〇一年），第六代皇帝坤帖木兒又被部下鬼立赤弒殺。鬼立赤簒立，自稱可汗，廢北元國號，稱韃靼。三部勢力完全分裂，各自爲政。

在蒙古三大部中，以兀良哈和明朝的關係最爲密切。成祖起兵「靖難」還得到他們的支持。作爲報答，成祖放棄大寧以北的廣大地區，防線內移，把注意力集中對付北線的韃靼和西北的瓦剌。永樂元年（一四〇三年），阿魯臺殺鬼立赤，與本雅失里稱雄韃靼，六年（一四〇八年）、七年（一四〇九年），成祖連續派人以織金文綺、彩幣等贈本雅失里和阿魯臺等，但本雅失里無意通好，殺了明朝使臣郭驥等。永樂七年（一四〇九年）秋天，成祖命淇國公丘福爲大將軍，率精騎十萬北征韃靼。由於丘福孤軍輕進，明軍在臚朐河（今克魯倫河）大敗，「全軍皆沒」，丘福及諸將皆被執遇害（谷應泰：《明史紀事本末》卷二一，〈親征漠北〉；《明史》卷一四五，〈丘福傳〉）。

丘福北征大敗，「帝震怒，以諸將無足任者，決計親征。」（《明史》卷一四五，〈丘福傳〉）永樂八年（一四一〇年）二月，成祖親率五十萬大軍北征。明軍大敗本雅失里於斡難河（今鄂嫩河）上，本雅失里只帶七騎西逃瓦剌部。明軍旋回師東擊阿魯臺部於飛雲壑（今內蒙古錫林郭勒盟東部），阿魯臺部大敗，於是年冬天遣使貢馬，表示內附。

韃靼部敗後，瓦剌部軍力日益強盛，屢向明朝政府索取賞賜、兵器，並扣留使臣，南下騷擾。永樂十二年（一四一四年）三月，成祖第二次親率五十萬大軍北征，是年六月，明軍與瓦剌部在忽蘭忽失溫（今蒙古人民共和國烏蘭巴托東）展開會戰，瓦剌部大敗，其首領馬哈木等從土剌河倉皇西逃。翌年春，馬哈木等貢馬謝罪，暫時賓服，「復奉貢。」（《明史》卷三二八，〈瓦剌傳〉）

成祖二次北征打敗瓦剌後，韃靼部阿魯臺於永樂十四年（一四一六年）趁機率部攻打瓦剌，勢力復增，「遂桀驁」，又數起兵侵擾邊境。永樂二十年（一四二二年）春，阿魯臺率眾南掠興和等地，成祖第三次率軍親征，阿魯臺聞風逃走，明軍燒其輜重，收其牲畜而還。歸途並討兀良哈部，「以其助逆」（谷應泰：《明史紀事本末》卷二一，〈親征漠北〉），捕斬甚眾，兀良哈部復降。

永樂二十一年（一四二三年），成祖率大軍進行第四次北征，討伐阿魯臺。出塞後，聞阿魯臺為瓦剌所敗，部落潰散，遂班師。二十二年（一四二四年），阿魯臺糾眾犯大同、開平。是年四月，成祖率軍進行第五次北征，阿魯臺不敢應戰，遠遁，明軍深入不見敵，窮搜無所獲，各軍以糧不繼引還。六月，成祖率眾班師，歸途中死於榆木川（今內蒙古自治區多淪縣西北）。

成祖對於韃靼、瓦剌的用兵，實際上是明朝統一中國戰爭的繼續，是鞏固明朝統治、穩定邊疆的必要措施。近人孟森曾稱讚成祖開拓進取的性格，說：「五征漠北，皆親歷行陣，假使建文承襲祖業，必不能有此」（孟森：《明清史講義》第二編第二章，〈靖難〉），這是切合實際的。成祖在鞏固北方邊疆上所作出的貢獻，值得肯定。

爲了從東方牽制蒙古，朱棣積極經營東北。東北地區的居民，主要是女真族，還有一部份蒙古族和漢族。女真族即滿族、索倫族、達斡爾族、鄂倫春族、赫哲族、費雅喀族、奇勒爾族、庫頁族等的前身，又稱女直。明代人根據各部女真族的居住地，將其分爲三類：居住在開原至湯站（湯山）一線以東，即蘇子河、婆豬江、鴨綠江、圖們江、暉春江及速平江一帶的叫「建州女真」。居住在松花江、阿速江（烏蘇里江）流域，東至海，北至兀的河（烏第河）以內的叫「海西女真」。而居住在松花江、黑龍江流域以北，西起斡難河，北至外興安嶺北支，東越韃靼海及於庫頁島，東北抵鄂霍次克海北岸地區的，叫「野人女真」。明朝建立之後，女真各部相繼歸附。成祖在太祖經營東北的基礎上，進一步加強經營和管理，使明朝對東北的統治地區不斷擴大。永樂元年（一四〇三年），以女真胡里該部首領阿哈出爲指揮使，設置了建州衛，以兀者首領西陽哈爲指揮使，設置兀者衛。永樂十四年（一四一六年）左右，明朝政府又以猛哥帖木兒爲指揮使，設立建州左衛。建州臣屬明朝，與內地的聯繫更爲密切。

成祖經營東北的最重要措施，是設置了奴爾干都指揮使司。永樂元年（一四〇三年），明朝「遣行人邢樞偕知縣張斌往諭奴爾干，至吉烈迷諸部招撫之。」（嚴從簡：《殊域周咨錄》卷二四，〈女直〉）第二年，各部首領相率入京，「因悉境附」（《山中聞見錄》卷九），明朝政府分別任命各部首領爲指揮同知等職。從永樂元年（一四〇三年）到永樂七年（一四〇九年），明朝在烏蘇里江、黑龍江流域一帶設置了奴爾干衛等一百三十一衛。永樂七年（一四〇九年）閏四月，奴爾干官員忽剌修奴來朝，奏稱「其地衝要，宜立元帥府」，於是，明朝政府在奴爾干等衛的基礎上，設置了奴爾干都指揮使司於黑龍江入海口附近的特林地方，任命東寧衛指揮康旺爲都指揮同知，千戶王肇舟等爲指揮僉事。（《明太宗實錄》卷六十二）。其統轄範圍：西起斡難河（鄂嫩河），北至外興安嶺，東南抵大海，東北越海達庫頁島（苦夷）。奴爾干都司成了明朝政府管轄黑龍江、烏蘇里江流域等地最高一級的地方行政、軍事機構。

奴爾干都司設立後，明朝政府除派軍隊前往戍守外，爲了溝通從內地到奴爾干地區的交通聯繫，在其境內設置了東西兩條驛站路線，東線是「海西東水陸城站」，起自海西底卜失站（黑龍江雙城縣西），向東北沿松花江而下，直到黑龍江下游，沿途經過五十多個驛站。西線是「海西西陸路」，從肇州起，經松花江、洮兒河往西直至兀良河（滿洲里附近）。這兩條驛站路線連接遼東都司轄境內的驛站，可直達京師和內地。交通驛站的開設，大大加強了王朝對邊疆的控制，促進了內地與東北邊遠地區的經濟聯繫。

明朝政府還經常派專人巡視奴爾干都司，對轄內各族人民進行撫慰。從永樂七年（一四〇九年）起，太監亦失哈以欽差大臣的身分，曾多次到奴爾干都司各地，宣諭朝廷旨意，當地各族人民也「聞風慕化」（〈敕修奴爾干永寧寺碑記〉），與明朝政府的關係進一步密切。史載永樂十年（一四一二年）亦失哈巡視其地，「自海西抵奴爾干及海外苦夷諸民，賜男婦以衣服、器用，給以穀米，宴以酒食。皆踴躍歡欣，無一人梗化不率者。」（〈敕修奴爾干永寧寺碑記〉）。

永樂年間朱棣對於東北的經營是有成效的，但對於奴爾干都司的管理主要採取「以斯人管斯地」的辦法，缺乏更爲積極和有效的措施，留下了後患。

西藏在元代入中國版圖，洪武時接受明朝的管轄。成祖即位不久，便遣僧智光前往西藏地區宣諭，並以白金采幣頒賜灌頂國師等（《明太宗實錄》卷十）。永樂元年（一四〇三年）正月必力工瓦等國師並土官遣人貢馬後，成祖於二月命司禮少監侯顯出使西藏，徵招尙師哈立麻活佛。四年（一四〇六年）哈立麻隨侯顯來朝，被封爲大寶法王。十一年（一四一三年），尙師昆澤思巴來朝，被封爲大乘法王。爲有效地統轄西藏，成祖於四年（一四〇六年），封烏思藏僧吉剌思巴監藏巴藏卜爲闡化王；五年（一四〇七年）又封靈藏僧著思巴兒監藏爲贊善王，館覺僧南哥巴藏卜爲護教王；十一年（一四一三年），封必力工瓦僧領真巴兒吉監藏爲闡教王，思達藏僧南渴烈思巴爲輔教王，利用他們的宗教權威，進行管理。自是，川藏地區修建驛站，開通道路，和中原地區的往來更爲頻繁，與中央政權的關係也進一步密切了。

居住在新疆嘉峪關外一帶的維吾爾等族，原爲察哈台汗國統治。洪武三年（一三七〇年）察哈台汗國滅亡，分裂成大小「國」和「地面」。太祖採取羈縻政策，招諭諸「國」、「地面」統治者，置安定、阿瑞（八年、一三七五年）、曲先（後併入安定衛）、罕東（三十年，一三九七年）等衛。成祖繼承這一政策，遣使和西域各地建立聯繫，並於永樂四年（一四〇六年）增設哈密、沙州兩衛，復置阿瑞、曲先兩衛，八年（一四一〇年）又設置赤斤衛。安定、罕東兩衛以及柳城、火州、土魯番等地方，和明朝的關係也日益密切。

經過成祖的開拓經營，明朝大一統局面日臻鞏固，進入了全盛的時期。

五 遣使東西洋和出征安南

洪武元年（一三六八年），太祖以明朝建立，遣使宣詔高麗（朝鮮）、安南（越南北部）（《明太祖實錄》卷三十七）。次年（一三六九年），太祖封王顓爲高麗國王，陳日煃爲安南國王，又遣使宣詔日本、占城（Champa，越南南部）、爪哇（Java，印尼爪哇島）、西洋（南印度的鎖里，Chola？）諸國（《明太祖實錄》，卷三十八、三十九），三年（一三七〇年）又遣使招諭暹羅（Siam，泰國）、三佛齊（Palembang，即舊港，蘇門答臘島南部）、浡泥（加里曼丹北部的Brunei）、真臘（Cambodia，柬埔寨）等國（《明太祖實錄》卷五十五）。到洪武二十八年（一三九五年），「命使出疆，周於四維，歷諸邦國，足履其境者三十六，聲聞於其耳者三十一，風殊俗異，大國十有八，小國百四十九」（《明太祖實錄》卷二四三）。「海外諸番與中國往來，使臣不絕，商賈使之。近者安南、占城、真臘、暹羅、爪哇、大琉球（沖繩島）、三佛齊、渤泥、彭亨（Pahang，馬來半島東岸）、百花、蘇門答剌（ Samudra，印尼蘇門答臘島北部）、西洋、邦哈剌（孟加拉）等凡三十國」（《明太祖實錄》卷二五四）。太祖對待外國，採取「不爲中國患者，不可輒自興兵」（《明太祖實錄》卷六十八）的政策，對安南與占城的爭端不偏不倚，對爪哇滅三佛齊，也未興師問罪。胡惟庸案發後，明朝與外國關係趨於冷淡。洪武末年，和明朝保持關係的只有安南、占城、真臘、暹羅、琉球等國了。

成祖對和海外諸國發展關係採取了比太祖更爲積極的行動。登基一個月後，便遣使安南、暹羅、爪哇、琉球、日本、西洋、蘇門答剌、占城諸國（《明太宗實錄》卷十二上）。永樂元年（一四〇三年）除繼續向上述國家派遣使團外，還因隨赴暹羅使節還朝的西洋剌尼國（Jilani，今伊朗西北部吉蘭省）穆斯林商人的報告，遣中官尹慶赴滿剌加（Malacca，馬六甲）和柯枝（南印度西岸的科欽，Cochin）（《明太宗實錄》卷二十四）。各國亦紛紛派遣使團來華。永樂三年（一四〇五年）起，成祖派遣中官鄭和六下西洋，把明朝和海外諸國的聯繫推到盛況空前的境地。

永樂三年（一四〇五年）六月，鄭和奉命統領舟師，出使占城、爪哇、舊港、滿剌加、阿魯（印尼蘇門答臘島中部）、蘇門答剌、南巫里（蘇門答臘的Lambri）、錫蘭（斯里蘭卡）、小葛蘭（南印度西岸的Quilon、Kualam）、柯枝和古里（南印度西岸的科澤科德，Calicut）。五年（一四〇七年）五月回國，爪哇、滿剌加、阿魯、蘇門答剌、小葛蘭和古里等國使節隨行來朝。

永樂五年（一四〇七年）九月，鄭和再度出使，前往占城、爪哇、暹羅、蘇門答剌、南巫里、古里、柯枝、錫蘭諸國，七年（一四〇九年）夏回國。

永樂七年（一四〇九年）九月，鄭和第三次出使，訪占城、爪哇、滿剌加、蘇門答剌、錫蘭、小唄南（即小葛蘭）、柯枝、古里、暹羅、南巫里、加異勒（南印度東岸）、甘巴里、阿拔把丹，九年（一四一一年）六月回國。不久，滿剌加國王以及古里、柯枝、蘇門答剌、阿魯、彭亨、急蘭丹（Kelantan，馬來半島東岸）、南巫里、加異勒、爪哇使節先後來華。

永樂十一年（一四一三年）冬，鄭和第四次出使，訪占城、爪哇、舊港、滿剌加、蘇門答剌、錫蘭、柯枝、古里、加異勒、彭亨、急蘭丹、阿魯、南渤利（即南巫里），入阿拉伯海至忽魯謨斯（Hormus，伊朗波斯灣港口）。十三年（一四一五年）回國，忽魯謨斯使節隨行。分䑸船隊則由蘇門答剌西航至溜山國（馬爾代夫），抵達東非的木骨都束（索馬里摩加迪沙，Mogadishu）、卜剌哇（索馬里布腊瓦，Brawa）、麻林（肯尼亞馬林迪），再北上阿拉伯半島的阿丹（Aden，也門亞丁），剌撒、祖法兒（阿拉伯半島南岸）到忽魯謨斯。十四年（一四一六年）夏回國，溜山、木骨都束、卜剌哇、麻林、阿丹、剌撒諸國使節隨行。

永樂十五年（一四一七年）秋冬，鄭和第五次出使，送占城、彭亨、爪哇、滿剌加、蘇門答剌、南渤利、錫蘭、沙里灣尼（印度東岸勒加帕坦附近）、柯枝、古里、忽魯謨斯、溜山、木骨都束、卜剌哇、麻林、剌撒、阿丹諸國使節回歸本國，十七年（一四一九年）七月卻自忽魯謨斯回國。分䑸船隊往溜山及東非、阿拉伯半島諸國至忽魯謨斯，於十八年（一四二〇年）夏回國。

永樂十九年（一四二一年）秋，鄭和第六次出使，送忽魯謨斯等國使節回歸本國，二十年（一四二二年）八月自忽魯謨斯回國，阿丹、蘇門答剌、暹羅使節隨行。分䑸船隊仍往溜山及東非、阿拉伯半島諸國至忽魯謨斯，於二十一年（一四二三年）夏回國，西洋瑣里、古里、忽魯謨斯、錫蘭、阿丹、祖法兒、剌撒、卜剌哇、木骨都束、柯枝、加異勒、溜山、南渤利、蘇門答剌、阿魯、滿剌加十六國使團一千二百餘人隨行來華。

除鄭和外，成祖還專門遣使赴日本、琉球、暹羅、真腊、巨港、渤泥、蘇祿（Sulu，菲律賓蘇祿群島）、婆羅、番速兒（Pansur或Barus）、米囊葛卜（Minangkabau）、呂宋、麻葉甕（Billiton）、南巫里、榜葛剌（孟加拉）等國。永樂年間，向海外遣使五十餘次，海外諸國也紛紛遣使來華，甚至渤泥、滿剌加、蘇祿、古麻剌朗（菲律賓棉蘭老島）等國國王也多次到過中國。

成祖對東西洋的關心，表現在先後爲滿剌加、日本、渤泥、柯枝頒賜御製碑文。滿剌加是中國通往印度洋航線的要衝，尹慶使滿剌加後，滿剌加國王爲抗禦強鄰暹羅和爪哇的威脅，於永樂三年（一四〇五年）九月遣使來華，「言其王慕義，願同中國屬郡，歲效職貢，請封其山爲一國之鎮」。成祖遂封其國之西山爲鎮國之山，立碑其地，並親制碑文，「敷文布命，廣示無外之意。」（《明太宗實錄》卷四十七）日本在洪武時處於南北朝分裂局面，倭寇不時侵擾中國沿海。北朝統一日本後，室町幕府三代將軍足利義滿謀求和中國發展關係，被明廷封爲日本國王。永樂二年（一四〇四年）十一月，「日本國王源道義（即足利義滿）遣使永俊等奉表賀冊立皇太子，並獻方物」（《明太宗實錄》卷三十六）。永樂四年（一四〇六年）正月，由於源道義擊潰對馬、壹岐暨諸小島的海盜，倭寇對中國沿海的侵擾暫趨沉寂，成祖遣使褒諭，並封其國之山爲壽安鎮國之山，立碑其地，親制碑文，稱讚源道義「能服朕命，咸殄滅之，屹爲保障，誓心朝廷，海東之國，未有賢於日本者也」（《明太宗實錄》卷五十。日本在永樂六年（一四〇八年）足利義滿逝世後，於九年（一四一一年）斷絕與明朝的勘合貿易，專肆劫掠。成祖於永樂十一年（一四一三年）正月親諭朝鮮使臣，「欲發萬艘討之」，因南征安南，北攻沙漠，無暇東顧而中止。見吳晗輯：《朝鮮李朝實錄中的中國史料》，第一冊，第二五五～二五七頁。）浡泥在地理上並非中國通西洋的必經之路，但其國王麻那惹加那乃是第一位訪問明朝的外國君主，而且死在中國。永樂六年（一四〇八年）十一月，麻那惹加那乃訪華病逝於南京後，成祖命其子遐旺襲王位，遣使護送還國，封其國後山為長寧鎮國之山，樹碑其地，親制碑文，表彰「西南諸蕃國之長，未有如王之賢者也」（《明太宗實錄》卷八十六）。柯枝在印度西南部，盛產胡椒，和明朝交往頻繁。永樂十四年（一四一六年）十二月，成祖遣鄭和往賜柯枝國王可亦里印誥，並封其國之山為鎮國山，親制碑文，表示對遠在鉅海之濱的國家，也「一視同仁，無間彼此」（《明太宗實錄》卷一百八十三）。

成祖在發展與東西洋諸國關係的主動和熱心，主觀上是為了穩定政局（如最初的尋找建文帝蹤跡，消除倭寇的侵擾和流亡海外的反叛勢力、招徠各國對他職掌政權的支持等），擴大朝貢貿易，以提高自己的聲望和地位。但其結果，擴大了中國在亞非的影響。

從鞏固政權出發，成祖在積極經營邊疆的同時，也注意發展和周邊鄰國的關係。永樂初年，他即遣使和朝鮮恢復傳統的友好關係，通過雲南和緬甸、老撾各部落建立了關係。他還遣使前往遠至撒馬爾罕的帖木兒帝國，嘗試恢復通好，解除西北邊疆安全的威脅。帖木兒帝國建於洪武二年（一三六九年），洪武末至建文間，帖木兒征服東察合台汗國、欽察汗國、滅伊利汗國，建都於撒馬爾罕，曾於永樂二年（一四〇四年）十一月興兵討伐明朝，企圖幫助北元蒙古勢力復辟。次年（一四〇五年）二月，帖木兒病死於軍中，內部陷於紛亂，東征遂止。永樂七年（一四〇九年），帖木兒的繼承者與明朝恢復通好。永樂十一年（一四一三年）、十四年（一四一六年）和十六年（一四一八年），成祖派遣陳誠三度出使撒馬爾罕。在西南邊境，成祖於永樂十一年（一四一三年）遣中官侯顯出使尼八剌（尼泊爾）、地涌塔，尼八剌王遣使隨侯顯來華，建立了朝貢關係。

與中國大陸南方相連的安南，在建文二年（一四〇〇年）發生權臣黎季犛篡奪王位，廢陳氏王朝的事件。黎氏自立爲大虞國王，又傳位其子黎漢倉。永樂元年（一四〇三年）四月，黎漢倉以「安南權理國事胡奃」名義，佯稱陳氏之甥，遣使明廷要求封爵（《明太宗實錄》卷十九），成祖遣行人楊渤等赴安南查察。十一月，楊渤等還朝，附奏安南陪臣耆老之言與胡奃奏請相符，成祖遂於年底詔封胡奃爲安南國王（《明太宗實錄》卷二十六）。永樂二年（一四〇四年），胡奃發兵侵擾廣西邊境，侵占思明府祿州西平州永平寨之地，又攻掠占城國，逼其臣屬。成祖得報，遣使安南，提出警告。接著，安南陳氏舊臣裴伯耆到南京報告黎氏篡位真相，陳氏王孫陳天平也從老撾輾轉來到明廷控訴。永樂三年（一四〇五年），安南又侵犯中國雲南寧遠州，強奪七寨，殺虜男女，強徵差發銀兩，驅役百端。成祖遣使責備，命其還地停止侵擾，迎接陳天平返回爲安南國王。胡奃佯許之，並遣使臣阮景真入朝謝罪，迎歸天平。

永樂四年（一四〇六年）三月，鎮守廣西都督僉事黃中率兵五千人護送陳天平進入安南。

胡奃一面派人到邊境夾道歡迎，一面派兵埋伏在鷄陵關南山路兩側密林中。陳天平一行在將至芹站的山谷小道中伏，安南伏兵斬絕橋道，阻止明兵營救，劫殺陳天平，黃中等逃回。

胡奃先挑釁於邊境，侵占中國領土，繼而背信棄義，劫殺陳天平，使明廷與安南的關係從緊張走向公開衝突。永樂四年（一四〇六年）七月，成祖命朱能爲征夷將軍，沐晟、張輔爲左右副將軍，率師出征安南。十月，朱能病死龍州，張輔代總其衆，發師廣西憑祥度坡壘關，進入安南，前鋒進至隘晉關，傳檄宣布黎氏父子罪狀。接著，大軍直驅鷄陵關、芹站，前哨達富良江北嘉林縣。沐晟從雲南率師入安南，至白鶴。胡奃沿富良江樹木柵九百餘里，築土城固守，並在南岸江邊置樁，防禦明軍渡江。十二月，沐晟奪宣江江面，軍次洮江北岸，張輔亦遣將出擊嘉林江北，克多邦城，搗東都。永樂五年（一四〇七年）五月，明軍從富良江和海道兩路夾攻，攻克河內，安南平。六年，成祖下詔改安南爲交阯，設三司，轄治安南全部領土，劃十七府、一百五十七縣。

第三章　明初的經濟與社會風尚

第一節　明初的經濟政策

一　嚴懲貪污

隨者明朝全國性統治的確立，元末官貪吏污的腐敗風氣再次沉渣泛起。不僅從元朝政權分化出來的舊官僚故技重演，而且新提拔的年輕官僚也群起效尤，在中央各部和地方衙門中興起一股貪墨之風。「貪墨所起，以六曹爲罪魁」（《大誥》四十九，〈郭桓盜官糧〉），中央六部普遍存在官吏利用職權，巧立名目，進行貪污受賄活動。據《大誥》記載，戶部官吏採取多收少納、虛報支出數額、或隱匿已印就發行的寶鈔實數等手段，盜占國庫錢糧；工部官吏則往往採取冒報工役人數和工期，賣放應役工匠，變賣工料等辨法進行貪污；刑部官吏接受賄賂，重罪輕判，脫放死囚等層出不窮；兵部官吏則利用徵集軍丁或勾補逃軍的機會，敲詐勒索，受贓賣放；禮部官員亦有利用賞賜婚禮銀鈔出庫，盜出財物的事件。地方官吏的貪贓活動更是無孔不入，幾及社會生活和經濟生活的各個方面。貪墨之風乘王朝體制變革的空隙而起，不僅破壞了新體制的正常運轉，而且直接威脅到社會經濟秩序的建立和穩固。

太祖以元亡爲鑑，十分重視整肅貪污。洪武二年（一三六九年），他告誡群臣說：「嘗思昔在民間時，見州縣官吏多不恤民，往往貪財好色，飲酒廢事，凡民疾苦，視之漠然，心實恨之，故今嚴法禁，但遇官吏貪污蠹毒吾民者，罪之不恕」（《明太祖實錄》卷三八）。開始，他嘗試運用法律程序和刑律規定處置貪污案件，但不能阻止貪墨腐敗風氣的蔓延，「贓吏貪婪，如蠅蚋之趁杇腐，螻蟻之慕腥羶」（葉盛：《水東日記摘抄三》），重案大案相繼發生。這就促使他不惜輕罪重判，法外用刑，以致廣事株連濫殺。其中最著名的貪污大案，便是「空印案」和「郭桓案」。

「空印案」發生洪武十五年（一三八二年）。明初財政制度，每年各布政使司及府、州、縣都得派計吏到戶部核對錢糧、軍需等事，遇到錢穀數字不合，須重新填寫報銷冊，蓋上原衙門印信，重新審批。由於路途遙遠，各地計吏習慣都帶有空印之冊，預備部駁時即改，以避免往返奔走的麻煩和耽誤時日。太祖發覺後，認爲空印就是彌縫奸貪舞弊，怒曰：「吏敢欺我是（如）此耶？此無他，部臣肯爲容隱，故藩省遂承之。」（孫宣：《洞庭集》，〈記〉，〈大明初略〉卷四）下令處死戶部尙書和各地布政衙門主印長官，佐貳官杖一百戍邊，於是坐空印案死者數百人，受杖戍邊者達數千人。

「郭桓案」發生於洪武十八年（一三八五年）。當時，有人告發戶部侍郎郭桓和北平二司官吏李彧、趙金德等通同舞弊，吞盜官糧。太祖下令拷訊，「詞連禮部尚書趙瑁、刑部尚書王惠迪、兵部侍郎王志、工部侍郎麥志德等，舉部伏誅。誅累天下官吏，死徙數萬人」（談遷：《國榷》卷八）。宣布的罪狀，最初是與十三布政使司通同盜賣入倉官糧，及接受浙西等府賄賂，賣放秋糧等，到二十三年（一三九〇年）頒布《大誥》時則說：

> 其所盜倉糧，以軍衛言之，三年所積賣空。前者榜上若欲盡寫，恐民不信，但略寫七百萬耳。若將其餘倉分併十二布政司通盜賣見在倉糧，及接受浙西等府鈔五十萬張，賣米一百九十萬不上倉，通算諸色課程魚鹽等項，及通同承運庫官范朝宗偷盜金銀，廣惠庫官張裕妄支鈔六百萬張，除盜庫見在金銀寶鈔不算外，其賣在倉稅糧及未上倉該收稅糧及魚、鹽諸色等項，共折米算，所廢者二千四百餘萬（石）精糧。
>
> ——《大誥》四十九，〈郭桓盜官糧〉

太祖嚴懲貪官污吏的同時，還追贓七百萬石，「核贓所寄供遍天下，民中人之加大抵　皆破」（《明史》卷九十四，〈刑法一〉）。

除「空印案」和「郭桓案」外，洪武年間發生的各種官吏犯法案件大多都有貪瀆問題，太祖也一律給予從嚴懲辦。據《大誥》、《大誥續編》、《大誥三編》、《大誥武臣》的統計，凌遲、梟示、族誅的有幾千案，棄市以下有一萬多案，實是「無幾時不變之法，無一日無過之人。」（《明史》卷一四七，〈解縉傳〉）同時，太祖對於貪官污吏的懲治是十分慘酷的，據趙翼的記載，「明祖嚴於吏治，凡守令貪酷者，許民赴京陳訴，贓至六十兩以上者，梟首示眾，仍剝皮實草。府州縣衛之左，特立一廟，以祀土地，爲剝皮之場，名曰皮場廟。官府公座旁，各懸一剝皮實草之袋，始之觸目警心。」（趙翼：《二十二史札記》卷三十三，〈嚴懲貪吏〉）。

太祖嚴懲貪官污吏，是重建封建經濟秩序的一項非常措施。從總體上看，收到一定的積極的社會效果，官吏貪墨之風有所收斂，「一時守令畏法，潔己愛民以當上指」（《明史》卷二八一，〈循吏傳序〉），這就爲明初社會經濟的恢復發展提供了有利的社會環境。

二 屯田墾荒

太祖起兵之後，便積極恢復和鼓勵農業生產。龍鳳二年（一三五六年）即設營田司，以修築堤防，專管水利。龍鳳四年（一三五八年）任康茂才爲營田使，「分巡各處，俾高無患干，旱不病潦，務在蓄泄得宜。」（朱國禎：《皇明大訓記》卷三）吳元年（一三六七年），因臨淮一帶百姓稀少，田野荒蕪，「徙蘇州富民實濠州」（《明太祖實錄》卷二六）。

明朝建立後，太祖進一步採取以移民屯田、開墾荒地爲核心的農業政策。

經過元末以來二十年長期戰亂之後，全國各地特別是中原地區土地荒蕪，人口減少。史載當時山東、河南一帶「多是無人之處」（顧炎武：《日知錄》卷十，〈開墾荒地〉），河北州縣也因「兵革連年，道路皆榛塞，人煙斷絕」（《明太祖實錄》卷二十九）。太祖的故鄉濠州一帶，也仍是「人民稀少，田土荒蕪」（徐學聚：《國朝典匯》卷八九，〈户部三〉）。針對這種情況，太祖採用民屯的形式，於洪武三年（一三七〇年）六月，徙蘇州、松江、嘉興、湖州、杭州無業農民四千多戶到濠州種田，給牛具種子，三年不徵其稅。四年（一三七一年），大將徐達徙北平山後之民三萬五千八百戶，一十九萬七千二十七口（《明太祖實錄》卷六十六），散處衛府屯種開墾。又以沙漠遺民三萬二千八百六十戶屯田北平府屬內人稀地曠之處。七年（一三七四年），移江南民十有四萬詣鳳陽，命官監墾田畝（徐學聚：《國朝典匯》卷八九，〈户部三〉）。九年（一三七六年）十月，徙山西及真定無產者於鳳陽屯田。十五年（一三八二年）九月，遷廣東番禺、東莞、增城降民二萬四千四百餘人於泗州屯田。十六年（一三八三年），遷廣東清遠傜民一千三百七人於泗州屯田。二十一年（一三八八年）八月，以山東、山西人口日繁，遷山西澤、潞二州民之無田者往彰德、真定、臨清、歸德、太康諸處閑曠之地，置屯耕種。二十二年（一三八九年），以兩浙民眾地狹，務本者少而事末者多，移杭、湖、溫、臺、蘇、松諸郡民無田者，往淮河滁、和等處耕墾。山西貧民徙居大名、廣平、東昌三府者，凡給田二萬六千七十二頃。二十五年（一三九二年），徙山東登、萊二府貧民五千六百三十五戶就耕於東昌。二十七年（一三九四年），遷蘇州府崇明縣無田民五百餘戶於昆山開種荒田。二十八年（一三九五年），青、兗、登、萊、濟南五府民五丁以上及小民無田可耕者起赴東昌，編籍屯種，凡一千五十四戶，四千六百六十六口。這種移民屯墾的政策，一直到建文、永樂間還時有進行，「建文帝命武康伯徐理往北平度地處之。成祖梳太原、平陽、澤、潞、遼、沁、汾丁多田少及無田之家，分其丁口以實北平。」（《明史》卷七十七，〈食貨一〉）

由政府組織狹鄉的人遷徙到寬鄉去屯田耕墾，這對於迅速恢復荒蕪地區的農業生產，是一項行之有效的措施。然而組織大規模的農民遷徙，並非一件容易之事，爲了達到預期的目的，政府往往還要「給牛、種、車、糧，以資遣之」（《明史》卷七十七，〈食貨一〉）。因此，明初政府在動員組織農民遷移他鄉去屯墾的同時，還極力提倡各地農民就地開墾，並給積極開墾荒地的農民以種種優厚的獎勵。洪武元年（一三六八年）八月，「令州郡人民先因兵燹遺下田土，他人開墾成熟者，聽爲己業」（《續文獻通考》卷二，〈田賦二〉），承認已被農民耕墾或者即將開墾的土地歸現耕者自有，並分別免除三年徭役或賦稅。洪武三年（一三七〇年）定制，北方郡縣荒蕪田地，召鄉民無田者墾闢，戶給十五畝，又給地二畝種蔬菜，有餘力者不限頃畝，「皆免三年租稅」（《明太祖實錄》卷五十三）。洪武五年（一三七二年）爲了解決因無業開墾而造成的產權糾紛，詔各地流民還歸田里，田業以現耕爲準，規定「復業人民，見今丁少而舊田多者，不許依前佔據，止許盡力耕墾爲業；見今丁多而舊田少者，有司於附近荒田驗丁撥付」（《大明會典》卷十七，〈戶部四〉，〈田土〉）。充分維護了先墾者的利益，明確產權，消除了墾耕者的顧慮。二十四年（一三九一年），令公侯大官以及一般百姓，不問何處，惟耕到熟田，「方許爲業」（《大明會典》卷十七，〈户部四〉，〈田土〉），但是荒田俱係在官之數，若有餘力，聽其再開。二十七年（一三九四年）又規定山東、河南、河北、陝西的農民除納稅的土地外，如有餘力繼續開墾，墾地聽其自有。二十八年（一三九五年）又發布了鼓勵墾荒的詔令，「凡二十年以後新墾田地，不論多寡，俱不起科」（《明太祖實錄》卷二四三），若地方官員增科擾害者治罪。

移民屯田墾荒政策，在一定程度上解決了長期戰亂後的勞動力問題，人口與土地的比例漸趨平衡，從而促進農業生產得到較快的恢復。更爲重要的，是使元末以來極其不合理的土地分配關係得到了重新的調整，使得大量無田或少田的農民得到了耕種土地的權力，從而迅速地推動了小農經濟的復甦。

軍屯是明初屯墾政策的重要內容。太祖下江南時，爲保證軍糧的供應，即在局部地區實行軍屯，取得成效。建立明朝後，他更進一步強化軍屯，以期達到「吾京師養兵百萬，要令不費百姓一粒米」（陸琛：《儼山集》卷三四）的目標。軍屯初興於邊塞地區，以後內地衛所也開屯耕種。到永樂時，「東自遼東，北抵宣大，西至甘肅，南盡滇蜀，極於交趾，中原則大河北南，在在興屯矣」（《明史》卷十七，〈食貨一〉，〈田制〉）。

洪武初年，軍屯制度尚未定型，只在原則上規定各衛所「量留軍士守城，餘悉令屯田」（《明太祖實錄》卷五六），每軍種地五十畝爲一分。但由於各衛所所處地方衝緩、土地人口和耕種條件不同，分軍屯種的比例不一，每軍戶屯耕的畝數也不相同。洪武十三年（一三八〇年）九月，太祖立邊地衛所屯守分軍之例，「詔陝西諸衛軍士留三分之一守禦城池，餘皆屯田給食」（《明太祖實錄》卷一三三）。二十一年（一三八八年）十月，「命五軍都督府更定屯田法，凡衛所係衝要都會及王府護衛，軍士以十之五屯田，餘衛所以五之四」（《明太祖實錄》卷一九四），即定內地衛所屯守分軍為中半、二八之例。到二十五年（一三九二年）二月，改「命天下衛所軍卒，自今以十之七屯種，十之三守城」（《明太祖實錄》卷二一六），至此，七三屯守成為洪武後期全國性的通例。

屯軍要向政府交納賦稅，叫做「屯田籽粒」，充為衛所官吏俸糧。洪武時，軍屯意在鼓勵墾種，開屯之初，政府多給優惠待遇，提供耕牛農具，一般為三年墾熟後起徵，個別地區尚可免徵或十年後起徵。所納屯糧，以各地生產而定，有粟、穀、秫、穈、黍、蕎、穄、大麥、小麥、麻豆等，一律以米為計算單位，依數折算。洪武六年（一三七三年）起開徵，每畝徵米一斗。這些優惠政策，刺激了軍士屯種的積極性，迄洪武末年，軍屯面積達八十九萬三千一百九十四頃，相當於洪武六年（一三七三年）全國耕地面積八百五十萬七千六百三十二頃的百分之十點四十九（《明會典》卷一七，〈田土〉），不僅墾復了元代原有的屯田、官田和戰後出現的無主荒田，還開闢了大量的生荒邊地，達到「一軍之田足贍一軍之用，衛所官吏俸糧皆取給焉」（《明史》卷七七，〈食貨一〉，〈屯田〉）的程度。

建文、永樂年間，繼續實行軍屯政策，並對軍屯制度加以改革。建文四年（一四〇二年），制定租粒徵收科則，「每軍田一分，正糧十二石，收貯屯倉聽本軍支用；餘糧十二石，給本衛官軍俸糧」（《明會典》卷一八，〈屯田〉），即畝徵稅額從米一斗提高到二斗四升。永樂二年（一四〇四年）正月，定屯田賞罰例，規定：「一歲軍士食米一十二石之外，人均餘十二石者，百戶賞百錠，千戶百一十錠，指揮百二十錠，都指揮百三十錠。均餘十一石以下至七石之五等，每等視前各遞減賞十碇。均餘六石者，都指揮、千百戶俱無賞罰。均餘五石者，百戶罰俸一月，千戶二十日，指揮十五日，都指揮十日。……均無餘者，百戶罰俸六月，千戶五月，指揮四月，都指揮三月。軍士食米人十二石之內，人均缺一石者，百戶罰俸七月，千戶六月，指揮五月，都指揮四月。均缺二石以上至六石之五等，每等視前各遞增一月」（《明太宗實錄》卷二七）。四月，「更定天下衛所屯田守城軍士，視其地之夷險要僻以量人之屯守爲多寡，臨邊險要者則守多於屯；在內而夷僻者則屯多於守；地雖險要，而運輸難至者亦屯多於守（《明太宗實錄》卷三十）。即內地屯守分軍仍循洪武定制外，邊地屯守改爲七分屯種，三分守城。三年（一四〇五年）正月，頒紅牌事例，「命天下衛所以去（年）所定屯田賞罰，用紅牌刊識，永爲遵守（《明太宗實錄》卷三十八）。二十年（一四二二年）改定徵糧科則，「詔各都司衛所，下屯軍士其間多有艱難，辦納子粒不敷，除自用十二石外，餘糧免其一半，止納六石」（《明會典》卷一八，〈屯田〉），即每畝由建文時的徵米二斗四升減爲一斗二升。

作爲軍屯的輔助辦法，有商屯。商屯源於「開中法」。洪武三年（一三七〇年）五月，山西行省以「大同糧儲自陵縣運至太和嶺，路遠費煩，請令商人於大同倉入米一石，太原倉入米一石三斗，給淮鹽一小引。商人鬻畢，即以原引赴所在官司繳之」（《明會要》，〈食貨三〉

，〈鹽法〉），得到太祖的同意。此後各行省邊境多加仿效。洪武二十八年（一三九五年），「各處邊防缺糧，戶部奏請開中納米，定爲則例，出榜招商」（朱廷立：《鹽政志》卷四）。明朝政府利用食鹽專賣權，規定商人把糧食運到邊防的軍倉，換取政府頒給的食鹽專賣執照（鹽引），「商納糧畢，書所納糧及應支鹽數，賫赴各轉運提舉司照數支鹽，轉運諸司亦有底簿比照，勘合相符，則如數給與」（《明史》卷八十，〈食貨四〉）。這種「召商轉糧而與之鹽」的辦法，就稱爲「開中法」。開中法對於解決明初的邊境軍糧，確實起到了一定的作用，然而它給商人帶來了諸多不便。於是到永樂時，「富商大賈出財力，自招遊民，自藝菽粟，自築墩臺，自立保家」（《國朝典匯》卷九六），把收穫的糧食就地納倉換取鹽引，這就是商屯。商屯興起後，不須轉輸而保證邊防軍需，在當時發揮了一定的作用。

三　工商業政策

明王朝建立後，太祖採取了一系列保護工商業的政策。

太祖對元末以來的重稅加以清理，規定「凡商稅，三十而取一，過者以違令論」（《明史》卷八十一，〈食貨五〉），洪武元年（一三六八年）詔令「田器等物不得徵稅」（《明太祖實錄》卷三十），洪武十三年（一三八〇年）又下令「嫁娶喪祭之物，舟車絲布之類皆勿稅」（《明太祖實錄》卷一三二）。永樂年間繼續推行輕稅保護政策，成祖定制：「嫁娶喪祭時節禮物，自織布帛、農器、食品及買既稅之物，車船運己貨物，魚蔬雜果非市販者，俱免稅」（《明史》卷八十一，〈食貨五〉）。爲了加強對商業和市場的管理，洪武六年（一三七三年）「命在京兵馬指揮領市司，每三日一校勘街市度量權衡，稽牙儈物價；在外，城門兵馬，亦令兼領市司」（《明史》卷八十一，〈食貨五〉）。洪武十三年（一三八〇年）裁撤全國稅課司局三百六十四處，改由各府州縣直接徵稅。爲了便利貨物的轉輸貿易，太祖還在京師「三山諸門外，瀕水爲屋，名塌房，以貯商貨」（《明史》卷八十一，〈食貨五〉）。永樂時，北京也照南京例，起蓋塌房。明初政府雖對商人活動加以嚴格控制，外出經商必須持有路引，住店必須在官府簽發的「店曆」上登記，但由於實行輕稅政策，徵稅手續簡約，刺激了商人的積極性，對於商業的繁榮起了積極作用。

明初對於工商業政策的另一重大變化是放寬對工匠的限制。明代繼承元代工匠制度，把工匠人等另立匠籍。洪武時屬於匠籍的手工業者約有二十三萬餘人，除元代遺留下來的匠戶外，還從各地調充，或因罪籍充，因罪謫充。匠戶雖和元代一樣，「役皆永充」，但人身依附關係有所削弱。洪武十一年（一三七八年），太祖「命工部凡在京工匠赴工者，月給薪米鹽蔬，休工者停給，聽其營生勿拘，時在京工匠凡五千餘人，皆便之」（《明太祖實錄》卷一一八、卷一七七）。廢除了元代匠戶長年服役的制度，給了工匠自由支配時間的某些權利，准許休工工匠自由經營生產。洪武十九年（一三八六年），又制訂工匠輪班制度，命工部「籍諸工匠，驗其丁力，定以三年爲班，更番赴京輸作三月，如期交待，名曰輪班匠」（《明太祖實錄》卷一

一八、卷一七七）。洪武二十六年（一三九三年）再根據工匠的地途遠近和工作需要，打破三年一班的硬性規定，分成五年一班、四年一班、三年一班、二年一班、一年一班等五種輪班制，「上工以一季爲滿」（《大明會典》卷一八九，〈工部九〉，〈工匠二〉）。工匠輪班服役時，免其家中的其他徭役，「役若單丁重役及一年一輪者，開除一名，年老殘疾戶無丁者，相視揭籍明白疏放」（《大明會典》卷一八九，〈工部九〉，〈工匠二〉），「如是輪班各匠，無工可造，聽令自行趁作」（《大明會典》卷一八九，〈工部九〉，〈工匠二〉），製成品也可以拿到市場上去出售。這些措施一步步放鬆了對輪班工匠的控制，「使赴工者各就其役而無費日，罷工著得安家居而無費業（《明太祖實錄》卷二三）。

永樂時，設有軍民住坐匠役。住坐匠戶的服役時間是「一月上工一十日，歇二十日，若工少人多，量加歇役」（《大明會典》卷一八九，〈工部九〉，〈工匠二〉）。住坐工匠由內務府內官監管理，月糧直米由政府支給，因病不能如期服役者還可以納錢代役。工匠制度的改善，爲官手工業的恢復和發展創造了條件。

爲強化統治中心的經濟基礎，明初還實行遷徙手工業者和富戶實京師的政策。洪武十三年（一三八〇年），「起取蘇浙等處上戶四萬五千餘家，填實京師，壯丁發給各監局充匠，餘爲編戶，置都城之內外，爰有坊廂」（顧炎武：《天下郡國利病書》卷一四，〈江南應天府〉）。二十四年（一三九一年），徙天下富民五千三百戶入居京師。所謂富民，指「丁產殷富者」（《明太祖實錄》卷二一）。他們遷到南京後，被安置在三山街居住，稱爲「三山富戶廂」（

萬曆《江寧縣志》卷三，〈版籍〉）。洪武二十八年（一三九五年），「詔從直隸、蘇州等十七府州及浙江等六布政使司所屬府州縣小民二萬戶赴京，占籍上元、江寧二縣，以充各倉夫役，名曰倉腳夫」（《明太祖實錄》卷二四三）。遷徙富戶增加了南京的財力，而遷徙手工業者入居，擴大了勞動人手，促進了南京城市經濟的繁榮。成祖決計遷都北京後，繼承這一政策，於永樂元年（一四〇三年）在浙江等九個布政使司及直隸十一府內挑選「無田糧並有田糧不及五石殷實大戶，充北京富戶，附順天府籍，優免差役五年」（《明會典》卷一九，〈戶部〉），〈富戶〉），共三千八百餘戶（孫承澤：《天府廣記》，上冊，北京出版社一九六二年版，第一九頁）。他們遷居北京後，被安置在德勝門和安定門附近居住，承當「坊廂富戶後」。他們或墾圃鬻蔬，或經營商業，或充當坊廂長，加強了北京的經濟實力和統治力量。

爲保障商品流通，改變元末因交鈔貶值「皆以貨物相貿易」（《元史》卷九十七，〈食貨志〉）的狀況，太祖即吳王位後，便設局鑄「大中通寶」錢，明朝建立後，改鑄「洪武通寶」錢，其制凡五等：「曰當十、當五、當三、當二、當一，當十錢重十錢，餘遞減至重一錢止。各行省皆設寶泉局，與寶源局并鑄，而嚴私鑄之禁」（《明史》卷八十一，〈食貨五〉）。洪武四年（一三七一年），改鑄大中、洪武通寶大錢爲小錢，統一了錢幣。但是經元末戰亂之後，礦冶受到嚴重破壞，銅料有限，「是時有司責民出銅，民毀器皿輸官，頗以爲苦」。而銅錢份量重，價值輕，不便於數量較大的貿易。民間商賈亦多「沿元之舊習用鈔」（《明史》卷八十一，〈食貨五〉），不便用錢。爲了適應社會上的需要，乃立鈔法。洪武七年（一三七四）

年設寶鈔提舉司，第二年開始發行「大明通行寶鈔」，寶鈔「其等凡六：曰一貫，曰五百文、四百文、三百文、二百文、一百文。每鈔一貫，準錢千文，銀一兩；四貫準黃金一兩」。寶鈔發行後，禁民間不得以金銀物貨交易，違者罪之。准許寶鈔與銅錢兼行通用，「百文以下止用錢」。爲了加強寶鈔的流通，明初政府還制定了相應的措施，規定「商稅兼收錢鈔，錢三鈔七」（《明史》卷八十一，〈食貨五〉），田賦亦可交折色鈔。洪武十八年（一三八五年）又制定「天下有司官祿米皆給鈔，二貫五百文準米一石」。（《明史》卷八十一，〈食貨五〉）

銅錢和紙鈔的發行，對制止元末交鈔的混亂局面，曾起到了一定的作用。但是發行大明寶鈔時不設鈔本，發行額和回收額未能形成合理的比例，結果寶鈔越發越多，再加上印刷粗劣，易於仿造假鈔，寶鈔的幣值日益下降，到了洪武晚期，「有以錢百六十文折鈔一貫者」（《明史》卷八十一，〈食貨五〉），寶鈔幣值僅有初年的六分之一，「由是物價翔貴」。明朝政府對於鈔法大壞的局面，只能通過政權的力量來強制流通，洪武三十年（一三九七年）「更申交易用金銀之禁」（《明史》卷八十一，〈食貨五〉），永樂年間，下令交易用金銀者以奸惡論罪。爲了加快寶鈔的回籠，又採用了計口納鈔食鹽和加重課稅折鈔等辦法。但是這些用行政干預強制推行的措施，與日益發展的社會經濟不相適應，寶鈔的信用愈禁愈輕，後來逐漸爲白銀所代替。

四　賦役制度

太祖爲吳王時，就注意均平賦稅，以減輕農民的負擔。當時的賦役徵收辦法是：「賦稅十取一，役法計田出夫。縣上、中、下三等，以賦十萬、六萬、三萬石下爲差；府三等，以賦二十萬上下、十萬石下爲差」（《明史》卷七十八，〈食貨二〉）。洪武四年（一三七一年），以納糧萬石或數千石的地域爲一區，設糧長一名催徵、經收、解運稅糧。洪武初年，在北方和江浙丈勘田土，試制賦役黃冊和魚鱗冊，十三年（一三八○年），在兩浙復查核實田土，補繪魚鱗圖冊，並命戶部編造黃冊，於次年在全國推行。此後，又於十九年（一三八六年）在全國範圍核查田土，二十年（一三八七年），頒魚鱗圖冊，在全國推行。經過反覆實踐核實，到二十四年（一三九一年）大造黃冊，二十六年（一三九三年）完成魚鱗圖冊，基本上掌握全國的戶口和耕地，賦役徵收管理制度更趨完善。黃冊「以戶爲主，詳具舊管、新收、開除、實在之數爲四柱式。而魚鱗圖冊以土田爲主，諸原坂、墳衍、下隰、沃瘠、沙鹵之別畢具。魚鱗冊爲經，土田之訟質焉；黃冊爲緯，賦役之法定焉」（《明史》卷七十七，〈食貨一〉）。

明代的賦稅徵收，基本上沿襲了唐宋以來的兩稅法，規定田賦分「夏稅」和「秋糧」兩次交納，「夏稅無過八月，秋糧無過明年二月」。洪武時，夏稅交納米麥、錢鈔、絹，秋糧交納米、錢鈔、絹，「大略以米麥爲主，而絲絹與鈔次之」。又允許天下稅糧根據各地的實際情況，「令民以銀、鈔、錢、絹」以及其他物產代輸，用米麥交納的稱爲「本色」，而諸折納稅糧者，謂之「折色」（《明史》卷七十八，〈食貨二〉）。

明初各地的田賦稅率有所不同，一般的情況是：「凡官田畝稅五升三合五勺，民田減二升，重租田八升五合五勺，沒官田一斗二升」（《明史》卷七十八，〈食貨二〉）。這種稅率明顯低於元末，有利於調動農民的生產積極性。浙江、江南則實行官田重賦政策，太祖以蘇、松「爲張士誠．城守，乃籍諸豪族及富民田，按私租簿爲稅額，而司農卿楊憲又以浙西地膏腴，增其賦，畝加二倍，故浙西官、民田視他方倍蓰，畝稅有二三石者」（《明史》卷七十八，〈食貨二〉）。

明代的役法，初創於洪武元年（一三六八年）二月。「上以立國之初，經營興作，必資民力，恐役及貧民，乃命中書省驗田出夫。於是省臣奏議，田一頃出丁夫一人，不及頃者以他田足之，名曰均工夫。直隸應天等十八府州及江西饒州、九江、南康三府計田三十五萬七千三百六十九頃，出夫如田之數，遇有興作，於農隙用之」（《明太祖實錄》卷二六）。洪武三年（一三七〇年）又規定：赴京供役，歲率三十日。「田多丁少者，以佃人充夫，而田主出米一石資其用，非佃人而計畝出夫者，畝資米二升五合」（《明太祖實錄》卷五四）。均工夫是明初爲興建國都需要向地方徵調的傜役，主要用於修城垣、浚河道、蓋宮殿等「經營興作」，承擔者是京師附近的府州。戶部負責統計各地田土總數，而由工部核定各地均工夫總數，並根據興作的需要分撥。此外，明朝中央和地方政府因勞務和驛傳需要，「因事編僉」了皂隸（祇候）、獄卒（禁子）、弓兵、鋪兵、館夫、馬夫、水夫、車夫、轎夫、廚夫、門子等等名目繁多的雜役。雜役除個別以囚徒充役或雇募充役外，通行「驗糧（苗）僉差」，和均工夫「驗田出夫」的原則相一致。

洪武十四年（一三八一年），隨著黃冊制度的建立，傜役的僉派方法也正式形成。傜役分爲「正役」和「雜役」兩大類，正役即里甲正役，由排年里甲依次充當。主要負責「專以催辦錢糧追攝公事及出辦上供物料官府合用之貢。」其餘各種到官府應役的統稱爲「雜役」。雜役的僉派原則不變，只是方式上改爲通過里長點差；而均工夫役仍繼續存在。洪武十七年（一三八四年）七月，太祖命戶部諭各府州縣官，「凡賦役必驗民之丁糧多寡，產業厚薄，以均其力」（《明太祖實錄》卷一六三），次年正月，又「命天下府州縣官，民戶上中下三等爲賦役冊，貯於廳事，凡遇傜役，發冊驗其輕重而役之」（《明太祖實錄》卷一七）。自此之後，除驛傳站役類夫役仍堅持「驗糧（苗）僉差」外，其他大小雜泛差役，改爲丁糧兼計、按所分戶等點差；「驗田出夫」的均工夫役制也因而漸次消失。通過洪武二十四年（一三九一年）的重造黃冊，以丁糧多寡劃分戶等，按戶等僉派雜役便法制化、固定化了。

第二節　明初社會經濟的恢復和發展

一　農業生產的恢復和發展

明初農業生產的恢復和發展，首先表現在墾田和人口數量的不斷增長。明朝建立伊始，中央政府所能控制的耕田數，大約只有一百八十萬頃左右。洪武間，太祖大力鼓勵墾荒，各州縣每年墾田「少者畝以千計，多者至二十萬」，全國的墾田數有了成倍的增長。根據《明太祖實錄》中洪武元年至十六年（一三六八～一三八三年）間不完全統計，這十六年間全國新墾的土地達一百八十萬五千二百餘頃，占洪武十四年（一三八一年）全國官民田總額三百六十六萬七千餘頃的二分之一（參見吳晗〈明初社會生產力的發展〉，載《歷史研究》一九五五年第三期）。到了洪武二十六年（一三九三年），全國的田土包括官田、民田、舊額、新墾已達八百五十萬七千六百二十三頃（《明史》卷七十七，〈食貨一〉），這比北宋真宗末年（一〇二一年）全國田數五百二十四萬餘頃超過三百餘萬頃，比元代末年更增長了四倍餘（參見梁方仲：《中國歷代戶口、田地、田賦統計》）。當然，這些統計數字不一定準確，但明初中央政府所掌握的耕地面積大幅增長，應當是不容置疑的事實。

明初戶口的增長也是相當顯著的。洪武十四年（一三八一年）編制黃冊時，統計全國有戶一千零六十五萬四千三百六十二，口五千九百八十七萬三千三百零五。洪武二十六年（一三九三年），全國戶數達一千六百零五萬二千八百六十，口六千零五十四萬五千八百十二。到永樂元年（一四〇三年），全國人口更達到六千六百五十九萬八千三百三十七（《明太祖實錄》卷百四十；《明太祖實錄》卷二十五）。在這二十年間，全國人口增加了六百七十餘萬。比之元代極盛時的戶口（元世祖時戶一千一百六十三萬三千二百八十一，口五千三百六十五萬四千三百三十七）（參見梁方仲：《中國歷代戶口、田地、田賦統計》），全國戶數增加了數百萬，而口數增加了一千二百九十四萬四千餘。

第二，興修水利和棉花等經濟作物種植的推廣。明初官府組織興修了許多大規模的水利工程。其中比較著名的有：洪武元年（一三六八年）修江南和州銅城堰閘，「周回二百餘里」。洪武四年（一三七一年）修廣西興安縣靈渠，「爲陡渠者三十六」，「溉田萬頃」。六年（一三七三年）「發松江、嘉興民夫二萬開上海胡家港」，從海口到漕涇千二百餘丈，以通海船。八年（一三七五年）命耿炳文等濬陝西涇陽洪渠堰，「溉涇陽、三原、醴泉、高陵、臨潼田二百餘里。」九年（一三七六年）修復四川彭城都江堰（《明史》卷八十八，〈河渠六〉）。十九年（一三八六年）福建長樂海堤築成，沿海各地「田無斥鹵之患，而歲獲其利」（《明太祖實錄》卷一七八）。二十三年（一三九○年），「修崇明、海門決堤二萬三千九百餘丈，役夫二十五萬人」，又疏通四川永寧所轄水道。二十四年（一三九一年）修浙江臨海橫山嶺水閘、寧海奉化海堤四千三百餘丈，築上虞海堤四千丈，濬定海、鄞二縣東錢湖，「灌田數萬頃」。二十五年（一三九二）鑿溧陽銀墅東壩河道四千三百餘丈，「役夫三十五萬九千餘人」（《明史》卷八十八，〈河渠六〉）。二十七年（一三九四年）八月，太祖更組織大批「國子監生及人材分諸天下郡縣督吏民修治水利」，「乘農隙相度其宜，凡陂塘湖堰可瀦蓄以備旱熯，宣洩以防霖潦者，皆宜因其地勢修治之」（《明太祖實錄》卷二三四）。到了次年十二月的統計，這次全國性的興修水利運動，取得了顯著成績，「是歲開天下郡縣塘堰凡四萬九百八十七處，河四千一百六十二處，陂渠堤岸五千四十八處」（《明太祖實錄》卷二四三）。二十九年（一三九六年）繼續修築河南洛堤，復興安靈渠，「濬深廣，通官舟以餉軍」。三十一年（一三九八年）修治洪渠堰，「濬渠十萬三千餘丈」（《明史》卷八十八，〈河渠六〉）。

永樂元年（一四〇三年），修築江南和州保大等圩百二十餘里。二年（一四〇四年）修泰州河塘萬八千丈，濬蘇州千墩浦、致和塘、安亭、顧浦、陸皎浦、尤涇、黃涇共二萬九千餘丈，松江大黃浦、赤雁浦、范嘉濱共萬二千丈。四年（一四〇六年）修築宣城十九圩，濬常熟福山塘等（《明史》卷八十八，〈河渠六〉）。五年（一四〇七年）又修江南長洲、吳江、昆山、華亭諸縣堤岸等等。特別值得一提的是永樂元年（一四〇三年），成祖令戶部尚書夏原吉役夫十餘萬人疏導吳淞江，整治江南水利，「原吉布衣徒步，日夜經畫」，「九月工畢，水洩，蘇、松農田大利」（《明史》卷一四九，〈夏原吉傳〉）。永樂九年（一四一一年），又命工部尚書宋禮組織民夫三十萬，疏濬會通河，打通了大運河的全線運輸，為加強南北經濟聯繫，作出了積極的貢獻。

早在龍鳳十一年（一三六五年），太祖就下令「農民田五至十畝者，栽桑、麻、木棉各半畝，十畝以上者倍之，其田多者率以是為差，有司親臨督勸，惰不如令者有罰，不種桑使出絹一匹，不種麻及木棉，使出麻布、棉布各一匹」（《明太祖實錄》卷十七）。洪武元年（一三六八年），太祖又把這一法令推廣到全國，並且制定一系列鼓勵棉花等經濟作物種植的獎罰措施，規定凡種桑麻者，「四年始徵其稅，不種桑者輸絹，不種麻者輸布」（《明史》卷一三八，〈楊思義傳〉）。洪武二十七年（一三九四年）諭工部督勸全國百姓務要多種桑棗和木棉，「令益種棉花，率蠲其稅」（《明太祖實錄》卷二三二）。二十八年（一三九五年）又下令山東、河南等地自二十六年以後栽種桑棗果樹，「不論多寡，俱不起科」（《明太祖實錄》卷二四三）。這些政策地推行，有效的推動了明初經濟作物的種植。僅湖廣布政司所屬郡縣，洪武二十八年（一三九五年）一年內，就栽過桑、棗、柿、胡桃等樹凡八千四百三十九萬株（《明太祖實錄》卷二四三）。全國估計當在十億株以上。

第三，農業產量和國家財政收入有了大幅度的增加。洪武十四年（一三八一年）歲徵麥、米、豆、穀二千六百一十萬五千二百五十一石，洪武十八年（一三八五年）歲徵天下田租二千八百八十八萬九千六百一十七石，到洪武二十四年（一三九一年），歲徵米麥豆粟三千二百二十七萬八千九百八十三石，洪武二十六年更增加到三千二百七十八萬九千八百餘石（《明太祖實錄》卷百四十、一七六、二一四、二百三十）。二十六年的歲糧收入比洪武前中期增加了三分之一。比起元代的歲入糧數（一千二百十一萬四千七百八石），差不多增加了兩倍。國家徵收的屯田籽粒，洪武末年約五百餘萬石，而永樂年間已達二千三百四十　五萬零七百九十九石（《明太宗實錄》卷二十五）。

農業增產使得當時從中央到地方，都有著比較充裕的糧食儲蓄，史載永樂時，福建、陝西某些地區的倉儲可支當地的俸餉十年以上，四川長壽縣的倉儲足支當地俸餉百年（朱健：《古今治平略》卷十；《明太宗實錄》卷七十七、八十三）。《明史・食貨志》記載當時的富足情景云：「是時宇內富庶，賦入盈羨，米粟自輸京師數百萬石外，府縣倉廩，蓄積甚豐，至紅腐不可食。歲歉，有司往往先發粟賑貸，然後以聞」（《明史》卷七十八，〈食貨二〉）。

除了糧食之外，明初政府還有大量折色錢鈔的收入，洪武年間，折色收入的錢鈔可達四百萬錠左右，到了永樂年間，本色收入基本保持在洪武晚期的數額上，而折色鈔則增加到一千五百萬錠左右。同時，棉花的種植也有很大的發展，是以布帛、絲絹、棉花絨等成了明朝財政收入的一個重要組成部份，也成了供應軍隊的主要物資。洪武中期，朝廷每年所賜軍需布帛都在百萬匹上下。如洪武十二年（一三七九年），中央政府給陝西都指揮使司並護衛兵棉布就達五十四萬餘匹，棉花十萬三千三百餘斤；北平都指揮使司衛所士卒布二十七萬八千餘匹，棉花五萬四千六百餘斤（《明太祖實錄》卷一二八）。十六年（一三八三年），給四川等都司所屬士卒棉布九十六萬一千四百餘匹，棉花三十六萬七千餘斤（《明太祖實錄》卷一五〇、一五六）。洪武十八年（一三八五年）所賜更達二百多萬匹以上。可知洪武年間國家每年田賦中收入的布帛總在一百萬匹以上。到了永樂十一年（一四一三年），根據《明太宗實錄》的統計，年收入布帛達一百八十萬匹以上（《明太宗實錄》卷九十）。永樂十七年（一四一九年），共徵收布帛一百二十萬六千八百八十七匹，絲棉二十四萬六千五百零七斤，棉花絨五十八萬三千三百二十四斤（《明太宗實錄》卷一一五）。明初中央政府財政收入的大幅度增長，雖然都是直接榨取於勞動人民，特別是小農家庭，但這些數量從另一個側面還是如實地反映了小農經濟的復甦和社會生產力的提高。

在農業生產恢復發展的情況下，庶民地主經濟也漸次成長。如蘇州陳湖鄉人陳處士（一四〇三～一四六九年），其父某「贅於邑大姓吾氏，國初吾既遠徙，而陳亦衰落。處士極力田畝間，以贍其家，其妻錢氏躬紡織以助之。……久之，家乃裕。……買田宅，……其後，郡邑俾董區賦」（吳寬：《匏翁家藏集》卷六十五，〈陳處士墓誌銘〉）。瓜涇鄉的徐氏，「自公近世，皆隱於農，無顯者。其所居在邑（長洲）東南，當松澤吳淞二水匯爲瓜涇，而田其上，相傳以爲業。（父文賢），……以九數之法授之，凡所謂方田、粟布之類，人所未易通者，習之輒精，遂以其藝爲閭里所知（吳寬：《匏翁家藏集》卷七十五，〈徐公諒墓表〉）。

農業生產的恢復和發展，爲社會經濟的興盛和繁榮奠定了基礎。

二 工商業的日趨繁榮

明初實行的工匠制度，部分地解除了元代以來手工業者的封建依附關係，適當地解放了勞動力，手工業生產很快得到了恢復，技術水平不斷提高，其中紡織、造船、製鹽、製瓷、開礦、冶鐵等行業尤爲突出。不僅官府掌握的官手工業者，就是民間手工業，也都有顯著的增長。

棉紡織業成爲許多地區農民家庭的重要副業，江南的松江、蘇州、杭州、逐漸成了棉紡織業的中心，其中尤以松江最爲著名，「其布之麗密，他方莫並」，故有「衣被天下」之稱（《群芳譜》；《梧潯雜佩》，轉引自吳晗〈明初社會生產力的提高〉）。僅提供給政府的軍需棉布，一年就達三十萬匹（參見李洵《明清史》第四六頁），由此可以想見當時江南一帶棉布產量之高。

明朝建立後，中央政府在南京（後來又在北京）設立了內外織染局，「內局以應上供，外局以備公用」。當時在南京有「神帛堂、供應機房」（《明史》卷八十二，〈食貨六〉）。之後，又在蘇州、杭州、紹興以及四川、山西諸行省設立織染局，「歲造有定數」。又置藍靛所於南京儀真、六合，「種青藍以供染事。」（《明史》卷八十二，〈食貨六〉）永樂年間，增設歙縣織染局，令陝西織造駝毼。雖然織染業的產品主要用於政府及皇室內部的消費，但它還是從一個側面反映了明初紡織業的發展。

南京的龍江造船廠以及沿海的福建、廣東等地，是著名的造船業中心。「太祖初，於新江口設船四百，永樂初，命福建都司造海船百三十七」（《明史》卷九十二，〈兵四〉），可見當時官府造船規模之大。永樂年間，鄭和所乘坐的「西洋寶船」，「大者長四十四丈四尺，闊一十八丈，中者長三十七丈，闊者一十五丈。」（馬歡：《瀛涯勝覽》卷首）「體勢巍然，巨無與敵，篷帆錨舵，非二三百人莫能動。」（鞏珍：《西洋番國志》自序）據近人研究，大者長一百五十米，寬六十二米，相當今八千噸級船（寺田隆信：《鄭和——聯結中國與伊斯蘭世界的航海家》，中譯本，海洋出版社一九八八年十二月第一版，第一三一頁）。即使所記尺度有誤，只有身長十八丈，面闊四丈四尺，也比宋代五千料大型商船和更大的「神舟」還來得大（陳希育：《中國帆船與海外貿易》，廈門大學出版社一九九一年四月第一版，第六三～七〇頁）。這在當時世界上是首屈一指的。明初的航海術已相當高超。據日本學者對《鄭和航海圖》的研究，在大航海中，不但充分運用宋代以來以羅盤取方位等的航海技術，而且吸收引用了阿拉伯人創造的天文航海術，製作了「過洋牽星圖。」（橋本敬造：〈鄭和航海技術考〉，日本京都《東方學報》三九冊，一九六八年）

明初的陶瓷器手工業，永樂以後進入繁盛時期。洪武二年（一三六九年），在江西饒州浮梁縣景德鎮，建立御器廠，設大龍缸窯、青窯、色窯等二十座，生產御用瓷器。製瓷的工藝技術也有很大的進步，使用鏇胚車製造瓷胚，運用吹釉法上彩，製造出「黃、紫、紅、綠、青、藍、白地青花」（《明史》卷八十二，〈食貨六〉；卷八十一，〈食貨五〉）等許多品種，甚至一器兼備五彩花紋，其中白釉和青花瓷器，以其美觀、大方、實用的特色，不但供應宮廷使用，同時也是對外貿易的主要商品。而饒州御窯廠所製造的幾筵龍鳳紋白瓷祭器、九龍九鳳膳案諸器、青龍白地花缸等，更是精緻傳世的工藝珍品。

明初礦冶業中比較突出的是鐵礦的開採。洪武六年（一三七三年），在江西、湖廣、山東、廣東、陝西、山西六省設立了十三個鐵冶所，「歲輸鐵七百四十六萬餘斤」（《明史》卷八十二，〈食貨六〉；卷八十一，〈食貨五〉），加上河南、四川等處的產量，年得鐵約八百五十餘萬斤。以後歷年中央政府對鐵礦罷、採不常，年得鐵最高者可達一千八百四十餘萬斤。洪武二十八年（一三九五年）內庫統計共貯鐵三千七百四十三萬餘斤。是年「罷各布政司官冶，令民得採煉出賣，每歲輸課三十分取二」（《大明會典》卷一四九，〈工部十四〉，〈冶課〉

）。洪武三十一年（一三九八年）又以內庫貯鐵有限，而營造所費甚多，命重開鐵冶。永樂時，原有的鐵冶場時有開閉，還在四川龍州、遼東寧遼左衛、三萬衛和遵化新設了鐵冶。

明初比較主要的礦冶行業還有金、銀、銅、鉛等，這些礦冶一般都是官營，明初的產量都不高，但是對各地人民的危害卻是極其嚴重的，而尤以「金銀礦最爲民害」（《明史》卷八十一，〈食貨五〉）。其原因是政府在各地設置礦場爐冶是爲了徵收礦課，對於礦冶的實際產量並不關心。洪武年間，太祖「謂銀礦之弊，利於官者少，損於民者多」，尚能儘量控制官營礦場的擴大，儘管如此，洪武年間仍在福建尤溪縣銀屏山銀場開設爐冶四十二座，在浙江溫、處、麗水、平陽等七縣，亦有場局，「歲課皆二千餘兩」（《明史》卷八十一，〈食貨五〉）。至洪武二十三年（一三九〇年），全國約年課金二百兩，銀二萬九千八百餘兩（《明太祖實錄》卷二百六）。到永樂年間，政府又在陝西商縣、福建浦城以及貴州、雲南、湖廣等地開設金銀礦場，歲得也日益增多。永樂十二年（一四一四年）得金四百九十五兩，銀三十九萬三千九百餘兩（《明太宗實錄》卷九十四），「福建歲額增至三萬餘兩，浙江增至八萬餘。」鉛課以永樂七年（一四〇九年）爲最高，達二千七百四十一萬六千四百八十八斤（《明太宗實錄》卷六十七）。從現在的地質技術資料看，明初銀課繁重的福建等地根本沒有多少有開採價值的銀礦存在。金銀礦課，大多屬於定額硬派，所以明初金銀課稅的數額並不反映這個時期金銀礦冶發展的實際狀況。

由於各地開設礦冶場局，民間也在許多地方私營開礦爐冶，使得明代初期的礦冶技術比前代有所進步。根據《春明夢餘錄》的記載，當時遵化煉鐵爐，深一丈二尺，前寬二尺五寸，後寬二尺七寸，每爐可容礦石二千斤。礦石入爐後，「用炭火置二韛扇之，得鐵日可四次」。產品除生鐵外，還有熟鐵乃至鋼。冶煉的技術相當考究，「生鐵之煉凡三時而成，熟鐵由生鐵五、六煉而成，鋼鐵由熟鐵九煉而成」（孫承澤：《春明夢餘錄》卷四十六，〈工部鐵廠〉）。永樂年間鑄造的華嚴大銅鐘，高五點八米，重八萬四千斤，鐘口鑄有佛典《金剛經》，鐘內鑄有《華嚴經》、《金光明經》，鐘外鑄有諸佛菩薩名稱，約有二十餘萬字，文字鑄造極其精緻，至今仍可清晰辨認。其他如鑄錢、金器刀槍火藥製作以及土木建築等行業的生產技術水平，也都有明顯的進步。

明初農業和手工業的發展帶來了商業和城市的繁榮，特別是明初交通事業比較發達，洪武年間整頓驛站，設立水馬站、遞運所、急遞鋪等，通過驛站大道，「驛送使客，飛報軍務，轉運軍需等物」（《明太祖實錄》卷二十五）。這種交通方便的驛道，自然也就成了商業往來的必經之路。永樂年間，疏通運河，使得當時南北交通的大動脈暢通無阻。這些都有力地促進了明初商業和城市經濟的發展，加強了南北地區和各地的經濟交流。如永樂時，運河沿岸的淮安、濟寧、東昌、臨清、德州、直沽等，四方商販所集，京都北平，「百貨倍往時」（《明史》卷八十，〈食貨五〉），至於南京、揚州、蘇州、杭州等地，更是形成了著名的商業和手工業的中心城市。

由於中原地區的社會安定和商業的恢復發展，與國內邊疆少數民族的貿易也很快恢復了起來，中央政府在邊境設立了茶、馬市場，專門從事與少數民族的茶、馬貿易。永樂間，「設馬市三：一在開原南關，以待海西，一在開原城東五里，一在廣寧，皆以待朵顏三衛。定直四等：上直絹八匹，布十二，次半之，下二等各以一遞減」。這種茶馬貿易雖然帶有濃厚的政治色彩，所謂「明初東有馬市，西有茶市，皆以馭邊省戍守費」（《明史》卷八十一，〈食貨五〉）。但它對於恢復中原與邊疆少數民族人民的正常往來，加強各民族之間的經濟文化交流，都有一定的作用。據載，當時這些馬市、茶市的物資交流是很有成效的，如洪武二十五年（一三九二年），明朝政府派遣中官到河州（甘肅臨夏）和當地居民進行貿易，得馬三百餘匹，給茶三十餘萬斤（《明史》卷三三〇，〈西番諸衛傳〉）。洪武三十年（一三九七年），明朝政府以棉布九萬九千匹往「西番」換馬一千五百六十匹（《明太祖實錄》卷二五二）。永樂元年（一四〇三年），哈密忠順王進馬，成祖「命有司給直收其馬四千七百四十匹」（《明史》卷三三〇，〈哈密衛傳〉），等等。

三　海禁政策與朝貢貿易

海禁政策與朝貢貿易是明初對外經濟關係的兩大支柱。

洪武初，太祖因東南海上勢力未靖，倭寇又在山東、江蘇、浙江、福建偶有出沒，在沿海實行海禁。洪武四年（一三七一年）十二月，太祖命靖海侯吳禎籍方國珍舊部和蘭秀山嘗充船戶之民隸各衛為軍，「仍禁瀕海民不得私出海。」在諭大都督府臣時，又宣布：「朕以海道可通外邦，故嘗禁其往來。近聞福建興化衛指揮李興、李春私遣人出海行賈，……苟不禁戒，則人皆惑利而陷於刑憲矣。爾其遣人諭之，有犯者論如律。」（《明太祖實錄》卷七十）十四年（一三八一年）十月，重申「禁瀕海民私通海外諸國。」（《明太祖實錄》卷一三九）二十三年（一三九〇年）十月，「詔戶部申嚴交通外番之禁。上以中國金銀、銅錢、緞匹、兵器等物自前代以來不許出番，今兩廣、浙江、福建愚民無知，往往交通外番，私易貨物，故嚴禁之。沿海軍民官司縱令私相交易者，悉治以罪。」（《明太祖實錄》卷二〇五）二十七年（一三九四年）正月，「禁民間用番香、番貨，……敢有私下諸番互市者，必寘之重法，凡番香、番貨皆不許販鬻，其見有者，限以三月銷盡。」（《明太祖實錄》卷二三一）成祖登基後，針對「緣海軍民人等近年以來往往私自下番交通外國」，下令所司「一遵洪武事例禁治。」（《明太宗實錄》卷十上）永樂二年（一四〇四年）正月，「下令禁民間海船，原有海船者，悉改為平頭船。所在有司，防其出入。」（《明太宗實錄》卷二十七）

明初海禁政策，在政治上是維護沿海地區的安全，在經濟上則是禁絕民間船隻從事海上貿易。這就使宋元以來發達的民間海外貿易迅速衰退，也沉重地打擊了民間的造船業。

與海禁政策相配合的，是官方控制的朝貢貿易。「凡外夷貢者，我朝皆設市舶司以領之。……許帶方物，官設牙行與民貿易，謂之互市。是有貢船即有互市，非入貢即不許其互市。」（《續文獻通考》卷三十一，〈市糴考〉）准許外國官方遣使來朝時隨帶貨物，與明朝官方進行貿易，不許外國私人來華貿易。

早在吳元年（一三六七年），太祖就在江南太倉州的黃渡設置了市舶司，任官「提舉市舶」（《明太祖實錄》卷二十八）。洪武三年（一三七〇年），在浙江寧波、福建泉州和廣東廣州置市舶司，規定「寧波通日本，泉州通琉球，廣州通占城、暹羅、西洋諸國。」（《明史》卷八一，〈食貨五〉）洪武七年（一三七四年）一度罷廢寧波、泉州、廣州三市舶司，市舶司的職責轉由地方長官負責。永樂元年（一四〇三年），「依洪武初制」恢復，並「置驛於福建、廣東、浙江三市舶以館之。福建曰來遠，浙江曰安遠，廣東曰懷遠」（《明史》卷八一，〈食貨五〉），專事接待赴京朝貢使臣和轉運貢物。永樂六年（一四〇八年），增設交趾雲屯市舶司。（《明太宗實錄》卷七十五）洪武初在南京，永樂十九年（一四二一年）後又在北京，設會同館，隸兵部車駕清吏司，以館待四方來貢使客。

明初實行朝貢貿易的主要目的，是以海外諸國的頻繁入貢來造成「萬國來朝」、「四夷威服」的形象，同時作爲一種「羈縻」手段，攏絡海外諸國，造成有利明朝安全的國際環境。爲此，明廷不惜對諸國以比貢物高出幾倍的價值給予賞賜，對一些沒有貢物的使者，亦從「懷柔」的角度考慮給予賞賜。進貢使客在華期間的車船食宿，一律免費，而且處處設宴招待，有的還分別賜予棉被、寒衣及道里費。朝貢領賞之後，在會同館開市三日或五日，由主客司出給告示於館門首張掛，允許「各鋪行人等，將物入官，兩平交易。」（萬曆《大明會典》卷一八四）對這些朝貢附進方物的交易，明廷還予免除商稅的待遇。朝貢貿易結束後，有時還專門遣使護送外國進貢使客回國。外國貢船違反規定前來或進行私相貿易，明廷一般也予以容忍和接受。通過這些「厚往而薄來」的措施，吸引海外諸國紛紛前來朝貢貿易。

在厲行海禁下，朝貢貿易是當時中國與海外諸國經濟交往的唯一渠道。通過這一渠道，中國的錦綺紗羅絨等絲織品、瓷器、鐵器、銅錢、麝香等物品輸往國外，而海外諸國的金、銀、香料、馬匹、刀劍、礦石、藥材、大米、獸皮等數十種物品以及珍禽異獸輸入中國內地，補充了雙方的經濟需要。明朝從中獲得供統治者享用的奇珍異產，又通過高價賣出附進方物，獲得一定的利潤。儘管明朝在經濟上付出高昂的代價，處於朝貢貿易中的逆差地位，但朝貢貿易在明初中外經濟交往中仍起一定的積極作用。這是應當肯定的。

但是，這種朝貢貿易制度由於貢期、船數、貢道等限制和其他原因，經常出現缺貢不通的情況。所以，明朝又不斷派出使臣出訪外國，攜帶大量貨物「賞賜」通好的國家，帶回交易的貨物與受訪國回贈的禮品，遊說受訪國派出使團免費搭船，隨行來朝，作爲補充形式。這一形式在永樂年間的鄭和下西洋，達到了高潮，海外諸國「執圭捧帛而來朝，梯山航海而進貢」（費信：《星槎勝覽·序》）。

鄭和下西洋，每次動用大、小型海船一、二百艘（第二次下西洋達二百四十九艘（《明太宗實錄》卷五十二），隨行的外交、軍事、貿易、航行、後勤等人員二萬六、七千人。船隊所載出口的貨物，包括賞賜各國國王的物品、降價賤賣以招徠各國的物品和爲各國進貢方物抵價代買的物品或銀兩銅錢、下西洋人員特許攜帶的一定限額的物品。前兩類是官方朝貢貿易的物品，後一類是朝貢貿易體制下特許的私人貿易商品。鄭和船隊的航海貿易雖然對當時中國的海外貿易影響有限，但它打破洪武時有來無往的局面，使朝貢貿易更加開放了。這種在太祖確立的朝貢貿易體制之內發展出來的直接出海進行官方貿易的形式，在一定程度上彌補了明初民間海外貿易衰落對國內經濟發展的部份影響。史稱：「永樂改元，……貢獻畢至，奇貨重寶，前代所希，充溢庫市，貧民承令博買，或多致富，而國內亦羨矣」（嚴從簡：《殊域周咨錄》卷九）。

鄭和的大航海活動，其規模之大、活動範圍之廣、時間之長，都是世界航海史上的創舉。它接通了中國、東南亞、印度洋、阿拉伯海之間的海上交通網絡，爲地理大發現起了先導的作用，爲東西方海上經濟、文化的大交流開闢了道路。鄭和是航行到達非洲赤道以南東海岸的地一人，也是世界航海家中偉大的先導者。

第三節　明初的社會風尚

一　士風唯謹與民俗敦樸

隨著明初政治的由亂入治，經濟的恢復和發展，社會風尙也發生了變化。

元朝末年，法度日弛，紀綱不振，追逐個人的經濟利益和眼前利益，貪贓枉法，苟且因循，是統治階層的社會心理特徵。內外諸官皆安於苟且，不修職事，「有司承風，上下賄賂，公行如市，蕩然無復紀綱矣。」（葉子奇：《草木子》卷四，〈雜俎篇〉）這種不良的社會心理，導致明初官場貪墨之風的沉渣泛起。經過太祖的嚴厲整肅，這種社會心理在一定程度上受到壓制和收斂。同時，由於在整肅過程中大量使用法外用刑、株連濫殺，造成官場恐怖氣氛，唯上是尊、謹慎政事、明哲保身成了統治階層的社會心理特徵。當時，「京官每旦入朝，必與妻子訣，及暮無事，則相慶以爲又活一日」（趙翼：《二十二史札記》卷三二，〈明祖晚年去嚴刑〉）。太祖分封十王，親草冊文，想請文士唐之淳修潤文彩，「帝令飛騎召之，使者不喻旨，械之淳。之淳以父肅得罪，悚慄不自保。至京師，過其姑門，告使者止，索其姑出，泣曰：『善爲我斂屍』。姑乃大慟。之淳行次東華門，門已閉，守者曰：『有旨，令以布裹從屋上遞入』。纍纍易數次，至便殿。膏燈煌耀，帝坐閱書，之淳俯首庭下。……帝令膝坐，以封王冊文一篇授之，曰：『少爲弘潤之。』之淳叩頭曰：『臣萬死不敢當。』帝曰：『即不敢，姑旁注之。』之淳如命。……凡十篇，悉定之，每奏輒嘉悅，奏畢時，夜未央，帝命明日朝謁，復出如故。至姑家，猶守門，見之淳，相慶幸，具酒食沐具」（焦竑：《玉堂叢語》卷之一，〈文學〉）。唐之淳的遭遇，生動地反映了京官恐懼謹慎的心理。至於外官，也是如此。「郡縣之官雖居窮山絕塞之地，去京師萬餘里外，皆悚心震膽，爲神明臨其庭，不敢少肆」（方孝孺：《遜志堂集》卷一四，〈送祝彥芳致仕還家序〉）。明初矯枉過正，統治階層出現兩個極端的社會心理傾斜，但客觀上卻孕育了封建官僚體系良性運轉的社會效果。官吏注重政治利益和封建體制的整體利益，約己謹慎，辦事效率提高，漸成官場的主導風尚。

太祖生長在農村，經過窮苦日子，深知物力艱難，生活比較樸素，講究節儉，並以此經常訓導臣下。官僚也大多能夠節儉保身，追逐經濟利益和物質享受保持在一定的適度。六部之首的吏部尚書吳琳告老退休回老家黃岡，「帝嘗遣使察之，使者潛至旁舍，一農人坐小杌，起拔稻苗布田，貌甚端謹。使者前曰：『此有吳尚書者，在否？』農人斂手對曰：『琳是也』。使者以狀聞，帝爲嘉歎」（《明史》卷一三八，〈吳琳傳〉）。弘文館學士羅復仁，「與劉基同位」，其住宅在負郭窮巷裡，破破爛爛，東倒西歪幾間舊房子。朱元璋「間幸其舍，……復仁方堊壁，急呼其妻抱杌以坐帝」（《明史》卷一三七，〈羅復仁傳〉）。京官上朝辦公，多步行，地方官到任亦多無馬，或假借於人，或乘驢，洪武二十二年（一三八九年），朱元璋認爲有失體統，方賜有司方面官馬，並諭曰：「布、按二司官，方面重臣，府、州、縣官，民之師帥，跨驢出入，非所以示民，或假馬部民，因被浸潤，不能舉職，甚乖治體，其官爲市馬，司二十匹，府半之，州、縣又半之」（鄭曉：《今言》卷一）。可見當時地方官輿從簡樸。貪賄的官吏屢遭太祖的殘酷鎮壓，致使一般的官吏，不敢以逐利敲撲爲常，「洪武初，吾閩中一老廣文家居，忽命主某省試，事畢歸家，猶一廣文也，亦不知主試之爲榮，所取士子之爲門生也」（謝肇淛：《五雜俎》卷十五，〈事部三〉）。吳興王瑱在平涼任知縣，其父王升寄其書云：「凡爲官須廉潔自持，貧者士之常也，古人謂貧乏不能存，此是好消息。撫民以仁慈爲心，報國以忠勤爲本，處己以謙敬爲先，進修以學業爲務。……不可偏廢。人便則買附子二三枚，川椒一二斤，必經稅而後來，餘物非所覬也」（余繼登：《典故紀聞》卷三）。澠池道學曹端在霍州爲學正，知府郭晟問爲政之道，曹答曰：「公其廉乎！古人有言，『吏不畏吾嚴而畏廉，民不畏吾能而畏吾公，』公則民不敢慢，廉則吏不敢欺」（《明史稿》，〈道學曹端傳〉。轉引自孟森《明清史講義》第二章）。一般士大夫亦多不置巨產，即使當了高官，家產也只如寒士，「致仕家居，猶不異秀才時」（何良俊：《四友齋叢說摘抄》卷六〈正俗〉）。爲官貪墨而又汲汲營私產者，往往爲士論所不容，《閩小記》記明初福建的士紳風氣云：「閩中鄉先生，素重清議。永樂乙未（一四一五年）會元洪公英，以都御史還家，有十抬，士紳疑皆輜重也，相戒不與通。公後知之，微笑，令取几案，盡開諸笥，乃圖籍耳。於是出圖籍案上，置十抬空杠於案下。時屋淺狹，門外人咸共窺探，士紳方往來如初。嗟夫！以此觀之，彼日不但洪公一人清介，闔郡風尚可知矣」（周亮工：《閩小記》卷之三，〈洪都御史〉）。再如明初的浙江太平縣：「是時法尚嚴密，縉紳士庶罔敢侈肆，衣不過細布士縑，仕非達官不得輒用紵絲，女子非受封不得長衫束帶，居室無廳事，高廣惟式」（《浙江通志》卷一百，〈風俗下〉，轉引自《太平縣志》）。湖北京山縣，「其讀書爲士者，雖被儒服彬彬，齒於縉紳之列矣，亦長厚，食不重味，衣無綺紈之飾，宴會招賓客，幅紙單報，轉相傳視，至則羅短案，妻子出拜，刺刺笑語，不以爲嫌。長老有事，後生小子爲之執役，若子弟童奴，其忠厚少文如此」（《古今圖書集成・職方典》第一一四二卷，《安陸府部》）。

明初豪強富戶受到打擊，小農經濟復甦，農村社會較爲安定。明代各地方志的作者，往往稱頌明初敦本尙樸，重熙累洽的社會俗尙。如江蘇江陽，「國初時，民居尙簡樸，三間五架制甚狹小，服布素，老者穿紫花布長衫，戴平頭巾，少者出遊於市，見一華人，怪而嘩之。燕會八簋，四人合坐爲一席，折簡不盈幅」（嘉靖《江陽縣志》卷四，〈風俗記〉）。震澤，「邑在國初風尙誠樸，非世家不架高堂，衣飾器皿不敢奢侈，若小民咸以茅爲屋，裙布荊釵而已。……其嫁娶止以銀爲飾，外衣亦止用絹」（乾隆《震澤縣志》卷二十五，〈風俗序〉）。福建永安縣，明初「值亂極思治之日，民則敦本而尙樸，士則篤行而重恥，婦女則勤紡織而爲事」（萬曆《永安縣志》卷二，〈風俗〉）。建陽縣，「國初俗醇質茂，都人士斤斤自好，後進遇長者逡巡退讓，不敢以賢智自多。知恥少干謁，敬師而崇禮，不爲刻薄之行。……民俗質厚，宗族比閭之間，由由於於，患難相維持，緩急相倚賴，居然古樸之風。」（萬曆《建陽縣志》卷一，〈風俗〉）其他地方也大同小異，不一一列舉了。

二 保守的學術與沈寂的思想

在元末明初的社會大動亂時期，嚴峻的社會現實，使當時的文學之士，大都脫去元末纖穠浮豔之習，寫出了一些揭露社會黑暗、富有一定現實意義的詩文作品，因此在明初，曾出現了短暫的文學繁榮。《明史・文苑傳》說：「明初文學之士，……勝代遺逸，風流標映，不可指數，蓋蔚然稱盛已。」（《明史》卷二八五，〈文苑傳序〉）清初的黃宗羲也說：「當大亂之後，士皆無意於功名，埋身讀書，而光芒卒不可掩。」（黃宗羲：《明文案》序上）特別是《三國志通俗演義》和《水滸傳》等一批長篇章回小說的創作，開創了明代市民文學的先河。

《三國志通俗演義》是元末明初山西太原人羅貫中根據宋元話本《全相三國志評話》等改編寫成，描寫了東漢末年的魏、蜀、吳三國時期歷史發展的過程。《水滸傳》則是描寫北宋末年山東梁山泊以宋江為首的一百零八將反抗官府「替天行道」的故事，明代諸本署施耐庵集撰，羅貫中纂修，今人羅爾綱先生考證，係羅貫中在洪武、永樂間根據宋元話本加工創作而成的。這兩部不朽的文學巨著不僅有著很高的藝術成就，而且在當時特定的歷史條件下，一定程度上反映了人民要求統一、擺脫民族壓迫的願望，以及對農民起義所寄予的同情。羅貫中還編有《隋唐兩朝志傳》、《殘唐五代史演義》等演史小說。這批長篇章回小說開闢了文學創作的新天地，對明代和後世古典小說的興盛影響巨大。

然而，隨著明王朝封建統治秩序的建立和穩定，文學的自由創作受到了政治的極大限制，《三國演義》和《水滸傳》等優秀的文學作品得不到廣泛的刊刻和流行，社會生活完全封閉在封建的正統觀念和理學道德禮儀的規範之中。太祖以恢復傳統華夏倫理為己任，大力尊崇儒學，特別是朱熹理學。建文帝「親賢好學」，對儒士優禮有加。至成祖繼統之後，尊崇儒學的政策沒有改變。永樂十四年（一四一七年），諭翰林學士胡廣等編纂《五經四書大全》和《性理大全》，指示對《五經》、《四書》傳注之外，「諸儒議論，有所發明餘蘊者，爾等採其切當之言，增附於下。……二書務爲精備，庶幾以垂後世」（《明太宗實錄》卷一五八）。

明初統治者大力提倡儒學，目的在於以傳統的倫理綱常來教化天下，撥亂反正，恢復「君臣父子夫婦長幼之倫」（《明太祖實錄》卷二一），「使家不異政，國不殊俗」，進入「熙皞之治」。即用程朱理學作爲統一人們思想，維護朱家天下的理論工具。這就使明初的學術界充滿政治高壓的氣氛，陷於一家獨言的沈寂局面。

元末動亂，士大夫階層因政治取向不同而產生分離。新朝成立，太祖網羅餘逸，力圖平復這一彌縫，不惜採取「寰中士大夫不爲君用，是自外其教者，誅其身而籍其家，不爲之過」（《大誥二編》，〈蘇州人才第十三〉）的極端手法，反而引起士大夫的逆反心理，輕蔑朱明而懷念亡元。「今之爲士者以溷遁無聞爲福，以受玷不錄爲幸」（參見趙翼：《廿二史札記》卷三二，〈明初文人多不仕〉），和歷代王朝初興時士者以登仕爲榮、以罷職爲辱的情緒大不相同。許多著名碩儒稱病不出，即使一度被召用，也要以種種理由設法脫身，隱居養親，老死田間。守道出世，儼成一時風氣。被召用的學者，大多屈於皇權的淫威，在學術上循規蹈矩，未敢越雷池半步。《明史・儒林傳》評明初諸儒，「皆朱子門人之支流餘裔，師承有自，矩矱秩然。……篤踐履，謹繩墨，守儒先之正傳，無敢改錯」（《明史》卷二八二，〈儒林傳〉）。到永樂時，這一學風仍沿襲未改。成祖集中一批文學儒臣，編纂《五經大全》、《四書大全》、《性理大全》，亦僅是摘抄前人之書，匯集而成，毫無所見，失之空疏，體現了當時學者承風乘旨的謹慎保守作風。明末清初著名學者顧炎武曾嚴厲批評說：「當時儒臣奉旨修《四書五經大全》，頒餐錢，給筆札，書成之日，賜金遷秩，所費於國家者不知凡幾。將謂此書既成，可以牽一代教學之功，啓百世儒林之緒，而僅取已成之書抄謄一過，上欺朝廷，下誑士子，唐宋之時有是事乎？豈非骨鯁之臣已空於建文之代，一時士人盡棄宋元以來所傳之實學，上下相蒙，以饕祿位，而莫之問也。嗚呼，經學之廢，實自此始」（顧炎武：《日知錄》卷十八）。因此，從表面上看，明初儒學風盛一時，但實質上，已失去朱熹時代的創新精神，而流於空疏奉承，成爲現實政治的理論圖解。

至於當時隱居山野的儒士們，雖曾透露出某些淳樸的氣息，但大多「安貧樂道，守死不變」，「簞瓢屢空，怡然自得」（《明史》卷二八二，〈儒林傳〉。）。對學術界不起什麼影響。

明初學者雖然在沉寂的思想氛圍下鮮有學術創新，但他們在典籍編纂上作出的貢獻卻是不可磨滅的。其中最重要的，是《永樂大典》的修纂。永樂元年（一四〇三年），成祖特令解縉編纂類書，次年書成，名爲《文獻大成》。成祖嫌其簡陋，復命姚廣孝、解縉等重修。永樂五年（一四〇七年）書成，定名爲《永樂大典》。參加修纂《永樂大典》的文人達三千人，採用文淵閣藏書和各地採訪的圖書七八千種，依《洪武正韻》韻目，按韻順序整部、整篇或整段編入，共二二九三七卷，分裝一一〇九五冊，三億七千多萬字。規模如此宏大的大類書，是前無古人的，它爲後人保存了大量珍貴的文化遺產，是功不可滅的。

第四章 短暫昇平的仁宣之治

第一節 三楊輔政與內閣制度

一 皇室矛盾與削平高煦

經過太祖、成祖數十年的不懈努力，明王朝的各項典章制度，已經基本健全，社會經濟也得到了恢復和發展。成祖死後，仁宗朱高熾繼位，他當了十個月的皇帝也病故了，繼位的是宣宗朱瞻基。仁宗、宣宗父子當政期間，社會動盪和政治變革基本結束，明王朝的統治，已經走上正常的軌道，政治比較清明，經濟有所發展，社會趨於穩定。史家評論「明有仁、宣，猶周有成、康；漢有文、景，庶幾三代之風焉」（谷應泰：《明史紀事本末》卷二八，〈仁宣致治〉），是有一定道理的。然而，立國以來的由亂入治是得之不易的。數十年間，「武定禍亂，文致太平」（《明史》卷三，〈太祖紀三〉），重大的軍事行動不時發生。太祖、成祖父子以馬上得天下，傲視江山，往往以自身的經驗，左右政治的決策，「持法外加刑之酷矯元政之甚」（查繼佐：《罪惟錄》，〈帝紀〉卷之一），造成中樞政治時而出現不穩定的局面。影響所及，也使短暫的「仁宣之治」出現某些波折，而皇室之間的矛盾，則最先爆發出來。

成祖以藩王名分從侄兒手中奪得皇位，他爲了防止子孫們步己後塵，曾對藩王進行諸多限制。然藩王篡逆餘緒，仍未完全斷絕。成祖長子朱高熾雖然早在洪武二十八年（一三九五年）被封爲燕王世子，永樂二年（一四〇四年）被正式立爲皇太子。但是他的地位是很不鞏固的。朱高熾爲人忠厚，喜愛文學，但患有肥胖病，行動比較遲鈍，不僅不能騎馬打仗，連跪拜也須人攙扶，大異於乃父的尚武性格，故「仁宗爲太子，失愛於成祖」（《明史》卷八，〈仁宗紀〉）。而朱高熾的弟弟高煦，武功高強，能征善戰，深得成祖的歡心，「以爲類己」（《明史》卷一一八，〈諸王三〉），甚至在靖難之役酣戰之時，成祖曾輕許將來授大位予朱高煦。成祖登基之後，易儲之意時有萌發，朝野中普遍認爲皇位繼承問題還未最後確定。永樂二年（一四〇四年）高煦被封爲漢王，自以爲無罪被斥萬里之外，不肯到雲南就藩。成祖寵愛，命陪同巡北京，又賜親兵天策衛爲護衛，答應其留居南京，高煦更以唐太宗自比。高煦勾結其弟趙王高燧及靖難武臣淇國公丘福、駙馬王寧等，「與其黨日伺隙讒構」（《明史》卷八，〈仁宗紀〉），高熾的地位遭到嚴重威脅，「中遇媒孽，瀕於危疑者屢矣」（《明史》卷九，〈宣宗紀〉）。高熾及其子瞻基，則以東宮屬僚爲核心，聚集力量，與高煦的勢力相對抗。當時如楊士奇、楊榮、楊溥、夏原吉、蹇義、黃淮等東宮官僚，堅決反對廢儲改立，甘蹈風險，不避斧鉞。楊溥、黃淮等人曾爲此入獄受刑達十年之久（《明史》卷一四七，〈黃淮傳〉）。楊士奇爲保護朱高熾一再進言止謗，亦兩次爲此受牽進獄。解縉更被拘陷迫害致死。高煦自以爲功高，又仗父皇寵受，所爲多不法。永樂十三年（一四一五年）改封青州（山東益都）後，招募私兵三千，在封地內爲所欲爲，作惡多端。永樂十四年（一四一六年）被削去兩護衛，次年徙封樂安州（山東廣饒）。永樂二十二年（一四二五年）七月，成祖出征漠北死於榆木關軍次，高煦黨伙蠢蠢欲動，形勢非常嚴峻。爲了保證朱高熾順利繼位，隨軍的楊榮與另一內閣學士金幼孜等密議對策，「祕不發喪，銷錫爲椑固之，即殺工滅口。作二詔，一爲遺詔入朝，一召東宮於留都，俾星馳即位，比喪達京師，寂無知者。皇太子至，遂發喪易梓宮」（王世貞：《弇山堂別集》卷二十二）。朱高熾終於度過嚴重險關，當上了皇帝。

仁宗雖然繼位，但高煦居於強藩之位，手握重兵，內有奧援，威脅很大。只是由於仁宗不到一年即急病身死，雙方的矛盾尚不及全面爆發。仁宗死後，其子宣宗朱瞻基即位，身爲叔父的高煦更加不服，「宣宗自南京奔喪，高煦謀伏兵邀於路，倉卒不果」（《明史》卷一一八，〈諸王三〉）。宣德元年（一四二六年）八月，漢王高煦準備起兵叛亂，「立五軍都督府：指揮王斌領前軍，韋達左軍，千戶盛堅右軍，知州朱烜後軍。諸子瞻坴、瞻域、瞻垶、瞻墿各監一軍，高煦率中軍，世子瞻垣居守」（《明史紀事本末》卷二十七，〈高煦之叛〉）。同時，派親信枚青潛至京師約英國公張輔爲內應，又約山東都指揮靳榮等反濟南接應。真定諸衛所亦準備起而響應。

張輔得知漢王的陰謀，立即綁縛枚青上報宣宗，在山東樂安的御史李濬，亦火速上京告變。宣宗準備派遣陽武侯薛祿率軍征討，英國公張輔亦自告奮勇，「假臣精兵二萬，立俘闕下。」但是夏原吉及楊士奇、楊榮、楊溥等人則認爲，高煦在功臣宿將中威望甚高，「宿將畏高煦，故威不足恃」（查繼佐：《罪惟錄》，〈列傳〉卷之四，〈漢王高煦〉），力主宣宗親征。楊榮執見尤烈，說：「皇上獨不見李景隆事乎！」（《明史紀事本末》卷二十七，〈高煦之叛〉）主張以李景隆叛附之事爲戒，乘高煦布置未就緒之前，「今出不意，以天威臨之，事無不濟」（《明史》卷一四八，〈楊榮傳〉）。於是宣宗於八月初十日親統大軍出征，楊士奇、楊榮、蹇義、夏原吉等親信扈行，進圍漢王高煦的封地山東樂安。「是時，高煦方納靳榮爲內應，取濟南。濟南官吏覺之，不得發」（查繼佐：《罪惟錄》，〈列傳〉卷之四，〈漢王高煦〉）。知州朱烜建議漢王取南京，「畫江守」，但護衛軍士家在樂安，不肯離家南下。結果高煦的軍事力量，全部被包圍在小小的樂安城內。宣宗爲了瓦解敵軍，兩次致書招降。漢王部屬聽到宣宗親征的消息，果然軍心大亂，「時城中果多欲執（漢）王免兵者」（查繼佐：《罪惟錄》，〈列傳〉卷之四，〈漢王高煦〉），連高煦本人，也喪失了作戰的信心，「初，傳聞陽武將兵，高煦喜，及諜知親征，始大懼」（查繼佐：《罪惟錄》，〈列傳〉卷之四，〈漢王高煦〉）。在大軍迅速壓境的情況下，高煦不得不於八月二十一日出城稱罪投降。九月，漢王高煦父子被執至京師，廢爲庶人，「築室西安門內錮之」（《明史》卷一一八，〈諸王三〉），號爲逍遙城。宣德四年（一四二九年），宣宗到囚室探視，高煦出言戲侮，並出其不意將宣宗勾倒在地。宣宗大怒，命衛士用一個三百斤重的銅鼎把他覆扣在內，外燃火炭，燒烤至死，屍三尺，盡爲墨炭。因高煦而牽連被殺及充軍戍邊者達二千八百餘人。

宣宗另一個叔父即趙王高燧，一貫與高煦的關係比較密切，「與漢王高煦謀奪謫」（《明史》卷一一八，〈諸王三〉），宣宗平定高煦後班師回朝，尚書陳山等力言趙王與高煦同心，「共謀逆久矣」，請乘勢襲彰德執趙王。但是閣臣楊士奇、楊溥認爲不能單純依靠武力削藩。宣宗聽取楊士奇的建議，將朝臣要求處置趙王的詞章派駙馬都尉袁容持付高燧閱看，高燧大恐，公開認罪並獻還護衛，才保住了他的趙王封號。這樣，通過削平高煦，宣宗徹底消除了藩王的威脅。

二 三楊輔政與內閣制的形成

皇室內部的「奪嫡」鬥爭，對仁、宣時期的中樞政治，產生了一定的影響。

仁、宣父子與漢王高煦爲了打倒對方，各自形成了自己的勢力集團，而以東宮僚屬爲骨幹的仁宗輔助勢力，在爲仁、宣父子順利登上皇帝寶座立下了汗馬功勞，因此，仁宗、宣宗上臺以後，其政治核心的組成，存在著一個明顯的傾向，即凡是保儲有功者，倍受重用，反之，則受到冷遇。仁宗剛即位，「進楊榮太常寺卿（正三品），金幼孜戶部侍郎（正三品），仍兼學士，楊士奇禮部侍郎兼華蓋殿大學士，黃淮通政使（正三品）兼武英殿大學士，俱掌內制」（

《明通鑑》卷二十）。不久，又進楊榮為工部尚書，楊士奇為兵部尚書、黃淮為戶部尚書、金幼孜為禮部尚書。為了進一步提高原東宮官僚的地位，仁宗還恢復了建文、永樂間罷廢了的公孤官，進蹇義少傅、楊士奇少保，又進楊榮太子少傅兼謹身殿大學士，金幼孜太子少保兼武英殿大學士。宣宗即位，又召楊溥入內閣，旋進尚書。其中，內閣大學士楊士奇、楊榮、楊溥三人，與仁宗、宣宗父子的關係尤為密切，他們參贊機要，忠於職守，為「仁宣盛世」的形成，作出了突出的貢獻，「中外臣民翕然稱『三楊』」（《明史》卷一四八，〈楊溥傳〉）。

仁、宣父子對於原東宮官僚的偏愛和倚重，打破了永樂年間內閣的基本格局，使內閣權限發展到一個新的階段。原先只有五品銜的內閣學士，這時都躋身於公侯尚書之列，內閣勢力已經超過了六部的權力。《明史》對此有兩段概括性的說明。「仁宗而後，諸大學士歷晉尚書、保、傅，品位尊崇，地居近密，而綸言批答，裁決機宜，悉由票擬，閣權之重，偃然漢唐宰輔，特不居丞相名耳」（《明史》卷一〇九，〈宰輔年表序〉）。「洎仁、宣朝，大學士以太子經師恩，累加至三孤（少師、少傅、少保為三孤，從一品），望益尊。而宣帝內柄無大小，悉下大學士楊士奇等參可否。……自是內閣權日重，即有一二吏兵之長與執持是非，輒以敗」（《明史》卷七二，〈職官志序〉）。當時吏部尚書蹇義、戶部尚書夏原吉，也是東宮舊僚，資歷亦在三楊之上，但因未進內閣，雖時被召見，「得預各部事，然希闊不敵楊士奇等親」（《明史》卷七二，〈職官志序〉）。《明通鑑》云：「仁宣之間，政在三楊，（蹇）義雖掌銓衡，輒依違其間，無所匡拂，時亦以此少之」（《明通鑑》卷二一）。

宣宗時期，內閣的權力之重，突出表現在掌握了票擬權。所謂票擬，也叫做票旨、條旨。來自全國各方面的奏章，在送呈皇帝批示以前，由內閣成員「用小票墨書，貼各疏面以進」（《殿閣詞林記》卷九）。這實際上就是掌握了代替皇帝起草批文意見的職權，等於直接參預處理國家政事，「各衙門章奏留送閣下票旨、事權所在，其勢不得不重」（何良俊：《四友齋叢說》卷七，〈史三〉）。由於宣宗信任三楊，三楊所草擬的意見，差不多都會很快變成在全國必須遵照執行的諭旨，當時內閣之職常被史家比之古之丞相，如謂「今之殿閣避丞相名耳，安在不丞相哉？初制，殿閣大學士不得壓九卿，九卿奏事不得關內閣，今之九卿題奏聽內閣票旨，尙非其人，安在不（胡）惟庸哉？」（尹守衡：《明史竊》卷十五）應當說，仁、宣二朝君臣相得，內閣的票擬制度，曾經有效加強了中央集權制度，提高了明王朝國家機器的效能。

隨著內閣權勢的提高和閣臣品位的尊崇，閣體內部也發生了變化。永樂年間，內閣七學士均爲五品官員，此時，內閣權力集中在三楊手中，「天下建言章奏，皆三楊主之」。（趙翼：《廿二史札記》卷三三）其他閣臣的權力遠不能與三楊相比。洪熙元年（一四二五年）三月，權謹「以孝行由光祿丞授文華殿大學士」（《明史》卷一〇九，〈宰輔年表一〉），入閣半年，默默無聞，只是三楊的助手。宣德元年（一四二六年）又晉禮部左侍郎張瑛兼華蓋殿大學士，直文淵閣，翌年進本部尙書。同時又晉陳山爲戶部尙書兼謹身殿大學士，入預機要。張瑛、陳山二人雖同是加尙書銜的閣臣，但其權力有限，沒有什麼突出的表現，「一日，（宣宗）御門，遙見山趨朝，問楊士奇曰：山何如人？對曰：山雖侍陛下久，然其人寡學、多欲而昧大體。上曰：然。……至是命山輟閣務，專授小內使書。瑛亦改南京禮部尚書」（《明通鑑》卷二十）。可見明中葉形成的首輔制度，這時已見端倪，三楊與其他閣臣之間的主次等差已經相當明顯了。

仁、宣時期，由於內閣成員與皇帝的特殊親密關係，加上楊榮、楊士奇、楊溥「三人逮事四朝，爲時耆碩，溥入閣雖後，德望相亞，是以明稱賢相，必首三楊。」（《明史》卷一四八，〈楊士奇等傳贊〉）這樣就使得內閣一躍而爲「偃然漢唐宰輔」的中樞機構。「內閣之職同於古之相者，以其主票擬也」（《明會要》卷二九，〈職官一〉）。然而，「票擬」是否照准，則取決於「批紅」，大權仍在皇帝手裡。內閣「偃然漢唐宰輔」，「號爲宰相」，但並無漢、唐宰相的實權。此時內閣之所以起到宰輔的作用，關鍵在於宣宗與三楊配合默契。這正如李贄所說：「我朝相業，以三楊爲首，然亦賴朝廷委遇責成之專」（李贄：《續藏書》卷十，〈太師楊文定公〉）。在這一特定的條件下，仁、宣時期的內閣制度，既有效地修正了明初對於中央政體設置的某些偏頗，而且比較有效地發揮了封建政府的統治職能，加強了中央集權制度。

仁、宣時期內閣權位的提高，形成了中樞的輔政機構，也使得明初的其他職官制度產生了某些相應的變化，即由明初的文武兩途並重轉向重文輕武。

明初「專閫重臣，文武亦無定職，世猶以武爲重」（《明史》卷九十，〈兵志二〉），洪武後期，軍權由武臣手中轉移到諸王，但靖難削藩之後，軍權又由諸王轉移到武臣手中。武臣對於國家的政治亦多有參贊決議之權，如洪武間的徐達、永樂間的丘福、張輔等人，均在當時的政治中發揮很大的作用。

當永樂、洪熙交替之際，朝臣爲皇位繼承問題產生嚴重分歧，武官勳臣中大多數主張能征善戰的高煦接替文弱遲鈍的朱高熾爲皇儲。因此，仁宗上臺後，對於武臣不予重用，宣宗時內閣成爲中樞輔政機構之後，軍隊系統的職官，降居次要的地位。軍國大事的決策，功臣武人幾不得過問。當時英國公張輔功高望重，對永樂間的「奪嫡」問題亦未曾介入，故仁、宣時位極尊貴，號稱執政大臣，但他實際絕少過問政事，史稱他「歷事四朝，連姻帝室，而小心謹慎」（《明史》卷一五四，〈張輔傳〉），這正與他出身武臣功高祿厚而實乃無權不無關係。

仁、宣二朝還從制度上限制武臣的權限。早在永樂年間，已有宦官監軍之舉，然其時武臣權重，內監「猶不敢縱」（《明史》卷七二，〈職官志一〉）。洪熙元年（一四二五年）正月，仁宗設置宦官守備，「命內官監太監鄭和領下番官兵守備南京，在內與大監王景弘、朱卜英、唐觀保協同管事，遇到有事同襄城伯李隆、駙馬都尉沐昕計議而行」（王世貞：《弇山堂別集》，〈中官考一〉）。是年二月，又設置了內監鎮守之職，敕王安爲甘肅鎮守太監。在明代文獻上，這是「鎮守之始見者」（王世貞：《弇山堂別集》，〈中官考一〉）。從此以後，設置守備太監和鎮守太監成了規制，武臣的權限受到了嚴重削弱。

仁、宣之世不僅設置內監守備和內監鎮守以分武臣之權，更又肇始文臣參贊軍務之例。鄭曉《今言》卷二云：「參贊軍務者，始於洪熙元年（一四二五年），以武臣疏於文墨，選方面部屬官，於各總兵處整理文書，商確機密，於是有參贊參謀軍務、總督也哉」（鄭曉：《今言》卷二。）。文臣參贊軍務之例一開，武臣的權限急劇下降，督撫巡視成定制後，總兵官幾無行兵作戰的自主權，「內之部科，外之監軍、督撫，疊相彈壓，五軍府如贅疣，弁師如走卒，總兵官領敕於兵部，皆跽。間爲長揖，即謂非禮。至於末造，衛所軍士，雖一諸生可役使之」（《明史》卷九十，〈兵二〉）。

仁、宣時期對於武臣權力的限制，適應了這一時期內閣制權位提高的需要，加強了中央的集權專制。

地方職官也出現變化的緒端。洪熙元年（一四二五年）八月，宣宗遣大理寺卿胡概、四川參政葉春巡撫南畿、浙江，袪除民害，胡概在浙直五年，才離任還朝，巡撫從明初的負有特殊使命的臨時性差遣變爲撫循地方的專職設置，自此開始。宣德五年（一四三〇年），宣宗遣趙新、趙倫、吳政、于謙、曹弘、周忱分往江西、浙江、湖廣、河南、山西和北直、山東和南直之蘇松等地「總督稅糧」，並得便宜行事，「往來巡撫，撫安一方」（《明宣宗實錄》卷七〇），派遣巡撫開始成爲經常性的措施。此時的巡撫，還是帶有特殊使命的外巡官員，和地方長官的關係還不太明確，「三司權本重，巡撫初設，便多齟齬，尤不便於武官」（《明史》卷一七八，〈朱英傳〉）。但在省級專設巡撫的嘗試，否定洪武時「不欲重臣出典錢糧兵馬」（孫承澤：《春明夢餘錄》）的規定，爲以後地方權力結構的調整，巡撫的地方化和制度化，邁出了重要的一步。

仁宣時期政治體制的變化，實際上是對明成祖改組中央輔政體制的繼承和推廣。在某種意義上說，仁宣時期內閣制的形成，武臣地位的下降和專設巡撫的嘗試，對明代中後期政治的影響，甚至超出了明太祖創立的政治體制。因此可以說，仁、宣時期是明代政治體制承先啓後的重要時期。

第二節 政治的守成與休養生息

一 邊防和對外政策的調整

仁、宣時期不僅對明初的政治體制作了若干修正，同時對永樂時期開拓經營邊陲和遣使東西洋的對外政策，也作了明顯的調整。

成祖銳意開拓經營邊疆，「六師屢出，漠北塵清」（《明史》卷七，〈成祖三〉）。但連年征戰，也損耗了大量的人力、物力，「征需頻繁，而民力凋敝」（《明太宗實錄》卷一百二十），增添了人民的痛苦和負擔。成祖死後，仁宗、宣宗充分利用韃靼和瓦剌的勢力削弱這一有利時機，修復與韃靼等部的關係，在北方邊疆採取了以防禦爲主的策略，節制用兵，「每邊將陛辭，輒戒曰：『民力罷矣，毋貪功，脫撫塞下，驅之而已』」（谷應泰：《明史紀事本末

》卷二八，〈仁宣致治〉）。宣宗雖然於宣德三年（一四二八年）率兵出巡邊境一次，也不過是虛張聲勢，企求守固。他自己總結說：「驅夷之道，毋令擾邊而已」（谷應泰：《明史紀事本末》卷二八，〈仁宣致治〉）。這時的蒙古各部落，由於多年征戰，元氣大傷，大漠之北，「惟荒塵野草」（谷應泰：《明史紀事本末》卷二一，〈親征漠北〉），再加上瓦剌和韃靼等各部長年爭戰不休，無暇大舉南掠，北部邊防尚稱平靜，所謂「自宣德以來，……未曾大舉入寇，或有擾邊者，不過朵顏之類，或獵或掠，多不過百餘騎，少或數十騎而已」（《紀錄匯編》卷二三，李賢《古穰雜錄摘抄》）。這樣，就使得內地的社會經濟，能夠在比較和平安定的社會環境裡，得到迅速的恢復和發展。

永樂年間，成祖派遣鄭和率領大型船隊遠航西洋各國，在政治上，擴大了明朝在海外的影響，加強了中國和亞非各國的友好關係，但在經濟上，官方朝貢貿易沒有促進社會經濟的發展，反而勞民傷財，「所取無名寶物不可勝計，而中國耗廢亦不貲」（《明史》卷三百四，〈鄭和傳〉），「三保下西洋，費錢糧數十萬，軍民死且萬計」（嚴從簡：《殊域周咨錄》卷八，〈古里〉）。仁宗嗣位，便「大赦天下，楊士奇草詔，如下西洋寶船，雲南取寶石，交趾採金珠，撒馬兒等處取馬，並採辦、燒鑄進貢諸務，悉皆停罷」（《明史紀事末本》卷二八，〈仁宣致治〉）。其後雖然於宣德二年（一四二七年）、五年（一四三〇年），宣宗以「踐祚歲久，而諸悉國遠者猶未朝貢」（《明史》卷三〇四，〈鄭和傳〉），再次派遣侯顯、鄭和等率領舟師往西洋諸國，「開讀賞賜」，但其規模已比永樂時大爲縮小。仁、宣時期節制下西洋行動，對於節約國家財政開支、安定社會，一時也起到了一定的作用。

永樂年間屢征安南，曠日持久，勞師耗財，成了明王朝的一項沉重的負擔。仁、宣之初，曾增重兵前往安南，鎮壓黎利領導的起義，但屢為所敗，宣宗即與楊士奇、楊榮等決定放棄安南。宣德二年（一四二七年）十一月遣使撫諭安南，「於是棄交趾，罷兵，歲省軍興巨萬」（《明史》卷一四八，〈楊士奇傳〉）。安南罷兵，對於穩定社會統治，與民休養生息，是有利的。但就軍事而言，則是失敗的，《罪惟錄》宣宗章皇帝紀論曰：「太祖不以儋崖化外，命良吏撫之，曰：『今天下一家，所忍彼此！』通此意，交南可久在版也。清化再矯命，實自掊剋，不究其源而坐棄之。復罷開平，廢興和，祖宗辛苦肇造，視如敝屣，豈古南服後世不寧再闢乎？誠以儋崖視諒江等府，勞來輯寧，特為加意，使之氣靜，靜則難動，而徒以去京殷遙，左遷者必於此。上輕其地，則受此地者必自輕。兼以刑人鍛鍊之，飲毒莫訴，夢未釋戈盾，挾之復起，益煽吾不意，挾小成業出帝，即士奇、榮，其何能辭罪？」（查繼佐：《罪惟錄》，〈帝紀〉卷五）

仁宣時期對於邊疆和對外事務的處理，態度從明初的進取轉向保守，失去了積極參與的主動性和熱情。

二　任用賢良與休養生息

仁、宣時期的對內政策，也相應作了重大調整。

仁宣父子一反洪永時期政治大清洗的作法，力求「上下情通」，「政得其平」。爲了修復明初不正常的君臣關係，他們都注意求言納諫。仁宗即位後，就對楊士奇等人說：「嘗見前代人主，惡聞直言，雖素所親信，亦畏威順旨，緘默取容。賢良之臣，言不見聽，退而卷舌，朕與卿等宜深以爲戒」（《明通鑑》卷十八）。十一月，仁宗嘉獎群臣直言者，對楊士奇說：「群臣所言有咈意者，朕退必自思，或朕言有失，亦未嘗不悔」（《明仁宗實錄》卷五上）。爲保證言路暢通，仁宗還特賜蹇義、楊士奇、楊榮、金幼孜「繩愆糾繆」圖書，諭以「協心贊輔，凡政事有闕或群臣言之而朕未從，或卿等言之朕有不從，悉用此印密疏以聞」（《明仁宗實錄》卷二下）。宣德四年（一四二九年），宣宗對楊溥說：「朕……常念祖宗創業之難，子孫守成之不易。……比來臣下往往好進諛詞，令人厭之，卿亦宜勉輔朕於善道，……但覺朕有過舉，直言無隱」（《明宣宗實錄》卷五十）。對於過激的言論，他們也能採取比較寬容的態度。比如，洪熙元年（一四二五年）二月，大理寺卿弋謙言事過激，仁宗一時憤怒，免其朝參。楊士奇諫曰：「謙應詔陳言，若加以罪，則群臣自此結舌矣」（《明史紀事本末》卷二八，〈仁宣致治〉）。仁宗從諫恢復弋謙朝參，並下敕引過，表示：「朕於謙一時不能含容，未嘗不自愧咎，爾文武群臣……於國家軍民利有未興，弊有未革及政令有未當者，咸直言之，勿以前事爲戒，而有所諱」（《明仁宗實錄》卷八上）。這種求言納諫的做法，多少改善了君臣之間的關係，避免了明初政治風波迭起的局面。

為了造成清明的政治環境，仁、宣父子都注意整頓吏治，同時強調慎用刑罰，反對法外用刑。洪熙元年（一四二五年）三月，仁宗詔曰：「夫刑以禁暴止邪，導民於善，豈專務誅殺哉！自今有犯死罪律該凌遲者，依律科決，其餘死罪止於斬絞，法〔司〕並勿傅會昧情失實，以致冤濫。若朕一時過於嫉惡，律外用籍沒及凌遲之刑者，法司再三執奏不允，至於五奏不允，同三公及大臣執奏，必允乃已，永為定制。文武諸司自今亦不許恣肆暴酷，於法外用鞭背等刑，……尤不許加人宮刑。……自今惟犯謀反大逆者依律連坐，其餘有犯，只坐本身」（《明仁宗實錄》卷八下）。因此，在處理官吏貪瀆犯法案件時，一般都能依律議罪，不施法外用刑。宣宗處理高級官吏犯法案件，大都恃法平穩，甚至宥罪輕罰。如宣德三年（一四二八年）六月，少保兼行在工部尚書吳中以官木磚瓦遣太監楊慶作私第下獄，宣宗以中係皇祖舊臣宥之，罷其少保職，罰尚書俸一年（《明宣宗實錄》卷四四）。宣德六年（一四三一年）十二月，中都留守司陳恭，盜移皇陵牆外樹木，盜取舊內千步廊材造樓居，強取所部子女為妾婢，強占軍士田地十餘頃，剋扣軍士口糧二千餘石，私役軍民耕種、匠作，妄殺人命，罪該論死，宣宗念其父靖難有功，恭亦從征有勞，宥其死罪，籍其家，杖一百，發戍遼東（《明宣宗實錄》卷八五）。對於不稱職的官員，即行黜退罪斥。為了加強對官員的考察黜陟，楊士奇推薦以廉明剛直著稱的薛宣、顧佐、邵玘、陳勉等人分別擔任兩京左右都御史，奏請罷斥有嚴重貪墨瀆職行為的原左都御史劉觀及其他不肖御史三十餘人。對冗官員則予裁汰，僅宣德八年（一四三三年），一次便裁汰京師冗官七十七員（《明通鑑》卷二一）。

與此同時，積極選拔循吏人才。尤其是楊士奇，對於選拔賢良之才，可謂竭盡全力。直至宣德晚年，「察墨吏、舉文學武勇之士，令極刑家子孫皆得仕進。又請廷臣三品以上及二司官，各舉所知，備方面郡守選」（《明史》卷一四八，〈楊士奇傳〉）。正因爲如此，仁、宣二朝出現了不少悉心治國安民的官吏，《明史・循吏傳》共記載從明初到明末的循吏一百二十人，而在洪熙、宣德年間任職的，竟占半數之多。（《明史》卷二八一，〈循吏傳〉）當時著名的官吏高谷、周忱、況鍾、黎恬等人，均以不第超遷，委派他們在中央任官或奉敕出任地方行政長官。如周忱，「有經世才，浮沈郎署二十年，人無知者，獨夏原吉奇之。洪熙改元，稍遷越府長史。宣德初，有薦爲郡守者，原吉曰：『此常調也，安足盡周君。』五年（一四三〇年）九月，……乃用大學士楊榮薦，遷忱工部右侍郎，巡撫江南諸府，總督稅糧。」（《明史》卷一五三，〈周忱傳〉）從而爲清理江南稅糧，穩定國家財政，減輕人民負擔，作出了有力的貢獻。又如于謙，爲官剛直不阿，不避權幸，外任「每議事京師，空橐以入，諸權貴人不能無望」（《明史》卷一五三，〈周忱傳〉），多次遭到勳貴和宦官的攻擊，但他歷任御史、巡撫、兵部侍郎，多有作爲，實亦賴三楊的一貫支持，「是時居政者三楊，素重謙，朝請夕可，是以得行其志」（查繼佐：《罪惟錄》，〈列傳〉卷十一下，〈于謙傳〉）。

仁、宣時期除了十分重視官吏的銓選督察之外，還十分注意人才的教育和培養。仁宗曾與楊士奇等議定翰林院嚴考歲貢生，「上諭楊士奇曰：『百姓不蒙福者，由守令匪人；守令匪人，由學校失教；自今宜嚴試之。五經四義書，不在文辭之工拙，但取其明理者。或人材難得，即數百人中得一人亦可。蓋取之嚴，則不學者不敢萌僥倖之望。』」（《明史紀事本末》卷二八，〈仁宣致治〉）楊溥亦屢屢主張「嚴薦舉、精考課」，以選拔真正有用的人才。而「欲得賢才，當厚教養之法」（余繼登：《典故紀聞》卷十），不以教養爲基礎，所謂薦舉和考課都必然流爲空談。爲了擴展取士面，仁、宣時期還改革了科舉取士法。仁宗在位時，曾與廷臣討論科舉之弊，楊士奇遂建議會試應分南北卷取士。原來由於南北文化水平的差異，會試多取南士。改革後，分南卷和北卷，「試卷例緘其姓名，請於外書『南』、『北』二字，如當取百人，則南六十，北四十」。在分配錄取比例上以地域加以平衡。宣宗繼位後，立即推行這一改革辦法，並「復定南、北、中卷，北卷則北直隸、山東、河南、山西、陝西，中則四川、廣西、雲南、貴州及鳳陽、廬州二府，徐、滁、和三州，餘皆南卷」。科舉取士的這一改革，擴大了明王朝的統治基礎，平衡了地域上的權力分配，使得「南北人才，皆入彀矣」（《明史紀事本末》卷二八，〈仁宣致治〉）。從而更有利於中央集權的統治。

由於仁、宣時期中央政治核心君臣相得，重視官吏人才的選拔任用和考察課督，這樣就保證了中央各項法令有效實施，使得「與民休養生息」的政策得到比較切實的執行。

仁、宣時期的「休養生息」政策，首先體現在奉行節儉上，對貪財好貨、使用民力過暴的各種行爲，都在很大程度上進行了改正。仁宗上臺之初，便下令停罷「迤西市馬及雲南、交趾採辦」（《明史》卷八，〈仁宗本紀〉）。接著，又下令「減惜薪司賦棗之半」。其他如「丹漆、石青之類，所司不究物產，概下郡縣徵之，小民鳩斂金幣，博易輸納，而吏胥因以爲奸，其一切禁止。」洪熙元年（一四二五年）四月，又下令「停罷一切官買物料。」（《明史紀事本末》卷二八，〈仁宣致治〉）宣宗繼承仁宗的作風，節制耗費，如宣德四年（一四二九年）六月，「聞湖廣災，諭（工部尚書）吳中曰：『百姓艱難宜恤，比聞工部採辦林木，動以萬計，不爲國家愛惜民力，而勞擾如此，其斟酌裁之。寬一分，則民受一分之賜』。」五年（一四三〇年）二月，「上御齋宮，召大學士楊士奇議寬恤」，楊士奇請以寬馬畜、免薪芻、蠲採買、恤刑獄、核工匠數事，「詔下，民大悅」（《明史紀事本末》卷二八，〈仁宣致治〉）。

蠲免賦役，是仁、宣二朝推行休養生息政策的另一個重要組成部分。仁宗上臺之初，江南蘇、松、常、杭、嘉、湖六府水災，廷議「俟來歲並徵，命以鈔布代輸」。不久，山東登、萊諸郡亦水災，「蠲逋租」，徐州水災，「免今年稅」。是年底，又命戶部分遣人馳諭各郡縣，凡被災田土，「停免催徵糧稅」。洪熙元年（一四二五年）四月，「詔免山東、淮安、徐州今年夏稅之半」（《明史紀事本末》卷二八，〈仁宣致治〉）。宣德年間，蠲免錢糧的事例很多，如宣德七年（一四三二年）二月，宣宗與楊士奇談論減賦一事，宣宗說：「今必舉此爲第一事，如再格不成，朕必罪之」（《明史紀事本末》卷二八，〈仁宣致治〉），隨後頒寬恤之政，「以減官田租額爲首」（查繼佐：《罪惟錄》，〈帝紀〉卷之五，〈宣帝紀〉）。四月，「以山西旱，蠲逋賦二百四十萬石有奇」（《明通鑑》卷二一），特別是任用周忱爲江南巡撫，清理江南田賦，成效顯著，「初，太祖平吳，並籍其功臣子弟莊田入宮，後惡富民豪併，坐罪沒入田產，皆謂之官田，按其家租籍徵之，故蘇賦比他府獨重，……民不能堪。時宣宗屢下詔減官田租，忱乃與知府況鐘曲算累月，減至七十二萬餘石，他府以次減，民始少蘇」（《明史》卷一五三，〈周忱傳〉）。其他如「民間馬草歲運兩京，勞費不貲，忱請每束折銀三分，南京則輕賫即地買納。京師百官月俸，皆持俸帖赴領南京。米賤時，俸帖七八石，僅易銀一兩。忱請檢重額官田、極貧下戶兩稅，準折納金花銀，每兩當米四石，解京兌俸，民出甚少，而官俸常足。」（《明史》卷一五三，〈周忱傳〉）這些措施，都在一定程度上減輕了人民的賦役負擔。

在蠲免田租的同時，對於一些受災比較嚴重的地區，政府還經常發帑賑濟。如洪熙元年（一四二五年）二月，「舞陽、清河、睢寧民饑，命發本縣倉粟賑之」，三月，「樂亭、連城、萊蕪、蓬萊、黃岩民饑，命發本縣倉賑之」（《明史紀事本末》卷二八，〈仁宣致治〉）。四月，北直隸大名府以及河南鎮、汝、鈞、許諸州縣災荒民饑，悉命所在「發倉粟賑之」。宣宗即位後，河南新安知縣陶鎔未經申報先發帑賑民，宣宗對夏原吉說：「有司拘文法，饑荒必申報賑濟，民饑死久矣。陶鎔先給後聞，能稱任使，毋責其耑擅」。宣德元年（一四二六年）四月，戶部奏青州借官糧賑饑，乞復勘然後給，宣宗說：「民饑無食，當如拯溺救焚，即命就便分給」。為了更好地防治災害，宣德八年（一四三三年），江南巡撫周忱「奏定濟農倉之法，令諸縣各設倉，擇縣官之廉公有威與民之賢者司其籍，每歲種蒔之際量給之，秋成還官。明年，江南大旱，諸郡發濟農米以賑貸，民不知饑」（《明史紀事本末》卷二八，〈仁宣致治〉）。這樣不但解救了災民的饑寒之苦，而且還幫助了生產。

仁、宣時期，爲了發展經濟，還實行了一些有利於生產發展的措施，仁宗嗣位甫一月，即令「山林川澤，皆與民共，命自居庸關以東，與天壽山相接，禁樵採，餘俱弛禁」。洪熙元年（一四二五年）正月，仁宗再次頒詔天下，「罷山場、園林、湖池、坑冶，聽民採取」。仁宗對於軍隊的屯田也極爲重視，他曾對戶部尚書夏原吉說：「古者寓兵於農，民無轉輸之勞，而兵食足。後世莫善於漢之屯田，先帝立屯種法甚善，但所司數以徵徭擾之。自今天下衛所屯田軍士，毋擅役妨其農務，違者治之。」（《明史紀事本末》卷二八，〈仁宣致治〉）宣德四年（一四二九年）「科臣戴弁奏：山海關至薊州，營軍萬人，可令屯田，且耕且守。上命都督陳景光經理」（查繼佐：《罪惟錄》，〈志〉卷十一，〈屯田志〉）。是年九月，「命戶部申明栽種桑棗舊令」（《紀錄匯編》卷二三，《古穰雜錄摘抄》）。六年（一四三一年），「命北直隸地方，如洪武間山東、河南事例，民間新開荒田，不問多寡，永不起科」（《明史紀事本末》卷二八，〈仁宣致治〉），以鼓勵農民的墾荒種植。仁、宣父子對於水利也相當重視，永樂年間治河理漕的名臣陳瑄，仁宗時被封爲平江伯，「宣宗即位，命守淮安，督漕運如故。宣德四年（一四二九年）言：『濟寧以北，自長溝至棗林淤塞，計用十二萬人疏濬，半月可成。』帝念瑄之勞，命尚書黃福往同經理。」宣德六年（一四三一年），陳瑄以江南民運糧赴臨清、淮安、徐州，往返一年，失誤農業，建議改民運爲兌運，由江南民撥糧與附近衛所，官軍運載至京，量給路費耗米，被宣宗採納推行。陳瑄死後，追封平江侯。沿河人民懷念陳瑄，「以濬河有德於民，民立祠清河縣」（《明史》卷一五三，〈陳瑄傳〉）。其他如宣德二年（一四二七年）重修涇陽洪渠堰，「溉五縣田八千四百餘頃」。三年（一四二八年）修灌縣都江等堰四十四。是年「命工部即飭郡縣秋收起工，仍詔天下：『凡水利當興者，有司即舉行，毋緩視』」。四年（一四二九年）復諭尚書吳中嚴飭郡邑，「陂池堤堰及時修濬，慢者治以罪」（《明史》卷八八，〈河渠六〉）。周忱、況鍾等人，爲了保證賦稅重區江南一帶的農業生產，努力在蘇、松一帶興修水利。七年（一四三二年），周忱和況鍾督領民眾修治蘇、松、嘉、湖的太湖、龐山、陽城、沙湖、昆承、尙湖等六大湖，有效地促進了江南地區的農業生產和交通運輸。

孟森先生論及仁、宣兩朝之善政，認爲「無重於作養循良，與民休息」（孟森：《明清史講義》第二編第二章，靖難），誠爲灼見。仁宗、宣宗父子之所以能夠成爲一代「守成令主」，正是由於有了一班比較賢良的官吏盡心輔助，其在中央，三楊等人「通達事幾，協力相資，靖共匪懈」（《明史》卷一四八，〈楊士奇等傳贊〉）。在地方則有周忱、況鍾等一大批循吏，「殫公心以體國，而才力足以濟之」（《明史》卷一五三，〈周忱等傳贊〉）。從而使「與民休息」的政策得到了比較切實的推行，保證了明王朝從其初期草創紛更的政治，向穩定守成政治的順利過渡。

第三節　社會穩定與潛在的危機

一　經濟穩定與社會安定

仁、宣兩朝君臣相得，扶植循良，與民休息，確實給當時的社會帶來了一定的昇平景象。《明史》仁、宣本紀贊曰：「用人行政，善不勝書」，「吏稱其職，政得其平，綱紀修明，倉廩充羨，閭閻樂業，歲不能災，蓋明興至是歷年六十，民氣漸舒，蒸然有治平之象矣」（《明史》卷八、九）。這些贊詞雖不免有溢美之譽，然而仁、宣之世政治穩固，社會安定，社會經濟有著較快的恢復和發展，也是有一定事實根據的。《明史》載洪永熙宣之際，百姓充實，府藏衍溢，「農務墾闢，土無萊蕪，人敦本業，又開屯田、中鹽以給邊軍，餫餉不仰藉於縣官，故上下交足，軍民胥裕。」（《明史》卷七七，〈食貨志序〉）在一定程度上反映了當時的實際情況。《明宣宗實錄》載宣德五年（一四三〇年）六月，福建長汀縣學教諭陳敬宗言：「伏睹戶部頒降榜文，不許阻滯鈔法，至今鈔未通行。臣切思米布諸物俱產民間，而福建諸郡，戶口鹽鈔折收糧米，鈔皆不用。以臣所見，宜有變通，如汀州府所積糧可有一百餘年之用，汀州衛所積有十餘年之用，而每歲又收鹽糧，蓄積愈多。天下府州衛所，大概相同。宜令在外有司軍衛，扣算倉糧，有十年以上者，鹽糧盡令折鈔，歲徵秋糧，亦折鈔三分。如此則鈔可通，糧不陳腐」（《明宣宗實錄》卷六七、卷五十）。由此可見當時民食軍糧的充足。

隨者農業的恢復和發展，商業、交通和城市也得到相應的繁榮。宣德年間，重要的商業城市便有：南京、北京、蘇州、松江、鎭江、淮安、常州、揚州、儀真、杭州、嘉興、湖州、福州、建寧、武昌、荊州、南昌、吉安、臨江、清江、廣州、開封、濟南、濟寧、德州、臨清、桂林、太原、平陽、蒲州、成都、重慶、瀘州等地（《明宣宗實錄》卷六七、卷五十）。其中有當時的政治中心如南京、北京；省會如太原、濟南、杭州、廣州、福州；有運河附近城市如淮安、揚州、儀真、臨清等；也有內地城市如蒲州、瀘州等。這些城市多爲「商賈湊集」，商業相當繁榮。江南的市鎭，這時也有一些正在形成，明中葉以後聞名全國的工商業城鎭如景德鎭、劉家隔鎭以及佛山鎭等，這時也已初具規模。爲了適應商業和城市的發展，加強政府的管理，洪熙元年（一四二五年），「增市肆門攤課鈔」。宣德四年（一四二九年），「於京省商賈集地、市鎭店肆門攤稅課，增舊凡五倍。兩京蔬果園不論官私種而鬻者，塌房、庫房、店舍居商貨者，騾驢車受雇裝載者，悉令納鈔。……舟船受雇裝載者，計所載料多寡，路近遠納鈔。鈔關之設自此始」，「於是有漷縣、濟寧、徐州、淮安、揚州、上新河、滸墅、九江、金沙洲、臨清、北新諸鈔關」（《明史》卷八一，〈食貨五・商稅〉）。仁、宣時期增收商稅和開設鈔關，固然是爲了增加財政收入和推動鈔票的流通，但在當時斂取有節的社會環境裡，兩京、蘇、杭等「三十三府州縣商賈所集之處」（《明宣宗實錄》卷五十）稅課大增以及各鈔關的開設，從一個側面反映了當時商業和城市已經逐漸繁榮起來的歷史趨向。

繁榮的商業，促進了貨幣的流通。洪武、永樂年間，政府強行推行紙鈔，嚴格交易用金銀之禁，「犯者以奸惡論」。仁、宣兩朝雖不曾以嚴法懲罰犯禁者，但也想盡辦法使鈔法流通，如「令犯笞杖者輸鈔」、設鈔關、增商稅等即是。但是隨著商業的擴展，民間交易使用金銀者日益普遍，「民間交易，惟用金銀」。以金銀作為流通貨幣已成為一種經濟的趨勢。於是在正統初年，政府不得不「弛用銀之禁，朝野率皆用銀。」（《明史》卷八一，〈食貨五〉）白銀逐漸取代鈔票成了社會上流通的最主要貨幣。

社會安定與生產和交換的發展，使得社會階級矛盾比較緩和，「吏治修明，民風和樂，成績懋著」（《明史》卷一四九，〈蹇義等傳贊〉）。宣德四年（一四二九年），仁宗張皇后和宣宗謁長、獻二陵，「畿民夾道拜觀，陵旁老稚皆山呼拜迎，太后顧曰：『百姓戴君，以能安之耳，皇帝宜重念。』及還，過農家，召老婦問生業，賜鈔幣」（《明史》卷一一三，〈仁宗張皇后傳〉）。五年（一四三〇年）三月，宣宗謁陵還京師，「道中見耕者，以數騎往視之，下馬從容詢稼穡事，因取所執耒三推。……已而道路所經農家，悉賜鈔如之。」（《明史紀事本末》卷二八，〈仁宣致治〉）宣宗和皇太后的這些舉動，多少有些故作姿態，但是安定的社會，確使人民的安居樂業有了一定的保證。仁、宣兩朝，是明代農民反抗鬥爭最為稀少的年代。

二　社會危機的潛伏

太監監軍，軍隊士氣低下，宦官之禍起（宣宗設內書堂，宦寺之盛，自宣宗始）
內閣粉飾太平，不敢抵犯君主專制的体制和尊嚴
慎用刑罰，卻使權貴官僚更加貪殘
賦稅管理趨向混亂，戶口減少，流民問題出現
北方邊防消極，使日後瓦剌得以輕犯北京
罷西洋寶船，卻仍行海禁，破壞沿海經濟，退出世界性市場

仁、宣二朝的守成政治雖然維持了社會的穩定和經濟的繼續發展，人民得到了休養生息，

但是由於封建制度自身不可克服的矛盾，這個「治平之世」的背後，已經潛伏著某些衰敗的危機。

仁宗、宣宗父子在三楊等一批良臣循吏的輔佐下，求言納諫，使朝政呈現新氣象。但是，仁宗、宣宗父子的納諫是有限度的，大體來說，凡是三楊、夏原吉等親信大臣進諫，大多能言聽計從，而對其他臣子，則經常聽不進良言直諫，甚至不惜採取高壓手段頂回逆耳之言。如洪熙元年（一四二五年），翰林侍讀李時勉上疏言事，「仁宗怒甚，召之便殿，對不屈，命武士撲以金瓜，脇折者三，曳出幾死」（《明史》卷一六三，〈李時勉傳〉）。仁宗臨死時，仍以未殺李時勉爲大恨。宣宗甫繼位，便下旨將李時勉押赴西市，差一點將李殺掉。又如宣德六年（一四三一年）二月，巡撫御史陳祚以宣宗頗事游獵玩好，「上疏勸上務帝王實學，退朝之暇，命儒臣講說真德秀《大學衍義》一書」（《明史紀事本末》卷二八，〈仁宣致治〉）。宣宗覽疏大怒，曰：「豎儒謂朕未讀《大學》耶？薄朕至此，不可不誅！」（《明通鑑》卷二一）結果把陳祚及其家口十餘人長期關押在獄中，陳祚之父因此瘐死。當時還有刑部主事郭循，因諫拓西內皇城修離宮，宣宗命人逮入面詰之，循抗辨不屈，亦下獄。由於拒諫，許多荒謬的舉動得不到制止。如宣宗在仁宗去世幾個月便開始頻繁地派人到外國勒索美女、歌舞伎、鷹、犬、玩物（參見吳晗輯：《朝鮮李朝實錄中的中國史料》上編卷四、卷五）。後來也經常派宦官或其他人員在國內搜尋善鬥的促織、獸禽及其他玩物（李翊：《戒庵老人漫筆》卷一，〈陸墓促織盆〉）。宣宗去世後，被作爲秕政而罷去的「諸司冗費」中，僅放教坊司樂工就達三千八百餘人（《明史》卷十，〈英宗前紀〉）。

三楊和蹇義、夏原吉等人在仁宣時期確實提出過許多有利於社會穩定的積極建議，任用過不少的賢良循吏，但是他們並不敢觸犯君主專制的體制和尊嚴。早在仁宗時期，能夠經常給皇帝提出比較尖銳言論的實際上以楊士奇居多，「時有上書頌太平者，帝以示諸臣，皆以爲然。士奇獨曰：『陛下雖澤被天下，然流徙尚未歸，瘡痍尚未復，民尚艱食，更休息數年，庶幾太平可期。』帝曰：『然。』因顧蹇義等曰：『朕待卿等以至誠，望匡弼，惟士奇曾五上章，卿等皆無一言，豈果朝無闕政、天下太平耶？』諸臣慚謝。」（《明史》卷一四八，〈楊士奇傳〉）楊榮曾經對人說：「事君有體，進諫有方，以悻直取禍，吾不爲也。」（《明史》卷一四八，〈楊榮傳〉）一語說穿了他們所謂「恩遇始終無間」的微妙關係。他們都懷有「治國平天下」的抱負，但對於皇帝的某些倒行逆施的行爲只能婉轉進言，適可而止，甚至裝聾作啞，保持緘默。因爲他們必須時時處處考慮到如何保持自己已得的恩寵、地位和權力，稍有不慎，都有可能前功盡棄。因此，在仁宗時期，無論是皇帝還是三楊等輔政大臣，都作了不少粉飾太平的事情。特別是到了宣德年間，君臣們日益沉醉於太平的景象之中。他們「奉觴上壽，獻詩頌德」（《明史》卷一一三，〈仁宗張皇后傳〉），宣宗在謁陵途中「執耒三推」，便有〈耕夫記〉以贊其德；天偶然下起雨來，又有〈喜雨詩〉記其瑞。宣德六、七年（一四三一～一四三二年）間，這種歌功頌德的文章層出不窮。如六年（一四三一年）間，宣宗敕賜給三楊等人御製的頌詩便有〈招隱歌〉、〈喜雨歌〉、〈豳風圖詩〉、〈喜雪詩〉等（《明史紀事本末》卷二八，〈仁宣致治〉），七年（一四三二年），有〈猗蘭操〉、〈招隱詩〉、〈祖德詩〉等等。群臣們亦屢屢著文賦詩贊頌君主聖德，謳歌天下太平，如在三楊的奏疏和詩文中，經常可以看到諸如吹捧「聖德隆盛」（楊士奇：《楊文貞公文集》卷一）、「仁恩覃霈、海宇晏寧」（楊士奇：《楊文貞公文集》卷一）、「從龍處處施甘澤、四海謳歌樂自平」（楊榮：《天府天記》卷四四）等等辭句。君臣們經常宴樂歡歌，慶祝昇平，「帝乃仿古君臣豫游事，每歲首，賜百官旬休。車駕亦時幸西苑萬歲山，諸學士皆從，賦詩賡和」（《明史》卷一四八，〈楊士奇傳〉），「南海諸國獻麒麟四，景星見天門。少傅楊士奇等進頌，上謙不自居，降璽書推功天地宗廟。」（《明史紀事本末》卷二八，〈仁宣致治〉）清代史學家曾對三楊的這些行爲批評說：「三楊作相，夏、蹇同朝，所稱舟楫之才，股肱之用者，止士奇進封五疏，屢有獻贊耳。其他則都俞之風，過之吁咈；將順之美，踰于匡救矣。」（《明史紀事本末》卷二八，〈仁宣致治〉）至於一般的臣子，也大多聞風效尤，陶醉在這一表面的歌舞昇平中，「臣僚宴樂，以奢相尙，歌伎滿前，紀綱爲之不振」（《明宣宗實錄》卷六六）。甚至連身爲百官楷模的三楊，亦經常挾妓玩樂，歡謔入俗。《堯山堂外紀》載云：「三楊當國時，有一妓名齊雅秀，性極巧慧。一日令侑酒，眾謂曰：『汝能使三閣老笑乎？』對曰：『我一入便令笑也。』及進見，問來何遲。對曰：『看書』。問何書？曰：『《烈女傳》。』三閣大笑曰：『母狗無禮。』即答曰：『我是母狗，各位是公猴』。一時京中大傳其妙。」

在仁、宣時期君臣們陶醉在治平景象之時，一些醜惡現象不斷滋長，潛伏了社會的危機。

首先，仁、宣父子的慎用刑罰，特別是宥罪輕刑，對權貴官僚的貪殘不法起了保護、縱容的作用，諸王、勳戚、官僚占田、私役軍民等活動更加猖獗，甚至公然向皇帝乞請。宣德五年（一四三〇年），鄭王奏請鳳翔城舊安王竹園，而韓王則遣人守之，欲占爲府中牧地，爭持不下，後來宣宗決定給予鄭王（《明宣宗實錄》卷六六）。七年（一四三二年），宣宗從周王所請，特賜「開封府稅課鈔，令王府自收」，並命「兵部給開封民丁三百人充王府校尉」（《明宣宗實錄》卷九三）；九年（一四三四年），唐王瓊炟奏本府修理家廟及居室，「欲輟屯田，命一千五百餘人供役，請暫免明年屯種」，宣宗從之（《明宣宗實錄》卷一一三）。諸王不僅擁有王府莊田，氣燄且十分囂張，如代王朱桂，「常著短衣小帽，引其子遜炓、遜煓出游市中，或步或騎，手執大棍，袖藏斧錘，追逐軍民而捶之」，而宣宗僅僅賚書勸告而已。公主莊田也有所發展。真定公主（仁宗女）在宣德間被賜滹縣張家莊草地三十二頃（《明英宗實錄》卷一八〇），寧國公主在宣德九年（一四三四年）死後，「墳塋占用官民田地一百八十七畝」（《明英宗實錄》卷五七）。勳戚占田也十分嚴重，宣德五年（一四三〇年），武定侯郭玹「令家人強奪滄州南皮縣民十七家田土，拆毀民居，置立莊屋。天津右衛指揮呂昇阿附玹勢，奪官軍屯田一千九十餘畝與玹，軍民失業，嗷嗷怨嗟」（《明宣宗實錄》卷六三）。六年（一四三一年），會寧伯李英在西寧衛，「招致逋逃軍民周買兒、郭三三等七百六十餘戶，分置莊所，令其屯田，立家人、總管名號以帥之」（《明宣宗實錄》卷八一）。軍屯受到破壞，寧夏、甘肅「膏腴之地皆爲鎮守官及各衛豪橫官旗所占，俱不報官」（《明宣宗實錄》卷七六），「寧夏、甘州等處富豪之家占種田土，計一萬四百九十餘畝」（《明宣宗實錄》卷八三）。宦官亦奏請乞莊田，如宣宗時，太監沐敬有漷縣新河里莊田；宣德六年（一四三一年），「中官朱敬奏請故尙書夏原吉舊賜地二頃」，因「順天府已給民人耕種」，才未得逞（《明宣宗實錄》卷七七）。在宣宗的縱容下，「乞請漸廣，大臣亦得請設官莊舍」（《明史》卷七七，〈食貨志一〉），以建置莊田爲特徵的土地兼併開始嚴重起來。

賦稅管理也逐漸趨向混亂，「諸處土田，日久頗淆亂，與黃冊不符」，地主勢豪趁機上下其手，「以意贏縮，土地不均，未有如北方者」。宣德時，雖然也下達過北直隸地方民間新開荒田永不起科的政策，但在另一方面，卻把洪武、永樂年間的「墾荒田永不起科及洿下斥鹵無糧者，皆覈入賦額，數溢于舊」（《明史》卷七七，〈食貨志一〉），增加了人民的負擔。宣帝數下詔書蠲免租賦，但「持籌者輒私戒有司，勿以詔書爲辭」，宣宗得知此情，「然不深罪」（《明史》卷七八，〈食貨志二〉），這就使不少蠲免租賦的舉動有名無實。

宣宗經常與臣子討論歷代戶口、田地的增耗情況，說：「戶口之盛衰，足以見國家之治忽。其盛也本於休養生息，其衰也必有土木兵戈」（《明史紀事本末》卷二八，〈仁宣致治〉）。《明史》的作者認爲宣宗的看法「殆篤論云」。但是明代的戶口以洪、永時期爲極盛，仁、宣時期的戶口反減於洪、永時期，流民問題已逐漸形成。如宣德三年（一四二八年）三月，工部侍郎李新自河南還，奏報：「山西饑民流徙至南陽諸郡不下十餘萬口，有司軍衛及巡檢各遣人捕逐，民愈窮困，死亡者多。」（《明宣宗實錄》卷四二）宣德五年（一四三〇年），北直隸易州一州就有逃民一千二百二十九戶，山東濰縣有逃民三千四百餘戶（《明宣宗實錄》卷七十）。周忱出任江南巡撫，經過清查，江南各地人口虛耗的情況更爲嚴重，太倉一地，洪武二十四年（一三九一年）原額六十七里，八千九百八十六戶。至宣德七年（一四三二年）造冊，止有一十里，一千五百六十九戶，核實之後，又僅剩見戶七百三十八戶，「其餘又皆逃絕虛報之數」（陳子壯：《昭代經濟言》卷二，周忱：〈與行在户部諸公書〉）。周忱擔心：「恐數歲之後見戶皆去，而漸至於無徵矣」。他考察了江南地區人口流亡的原因，共有七弊，「一曰大戶苞蔭，二曰豪匠冒合，三曰船居浮蕩，四曰軍囚牽引，五曰屯營隱占，六曰鄰境蔽匿，七曰僧道招誘」（陳子壯：《昭代經濟言》卷二，周忱：〈與行在户部諸公書〉）。尤其是所謂大戶苞蔭者，「其豪富之家，或以私債准折人丁，或以威力強奪人子，賜之姓，而目爲義男者有之；更有名，而命爲僕隸者有之。凡此之人，既得爲其役屬，不復更其糧差，甘心倚附，莫敢誰何。由是豪家之役屬日增，而南畝之農夫日以減矣」。而官吏流於懶散，疏於督責，使流民現象更爲嚴重，「近年有司，多不得人，教尋無方，禁令廢弛，遂使蚩蚩之民，流移轉徙」（周忱：〈與行在户部諸公書〉）。宣德七年（一四三二年），宣宗在文華殿召問大學士楊士奇「今日更當寬恤者」，楊士奇對曰：「所在官司不能容逃民，則相結爲非。宜令郡縣撫恤，不願歸者，聽附籍爲民，亦弭患于未萌」（《明史紀事本末》卷二八，〈仁宣致治〉）。可見宣德年間的流民問題，已成爲一個引人注目的社會問題。

在北邊防禦上，由於一味奉行消極防禦的策略，屢屢放棄軍事要鎮，致使九邊防務大爲減弱。宣德五年（一四三〇年）六月，明政府遷開平於獨石，使宣府和大同直接裸露在北部邊防上，「自此蹙地三百里，盡失龍岡灤河之險，而邊地益虛矣。」（《明通鑑》卷二十）正統年間，瓦剌軍隊所以長驅直入，逼近京師，不能不與仁、宣時期九邊防禦的削弱有一定的因果聯繫。

宣宗罷西洋寶船，一時取得經濟上的收益。但從海洋上退卻，則是嚴重的失策。從近期看，海外貿易的渠道幾乎堵塞。到弘治時，來華朝貢的國家只剩下暹羅、占城、滿剌加、琉球和日本，而民間海上貿易和遠洋船製造則被禁止。宣宗堅持洪武以來的海禁政策，宣德六年（一四三一年）九月，寧波知府鄭珞請弛出海捕魚之禁以利民，宣宗不許，並斥之「知利民而不知爲民患」，「貪目前小利而無久遠之計」（《明宣宗實錄》卷八三）。對於沿海居民「私下番貿易及出境與夷人交通」，宣宗更命行在都察院揭榜禁戢（《明宣宗實錄》卷七八）。這種做法，在當時已直接影響邊海人民的生計，打擊了沿海地區社會經濟，逼使一些商民淪爲海寇。比如廣東沿海，已是「海盜屢出爲患」（《明宣宗實錄》卷八七），官兵出海巡捕，亦無法撲滅。從長遠上看，結束大航海行動，使中國與西洋諸國建立起來的聯繫中斷，從此中國帆船絕跡於印度洋和阿拉伯海，不自覺地退出正在醞釀形成中的世界性市場，給日後中國回應西方興起的挑戰，帶來被動的歷史後果。

仁宗、宣宗有時對於宦官的控馭比較嚴厲，如仁宗曾下令：「中官在外採辦者悉召還，並罷諸市場」。宣德六年（一四三一年），宦官袁琦「自幼侍上，恃恩縱肆，擅遣內官內侍，以採辦爲名，虐取官民財物」。又有中官「裴可烈在蘇、松諸郡，貪暴尤甚」，「中官唐受，以公差南京，縱恣貪酷」，俱被捕殺。「其他宦黨阮巨隊、阮誥、武莽、武路、阮可、陳友、趙淮、王貴、楊四保、陳海等十一人，皆下獄論死，尋命都察院榜琦等罪示天下」（《明通鑑》卷二一，又參見王世貞《弇山堂別集》卷九十，〈中官考〉）。但是仁、宣時期設置守備太守和鎮守太監，監視牽制武臣，對軍隊戰鬥力的發揮不能不產生消極的影響。明代中後期，軍隊武臣積弱積輕，「疆事遂致大壞」（《明史》卷七二，〈職官一〉），追根溯源，是在此時埋下種子的。

宣德四年（一四二九年），特設內書堂，對宦官政治勢力的形成影響頗大，《明史・宦官傳》云：「初，太祖制，內臣不許讀書識字，後宣宗設內書堂，選小內侍，令大學士陳山教習之，遂爲定制。用是多通文墨，曉古今，逞其智巧，逢君作奸。數傳之後，勢成積重，始於王振，卒於魏忠賢。考其禍敗，其去漢、唐何遠哉！」（《明史》卷三〇四，〈宦官一〉）

宣宗即位之初，詔求直言，有湖廣參政黃澤上書言十事，即反覆請以宦官典兵干政爲戒，然宣宗嘉嘆而不能用。太監馬騏「矯旨」往交趾辦金珠，仁宗雖極力否認出自己意，但實際上馬騏不久還是去了交趾。宣德二年（一四二七年）棄交趾，馬騏亦從安南撤回，廷議論其死，「下獄籍其家，帝終部不誅」（《明史》卷三二一，〈安南傳〉）。宣德六年（一四三一年）十二月，宣宗誅中官袁琦等，時稱善政。但不出一個月，「賜司禮監太監金英、范弘等免死詔」（王世貞：《弇山堂別集》卷九十，〈中官考〉），又賜太監王瑾、金英、范弘等銀記，詞極褒美。《明史》職官志論曰：「賜王瑾、金英銀記，則與諸密勿大臣同；賜金英、范弘等免死詔，則又無異勳臣之鐵劵也」（《明史》卷七四，〈職官志〉）。宦官的政治地位由此得到實質性的提高。明代「宦寺之盛，自宣宗始」（《明史》卷一六四，〈黃澤傳〉），是有一定道理的。

第五章　正統到正德間的社會變遷

第一節　政治格局的嬗變

一　王振干政與土木之變

宣德十年（一四三五年）正月，宣宗朱瞻基病死，年方九歲的皇太子朱祁鎮繼位，是爲英宗，年號正統。皇太后張氏（朱祁鎮的祖母）委任三朝老臣楊士奇、楊榮、楊溥等主持政務，因此，正統初年基本上繼承了仁、宣時的各項政策。但是，明初以來宦官干政的權力演變，也隨著宣宗的去世而表面化起來。受到英宗寵信的宦官王振已在逐漸地竊取權力，公開干預政治了。

王振，蔚州（河北蔚縣。一說山西大同）人。「始由儒士爲教官，九年無功，當謫戍，詔有子者許淨身入內，振逐自宮以進，授宮人書，宮人呼王先生」（查繼佐：《罪惟錄》，〈列傳〉卷二十九下，〈王振〉）。由於王振儒士出身，又混跡過官場，在「不許讀書識字」的宦官群中，洵屬拔尖人材，故不久受到宣宗的重用，「使侍太子講讀，太子雅敬憚之。」當時，掌司禮監宦官劉寧不知書，「上令振代筆」（查繼佐：《罪惟錄》，〈列傳〉卷二十九下，〈王振〉），司禮監大權實際在宣宗後期即爲王振所掌握。明代司禮監號稱內官「最貴重者」（王世貞：《弇州史料後集》卷三十八），它掌管皇城內一應禮儀刑名，鈐束長隨、當聽、聽事各役，關防門禁；掌理內外章奏及御前勘合，章奏文書及照閣票批紅等事。尤其是其中的秉筆太監，身不離皇帝，有代替皇帝硃筆票旨的機會，又常被寵信欽差提督東廠，就更易於專權，王振代筆司禮監，爲日後的專權打下了基礎。

英宗繼位後，由於侍奉東宮的關係，遂命王振正式掌管司禮監，「寵信之，呼爲先生而不名。」當時張皇太后雖然倚任元老閣臣三楊，要英宗在處理軍國大事時，非得三楊等人贊成，「不可行也」（《明史紀事本末》卷二九，〈王振用事〉），對宦官的管束亦甚嚴。但是王振巧妙地利用英宗的年幼和對外廷的顧慮，玩弄權術，「導帝用重典御下，防大臣欺蔽，於是大臣下獄者不絕」（《明史》卷三百四，〈宦官一〉）。由於有英宗做堅強的後盾，內廷司禮監很快就與內閣分庭抗禮了，王振到東閣會議政事，「公卿見振皆拜」（《明史紀事本末》卷二九，〈王振用事〉）。甚至連三楊也感到自身難保，正統五年（一四四〇年）楊榮曾經對楊士奇等人說過：「彼（王振）厭吾等，吾輩縱自立，彼容能已乎？一旦內中出片紙，命某某入閣，則吾輩束手矣。」（《明史紀事本末》卷二九，〈王振用事〉）不久，王振發楊榮受宗室賄，「請覆核之，縈竟憂憤卒」（《罪惟錄》，〈列傳〉二十九，〈王振〉）。楊士奇亦因子稷不法事受王振要挾而「堅臥不出」，再加上對王振有所戒心的張太后於正統七年（一四四二年）逝世，王振更無所顧忌，「于是權悉歸振矣」（《明史紀事本末》卷二九，〈王振用事〉）。

王振獨攬大權後，廣植私黨，使其侄王山爲錦衣衛指揮同知，王林爲錦衣衛指揮僉事，朝中官僚「畏禍者爭附振免死，賕賂輳集」「在外方面，俱攫金進見，每當朝覲日，進見者以百金爲恒，千金者始得醉飽出，由是竟趨苞苴，乃被容接，都御史陳鎰、王文俱跪門俯首焉」（《明史紀事本末》卷二九，〈王振用事〉）。甚至連公侯勳也都敬稱王振爲「翁父」（《明史》卷三百四，〈王振傳〉）。工部郎中王佑，兵部侍郎徐晞皆以善諂逢迎王振，而被超擢爲工部侍郎和兵部尙書。凡是不願屈服於王振的官吏，他就嗾使其同黨誣構罪狀，橫加刑罰。侍講學士劉球因雷震上言請削振權，「振下球獄，使指揮馬順支解之。」監察御史李儼因不願屈膝王振，「以平立應對傲，下錦衣衛戍之。」大理少卿薛瑄、國子監祭酒李時勉素不禮振，「振摭他事陷瑄幾死，時勉至荷校國子監門」（《明史》卷三百四，〈王振傳〉）。又械繫戶部尙書劉中敷、侍郎吳璽、陳瑺於長安門。巡撫山西、河南兵部侍郎于謙每次入京，「未嘗持一物交當路」，振「嗾言官劾之，罷爲大理少卿」（《明史紀事本末》卷二十九，〈王振用事〉）。

王振在朝中專擅威福，在處理少數民族事務上也爲所欲爲。正統二年（一四三七年），雲南麓川宣慰使思任發叛，閣臣楊士奇等多不主張武力征討，英國公張輔則謂思任發世職六十餘年，「屢擾王師」，應予嚴懲。時「王振專政，欲示威荒服」（《明史紀事本末》卷三十，〈麓川之役〉），兵部尚書王驥揣知王振的意向，力主用兵，王振大悅，「逐詘廷議，於是麓川之役起」（《明通鑑》卷二十二）。正統六年（一四四一年）正月，王振命定西伯蔣貴為征蠻將軍，兵部尚書王驥提督軍務，太監曹吉祥監督軍務，發兵十五萬，「轉餉半天下」，征討麓川。正統十一年（一四四六年）思任發兵敗被殺，但歷年用兵，「勞師費財，以一隅騷動天下」，王驥等又借征伐以營私，「多役民夫舁綵繪，散諸土司以邀厚利」，為掩敗報功，「多捕魚戶為俘」（《明史》卷一七一，〈王驥傳〉），給各地人民帶來了不少災禍。同時，思任發雖被殺，但麓川並沒有真正平服，「驥還兵，部落復擁思任子思祿為亂」，王驥等「度賊不可滅，乃與思祿約，許以土目得部勒諸夷」（《明史紀事本末》卷三十，〈麓川之役〉）。麓川之役不但未能達到「示威荒服」的目的，而且連「湖廣、貴州諸苗，亦所在蜂起」（《明史》卷一七一，〈王驥傳〉），與少數民族的關係更趨緊張。

更為嚴重的是，正統年間北方蒙古族的瓦剌部逐漸強盛起來，特別是正統四年（一四三九年）也先嗣任太師，趁明朝大耗國力征討麓川之機，極力擴張勢力，兼併蒙古其他部落。同時，又探知王振擅權，陰與王振相結納，王振則指使其親信大同鎮守太監郭敬「遞年多造鋼鐵箭頭，用甕盛之以遺瓦剌使者，也先每歲以良馬等物賂振及敬以報之」（《明英宗實錄》卷一八三）。當時許多官吏都認識到也先瓦剌對於中原的威脅，力主警惕戒備，如學士劉球於正統六年（一四四一年）就提出「瓦剌終為邊患」，「正宜以時防禦」（《明史》卷一六二，〈劉球傳〉），十二年（一四四七年），巡撫宣大僉都御史羅亨信亦上言請求「預於直北要害，增置城衛土城備之」，石亨則主張撥軍屯種，耕守結合（《明史紀事本末》卷三十二，〈土木之變〉）。但由於王振與也先相賄通，對北方邊防竟不作任何戰備措施。正統十四年（一四四九年）七月，也先看到時機成熟，藉口貢馬減其值而分兵四路大舉進犯。其中也先親率主力進攻大同，「兵鋒甚銳，大同兵失利，塞外城堡，所至陷沒」（《明史紀事本末》卷三十二，〈土木之變〉）。

也先發動進攻後，王振又盲目輕敵，英宗在王振的鼓惑和挾持下，不顧臣僚的極力勸阻，決意親征。命太監金英輔佐弟郕王朱祁鈺居守北京，英國公張輔，成國公朱勇、兵部尙書鄺埜、戶部尙書王佐、內閣學士曹鼐、張益等扈駕從征。隨征的臣僚雖有數百人，但卻不使參預軍政事務，一切行動皆由王振專斷，既缺乏認真的戰前準備，又沒有周密的軍事指揮，五十萬臨時拼湊的北伐大軍就在倉卒驚亂之中出發了。大軍「未至大同，兵士已乏糧，僵尸滿路。寇亦佯避，誘師深入」（《明史紀事本末》卷三十二，〈土木之變〉）。

八月初一日，明軍進到大同，王振又欲進兵北行，會前軍報敗踵至，「西寧侯朱瑛、武進伯朱冕全軍覆沒」（《明史紀事本末》卷三十二，〈土木之變〉）。鄺埜、曹鼐諸大臣力請回師，均不聽。這時王振的同黨、鎮守太監郭敬把前線戰敗的情況密告王振，「振始懼」，第二天匆匆下令班師。大同總兵郭登告訴學士曹鼐等，大軍撤退應從紫荊關，「庶得無虞」。但王振爲了讓英宗到他家鄉蔚州「駕幸其第」顯示威風，竟改道宣府。「軍士迂迴奔走」（《明史》卷三百四，〈王振傳〉），耽誤時日，瓦剌的大隊騎兵已漸漸迫近。十三日，英宗等到達土木堡（今懷來縣西南），瓦剌兵追至。王振急令成國公朱勇等率三萬騎兵斷後拒敵，「勇無謀，進軍鷂兒嶺，敵于山兩翼邀阻夾攻，殺掠殆盡」。瓦剌大軍緊緊圍困土木堡。十五日，瓦剌軍發動攻擊，「四面攻圍，兵士爭先奔逸，勢不能止，鐵騎蹂陣而入，奮長刀以砍大軍」。明軍全線大潰。在混戰中，王振被護衛將軍樊忠以棰棰死，「英國公張輔、尙書鄺埜、王佐、學士曹鼐、張益而下數百人皆死。」（《明史紀事本末》卷三十二，〈土木之變〉）。英宗朱祁鎮成了瓦剌軍的俘虜，明朝的五十萬大軍，就這樣被王振幾乎全部斷送了，近百年積蓄起來的國力，受到了嚴重的削弱。

二　汪直專權與西廠之設

土木堡喪師、英宗被俘，朝廷大爲震驚，一片混亂。皇太后命英宗的異母弟郕王朱祁鈺監國，召集群臣商議戰守之策，「群臣聚哭於朝」（《明英宗實錄》卷一八一），不知所爲。侍講徐珵（後改名徐有貞）甚至主張南遷逃跑。兵部侍郎于謙挺身而出，力排眾議，主張堅決抵禦。朱祁鈺以太后命升于謙爲兵部尙書，提督各營兵馬，保衛北京。

是年九月，郕王朱祁鈺即皇帝位，爲景宗，更加倚重于謙。于謙也以天下安危爲己任，下令調集河南、山東、南京等地軍隊入衛，部署京城九門守軍及城外防務等，嚴陣以待。十月初，瓦剌兵臨城下。「于謙躬擐甲冑」，出德勝門親自督戰，城內外軍民人人感奮，「皆用命」（《明史》卷一百七十，〈于謙傳〉）。當時瓦剌軍隊的主力列陣在西直門外，也先的本營設在土城，派出少量騎隊窺視德勝門。于謙令大將石亨「設伏空舍，遺數騎誘敵。敵以萬騎來薄，副總兵范廣發火器，伏起齊擊之，也先弟孛羅、平章卯那孩中炮死」，明軍奮勇砍殺，瓦剌軍在混亂中向土城敗退，「居民升屋，號呼投磚石擊寇，嘩聲動天」。瓦剌均傷亡慘重，只好退兵營守。相持五日，瓦剌軍「戰又不利」（《明史》卷一百七十，〈于謙傳〉），又怕四方勤王兵至，斷其後路，遂挾持英宗北撤，退出紫荊關。瓦剌也先要脅無效，戰又不勝，只好遣使求和，表示願意送還英宗。景泰元年（一四五〇年）八月，英宗回到北京，景宗尊英宗為太上皇，將其安至於南宮，命靖遠伯王驥守護，實際上是軟禁。英宗無可奈何，卻也並不甘心，只好暗暗等待時機以求復辟。

京師解除戒嚴後，景宗為固己位，大力封賞有功大臣和將士，于謙以功加太子少保。但他並不居功，清醒地認識到邊防的危機，艱苦經營，益兵內地要衝，加強邊關鎮守，使明王朝度過了開國以來的最大難關。但是，他所輔佐的景宗朱祁鈺，卻是一個營私保位之輩，為了自己子孫長久之計，「乃汲汲易儲，南內深錮」（《明史》卷十一，〈景帝紀〉），以金鈔和官爵拉攏大臣。景泰三年（一四五二年）廢英宗子朱見深為沂王，立自己長子見濟為皇太子，於是「文武大臣與者十七八，自公孤而下數十人，為太保者十人」（《立齋閑錄》卷四）。一時名爵大濫，開啓了廷臣爭寵僥倖之門。而另一方面，正統年間膨脹起來的宦官勢力，也沒有得到多少扼制，雖然在土木之變後，廷臣搏殺了王振餘黨馬順等人，但景宗仍然信用王振的黨羽曹吉祥等。景泰二年（一四五一年），于謙爲了提高京師軍隊的戰鬥力，於三大營中挑選十萬精壯軍士，分五營（後改十營）團操，名曰團營法。但景宗並不完全信任于謙，在創立團營的同時，派出心腹太監提督京營，「太監阮讓、都督楊俊提督四營，太監陳瑄、盧永，都督郭震、馮宗各提督三營。俱聽（于）謙，（石）亨及太監劉永誠、（曹）吉祥節制」（王世貞：《弇山堂別集》卷九十，〈中官考一〉）。宦官提督京營自此使，這就大大加強了宦官干預京師政務的實力。景泰八年（一四五七年），被也先釋放回北京的英宗朱祁鎮乘景宗病危之際，勾結宦官曹吉祥和宦官黨羽徐有貞、石亨等人，奪取東華門，復辟成功，重新登上皇帝的寶座，改元天順，于謙等一批正直的大臣被殺害和罷免，曹吉祥則因奪門功「遷司禮太監，總督三大營。嗣子欽、從子鉉、鐸、鏞等皆官都督，欽進封昭武伯」（《明史》卷三百四，〈曹吉祥傳〉）。宦官掌握京師軍隊的權力進一步加強。終天順之世，曹吉祥與奪門有功的徐有貞、石亨間招權納賄，爭權爭利，朝政大非，最後石亨、曹吉祥雖然因謀反罪被殺，但國家元氣大傷，英宗也於天順八年（一四六四年）去世。

英宗死後，太子朱見深繼位，是爲憲宗，改元成化。憲宗朱見深是個十六歲的少年天子，風流荒唐，玩物喪志，他嗜好珍寶，崇信左道，以至吃丹飲符，服用淫藥，「怠於政，……大臣希得進見」（《明通鑑》卷三十三）。在位二十三年，僅成化七年（一四七一年）召見閣臣一次。內外朝政都被一幫佞幸所把持，尤其是任用宦官有增無減。這樣，到了成化中期，終於又形成汪直擅權的局面。

汪直，廣西大藤峽瑤族人，「初以叛被籍，直年數歲，都御史韓雍奏閹之」（《罪惟錄》，〈列傳〉卷二十九下，〈汪直〉）。起先在憲宗最寵信的昭德宮萬貴妃身邊當小內侍，「以年少便黠得幸」，升任御馬太監。成化十二年（一四七六年），妖人李子龍「以符術結太監韋舍私入大門」，與宮人淫亂，「謀不軌」，事發伏誅。這件事極大地損害了憲宗的自尊心，使他對內外官僚產生了很深的不信任感，於是「銳欲知外事」，命令汪直易服化裝，帶領校尉一、二人，不斷「密出伺察」（《明史》卷三百四，〈汪直傳〉），以監督內外官僚的各項舉動。

成化十三年（一四七七年）春正月，憲宗爲了擴大汪直的活動權限，正式成立了一個機構，「以（汪）直領之，列官校刺事」，由於永樂十八年（一四二〇年）已有一個以「東廠」爲名的宦官掌管的特務機構，這個新成立的機構便起名「西廠」。西廠「事侔東廠，而勢出其上」，有比東廠更大的權力。「自京師及天下，旁午偵事，雖王府不免」。（《明史》卷九十五，〈刑法三〉）。「下至民間鬥詈雞狗瑣事，輒置重法」（《明史》卷三百四，〈汪直傳〉）。對於內廷宦官的不法行爲，亦間爲偵緝。西廠逮捕朝官，有權「不俟奏請」，有先下獄而後奏聞者，有旋執旋釋，竟不奏聞者。

西廠設立不久，南京鎮守太監覃力朋進貢還，「以百艘載私鹽，騷擾州縣」，汪直「廉得以聞，逮治論斬」。通過這個事件，「帝以此謂直能摘奸」（《明史》卷三百四，〈汪直傳〉），更加信任汪直。從此，汪直竟毫無顧忌地屢興大獄，陷害朝臣，不到半年就有好幾起。如成化十三年（一四七七年）二月有楊曄之獄，楊曄爲故少師楊榮的曾孫，與父楊泰爲仇家所告逃入京師，匿於姊夫董嶼處，汪直把楊曄和董嶼逮捕酷訊，無辜牽連許多朝官，結果曄死獄中，泰論斬，兵部主事楊士偉等謫官（《明史》卷三百四，〈汪直傳〉）。不久，左通政方賢、太醫院判蔣宗武、禮部郎中樂章、行人張廷綱、邢部郎中武清、浙江布政使劉福、御史黃本等亦相繼無故下西廠獄（《明史紀事本末》卷三十七，〈汪直用事〉）。同年五月，西廠雖然在大學士商輅、萬安、劉吉等的堅決請求下一度罷廢，但不過一個月，憲宗又下令復開西廠，大學士商輅等被迫致仕，汪直的權勢更大，「中廢復用，先後凡六年，冤死者相屬，勢遠出衛上」（《明史》卷九十五，〈刑法三〉），「士大夫益俯首事直，無敢與抗者」（《明通鑑》卷三十三）。「直每出，隨從甚眾，公卿皆避道」（《明史》卷三百四，〈汪直傳〉）。吏部尚書尹旻偕諸卿貳詣汪直，「既見直，相率諸卿貳叩頭出」（《明史紀事本末》卷三十七，〈汪直用事〉）。郎瑛描述群臣屈服汪直淫威的情景是：「都憲叩頭如搗蒜，侍郎扯腿似繞葱」（郎瑛：《七修類稿》卷十二）。

汪直在控制西廠的同時，極力培植自己的黨羽，以擴大勢力。起初，「任錦衣百戶韋瑛爲心腹」，復開西廠後，又「以千戶吳綬爲鎮撫，直燄愈熾」。朝中大臣附汪直者主要有都御史王越、陳鉞以及御史戴縉、王億、馮瓘、給事中郭鏜等人。這些人與汪直勾結爲奸，很快都升擢高位，加官進爵。而對於那些不肯屈服的大臣，則羅織種種罪名加以陷害，如兵部尚書項忠道遇不避，汪直遂令東廠官校誣奏項忠，「竟勒忠爲民」。左都御史李直亦因不願附和汪直而被褫職。《明史・汪直傳》云：「一時九卿劾罷者，尚書董方、薛遠及侍郎滕昭、程萬里等數十人」（《明史》卷三百四，〈汪直傳〉）。

成化十五年（一四七九年）秋七月，憲宗詔令汪直巡邊，實際就是授予汪直指揮九邊軍隊的權力。汪直到邊鎮後，威赫無比，「率飛騎日馳數百里，御史、主事等官迎拜馬首，箠撻守令。各邊都御史畏直，服櫜鞬迎謁，供張百里外。……兵部侍郎馬文升方撫諭遼東，直至，不爲禮，又輕（陳）鉞，被陷坐戍，由是直威勢傾天下」（《明史》卷三百四，〈汪直傳〉）。成化以前，宦官監軍、鎮守、提督京營已成常例，但巡視九邊，則以汪直爲第一人，可以說，汪直典兵預政的權勢，已超出他以前的任何一位宦官。時稱「知有汪太監，不知有天子」（《明史紀事本末》卷三十七，〈汪直用事〉），皇權受到了嚴重的損害。

汪直口銜天憲，對外廷肆無忌憚，但是他忽略了與內廷其他宦官的團結，西廠開設之始，汪直便逮治鎮守太監覃力朋，不久又傾陷司禮太監黃賜、陳祖生，同時西廠亦經常與東廠發生矛盾，這樣就引起了另一班宦官勢力的不滿。成化十八年（一四八二年），汪直又欲傾害東廠太監尚銘，尚銘「懼將傾己」，決定先發制人，勾結李孜省及閣臣萬安等，「潛以直搆禍事達於上」。憲宗晚年對自己的大權旁落亦多少有所覺察，開始疏遠汪直。御史、給事們趁機交章劾汪直欺罔苛擾罪。於是在這一年三月，西廠終於被罷。成化十九年（一四八三年）六月調汪直南京御馬監，八月，降爲奉御，其黨羽亦先罷黜。

三 劉瑾跋扈與操縱內閣

汪直黜罷後，成化晚期宦官干政的現象並沒有得到明顯的改變。成化二十一年（一四八五年），吏科給事中李俊在一次奏疏中還指出：「夫內侍之役，國初皆有定制，今或一監而叢十餘人，一事而參六七輩，分佈藩郡，總領邊疆，援引憸邪，投獻奇巧，司錢穀則法外取財，貢方物則多方責賄」（《明通鑑》卷三十五）。梁芳、錢能、韋眷、王敬等一班宦官，依然弄權售奸，莫敢逆者。

成化二十三年（一四八七年）八月，憲宗死去，繼爲的是孝宗朱祐樘，年號弘治。朱祐樘爲淑妃紀氏所生，憲宗第三子。生時正值比憲宗年長十九歲的萬貴妃專寵後宮，宮中不敢將此事報告憲宗。直至太子死後，憲宗始知之，育祐樘於周太后宮中。他是在萬貴妃的妒忌和迫害中成長的，因此比起英宗、憲宗等人來，較少紈絝荒唐習氣。他當上皇帝後，斥逐了一批奸邪。宦官梁芳、王敬、韋眷等均被黜。奸佞李孜省作惡多端，被逮捕入獄，死在獄中。禪師、國師、真人等妖僧方士被罷遣者達一千數百人。阿諛尸位的大臣如內閣萬安等也被罷黜回鄉。與此同時，積極提拔賢能，任用正直、練達之士，形成了「朝多君子」的盛況（《明史》卷一八三，〈何喬新等傳贊〉），出了許多名臣，如王恕、李東陽、劉大夏、謝遷、劉健等。孝宗還比較注意廣開言路，恭儉自飭，並能在一定程度上減輕人民的賦役負擔，緩和了社會矛盾，從而使弘治朝保持了相對穩定局面，《明史》稱孝宗「使政不旁撓，財無濫費，滋培元氣，中外乂安」（《明史》卷一八三，〈何喬新等傳贊〉），「恭儉有制，勤政愛民，兢兢於保泰持盈之道，用使朝序清寧，民物康阜」（《明史》卷十五，〈孝宗本紀贊〉），雖不免過譽失實，但與英宗、憲宗諸朝相比，弘治初政確實清平許多，宦官專權的現象有所收斂。

但是孝宗對於正統以來政治積弊的匡正是很不徹底的，許多近倖如李廣等依然得到重用。弘治八年（一四九五年）以後，孝宗熱衷於齋醮、煉丹，視朝漸晏，章奏批答也不及時，「或稽留數月，或竟不施行，事多壅滯，有妨得體，經筵進講，每歲不過數日」（《明史紀事本末》卷四十三，〈劉瑾用事〉）。弘治十年（一四九七年）召見大學士徐溥等，每人賞茶一杯，滿朝以爲盛事。弘治十二年（一四九九年）給事中張弘曾陳初政漸不克終八事云：「初汰傳奉官殆盡，近匠官張廣寧等一傳至百二十餘人，少卿李綸、指揮張玘等再傳至一百八十餘人，異初政者一。初戮方士李孜省，斬僧繼曉，近則燒煉齋醮不息，異初政者二。初去萬安、李裕輩，朝彈夕斥，近被劾數十疏如尚書徐瓊者，猶靦然居位，異初政者三。初嘗諭，有大政召大臣面諭，近自十年三月召見文華殿，不復再召，上下否隔，異初政者四。初停增設內官，近已還者復去，已革者復增，異初政者五。初慎重詔旨，左右不敢妄干，近陳情乞恩，率奉俞允，異初政者六。初令兵部由舊章，有妄乞昇武職者奏治，近乞昇無違拒，異初政者七。初節光祿供億，進冗事日繁，移太倉銀賖市廛物，異初政者八」（《明通鑑》卷三十九）。到了晚年，宦官擾亂國典，勳戚、官僚挾勢行私，朝政更趨腐敗。「興作相繼，費出無經，民困於科派，里困於力役」（《明史》卷三百四，〈劉瑾傳〉）。

弘治十八年（一五〇五年）孝宗病死，太子朱厚照繼位為武宗，年號正德。武宗朱厚照是一個縱欲逸樂的風流天子。他即位時，就不顧內府財用不充，大肆揮霍鋪張。正德元年（一五〇六年）十月，武宗舉行大婚禮，戶部送銀三十萬兩，實際上耗費高達金八千五百二十餘兩，銀五十三萬三千八百四十餘兩（《明武宗實錄》卷十八），其奢侈程度可知。正德二年（一五〇七），開始於西華門別構禁苑，築宮殿，密室勾連，養藏美女，謂之「豹房」。據正德七年（一五一二年）十月工部報告：「豹房之造，迄今五年，所費白金二十四萬餘兩，今又增修房屋兩百餘間，國乏民貧，何以為繼」（《明通鑑》卷四十四）武宗荒嬉廢政，政事為宦官劉瑾等所操縱。

劉瑾，陝西興平人，「幼奸黠有口辯，頗知書」（《明武宗外紀》），孝宗弘治年間，得侍東宮朱厚照，「以俳弄為太子所悅。」武宗朱厚照即位，劉瑾及其黨伙馬永成、高鳳、羅祥、魏彬、丘聚、谷大用、張永並以舊恩得幸，人號「八虎」，迅速形成了一個強有力的宦官勢力集團。他們利用武宗荒嬉好逸樂的特點，日進鷹犬、歌舞角觝之戲，供其玩樂；又「多備罌罍，伺其既醉而醒，又復進之，或未溫亦輒冷飲之，終日酣酒，顛倒迷亂」（《明武宗外紀》）博得武宗的歡心。同時趁機掌握軍政大權，往往在武宗玩樂甚歡之際，「多取各司章疏請省決，上每回：『吾用你何為？乃以此一一煩聯耶』？自是瑾不覆奏，事無大小，任意剖斷，悉傳旨行之，上多不之知也」（《明通鑑》卷四十二）。豹房成了第二朝廷。

起初，身爲顧命大臣的內閣大學士劉健、謝遷以及戶部尚書韓文等，看到宦官勢力迅速膨脹，決定合外廷九卿諸大臣謀除劉瑾等「八虎」。正德元年（一五〇六年）十月，「（劉）健、（謝）遷等連疏請誅瑾，戶部尚書韓文率諸大臣繼之」（《明史》卷三百四，〈劉瑾傳〉）。司禮太監王岳「亦惡瑾等，佐（韓）文等，以中力贊之（《罪惟錄》，〈列傳〉卷二十九下〈劉瑾〉）武宗不得已，派司禮太監陳寬、李榮、王岳至閣，商討處理的辦法，「議遣瑾等居南京」。兵部尚書許進勸劉健等適可而止，恐「過激將有變」，但劉健等人以先朝老臣自居，「執不可」，堅欲誅瑾。劉瑾大懼，連夜率馬永成等八人圍跪著武宗哭泣，並以外廷欲藉此挾制天子來挑撥武宗，他說：「（王）岳結閣臣欲制上出入，故先去所忌耳。且鷹犬何損萬幾，若司禮監得人，左班官安敢如此？」（《明史紀事本末》卷四十三，〈劉瑾用事〉）這番話正投合武宗猜忌外廷的心理。於是武宗大怒，立即命劉瑾掌司禮監，馬永成掌東廠，西廠覆設，由谷大用掌管。並連夜逮捕贊同誅「八虎」的司禮太監王岳及范亨、徐智等，發落南京充淨軍。第二天諸臣上朝將伏闕面爭，發現形勢大變，「健等知事不可爲，各上疏求去。瑾矯詔勒健、遷致仕，惟（李）東陽獨留」（《明史》卷三百四，〈劉瑾傳〉）。劉健、謝遷、韓文等鏟除「八虎」的行動遭到徹底失敗。正德二年（一五〇七年）三月，劉瑾爲了進一步打擊外廷異己，將原大學士劉健、謝遷、尚書韓文、楊守隨、林瀚、都御史張敷華、郎中李夢陽等五十三人，列爲奸黨，「榜示朝堂」。朝官中反宦官的勢力受到了沈重的打擊。

劉瑾得勢後，加緊培植黨羽，排斥異己力量，「內揣合帝意，外日以深文誅求諸臣，使自救不暇，而莫敢進言。」正德以前，與宦官司禮監分庭抗禮的是內閣以及六部長官，爲了達到控制內閣的目的，劉瑾在排斥劉健、謝遷的同時，以吏部尚書焦芳兼文淵閣大學士，入閣辦事，「芳潛通瑾黨，瑾遂引芳入閣，表裡爲奸，凡變亂成憲，桎梏臣工，杜塞沿路，酷虐軍民，皆芳導之」（《明史紀事本末》卷四十三，〈劉瑾用事〉）。焦芳一入閣，依仗劉瑾爲靠山，馬上就掌握了內閣大權，李東陽雖以舊閣臣留任，但他善於見風使舵，對閣事僅「頫首而已」（《明史》卷三百四，〈劉瑾傳〉）。之後，劉瑾又把自己的私黨劉宇、曹元等矯旨入閣，這樣，在劉瑾當權期間，內閣大權始終牢牢地控制在劉瑾的黨徒手中。劉瑾除了在內閣安插黨徒之外，六部及其他許多政要部門，也都有一大批親信在其間操縱控制，僅六部正副堂官附劉瑾者就有二十餘人：「尚書則吏部張綵、戶部劉璣、兵部王敞、刑部劉璟、工部畢亨、南京戶部張澯、禮部朱恩、刑部劉纓、工部李善。侍郎則吏部柴升、李瀚、前戶部韓福、禮部李遜學、兵部陸完、陳震、刑部張子麟、工部崔岩、夏昂、胡諒、南京禮部常麟、工部張志淳」（《明史》卷三百六，〈焦芳傳附〉）。外廷大僚黨附宦官的人數大大超過王振，汪直的當權時期。

另一方面，劉瑾除了把持司禮監、掌握內外軍權之外，正德二年（一五〇七年）四月，又「矯詔令內閣撰敕，天下鎮守太監得預刑名政事」（《明史紀事本末》卷四十三，〈劉瑾用事〉），也就是說宦官有權參預地方上的民政事務。這樣，國家的一切事務，實際上就掌握在劉瑾手中。史載武宗「以天下奏章付劉瑾，……瑾初亦送內閣擬旨，但秉筆者逆探瑾意爲之，其事大者，會堂侯官至瑾處請明，然後下筆」，內閣完全秉承劉瑾的意旨行事。「後瑾竟自於私宅擬行，……府部等衙門官稟公事，日候瑾門，自科道部屬以下皆長跪，大小官奉命出外及還京者，朝見畢，必赴瑾見辭以爲常」（《明史紀事本末》卷四十三，〈劉瑾用事〉）。凡內外奏章，主管官吏「先具紅揭投瑾，號紅本，然後上通政司，號白本」（《明武宗實錄》卷六十六）。白本送御覽者，只不過是履行形式而已。大臣上書劉瑾，要自稱「門下小廝某，上恩主老公公」，故當時劉瑾有「立地皇帝」之稱，京城內外都說有兩個皇帝，一個坐皇帝，一個立皇帝，一個朱皇帝，一個劉皇帝（張萱：《西園聞見錄》卷一百，〈內臣上〉）。劉瑾專權期間，皇帝完全被架空，而內閣則成了他的附庸，甚至到劉瑾被逮捕入獄，會審諸大僚仍然「噤不敢聲，瑾大言曰：『滿朝公卿，皆出我門，誰敢問我者？』皆稍稍卻」（《明史紀事本末》卷四十三，〈劉瑾用事〉）。由此可見劉瑾對於外廷的控制之嚴。

正當劉瑾權傾朝野的時候，宦官張永等對劉瑾等的不滿情緒正日益增強，張永等「與瑾同爲八虎者，當瑾專政時，有所請多不應，永成、大用等皆怨望，（瑾）又欲逐永，永以跪免」。正德五年（一五一〇年）四月，寧夏的宗室安化王朱寘鐇以討伐劉瑾作爲起兵的藉口發動叛亂。武宗派大學士楊一清總制軍務，太監張永爲監軍，前往寧夏處理朱寘鐇叛亂事。楊一清瞭解張永對劉瑾有怨恨，於是就與張永相與結納，關係甚洽。「欲因誅瑾，一清爲畫策」。八月十五日，張永回京師報捷獻俘，乘機拿出朱寘鐇聲討劉瑾的檄文給武宗看，「因奏瑾不法十七事」。武宗遂令連夜逮捕劉瑾，外廷科道官亦紛紛上疏劾瑾，定罪三十餘條。「獄具，詔磔於市，梟其首，榜獄詞處決圖示天下，族人、逆黨皆伏誅（《明史》卷三百四，〈劉瑾傳〉）。

劉瑾被誅後，武宗荒嬉更甚，朝政落入佞幸掌握之中。錢寧侍武宗縱樂，深得信任，「累遷左都督，掌錦衣衛事，典詔獄，言無不聽，其名刺自稱皇庶子」（《明史》卷三百七，〈錢寧傳〉）。其子錢永安，六歲便封爲都督，養子錢傑、錢靖等，皆冒國姓，授錦衣衛官。廠、衛橫行，見尙書只稱「老尊長」，朝臣人人自危，不敢得罪。正德六年（一五一一年），宣府邊將江彬經錢寧引見，留在武宗左右，出入豹房，同臥起。九年（一五一四年）起，在江彬鼓惑下，武宗開始微服出行，「夜至教坊觀樂」，每「見高屋大房即馳入，或索飲，或搜其婦女，居民苦之」（《明武宗外紀》）。江彬爲擺脫錢寧黨羽的監視，請邊軍與京軍互調操練。於是，調遼東、宣府、大同、延綏四鎮軍入京師，號「外四家」，由江彬兼統，彬黨李泰、李琮、神周，均被賜國姓；武宗自領群閹善射者爲一營，號「中軍」，「晨夕馳逐，甲光照宮苑，呼噪聲達大門。帝時臨閱，名『過錦』。諸營悉衣黃罩甲，泰、琮、周等冠遮陽帽，帽植天鵝翎，貴者三翎，次二翎」（《明史》卷三百七，〈江彬傳〉）。甚至把早朝改爲晚朝。正德十二年（一五一七年），江彬導誘武宗微服出居庸關，行幸宣府，建鎮國府第（行宮），輦豹房珍玩、美女於府中、縱情玩樂，又數夜入人家，索婦女。武宗樂而忘歸，竟稱「家裡」。到陽和時，武宗自稱「總督軍務威武大將軍總兵官朱壽」，又稱「鎮國公」，連皇帝身分都不要了。次年又三次到宣府、大同一帶巡遊，其中七月那一次，歷時半年，「凡車駕所至，近侍先掠良家女以充御，至數十車，……遠近騷動，所經多逃亡（《明武宗外紀》）中外事無大小，都得先問江彬乃奏。江彬進而提督十二團營，並督東廠、錦衣官校辦事，勢益熾。正德十四年（一五一九年）三、四月，武宗又欲南巡，廷臣進諫，武宗大怒，先後下兵部郎中黃鞏等三十九人於錦衣衛獄，杖于闕下，死者十一人；修撰舒芳等一百零七人先後被罰跪午門五日，繼又杖於闕下。在佞幸包圍下，武宗於親征討宸濠之亂期間，還繼續漁獵女色。正德十五年（一五二〇年）閏八月平亂後，武宗返京途經清江浦時舟覆落水得疾，十六年（一五二一年）二月，病死於豹房，時年三十一歲。

四 吏治腐敗與地方權力結構的調整

從正統到正德年間，由於王振、汪直、劉瑾等宦官專政，再加上英宗復辟等事件，政治局勢很不穩定，中外官吏絕大多數都被捲進了政治鬥爭的漩渦，官吏的升降任免多掌握在得勢者手裡，正直的官吏受到排斥，幹進者則黨附朋比，而一般的官吏，也不得不仰俯得勢者的鼻息而求生存。這樣就使明初苦心創建起來的官吏銓選制度受到了嚴重的破壞。宦官當政期間，內外臣工「非夤緣內臣則不得進，非依倚內臣則不得安」（《明通鑑》卷三十五），「大臣不識廉恥，多與交結，饋獻珍奇，伊優取媚，即以為賢，而朝夕譽之。有方正不阿者，即以為不肖，而朝夕讒謗之」（《明史》卷一百八十，〈王微傳〉）。英宗復辟之後，石亨、徐有貞以及曹吉祥等因「奪門」功得勢，竟將在瓦剌大軍南侵時力挽狂瀾於即倒的于謙等殺害，「天下無不怨之」（《明史》卷一百七十，〈于謙傳〉），連英宗也感到有些過分。與此同時，石亨等極力培植自己的私黨，「弟侄家人冒功錦衣者五十餘人，部曲親故竄明奪門籍得官者四千餘人」（《明史》卷一七三，〈石亨傳〉）。石亨等還公開賣官鬻爵，「以貨之多寡爲授職美惡，入之先後爲得官遲早」（《明通鑑》卷二十八）。成化年間的內閣大臣萬安、劉珝、劉吉等，對憲宗的胡作非爲，無所規正，時有「紙糊三閣老，泥塑六尚書」之謠。萬安「無學術，既柄用，惟日事請托，結諸閹爲內援」。成化七年（一四七一年）冬，憲宗召大臣議政，萬安止知叩頭呼萬歲，一時傳笑，謂之「萬歲閣老」。他不僅教唆憲宗不召見大臣，甚至無恥地進論房中術以邀帝歡（《明史》卷一六八，〈萬安傳〉）。劉珝以講官入閣，喜發空談，「人目之爲狂躁」。他不僅在西廠復設和罷去的問題上不能有所諍，而且其子劉鎡邀妓狎飲，被人「戲爲〈劉公子曲〉，或增飾穢語，雜教坊院本奏之」（《明史》卷一六八，〈劉珝傳〉）。劉吉「善附會，自緣飾，銳於營私」，言路屢攻不倒，人目之爲「劉綿花」，諷刺他「耐彈」（《明史》卷一六八，〈劉吉傳〉）。孝宗即位後，雖斥逐萬安等奸邪，銳意中興，但卻寬宥劉吉，未加罷斥，反而「委寄愈專」。劉吉企圖結好科道官，籠絡言路，未能成功，遂「數興大獄，……臺署爲空，中外側目」（《明史》卷一六八，〈劉吉傳〉）。官吏銓選任免制度的破壞不能不造成整個官吏階層的素質下降。

伴隨著官吏銓選任免制度破壞而來的是官吏階層的腐敗。宦官專權時期，「政由賄成」，宦官貪污和賄賂的現象相當普遍，並且日趨嚴重，趙翼在談到明中期宦官受賄的情景時云：

> 明代宦官擅權，其富亦駭人聽聞，今見於記載者：王振時，每朝覲官來見者，以百金為率，千金者使得醉飽而出。是時賄賂初開，千金已為厚禮，然振籍沒時，金銀六十餘庫，玉盤百，珊瑚高六、七尺者二十餘株，則其富已不貲矣。李廣歿後，孝宗得其賂籍，文武大臣饋黃白米各千百石，帝曰：「廣食幾何，乃受米如許？」左右曰：「隱語耳，黃者金，白者銀也。」則視振已更甚。劉瑾時，天下三司官入覲，例索千金，甚至有四、五千金者。科道出使歸，例有重賄。給事中周爚勘事歸，淮安知府趙俊許貸千金，既而不與，爚計無所出，至桃源自刎死。偶一出使，既需重賄，其可知也。稗史又記布政使須納兩萬金，則更不止四、五千金矣。瑾敗後，籍沒之數，據王鏊筆記，大玉帶八十束，黃金二百五十萬兩，銀五千萬餘兩，他珍寶無算，計瑾竊柄不過六、七年，而所積已如此？
>
> ——趙翼：《廿二史札記》卷三五，〈明代宦官〉

這裡所舉的僅是禍首而已，至於那些遍佈各地的大小宦官，也無不殘民蠹政，爲害不淺。正德二年（一五〇七年），「中貴四出鎮守，得預刑名民事，橫索外官錢無計，自四川鎮守羅鑰始，河南鎮守廖鎧、天津漁差畢真虜毒尤甚」（《罪惟錄》，〈列傳〉卷二十九下，〈劉瑾〉）。「畢貞（眞）者，初差天津取海鮮，後請敕自山東沿海達於蘇、松、浙江、福建，所至括民財，凌辱官司，莫敢言者」（《明史紀事本末》卷四十三，〈劉瑾用事〉）。

宦官如此，其他官吏也大多貪污成風，他們爲了保住官位，必須重賄當政的宦官和其他權要，而這大量的金銀珍寶，就不能不向老百姓苛索榨取了。正德年間，「諸司官朝覲至京，畏瑾虐燄，恐罹禍，各斂銀賂之，每省至二萬兩，往往貸於京師富豪，復任之日，取官庫貯賠償之，名曰『京債』，上下交徵，恬不爲異」（《明史紀事本末》卷四十三，〈劉瑾用事〉）。劉瑾等派「諸曹郎治権，諸直指巡鹺，皆責入重賄，否輒別坐下獄」（《罪惟錄》，〈列傳〉卷二十九下，〈劉瑾〉）於是這些官吏也不得不變本加厲地從老百姓身上搜括，「以肥私家」。至於那些黨附宦官的大僚，其貪污受賄更超出一般的官吏，如吏部尚書張綵，「變亂舊格，賄賂肆行，海內金帛奇貨，相望涂巷間」（《明史》卷三百六，〈張綵傳〉）。兵部尚書大學士曹元，「兼督團營，加太子少保，將校遷除，皆惟瑾命，元所入亦不貲」（《明史》卷三百六，〈曹元傳〉）。大學士劉宇，「在兵部時，賄賂狼藉，乃爲吏部（尚書），……文吏贈遺又不若武弁，嘗悒悒嘆曰：『兵部自佳，何必吏部也。』」（《明史》卷三百六，〈劉宇傳〉）甚至連佞倖門達、李孜省輩，亦依仗皇帝對自己的信任，枉法營私，搢紳進退，多出其口，「群奸中外蟠結，士大夫附者日益多」（《明史》卷三百七，〈李孜省傳〉），結果都因受賄而家資「鉅萬」。正德年間的江彬，被抄家時，「得黃金七十櫃，白金二千二百櫃，他珍寶不可數計」（《明史》卷三百七，〈江彬傳〉）。錢寧被抄家時，亦「得玉帶二千五百束，黃金十餘萬兩、白金三千箱、胡椒數千石」（《明史》卷三百七，〈錢寧傳〉）。

宦官以及其他當權者，爲了政治鬥爭的需要，還不斷地更改太祖所創立的各種典章制度。

如正統七年（一四四二年），王振為了使宦官干預政事合法化，竟盜去太祖禁內臣碑。「洪武中，太組鑑前代宦官之失，置鐵碑高三尺，上鑄『內臣不得干預政事』八字，在宮門內。宣德時尚存，至振去之」（《明史紀事本末》卷二十九，〈王振用事〉）。又如曹吉祥、石亨當權期間，變亂銓選，「門下廝養冒官者多至千百人」。汪直、尚銘、梁芳等擅權時，「取中旨授官，累數千人，名傳奉官，有白衣躐至太常卿者」（《明史》卷三百四，〈梁芳傳〉）。到了劉瑾當權，變更成法的情形就更加突出了。劉瑾為了控制銓選和監察大權，於正德元年（一五〇六年）十二月，「使禁直指揮點視六科官，辰入酉出，毋離其次」。次年閏正月，「矯詔令吏、兵二部凡進退文武官，先於瑾處詳議，兩京都察院各道有奏章，必先呈堂稟詳，然後上聞」。為了籠絡其他宦官，劉瑾開創了「內臣父兄授官」的先例。「馬永成等八黨父俱封都督」。正德二年（一五〇七年），為了加強各地監守太監干預地方事務的權力，又隨意添設巡捕、巡鹽等官。劉瑾被誅殺後，廷臣奏瑾所變法，有吏部二十八事，戶部三十餘事，兵部十八事，工部十三事（《明史》卷三百四，〈劉瑾傳〉）。

隨著統治階層的腐敗，各級政府的行政效率亦隨之降低，導致封建王朝對社會的控制能力大大下降。

明朝封建政府對於社會的控制能力，主要體現在政府所掌握的人口、田地的數量上面。弘治年間，中央政府所能控制的人口、土地數量明顯下降，嘉靖時霍韜曾指出：

洪武初年，天下田土八百四十九萬六千頃有奇，弘治十五年（一五〇二年）存額四百二十二萬八千頃有奇，失額四百二十六萬八千頃有奇，是宇內額田存者半失者半也。……洪武初年户一千六百五萬有奇，口六千五十四萬有奇，時甫脱戰爭，户口凋殘，其寡宜也。弘治四年（一四九一年），承平久矣，户口蕃且息矣。乃户僅九百一十一萬，視初年減一百五十四萬矣；口僅五千三百三十八萬，視初年減七百一十六萬矣。國初户口宜少而多，承平時户口宜多而少，何也？

——《明經世文編》卷一八七，霍韜：〈修書陳言疏〉

弘治、正德年間全國土地、人口數量的急劇下降，論者多歸咎於隱匿，或統計方面的失誤。但是不管是隱匿田地、戶口也罷，還是統計丈量方面出現差錯也罷，這些都只是表面的現象。在這表象後面，是明太祖建立起來的統治體制已經蛻化變質，既不能有效地扼制官僚階層的營私舞弊，貪贓枉法，也不能對民間社會實行有效的管理和支配。

在吏治敗壞、對地方社會控制能力下降的嚴峻形勢下，明朝政府爲對付日益加劇的社會矛盾，不得不對三司並重的省籍地方權力結構進行了調整，使巡撫的設置逐步地方化和制度化。正統間，巡撫仍被視爲臨時性差遣，沒有自己的官署，必須赴京會廷臣議事；同時又在江西、湖廣諸省和寧夏、甘肅諸邊設鎮守，與巡撫並稱「鎮巡官」，在許多地方形成重疊局面。巡撫、鎮守與巡按御史、提刑按察使不相統屬，政出多門，常有牴觸。景泰間，確定各地鎮、巡官向都察院系統遷轉，皆稱「巡撫都御史」；鎮、巡官的任命亦由不拘資格定爲內外官并用。允許鎮巡官攜眷赴任。天順初，一度罷去鎮巡官。天順二年（一四五八年）復置，實行鎮、巡合一，「不復有鎮守之稱，但稱巡撫」。成化、弘治以後，巡撫的任用，一般從兩京各寺卿、少卿、大里寺丞，資歷較深的給事中，御史、郎中，以及在外之布政使、按察使、參政，資歷較深的兵備副使、上等知府內挑選推升；廢止巡撫赴京議事的規定，確立居三司之上，爲地方最高軍政長官的地位，建立巡撫衙門爲各省最高權力機構。並爲開拓邊疆、安撫流民等需要，在地大而要的邊境地區、數省交界山區和江南設置巡撫。巡撫「邊方領（制）置之權，腹裡兼轉運之職，手持敕紙，便宜行事，三司屬其管轄，數郡係以慘舒」（《明經世文編》卷一二七，何孟春：〈陳萬言以俾修省疏〉），加強了對地方的控制。

與此同時，明廷爲防止地方集權於巡撫後可能出現地方割據的弊端，仍保持三司的相對獨立性，並加強平級的總兵、巡撫御史和上級主管部門的制約力量。

經過正統到正德年間的不斷發展完善，以巡撫制度爲中心的新的地方權力格局被固定下來。明中葉朝政腐敗，全國性的統治得以維繫，和地方權力結構的調整有著重要的關係。

第二節　經濟秩序的震蕩

一　土地兼併和大地主莊田的膨脹

隨著明中葉政治的腐敗，中央政權對社會的控制能力不斷下降，明初既定的經濟政策，受到了極大的衝擊。土地兼併日益擴大，小農經濟受到了嚴重的破壞。

關於明代土田之制，《明史・食貨志》曾有概括的記述：

> 明土田之制凡二等，曰官田，曰民田。初官田皆宋時入官地，厥後有還官田、沒官田、斷入官田、學田、皇莊、牧馬草場、城壖苜蓿地、牲地、園陵墳地、公佔隙地、諸王公主勳戚大臣內監寺觀乞賜莊田、百官職田、邊臣養廉田、軍民商屯田，謂之官田，其餘為民田。
>
> ——《明史》卷七十七，〈食貨一〉

對於上述土田之制，如加以科學的分類，大體上，可分爲下列幾種佔有形式，如皇莊即是皇室所有；「諸王公主勳戚大臣內監寺觀乞賜莊田」，則屬於貴族所有；軍民商屯田等，爲國有土地，而民田則係地主、農民的私有地或鄉族共有地。明初，雖然有許多官僚地主，特別是幫助創建朱明王朝的功臣們，成爲新貴，佔有了大批土地，但是，由於積極推行墾荒政策和經過對舊元土地佔有關係的調整，土地兼併相對緩和，小農經濟大量復甦，自耕農民佔有很大的優勢。但半個世紀以後，這種有利於中央集權統治的經濟均衡被打破，皇室地主、貴族地主和官僚地主憑藉著政治和經濟特權，帶頭掀起土地兼併的狂潮。

洪熙時，「有仁壽宮莊，其後又有清寧、未央宮莊」。天順八年（一四六四年），憲宗即位，以沒收謀反太監曹吉祥在順義縣的土地為宮中莊田，「皇莊之名由此始」。其後莊田遍郡縣，廷臣屢言其害。弘治二年（一四八九年），戶部尚書李敏上言指出當時畿內皇莊有五，共一萬二千八百餘頃（《明史》卷七十七，〈食貨一〉）。武宗即位不過一個月，又建立皇莊七所，正德九年（一五一四年）又增至三十六處，據當年統計，畿輔之內的皇莊佔地達三萬七千五百九十五頃四十六畝（《明經世文編》卷二百二，夏言：〈勘報皇莊疏〉）。正德十六年（一五二一年），派遣官吏「往順天各府查勘各莊土田，共二十萬九百一十九頃二十八畝」（《續文獻通考》卷六，〈田賦六〉），和正德九年（一五一四年）相比，又有成倍的增長。

皇室土地的擴大，許多是依靠特權佔奪民業而來的，皇莊害民，成了當時一個嚴重的社會問題。何孟春於弘治十一年（一四九八年）曾言及：「近年著（皇）莊人役，罔恤國體，近莊田土，小民衣食之資，橫加侵佔，由尋及丈，跨畝連蹊，求益不已。在莊旁者，產去稅存，徵科之及，負累賠辦，富者以貧，貧者何能安養？民間馬牛羊豕，或誤逸莊地，即不可望得歸。有以近莊故，塚墓被其發掘，屋廬被其拆毀者，耕夫餉婦，稍不退讓，輒罹鞭箠。噤酸忍痛，敢怒而不敢言；按巡之使，過之而不敢問；守牧之官，即之而不敢直。緣此皇莊，無如何也」（《明經世文編》卷一二七，何文簡：〈陳萬言以俾修省疏〉）。至正德年間，一般官莊之人，「擅作威福，肆行武斷，其甚不靖者，則起蓋房屋，則架搭橋樑，則擅立關隘，則出給票帖，則私刻關防。凡民間撐駕舟車，放牧牛馬，採捕魚蝦螺蚌莞蒲之利，靡不括取。而相鄰地土，則展轉移築封堆，包打界至，見畝徵銀。本土豪猾之民，投爲莊頭，撥置生事，幫助爲虐，多方括克，獲利不貲。輸宮闈者曾無十之一二，而私入囊橐者蓋不啻什八九矣。是以小民脂膏吮削無餘，由是人民逃竄，而人口消耗，里分減併，而糧差愈難。卒致輦轂之下，生理寡遂，閭閻之間，貧苦刻骨，道路嗟怨，邑里蕭條」（《明經世文編》卷八十八，林俊：〈傳奉敕諭查勘畿內田地疏〉）。社會矛盾因而大大激化起來。

除皇室的直接掠奪之外，貴族田土亦大量擴大。明代受封就藩的親王有五十人，曾建立五十個王府，自明中葉起，除兩京之外，王府莊田遍及河南、山東、山西、陝西、湖廣、四川、江西諸省。這些王府擴充莊田的手段主要有向皇帝「奏討」、「乞請」；接受投獻以及侵奪官民田地等等。成化三年（一四六七年），德王朱見潾就藩山東德州，乞請得到被廢爲庶人的原齊、漢二王「所遺東昌、兗州閑田及白雲、景陽、廣平三湖地，憲宗悉與之」（趙翼：《廿二史札記》卷三十二）。弘治年間，「奏獻者不絕，乞請亦愈繁，徽、興、岐、衡四王，田多至七千餘頃」（《明史》卷七十七，〈食貨一〉）。弘治七年（一四九四年），興王朱祐杬就藩湖廣安陸州，擁有賜田三千八百三十九頃，到了弘治末年，興王莊田已達一萬頃。除王府外，其他權貴如公主、外戚、宦官以及公侯伯等勳臣，也都在極力兼併土地。成化年間，宜興、廣德二公主圈佔任丘縣地九百餘頃。隆慶長公主奏請灤州、玉田、豐潤的所謂「閑地」四十餘萬畝，其中大半是軍屯和農民的私業（《明憲宗實錄》卷一一五、卷一三一）。外戚田土，亦在成化、弘治、正德三朝迅速擴展。成化時，憲宗王皇后之弟王源，原有土地僅二十餘頃，但他倚恃特權，「令其家奴別立四至，吞佔民產，乃有千二百二十頃有奇，可耕者三百六十六頃，中多貧農開墾成熟之地（《明憲宗實錄》，卷二百四）。又如外戚周彧強佔地六百餘頃，詡聖夫人劉氏佔田三百餘頃。弘治時，壽寧侯張巒尤橫，「招納無賴，網利而賊民，白奪人田土，擅折人房屋，強虜人子女，開張店房，要截商貨，佔種鹽課，橫行江河，張打黃旗，勢如翼虎」（《明經世文編》卷一三八，李夢陽：〈應詔上書疏〉）。其子建昌侯張延齡與慶雲侯周壽爭田，兩家奴僕相毆。孝宗對於外戚的暴橫侵奪不特不加以制止，反賜張延齡一萬六千七百五頃餘，周壽二千頃。武宗即位後，對於權貴乞討侵奪民間田地，更是聽之任之，「諸王、外戚求請及奪民田者無算（《明史》卷七十七，〈食貨一〉）。

隨著宦官政治勢力的膨脹，許多有權勢的宦官都成了大地主。正統九年（一四四四年），戶部官員奏稱草場「多被內官內使等人侵佔，私役軍士耕種」（《明英宗實錄》卷一一九）。景泰三年（一四五二年），南京錦衣衛軍余華敏痛斥內官十害，其中之五便是：「廣置田莊，不入賦稅，寄戶郡縣，不受徵徭，阡陌連亙，而民無立錐」（《明史》卷一六四，〈聊讓傳附華敏〉）。成化時，「中官倖倖多賜莊田」（《明史》卷一八五，〈李敏傳〉），禍首汪直竟霸佔寶坻縣荒地二萬餘頃。正德年間，宦官劉瑾等人也都佔有大片土地，谷大用侵佔民業更達一萬餘頃（《明史》卷一九四，〈林俊傳〉）。

武官功臣佔地的情形也非常嚴重。自明初聽武臣墾荒爲業以來，一般勳臣都廣佔田土。如雲南黔國公「沐晟父子前後置圃田三百六十五，日食其一，可以周歲（傅維鱗：《明書》卷九十二，〈黔寧王沐英世家〉）。至宣德時，「各處鎮守內外官家佔田地耕種栽植蔬菜，動千百畝，俱無糧稅」（《明宣宗實錄》卷五十七）。景泰三年（一四五二年），學士商輅指出：「兩京功臣等官之家，將口外附近各城堡膏腴田地，佔作莊田，以諸空閑田地又被彼此鎮守總兵、參將並都指揮等官佔爲己業，每歲使軍夫耕種，收利肥己」（《昭代經濟言》卷三，商輅：〈邊防疏〉）。其間又有奏討五十頃而侵佔一百頃者；奏討一百頃，而侵佔二百頃者有之。武清侯石亨，「亨祿千鍾，尙稱餵馬艱難，奏討田地開種草料，及跟隨指揮人等，求地蓋房。及都督同知王竑，方陞任前職，祿非不厚，卻稱日食不敷，又奏討田地二處。又如百戶唐興奏討田地不下二三百頃」（《明經世文編》卷四十五，林聰：〈修德弭災十事疏〉）。由於各地武官相競佔田，致使許多邊要之地悉爲勢豪所有，如「大同、宣府等處，膏腴土地無慮十萬頃，悉爲豪強佔種，租稅不供，稍遇兵荒，全仰內郡。其八府良田又多爲勢要之家妄以拋荒奏乞，日漸侵剝，失業之民控訴無所」（《明憲宗實錄》卷一五六）。

縉紳地主在明中葉的兼併土地浪潮中也扮演了重要角色。何良俊在《四友齋叢說摘抄》中說到這一時期縉紳營產謀利的變化時云：

憲、孝兩朝以前，士大夫尚未積聚，如周北野佩其父輿為翰林編修，北野官至郎中，兩世通顯，而其家到底只如寒士；曹定庵時中，其兄九峰時和舉進士，有文章，定庵官至憲副，弟時信亦京朝官，與李文正結社賦詩，門閥甚高，其業不過中人十家之產。……至正德間，諸公競營產，謀利一時，如宋大參愷、蘇御史恩、蔣主事凱、陶員外驥、吳主事哲，皆積至十餘萬，以為子孫數百年之業矣。

——何良俊：《四友齋叢說摘抄》卷六，〈正俗〉

英宗時，「南京附近權豪之人，侵凌軍民，強奪田畝」，「所佔民地，達六萬二千三百餘頃」（《明英宗實錄》卷二十三、卷四十五）。揚州官僚地主趙穆一逼民田三千餘畝為己業（《明英宗實錄》，卷四十五）。浙江富陽富豪俞克明，「既宦而貪，家有田，與他人塍相連，每歲令人侵其畔，鄉人苦之」（《全浙詩話》卷三十六，引《客座新聞》）。正德間，大學士梁儲的兒子梁次攄在廣東順德原籍，與富人楊端爭奪民田百餘頃，「次攄遂滅端家二百餘人」（《明史》卷一九〇，〈梁儲傳〉；又趙翼：《廿二史札記》卷三十四）。福建「福州郡多士大夫，其士大夫又多田產，民有產者無幾耳」（《明史》卷二百三，〈歐陽鐸傳〉）。漳州府「南靖縣境內田畝歸他邑豪右者，十之七八，土著之民，大多佃耕自活（顧炎武：《天下郡國利病書》卷九四，〈福建四〉）。

此外，商人和高利貸者也對土地兼併起了推波助瀾的作用。正統八年（一四四三年），吏科給事中姚夔曾言：「預備倉本賑貧民，而里甲慮貧者不能償，輒隱不報，致稱貸富室，倍稱還之。收穫甫畢，遽至乏絕。是貧民遇凶年饑，豐年亦饑也」（《明史》卷一七七，〈姚夔傳

〉〉。《明英宗實錄》曾記載：「各處豪民私債倍取利息，至有奴其男女，佔其田產者，官府莫敢指叱，小民無由控訴」（《明英宗實錄》，卷一六七）。又載福建沙縣「郡邑長吏受富民賄，縱其多取田租，倍徵債息，小民赴訴無所（《明英宗實錄》，卷一七五）。成化五年（一四六九年），江西臨江府新淦縣的土豪，「一見附近人民有好山園陸地，輒起謀心，將這年錢債展轉違利取息，窘迫至極，貧民無從納還，只得將前項園地並房屋寫作賣契，甚至受苦不過，又不甘虛寫文契，一夕棄家逃走，產業豪民既行管業」（《皇明條法事類纂》卷十三，〈禁約侵佔田產例〉〉。李賢的〈吾鄉說〉講到河南鄧州的情況是：「吾鄉地廣土肥，民亦竭力其中，而卒無千石之富者，何也？豈上之人侵漁，或下之俗侈靡耶？已而覘之，蓋非二者之弊，乃賈人斂之耳。吾鄉之民，樸鈍少慮，善農而不善賈。惟不善賈，而四方之賈人歸焉，西江來者尤眾。豈徒善賈，詭而且智。於是，吾人為其勞力而不知也。方春之初，則曉於眾曰：『吾有新麥之錢，用者，於我乎取之』。方夏之初，則白於市曰：『吾有新穀之錢，乏者，於我乎取之』。凡地之所種者，賈人莫不預時而散息錢，其為利也不啻倍徙。奈何吾人略不計焉，一有婚喪慶會之用，輒因其便而取之。逮乎西成，未及入囷，賈人已如數而斂之。由是終歲勤勉，其所獲者，盡為賈人所有矣」（李賢：《古穰文集》卷九）。

大量土地向皇室勳戚權貴勢豪地主階層集中，是明中葉土地佔有關係變動的主要趨勢。當時的記載云：「官豪勢要之家，其堂宇連出，樓閣沖霄，多奪民之居以為居也；其田連阡陌，地盡膏腴，多奪民之田以為田也。至於子弟恃氣凌人，受奸人投獻，山林湖泊，奪民利而不敢言。當此之時，天下財貨，皆聚於勢豪之家」（《明經世文編》卷二五一，王邦直：〈陳愚衷以恤民窮以隆治事〉）。生動地勾勒出這一特點。

二 人民的流亡與佃農的境遇

明中葉的土地兼併浪潮，特別是皇室勳戚官僚莊田的惡性膨脹，把千萬自耕農民排擠出土地；繁重的賦役，又使不負重荷的農民走向流亡。在貪官污吏恣意盤剝擾民的情勢下，城鎮手工業者、屯田的軍士、熬鹽的竈丁等，也紛紛加入流亡的隊伍。人民流亡成爲全國性的嚴重問題。

宣德年間，人民流亡已引起官府的注目。到了正統以後，其勢如潮洶湧，不可逆止。正統三年（一四三八年），山西繁峙縣逃亡的農民達一半以上（《明英宗實錄》卷四十五），正統五年（一四四〇年），僅在北直隸真定等府和山西一帶，就清查流民達三萬六千六百四十餘戶（《明英宗實錄》，卷六十三）。正統十二年（一四四七年），據山東地方官員報道，只「諸城一縣，逃移者一萬三百餘戶，民食不給，……續又逃亡二千五百餘家」（《明英宗實錄》，卷一五二）。江西建倉縣，「民多逃散，產爲豪右所得」（同治《九江府志》卷十三，〈名宦・陳元宗〉）。于謙巡撫河南時，山東、陝西流民就食河南者，竟有二十餘萬。又據御史彭勖所言：「真定、保定、山東民逃鳳陽、潁州以萬計」（《明史》卷一六一，〈彭勖傳〉）。景泰時，南直隸六府流民有一百零三萬五千多戶，三百六十二萬餘口（《明英宗實錄》卷一五三）。至天順、成化、弘治年間，流民群數量常至一、二百萬人，如荊襄地區流民，係屬「山東、山西、陝西、江西、以并本省軍民等籍」（《明經世文編》卷九十三，原傑：〈處置流民疏〉），「眾至百五十萬，結成巨黨」（《明經世文編》，卷四十六，項忠：〈撫流民疏〉）。大量的流民群，匯合在一起，遍及全國十三個省份，嚴重地擾亂了明王朝的封建秩序，破壞了明初政府藉以控制農民的里甲戶籍制度。許多地方「千里一空，良民逃避，田地抛棄，租稅無徵」（《明英宗實錄》卷一七五）。雖然各級政府每十年照例整頓編造黃冊一次，但大多依樣臆測填報，沒有多大實際的意義，甚至「無田之家而冊乃有田，有田之家而冊乃無田，其輕重多寡，皆非的數，名爲黃冊，其實僞冊也」（顧炎武：《天下郡國利病書》卷八十八，〈浙江六〉引《寧波府志・田賦》）。明朝統治者爲了穩固其統治基礎，曾採取了許多防止人民流亡的政策，如三令五申「嚴逃民不復業之禁」，頒佈「流民復業令」、「禁止隱佔人口田地令」，在山西、河南、山東、南直隸等處設置「撫民佐貳官」，專門撫輯流民，迫使逃戶還鄉，號召「各處軍民匠役人等，有因饑窘及受官司逼迫，不得已逃竄山林，或哨聚爲非者，詔書到日，悉宥其罪，令各復業著役，免其差徭二年」（《明英宗實錄》卷一），同時對不肯附籍的流民，「正犯處死，戶下編發邊衛充軍」（《古今圖書集成》卷八十三，《食貨典・荒政部》）。這些措施，雖使一小部份流民返鄉復業，但大多仍四散另謀出路。

規模浩大的流民群，在頻繁流動的過程中，不少因饑寒交迫而死亡，有的成爲異鄉地主的佃戶、佃僕或「蔭戶」，有的成爲勳戚貴族莊田的勞動力；有的聚集山區屯墾、採礦、有的投靠軍囚、屯營，冒充餘丁和驛卒；有的假作僧道行童善友，有的托蔽於豪匠、船戶下，有的冒禁下海出國謀生。人口流動和生業的變化，不能不引起社會結構的變動。

當時流民的主要出路還是回歸到土地上。由於土地被剝奪，回歸到土地上來的流民大多淪爲佃戶。佃農增多，是這一時期農村社會變動的主要特點。

明中葉佃農階層的境遇是非常悽慘的。

耕種皇莊、王府莊田、勳戚莊田的佃戶，人身依附關係強烈，他們可以被主人隨田賜給別人，也可以隨田還官，皇室、貴族地主對於莊田內的佃戶享有絕對的人身佔有，可以不需要經過官府，隨時逮捕佃農，嚴刑拷打，乃至殺害。弘治十年（一四九七年）山東德王府，對未交足地租的佃戶，「每虐笞之，至以鐵絙縶廄下榜笞之」（文徵明：《甫田集》卷二十六）。正德元年（一五〇六年），真定府皇莊官校「逮捕民魯堂等二百餘人」（《明武宗實錄》卷十）。正德十一年（一五一六年），江西寧王府宸濠將欠租的佃農辜增等家眷二百餘人，「盡行殺害，房屋燒毀一空」（張翰：《皇明疏義輯略》卷三十二）。莊田的田租，稱爲「莊田子粒」。明初政府曾規定每畝徵銀二分至三分，但到了明中葉，貴族們私自增租，有的畝收五分，有的每畝高達八分，比原來規定增加了二至三倍以上。正德年間，戚畹慶陽伯的莊田徵收租穀，更是「歲課十倍於昔」（《明武宗實錄》卷十六）。除了子粒租銀之外，佃戶們還要爲王府、勳戚服役各種私差。

縉紳地主和一般民間地主，對佃戶的地租剝削也是相當苛重的。顧炎武指出高產的三吳之地，「有田者什一，爲人佃作者十九。……歲僅秋禾一熟，一畝之收不能至三石，少者不過一石有餘，而私租之重者，至一石二三斗，少亦八九斗。佃人竭一歲之力，糞壅工作，一畝之費可一緡，而收成之日，所得不過數斗。至有今日完租而明日乞貸者」（顧炎武：《日知錄》卷十，〈蘇松二府田賦之重〉）福建地區，則租額有高達百分七、八十者，如「建陽附近各鄉歲收最豐者，田主可得七成至八成，佃戶則得二成至二成半」（轉引自謝國楨《明代社會經濟史選編》下冊，第六九頁）。一般官田的佃戶處境也十分困難，如成化年間溧水知縣王弼寫過一篇〈永豐謠〉，記述江南高淳縣永豐鄉官佃生活的悽慘：「永豐圩接永寧鄉，一畝官田八斗糧。……前年大水平斗門，圩底禾苗沒半分，里胥告災縣官怒，至今追租如追魂。……舊租了，新租促，更向城中賣黃犢，一犢千文任時估，債家算息不算母。嗚呼，有犢可賣君莫悲，東鄰賣犢兼賣兒，但願有兒在我邊，明年還得種官田。」（顧炎武：《日知錄》卷十，〈蘇松二府田賦之重〉）《廣治平略》亦有一首反應官田重租的民謠：「一畝官田七斗收，先將六斗送皇州，止留一斗完婚嫁，愁得人來好白頭」（《廣治平略》卷三，〈輿地篇〉）。除交地租之外，佃戶所剩寥寥無幾。

一般佃戶的人身依附關係雖然比皇莊、王府勳戚莊田的佃戶要鬆弛一些，但也很有限，佃農們除了交納高額地租之外，還經常受到地主的種種額外榨取。如江南、福建等地區的農民，有向地主貢獻薪米雞鴨蔬菜等「冬牲」物品的陋規，曲阜孔府的佃戶，要向公府交納「年例花布」、「年例豬錢」。田主役使佃戶的現象也相當普遍，在江南一帶，田主每逢喜慶喪葬家事，往往要佃戶爲其當差，有的則每令佃戶爲其護莊築堡，成爲田主的家兵。在北方河南一帶，佃戶「夜警資其救獲，興修賴其筋力，雜忙賴其使命」（呂坤：《實政錄》卷二，〈民務〉）。江西臨江府的豪民地主，「納招吉安府等州屬縣逃民并軍匠人等分佈各莊住坐，無異僕隸」（《皇明條法事類纂》卷十三，〈禁約侵佔田產例〉）。在徽州、湖廣、江西、福建等地更有大量佃僕、莊僕存在。

三　山區開發與商品生產

明中葉的流民活動，在引起農村社會變動之外，還帶來山區開發和商品生產發展的客觀經濟後果。

著名的荊襄山區，「地達數省，川陵延蔓，環數千里，山深地廣」（《明經世文編》卷四十六，項忠：〈報捷疏〉），明初以來一直把這裡當作封禁地帶。正統、成化間，數以百萬計的流民湧入，封建政府採取種種辦法都無法把他們驅趕出境，最後只好招撫安輯，先後設置了鄖陽府和竹溪、鄖陽、桐柏、南召、伊陽、商陽、山陽等縣，「許各自佔曠土，官爲計丁口限給之，令開墾爲永業。」（《明史紀事本末》卷三十八，項忠：〈報捷疏〉）他們大力開墾耕地，種植五穀，爲開發荊襄山區做出了積極的貢獻。史稱鄖西一帶，「明成化時，……山嶺之下，多成坪壩，居民開成水田，連阡逾陌，故其穀產較勝洵陽、山陽諸邑」（清嚴如煜：《三省山内風土雜識》）。據當時的報告，僅成化十三年（一四七七年）鄖西就開墾出一萬四千三百多頃耕地（《明憲宗實錄》卷一六七）。

天順年間（一四五七——一四六四年），湖廣已成爲我國重要的產糧區，出現「湖廣熟，天下足」的諺語（李延昰：《南吳舊話錄》卷二二，梅貞起條。引自寺田隆信：〈湖廣熟，天下足〉）。《廣豔異編》卷三十載：「天順甲申歲（一四六四年），浙人盧金蔣常來湖、湘間，販賣物貨，變易廂豆」（轉引自藤井宏：《新安商人研究》）。《古今小說》卷一載：成化之初，徽州歙縣的陳商，每年到襄陽府買入米豆。可見湖廣的米豆已逐漸補充江浙糧食的不足。成化間荊襄山區開發，糧田增拓，對湖廣地位的提高起了一定的作用。其他如陝西、四川、河南、雲南、貴州乃至塞外各地，也都因流民聚集而得到不同程度的開墾。

廣大山區除了荒地可供開墾種植糧食外，還有取之不竭的林業，礦業資源，具有發展經濟作物和礦業、手工業生產的有利條件。正因爲如此，流民所到之處，山區的經濟作物種植也得到了迅速的發展。如四川漢中府山區，「成化年間以來，各省逃移人民，聚集栽植茶株數多，已經節次編入版籍，州縣里分俱各增添，戶口日繁，茶園加增不知幾處」（《明經世文編》卷一一五，楊石淙：〈為修復茶馬舊制第二疏〉）又如江西南贛山區，「田地山場坐落開曠，禾稻竹木生殖頗蕃，利之所共趨，吉安等府各縣人民，常前來謀求生理，結黨成群，日新月盛，其搬運穀石，砍伐樹木，及種靛栽杉，燒炭踞板等項，所在有之」（《西江志》卷一四六，〈

藝文〉），周用：〈乞專官分守地方疏〉）。閩、浙、贛三省邊界的封禁山如鉛山一帶，因在這一時期各地流民逐漸湧入，開發經濟作物，到明代後期成爲著名的工商業繁盛地帶。山區的礦業生產，也因流民的進入而興盛。許多流民成了「礦徒」，如「湖廣之鄖、均、上津諸境，山多礦，故流民以竊礦聚，巡礦官吏，莫敢誰何，至交通以分利」（項忠：《項襄毅公集》卷一〈善後十事疏〉）。福建、浙江等地山區，流民則武裝「盜礦」，他們結夥進入封禁山區進行「盜採」，與官府對抗，「常不下五、六百人，刀刃器仗悉具」（《廣豐縣志》卷六）。由於明中葉流民進入山區，利用山區的自然資源開展經濟作物的種植和手工業生產，再加上山區往往是封建政治控制力量相對薄弱的地區，這就造成了中國封建社會晚期商品經濟發展的一個重要特點，即在比較偏僻的邊遠山區，商品經濟的成分反而有可能得到相當的發展。到了明代後期，閩、浙、贛邊區，皖南山區，川、陝、湖邊區的商品經濟，都在明代的社會經濟史上佔有重要地位，這不能不與這一時期山區的開發有著直接的聯繫。

明中葉流民的流向是多方面的。除了山區以外，還有不少人從農村進入城市，或到他們能夠發揮專長的地方去謀生。由於他們脫離了本土的封建束縛，可以比較自由地選擇職業，這就不能不促進遷居地的手工業和商業的發展。丘濬淡到江西人口流寓湖廣時云：「江右之人大半僑寓於荊湖，蓋江右之地力，所出不足以給其人，必資荊湖之粟以爲養也」（《明經世文編》卷七十二，丘濬：〈江右民遷荆湖議〉）。據《西江志・風俗志》載，南臺府，「地狹面稠，多食於四方，所居成市」；撫州府，「人稠多商，行旅達四邑，有棄妻子老死不歸者。」（查愼行：《西江志》卷二十六，《風俗》引舊志）又如廣信府，「民力田而外，藉資生理，工其一焉。或陶於燒，或楮於鉛，或效技於本邑他郡，雖藝能不無工拙，凡以利用云爾」（道光《貴溪縣志》卷十二，〈風俗〉，江汝璧：〈廣信府論〉）。又如吉安的永豐商人在湖廣的竟陵（天門）的皂角市經商成市：「竟陵東六十里，聚曰皂角市，……市可三千人，其人土著十之一，自豫章徙者七之，自新都徙者二之。農十之二，賈十之八，儒百之一。自豫章徙者，莫盛於吉之永豐，至以名其閭，而永豐莫著於劉氏。劉氏之先業儒，……入明，七世孫純正賈楚，樂市之土風，因家焉。」（李維楨：《大泌山房事》卷八十七，〈流處士墓誌銘〉）。東南沿海地區，隨著官方造船業和朝貢貿易的式微，有一部分勢富、商人以至「亡賴」，衝破封建政府的嚴令，私造海船，「冒禁通番」，從事海外貿易活動。正統九年（一四四四年），廣東潮州「民濱海者糾誘傍郡亡賴五十五人，私下海，通貨爪哇國。」（《明英宗實錄》卷一一三）。景泰年間，福建漳州邊海之地，「民多貨番爲盜」（《漳州府志》卷二五，〈謝騫傳〉）。到成弘之際，「豪門巨室間有乘巨艦貿易海外者」（張燮：《東西洋考》卷七，〈餉稅考〉）。甚至「攬造違式海舶，私鬻諸番」（《漳州府志》卷四十五）。成化十四年（一四七八年），江西饒州浮梁縣「無賴」方敏同弟方祥、方洪勾結廣東揭陽、海陽、東莞等縣民，「自造違式雙桅槽船一隻，裝載前項磁器并布貨」，在金門地方與番舡私下交易（《皇明條法事類纂》卷二十，〈接買番貨〉）。弘治六年（一四九三年），「廣東沿海地方，多私通番舶，絡繹不絕，不待比號，先行貨賣」（《明孝宗實錄》卷七三）。這些活動揭開嘉靖、萬曆時期私人海上貿易興盛的序幕。

正統至正德年間，工商業經濟有了進一步發展。蘇州府的手工業，據正德《姑蘇志・土產志》所載，有：

> 漆作，有退光明光，又有剔紅剔黑彩漆，皆精。
> 銀作，出木瀆。
> 錫作，亦出木瀆，舊傳朱家鼻所製為佳。
> 銅器，亦出木瀆王家，其製香球及鎖，皆精巧。又有嵌銀壺瓶香爐諸品，出常熟。
> 鍼作，出郡城。
>
> ——王鏊：《姑蘇志》卷十四

蘇州東城，絲織業尤爲發達，如云：

> 綾錦紵紗羅紬絹，皆出自郡城闢房，產兼兩邑，而東城為盛，比屋皆工織作，轉貿四方，吳之大貿也。
>
> ——嘉靖《吳邑志》卷十四，〈物貨〉

這時江南地區手工業的發達，字號行鋪的開張，自然與勞動力的大量供給，特別是有技術的流亡工匠的參加，有著直接關係。當時有不少的逃戶，在城市裡，「專於販易傭作者」。同時，工商業的發展，促進市鎮的成長。如江南的陸家濱市，「創於宣德初年，客商貨物，咸自他郡而來，頗繁榮」（萬曆《昆山縣志》卷一，〈市鎮〉）沙頭市，「居民可二千家，中有甃衢，邑之巨鎮也。」（嘉靖《常熟縣志》卷二，〈市鎮〉）長江中游的劉家隔，這時亦從居民十餘家，漸成爲一個大鎮：「劉家隔爲漢川縣，……地卑下，……我國朝僻爲通衢，人遂樂業，其始居民十數家，宣德、正統間，賈商佔藉者億萬計，生齒日繁，貿遷益眾，卒成巨鎮（嘉靖《漢陽府志》卷三，〈創置志〉）而壽州的正陽鎮和高平的米山鎮的發展，也值得一提：「正陽鎮，在壽州南六十里，淮水自桐柏來，直走其西，人家負水而居，凡七千戶，舟楫所通，四方商賈，無有遠邇畢會於此，蓋中都第一鎮云。」（《明經世文編》卷一三九，王九思：〈壽州正陽鎮新修城垣記〉）「高平縣之東南十里許，有鎮曰米山，民居稠密，猶一邑然。當澤潞之衝，商賈輳聚，百貨咸集，往來懋易，不遠數百里，境內之地，此其最者。」（《明經世文編》卷一四二，劉龍：〈米山鎮新修垣牆記〉）這些記載，如實地反映了當時市鎮經濟正在逐漸興起的景象。

正統到正德年間，是明代社會政治、經濟的一個轉折時期，一方面，封建政治趨向腐敗，土地兼併惡性發展，明初以自耕農爲主體的傳統經濟佈局已被打破。另一方面，封建國家政治控制力下降，也曾使一部份農民擺脫了封建的束縛，參加了商品生產的活動。同時，以本色糧爲主的賦役結構，也因商品經濟的發展而部份貨幣化，「南畿、浙江、江西、湖廣、福建、廣東、廣西米麥共四百餘萬石，折銀百萬餘兩，入內承運庫，謂之金花銀。其後概行於天下」（《明史》卷七十八，〈食貨二〉）。這些變化，爲嘉、萬時期社會經濟的繁榮奠定了基礎。

第三節 農民的武裝鬥爭

一 正統時鄧茂七、葉宗留起義

隨著正統到正德年間政治、經濟的變遷，社會貧富不均的現象日益嚴重，階級矛盾也日益尖銳化。以農民爲主體的各階層勞動人民，採取了種種的反抗封建統治和經濟剝削的鬥爭，從零散的逃亡到有組織的武裝暴動，接連不斷，其中，以正統、成化、正德年間的武裝反抗最爲激烈，形成了三次高潮。

正統年間的農民暴動，首先爆發於南方的浙閩地區，正統十二年（一四四七年），浙江慶元葉宗留因「盜礦」而領導逃入浙閩山區的流民暴動。《西園聞見錄》記：「處州慶元人葉宗留盜掘小陽坑，僱砂手二百餘人，開礦大作，官不能禁。採數月，得礦不夠食用，棄之。正統十二年（一四四七年）九月，領其眾往雲和地方有坑場所悉發掘，皆無所得。雲和亦萬山中，官府不之計也。還慶元七都山中，住數月，往政和（福建政和縣），掘小亭坑，礦薄，亦不給用，遂掠政和縣及村落，……小民從之者，皆給財物，從者益眾」（《西園聞見錄》卷九十二）。葉宗留的隊伍轉戰於閩、浙、贛三省交界地區，勢力發展到數萬人，並派重兵佔領了三省交通要道車盤嶺，切斷了浙閩咽喉，「鉛山惴恐，行旅斷絕」（高岱：《鴻猷錄》卷十，〈平處州寇〉），一度使官府一籌莫展。

受到葉宗留暴動的影響，正統十三年（一四四八年）二月，福建佃農鄧茂七率眾在沙縣暴動，鄧茂七「嘗佃人田，例於輸租外，饋田主以新米雞鴨，茂七使倡其民革之。又以租輸於遠者，令田主自運而歸，不許輒送其家。田主訴於縣，縣逮茂七，不至。乃下巡檢追攝之，因而殺其弓兵數人。縣聞於上司，調官軍三百人，與之格鬥，殺傷殆盡。至是懼討，乃刑白馬，歃血誓眾，遂舉兵反。他縣游民，皆舉金鼓器械應之，烏合至十餘萬人，僭稱僞號，署官職，八閩騷動」（黃瑜：《雙槐歲鈔》卷六，〈龔指揮氣節〉）。又《明英宗實錄》載：「茂七沙縣人，充巡警總甲，時郡邑長吏受富民賄，縱其多取田租，倍徵債息，小民赴訴無所，茂七因扇怵爲之盜，劫其富民盡殺之，復拒捕，殺巡檢及其縣官」（《明英宗實錄》卷一百八十）。鄧茂七率眾攻佔了二十餘縣，還一度與活動在閩、浙山區的葉宗留隊伍「互爲聲援」，聲勢很壯，「東南大震」（顧炎武：《天下郡國利病書》卷九十六，〈福建六〉）。

鄧茂七屢敗官兵，朝廷驚恐萬狀，在調兵遣將，分道進剿的同時，命監察御史丁瑄進行招撫。丁瑄派人以「免死」說降鄧茂七，茂七說：「吾豈畏死求免者，吾取延平，據建寧，塞二關，傳檄南下，八閩誰敢窺焉！」（顧炎武：《天下郡國利病書》卷九十六，〈福建六〉）撕碎招降書，殺了誘降官員。明廷見招降無效，便全力調兵進剿。

正統十三年（一四四八年）八月，朝廷命都督劉聚、僉都御史張楷等率兵討之。劉聚、張楷等領兵由江西廣信入閩，被葉宗留所阻，「留不敢進，福建遣使促楷師，浙江藩、臬諸司請楷便宜移兵擊葉寇，……楷不知所從。有指揮戴禮願往剿之，楷乃命率兵五百往」（高岱：《鴻猷錄》卷十，〈平處州寇〉）。十一月，葉宗留率眾與明軍奮戰，「宗留衣緋率眾前，中流矢死」（高岱：《鴻猷錄》卷十，〈平處州寇〉）。部眾由葉希八率領，繼續鬥爭。

正統十四年（一四四九年）正月，明政府看到張楷的部隊無法鎮壓閩浙農民軍，遂以寧陽侯陳懋爲總兵，征夷將軍保定伯梁瑤，平江伯陳豫爲左右副總兵，「大發兵討之」。二月，鄧茂七親自率兵進攻延平郡城，不意陷入官軍的埋伏。當時官府已招降了農民軍首領羅汝生、黃琴等人，「陰致賊黨黃琴、羅汝生爲間諜，誘茂七攻延平，設伏挑之，佯敗，賊乘渡浮橋、薄城關廂，伏兵炮做，合擊之，大敗，茂七中流矢死」（《陶蘆雜錄》卷五）。

鄧茂七戰死後，餘部在鄧茂七侄兒鄧伯孫的帶領下，潛入山區繼續作戰。但因人心渙散，指揮失當，最後中了明軍的離間計，鄧伯孫殺了驍勇善戰的張留孫，由是農民軍內部「人人自疑，棄伯孫來降，伯孫竟敗就執，賊眾遂散」（黃瑜：《雙槐歲鈔》卷六，〈龔指揮氣節〉）。

福建的鄧茂七餘部被鎮壓後，閩浙邊區的葉宗留餘部更加力薄勢單。明朝政府命令張楷率軍由閩入浙，相機撫剿。「楷分兵水路兼進」，派人「賫榜入山，反覆譬曉」（高岱：《鴻猷錄》卷十，〈平處州寇〉），引誘農民軍出降。至景泰元年（一四五〇年），葉希八、楊希、陶秉倫等相繼投降，歷時數年的閩浙農民暴動徹底失敗。

除了這兩次大規模的武裝暴動之外，正統十三年（一四四八年）九月，廣東南海人黃肖養與其他「山海盜」在獄中策劃越獄，攻入兵械局奪得兵器，反出廣州，「赴之者如歸市」（毛奇齡：《後鑑錄》卷八），旬月間勢力發展至萬餘人。最盛時，有戰船三千餘艘，隊伍十餘萬人。次年（一四四九年）六月，黃肖養率部份水陸兩路進攻廣州城達三個月之久。明政府調動廣東、廣西和江西數省的軍隊前來鎮壓。景泰元年（一四五〇年），黃肖養中箭身亡，其部下或被剿或被撫，暴動失敗。

二 成化年間的流民暴動

成化年間的農民暴動以荊襄地區的「流民」爲主體。當時，湖廣、河南、陝西、四川四省交界的荊襄鄖陽山區，是流民最集中的地區，數量達一百餘萬人。這些流民受到政府、當地地主勢力的層層壓迫，矛盾十分尖銳。成化元年（一四六五年），在河南西華人劉通（又名劉千斤）以及石龍（又名石和尚）等領導下，流民在湖廣房縣首先暴動，劉通自稱漢王，建元德勝，眾至四萬餘人。明朝政府急派尙書白圭、撫寧伯朱永以及總兵李震等督軍進討。二年（一四六六年），總兵李震率兵進山圍剿。農民軍誘敵深入，在隘門關、大石廠、分水嶺等處大敗官兵，殺都指揮以下軍官三十八人，「其勢益張」（《明憲宗實錄》卷三一）。白圭見李震戰敗，急調京營及江西、四川諸路兵馬從南漳、遠安、房縣、谷城四路攻擊。劉通、石龍等不支，幾經轉戰，終於被俘慘遭戮殺。起義暫時失敗。

劉通等被殺後，官兵深入山區，狂捕濫殺，「男子十一歲以上者皆斬之」（《明憲宗實錄》卷三一），流民與官兵的矛盾沒有絲毫緩解。其後連續幾年旱災，流民仍然源源不斷地湧入荊襄山區。成化六年（一四七〇年），劉千斤的部下河南新鄭人李胡子（李原）、小王洪、石歪膊等再次發動暴動，聲勢復大震，李胡子等「往來南漳、內鄉、渭南，重號召饑民至數萬人，僞稱太平王。立一條蛇、坐山虎名號，官軍戰不能。」（毛奇齡：《後鑑錄》卷一）明朝政府命都御史項忠總督河南、湖廣、荊、襄軍務，與湖廣總兵李震發京營兵及神槍火器營，並調永順、保靖士兵前往鎮壓，同時遣人入山招誘流民出山復業，農民軍被分化瓦解，大量流民出山歸順。於是，項忠派大軍入山屠戮。成化七年（一四七一年），李胡子與小王洪等先後戰敗被殺。

李胡子等被殺後，項忠不願撫恤流民的諾言，對起義農民不分首從殘酷屠殺，並將山區的一般流民也一律驅逐。令還鄉「復業」者百萬，沿途折磨至死者數十萬人。「時流民有自洪武以來家業延子孫，未嘗爲惡者。兵入，盡草薙之，死者枕藉山谷。其戍湖、貴者，又多道死，棄屍江滸。議者謂忠此役，實多濫殺。即樹〈平荊襄碑〉，或亦呼爲『墮淚』，以嘲忠云」（谷應泰：《明史紀事本末》卷三十八，〈平鄖陽盜〉）。

項忠的濫殺並沒有解決荊襄的流民問題，失業的農民「入山就食，勢不可止」，到成化十二年（一四七六年），在荊襄地區的流民又集聚到幾十萬人之多，明朝政府被迫改變策略，派都御史原傑經略鄖陽，開設鄖陽府，領七縣，撫輯流民，「其近諸縣者附籍，遠諸縣者設州縣以撫之，置軍吏，編里甲，寬傜役，使安生也，則流民皆齊民矣。」（谷應泰：《明史紀事本末》卷三十八，〈平鄖陽盜〉）至此，荊襄地區的流民問題，才暫時得到解決。

三　正德年間的農民反抗鬥爭

正德年間，由於宦官劉瑾亂政，皇莊的發展，土地兼併日趨嚴重，促使社會矛盾更加激化，農民的反抗鬥爭在較廣的範圍內發展起來。其中較集中的有河北、四川、江西三個地區。

河北地區，主要有以霸州文安人劉七、劉六爲首的農民暴動。這次起義的直接原因是反對皇莊的發展和宦官的壓迫。正德五年（一五一〇年）十月，劉六、劉七首先在霸縣發動暴動，「諸窮民響應之，旬日有眾數千人，屢敗官兵」（高岱：《鴻猷錄》卷十二，〈平河北寇〉），隊伍所過之處，各地人民「樂於供給，糧草器械皆因於民，棄家從亂者比比而是」（《明武宗實錄》卷七十四）。不久，劉六、劉七的隊伍與文安生員趙燧的隊伍會合，聲勢大振，發展到數十萬人，轉戰於北直隸、南直隸、山東、山西、河南、湖廣以至江西，他們樹起「虎賁三千，直抵幽燕之地，龍飛九五，重開混沌之天」（谷應泰：《明史紀事本末》卷四十五，〈平河北盜〉）的大旗，把矛頭直指明朝的最高統治者。官兵莫攖其鋒，望風奔潰，農民的隊伍幾次威逼南、北兩京，「往來如無人之境」，時稱「喪亂之慘，乃百十年來，所未有者」，震動了明王朝的統治。劉六、劉七、趙燧領導的這次農民暴動，持續了三年之久，明朝政府調動全力，最後才於正德七年（一五一二年）八月把這支農民武裝隊伍鎮壓下去（谷應泰：《明史紀事本末》卷四十五，〈平河北盜〉）。

四川地區的農民暴動發生於正德四年（一五〇九年）。是年十二月，四川保安人藍廷瑞、鄢本恕和廖惠等發動農民暴動，藍廷瑞自稱「順天王」，鄢本恕稱「刮地王」，廖惠稱「掃地王」，各地民眾紛紛參加，眾至十萬，置四十八總管，勢力擴展到陝西、湖廣等地（《明史》卷一八七，〈洪鍾傳〉）。明朝政府派刑部尚書洪鍾總督川、陝、湖廣、河南四省軍務，會合四川巡撫林俊，並調用少數民族士兵，前往鎮壓。至正德六年（一五一一年），廖、藍、鄢等暴動首領先後被俘，暴動失敗。但其餘眾在廖麻子率領下，與曹甫、方四領導的另一支農民暴動隊伍聯合，繼續堅持鬥爭，並轉戰於陝西、貴州等地，直至正德九年（一五一四年），才最後被明朝的軍隊和地方武裝鎮壓下去。

江西地區自正德六年（一五一一年）以來，農民的武裝暴動此起彼伏，持續不斷，幾乎遍及全省。如瑞州有華林山（江西高安縣境）仙女寨、雞林寨的羅光權、陳福一的暴動，饒州有姚源洞的王浩八暴動，撫州東鄉有樂庚二、陳邦四、徐仰三等的暴動，靖安縣有越王嶺瑪瑙寨的胡雷二暴動，贛州有大帽山的何和欽暴動。是年二月，明朝政府派右都御史陳金總制軍務，調動南方數省軍隊前往鎮壓。但當江西北部幾支農民隊伍被次第剿滅之後，正德十二年（一五一七年）江西南部的南贛地區的農民暴動又激烈起來，這些隊伍轉戰在江西、福建、廣東、湖南的交界地帶，攻州縣，殺官吏，聲勢頗盛。是年，明朝政府派右僉都御史王守仁為南贛巡撫，提督軍務，鎮壓這裡的農民暴動。到正德十三年（一五一八年），南贛的幾支農民隊伍先後被剿滅了。

明中葉的農民暴動，除以漢族人民為主體外，少數民族的反抗鬥爭也很激烈，如廣西大藤峽地區的瑤族、壯族、傣族的暴動，自景泰七年（一四五六年）爆發以來，堅持達數十年之久一直到嘉靖年間才暫時平息。正德年間，南贛、閩西南一帶還發生藍天奉、謝志山、鍾景等的畲民暴動。

明中葉的農民暴動具有自身的鮮明特點。第一，參加農民暴動的成員身分複雜，他們當中既有自耕農、佃農、流民、饑民、響馬、屯軍，還有礦工、礦商、「海盜」以及小手工業者、小商人，還有少數民族、中小地主分子（如王浩八為糧長）及個別知識分子（如趙燧）等。這種情景反映了明中葉社會矛盾的複雜性和普遍性，各階層人民不滿封建的統治，紛紛起來抗爭。第二，這個時期的農民暴動主要針對地主官僚兼併土地、社會貧富嚴重不均，從而各地農民要求均平的思想比較突出，如鄧茂七自稱「鏟平王」，李原稱「太平王」，藍廷瑞稱「順天王」，鄢本恕稱「刮地王」，廖惠稱「掃地王」。江西饒州縣姚源、撫州東鄉等處的農民暴動，「尤惡大姓」（《明經世文編》卷九十七，費宏：〈乞禁約狼兵私收俘獲人口疏〉）。第三，這一時期的農民暴動，還包含有要求發展個體自由經濟的意義在內。他們強烈反對人身依附關係，要求免除封建的徭役。如浙江的葉宗留提出自由開礦的要求，鄧茂七提出反對封建貢納（冬牲）和勞役（送粟）、反對高利貸（債息）的要求。還有廣東黃肖養的隊伍，號稱「山海盜」，有不少人是參加沿海貿易的商人，他們不甘封建束縛，反對海禁。農民暴動中提出解除人身依附關係，發展個體自由經濟的要求，這正與這一時期社會經濟的發展、特別是工商業經濟有所發展相吻合的。

第四節　思想文化的「厭常喜新」

一　理學的沒落和心學的興起

明朝「以理學開國」，成化、弘治以前，以朱熹爲代表的正統派理學是支配文人的主導思想。仁宣至成化間的理學名家都以程、朱爲極致，謹守其矩矱，極盡推崇而不敢逾越。薛暄（洪武至天順間人）認爲：「朱子萃群賢之言議，而折衷以義理之權衡，至廣重大，至精至密，發揮先聖賢之心，殆無餘蘊，學者但當依朱子，精思熟讀，循序漸進」，鼓吹：「自考亭（朱熹）以來，聖道已大明，大煩後人發揮，照他說的去做就成」。「每日所行之事，必體認某事爲仁，某事爲義，謀事爲禮，謀事爲智，庶幾之則見道分明」（薛暄：《讀書錄》）。吳與弼（洪武至成化間人）也說：「三綱五常，天下元氣，一家亦然，一身亦然」（吳與弼：《日錄》）。胡居人（宣德、成化間人）也說：「誠敬既立，本心自存。力行既久，全體皆仁。舉而措之，家齊國治，聖人能事畢矣。」（胡居仁：《進學箴》）他們的著作襲取程朱的舊說，沒有什麼新內容，這樣就不能不使理學本身喪失了進一步發展更新的可能，而日益腐朽和沒落。

明中葉社會的變遷，使一部份學者文人感受到程朱理學的困境和壓抑，起而尋求新的思想出路。於是，成化、弘治年間的廣東陳獻章，從程朱理學轉向了陸九淵的理學，開創了明代「心學」的先聲。

陳獻章字公甫，號石齋，新會縣白沙里人。白沙里瀕臨西江入海之江門，故明代學者或稱陳獻章爲白沙先生，其學爲江門之學。他們早年習舉子業，屢試不第，二十七歲時放棄科舉之路，跋涉至江西，求學於理學名家吳與弼。半年後歸家，「閉戶讀書，盡窮天下古今典籍，旁及釋老稗官小說」（張詡：〈白沙先生行狀〉）。又築陽春臺，靜思其中，數年不出戶外，覺得盡讀宋儒之書並未有得，因爲「吾心與此理未有湊泊吻合處也」（陳獻章：《白沙子》卷二，〈復趙提學〉）從而由讀書窮理而轉向求之本心，他提出「惟在靜坐，久之然後見吾心之體」的修養方法，稱爲「心學法門」（陳獻章：《白沙子》，卷四，〈書自題大塘書屋詩後〉）

。

陳獻章的心學，是從「靜坐中養出端倪」來的，因此他十分強調自我的存在和價值，他說：「此理干涉至大，無內外，無終始，無一處不到，無一息不運，此則天地我立，萬化我出，而宇宙在我矣。得此霸柄入手，更有何事，往來古今，四方上下，都一齊穿紐，一齊收拾」（陳獻章：《白沙子》卷三，〈與林郡博〉）。他又說：「身居萬物中，心在萬物上」（陳獻章：《白沙子》，卷五，〈隨筆〉）。陳獻章的這種「宇宙在我」，強調本心的知覺作用是決定萬事萬物的樞紐，具有明顯的主觀唯心主義的思想色彩。但是我們應當看到他的這種自我思想，包含著某些要求擺脫傳統束縛，要求個體解放的因素。他在與朋友論學時提出了「貴疑」的主張：「前輩謂學貴知疑，小疑則小進，大疑則大進。疑者，覺悟之機也，一番覺悟，一番長進」（陳獻章：《白沙子》，卷二，〈與陳廷實〉）。面對著明初對正統理學「無敢改錯」（《明史》卷二八二，〈儒林傳序〉）的因襲學風，他的這種「貴疑」，無疑是相當積極的。

陳獻章建立「心學」以後，一度在當時沈寂的思想學術界引起轟動。成化二年（一四六六年）他北上重遊太學，受到京師名士們的極高推崇，被譽爲「真儒復出」。就學其門下者不乏其人。然而，他屢試不第，功名失意，故體現在「心學」上，則過於孤芳自賞，「孤行獨詣」（《明史》卷二八二，〈儒林傳〉）。特別是其晚年，思想風貌又有所變化，即他非靜坐於室中，而是逍遙於自然，「自然爲宗」，或浩歌長林，或孤嘯絕島，或弄艇投竿於溪涯海曲」（張詡：〈白沙先生行狀〉）。這種逃離現實的作風，影響了江門之學的廣泛流傳，在其得意門生湛若水和張詡之後，「其傳不遠」（《明史》卷二八二，〈儒林傳〉）。然而，陳獻章的江門心學，開始了明代學術局面由初期的理學統治向中後期的心學風靡的轉變。

弘治、正德之際，「天下之士，厭常喜新」（顧炎武：《日知錄》卷十八，〈心學〉）。浙江餘姚人王守仁開創了姚江之學，唱其新說，鼓動海內，使明代的心學得到了廣泛的傳播。王守仁字伯安，因築室攻學於陽明洞，世稱陽明先生。他於弘治十二年（一四九九年）舉進士。歷任刑部、兵部主事，左僉都御史，巡撫南贛汀漳等處，官至南京兵部尙書。他的著作被其門人編爲《王文成公全書》，共三十八卷。

王陽明的學說，主要有三個論題組成：一曰心即理；二曰知行合一；三曰致良知。這三個論題是圍繞發明本心的良知這一中心思想，「顯與朱子背馳」（《明史》卷二八二，〈儒林傳〉）。

在本體論上，王陽明反對程朱理學中「心與理爲二」的客觀唯心論，繼承陸九淵「心即理」的主觀唯心論，主張人心是宇宙的本體。所謂「人者，天地萬物之心也；心者，天地萬物之主也。心即天，言心，則天地萬物皆舉之矣」（《王文成公全書》卷六，〈答季明德〉）。認爲「心之本體無所不該」，「心外無物」，「心外無理」（《王文成公全書》，卷三，〈傳習錄下〉；〈與王純甫書〉），把世界上的一切都看作是由心產生出來的。

在知行問題上，他反對朱熹「知先行後」的主張，創立了「知行合一」的理論。他認爲「知」和「行」是分不開的，「聖學只是一個功夫，知、行不可分作兩事」，「只說一個知，已自有行在；只說一個行，已自有知在」（《王文成公全書》，卷一，〈傳習錄〉），「知是行的主意，行是知的工夫；知是行之始，行是知之成」（《王文成公全書》，卷一，〈傳習錄〉）。當然，王陽明所說的「知行本行」也就是指「心」，二者都歸本於「心」，「知行合一」論只是他心學體系的一個組成命題而已。然而，他的「知行合一」論，畢竟比朱熹的「知先行後」的徹底先驗論是一個進步。他多少已經注意到了實踐活動對於認識的影響，所謂「知之真切篤實處即是行，行之明覺精察處即是知」（《王文成公全書》，卷二，〈答顧東橋書〉）。這是值得肯定的。

「致良知」或曰「致知格物」，是王陽明關於認識方法與道德修養的核心思想。他的「致良知」實際上是把《大學》中的「致知」與《孟子》中的「良知」觀點結合起來，並將之「簡易直截」地納入他的心學體系，所謂「良之者，心知本體」，「良知者，孟子所謂是非之心人皆有之者也，是非之心，不待慮而知，不待學而能，是故謂之良知」（《王文成公全書》卷二六，〈大學問〉）。由於「良知」存在於「心之本體」，所以他認爲朱熹的「致知在格物，物格而後知至」的觀點是不對的，因爲「身之主宰便是心，心之所發便是意，意之本體便是知，意之所在便是物，……無心外之理，無心外之物」（《王文成公全書》，卷一，〈傳習錄上〉），「天下之物本無可格者，其格物之功只在身心上做」（《王文成公全書》，卷三，〈傳習錄下〉）。這樣，他提出了只有致知才能格物的主張。

既然「致知格物」本乎「心」，但這種「性善」、「良知」之心，又往往「不能不昏蔽於物欲」（《王文成公全書》，卷二，〈答陸原靜〉），從而出現「善」與「惡」，「人欲」與「天理」的矛盾，因此，他主張「致良知」作爲道德修養，是以「去惡存善」、「存天理去人欲」爲其內涵和歸宿的。他把「良知」和「天理」等同起來，「吾心之良知，故良知即是天理」（《王文成公全書》，卷二，〈答顧東橋書〉），故致良知之真誠惻怛以事親便是孝，致此良知之真誠惻怛以事從兄便是弟，致此良知之真誠惻怛以事君便是忠」（同上書，卷二，〈答聶文蔚〉）。這樣，他的「致良知」說又不能不與封建的政治有著比較密切的聯繫。

「致良知」是王陽明一生最得意的理論發明，他曾標榜說：「吾平生講學，只是致良知之學」。因爲他希望他的思想理論能夠爲現實的「爲善去惡」服務的。所以他晚年把他的學說概括爲四句話：「無善無惡性之體，有善有惡意之動，知善知惡是良知，爲善去惡是格物」（《王文成公全書》卷三四，〈年譜三〉）。這是後人所謂的「王門四句教」。

王陽明的心學，具有明顯的反傳統的姿態。當時的一些理學學者把王陽明的心學視爲「異論」、「邪說」，罵它「直欲糟粕不經，屏程朱諸子之說置而不用。」（《明儒學案》，〈諸儒學案〉）然而正是他的這種「異論」、「邪說」在客觀上起著衝破思想禁錮的某些作用，對明代中後期思想界有著深遠的影響。楊縝說：「宋儒格物致知之說，久厭聽聞。良知及知行合一之說一出，新人耳目」（楊縝：《升庵全集》卷七五），「一時奔名走譽者，自叩胸臆：叵以驚人彪彩，罔克自售，靡然從之，紛其盈矣」（楊縝：《升庵全書》，卷六）。顧憲成說：「當士人桎梏於訓詁詞章之間，驟而聞良知之說，一時心目俱醒，猶若撥雲霧而見白日，豈不大快！」（顧憲成：《小學齋札記》卷三）《明史・儒林傳》亦有比較中肯的評論：「原夫明初諸儒，皆朱子門人之支流餘裔，師承有自，矩矱秩然，曹端、胡居仁篤踐履，謹繩墨，守儒先之正傳，無敢改錯。學術之分，則自陳獻章、王守仁始。宗獻章者曰江門之學，孤行獨詣，其傳不遠。宗守仁者曰姚江之學，別立宗旨，顯與朱子背馳，門徒遍天下，流傳逾百年，其教大行，其弊滋甚。嘉、隆而後，篤信程朱，不遷異說者，無復幾人矣。」（《明史》卷二八二，〈儒林傳〉）陽明心學所具有擺脫傳統束縛的精神，對於嘉萬時期及晚明的思想發展，有著開創性的積極意義。陽明心學所強調的「本心」，尊重個人思考的權威性，正與後來的追求個性解放的叛逆思潮，有著很深的相承關係。

二　文風從空泛到求變

仁宣之世，歌頌承平之聲籠罩文壇，文學創作幾乎沒有出現較有成就的作品。以楊士奇、楊榮、楊溥爲代表的臺閣體，成爲詩壇的主流。「三楊」的詩作，是政治活動的點綴品，充滿著阿諛逢迎、粉飾太平的詞句，在藝術技巧上號稱詞氣安閑，雍容典雅，實際上呆板平庸，有氣無力。由於他們都是顯赫一時的數朝元老、臺閣重臣，致使很多文人、士大夫追隨、模仿。這種空泛的詩風，先後流行達百年之久。成化、弘治年間，湖南茶陵人李東陽以臺閣大臣地位主持詩壇，仍未脫臺閣體的氣息。

在劇壇上充斥了大量點綴昇平和宣傳封建道德倫理的作品。宗室朱有燉的《城齋樂府》擅名一時，內容都是神仙慶壽、美人賞花之類。丘濬的《五倫全備記》，虛構了伍倫全、伍倫備兄弟和他一家的遭際，表現了劇中人物怎樣死心塌地地按照忠君、孝悌、貞潔的封建教條行事。丘濬在劇中寫道：「這三綱五倫，人人皆有，家家都備。只是人在世間，被那物欲牽引，私意遮蔽了，所以子有不孝的，爲臣也有不忠的。……近日才子新編出這場戲文，叫做《五倫全備》，發乎性情，生乎義理，蓋因人所易曉者以感動之，搬演出來，使世上爲子的看了便孝，爲臣的看了便忠。……雖是一場假託之言，實萬世綱常之理」（丘濬：《五倫全備記》，〈付末開場〉）。這樣的說教，幾乎喪失了文學的藝術效力，古板沉悶，萎靡不振。邵燦的《五倫香囊記》，又進一步開啓了劇壇「以時文爲南曲」（徐渭：《南詞敘錄》）的傾向。

《明史·文苑傳》說：「永、宣以還，作者遞興，皆沖融演迤，不事鉤棘，而氣體漸弱」（《明史》卷二八五，〈文苑傳序〉）。吳梅也說：「明人科第，視若登瀛，甚有懷抱沖和，率不入鄉黨之月旦，聲律之學，大率扣槃。洎夫通籍以還，稍事研討，而藝非素習，等諸面牆。花鳥托其精神，贈答不出臺閣。庚寅攬揆，或獻以諛詞；俳優登場，亦寵以華藻，連章累篇，不外應酬」（吳梅：《詞學通論》）。這正是仁宣以還文壇空泛的寫照。

弘治、正德年間，以李夢陽爲首的「前七子」，掀起了文學復古運動，企圖挽救傳統詩文的衰落。「前七子」包括何景明、徐禎卿、邊貢、康梅、王九思、王廷相，他們對「臺閣體」粉飾現實的老調，越來越感到不滿，主張「文必秦漢，詩必盛唐」，以此來反對「臺閣體」的空泛、華靡的文風。「前七子」的文學復古運動，反臺閣，講學問，在當時影響頗大，對打擊仁、宣以來空泛、保守的文風和八股文習氣，起著一定積極作用。《明史・文苑傳》說：「李夢陽、何景明倡言復古，文自西京、詩至中唐而下，一切吐棄，操觚談藝之士翕然宗之，明之詩文，于斯一變」（《明史》卷二八五，〈文苑傳〉）。《四庫叢書總目提要》亦云：「考自洪武以來，運當開國，多昌明博大之音，成化以後，安享太平，多臺閣雍容之作，愈久愈弊，陳陳相因，遂至嘽緩冗沓，千篇一律，夢陽振起痿痹，使天下復知有古書，不可謂之無功」（《四庫叢書總目提要》，〈空同子集〉）。特別是李夢陽、何景明等前七子在自己的創作實踐中，寫下了許多好作品，或撼時惑事，或託物抒情，頓挫縱橫，筆力勁健，或風神秀朗，清俊動人，影響了一代詩人，所謂「天下語詩文，必并稱何、李」（《明史》卷二八五，〈文苑傳〉）。但是他們缺乏發展進取的精神，盲目尊古，認爲秦漢以後無文，盛唐以後無詩，找不到詩文的出路，只好一味摹擬因襲，陷入了擬古主義。

在戲曲創作上，衝破歌舞昇平和宣化說教內容的，有王九思的《杜甫遊春》和康海的《中山狼》等雜劇。民歌再度萌動活躍，「自宣（德）、正（統）至（成）化、（弘）治後，中原又興《鎖南枝》、《傍妝臺》、《山坡羊》之屬。……自茲以後，又有《耍孩兒》、《駐雲飛》、《醉太平》諸曲」（沈德符：《野獲篇》），給文壇吹入一股清新的氣息。成化年間文人搜集刊行的民歌集，便有《新編四季五更駐雲飛》、《新編題西廂記詠十二月賽駐雲飛》等四種。

章回小說的創作雖是一片空白，但一些文人學士對明初小說進行纂輯加工，如弘治年間，福建閩縣人林翰據羅貫中原本纂輯《隋唐志傳通俗演義》（羅貫中編輯、楊緕批評：《隋唐志傳》，萬曆四十七年刊本，正德初林翰序），浙江金華人蔣大器爲《三國志通俗演義》作序，爲這些名著的刊刻流行打下了基礎。

和思想界的喜新厭常相配合，空泛的文壇萌動著求變的徵兆，預示著明代社會迎來了一場引人興奮或困惑的風波。

第六章 從正歸內閣到朋黨樹立

第一節 內閣秉政與閣臣爭權

一 世宗繼統及初期新政

正德十六年（一五二一年）三月，武宗去世。原來依靠武宗的太監失去仗恃，而武宗無子，又無親兄弟，太監谷大用、張永等只好立即向內閣首輔楊廷和報告武宗死訊，請示善後事宜。楊廷和援引《皇明祖訓》，認爲「兄終弟及，誰能瀆焉。興獻王長子，憲宗之孫，孝宗之從子，大行皇帝之從弟，序當立」（《明史》卷一九〇，〈楊廷和傳〉）。力主由最近支的湖廣安陸藩王朱厚熜繼承皇位。當時大學士梁儲、蔣冕、毛紀等都贊同，乃令太監入啓張太后，張太后完全同意，下懿旨宣諭諸臣奉行。武宗舊寵佞幸被排除在討論之外，心有未甘，吏部尚書王瓊憤領其黨面斥閣臣，厲聲說：「九卿之在廷，我爲長。今日誰當主而不使聞？」（王世貞

：《嘉靖以來首輔傳》，〈楊廷和〉）楊廷何等置之不理，只得散去。楊廷和遂以遺詔令太監張永、武定侯郭勛、安邊伯許泰、尚書王憲選各營兵，分佈皇城四門、京城九門及南北要害，罷威武營團練諸軍，散入衛各邊兵舊鎮，以防不測。當時，武宗舊寵佞幸深感危機，惶恐不安，都督僉事李琮勸平虜伯江彬乘間以家眾反，不勝則北走塞外。江彬猶豫不決，派人探聽內閣口氣。楊廷和除溫語勸慰外，又爭取和江彬關係深的太監魏彬等，並與蔣冕、毛紀、溫祥合謀逮捕江彬，由太監溫祥、魏彬、陳嚴入白張太后，終得懿旨。是時恰值坤寧宮安獸吻，即命江彬與工部尚書李鐩入祭。事畢，張永留飯款待，太后遽下詔收彬。江彬自覺不妙，亟走西安門，門閉不得出，尋走北安門，爲門者所執。其黨神周、李琮亦同時逮捕。

楊廷和控制政局後，又採取革皇店、罷遣豹房僧人和教坊樂人，釋南京逮係囚，放遣四方進獻女子，停京師不急工務，宣府行營金寶收歸內庫等措施，穩定人心，中外大悅。

四月，朱厚熜由安陸至京師，即皇帝位，以明年爲嘉靖元年。這就是在位長達四十五年的明世宗。

世宗即位之初，頗有銳意求治的決心，採取了一些積極的措施，如開放言路、平反冤獄、屏絕玩好、賑貸救荒、清核莊田等。其中對明代中後其政治最具影響的是在一定程度上抑制了自正統以來急劇膨脹的宦官勢力。世宗登極後的第二月，即正德十六年（一五二一年）五月，便下令逮捕宦官劉允、吳經、張銳、張雄、張忠、于經、劉養、孫和等，這些人在明武宗時爲所欲爲，如張雄，「入司監，招權納賄，勢行中外，（寧王）宸濠前後饋送各萬計」（《明通鑑》卷四十九）。張忠，「與司禮張雄、東廠張銳并侍豹房用事，時號三張，性皆兇悖。……每緝事，先令邏卒誘人爲奸，乃捕之，得賄則釋，往往以危法中人。三人並交通宸濠，受臧賢、錢寧等賄，以助成其叛」（《明史》卷三百四，〈宦官一〉）。劉養「營造侵欺，公私蠹耗。」于經「首開皇店，又於張家灣、宣、大等處稅商榷利，怨聲載道路，額進之外，皆爲己有」（《明通鑑》卷四十九）。這些爲害人民禍亂政治的宦官勢力被懲治，在當時確是一件大快人心的好事。其他如谷大用、張永、魏彬等雖在迎立世宗上臺有功，亦先後被冷落閑住，如谷大用，「世宗立，以迎立功賜金幣，給事中閻閎報論之，尋降奉御，居南京，已，召守康陵，嘉靖十年（一五三一年）籍其家」（《明史》卷三百四，〈宦官一〉）。嘉靖九年（一五三〇年）十月，又因刑科給事中張翀上言，盡罷「諸鎮守內宮」（《明通鑑》卷五十）。同時，對武宗時的那班佞幸近臣，亦採取了抑制的措施。正德十六年（一五二一年）五月，「錢寧伏誅，六月戊子，江彬伏誅，乙未，縱內苑禽獸，令天下毋得進獻」（《明史》卷十七，〈世宗一〉）。經過這些措施，宦官和近臣勢力受到嚴重的削弱，《明史•宦官傳》曰：「世宗習見正德時宦侍之禍，即位後御近侍甚嚴，有罪撻之至死，或陳屍示戒。張佐、鮑忠、麥福、黃錦輩，雖由興邸舊人掌司禮監，督東廠，然皆謹飭不敢大肆。帝又盡撤天下鎮守內臣及典京營倉場者，終四十餘年不復設，故內臣之勢，惟嘉靖朝少殺云」（《明史》卷三百四，〈宦官傳〉）。

與宦官內侍勢力互爲消長的是內閣權力的上升。武宗逝世時，內閣大學士楊廷和、梁儲及蔣冕、毛紀等力主迎立外藩興獻王長子朱厚熜入繼大統。朱厚熜因而登上皇位，自然對於擁戴他的內閣諸大臣比較信任。在沒有太監掣肘的情況下，閣臣的政見易爲皇帝採納，形成朝廷的決策。比如嘉靖初政的綱領性文件世宗登極詔，便是楊廷和等人起草的。在起草的過程中，楊廷和排除來自太監方面的種種阻力，堅持自己的主張。史稱：「廷和草上登極詔書，文書房官忽自閣中，言欲去詔中不便者數事。廷和曰：『往者事齟齬，動稱上意，今亦新天子意耶？吾儕賀登極後，當面奏上，問誰欲削詔草者』。冕、紀亦相繼發危言，其人語塞。以而詔下，正德中蠹政厘抉且盡，所裁汰錦衣諸衛、內監局旗校工役爲數十四萬八千七百，減漕糧百五十三萬二千餘石。其中貴、義子、傳昇、乞昇一切恩幸得官者大半皆斥去」（《明史》卷一百九十，〈楊廷和傳〉）。雖然失勢者咒罵他是：「終日想，想出一張殺人榜」（焦竑：《玉堂叢語》卷二）。但實施結果，人心大快，閣臣威信也大爲提高。

在楊廷和掌政的近三年中，朝臣在抑制莊田、清理牧馬草場等方面作了不少努力，對世宗更改政令亦有所規正。比如世宗一度曾打算恢復皇莊，工部左侍郎趙璜、戶部左侍郎秦金等先後上疏反對，終使世宗改變主意。戶部要求懲辦侵佔民田爲牧馬草場的太監，世宗不同意。楊廷和在一次日講之後，慷慨陳詞，認爲牧馬草場「最爲先朝之累，侵官民田幾萬頃，毀人冢亡算，不罪之何以示後？」世宗無奈只得同意，第二天下令「降罰舊內臣有差」（談遷：《國榷》卷五二。）。雖然世宗對太監、勳戚的態度有所保留，有時也偏袒太監而斥罰朝臣，但從總體上看，閣權盛重，楊廷和幾乎總攬全部朝政。

二 大禮儀與張璁倒閣

楊廷和傾外廷之力擁戴世宗上臺，以爲從此可得皇帝倚信，幹出一番事業。但是在皇權高度集中的明朝，臣下的一切行爲必須以不違背皇帝的意志爲前提。楊廷和恰好忘記了這一點，結果在「大禮儀」事件中與世宗發生了嚴重的衝突。

朱厚璁由藩王而入承皇位，本非當然的皇位繼承人，因此深忌臣下們輕視自己出身不正。他即位後第五天，就下令禮官集議崇祀其父興獻王的典禮，企圖以尊重自己生身父母的辦法來提高自己的威望。禮部尚書毛澄請於大學士楊廷和，廷和認爲應當效法漢定陶王入繼漢成帝和宋濮王入繼宋仁宗的故事，「宜尊孝宗爲皇考，稱獻王爲皇叔考興國大王，母妃爲皇叔母興國太妃，自稱侄皇帝名，別立益王次子崇仁王爲興王，奉獻王祀，有異議者即奸邪，當斬」（《明史》卷一百九十，〈楊廷和傳〉）。這就是說，世宗不得稱自己的生身父母爲父母，而應尊崇明孝宗朱祐樘爲父親。這樣的處理意見當然是世宗所不能接受的，「帝覽曰：父母可移易乎？其再議」（《明史紀事本末》卷五十，〈大禮儀〉）。廷臣會議在楊廷和等內閣大臣的控制下，一意堅持原議，世宗每次召廷和，都從容賜茶慰諭，希望得到妥協，但廷和仍不肯屈從。是時，戶部侍郎王瓚獨持異議，宣言於眾，廷和令言官羅列王瓚過失，出爲南京禮部侍郎。這樣，朝中便無人再敢與廷和抗爭，禮議僵持不下。

七月，觀政進士張璁上〈大禮疏〉，提出了不同於廷臣會議的說法，他認爲漢定陶王和宋濮王入繼漢成帝和宋仁宗，是在漢成帝和宋仁宗在世之時，「皆預立爲皇嗣，而養之於宮中，是明爲人後者也」。而今上則不同，武宗在世時並沒有確定他爲繼嗣，待到武宗死後，「而廷臣遵祖訓，奉遺詔，迎取皇上，入繼大統，遺詔直曰：『興獻王長子倫序當立』，初未嘗明著爲孝宗後，比之預立爲嗣，養之宮中者，較然不同。……今日之禮，宜別爲興獻王立廟京師，使得隆尊親之孝，且使母以子貴，尊與父同，則興獻王不失其爲父，聖母不失其爲母矣」（《明史紀事本末》卷五十，〈大禮儀〉）。張璁的疏議，爲世宗尊崇本生父母提供了理論依據，史載：「帝方扼廷議，得璁疏大喜，曰：此論出，吾父子獲全矣。亟下廷臣議，廷臣大怪駭，交起擊之」（《明史》卷一九六，〈張璁傳〉）。楊廷和則利用總攬朝政的權勢，於政德十六年（一五二一年）十二月，授意吏部把張璁安排爲南京刑部主事，使之遠離朝廷。張璁去後，楊廷和繼續控制朝廷與世宗抗議，「當是時，廷和先後封還御批者四，執奏凡三十疏」（《明史》卷一百九十，〈楊廷和傳〉）。

自明朝開國以來，外廷與皇帝如此僵持抗議，還未曾發生過。楊廷和之所以敢於如此控制朝臣扼制世宗的意願，多少與他自以爲迎立功高從而輕視世宗有關，而這一點也正是世宗所不能容忍的。楊廷和每當執奏抗議，「帝常怱怱有所恨」。廷和亦認識到世宗的不滿，「疏語露不平」，累疏乞休。到了嘉靖三年（一五二四年）正月，世宗聽之罷去，並「責以固辭歸咎，非大臣道」（《明史》卷一百九十，〈楊廷和傳〉）。

楊廷和罷免歸去之後，朝臣很快發生了分裂，原先贊同尊崇興獻王的張璁、桂萼、方獻夫、席書、霍韜等被斥的官僚，又重新活躍起來，形成一股主張崇禮的政治勢力。他們在世宗的支持下，與堅持楊廷和主張的以吏部尚書喬宇和禮部尚書汪俊爲首的大部分朝臣相對抗。是年三月，禮部尚書汪俊等不得不稍作妥協，同意奉興獻帝爲本生皇考恭穆獻皇帝，興國太后爲本生母章聖皇太后，並且在奉天殿側別立一室，以崇祭祀。這時，張璁、桂萼、席書等已先後被召回北京，張、桂二人被任命爲翰林學士，席書則代汪俊爲禮部尚書。典禮大權從此掌握在崇禮派手中。於是，張璁等人又進一步「極論兩考之非」，主張只認生身父興獻王爲皇考，去掉興獻王「尊稱」中的「本生」二字（《明史》卷一九六，〈張璁傳〉）。七月中旬，內閣、六部、詹事、翰林、御史、給事等朝臣二百餘人，在尚書金獻民、侍郎何孟春、少卿徐文華及給事中張翀等的倡導下，俱赴左順門跪伏，請求世宗繼續尊稱孝宗爲皇考。世宗兩次命司禮監諭之退，「群臣仍伏不起，自辰迨午」（《明史紀事本末》卷五十，〈大禮儀〉），於是世宗大怒，「命司禮監錄諸姓名，收係諸爲首者豐熙、張翀、余寬、黃待顯、陶滋、相世芳、毋德純得八人於獄」，接著又「逮係馬理等凡一百三十有四人於獄。何孟春等二十有一人，洪伊等六十有五人，姑令待罪，……庚辰，錦衣衛以在係官上請，……命拷訊豐熙等八人編伍，其餘四品以上者俱奪俸，五品以下者杖之，於是編修王相等一百八十餘人各杖有差」（《明史紀事本末》卷五十，〈大禮儀〉）。

左順門事件使抗議崇禮的勢力受到了沉重的打擊，從此以後，除了個別人之外，以前爭大禮的大部分朝臣，亦多隨聽附和，不敢堅持初衷。不久，世宗生身父親的神主從湖廣安陸迎到北京，冊封尊號為「皇考恭穆獻皇帝」。九月，改稱孝宗為皇伯考，孝宗后昭聖皇太后為皇伯母。嘉靖五年（一五二六年），建世廟於太廟之左，崇祀世宗的生身父親。七年（一五二八年）秋七月，世宗加封皇考為恭睿淵仁寬穆純聖獻皇帝，聖母為章聖慈仁皇太后。嘉靖十七年（一五三八年）九月，又奉皇考獻皇帝為睿宗，祔於太廟（《明史紀事本末》卷五十，〈大禮儀〉）。至此，嘉靖前期的大禮儀之爭，以世宗的意願得到了完全的實現而告終。

嘉靖初年的大禮儀事件，前後延續十餘年，在這個事件中，皇帝與朝臣的對抗、朝臣與朝臣之間的對抗，其激烈程度是明朝建國以來所未有的。其實，就大禮儀本身，對於王朝的政治意義並不大，但就整個事件的演變過程看，它對於嘉靖年間以及明代後期的政治產生了很大的影響。

楊廷和在政歸內閣後，以救時自任，且又自恃迎立功高，總攬朝政，形成「新都（楊廷和）凝然，三輔鼎承」，「相形而首、次遂大分」的格局（王世貞：《嘉靖以來首輔傳》，〈序〉）。這是明代內閣制發展的一個轉折。楊廷和作為實際上的第一個首輔，在大禮儀事件上，與世宗抗爭僵持，其背後實包含著皇帝與首輔爭奪權力的性質。楊廷和「雖不久而有所扼以去」，但從此內閣諸輔之中，「尤以首揆為重」（《明史》卷一百九，〈宰輔年表系〉），首輔成為外廷的權力中心。

仁、宣以來，皇權與閣權發生矛盾時，宦官勢力往往趁機而起。在大禮儀事件中，世宗沒有重用宦官與外廷對抗，這雖因世宗對於正德年間的宦官亂政多少有所警覺，而更重要的是爭議的成敗，必須引經據典，從理論上壓服反對派。在這一點上，當時的宦官還不能勝任。而張璁、桂萼等人，均出身進士，霍韜甚至「舉正德九年會試第一」（《明史》卷一九七，〈霍韜傳〉），都是文才傑出的人物，所持之論，不但世宗盛稱「此議實遵祖訓，據古禮」，而且連楊廷和也大爲恐慌，寄語張璁曰：「子不應南官，第靜處之，勿復爲大禮說難我耳」（《明史紀事本末》卷九十五，〈大禮儀〉）。正因爲如此，世宗不得不從朝臣中扶植與內閣對抗的勢力，形成新的外廷核心，這就開啓了朝臣分黨結朋、相互攻訐的風氣。

三　首輔專權與內閣紛爭

嘉靖年間政歸內閣之後，由於「諸輔之中，尤以首揆爲重」（《明史》卷一百九，〈宰輔年表系〉），因此，首揆即首輔的地位，成了當時朝臣們激烈爭奪的中心。

楊廷和致仕後，費宏、楊一清相繼爲首輔。嘉靖六年（一五二七年）冬，張璁入閣參機務。時「楊一清爲首輔，翟鑾亦在閣，帝待之不如璁，嘗諭璁：『朕有密諭勿洩，朕與卿帖悉親書』」（《明史》卷一九六，〈張璁傳〉），內閣大權實際上已經掌握在張璁手裡。嘉靖八年（一五二九年）九月，楊一清致仕，張璁成爲首輔。

張璁是一個才能出眾、鋒芒畢露的人，出任首輔之後，頗有一些整頓朝綱的決心，對於世宗並非唯唯諾諾，而是能不避冒犯，「時進讜言」（《明史》卷一九六，〈張璁傳〉），這種行爲觸犯了世宗剛愎自用的心理，世宗在與楊一清、夏言等人議事時，經常指責張璁「自伐其能，恃寵不讓」（《明史》卷一九八，〈楊一清傳〉），「頗及其執拗」。另一方面，張璁以議禮開罪多人，雖一時以權勢可將這些人壓服，但一有機會，這些心懷怨恨的朝臣就會起而攻之。因此，張璁雖然當上首輔，但好景並不長。嘉靖十年（一五三一年），張璁與世宗的新寵夏言發生衝突，許多對他有怨恨的朝臣知道張璁已逐漸失去世宗的專寵，於是紛紛攻擊張璁。「御史譚纘、端廷赦、唐愈賢交率劾之，……都給事中魏良弼詆孚敬（即張璁，十年改名）奸……，給事中秦鰲劾孚敬強辨飾奸。」（《明史》卷一九六，〈張璁傳〉）結果夏言的權勢日益上升，而張璁的權勢日漸衰弱，十年（一五三一年）七至十一月，十一年（一五三二年）八月至十二月（一五三三年）正月，二度致仕回鄉。嘉靖十二年（一五三三年）又因大同兵變，張孚敬力主用兵，「師久無功」，夏言趁機「力詆用兵之謬」。孚敬「以議不用，稱疾乞休，疏三上，……不引咎」（《明史》卷一九六，〈張璁傳〉），帝詰責之。嘉靖十四年（一五三五年）四月，孚敬休致回家，不復再出，李時繼爲首輔。十七年（一五三八年）十二月，李時卒，夏言爲首輔。

夏言，字公謹，江西貴溪人，舉正德十二年（一五一七年）進士。嘉靖初爲兵科給事中。他「性警敏」（《明史》卷一九六，〈夏言傳〉），吸取張璁過於鋒芒畢露而上下得罪的教訓，一開始走上仕途便採取順上悅下的作法，從而博得朝臣的好感，尤其得到世宗的賞識。「當是時，帝銳意禮文事，以天地合祀非禮，欲分建二郊，并日月而四。大學士張孚敬不敢決。……（夏）言上疏請帝親耕南郊，後親蠶北郊，為天下倡。帝以為南北郊之說，與分建二郊合，令孚敬諭旨，言乃請分祀天地。……自是大蒙帝眷」（《明史》卷一九六，〈夏言傳〉）。夏言正是用這種投世宗所好的方法，青雲直上的。

但夏言的順上悅下，只是他為了謀取政治高位而採取的一種策略，故一當上首輔，「志驕氣溢」，專橫用事，「上舞其上，下逞其下」（王世貞：〈嘉靖以來首輔傳序〉），且多受賄枉法，「久貴用事，家富厚，服用豪侈，多通問遺」（《明史》卷一九六，〈夏言傳〉），逐漸失去世宗的信任。另一位窺伺首輔寶座的嚴嵩，趁機而起，利用矛盾，依靠大豪門陸炳、郭勳和宦官崔元的勢力，把夏言攻倒，取而代之。

嚴嵩，字惟中，江西分宜人，舉弘治十八年（一五〇六年）進士，早年「讀書鈐山十年，為詩古文辭，頗著清譽」，比較善於偽裝自己，尤其是他見風使舵，奉承討好世宗的本領更勝於夏言。嘉靖十六年（一五三七年），世宗將祀獻皇帝明堂，以配上帝，又欲稱宗入太廟，嚴嵩時任禮部尚書，開始與群臣合議阻止，後得知世宗態度堅決，便「盡改前說，條畫禮儀甚備」（《明史》卷三百八，〈嚴嵩傳〉），不僅未受責備，反而在禮成之後，得到金幣的賞賜。明世宗篤信道教，熱衷方術，他一生不惜耗費大量的金錢財物，進行齋醮活動，以求長生之術。在齋醮儀式上，需用「青詞」，即獻給上天的奏章表文，其格式一般為駢儷體文，因用硃筆寫於青藤紙上，故稱「青詞」。當時朝中許多大臣為了逢迎皇帝，潛心撰寫青詞以爭寵。而嚴嵩在這方面特有專長，時稱「醮祀青詞，非嵩無當帝意」（《明史》卷三百八，〈嚴嵩傳〉）。

嚴嵩與夏言同鄉，科第先於夏言，但他在夏言面前「必稱先達，事言甚謹」（《明史》卷一九六，〈夏言傳〉），實際上是靜待時機，取而代之。嘉靖十八年（一五三九年），夏言與嚴嵩一道隨同世宗去湖廣謁顯陵，「嵩再請表賀，言乞俟還京，帝報罷，意大不懌。嵩知帝指，因以請，帝乃曰：『禮樂自天子出可也。』令表賀，帝自是不悅言。」（《明史》卷一九六，〈夏言傳〉）嘉靖二十一年（一五四二年），世宗日事齋醮，興致正濃，「以奉道嘗御香葉冠，因刻沉水香冠五」（《明史》卷三百八，〈嚴嵩傳〉），分賜夏言、嚴嵩等。夏言對世宗熱衷於方術不以為然，「謂非人臣法服，不受」（《明史》卷一九六，〈夏言傳〉），而嚴嵩則趁機獻媚，「召對冠之，籠以輕紗，帝見，益見親嵩」（《明史》卷三百八，〈嚴嵩傳〉）。嚴嵩看到時機成熟，便聯絡術士陶仲文，「謀齮言代其位」，夏言發覺其謀，「諷言官屢劾嵩」（《明史》卷一九六，〈夏言傳〉），但這時世宗根本不相信夏言的話。嚴嵩則在世宗面前「頓首雨泣，訴言見凌狀，帝使悉陳言罪，嵩因振暴其短，帝大怒，手敕禮部，歷數言罪」（《明史》卷一九六，〈夏言傳〉）。是年七月，夏言終於被落職閑住，翟鑾繼為首輔。八月，嚴嵩拜武英殿大學士，入直文淵閣，仍掌禮部。

嚴嵩入閣時，已六十餘歲，「朝夕直西苑板房，未嘗一歸洗沐」，世宗益發認為嚴嵩勤勉，待之在首輔翟鑾上。嚴嵩趁機排擠翟鑾。嘉靖二十三年（一五四四年）八月，翟鑾得罪削籍，嚴嵩代爲首輔。但在這時，嚴嵩的勢力尚未達到可以控制整個朝政的局面。朝中大臣亦時而對嚴嵩表示不滿。第二年即嘉靖二十四年（一五四五年）九月，世宗「微覺嵩橫」（《明史》卷三百八，〈嚴嵩傳〉），夏言再次被召回京，出任首輔。

夏言復出之後，「務張權」，「慷慨以經濟自許，思建立不世功」（《明史》卷一九六，〈夏言傳〉），對於營私違法的官吏，嚴懲不貸，嚴嵩所引用的私人，也加以斥逐。當時深受世宗寵信的錦衣都督陸炳多不法，爲御史所劾，夏言即擬旨速治，陸炳「行三千金求解不得，長跪泣謝罪，乃已」（《明史》卷三百七，〈陸炳傳〉）。夏言對於宦官亦「負氣岸，奴視之」（《明史》卷一九六，〈夏言傳〉）。這樣，夏言便得罪了朝中的許多權貴人物和內侍宦官。於是，嚴嵩趁機與陸炳、崔元和宦官相勾結，拘言攻擊夏言。最後夏言以贊決陝西總督曾銑請復河套事失敗，被攻倒。於嘉靖二十七年（一五四八年）正月，被盡奪官階，以尚書致仕，同年十月被棄市。

夏言被殺以後，嚴嵩再次當上首輔，內閣諸臣更不敢與之爭長短。不久。嚴嵩子世蕃亦由尙寶少卿升遷工部左侍郎，父子二人極力排斥異己，「遍引私人居要地」（《明史》卷三百八，〈嚴嵩傳〉）。世宗自嘉靖中期始，益沉湎不振，經常不視朝，「大臣希得謁見，惟嵩獨承顧問，御札一日或數下，雖同列不獲聞，以故嵩得逞其志」。他們又利用世宗剛戾自用的弱點，「得帝竅要，欲有所救解，嵩必順帝意痛詆之，而婉曲解釋以中帝所不忍，即欲排陷者，必先稱其媺，而以微言中之，或觸帝所恥與諱，以是移帝喜怒」，戕害人以成其私。許多與嚴嵩父子及私黨不和的官吏，或被殺，或被遣，士大夫爲了固位保身，不得不「輻輳附嵩，時稱文選郎中萬宗、職方郎中萬祥等爲嵩文武管家。尙書吳鵬、歐陽必進、高耀、許論輩，皆惴惴事嵩」（《明史》卷三百八，〈嚴嵩傳〉）。這時的內閣權勢進一步加重，嚴嵩「乃儼然以丞相自居，凡府部題奏，先面白而後草奏，百官請命，奔走直房如市」（《明史》卷三百九，〈楊繼盛傳〉）。

嚴嵩專權時期，貪污受賄、賣官鬻爵的腐敗現象日益加深。「凡文武遷擢，不論可否，但衡金之多寡而畀之」（《明史》卷三百九，〈楊繼盛傳〉），「戶部歲發邊餉，本以贍軍，自嵩輔政，朝出度支之門，暮入奸臣之府，輸邊者四，饋嵩者六」（《明史》卷二百十，〈張翀傳〉）。結果，嚴嵩父子富可敵國，「廣佈良田，遍於江西數郡」（《明史》卷二百十，〈王宗茂傳〉），金銀財寶，「始置囊篋，即付庫藏，悉皆充軔，世蕃妻乃掘地深一丈，方五尺，四周及底砌以紋石，運銀實其中，三晝夜始滿，外存者猶無算。……於（江西）分置藏銀，亦如京邸式，而深廣倍之，復積土高丈許，遍佈椿木，市太湖石壘壘成山，空處處栽花木，毫無罅隙可乘，不啻萬萬而已」（周玄暐《涇林續記》）。甚至嚴嵩的家奴、幕客，亦都富埒王侯，內外大臣賄賂嚴嵩父子，「未見其父，先饋其子，未見其子，先饋家人，家人嚴年，富已逾數十萬」（《明史》卷二百十，〈張翀傳〉）。時稱「自嵩用事，風俗大變，賄賂者薦及盜跖，疏拙者黜逮夷、齊，守法度者爲迂疏，巧彌縫者爲才能，勵節介者爲矯激，善奔走者爲練事。……蓋嵩好利，天下皆尙貪，嵩好諛，天下皆尙陷。源之弗洁，流何以澄」。各級官吏爲了巴結賄賂嚴嵩父子，不是損國帑，就是剝民脂，「將弁惟賄嵩，不得不朘削士卒；有司惟賄嵩，不得不掊克百姓」（《明史》卷二百九，〈楊繼盛傳〉），「去百而求千，去千而求萬，民奈何不困！」（《明史》卷二百十，〈王宗茂傳〉）國帑虛耗，百姓困苦，明王朝的統治危機日益加深。

嚴嵩當首輔時間最長，前後共十五年。嘉靖四十一年（一五六二年），在徐階的策劃下，御史鄒應龍「抗疏極論嵩父子不法」（《明史》卷三百八，〈嚴嵩傳〉），其他對嚴嵩不滿的官吏、方士、內臣亦趁機而起，於是嚴嵩被令致仕，嚴世蕃被刺處充軍邊防。徐階成爲內閣首輔。明年，又逮世蕃下法司論斬，黜廢嚴嵩及諸孫皆爲民。

徐階任首輔後，雖以「以威福還主上，以政務還諸司，以用捨刑賞還公論」三語相標榜，對於嘉靖後期的政治有所補救。但是他對待閣僚和其他官僚也是十分獨斷專行的。當時河南新鄭人高拱和安陽人郭樸於嘉靖四十五年（一五六六年）入閣，「階獨柄國，拱心不平」（《明史》卷二一三，〈徐階傳〉）。嘉靖四十五年（一五六六年）世宗去世，穆宗朱載垕繼位，改元隆慶。高拱和郭樸乘機發難，與徐階互相攻擊。隆慶元年（一五六七年）閣臣高拱被攻去職，但徐階的專權和干預宮禁事務，亦漸漸引起穆宗的不滿，隆慶二年（一五六八年），高拱的勢力又把徐階攻倒，徐階被迫自請致仕。

接替徐階爲首輔的是李春芳，李春芳謹小慎微，掌管一年內閣，「無咎無譽」（王世貞：《嘉靖以來首輔傳》序），實際就是不稱職。於是隆慶三年（一五六九年）冬，穆宗召回高拱，「以大學士兼掌吏部事」，掌握了內閣權力。高拱是一個有才能的人，「練習政體，負經濟才，所建白皆可行。其在吏部，欲遍識人才，授諸司以籍，使署賢否，志爵里姓氏，月要而歲會之，倉卒舉用，皆得其人」。但是他的性格過於高傲，「負氣凌人」，特別是「專與（徐）階修郤」，「所論皆欲中徐，重其罪」（《明史》卷二一三，〈高拱傳〉）。這種強奪自專的作風，引起廷臣的不滿和兩宮、太子的厭惡。隆慶六年（一五七二年），穆宗去世，高拱便以「專權擅政」、「不許皇帝主管」得罪，罷官回籍閑住（《明神宗實錄》卷二）。張居正繼任爲首輔。

從嘉靖元年政歸內閣至萬曆初年張居正當權，內閣首輔更換十餘個。其中如楊廷和、張孚敬、夏言、嚴嵩、徐階、高拱、張居正，應當說無不是當時的優秀人選。除了嚴嵩過於陰柔貪墨之外，其他首輔多少還能爲王朝政治盡些責任，這對於嘉、萬時期的社會穩定，起著了一定的作用。但是這個時期的內閣紛爭，大臣們爲了達到自己的政治目的，用盡各種手段，報復相仍，結黨營私。每隨著一位首輔的更換，總有一大班朝臣隨之沉浮，嘉萬時期的科道官員，大多成了黨同伐異的工具，如徐階當政時期，「給事、御史多起廢籍，恃階而強，言多過激，帝不能堪。」（《明史》卷二一三，〈徐階傳〉）這種毫無原則的相互攻擊，使得朝廷的政治相當混亂。它不僅使得嘉、萬時期的政治缺乏應有的連續性，而且造成了王朝士大夫之間的朋黨風氣牢不可破，與明朝相始終。

嘉靖年間，政歸內閣，首輔似乎權勢赫然，但是這種權勢必須是皇帝所允許的範圍內，大臣們要在激烈的內閣紛爭中取得勝利，首先必須博得皇帝的信任和寵愛。於是，這個時期的內閣的成員們大多想盡各種辦法來投皇帝之所好，世宗好長生術，內殿設齋醮，幻想長生不老，大臣們則紛紛以撰寫青詞爲能事，《明史・袁煒傳》云：「自嘉靖中年，帝專事焚修，詞臣率供奉青詞，工者立超擢，卒至入閣。時謂李春芳、嚴訥、郭樸及煒爲『青詞宰相』」。夏言、嚴嵩、徐階也無不都是撰寫青詞的高手，尤其是嚴嵩，媚上欺下的手段是十分高明的。在這種情況下，內閣成員們爲了固位保身，不留心政治得失，治亂興衰，而竟尙青詞，專擅陰謀，一意媚上，欺君愚民，政治的腐敗是不可避免的。即使有些首輔有起衰振隳的信心，但在皇帝的專制獨裁之下，也很難施展他們的抱負。

嘉靖至萬曆年間，宦官的勢力有所抑制，但並不等於說內閣就可以隨心所欲地處理政事，相反的，宦官對於內閣的影響仍然相當明顯，只是還沒有達到像正德年間那種控制內閣的局面。如在嘉靖初年楊廷和秉韜政時期，「人或謂廷和太專」，但實際上，「所擬旨，內多更變，未可謂專也」（《明史》卷二百六，〈鄭一鵬傳〉）。張孚敬掌權時期，霍韜說過：「內閣職參機務，今止票擬，而裁決歸近司。」（《明史》卷一九七，〈霍韜傳〉）至夏言、嚴嵩時期，情景亦爲如此，《明史》云：「至世宗中葉，夏言、嚴嵩迭用事，遂赫然爲真宰相，壓制六卿矣。然內閣之擬票，不得不決於內監之批紅，而相權轉歸之寺人」（《明史》卷七十二，〈職官一〉），這時期的所謂內閣專政，實際上只是專外廷之權而已。夏言的下臺與嚴嵩秉政近二十年，便與其善交結內侍有關，史載「帝數使小內笠詣言所，言負氣岸奴視之。嵩必延坐，親納金銀袖中，以故日譽嵩而短言」（《明史》卷一九六，〈夏言傳〉）。徐階的被迫退位，亦與得罪內監有很大關係，隆慶初年，「階所持諍多宮禁事，行者十八九，中官多側目」（《明史》卷二一三，〈徐階傳〉）。高拱當神宗朱翊鈞即位之初，企圖振興朝綱，「以主上幼沖，懲中官專政，條奏請詘司禮權，還之內閣」（《明史》卷二一三，〈高拱傳〉）。結果結怨內官，自己反而被廢黜回鄉。這是明代內閣制度導致的必然結果。

第二節 「北虜南倭」和財政匱乏的困擾

一 九邊危機和俺答封貢

嘉靖以來內閣紛爭的局面，已經使官場形成「愛惡交攻」、「巧宦取容」（張居正《張文忠公文集》，〈奏疏一〉，〈陳六事疏〉）的惡習，而世宗、穆宗的荒嬉莫逆，更使一般官僚喪失政治責任心，庸庸保位，因循敷衍的風氣日甚一日，日常行政陷於渙散與混亂，「入官視事，循例取索」（《明世宗實錄》卷一五三），「敷奏雖勤，而實效蓋鮮，……催督稽驗，取具空文」（張居正：《張文忠公文集》，〈奏疏三〉），一些有權有勢的官吏，趁機索賄肥私，「權門之利害如響，富室之賄賂通神，鈍口奪於佞詞，人命輕於酷吏」（《明世宗實錄》卷一五三）。許多軍官把軍士當作自己私家的差役，「私役在家，侵其月糧」（《明世宗實錄》卷一三一），營中兵多是「老弱疲憊，市井遊販之徒」，軍官多是「世冑紈絝」，軍隊的訓練如同兒戲，「四集市人，呼舞博笑而已」（《明世宗實錄》卷三六五）。與此同時，九邊危機和沿海「倭患」都嚴重起來，困擾著明朝的統治。

「土木之變」後不久，蒙古瓦剌部內部發生矛盾，景泰四年（一四五三年），太師也先殺死脫脫不花，自立爲可汗。六年（一四五五年），也先又被阿剌知院殺死，致使內部分裂，瓦剌部勢力逐漸衰落。韃靼部卻從此強盛起來，韃靼部的孛來、毛里孩、阿羅出等部落，先後進入河套地區。河套，指今內蒙古自治區和寧夏回族自治區境內賀蘭山以東、狼山和大青山以南的黃河沿岸地區，因黃河流經此地形成一個大彎曲，故稱爲河套。這裡有廣闊肥沃的水草牧地，適合於北方遊牧民族的棲息。自從蒙古韃靼各部佔領河套地區之後，這裡就成了他們騷擾內地的一個主要基地，當時被稱爲「套寇」。

天順、成化年間，韃靼各部在河套一帶互相攻伐，爭奪水草牧地，時而侵犯明邊。弘治年間，韃靼部的達延汗（明朝稱之為小王子），統一了蒙古各部，勢力大增，並不斷大肆進入內地騷擾。如弘治十四年（一五〇一年），「小王子以十萬騎從花馬池、鹽池入，散掠固原、寧夏境，三輔震動，戕殺慘酷」（《明史》卷三二七，〈韃靼傳〉）。正德五年（一五一〇年）「屢入寇，巡撫張翼、總兵王勳不能制，漸深入，邊人苦之」（《明史》卷三二七，〈韃靼傳〉）。嘉靖六年（一五二七年），「小王子兩寇宣府，參將王經、關山先後戰死」（《明史》

卷三二七，〈韃靼傳〉）。嚴重地威脅著內地的安全。其後，雖然因小王子達延汗死後，蒙古各部一度又分崩離析，但到嘉靖中期，小王子的孫子俺答汗的勢力又興盛起來，不斷率其部眾襲擾延綏大同諸邊。明朝政府在河套一帶花費軍餉達數百萬兩，但都沒有收到什麼實效，「戰守無尺寸功」（《明史紀事本末》卷五十八，〈議復河套〉）。嘉靖二十五年（一五四六年），三邊總督曾銑上疏請復河套，加強北方防務。但這個建議成了當時內閣紛爭的犧牲品，曾銑的建議受到首輔夏言的支持，嚴嵩為了攻倒夏言，把曾銑收復河套的計畫說成是「好大喜功之心，而為窮兵黷武之舉」（《明世宗實錄》卷三三二），藉此殺死了曾銑和夏言。從此，明朝政府內再無一人敢言收復河套事，俺答入侵的次數越來越頻繁，規模也越來越大。嚴嵩當政時期對於「套寇」的侵擾，抗無良策，而那些因巴結賄賂嚴嵩而得到高位的邊將如宣大總兵仇鸞等，或是重賄俺答乞求其勿犯宣大，或是遠避其鋒，聽任其飽掠而去。俺答的氣燄更加囂張，北邊防衛更加廢弛。

嘉靖二十九年（一五五〇年）夏，俺答再次興兵大舉南下，犯大同，明軍一觸即潰，總兵張達、林椿死之。八月，俺答移兵東去，由薊鎮從間道攻古北口入犯，都御史王汝孝率薊鎮兵禦之，大潰。俺答部長驅直下，「大掠懷柔，圍順義，抵通州，分兵四掠，焚湖渠馬房，畿甸大震」（《明史》卷三二七，〈韃靼傳〉）。接著進犯北京，「大掠村落居民，焚燒廬舍，火日夜不絕」（《明史紀事本末》卷五十九，〈庚戌之變〉）。當時守衛北京的軍隊，「僅四五萬，老弱半之，又半役內外提督大臣家不歸伍，在伍者亦涕泣不敢言」（《明史》卷二百四，

〈丁汝夔傳〉）。只得急調宣府、大同、遼陽、薊州諸鎮兵入援，「大同總兵咸寧侯仇鸞、巡撫保定都御史楊守謙等，各以勤王兵至」。但軍糧缺乏，士卒饑疲，總兵仇鸞等又素以玩敵自保，「軟懦不敢戰，」兵部尚書丁汝夔「恇擾不知所爲」（《明史》卷三二七，〈韃靼傳〉），束手無策，只好閉門堅守，城外任俺答部焚燒槍掠。首輔嚴嵩爲了保住自己的權勢祿位，不顧國家安危，認爲俺答不過是搶食賊而已，「飽將自去」，暗示將官「惟堅壁爲上策」（《明史紀事本末》卷五十九，〈庚戌之變〉），世宗也準備用「皮幣珠玉」去賄賂俺答，乞其退兵。這樣，明朝政府任憑俺答的軍隊在北京城外肆意搶掠達八日之久，「捆載而去」（《明史紀事本末》卷五十九，〈庚戌之變〉），京畿以及北邊一帶的人民生命財產受到了嚴重的摧殘。仇鸞所率「凡十餘萬騎，相視莫敢前發一矢」，而當俺答的軍隊飽掠自去時，方帶兵尾追，俺答突然一個回馬槍，「鸞出不意，兵潰，死傷千餘人。敵乃徐由古北口出塞」（《明史》卷三二七，〈韃靼傳〉）。因爲這年是庚戌年，故歷史上稱這次事件爲「庚戌之變」。

庚戌之變後，俺答部依然不時侵入內地襲擾，致使明朝京師多次戒嚴，如嘉靖三十三年（一五五四年）秋天，俺答部「攻薊鎮牆，百道并進，警報日數十至，京師戒嚴」。四十二年（一五六三年）冬，大掠順義、三河，諸將趙溱、孫臏戰死，京師戒嚴」（《明史》卷三二七，〈韃靼傳〉）。終嘉靖之世，俺答部的侵擾一直是明朝北邊的一大禍害。

隆慶改元後，一方面由於高拱等比較注重九邊建設，任用得力有才能的邊官守將，邊防得到加強。另一方面，蒙古韃靼各部因多年的用兵及其內部的不斷紛爭，兵員物資等亦消耗很大。隆慶間的入犯，又往往遇到明朝軍隊的堅決抵抗，損傷頗多，如隆慶元年（一五六七年）「老把都、土蠻糾犯遼東，則棒椎岩千騎一時落岩盡死；俺答父子深犯石州，則人馬道死數萬」（《明經世文編》卷三一七，王崇古：〈確議封貢事宜疏〉）。再加上蒙古草原在經濟上與內地的依賴關係日益密切，韃靼內部亦越來越感到發動掠奪戰爭反不如和明朝通好貿易更爲有利。在這種情況下，終於出現了「俺答封貢」的和解局面。

隆慶四年（一五七〇年），韃靼內部再次發生矛盾，俺答汗與其孫把漢那吉因爭奪「三娘子」爲妻而翻臉，三娘子原爲把漢那吉妻，「貌美，俺答奪之」（《明史》卷三二七，〈韃靼傳〉），把漢那吉十分恚恨，遂於是年十月歸附明朝。當時負責北邊防務的總督王崇古和大同巡撫方逢時卓有遠見，共同上疏極力主張乘此機會優待把漢，「因與爲市」（《明史》卷二二二，〈王崇古傳〉），採取安撫的政策，緩和內地與蒙古韃靼的緊張關係。王崇古等的建議在朝廷引起了激烈的爭論，「奏至，朝議紛爭，御史饒仁侃、武尚賢、葉夢熊皆言敵情叵測，……兵部尚書郭乾不能決」（《明史》卷二二二，〈王崇古傳〉）。但是王崇古的建議得到了內閣大學士高拱和張居正的堅決支持，「面請外示羈縻，內修守備」（《明史》卷二二二，〈王崇古傳〉），時俺答勢孤，又看到把漢那吉受到明朝的優待，「尋亦悔」，於是遣使向明朝請互市，表示「願世爲外臣，貢方物」（談遷：《國榷》卷六十六）。隆慶五年（一五七一年），俺答與明朝議和，明朝封俺答汗爲順義王，封地漢昭勇將軍，其他蒙古諸首領，也被封爲都督同知、指揮同知、千戶、百戶等職。接著明朝又根據王崇古的建議，恢復貢市，蒙古內地的經濟交往得以正常往來。據當時記載，封貢議成，「俺答率諸部受詔甚恭，使使貢馬。」（《明史》卷二二二，〈王崇古傳〉）從此，數十年來不斷南犯的蒙古韃靼部，「事朝廷甚謹，部下卒有掠奪邊氓者，必罰治之」（《明史》三二七，〈韃靼傳〉），北部邊疆各民族友好相處，呈現出一派昇平景象，「邊境休息，東起延、永，西抵嘉峪七鎮，數千里軍民樂業，不用兵革，歲省費什七」（《明史》卷二二二，〈王崇古傳〉）。

二 嘉靖間的「倭患」

倭寇對於東南沿海地區的侵犯，始於明初，至嘉靖年間達到了高峰。明朝初年，明朝雖然一度與日本建立了邦交關係，但這時的日本正進入南北朝的分裂時期，天皇被握有實權的幕府將軍所控制，而幕府之下有各地的「大名」（諸侯），各自割據一方，互相攻戰，爭權奪利。在南北戰爭失利了的一些南朝「大名」，經常組織武士、浪人和商人到中國東南沿海地區進行貿易和搶劫，當時被稱爲「倭寇」。

明太祖爲了防止倭寇的襲擾，在沿海各地添造戰船，加強戍兵，洪武十七年（一三八四年），命信國公湯和巡視海上，在山東、江南北、浙東、西等海防要地，築城列寨，建立永久性防禦工事。二十年（一三八七年），又命江夏侯周德興往福建沿海巡視，「築海上十六城，籍民爲兵，以防倭寇」（明史紀事本末》卷五五，〈沿海倭亂〉）。永樂年間，明成祖更命沿海守軍伺機進擊，剿捕海寇。永樂十九年（一四二一年），倭寇大舉進犯遼東沿海，明軍在總兵劉榮（即劉江）率領下，於遼東望海堝設下埋伏，「旗舉伏起，鳴炮奮擊」，一舉全殲了登陸的倭寇，「生擒數百，斬首千餘」（《明史》卷一五五，〈劉榮傳〉。又嚴從簡：《殊域周咨錄》卷二，〈日本〉）。從此，倭寇不敢再作大規模的侵擾。明朝政府也對日本的入貢進行了限制。

倭寇對中國沿海的侵擾，到嘉靖年間又猖獗起來。十五世紀後期，日本再度進入藩侯混戰的時期，眾多的諸侯國，都爭著與明朝通商，但有限制的朝貢貿易滿足不了他們的要求，於是倭寇在沿海武裝搶掠的現象日益增多。

嘉靖二年（一五二三年）五月，日本各藩侯的貢使爲入貢資格問題發生爭鬥，「左京兆大夫內藝興遣僧宗設，右京兆大夫高貢遣僧瑞佐及宋素卿先後至寧波」（《明史紀事本末》卷五五，〈沿海倭亂〉），謀求進貢。當時市舶司規定接待貢使是以來貢的時間先後爲序，宗設先到，瑞佐與宋素卿賄賂市舶司太監，「先閱瑞佐貨，宴又坐宗設上」，宗設不平，遂與瑞佐相仇殺。市舶司太監「陰助瑞佐，授之兵器，而宗設眾強，拒殺不已」，追瑞佐等至紹興城，並沿途大掠，殺死明軍將領多人，「浙中大震，宗設負固據海嶴，……倭自是有輕中國心矣」（《明史紀事本末》卷五五，〈沿海倭亂〉）。而明朝的一些官員如夏言等，認爲「倭患起於市舶」，於是罷市舶而不設，絕日本貢使。自罷市舶後，日本舶船公開通商不成，便轉向勾結沿海的豪族奸商，而內地商民亦因海禁而「勾倭人及佛郎機諸國入互市」（《明史》卷二百五，

〈朱紈傳〉），於沿海各地肆行劫掠，「倭寇之患」迅速延蔓至東南數省。嘉靖前期，倭寇與內地奸民相互結納，佔據沿海島嶼如雙嶼、橫嶼、大茅等地，至嘉靖二十年（一五四一年）以後，便開始出擾內地，如二十五年（一五四六年），奸民許四、沈門、林剪、許獠等眾帶領倭寇襲擊浙東的寧波、台州，「攻掠諸郡邑無算，官民廨舍焚毀至數百千區」（《明史紀事本末》卷五五，〈沿海倭亂〉）。二十六年（一五四七年），許二、許四、林剪等復引勾倭寇及「彭亨賊眾」，「肆掠閩浙地方」，正德時為東閣大學士的謝遷，其在餘姚的第宅「遭其一空」（鄭舜功：《日本一鑒》，〈窮河話海〉），連備倭把總指揮白濬、千戶周聚、巡檢楊英等，也被擄去。

沿海倭寇的猖獗，引起了明朝中央政的不安，是年七月，在巡按浙江御史陳九德的提議下，明朝政府任命右副都御史朱紈為浙江巡撫，提都浙閩海防軍務。朱紈到任後，嚴厲推行海禁，他認為沿海倭患嚴重的根源不只是來自日本的倭寇，更主要的是由於「閩浙大姓」與海寇的交通護持，因此，他一方面加強海防，「日夜練兵甲」（《明史紀事本末》卷五五，〈沿海倭亂〉），加緊軍隊練習；另一方面「革渡船，嚴保甲，搜捕奸民」（《明史》卷二百五，〈朱紈傳〉），切斷內地與海寇的交通，捕殺了通倭的富豪奸商及海盜頭領許棟、李光頭等九十餘人，「整頓海防，稍有次第」（《明史》卷二百五，〈朱紈傳〉）。

但是，朱紈嚴厲海禁的治倭方針，是與明中葉興盛起來的私人海上貿易的經濟發展趨勢相牴觸的，當時沿海商民尤其是福建人，「資衣食於海，驟失重利，雖士大夫家亦不便也」，觸犯了閩浙豪紳地主的利益，他們指使在朝的閩浙官員，「劾紈擅殺」，朱紈被「落職按問」，最後自殺。面對閩浙勢家的政治、經濟勢力，他曾感嘆道：「去外國盜易，去中國盜難，去中國瀕海之盜猶易，去中國衣冠之盜尤難（《明史》卷二百五，〈朱紈傳〉）。

朱紈死後，「罷巡視大臣不設，中外搖手不敢言海禁事，……海寇大作」（《明史》卷二百五，〈朱紈傳〉）。嘉靖三十一年（一五五二年），明朝政府被迫復設巡視重臣，以僉都御史王忬提督軍務，「經略閩浙地方」（鄭舜功：《日本一鑒》，〈窮河話海〉）。但這時倭寇幾有不可收拾之勢。三十二年（一五五三年），「汪直勾諸倭大舉入寇，連艦數百，蔽海而至，浙東、西，江南、北，濱海數千里，同時告警」（《明史》卷三二二，〈日本傳〉），他們到處劫奪財務，屠殺平民，掠奪人口。三十三年（一五五四年）徐海、林碧川等復勾引倭寇進犯直、浙各地，焚殺無數，僅在昆山縣，就「殺人萬計」，「燒房屋二萬餘間」，境內房屋十去八九，男婦十去四五」（歸有光：〈昆山縣倭寇始末〉）。湖墅民居被燒達「二萬七千餘家」（鄭舜功：《日本一鑑》，〈窮河話海〉）。沿海人民的生命財產遭受巨大的損失。當時真倭不過十之二三，而內地從內倭者有十之六七，內地奸民熟悉內地情況，成爲倭寇的嚮導和獻謀劃策者，明軍及各地居民防不勝防，損失慘重。

王忬就任後，雖然也積極組織抗倭，任參將俞大猷、湯克寬，在溫州、昌國衛等處擊退倭寇，但終因缺乏有效措施，爲言官所劾，改任大同巡撫。嘉靖三十三年（一五五四年）五月，明朝任命南京兵部尚書張經總督東南諸省軍務，「便宜行事」，並徵調「兩廣狼土兵聽用」。

。張經為了打有把握之戰，主張做充分的準備，「日選將練兵，為搗巢計」（《明史》卷二百五，〈張經傳〉）。三十四年（一五五五年）初，倭寇復大舉進犯，杭州被圍，「數十里外，血流成川」（《明史紀事本末》卷五五，〈沿海倭亂〉），並進據南直華亭柘林川。張經認為明軍準備尚未充足，不與速戰。這時，首輔嚴嵩的親信工部侍郎趙文華「以祭海至」，再三敦促張經進兵出擊，「經守便宜不聽」（《明史》卷二百五，〈張經傳〉），文華遂通過嚴嵩密疏彈劾張經。三、四月間，張經徵調的廣西、湖廣狼土兵到達前線，張經立即命令俞大猶等合力進擊，大敗倭寇於浙江嘉興的王江涇，「斬賊首一千九百餘級，焚溺死者甚眾，自軍興以來稱戰功第一」。正當前線軍民慶祝勝利之際，張經卻因趙文華的誣陷，「論死繫獄，……天下冤之」（《明史》卷二百五，〈張經傳〉）。

嚴嵩把王江涇大捷的功勞記在親信趙文華和胡宗憲身上，張經被陷後，遂升胡宗憲為浙江巡撫，總督軍務。宗憲為人「多權術，喜功名，因文華結嚴嵩父子，歲遺金帛子女珍奇淫巧無數」，又屢獻祥瑞博明世宗歡心，故在總督東南期間，顯赫非凡。然其對剿倭事還算盡心，嘉靖三十五年（一五五六年）、三十六年（一五五七年）間，宗憲設計誘殺了當時為禍最烈的寇首徐海、陳東、葉麻、汪直及日本大隅島主之弟辛五郎等，兩浙倭寇的兇燄有所減殺。但宗憲終因熱衷於依勢附炎，玩弄權術，三十七年（一五五八年）還把剿倭最得力的將領俞大猷彈劾逮問，於是倭寇復大至，「江北、福建、廣東皆中倭」（《明史》卷二百五，〈胡宗憲傳〉），這時，幸有參將戚繼光積極訓練部隊，組織抗倭，才使局面有了徹底的改變。

戚繼光，字元敬，「世登州衛指揮僉事，……嘉靖中嗣職」（《明史》卷二一二，〈戚繼光傳〉），備倭山東，不久改僉浙江都司，充參將軍。戚繼光來浙後，爲了克服「衛所軍不習戰」的弱點，向浙直總督胡宗憲提出組織新軍的建議，時「金華、義烏烏俗稱慓悍，請召募三千人，教以擊刺法，長短兵選用，由是繼光一軍特精」，號爲「戚家軍」（《明史》二一二，〈戚繼光傳〉）。特別是他注意到倭寇的倭刀、長槍、重矢等武器的特點，創造了新的戰陣法——鴛鴦陣，使持各種武器的士兵協同作戰，各盡其長，密切配合，大大提高了作戰能力，在抗倭戰場上屢建奇功，「名聞天下」（《明史》卷二一二，〈戚繼光傳〉）。

嘉靖四十年（一五六一年），倭寇大掠浙東的桃渚、圻頭，戚繼光率軍大敗於寧海龍山，倭寇轉掠台州，「戚家軍」緊追不捨，「先後九戰皆捷，伏馘一千有奇，焚溺死者無算」。同時，總兵官盧鏜和參將牛天賜亦破倭寇於寧波、溫州，於是浙東的倭寇遂告平定。

倭寇在浙東失敗後，於明年（一五六二年）大舉犯福建，戚繼光率部入閩作戰，「先擊橫嶼賊」，大破其巢，斬首二千六百，乘勝南下追擊至福清、興化，「連克六十營，斬首千數百級，」旋回師浙江。繼光回浙後，倭寇各部復集結於福建，破平海衛。四十二年（一五六三年）四月，戚繼光再度率軍入閩，這時俞大猷已復職總兵官，於是巡撫譚綸令戚軍爲中軍，劉顯部爲左翼，大猷部爲右翼，「合攻賊於平海」（《明史》卷二一二，〈戚繼光傳〉），繼光先登，左右軍隨之，斬敵二千二百餘名。其後，又不斷在福建各地擊敗倭寇餘黨，福建倭患遂平。

閩、浙倭寇平定後，倭寇餘部多集結於廣東。廣東倭亂主要是由俞大猷平定的。俞大猷於三十七年（一五五八年）被胡宗憲彈劾後，幾經周折，於四十年（一五六一年）任南贛參將，討廣東饒平海寇張璉，不久又擒殺賊首蕭雪峰、徐東州等，擢副總兵。在此期間，俞大猷在汀、漳一帶招募了一支隊伍，精悍能戰，被稱為「俞家軍」。四十二年（一五六三年）在福建平海衛與戚繼光協同作戰後，於明年改調廣東，任總兵官，時大盜吳平與潮州倭二萬相犄角，日掠惠、潮間，俞大猷先擊敗潮州諸倭，然後集中兵力圍剿吳平，在南澳等地「大破之」，吳平僅以身免，大猷部將湯克寬等追擊不捨，吳平「遠遁以免，不敢入犯矣」（《明史》卷二百五，〈俞大猷傳〉）。不久，又剿滅海賊曾一本，廣東的倭患也得到解除。至此，東南沿海長達數十年的倭寇之患悉平，東南地區的社會生產和人民的生命財產有了保障。

嘉靖年間的倭寇起因有著深刻的社會背景，特別是內地大量「奸民」的參加，不可否認有著某些衝破封建政府海禁政策，要求發展民間海上貿易的願望，但是他們與倭寇相勾結，在反抗政府海禁的同時，殘酷搶掠殺害沿海人民，「倭寇中國，擄掠男女，劫奪貨財，費靡刑傷不可勝計」（鄭舜功：《日本一鑑》，〈窮河話海〉），給沿海人民帶來了深重的苦痛。戚繼光、俞大猷的抗倭戰爭，到處得到人民的支援和歡迎，因此嘉靖間倭寇的最後肅清，也是沿海愛國軍民一致奮鬥的結果。明朝政府原想用嚴厲的「海禁」政策來防止倭寇的侵擾，結果是「海禁愈嚴，賊眾愈盛」。倭寇被撲滅後，也促使明朝政府認識到「海禁」政策的失誤。於是，隆慶元年（一五六七年），福建巡撫都御史涂澤民，「請開海禁，准販東西二洋，……而特嚴禁販倭奴者」（張燮：《東西洋考》卷七，〈稅餉考〉），對貿易者實行稅餉制度，有條件地允許沿海人民從事海上貿易活動，這樣就使明中葉發展起來的私人海上貿易活動，取得了合法的地位。

三 賦役紊亂和財政匱乏

和邊防、海防危機相表裡，賦役紊亂和財政匱乏也日益困擾著明廷和各級地方政府。

嘉靖、隆慶年間，許多地區作爲賦役依據的黃冊和魚鱗圖冊已經廢棄不用，如嘉靖年間江南蘇、松諸府，「里書豪強欺隱漏派之弊在今日爲尤多，以致小民稅存而產去，大戶有田而無糧」（《明世宗實錄》卷二百四）。山東東昌府，「嘉靖間，賦役橫出，……每至審編，……富戶操其贏以市於吏，有富之實，無富之名；貧者無資以求於吏，有貧之實，無貧之名，州縣皆然」（顧炎武：《天下郡國利病書》卷三十二，〈山東下〉〈户役論〉）。福建延平等地，「富者田連阡陌，坐享無苗之利，貧者地無置錐，反多數外之賠，富益富，貧益貧，其不均有如此者。」（顧炎武：《天下郡國利病書》卷九十二，〈福建二〉）地主、官僚大肆兼併土地，轉嫁賦役，極大地影響了封建政府的賦役收入，江浙等處豪強大戶，逋賦有至一二百萬者（張萱：《西園聞見錄》卷三十三，〈催科〉）。隆慶、萬曆年間，蘇、松等地田賦不均，「豪家田至七萬嗅，糧至二萬，又不以時納」，致使「私家日富，公室日貧，國濆民窮，病實在此」（張居正：《張文忠公全集》書牘六，〈答應天巡撫宋陽山論均糧足民〉）。自明代中葉始，封建政府所控制的人丁、田地的數量大幅度下降，政府爲了儘可能地維持賦役收入，採取了按照賦稅原額、里甲包賠的徵收辦法，但這只能更加劇貧苦農民的負擔，迫使農民「甘心抛荒田產，逃移四方」（《明神宗實錄》卷三十二），造成封建政府的賦稅收入來源進一步涸竭。

另一方面，國家寄生集團不斷擴大，腐朽性消費與日俱增。首先，皇帝生活奢侈，開支十分浩繁。世宗、穆宗都是揮霍錢財的能手，據《明史・食貨志》記載：「世宗營建最繁，（嘉靖）十五年（一五三六年）以前，名爲汰省，而經費已六、七百萬。其後增十數倍，齋宮、祕殿並時而興，工場二、三十處，役匠數萬人，軍稱之，歲費二、三百萬，其時宗廟、萬壽宮災，帝不之省，營繕益急，經費不敷，乃令臣民獻助；獻助不已，復行開耗，勞民耗財，視武宗過之」（《明史》卷七十九，〈食貨五〉）。穆宗窮奢極侈，偶思食甜餅，尙膳司及甜餅房列出作料價值數千兩；偶想吃驢腸，近侍準備日殺一驢（沈德符：《萬曆野獲編》補遺一，〈穆宗仁儉〉）。他「自即位以來，歲取太倉銀入承運庫」，「視嘉靖末徵求愈急，而中官復趨之，庫藏爲之一竭」（《明通鑑》卷六十五）。

其次，宗室人口繁衍迅速，生齒日繁，宗祿開支也惡性膨脹。洪武年間山西晉王一府，歲支祿米一萬石，到嘉靖八年（一五二九年），歲需祿米八十七萬餘石。嘉靖四十一年（一五六二年）更猛增至三百一十二萬石。當時，「天下歲供京師米四百萬石，而各處祿米凡八百五十三萬石，視京師之數不啻倍之」（《明世宗實錄》卷五一四），約占全國田賦收入的三分之一。至隆慶年間，情況更爲嚴重，禮科給事中張國彥在一次上奏中說：「國初親郡王、將軍才四十九位，今則玉牒內見存者共二萬八千九百二十四位，歲支祿糧八百七十萬石有奇，郡縣主君及儀賓不與焉，是較之國初殆數百倍矣。天下歲供京師者止四百萬石，而宗室祿糧則不啻倍之，是每年竭國課之數不足以供宗室之半也」（《明穆宗實錄》卷五十八）。除了宗室歲耗大量祿米外，官吏的數字日益增多，也耗費了大量的財力，霍韜在檢查天下冊籍時發現：「天下武職洪武初年二萬八千餘員，成化五年（一四六九年）增至八萬一千餘員，錦衣衛官洪武初年二百一十一員，今增一千七百餘員，由二萬而八萬，增四倍矣；由二百而一千七百，增八倍矣」（《明經世文編》卷一八七，霍韜：〈修書陳言疏〉）。到嘉靖、隆慶年間，許多人通過邊功升授、勳貴傳請、大臣恩蔭等途徑，文武官員的數量更是「歲增月益」（《明史》卷二一四，〈劉體乾傳〉），官吏的增多，就需要支出大批銀米以供應其俸祿，自正德以來，支出「各項俸銀約數千萬」（張萱：《西園聞見錄》卷三十四，〈積存〉）。尤其是這些冗官冗員，於治國安民無補，卻大多蠹國枉法以飽私囊，國家每年財政收入的相當一部分流入了這些貪官污吏的腰包。嚴嵩竊政時期，戶部發放軍餉，「朝出度支之門，暮入大臣之府，輸邊者四，饋嵩者六」（《明通鑑》卷六十一）。嘉靖三十九年（一五六〇年）六月，給事中羅嘉賓等查核軍餉開支，發現督撫諸臣侵吞軍需，多者「以十萬四千計」，其他「或以萬計，或以數千計」（《明通鑑》卷六十二）。甚至供應皇室生活的費用，也屢遭侵盜，光祿寺「進御果蔬，初無定額，止視內監片紙，如數供御，乾沒狼藉，輒轉鬻市人，其他諸曹，侵盜尤多」（《明史》卷二一四，〈劉體乾傳〉）。吏治敗壞，制度管理不善，更加劇了嘉、隆時期封建政府的財政困難。

嘉靖中期以後，明朝的財政就已經常處於入不敷出的局面，《明史・食貨志》云：「世宗中年，邊供費繁，加以土木、禱祀，月無虛日，帑藏匱竭，司農百計生財，甚至變賣寺田，收贖軍罪，猶不能給」（《明史》卷七十八，〈食貨二〉）。嘉靖前期，中央政府每年經費支出一般尚維持在一百三、四十萬兩左右，到了嘉靖二十七、八年（一五四八、一五四九年），歲出已高達三百餘萬兩，每歲財政超支一百餘萬兩（《明世宗實錄》卷三五一）。嘉靖三十年（一五五一年），「京邊歲用至五百九十五萬，戶部尚書孫應奎蒿目無策，乃議於南畿，浙江等州縣增賦百二十萬，加派於是始」（《明史》卷七十八，〈食貨二〉）。此後，各種加派接踵而來，「京邊歲用，多者過五百萬，少者亦三百餘萬，歲入不能充歲出之半，由是度支為一切之法，其箕斂財賄，題增派、括贓贖、算稅契、折民壯、提編、均徭、推廣事例興焉」（《明史》卷七十八，〈食貨二〉）。但是這些加派措施都無法扭轉財政困境，至隆慶年間，財政危機的狀況有增無減，隆慶元年（一五六七年），戶部尚書馬森奉命盤查太倉糧銀出入數字，發現見存太倉銀僅一百三十五萬兩，而支出達五百五十三萬兩，「以今歲相抵，僅足三月」。因此馬森無可奈何地說：「帑藏所積似此，可謂匱乏之極矣，平居無事，尚難支持，萬一不虞災變，供費浩繁，計將安出？今日催徵急矣，搜括窮矣，事例開矣，四方之民竭矣，各處之庫藏空矣。時勢至此，即神運鬼輸，亦難爲謀」（《明穆宗實錄》卷十五）！明王朝的財政經濟危機，已到了非改革而不能維持統治的境地。

第三節　張居正改革與一條鞭法

一　張居正的政治改革

面對嘉靖以來政治、經濟和社會危機的不斷加深，統治階級內部的一些有識之士，先後作了種種的改革嘗試，但是這些改革的嘗試大多是局部性的，都未能取得明顯的成效。到了萬曆初年，「勇於任事，以天下爲己任」（《明史》卷二一三，〈張居正傳〉）的大學士張居正，掀起了一場對王朝的政治、經濟、軍事等比較全面的改革浪潮，從而使明王朝的統治一度出現中興的景象。

張居正，字叔大，號太岳，湖廣江陵人，嘉靖二十六年（一五四七年）進士，選爲翰林院庶吉士，授編修，歷官右中允、右諭德兼侍讀、侍講學士、禮部右侍郎兼翰林院學士等職。穆宗繼位後，於隆慶元年（一五六七年）二月以吏部左侍郎兼東閣大學士入閣。四月晉升爲禮部尚書、武英殿大學士。

張居正在青年時就抱負深遠，關心天下興亡與民間疾苦，「日討求國家典故」，留心觀察社會現實。徐階起草世宗遺詔，曾與他一起商量。張居正入閣後，就試圖施展改革抱負，隆慶二年（一五六八年），他針對嘉靖以來的種種弊端，向穆宗上了一本〈陳六事疏〉，提出省議論、振紀綱、重詔令、核名實、固邦本、飭武備六項建議，以期綜核名實，掃空務實。這一奏疏實際上是他實行政治改革的最初藍本。但由於當時的首輔李春芳無意振作，他的這些主張暫時還得不到實行。

隆慶六年（一五七三年）穆宗去世後，神宗即位，張居正結納內官馮保驅逐首輔高拱，「居正遂代拱為首輔」（《明史》卷二一三，〈張居正傳〉）。張居正任首輔後，深得穆宗陳皇后和神宗生母李貴妃的信任，又得到了內監馮保勢力的支持。其時明神宗年方十歲，對張居正又尊重又敬畏，言聽計從，故張居正大權在握，成了明代最為權威的一位內閣首輔。

張居正在多年的政治生涯中，認識到國家政治的改革，是解決經濟財政危機和邊防危機的最基本條件。他深切地了解到自明代中葉以來，明王朝從中央到地方，各級政府的吏治十分腐敗，貪官污吏不但上蠹國課，下剝貧民，而且還趨權附勢，上下姑息，他說：「自嘉靖以來，當國者政以賄成，吏朘民膏以媚權門，而繼秉國者又務一切姑息之政，為逋負淵藪，以成兼併之私」。（《張太岳文集》卷二十六）。於是政府有令不行，有法不依，上下推委，封建政府的控制能力繼續下降，「紀綱不振，弊習尚存，虛文日繁，實惠益寡」（《張太岳文集》卷三十二）。因此，他在推行政治改革時，強調以「尊主權、課吏職、信賞罰、一號令」為主，注意提高各級政府的行政效率，加強中央政府的政治控制能力，樹立、維護內閣和皇帝的權威。

當然，要真正樹立中央政府的權威，首先就必須克服自明正統以來歷朝皇帝那種荒嬉乖戾的偏頗作風。於是，張居正十分注重神宗的日常行為，勸勉皇帝戒免遊宴，節省內用，勤於講學，了解政事。《萬曆野獲編》記神宗日講事云：「列聖經筵，每月用初二、十二、二十二、三十三日，而日講則不拘期，一切禮儀視經筵俱減殺，僅侍班閣部大臣與詞林講官及侍書等官供事，然聖體稍勞，則不御之日居多，值日詞臣依例進講章，以備乙覽而已。今上（神宗）初登大寶，江陵相建議，上每日於日初出時駕幸文華，聽儒臣講讀經書，少憩片時，復御講筵，再讀史書，至午膳而後進大內，惟每月三六九常朝之日始暫免，此外即隆冬盛暑無間焉」（沈德符：《萬曆野獲編》卷二，〈沖聖日講〉）。張居正還親自審定進講典籍，「纂古治亂事百餘條，繪圖，以俗語解之，使帝易曉。至是復屬儒臣紀太祖列聖《寶訓》、《實錄》分類成書，凡四十，……其辭多警切，請以經筵之暇進講」。其他如《貞觀政要》、《通鑑》等書，亦經常進講，以供皇帝鑑戒。張居正對於明神宗的良苦用心，固不能取得如意成效，但如此督促明神宗日講不怠，必然對當時的嚴肅吏治，起到了一定的推動作用。

張居正整頓吏治的主要措施，是建立嚴格的綜核考成制度，也就是嚴肅官吏的考察制度。他認為自嘉靖以來「紀綱不肅，法度不行」的根本原因，就在於官場上的不負責任，敷衍塞責。近年以來，「上下務為姑息，百事悉從委徇，以模棱兩可謂之調停，以委曲迁就謂之善處」（《明經世文編》卷三二四，張居正：〈陳六事疏〉），各級官員的政績漫無稽察，政府的工作效率勢必日益下降。因此他指出：「天下之事，不難於立法，而難於法之必行，不難於聽言，而難於言之必效，若詢事而不考其終，興事而不加屢省，上無綜核之明，人懷苟且之念，雖使堯舜爲君，禹皋爲佐，亦恐難以底績而有成也」（張居正：《張文忠公全集》奏疏三，〈請稽查章奏隨事考成以修實政疏〉），必須建立官吏隨事考成法，綜核各級官吏的政績優劣，以糾正官場上的積弊，提高政府的工作效率。於是，在他執政後不久，即萬曆元年（一五七三年）六月，正式推行了「考成法」。

考成法的主要內容有：一、加強內閣的行政責任和監察責任，提高六科的監察效能。六科即吏、戶、禮、兵、刑、工六科，是明朝特有的政府機構，它是與吏、戶、禮、兵、刑、工六部相應而設的機構，各科設有都給事中、左右給事中、給事中數人，六科的職掌是「侍從、規諫、補闕、拾遺、稽察六部百司之事」（《明史》卷七十四，〈職官三〉），實際上就是六部的監察機關。但是到了嘉靖、隆慶年間，六科的職責實際上名存實亡，「催督稽驗，取其牘文，雖屢奉明旨，不曰：『著實舉行』，必曰：『該科記著』，顧上之督之者雖諄諄，而下之聽之者恆藐藐。」（張居正：《張文忠公全集》奏疏三，〈請稽查章奏隨事考成以修實政疏〉）張居正把六科的職權重新恢復和健全起來，以六科督促六部，以六部督促諸司及地方按撫，最後以內閣直接控制六科，內閣通過六科直接掌握著各級官吏的監察督促大權。這樣就組成一個嚴密而又完整的官吏考成行政系統。二、考成行政系統確立之後，對六部、都察院等具體行政衙門實行隨事考試，即建立對各衙門事事責實的稽察制度，其具體辦法是：「凡六部都察院，遇各章奏，或題奉明旨，或覆奏欽依，轉行各該衙門，俱先酌量道里遠近，事情緩急，立定程期，置立文符存照，每月終注銷。除通行章奏不必查考者，照常開具手本外，其有轉行復勘、提問設處、催督查核等項，另造文冊二本，各注緊關略節，及原立程限，一本送科注銷，一本送內閣查考。該科照冊內前件，逐一附簿候查，下月陸續完銷，通行注簿，每於上下半年繳本，類查簿內事件，有無違限未銷。如有停閣稽遲，即開列具題候旨，下各衙門詰問，責令對狀。次年春、夏季終繳本，仍通查上年未完，如有規避重情，指實參奏。秋、冬二季亦照此行，又明年仍復換查，必俟完銷乃已。若各該撫按官，奉行事理有稽遲延閣者，該部舉之；各部院注銷文冊有容隱欺蔽者，科臣舉之；六科繳本具奏有容隱欺蔽者，臣等舉之。如此，月有考，歲有稽，不惟使聲必有實，事可奏成，而參驗綜核之法嚴，即建言立法者亦將慮其終之罔效，而不敢不慎其始矣」（張居正：《張文忠公全集》奏疏三，〈請稽查章奏隨事考成以修實政疏〉）。

實行了嚴格的考成法，從中央到地方各級政府的行政效率得到大大提高，「自是一切不敢飾非，政體爲肅」，從前官場上那種怠玩姑息的弊端有了明顯的改進，官吏奏令惟謹，朝廷法令，「雖萬里之外，朝下而夕奉行」（《明史》卷二一三，〈張居正傳〉）。連對考成法持有異議的官僚也不得不承認：「自明公輔政，立省成之典，復久任之規，申考憲之條，嚴遲限之罰，大小臣工，鰓鰓奉職」，「今綜核既詳，弊幾盡剔」（談遷：《國榷》卷七十一）。特別是在解決財政危機方面，考成法的成績尤爲顯著。張居正把推行考成法與徵收賦稅結合起來，規定各級官員徵賦不足額者，巡撫和巡按御史聽糾，府州縣官聽調，受賄侵沒稅糧者處以刑罰。這樣就把催徵賦稅的責任和官吏的自身前途緊緊地結合起來，各級官員不得不認真從事，不但如數完成當年的稅糧，而且還清查出許多豪戶地主的陳年積欠和規避的錢糧，國家稅糧顯著增加，這正如張居正所預見的：「考成一事，行之數年，自可不加賦而上用足」（張居正：《張文忠公全集》書牘七，〈答山東撫院李漸庵言吏治河漕〉）。

為了更有效地推行考成法，張居正較早就注意到淘汰冗官庸官，「大計廷臣，斥諸不職」（《明史》卷二一三，〈張居正傳〉）。這樣既提高了官吏的素質，加強了政府的行政效率，又在一定程度上改變了嘉靖以來冗官冗員的局面。據載，張居正對「兩京大小九卿及各屬有冗濫者裁之」，總計裁「汰冗員什二三」。張居正還注意整頓學校，以提高官吏候補隊伍的素質，節省政府開支。他一方面嚴格選擇學官，「特敕吏部，慎選提學官，有不稱者，令其奏請黜」。使學校「官無冗曠，業有師模」（張居正：《張文忠公全集》奏疏四，〈請申舊章飭學政以振興人才疏〉）。另一方面，嚴格生員的考選制度，對那些濫竽充數的不及格以及刁潑無恥的生員，實行淘汰，規定「今後歲考，務須嚴加校閱，如有荒疏庸耄，不堪作養者，即行黜退，不許姑息」。「童生必擇三場俱通者，始行入學，大府不過二十人，大州縣不得過十五人，如地方乏才，即四五名亦不為少」（張居正：《張文忠公全集》奏疏四，〈請申舊章飭學政以振興人才疏〉）。張居正從注重官吏和生員的素質入手，扭轉了學校「冒濫居多」的弊病。

張居正在任用官吏方面，堅持「唯才是用」，不受資歷、毀譽、親疏的影響，只要有真才實學，就加以破格重用，反之，沒有軍功，能力低下，或亂紀違法者，即便是皇親國戚，亦不得濫封輕授，甚至受到處罰。黔國公沐朝弼「數犯法，當逮，朝議難之，居正擢用其子，馳使縛之，不敢動，既至，請貸其死，錮之南京」（《明史》卷二一三，〈張居正傳〉）。而對於一些有才能的官吏，則不第超擢，如張學顏，「張居正當國，以學顏精心計，深倚任之」（《明史》卷二二二，〈張學顏傳〉）。潘季馴精通水利，「乃隆璽書，即其家拜御史大夫，使操節行治河，一切假以便宜，久任責成」（張居正：《張文忠公全集》附錄一，〈文忠公行實〉）。其他如針對江南富豪怙勢逋賦，「選大吏精悍者嚴行督責，賦以時輸」；兩廣、浙江等處發生動亂，用殷正茂、凌雲翼、張佳胤等破剿撫定。由於任用得當，「故世稱居正知人」（《明史》卷二一三，〈張居正傳〉）。張居正對於子女和家人的管束也十分嚴格，《明史》說張居正放任兒子與家人游七通賄問，其實不然。沈德符在《萬曆野獲編》中寫道：「江陵（即張居正）相怙權時，其家人游楚濱最用事，即世所謂游七者。縉紳與交歡，其厚者如昆弟。有一都給事李選，雲南人，江陵所取士也，娶七妾之妹為側室，因修僚壻之好。一日相君知之，呼七撻數十，呼給事至面數斥之，不許再見。因召冢宰使出之外，次日即推江西參政矣。江陵當震主時，而顧惜名教乃爾，此等事豈可盡抹殺。時給事李宗魯，亦娶游七妾之姑，與李選同外補僉事，亦江陵傳示吏部。江陵教子極嚴，不特反省督撫及各邊大帥俱不許之通書問，即京師要津，亦無敢與往還」（沈德符：《萬曆野獲編》卷九，〈江陵家法〉）。張居正的整飭吏治和嚴於律己，使得當時的政治局面有所好轉，政治改革措施取得了一定的成效。

加強邊防建設是張居正政治改革的另一項重要內容。他繼續貫徹「外示羈縻，內修戰備」的方針，十分注意整頓邊疆的防務，「以八事課邊臣：曰積錢穀、修險隘、練兵馬、整器械、開屯田、理鹽法、收塞馬、散叛黨」（《明史》卷二一二，〈戚繼光傳〉），用考成法課督邊臣。並且大膽任用堪當一面的將領全權處理邊防事務。當時如譚綸、王崇古、方逢時、張學顏、吳兌、鄭洛等，都在北邊防務上發揮了很大的作用，《明史》卷二二二贊曰：「譚綸、王崇古諸人，受任岩疆，練達兵備，可與余子俊、秦紘先後比跡。考其時，蓋張居正當國，究心於軍謀邊瑣，書疏往復，洞矚機要，委任責成，使得展布，是以各盡其才，事克有濟。觀於此，而居正之功不可泯也」。尤其是重用抗倭名將戚繼光主持西北邊防，選派李成梁鎮守遼東，使得北邊和東北邊的邊防相當穩固。在張居正執政時期及其後二三十年中，沒有發生過大的戰爭。萬曆初，「俺答款塞，久不爲害，獨小王子部衆十餘萬，東北直遼左，以不獲通互市，數入寇，居正用李成梁鎮遼，戚繼光鎮薊門。成梁力戰卻敵，功多至封伯，而繼光守備甚設，居正皆右之，邊境晏然」。（《明史》卷二一三，〈張居正傳〉）

張居正在邊防軍事方面的改革，也和他在整頓吏治方面的改革是一脈相通的，其側重點就在於嚴肅課督和知人善任兩方面。林璐在〈江陵救時之相論〉中的評議頗爲中肯：「（張居正）輔十齡天子，綢繆牖戶，措置邊防者爲至，江陵匪直相也，而直以相將將，故南北守禦，百粵滇蜀，必付託得人。將帥能效力者，量其才，專其責，湔其瑕，勵其志，鼓之以爵祿，假之以事權，凜之以三尺，破之以疑畏，責之以實效。數萬甲兵藏於胸，而指揮乎數千里之外。虛懷咨詢，飭牘星馳，嘗有數什飭相君貫乎將士之心，而戴之將士之首。戰勝攻取，代為奏稿，當以某事咨稟；功成凱至，又諭以朝意，當以某辭入告，某策善後。勇怯強弱，進退疾徐，洞若觀火。邊吏奏記政府，命之親書，以毋洩機宜。又必命其書銜，擇其重大竅要者，一一陳說於天子之前，而使至尊識其勞苦，知其姓名。故能縛大憝，殲群醜，以奠安中夏者，垂十年。至江陵歿，而享其餘威以固吾圉者，又二十年」（張居正：《張文忠公全集》附錄二，林璐〈江陵救時之相論〉）。張居正當政期間在邊防上的成績，對於穩固明王朝的統治起著了很大的作用。

二　清丈與一條鞭法

張居正在經濟方面的改革，以「倡節約」、「強公室」、「杜私門」為方針。他認為權豪日富、公室日貧是造成國潰民窮的根本原因，因此他認為「私門閉則公室強，故懲貪吏者，所以足民也；理逋負者，所以足國也，官民兩足，上下俱益，所以壯根本之圖，建安攘之策。倡節約之用，興禮儀之教，明天事重拱而御之，假令仲尼為相，由求佐之，恐亦無以逾此矣」（張居正：《張文忠公全集》書牘六，〈答應天巡撫宋陽山論均糧足民〉）。

嘉靖、隆慶時期，邊疆軍費消耗巨大，皇室貴族又奢侈浪費，結果造成多年來財政入不敷出，國庫空虛。張居正當政後，在整頓財政方面，貫徹「置入為出，加意撙節」的原則，儘量壓縮政府的開支。他在一次給明神宗的上疏中說：「量入以爲出，計三年所入，必積有一年之餘，而後可以待非常之事，無匱乏之虛」。因此他主張「一切無益之費，可省者省之；無功之賞，可罷者罷之，務使歲入之數，常多於所出」（張居正：《張文忠公全集》奏疏八，〈看詳戶部進呈揭帖疏〉）。張居正一方面裁減冗官冗費，儘量壓縮政府開支，如他通過「減客兵、清糧糗」的辦法減少開支，「歲所省，凡得數十百萬」（《明史》卷二一三，〈張居正傳〉）。禮部、翰林院開館纂修《穆宗實錄》，例於禮部欽賜筵宴，張居正認爲「一宴之資，動至數百金，省此一事，亦未必非節財之道」（張居正：《張文忠公全集》奏疏二，〈辭免筵宴疏〉），奏請免予賜宴。嘉、隆時期的驛站，是最爲耗費害民的一種負擔，官吏冒濫使用驛站的現象十分普遍，「京官而及司道州縣官無不借勘合，……幾於天壤間，無不馳驛之人」（張萱：《西園聞見錄》卷七十二，〈驛傳〉）。官吏冒濫使用驛站，使軍用之需受到了嚴重的影響。張居正有鑑於此，於萬曆三年（一五七五年）下令整頓驛站，嚴格控制驛站的使用範圍，「凡官員人等非奉公差，不許借行勘合」，「撫按司府各衙門所屬官員，不許託故遠行參謁，經擾驛遞」（《大明會典》卷一四八，〈驛傳四〉）。通過貫徹驛站新例，「雖大吏亦奔走風塵間，罔敢混商販雜輿臺」（張萱：《西園聞見錄》卷七十二，〈驛傳〉）。驛站供億之費大爲減少，人民負擔有所減輕。

張居正不僅盡量節省政府行政的各項開支，對於皇室貴族的奢侈誅求，亦據理力爭，盡量控制。萬曆五年（一五七七年）以後，明神宗已年過十五歲，「時帝漸備六宮，太倉銀錢多所宣進，居正乃因戶部進御覽數目陳之，謂每歲入額不敵所出，請帝置坐隅時省覽，量入為出，罷節浮費。」明神宗下令工部鑄錢供內府用，「居正以利不勝費止之。言官請停蘇、松織造，不聽，居正為面請，得損大半，復請停修武英殿工，及裁外戚遷官恩數」。給事中奏天下災傷，居正復上言奏請「皇上加意撙節，於宮中一切用度、服御、賞賚、布施，裁省禁止」（《明史》卷二一三，〈張居正傳〉）。萬曆七年（一五七九年）神宗向戶部索求十萬金，張居正與戶部張學顏面諫力爭，終於「得停發太倉銀十萬兩」（《明史》卷二二二，〈張學顏傳〉）。張居正在整頓財政方面，大力貫徹量入為出，節省開支的原則，對扭轉嘉靖以來國家財政入不敷出的危機局面起著一定的作用。

但是提倡節約只是一種補救措施，還不能根本解決國家的財政危機。因此，張居正把經濟改革的重點，放在清理田賦和改革賦役制度方面，即力圖改變賦役不均的現象，把經濟權益控制在中央政府手裡，以增加國家的賦稅收入。

明中葉以來，賦役改革的嘗試已在一些局部地區進行。到了嘉靖、隆慶年間，改革的焦點已逐漸集中到清丈土地和推行一條鞭法上。嘉靖九年（一五三〇年），桂萼提出清丈土地，核實田畝，嗣有郭弘化、唐龍等亦先後清丈土田，顧鼎臣主張尤力，故在嘉靖十年至十四年間（一五三一～一五三五年），有鄒守益在江西安福、安如山在河南裕州進行清丈土地的嘗試。十五年（一五三六年），王儀在蘇州丈田均糧；十七至十八年（一五三八～一五三九年），歐陽鐸在應天清理虛糧和隱匿田畝；二十六年（一五四七年），嘉興府海鹽縣令民自首田糧；三十一年（一五五二年），劉起宗在寧國府清理虛賠錢糧；隆慶元年（一五六七年），董堯在蘇、松、常、鎮均官民田糧輕重。

與此同時，在嘉靖九、十年（一五三〇～一五三一年）之間，大學士桂萼和御史傅漢臣、梁材等提出了「一條鞭法」，當時的意見是「將十甲丁糧總於一里，各里丁糧總於一州一縣，各州縣丁糧總於一府，各府丁糧總於一布政司，布政司通將一省丁糧，均派一省徭役，內量除優免之數，每糧一石，編銀若干，每丁審銀若干。斟酌繁簡，通融科派，造定冊籍，行令各府州縣，永爲遵行」（《古今圖書集成・食貨典》，《賦役部》）。並在寧國府、徽州府一帶實行（嘉靖《徽州府志》卷八，〈食貨志〉）。嘉靖十四年（一五三五年），爲革除均徭法之弊，馬汝璋首先在武進縣推廣「十段錦法」，以後逐漸在江南地區普遍實行。嘉靖四十四年（一五六五年）以後，巡按御史龐尚鵬在浙江由十段錦法進一步施行一條鞭法。嘉靖後期，江南、江西、山東都在進行一條鞭法的改革嘗試。隆慶三年（一五六九年），應天巡撫海瑞將均徭均費等銀，不分銀力二差，俱一條鞭徵銀，在官聽候支解，使蘇、松等地早已實施的一條鞭法更趨完備。

至萬曆以前，清丈田地和一條鞭法主要還是由南、北省份的某些地方官首先倡行。張居正當上內閣首輔時，國家財政危機的狀況還未能得到顯著的改善，因此他決定在全國範圍內全面清丈田地和推行一條鞭法，他在給應天巡撫宋陽山的信中表達了他抑制豪強兼併均平田賦的決心，他說：「夫民之亡且亂者，咸以貪吏剝下而上不加恤；豪強兼併而民貧失所故也。今爲侵欺隱占者，權豪也，非細民也。而吾法之所施者，奸人也，非良民也。清隱占而小民免包賠之累，而得以守其本業；懲貪墨則閭閻無剝削之擾，而得安其田里。如是，民且將屍而視之，何以逃亡爲？公博綜載籍，究觀古今治亂興亡之故，曾有官清民安，田賦均平而政亂者乎？……今主上幼沖，僕以一身當天下之重，不難破家以制國，隕首以求濟，豈區區浮議可得而搖奪者乎！公第任法行之，有敢撓公法，傷任事之巨者，國典與存，必不容貸」（張居正：《張文忠公全集》書牘六，〈答應天巡撫宋陽山論均糧足民〉）！

爲了確實均平賦稅，提高政府對賦稅的控制能力，首先必須清丈田地，比較確切地了解全國土地的實際情況。清丈田地是一件艱鉅複雜的工作，張居正爲了取得經驗，在萬曆初年先以福建作爲試點實行丈量，萬曆八年（一五八〇年）福建巡撫勞堪完成了清丈田畝任務，上疏說：「閩人以爲便」（張居正：《張文忠公全集》附錄一，〈文忠公行實〉）。於是，張居正決定把福建的丈量經驗推廣於天下，在全國範圍內全面進行各類田產的清丈工作：

> 萬曆八年（一五八〇年）十一月，詔度民田，高皇帝時，天下土地八百五十萬頃，……
> ……歲久滋偽，弊孔百出，有所謂飛詭者、影射者、養號者、掛虛者、過都者、受獻者，久久相沿。豪民有田無糧，窮民攤派受病矣。民窮逃亡，勢又不得不清減額，而國課日以益虧。公請料田，凡莊田、屯田、民田、職田、蕩地、牧地，皆就疆理，無有隱奸，貧民不至獨困，豪民不能兼併。又民間新所墾治，皆賦其貢稅，以新賦均舊額，則國初故額不失

，而民賦以輕。其撓法者，皆下明詔切責，天下奏行廩廩焉。

——張居正：《張文忠公全集》附錄二，〈本傳〉

從上面記載看來，這次全國性的清丈土地，範圍是十分廣泛的，包括了官田、民田等各方面的田地。但是實際上張居正這次雷厲風行的清丈土地，其目的在於均平賦役保證國課，而不在掊克搜括。不論是試點區福建的丈量，還是由戶部尚書張學顏奏判而頒行於全國的清丈條例，其丈量田地的原則，都旨在求得原額，而並不要求多多益善。萬曆《福州府志》記載這次清丈情景云：「萬曆七年（一五七九年）撫按會題，奉旨稽核，履畝丈量，均勻攤補。其田視田高下爲差，其則以縣原額爲定，截長補短，彼此適均，則壤成賦」。這是只要求田地原額不受虧損丈量便告成功。至於張學顏所奏請頒行的清丈條例，這一只求原額的原則就更加明確了，其《條例》第一條就規定：「明清丈之例，謂額失者丈；全，則免」（《明神宗實錄》卷一〇六。）。這也就是說，如某地原額不失就不必丈量，不及原額者才丈量。到萬曆九年（一五八七年），土地丈量基本完竣，取得了顯著的效果，「總計田七百一萬三千九百七十六頃，視弘治時贏三百萬頃」（《明史》卷七十七，〈食貨一〉）。然《明史·食貨志》對萬曆九年的清丈田地評曰：「居正尙綜核，頗以溢額爲功，有司爭改小弓以求田多，或掊克見田以充虛額，北直隸、湖廣、大同、宣府，遂先後按溢額田增賦云」（《明史》卷七十七，〈食貨一〉）。顯然，《明史·食貨志》的記載既自我矛盾而又不符合事實。洪武年間全國田地總額爲八百餘頃，而張居正清丈田地的結果，全國總田數才七百一萬餘頃，視洪武年間原額尚缺一百餘萬頃，可見張居正在嚴厲推行清丈田地時，雖然強調以不虧原額爲原則，但在實際丈量過程中，還是注意到荒塌災傷等方面的減免，否則，洪武年間甫脫戰亂，至萬曆年間已昇平一百餘年，天下實際耕田數不少於洪武年間是完全可以想見的。因此，萬曆年間的清丈土地，即使偶有一二地方官吏掊克見田，也是極少數的，絕大多數地區的清丈田地，正像許多記載中所說的那樣，是「既不減額，亦不益賦」（張居正：《張文忠公全集》附錄一，〈文忠公行實〉），「糧不加增，而輕重適均」（張居正：《張文忠公全集》書牘一三，〈答山東巡撫何來山言均田糧核吏治〉）。當然，這次清丈，正如張居正自己所說的：「在小民實被其惠，而於官豪之家，殊爲未便」，必然會遭到權豪勢家的反對和攻擊。特別是貴族地主，公開反抗，「諸王孫遮道而譟」（《古今圖書集成》卷六十一，《食貨典・田制部》，虞淳熙〈丈量策〉），饒陽王府、璐陽王府也「阻撓丈地」（《明神宗實錄》卷一一二），江南貴豪地主及諸奸猾吏民善逋賦，張居正選大吏精悍者嚴行督責，「賦以時輸，國藏日益充，而豪猾率怨居正」（《明史》卷二一三，〈張居正傳〉）。但張居正以「苟利社稷，死生以之」（張居正：《張文忠公全集》書牘十一，〈答福建巡撫耿楚侗談王霸之辯〉）的決心積極推行，終於取得了顯著的效果。

張居正在進行清丈田地的同時，又積極推廣從嘉靖以來在某些地區試行並取得成效的一條鞭法，萬曆四年（一五七六年），開始把一條鞭法推廣到湖廣，到萬曆九年（一五八一年），張居正更下令在全國推廣。一條鞭法的內容，《明史・食貨志》中有概括的敘述：

一條鞭法者，總括一州縣之賦役，量地計丁，丁糧畢輸於官；一歲之役，官為僉派募。力差，則計其工食之費，量為增減；銀差，則計其交納之費，加以增耗。凡額辦、派辦、京庫歲需與存留供億諸費，以及土貢方物，悉併為一條，皆計畝徵銀，折辦於官，故謂之條鞭，立法頗為簡便。

——《明史》卷七十八，〈食貨二〉

根據上述並結合其他記載，我們可以知道萬曆年間張居正所推廣的一條鞭法，是綜合了嘉靖以來各地賦稅改革的經驗而成。它與明前期的賦役制度有顯著的不同，其主要特點如下：

一、一條鞭法把以往名目繁多的各種差徭以及土貢方物歸併合則，除繁趨簡，一律徵銀，取消力役，由政府雇人應役，並且使賦役逐漸合併，把役銀向田畝攤派。

二、一條鞭法改變以往田賦徵收以「本色」為主的習慣，規定除了蘇、松、杭、嘉、湖等供應宮廷食用的漕糧外，其餘的田賦一般改收折色銀，擴大了賦役徵收中的貨幣比重。

三、一條鞭法施行後，賦役銀由地方官直接徵收直接解運，「丁糧畢輸於官」，從而改變以往民徵民解的辦法。計算賦徵數額時，亦由以往以糧區的計算辦法改為以州縣為單位。

當然，以上只是一條鞭法中帶有普遍性的特點，在各地的實施過程中，難免會有一些不同的實行辦法，如對於丁役銀的丁田分擔比例，本折色的比重，人戶編審制度中三等九則的取消與否，都有著一些差異，有些地方的力差亦依然存在，等等。儘管如此，就整體而言，一條鞭法的改革，確實是我國賦役制度史上繼兩稅法之後的又一次重大的改革，它簡化了賦役的項目和徵收手續，出現了攤丁入畝和賦役貨幣化的趨向，體現了中國封建社會晚期經濟發展的要求，因而對於歷史發展起了一定的作用。首先，一條鞭法的施行，對加強封建政權起了一定的作用，相對緩和了階級矛盾，改變了嘉靖以來賦役嚴重不均的狀況，當時人指出：「條鞭之善者，以爲均丁糧、消冒濫，息賠累、簡明目、寢覬覦、屈市猾、平貧富、清冊籍，一舉而官民積重之弊皆反」（鄭文郁：《經國雄略》卷一，〈賦役考〉），這樣就使明中葉嚴重的逋賦現象，到此有所緩和，國家的賦稅收入和財政狀況有著明顯的好轉，到萬曆十年（一五八二年），「帑藏充盈，國最完富」（《明通鑑》卷七十六），「太倉粟可支十年，冏寺積金至四百餘萬兩」（《明史紀事本末》卷六十一，〈江陵柄政〉）。其次，由於一條鞭法採取賦役折銀的辦法，有利於雇役制度的發展，同時一條鞭法注重田地而疏於丁戶，這些特點在一定程度內可以減輕農民的束縛，史稱「今日賦稅之法，密於田土地而疏於戶口，故土無不科之稅，而冊多不占之丁」（顧起元：《客座贅語》卷二，〈戶口〉）。這樣使農民在交納賦稅後可以比較容易地離開土地，進一步從事各種行業的生產活動。特別是一條鞭法促進了賦役貨幣化，納稅戶爲了交納賦稅，必須把農產品和地租等投放市場，換取貨幣，這樣就促進了農產品商品化的發展，工商業者又因無田而免役，這些都在客觀上有利於工商業的發展。

總之，張居正當政期間，對明王朝的政治、軍事、經濟進行了多方面的改革，吏治得到了改進，邊防得到加強，國家財政收入明顯好轉，成果是顯著的，明代人稱他「輔政十年，中外乂安，海內殷阜，紀綱法度，莫不修明，功在社稷」，大體是符合歷史事實的。但是，張居正的改革，其側重點在謀求封建政權統治的穩定，更多的是注重調整統治階級內部的矛盾，因此，這種改革帶有明顯的弱點，尤其是在經濟改革方面，這些弱點就更加嚴重。張居正在經濟方面的改革立足點是「強公室，杜私門」，但他的這種作法，根本目的是爲了強制地主權貴們按田納賦，而不是反對地主權貴們兼併土地。張居正推行一條鞭法，實施賦稅合併和賦役貨幣化，這當然從客觀上有促進商品貨幣經濟的趨向，但是他改革的出發點，則是爲了簡便賦役徵收，加強對於賦役的控制和徵收，因此，一條鞭法後的賦役折銀，政府財政上的意義明顯大於市場交換的意義。再如一條鞭法把以往繁雜的賦役名目刪繁就簡，合爲一則，這實際上又把萬曆以前的各種合法與不合法的加徵雜派都變成了正稅，雖然一條鞭法均平了賦稅和簡化了手續，但雜派變成正稅，實際又爲以後的加派製造了機會，當時有人指出：「萬曆中行條鞭法，三徵（田、丁、差）遂併爲一，且額外諸多名色盡編正賦，一時便之，派之至今，然條鞭既屬正供，一遇度外事故，不得不額外羨取，條鞭未行不過取之額外而已，至是則額外之後又額外焉」（康熙《堂邑縣志》卷四，〈賦役四〉）。事實正是如此，《明史·食貨志》云：「嘉隆後行一條鞭法，……小民得無擾，而事亦易集，然糧長、里長、名罷實存，諸役卒重，復僉農氓，條鞭法行十餘年，規制頓紊，不能盡遵也」（《明史》卷七十八，〈食貨二〉）。這些弱點都體現了一個問題，即張居正的改革，是以挽救明王朝統治，增加國家財政收入爲核心的，而對於農民的實際負擔，則只能放到其次的位置。

儘管張居正的改革是以挽救明王朝統治爲核心的，但當時對明王朝統治進行腐蝕的主要是一些富豪權貴，因此他的改革大體是「利於下，而不利於上，利於編氓，不利於士夫」（顧炎武：《天下郡國利病書》卷八十，〈江西二〉。）。改革觸犯了許多富豪權貴，特別是推行均平賦役，更是開罪了一大批官僚地主。當張居正在世之時，他的改革雖然阻力重重，但他專權強幹，不顧貴族、縉紳地主的反對阻撓，堅決推行。萬曆十年（一五八二年），張居正病死，在貴族、縉紳地主的攻訐下，「禍發身後」，他的家被抄，改革被罷除。從此以後，皇帝沉溺於腐朽生活之中，官僚們或是尸位素餐，或熱衷於朋黨之爭，明王朝陷入了新的危機，衰頹之勢日益加深而不可復振。

第四節　萬曆中後期的政局

一　朋黨樹立與「衛國本」、「梃擊」案

張居正被抄家後，明神宗親政，但他沉溺於奢侈腐朽的生活之中，長期不理政事，不見朝臣，「二十餘年深居靜攝，付萬事於不理」（《神廟留中奏疏》卷二，楊鶴：〈聖躬靜攝多年

疏〉），實際上就是躲進宮中與宦官、宮女們鬼混。當時人描寫明神宗「因曲櫱而歡飲長夜，娛窈窕而晏眠終日」（鄒漪：《啓禎野乘》卷一），「每晚必飲，每飲必醉，每醉必怒」（《明經世文編》卷四九四，馮從吾：〈請修朝政疏〉）。臣下的奏章大多「留中」不作處理，甚至連封建社會最神聖莊嚴的廟祀，「亦不親祭」，「皆遣代」（趙翼：《陔餘叢考》卷十八，〈有明中葉天子不見群臣〉）。在這種情況下，國家的政治中樞機構實際上處在半停頓的狀態，朝臣罷免、致仕、多未增補，甚至部院主管缺員懸空。萬曆三十四年（一六〇六年）大學士沈鯉等上言：「今吏部尚書缺已三年，左都御史亦缺一年，刑、工二部僅一侍郎兼理，大司馬（兵部）既久在告，而左、右司馬（兵部左右侍郎）亦有代匱者，禮部止一侍郎李廷機，今亦在告，戶部止有一尚書。蓋總計部院堂上官三十一員，見缺二十四員，其久注門籍者尚不在數內，此猶可爲國乎」（《明神宗實錄》卷四一九）？至萬曆末年，內閣「只方從哲一人」，首輔成了光桿司令，「職業盡馳，上下解體」（趙翼：《廿二史札記》卷三十五），封建國家機器運轉已經開始失靈。

張居正的遭際，被視爲「威柄之操，幾於震主，卒至禍發身後」，因而繼任的閣輔權臣們，爲了保住自己的地位，故作平庸，唯唯諾諾，缺乏政治責任感。如申時行，「務承帝指，不能大有建立」（《明史》卷二一八，〈申時行傳〉）；陳于陛，「上下否隔，于陛憂形於色，以不能補救，在直廬數太息視日影」（《明史》卷二一七，〈陳于陛傳〉）；沈一貫，「大率依違其間，物望漸減」（《明史》卷二一八，〈申時行傳〉）；方從哲，「性柔懦，不能任大事，……順帝意，無所匡正，……昵群小，而帝怠荒亦益甚。……論者謂明之亡，神宗實基之，而從哲其罪首也」。（《明史》卷二一八，〈方從哲傳〉）。這些內閣大學士們終日「悠悠忽忽，若罔聞知」（《神廟留中奏疏》卷六，唐世濟：〈閣臣尸位疏〉），尸位素餐，加速了明王朝政治的腐敗，《明史》評曰：「神宗之朝，於時爲豫，於象爲蠱。時行諸人有鳴豫之凶，而無幹蠱之略，外畏清議，內固恩寵，依阿自守，掩飾取名，弼諧無聞，循默避事」（《明史》卷二一八），如實地反映了萬曆後期官僚階層的精神面貌。

張居正改革的失敗，又使明王朝進一步失去了它的政治是非標準。以往曾遭到張居正冷落或罷斥的官僚，順著明神宗的意願，羅織各種罪名攻擊張居正，從而青雲直上，而張居正當政時倚重的許多精明強幹的官吏，則是「斥削殆盡」（《明史》卷二一三，〈張居正傳〉），如戚繼光、張學顏、潘季馴等，都先後被論罷歸。這樣就使得嘉靖以來逐漸形成的朋黨風氣，更加膨脹起來。官僚們把國家的利益、人民的痛苦以至王朝的命運拋棄不顧，而一味地秉承皇帝的意願，結朋樹黨，相互攻擊，從萬曆後期起至明朝滅亡，王朝的政治一直處在爭吵不休的混戰狀況之中，而江南東林黨人的升降沉浮，則成了這一時期政治黨爭的一個核心。

萬曆中後期，江南太倉人王錫爵和浙江人沈一貫、方從哲先後掌握了內閣大權，他們「好同惡異」（《明史》卷二一八，〈沈一貫傳〉），利用內閣權力，排斥異己，當時被稱爲「浙黨」。萬曆二十一年（一五九三年），江南無錫人吏部員外郎顧憲成不滿於閣臣的所爲，借京察之機，操縱吏部「盡黜執政私人」（《明史》卷二三一，〈顧憲成傳〉）。於是，那些與「

浙黨」不和的官僚們，逐漸聚集在顧憲成周圍，形成一股勢力，與執政閣臣相對抗。

萬曆二十二年（一五九四年），王錫爵將謝政，廷推閣臣，顧憲成又夥同吏部尚書陳有年等推舉與自己政見相接近的休致大學士王家屏等，因「忤帝意，削籍歸」（《明史》卷二三一，〈顧憲成傳〉）。顧憲成回原籍無錫後，講學於東林書院，同其弟顧允誠以及孫丕揚、鄒元標、趙南星等人，「諤蹇自負，與政府每相持」（蔣平階：《東林始末》）。他們借講學為名，「往往諷議朝政，裁量人物，朝士慕其風者，多遙相應和」（《明史》卷二三一，〈顧憲成傳〉），時人稱他們為「東林黨」。東林黨人控制了天下輿論，號稱「清流」，而浙黨則掌握了朝中大權，互不相能，「憲成講學，天下趨之，（沈）一貫持權求勝，受黜者身去而名益高，此東林、浙黨所自始也。其後更相傾軋，垂五十年」（蔣平階：《東林始末》）。萬曆後期，東林黨和浙黨為排斥異己而竭盡心機，萬曆三十九年（一六一一年），東林黨人借考察京官之機，聯合吏部尚書孫丕揚逐斥浙黨諸人。雙方「日事攻擊，議論紛呶，……植黨求勝，朝端哄然」（《明史》卷二二四，〈孫丕揚傳〉）。不久，浙黨方從哲入內閣，浙黨反攻東林黨人，「黨論鼎沸，言路交通銓部，指清流為東林，逐之殆盡。」到萬曆四十五年（一六一七年）丁巳京察時，方從哲已為首輔，浙黨勢更張，「盡斥東林，且及林居者」（《明史》卷二一八，〈方從哲傳〉）。朝中其他官僚亦大多根據自己的政見和利益麗附於東林黨或浙黨，如籍貫陝西的官僚，大多附和於東林黨，時稱「秦黨」；而籍貫山東、湖廣、徽州的官僚，則大多附和於浙黨，時稱「齊黨」、「楚黨」、「宣黨」。各朋黨勢不兩立，「盈廷如聚訟」，「抨

冊立太子的「衛國本」案
神宗無法展現其絕對權威猶如意，仍受官僚制度之制

擊無虛日」（《明史》卷三〇五，〈魏忠賢傳〉；卷二三一，〈顧憲成傳〉）。

東林黨人與浙、齊、楚諸黨人之間，除了在朝中樹私人斥異己方面爭論不休外，其鬥爭的焦點，主要還集中在「衛國本」和「梃擊」案之上。所謂「衛國本」者，係是立太子事。神宗皇后無子，王妃生子常洛，鄭妃生子常洵。常洛爲長，例當嗣位，但神宗寵愛鄭妃，欲立常洵，乃遷延不立太子。萬曆二十一年（一五九三年），神宗手詔欲并封常洛、常洵爲王，託詞待皇后嫡子出生再定儲位。朝臣大嘩，群起反對。神宗迫於眾議，於萬曆二十九年（一六〇一年）冊立長子常洛爲皇太子，封常洵爲福王。但福王仍遲遲不赴封地就藩，朝臣疑慮紛紛，直至萬曆四十二年（一六一四年），福王才去河南洛陽就藩，這就是萬曆時期長達二十餘年的「國本」之爭。

本來，浙黨與東林黨人在「國本」問題上並無什麼分歧，他們都一致要求神宗早日冊封皇太子。但雙方爲了壓制對方，便借題發揮，相互攻擊。東林黨人攻擊當政閣臣保祿固位，依違其間，充當神宗、鄭貴妃的應聲蟲。當權浙黨則嗔怪東林黨人無事生端，力加排斥。「先是國本論起，言者皆以早建元良爲請，政府惟王家屏與言者合，力請不允，放歸。（閣臣）申時行、王錫爵皆婉轉調護，而心亦以言事爲多事，錫爵嘗語憲成曰：『當今所最怪者，廟堂之是非，天下必欲反之』。憲成曰：『吾見天下之是非，廟堂必欲反之耳。』遂不合」（蔣平階：《東林始末》）。雙方爭鬥愈演愈烈，從口頭爭論發展到相互逐罷的局面。

萬曆四十三年（一六一五年），發生了「梃擊案」。是年五月初四日酉刻，有一名叫張差

的男子，持棗木梃打進皇太子居住的慈慶宮門，「擊傷守門內侍李鑒，至前殿檐下，爲內侍韓本用等所執」，押送法司按問。當時「中外疑鄭貴妃與其弟國泰謀危太子，顧未得事端，而方從哲輩亦頗關通戚畹以自固。差被執，舉朝驚駭」。以閣臣方從哲爲首的浙黨，以張差「瘋癲具獄」（《明史》卷二四四，〈王之寀傳〉），而東林黨人則堅持重新會訊，強調張差梃擊係鄭貴妃宮中太監所指使，攻擊首輔方從哲等浙黨庇護鄭貴妃，爲鄭貴妃要害死太子的陰謀張目。雙方的矛盾進一步激化，最後以張差磔市，鄭貴妃內侍龐保、劉成杖斃內庭，神宗、皇太子雙雙出來調停，才暫時平息了這場爭執。

這裡應當指出的是，萬曆後期東林黨人與浙黨等相互攻訐，雖基本屬於朋黨門戶之爭，但東林黨人的主要骨幹份子，出身於明代經濟最發達的江南三吳地區，嘉靖、萬曆時期社會經濟特別是工商經濟的發展，或多或少對他們的政治觀點產生了一定的影響。而且，東林黨人經常處在被壓制的局面，他們往往以「爲民請命」的姿態，來與執政權臣對抗。因此，早期的東林黨人，比起執政的浙黨來，稍具有一定的正義感和要求社會政治改革的願望。在他們的政治議論中，經常可以看到他們譴責權貴掠奪小民、政府橫徵暴斂的呼聲。如他們反對萬曆年間礦監稅使對城鎮工商業者的掠奪，著名的東林黨人，鳳陽巡撫李三才接連上疏，指責神宗和當政者派礦監稅使四出聚斂，「奈何陛下欲崇聚財賄，而不使小民享升斗之需；欲綿祚萬年，而不使小民適朝夕之樂，自古未有朝廷之政令、天下之情形一至於斯而可幸無亂者」（《明史》卷二三二，〈李三才傳〉）！堅決請求罷除天下礦稅。他們還要求體恤商賈鋪行，反對官府商賈鋪戶橫徵強買，「須照時價給現銀，與市民兩平交易，不得倚官減值，虧短賒欠，不得縱容買辦人索取鋪行錢物」（《高子遺書》卷七）。有些東林黨人還積極支持市民的反稅監鬥爭，如應天巡撫曹時聘疏劾稅監孫隆、劉成，很受顧憲成的尊敬。萬曆四十二年（一六一四年）稅監高宷為虐閩中，周起元、周順昌也不斷上疏彈劾高宷，為商民請命。蘇州織工領袖葛成為反稅監而死，東林黨人文震孟為他寫碑，朱國楨為他誌銘。對於當時日益敗壞的吏治，一些東林黨人也作了一定程度的譴責。如趙南星曾憤恨地指出：「今天下紀綱大壞」，「有司貪酷者甚多，按臣往往明知之，而徇情濫舉，或按臣不知，而道府各官，又皆徇情蒙蔽，……總由情面太重，錢神太靈」。「吏治日污，民生日瘁，……四害不除，天下不可得治。」因此，他們主張「重糾察之令」，嚴肅吏治，「則誠振紀綱之術也」（趙南星：《昧檗齋文集》卷一；《明史》卷二四三，〈趙南星傳〉）。這些議論，與當時下層一般民眾要求清明政治，反對橫徵暴斂的願望，有著一定的共同之處。

但是東林黨人的政治主張往往是與黨爭利益聯繫在一起的，他們譴責吏治的腐敗，礦監稅使的橫行，賦役的加派等等，經常是與他們攻擊異己朋黨這一目的結合在一起的。如萬曆年間的譴責礦監稅使，除東林黨人外，浙黨及其他朋黨中的一部分人，也有同樣激烈的言論和行為。但是東林黨人並沒有意識到這一點，他們不能與其他朋黨中反對礦監稅使的官員聯合起來，共同與神宗、宦官苛索商民的劣行作鬥爭，而相反地，他們譴責礦監稅使、政府劣政，往往是作為攻擊執政異黨的一種口實和武器而已，從而削弱了它的實際社會效果。朋黨門戶的利益掩蓋了他們的社會正義感和發展經濟的要求。

二 援朝抗倭

萬曆年間，倭寇在我國東南沿海地區的侵擾遭到失敗以後，就轉向北侵朝鮮。這時，日本藩侯混爭的「戰國時期」已經進入晚期階段。萬曆十一年（一五八三年），尾張國愛知郡中村人平秀吉被天皇任命爲關白，賜姓豐臣，使之輔弼天皇，統率百官。萬曆十八年（一五九〇年），豐臣秀吉「劫降六十餘州」（《明史》卷三二〇，〈朝鮮傳〉），基本統一了日本全國，從而結束了日本長期的藩侯割據的局面。由於當時日本天皇沒有實權，豐臣秀吉成了日本的實際統治者。他出身寒微，爲了鞏固其統治地位，積極向外擴張，妄圖建立一個包括中國、朝鮮的日本大帝國，創立不世之功。萬曆二十年（一五九二年）五月，豐臣秀吉發動水陸軍凡二十萬人，「分渠中（小西）行長、（加藤）清正等率舟師通釜山鎮，潛度臨津」（《明史》卷三二〇，〈朝鮮傳〉），進入朝鮮。

當時朝鮮承平已久，兵不習戰，朝鮮王李昖又「湎酒弛備」，朝綱不振。突遇日軍進犯，措手不及，「望風皆潰」，日軍長驅直入，連陷漢城、開城、平壤三郡，李昖放棄京城北奔義州，「是時倭已入王京（漢城），毀墳墓，劫王子、陪臣，剽府庫，八道幾盡沒，且旦暮渡鴨綠江。」朝鮮國王連連派遣使臣到明朝請求援助，「請援之使絡繹於道」（《明史》卷三二〇，〈朝鮮傳〉）。

明朝與朝鮮是和睦鄰邦，從明初以來兩國關係一直比較密切，「每歲凡萬壽聖節、正旦、皇太子千秋節，〔朝鮮〕皆遣使奉表朝賀，貢方物，其他慶慰、謝恩等使，率無常期，或前者未還而後者已至。……天朝亦厚禮之，異於他蕃」（嚴從簡：《殊域周咨錄》卷一，〈朝鮮〉）。民間亦「往來興販，絡繹於道」（吳晗編：《朝鮮李朝實錄中的中國史料》前編，〈高麗史〉卷下）。在嘉靖年間的抗倭戰爭中，朝鮮國亦經常把一些流散的倭寇海盜捕獲送交明朝政府處置。因此，當朝鮮國王頻頻向明朝告急時，明朝政府「廷議以朝鮮爲國藩籬，在所必爭」，於是先派遊擊史儒、副總兵祖承訓率兵五千入朝應援。由於沒有做好充分的準備，地理不熟，兵力過少，不久史儒戰死平壤，祖承訓僅以身免。

是年八月，明朝決定派「兵部侍郎宋應昌爲經略、都督李如松爲提督」（《明史》卷三二二，〈日本傳〉），統兵進援朝鮮。十二月，李如松率兵馬四萬餘人渡鴨綠江到達平壤。次年（一五九三年）正月，明軍向平壤發動進攻，提督李如松身先士卒，「馬斃於炮，易馬馳，墮塹，躍而上，麾兵益進」（《明史》卷二三八，〈李如松傳〉），日軍大潰，小西行長率殘部狼狽南逃，明軍乘勝進擊。「所失黃海、平安、京畿、江原四道并復」（《明史》卷三二〇，〈朝鮮傳〉）。日軍退守王京漢城。

援朝明軍雖在前線奮力作戰，大挫豐臣秀吉的侵朝鋒芒，然而當時明朝中央政府日益腐敗，從皇帝到執政大臣均無堅決抗敵的決心，迫於日軍咄咄逼人的攻勢，雖一面派兵援朝，另一面卻做好與日本妥協的準備。早在萬曆二十年（一五九二年）八月，「倭入豐德等郡，兵部尙書石星計無所出，議遣人偵探之，於是嘉興人沈惟敬應募。惟敬者，市中無賴也」，他到平壤前線會見日軍將領小西行長，「執禮甚卑」，「行長紿曰：『天朝幸按兵不動，我不久當還，以大同江爲界，平壤以西盡屬朝鮮耳。』」惟敬把小西行長的話告訴石星，石星「頗惑於惟敬」（《明史》卷三二〇，〈朝鮮傳〉），授予沈惟敬遊擊的軍銜，派他到前線伺機議和。這樣，明朝的決策中樞一開始便缺乏全力作戰的決心，使前線部隊時戰時議和，失去決勝的良機。

李如松恢復平壤、開城之後，由於輕信「朝鮮人以賊棄王京告」的謊情，輕敵冒進逼王京，這時日軍已在王京北三十里的碧蹄館布下重圍，「如松督部下鏖戰，……官軍喪失甚多」，退守開城，重新布置戰線，並分兵斷日軍龍山糧道，焚其倉粟，「倭遂乏食」（《明史》卷三二〇，〈朝鮮傳〉）。然而在這個時侯，兵部尙書石星與援朝經略宋應昌卻不做進一步作戰的打算，「急圖成功，倭亦乏食有歸志，因而封貢之議起」（《明史》卷二三八，〈李如松傳〉）。日軍退至釜山，把王京讓給明軍。

日軍議和的主要目的並非停止侵朝戰爭，而是等待時機，重新積蓄力量，並誘惑明軍撤兵，以圖再次進犯。當時朝臣中如兵科給事中張輔之、遼東都御史趙燿等「皆言款貢不可輕受」。在雙方談判期間，日軍也不斷行動，「隨犯咸安、晉州，逼金羅，聲復漢江以南」。但是朝中執政大臣「一意主款」，沈惟敬在與日軍談判時，喪權辱國，「倭語悖謾無禮，沈惟敬與倭交通，不云和親，輒曰乞降」（《明史》卷三二〇，〈朝鮮傳〉）。結果於萬曆二十二年（一五九四年）九月，明朝與侵朝日軍簽訂了第一次停戰和約，明軍大部撤回。

這次和議給了豐臣秀吉充足的備戰時間，而明朝卻漫然不知，陷於被動。萬曆二十五年（一五九七年）二月，日本又大舉侵入朝鮮，明朝於倉促間命兵部尚書邢玠總督薊、遼，麻貴為備倭大將軍，再次派兵援朝，授予邢玠八字密旨：「陽戰陰和，陽剿陰撫」（《明史》卷三二〇，〈朝鮮傳〉），堅持以和撫為主的策略，其結果是戰與和兩不成功。六月，倭軍乘船數千艘先後渡海，分泊釜山、加德、安骨等地，步步北進。七月，侵占了梁山、三浪，遂入慶州，侵閑山。八月，日軍進圍南原，「守將楊元遁」，王京漢城再次受到威脅。前線形勢非常嚴峻，甚至連備倭大將軍麻貴也打算放棄「王京退守鴨綠江」，幸虧兵部尚書邢玠頭腦比較清醒，在這關鍵時刻親赴王京前線，「玠既身赴王京，人心始定」（《明史》卷三二〇，〈朝鮮傳〉）。雙方在王京、慶州、蔚山一帶展開了拉鋸戰，互有勝敗，形成對峙的局面。

萬曆二十六年（一五九八年），邢玠以明軍缺乏水師支援，增募江南水兵，「議海運，為持久計」，內地調撥的廣兵、川兵、浙直兵亦先後到達前線。於是邢玠分明軍四路向日軍發動進攻，戰局才逐漸有所變化，稍有利於明軍，但明軍仍付出了很大犧牲。恰在這時，豐臣秀吉於七月九日病死於伏見（桃山）城，日軍動搖，「各倭俱有歸志」。十一月，「（日軍）清正發舟先走」，其他各部日軍亦紛紛撤退下海，在這種情況下，中朝兩國軍隊才乘機全面進攻，紛紛出擊，「麻貴遂入島山、酉浦，劉綎攻奪曳橋」，日軍將領石曼子「引舟師救（小西）行長」，明朝水軍將領陳璘、鄧子龍與朝鮮將領李舜臣督水軍，在東南露梁海面邀擊撤退的日軍，雙方展開激戰，明軍擊沉和燒毀許多敵艦，日軍潰敗，「揚帆盡歸」（《明史》卷三二〇，〈朝鮮傳〉），而鄧子龍、李舜臣亦戰死海上。至此，豐臣秀吉挑起長達七年的侵朝戰爭，終於以日本的失敗而結束。

萬曆年間的援朝抗倭戰爭，雖然僥倖以豐臣秀吉病死而早日結束，但它暴露了明王朝政治的腐敗及其政府機制的低能。明朝政府在對倭作戰策略上，一開始便搖擺不定，沒有決戰勝利的信心，致使自失戰機，損兵折將。而戰爭的曠日持久，又大大消耗了明朝的國力，《明史》云：「自倭亂朝鮮七載，喪師數十萬，糜餉數百萬，中朝與屬國迄無勝算」（《明史》卷三二二，〈日本傳〉）。這種大傷元氣的戰爭，使得明王朝的邊防更加虛弱，政治更趨危機。

三　後金的興起與遼東爭戰

明朝政府雖然早在明初就在東北地區設立了衛所制度，但是這種「分地世家」的統治，是十分鬆散的。英宗正統年間，明政府裁撤了奴爾干都司，東北邊疆更失去了統轄，女真各部各自為政，互相攻殺，同時還與明朝發生爭端。他們一方面通過邊境互市與漢人進行貿易，又經常趁機大規模擄掠漢人作為奴隸以供自己驅使。而明朝統治者則把互市作為安撫女真各部的一種手段，並不時以武力征剿來加強對女真各部的統治。

到了嘉靖、萬曆時期，海西女真和建州女真的勢力有所擴展。海西女真不斷向南移動，形成了海西四部，即葉赫、輝發、烏喇、哈達四部，也稱扈倫四部，他們散居在開原以北和以東的廣大地區。萬曆初年，住在開原東南靜安堡外「南關」的哈達王臺部，控弦萬餘人，控制了「東盡灰扒（即輝發）、兀剌（烏喇）等江，南盡清河、建州，北盡逞、仰（指北關葉赫部），延襄幾千餘里」（《明史紀事本末補遺》卷一，〈遼左兵端〉）之地。而建州女真的王杲部和王兀堂部，也一度控制了渾河東南直至鴨綠江一帶的廣闊地區。

明朝政府既無法對女真各部實行直接的控制，於是從嘉靖、萬曆以後，對女真各部推行分而治之的政策。「分其部眾以弱之，別其種類以間之，使之人自為雄，而不使之勢統於一」（《明經世文編》卷四百八十），「使其各相雄長，不相歸一」（《明經世文編》卷四五三）。同時利用各部落之間的矛盾，相互牽制交惡，以達到「借女真以制北虜」，「設海西以抗建州」（《明經世文編》卷四五三）的目的。果然，在最初的一段時期內，明朝的政策取得了一定的效果，女真「各部蜂起，皆稱王爭長，互相殘殺。甚至骨肉相殘，強凌弱，眾暴寡」。明朝政策又經常助此抑彼，從而維持明朝政府在東北邊疆統治的暫時平衡。

明朝的這種邊疆政策，只能加劇東北各部女真勢力的分化改組。到了萬曆年間，建州女真部的努爾哈赤統一了女真各部，形成了滿族共同體。

努爾哈赤生於嘉靖三十八年（一五五九年），姓愛新覺羅，是明初建州左衛指揮使猛哥帖木兒的後裔，祖名叫場（覺昌安），父名他失（即塔失、塔克世），世襲建州左衛指揮使。努爾哈赤童年喪母，備受繼母虐待，爲了獨立生活，出奔撫順，採松子、挖人參到撫順馬市上去交換。他因經常來往於建州和撫順之間，學會了漢語，能閱讀《三國演義》和《水滸傳》等書，深受漢族文化的薰陶。

萬曆二年（一五七四年）冬，建州蘇克蘇滸河部圖倫城主尼堪外蘭勾引明遼東總兵李成梁帶兵進剿建州女真王杲部，王杲敗走。當時努爾哈赤的祖父叫場和父親他失幫助明軍征剿，擔任嚮導，李成梁「遣其屬物色杲，乃從王臺寨中得之。已，又殺叫場及其子他失」。叫場和他失被殺時，「努爾哈赤年十五六，抱成梁馬足請死，成梁憐之，不殺，留帳下卵翼如養子，出入京師，每挾努爾哈赤與俱」（《明經世文編》卷五百一，姚希孟：〈建夷授官始末〉）。明朝政府也意識到殺害叫場父子不當，爲報償他們的冤死，賜努爾哈赤蟒緞、銀兩、敕書，授其爲建州左衛都指揮使，成爲建州女真的首領。

努爾哈赤當上建州女真的首領後，雄心頓起，決心統一女真各部。但由於初起時勢力不大，因此他對比較強大的海西女真進行暫時的妥協，「因結婚北關以壯聲援」，又對蒙古、朝鮮進行拉攏，對明朝中央表示恭順，「遣使通好，歲以金幣聘問」（《清朝實錄採要》卷一），而集中力量統一建州女真各部，然後再逐步征服海西女真與野人女真各部。萬曆十一年（一五八三年），努爾哈赤以其父「遺甲十三副」，開始了統一建州女真各部的戰爭，當年就征服了渾河部。從萬曆十二年到萬曆十六年（一五八四～一五八八年），他又先後征服了董鄂部、蘇克蘇滸河部、哲陳部、王甲部和蘇完部，並於萬曆十四年（一五八六年）殺掉尼堪外蘭。從萬曆十七年到二十一年（一五八九～一五九四年），又統一了長白山地區的鴨綠江部、訥殷部和朱舍里部。之後用了二十餘年時間，相繼統一了海西女真各部。同時，又出兵北上和東進，進入黑龍江和烏蘇里江地區，收服東海女真各部，至此，努爾哈赤已基本上控制了東北女真的全部勢力。

努爾哈赤在統一女真各部的過程中，爲適應戰爭形勢的需要，逐漸制定了一系列的軍政制度。萬曆十五年（一五八七年），他建城於虎欄哈達（今新賓二道河子東南），作爲根據地。萬曆二十七年（一五九九年），努爾哈赤讓額爾德尼和噶蓋二人，利用蒙文字母，拼寫女真語言，創制了滿文。同時，把原來出師行獵時「照依族寨而行」的氏族組織，改爲牛彔制度。每三百人爲一牛彔，由牛彔額真統管。萬曆二十九年（一六〇一年），在牛彔的基礎上，創建了旗制，設立了黃、紅、藍、白四旗。萬曆四十三年（一六一五年）進一步確立了八旗制度，規定每三百人爲一牛彔，設一牛彔額真；五牛彔爲一甲喇，首領爲甲喇額真；每五個甲喇構成一個固山，首領爲固山額真，一固山就是一旗。在原來四旗的基礎上，增設鑲黃、鑲紅、鑲藍、鑲白四旗，共成八旗。八旗的最高統帥是努爾哈赤，其子侄作爲各旗之主而分領八旗。八旗制度的確立，提高了戰鬥力。與此同時，還設立了理國政聽訟大臣五人，都堂十人，處理訴訟等項事務。萬曆四十四年（一六一六年），努爾哈赤在統一女真各部的基礎上，即汗位於赫圖阿拉（遼寧新賓縣老城），國號大金，建元天命，史稱後金。

努爾哈赤勢力的日益強盛，打破了明朝在東北實行以女真人牽制女真人的佈局，因此對明朝在遼東的統治是一個嚴重的威脅。於是明朝採取了一些限制措施，如停止朝貢貿易，關閉馬市，禁止漢人進入女真地區等。這些措施都是相當軟弱無力的。隨著東北女真滿族的統一和後金政權的建立，後金與明朝的矛盾就日益尖銳起來。萬曆四十六年（天命三年，一六一八年）二月，努爾哈赤以「七大恨」誓師討明。四月，「破撫順，守將王命印死之，遼東巡撫李維翰趣總兵官章承蔭往援，與副總兵頗廷相等俱戰歿。」七月，後金攻入鴉鶻關，破清河城。遼左覆軍隕將，給明朝政府以極大的震動。神宗起用楊鎬為遼東經略，賜鎬尚方劍，得斬總兵以下官。調集四方援兵，準備與後金軍的主力決一死戰。

萬曆四十七年（一六一九年）春，楊鎬與總督汪可受、巡撫周永春等做出了分兵四路進攻努爾哈赤老家赫圖阿拉（興京）的戰略決定，以開原總兵官馬林會合海西女真葉赫部兵出開原從北面進攻；以山海關總兵杜松出撫順關從西面進攻；以遼東總兵李如柏出清河堡經鴉鶻關從南面進攻；再以遼陽總兵劉綎會合朝鮮兵出寬甸而從東南直搗興京的背後。這種分兵四路直搗興京的戰略，是建立在明朝政府輕視努爾哈赤實力的基礎上的，明軍本意是想以優勢兵力使努爾哈赤腹背受敵，陷入重圍，聚而殲滅。當時明朝中央決策諸臣及前線經略對於戰場的實際情況並不十分了解，經略楊鎬雖在明廷仕途閱歷三十餘年，實際多在官場周旋，於軍事指揮並無真才實學，他早在朝鮮戰場，便以無能著稱，「狼狽先奔，諸軍繼之，賊前襲擊，死者無算」（《明史》卷二五九，〈楊鎬傳〉）。出任遼東經略後，楊鎬與大學士方從哲等都以為後金軍隊一擊可敗，「朝堂議論，全不知兵，冬春之際，敵以冰雪稍緩，哄然言師老財匱，馬上促戰」（《明史》卷二五九，〈熊廷弼傳〉）。楊鎬「計無所出」（《明史紀事本末補遺》卷一，〈遼左兵端〉），乃匆促決定四路分兵，企圖以聲勢震懾後金，「意亦初不在戰，虛張聲勢，冀取近寨小捷，得塞軍書」（《明史》卷二五九，〈熊廷弼傳〉）。但是，這種分兵合擊的戰略安排是不切實際的。首先，早春嚴寒，軍隊的行動很不方便，路程長短不一，「天大雪，兵不前，師期泄」（《明史》卷二五九，〈楊鎬傳〉），刻期進軍的設想難以奏效，達不到合擊的目的。其次，分兵四路就是分散了軍隊力量，明軍的優勢力量很難發揮出來，加以各路明軍相互配合不好，結果給努爾哈赤集中兵力各個擊破創造了大好時機。於是，努爾哈赤在各路明軍壓境的情況下，集中六旗兵力，首先在薩爾滸山（撫順東南）擊破從撫順關西來的明軍主力杜松軍，「松欲立首功，先期渡渾河，進至二道關，伏發，軍盡覆」。而馬林統帥的開原明軍從北面向興京進攻，部隊剛從三岔口出，「聞松敗，結營自固」，後金軍迅速回師向北，「乘高備擊，林不支，遂大敗，遁去」（《明史》卷二五九，〈楊鎬傳〉）。楊鎬聽到西、北二路明軍慘敗，急令東、南二部明軍停止前進，但由東路而來的劉綎部已「深入三百里，至渾河，大清兵擊之而不動」。於是，努爾哈赤遂利用各路明軍不通消息的弱點，命軍隊改扮成杜松部的明軍，「被其衣甲紿綎，既入營，營中大亂，綎力戰死」（《李朝實錄》光海君日記，卷一三八）。最後只有李如柏一軍安全撤退。這次以明軍慘敗的戰役，便是歷史上有名的薩爾滸之戰。薩爾滸之戰後，明朝在遼東的軍事逐漸轉入戰略防禦的地位，而後金則轉向戰略進攻，對於明朝東北邊防的威脅日甚一日。

薩爾滸戰役的失敗，除了明軍軍事上的失策外，當時明朝內部黨爭激烈，任人唯黨，政治上的混亂亦是一個重要的原因。楊鎬自朝鮮戰場以來，一再損兵折將，卻能在後金攻佔撫順之後被委以經略遼東的重任，這完全是與他和沈一貫、方從哲等執政浙黨的關係密切有關。他從朝鮮敗回後至出任遼東經略，經常受到其他朝臣的攻擊，認爲他實非將才，難堪大任。但方從哲等還是一意把楊鎬送上瀋陽，讓其擔負重任。楊鎬到遼東後，對於四路明軍將領，也是厚此薄彼，不能齊心協調，共同對敵。從當時四位主將的素質看，東路的劉綎最是驍勇善戰，但是楊鎬猜忌劉綎，簡直是有意讓劉綎孤軍赴東路送死，當時與劉綎一起出擊的朝鮮都元帥姜弘立都看出這一點，他問劉綎：「然則東路兵甚孤，老爺何不請兵」？劉綎回答說：「楊爺與俺自前不相好，必要致死，咱亦受國厚恩，以死自許」（《李朝實錄》光海君日記，卷一三八）。從內閣權臣至前線經略，其私心黨護及排斥異己如此嚴重，明軍豈有不敗之理！

明朝中央官僚黨爭的日益加劇，對於遼東戰事局勢的影響也日益嚴重。楊鎬戰敗下獄後，改命熊廷弼爲遼東經略。熊廷弼是一個很有安邊護國之才的人物，早在萬曆三十六年（一六〇八年）巡撫遼東時，「在遼數年，杜饋遺，核軍實，按劾將吏，不事姑息，風紀大振」。十年之後，熊廷弼再次來到遼東，時值楊鎬喪師之後，形勢十分嚴峻，「兵燹後，數百里無人跡」。朝廷派往前線的官吏，多「憚不肯行」，熊廷弼乃親自巡歷，「自虎皮驛抵瀋陽，復乘雪夜赴撫順，……所至招流移，繕守具，分置士馬，由是人心復固」（《明史》卷三五九，〈熊廷弼傳〉）。熊廷弼的這種安輯流移、穩固防守的策略，是符合當時的實際情況的，因此他在經略的一年時間裡，遼東局勢基本上穩定了下來。

熊廷弼雖有志於遼東的邊事，但他對當時朝廷的政治紛爭是十分了解的，因此他希望朝廷當權者「毋窘臣用，毋緩臣朝，毋中格以沮臣氣，毋旁撓以掣臣肘，毋獨遺臣以艱危，以致誤臣，誤遼，兼誤國也」（《明史》卷三五九，〈熊廷弼傳〉）。不幸的是，熊廷弼的這些擔憂都一一出現了。萬曆四十八年（一六二〇年），給事中姚宗文、御史馮三元等以私憾交章攻廷弼。「廷弼遂不安其位」。是年神宗、光宗相繼去世，熹宗即位，熊廷弼性格又「剛負氣，好謾罵，不為人下」，不但得罪東林黨人，亦與浙黨、閹黨不相容，「物情以故不甚附」（《明史》卷三五九，〈熊廷弼傳〉）。十月，熊廷弼罷歸，改任袁應泰為遼東經略。「應泰歷官精敏強毅，用兵非所長，規畫頗疏」（《明史》卷二五九，〈袁應泰傳〉）。防禦鬆弛，治兵寬散，遼東的局勢更加危急了。

四　農村騷動及城市民變

萬曆中後期，明王朝一直處在嚴重的內憂外患之中，但是宮廷和宗藩的奢侈浪費，卻是有增無減。宮廷修繕，僅採楠杉諸木於湖廣、四川、貴州一項，費銀九百三十餘萬兩，「徵諸民間，較嘉靖年費更倍」。宮廷織造，張居正執政時曾有所抑裁，但張居正死後，神宗派織造內臣到各地搜括，「蘇、杭、松、嘉、湖五府歲造之外，又令浙江、福建，常、鎮、徽、寧、揚、廣德諸府州分造，增萬餘匹。陝西織造羊絨七萬四千有奇，南直、浙江紵絲、紗羅、綾紬、絹帛，山西潞紬，皆視舊制加丈尺。二三年間，費至百萬」，內帑不敷經費所給，搜括戶、工二部庫藏，扣留軍國之需。萬曆末年，神宗派稅監兼司織造，更是奸弊日滋。採賣金珠，「費以巨萬計，珠寶價增舊二十倍」，至於末年，「內使雜出，採造益繁，內府告匱，至移濟邊銀以供之」（《明史》卷八二，〈食貨六〉），以致「內廷積金如山」（《明通鑑》卷七六）。各地宗室繁衍益盛，到萬曆四十年（一六一二年），宗室人口突逾六十萬（《明神宗實錄》卷四九二），單食祿米一項，就給國家財政增加莫大負擔。「近歲寧夏用兵，費百八十餘萬；朝鮮之役，七百八十餘萬；播州之役，二百餘萬。今皇長子及諸王子冊封，冠婚至九百三十四萬，而袍服之費復二百七十餘萬。冗費如此，國何以支」（《明史》卷二三五，〈王德宗傳〉）。

皇親貴戚奏討土地再度興盛，「神宗賚於過侈，求無不獲，潞王、壽陽公主恩最渥」（《明史》卷七七，〈食貨一〉）。萬曆三十四年（一六〇六年），四川巡按孔貞一曾上言蜀王府的占田：「蜀昔有沃野之說，……近爲王府者什七，軍屯什二，民間僅什一而已」（《明神宗實錄》卷四二一）。萬曆四十一年（一六一三年）福王常洵封藩河南，要求給他賜田四萬頃，後經群臣力爭，「乃減其半」（《明史》卷七七，〈食貨一〉），改爲二萬頃。河南湊不足數，乃括山東、湖廣土地益之。「又奏乞故大學士張居正所沒產，及江都至太平沿江荻洲雜稅，並四川鹽井榷茶銀以自益。伴讀、承奉諸官，假履畝爲名，乘傳出入河南北、齊、楚間，所至騷動。又請淮鹽千三百引，設官洛陽與民市。中使至淮、揚支鹽，乾沒要求輒數倍，而中州舊食河東鹽，以改食淮鹽故，禁非王肆所出不得鬻，河東引遏不行，邊餉由此絀」（《明史》卷一百二十，〈福王常洵傳〉）。

爲了擺脫財政困境，明朝多次向民間加派田賦。明代田賦加派，大約始於正德、嘉靖間。嘉靖二十九年（一五四九年），「俺答犯京師，增兵設戍，餉稅過倍，三十年（一五五〇年），京邊歲用至五百九十五萬，戶部尚書孫應奎蒿目無策，乃議於南畿、浙江等州縣增賦百二十萬」（《明史》卷七八，〈食貨二〉）。嗣後，京邊歲用日益增多，「而內廷之賞給，齋殿之經營，宮中夜半出片紙，吏雖急，無敢延頃刻者」，於是各科斂財之法紛紛出籠，「題增派，括贓贖，算稅契，折民壯、提編、均徭、推廣事例興焉」（《明史》卷七八，〈食貨二〉）。萬曆中後期，這種臨時性的田賦加派不時出現。萬曆二十年（一五九二年），江南等沿海一帶，「因島夷之亂，復募民防守，枕戈占籍之徒，率皆衣食縣官，縣官不能給，則又議及派餉，田畝地山，每畝加銀一厘五毫，二十一年（一五九三年）復加一厘五毫，共爲三厘」（顧炎武：《天下郡國利病書》卷八七，〈浙江七〉）。萬曆末年，遼東戰事日益激烈，爲了籌集軍餉，戶步尙書李汝華於萬曆四十六年（一六一八年）開始議定加派田賦遼餉，「自貴州外，畝增銀三厘五毫，得餉二百五十萬」。但是依然不敷所出，四十七年（一六一九年）又議定每畝再加派銀三厘五毫，四十八年三月第二次議定再每畝加派二厘，每畝累加至九厘」，「先後三增賦，凡五百二十萬有奇，遂爲定額」（《明史》卷七八，〈食貨二〉）。

萬曆中後期，水旱災害頻仍，由於明朝政府忙於對城鄉的搜括，而不注意於農業生產的管理和水利的倡修，嚴重地削弱了抵禦自然災害的能力，演成長期的災荒。萬曆二十九年（一六〇一年）六月，京師、山東、河南旱災，「赤地千里，道路相望，村空無煙」（《明通鑑》卷七二）。萬曆末年，山東、河南各地均出現因災荒而人相食的慘況，「道旁刮人肉如屠豬狗，不少避人，人視之亦不為怪」（康熙《諸城縣志》卷三十）；「自古饑年，止聞道殣相望與易子相食，析骸而爨耳。今屠割活人以供朝夕，父子不問矣，夫婦不問矣，兄弟不問矣」（康熙《青州府志》卷二十，〈災祥〉）。

隨著明朝官府搜括和地主壓迫加劇，農村的騷動接連不斷。萬曆年間，廣東揭陽的楊仁寶等，率領大批流民佔據山田「二十萬頃」（民國《潮州志》，〈大事記〉），電白縣的貧農也紛起「據民田」（道光《高州縣志》卷十二）。潮陽的劉興策，發動無地農民，「多奪人田，田產至萬餘頃」（瞿九思：《萬曆武功錄》）。廣西羅旁、岑溪等地農民，「見旁近美田宅，盡奪而有之」（瞿九思：《萬曆武功錄》），並打出「平田王」的名號。右江十寨的農民，「聚黨萬餘人，據人田產」（瞿九思：《萬曆武功錄》）。江西余乾胡佩三、進賢曾龍、崇仁王京五、臨川鄒廷七、樂安龔一、貴溪彭發等，各發動群眾數百人，搶奪地主和官府倉廩（瞿九思：《萬曆武功錄》）。湖北蘄黃的劉汝國，「大書剗富濟貧」，略稻搶糧（瞿九思：《萬曆武功錄》）。湖南邵陽的周志棋，號召農民開倉奪粟（瞿九思：《萬曆武功錄》）。江蘇昆山、吳江等地，有農民起而「打富戶」（瞿九思：《萬曆武功錄》）。安徽廬江，有史存等的「

略稻」（瞿九思：《萬曆武功錄》）。河南滑縣，有車小岡發動奪粟（瞿九思：《萬曆武功錄》）。各地農民的鬥爭，表現爲平田、平穀、平米，即把矛頭針對佔田的地主和搜括大量銀米的官府。同時，他們既反對地主、官府的囤粟積穀，也反對商人囤積居奇。萬曆十四年（一五八六年），河南內黃、安陽、湯陰、滑縣的饑民，強行禁止賈人轉麥以逐利，鳴金鼓，張旗幟，奪取麥舟。萬曆四十八年（一六二〇年），蘇州饑民強借徽商的囤米，起者萬人，屯聚府門。

隨著商品性農業的發展，經濟作物種植面積的擴大，農村糧食不足的情況愈來愈嚴重。在這些商品性農業發展的地區，產生經常性的、非暴力性的抗租，是這一時期農民鬥爭的新特點。江蘇常熟，浙江秀水、諸暨，福建泉州，廣東惠州等地，佃農以抗租相尚，「預相告約，不許輸租巨室」（萬曆《泉州府志》卷三，〈風俗〉）。

此外，在山區從事商品生產的菁客、靛民、藍民、麻民、炭工等棚民，也不斷進行反抗鬥爭。嘉靖萬曆時期，福建永泰、興化、仙游等地，發生多起「菁客」的暴動（民國《永泰縣志》卷二，〈大事記〉，鄭嶽：《紀變漫言》）。隆慶時，湘贛交界的萬羊山，有種藍爲業的「藍戶」千餘人在酃縣青石崗等處起義（《明穆宗實錄》卷二六）。萬曆四十四年（一六一六年），廣東從化、龍門有「開山種藍燒炭者」發動的「藍徒」、「炭黨」的起義（顧炎武：《天下郡國利病書》卷九八，〈廣東二〉）。他們的反抗鬥爭，除了反對地主之外，還帶有要求發展商品生產的性質。

在城市，以手工業工人爲主體、各階層居民參加的「民變」、「民抄」事件，層出不窮。

萬曆二十年（一五九二年），有浙江湖州「民抄」官僚地主董份、范應期事件，「民相集如狂不可禁，董之業輒破十四、五，而波及於范」（沈瓚：《近事叢殘》）。二十二年（一五九四年），有福州搶米風潮，「饑民大噪，搶劫城中，三日乃定」。（萬曆《福州府志》卷七五，〈時事〉）

從萬曆二十四年（一五九六年）起，神宗派出許多礦監、稅監，借開礦、收稅之名，大肆掠奪財物，「只知財利之多寡，不問黎元之死生」（《明神宗實錄》卷三四九），「礦不必穴，而稅不必商，民間丘隴阡陌皆礦也，官吏農工皆入稅之人也」（《明史》卷二三七，〈田大益傳〉）。他們倒行逆施，激起各地此起彼伏的民變。二十七年（一五九九年），有荊襄人民反湖廣稅監陳奉的鬥爭。陳奉到荊州、襄陽等地課稅，商民「聚眾鼓噪」，以至向他「飛磚擊石」（《明史》卷三〇五，〈陳奉傳〉）。山東臨清人民反天津兼臨清稅監馬堂，「遠近爲罷市，州民萬餘人，以火焚堂署，斃其黨三十七人」（《明史》卷三〇五，〈陳增傳〉）。明廷詔捕「首惡」，織筐工人王朝佐「素仗義，慨然出曰：『首難者我也』，臨刑神色不變」（《臨清州志》卷八）。二十八年（一六〇〇年），有武昌民變，萬餘居民爲抗議逮捕湖廣僉事馮應京，聚而包圍陳奉官署。陳奉窘，逃匿楚王府，群眾遂執其爪牙六人，投之於江，並傷緹騎（《明神宗實錄》卷三五七）。巡撫支可大袒護陳奉，民眾焚其轅門。「陳奉入楚，始而武昌一變，繼之漢口，繼之黃州，繼之襄陽之光化縣，又青山鎮、陽邏鎮，又武昌縣仙桃鎮，又寶慶，又德安，又湘潭，又巴河鎮。變經十起，幾成大亂」（《明神宗實錄》卷三四四）。神宗不得不改派巡撫並撤回陳奉。又有蔚州民變，礦工打死礦監王虎；廣東新會民變，圍擊縣堂，訴斥市舶太監李鳳、差官陳保「肆爲攘奪」（道光《新會縣志》卷九，〈吳應鴻傳〉）的罪行。二十九年（一六〇一年），有蘇州民變，抗議稅監孫隆搜括，造成「吳中之轉販日稀，織戶之機張日減，加以大水無度，窮民之以織爲生者岌岌乎無生路」，機戶杜門罷織，織工「自分餓死」，在葛成率領下遊行示威，「斃黃建節（孫隆之參隨）於亂石之下，傅湯華（稅官）等家於烈燄之中，而鄉宦丁元復亦與焉」，還「縛稅官六七人投之河，且焚宦家之畜稅棍者」（《明神宗實錄》卷三六一）。孫隆匿走杭州，神宗最後不得不「罷織璫，而並撤諸關之稅」（陳繼儒：〈吳葛將軍墓碑〉，《明清蘇州工商業碑刻集》，第三八三頁）。

萬曆三十年（一六〇二年），蘇、松、常、鎮稅務改用劉成，機戶不滿陸新邦等營干機務，「藉口激變，煽眾搶掠」，其帖有「天子無戲言，稅監可殺」等語（《明神宗實錄》卷三七二）。又有江西景德鎮民變，製瓷工人焚燒廠房，反對礦監潘相。三十一年（一六〇三年），南京供應機房織匠罷工，「項進舉等預領工銀，刁誣侵款，有妨工作」（《明神宗實錄》卷三八一）。四十二年（一六一四年），福建反稅監高寀的鬥爭進入高潮。高寀在閩十六年，「所取物料，概欲自沒」（《明臣奏議》卷三四，周起元：〈劾稅監高寀疏〉），「假託剝奪，按各屬記籍及海洋商舶，歲得數萬，他金珠寶玩取無價者，不可勝計」（張燮：《東西洋考》卷八，〈稅璫考〉）。月港商民首先起而反抗，趕走高寀。這年四月，福州各鋪行匠作諸色人等到稅監告訐久欠價銀，反被殺傷，民房也被燒數十家，引起「遠近不平，各群聚閹署，約數千人」（張燮：《東西洋考》卷八，〈稅璫考〉），全城「市罷肆而戶晝閉，商民榜示通衢，欲殺寀並雪殺人放火之仇，終於逼使神宗將高寀撤回。四十四年（一六一六年），有昆山周玄暐父子引起的民變，「玄暐之犯眾怒也，以《涇林續紀》爲之招，其子復倚勢凌轢士民，故士民群起而合拆者，五百餘人」（《明神宗實錄》卷三八一），繼憤而焚掠其家。松江有民抄董宦的事件，憤怒的民眾喚出「若要柴米強，須殺董其昌」的口號。

城市民變，主要針對搜括工商業財富的稅監、礦監，以及暴富的官紳，反映了工商業者、手工業工人和其他城市居民的政治要求。

第七章 農村經濟的新變化

第一節 農業生產力的發展

一 糧食新品種和經濟作物的推廣

嘉靖、萬曆時期，農業生產力達到了一個較高的水平。

傳統的糧食生產，有了進一步的提高。萬曆前後，糧食作物有稻、菽、麥、稷、黍等五大類，明末宋應星的《天工開物》說：「今天下育民人者，稻居什七，而來（小麥）、牟（大麥）、黍、稷居什三」（宋應星：《天工開物》卷上，〈乃粒〉）。稻子歷來是我國人民的重要食糧，其品種亦最多，黃省曾在《理生玉鏡稻品》中記載嘉靖年間江南各地的水稻品種共有三十八種，其中粳稻類（不粘）有二十五種，糯稻（粘性）類有十三種（黃省曾：《理生玉鏡稻品》，載《百陵學山》第四冊）。據嘉靖《吳江縣志》記載，吳江一縣的粳糧品種有七十種，糯稻品種有三十七種（嘉靖《吳江縣志》卷九，〈物產〉）。占城稻是稻米品種中較優良的一種，「其名曰冬占，五十日占，三十日占，數十種云」（朱國楨：《湧幢小品》卷二，〈農蠶〉）。在嶺南一帶，因氣候條件良好，優良品種尤多，「東粵之稻多種，有曰香粳，粒小而性柔，甚香。其紅者曰香紅蓮。有曰珍珠稻，粒圓而白，最早者曰六十四，種之六十日而熟，又曰蟬鳴稻。又有西風早、光早、烏早。最遲者曰芮稻，二月種至十月熟。曰界稻，十一月種至四月熟，界在兩年，亦曰三時稻。……連歲三、四收」（屈大均：《廣東新語》卷十四）。

在中國北方地區，黍粟是重要的糧食作物，品種也很多，如河南一帶，「五穀惟粟類最夥，其色有青、白、紅、黃，其名有六月先、七里香、八百光、錢壩齒者，皆嘉。他如雞腸、兔蹄、龍爪、猴尾，隨象立名，動以百計焉」（嘉靖《鄢陵志》卷三，〈土產〉）。《天工開物》亦說黍粟種類甚多，「相去數百里，則色、味、形、質，隨方而變，大同小異，千百其名。……有牛毛、燕頷、馬革、驢皮、稻尾等名。種以三月爲上時，五月熟；四月爲中時，七月熟；五月爲下時，八月熟」。再如高粱，「以其身高七尺，如蘆荻也。粱粟種類名號之多，視黍、稷尤甚，其命名或因姓氏、山水，或以形似、時令，總之不可枚舉」（宋應星：《天工開物》卷上，〈乃粒〉）。其他如大、小麥、菽豆等作物，其品種亦都不下數十種。

除了傳統的糧食作物之外，玉米、番薯等糧食新品種的引進和推廣，更爲糧食的增產開闢了新的途徑。番薯又名甘薯，原產於美洲墨西哥、哥倫比亞一帶，十五世紀末和十六世紀初，葡萄牙人和西班牙人將它帶到東南亞的印尼、安南和菲律賓一帶。萬曆十年（一五八二年）前後，廣東東莞人陳益和福建海商，各自從安南和呂宋把甘薯引進到東莞、泉州一帶試種。萬曆二十一年（一五九三年），福建長樂人陳振龍又從呂宋引進，呈獻於福建巡撫金學曾。因其耐旱高產，「不與五穀爭地，凡瘠鹵沙田，皆可以長」（周亮工：《閩小記》卷三），在次年福建饑荒中發揮了救饑的作用，所以很快得到了推廣，並逐漸向北方各地移植。萬曆三十年（一六〇二年），又從福建傳種於琉球。（琉球《麻姓家譜》六世眞常，日本《那霸市史》資料篇第一卷第七分冊《家譜資料三・首里系》，昭和五十七年一月版，第五八三頁）。

玉米又稱「番麥」、「西天麥」、「回回大麥」，其原產地也是美洲。玉米約在嘉靖初年便由中亞傳入我國西北。嘉靖三十九年（一五六〇年）《平涼府志》卷四描述「番麥」「苗葉如薥秫稱而肥短，末有穗如稻，而非實；實如塔，如桐子大，生節間，花垂紅絨在塔末，長五六寸，三月種，八月收」。嘉靖後期再由西北逐漸傳入內地。萬曆初年，田藝衡記載其家鄉浙江杭州一帶種植玉米已頗爲普遍，所謂「御麥出於西番，舊名番麥，以其曾經進御，故曰御麥。幹葉類稷，花類稻穗，其苞如拳而長，其鬚如紅絨，其粒如黃實，大而瑩白，花開於頂，實結於節，真異穀也。吾鄉得此種，多有種之者」（田藝衡：《留青日札》卷二六）。

高產而又適應性強的甘薯、玉米的引進和推廣，在解決糧食問題上起了一定的積極作用，部分減輕了十五世紀以來人口不斷增長而對土地所造成的壓力。

經濟作物的廣泛種植，是嘉靖、萬曆時期農業生產力發展的又一個重要表現。

桑葉——由於棉紡織業和絲織業的發展，浙江地區的種桑業蓬勃興起，謝肇淛《西吳枝乘

》記載湖州嘉興地區的情景是：「湖民力本射利，計無不悉，尺寸之堤，必樹以桑，環堵之隙，必課以蔬，富者田連阡陌，桑麻萬頃。」這大量桑樹的種植，有相當一部份是被當作商品而大量投入市場，黃省曾《蠶經》中說：「有地桑出於南潯，有條桑出於杭之臨平，其鬻之時，以正月之上中旬。其鬻之地，以北新關之江將橋，旭日也擔而至，陳於梁之左右，午而散。」由於與市場發生了聯繫，所以種桑能比種糧獲得更大的經濟利益。當時記載云：「大約良地每畝可得葉八十箇，每二十斤爲一箇，計其一歲壅鋤壅培之費，大約不過二兩，其利倍之。」（徐獻忠：《吳興掌故集》）其他如山東、湖廣荊州的桑樹種植亦負盛名。

棉花——棉花種植尤以江南的蘇、松諸府最爲發達，如蘇州的嘉定縣，「地產棉花，其民獨託命於木棉」（《天下郡國利病書》，〈蘇松〉引《嘉定縣志》）。松江的太倉，「棉花八月熟，九月中，南方販客至，城中男子多軋花生業」（《太倉州志》卷上）。又如昆山縣，「田土高仰，物產瘠薄，不宜五穀，多種木棉，土人專事紡織」（歸有光：《震川集》，〈論三區賦役利書〉）。除江南之外，河北、陝西、山東、河南、湖廣諸省也有種植，當時有「北花出畿輔、山東，……浙花出餘姚」（徐光啓：《農政全書》卷三五）的說法，甚至在山東兗州鄆城，也出現有「賈人轉鬻江南，爲市四居焉，五穀之利，不及其半」（萬曆《兗州府志》卷四，〈風土志〉）的情況。木棉種植的普遍，已經在部分地區開始影響當地人民的生活，把部分地區的生產者捲入了商品生產的漩渦，如江南各地，「隆萬中，閩商槃集至鎮洋採購木棉，州賴以饒，今累歲弗登，價賤如山，不足以供常賦」（吳梅村：《梅村家藏稿》，〈木棉吟序）。

甘蔗——甘蔗的種植，此時已盛行於福建、廣東和四川，《天工開物》云：「凡甘蔗有三種，產繁閩廣間，他方合併得其十一而已，……今蜀中種盛」。據當時的文獻，福建、廣東都出現蔗田與稻田爭地的現象，如泉州，「甘蔗幹小而長，居民磨以煮糖，泛海售焉。其地為稻利薄，蔗利厚，往往有改稻田種蔗者，故稻米益乏，皆仰給於浙直海販」（陳懋仁：《泉南雜志》卷上）。

染料作物——隨著城市和鄉鎮手工業的發展，染料作物種植也逐漸普遍。福建的藍靛號稱甲天下，所謂「靛出山谷中，種馬蘭草為之，……利布四方，謂之福建青」（黃仲昭：《八閩通志》卷十一），「閩人種山皆茶藍，其數倍於諸藍」（宋應星：《天工開物》卷上，〈彰施第三〉）。其他如江蘇、浙江、江西諸省，也都有種植，如松江，「孔涇，……地產蘿菔、薯蕷、黃麻、藍靛之類」（陳仁錫：《皇明世法錄》卷四一，〈東吳水利〉）。浙江紹興一帶，「藍草，可染青，山陰人種之為業」（《浙江通志》卷一百四，〈物產〉，轉引《紹興府舊志》）。江西萬羊山，「跨連湖廣、福建、廣東之地，舊稱盜藪，而各省商民亦常流聚其間，皆以種藍為業」。（《明穆宗實錄》卷二六）贛縣，「城南人種藍作靛，西北大賈歲一至，注舟而下，州人頗食其利」（天啓《贛州府志》卷三）。其他如紅花、姜黃之屬，亦盛產於閩、粵、江南一帶，如福建的姜黃，「客商多販往汴梁、南京，以供染及和諸香作線香」（《邵武縣志》卷九）。

油料作物——由於榨油業的發達，江浙兩省有以種植油料作物爲業者，如烏桕，「烏桕之實可作油，今嵊縣新昌山中，人家植之爲業」（《浙江通志》卷一百四，《物產》，轉引《紹興府舊志》）。徐光啓《農政全書》亦云：「烏桕樹收子取利，甚爲民利，……江浙人種者極多。……臨安郡中，每田十數畝，田畝必種桕樹數株，其田主歲收桕子，便可完糧，如是者租額亦輕，佃戶樂於承種，謂之熟田。若無此樹，要當於田收完糧，租額必重，謂之生田。兩省之人既食其利，凡高山大道，溪邊宅畔，無不種之，甚有全用熟田種者」（徐光啓：《農政全書》卷三八）。

落花生的輸入，是這一時期油料作物種植的一件大事。落花生也稱「花生」、「地豆」、「長生果」、「萬壽果」等，原產於南美洲，據說是葡萄牙人東來傳種於廣東、福建、浙江沿海，然後向內地傳播。嘉靖《常熟縣志》的〈物產志〉中，已經刊有落花生。同時代的浙江學者徐渭在《漁樵詞》中詠誦：「堆盤如菽不知名，詠物成林未著聲，只有青藤詞一語，茨蔬香芋落花生」。蘇州黃省曾也在他所著的《種芋法》中提到了落花生，「引蔓開花，花落即生，名之曰落花生」。萬曆《仙居縣志》則云浙江的花生移植自福建，「落花生原生福建，近得其種植之」。明末清初上海人葉夢珠說「萬壽果，一名長生果，向出徽州，近年移種於本地，……賓筵往往用之，亦此地果中昔無而今有者」（葉夢珠：《閱世編》卷二）。明末廣東的落花生種植也較普遍，屈大均在《廣東新語》中說：「落花生，草本蔓生，……乃豆之魁。粵多藤族，故凡草之蔓皆以爲藤，……落花生其蔓亦曰藤，花生藤上，一花落土，生一子，故曰落花生」。可見，明代中後期落花生的引進和種植，閩、廣和徽州一帶的海商，起了重要的作用。落花生適宜於旱地和沙地種植，質高味美，且產量比其他油料作物高。因此，落花生的種植，爲人們提供了很好的食品和油料。

煙草——煙草原名淡巴菰，萬曆年間由呂宋引進閩廣，最早亦是由海商攜種帶進福建的漳州一帶。人們認爲其有禦寒避邪的效用，故很快得到推廣。明楊士聰《玉堂薈記》云：「煙酒（即煙草），古不經見，遼左有事，調用廣兵，乃漸有之。自天啓年中始也。二十年來，北土亦多種之。一畝之收，可以敵田十畝」，乃至無人不用（楊士聰：《玉堂薈記》卷四）。因爲種植煙草有著較好的經濟效益，因此雖然在明末一度遭到政府的禁止，但「禁之不止」，種者益眾，遍布南北各地，在浙江嘉興一帶，「遍地栽種，雖二尺童子，莫不食煙」（王逋：《蚓庵瑣語》）。最早引進煙草的福建地區，種植尤多，頗奪南畝之利，「初有人攜漳州種之，今反多於臺灣，載入其國售之」（姚旅：《露書》卷十）。成了明代後期福建地區最重要的經濟作物之一。

除了以上這些經濟作物之外，其他如果樹、茶葉、藥材、花草、蔬菜等等的種植，在嘉靖、萬曆年間也得到了不同程度的發展。大量經濟作物的種植，對於明代農業生產的進步和傳統農業結構的改變，起著了不可忽視的推動作用。

二 土地開發和湖廣區地位的提高

嘉靖、萬曆時期農業生產力發展的另一個重要標誌，是土地的開發和利用率得到進一步的提高。在長江下游三角洲等農業密集型的地區，充分提高土地利用率已成了農業經營的一般趨勢，如浙江湖州一帶，「湖民力本射利，計無不悉，尺寸之堤，必樹之桑，環堵之隙，必課以蔬，富者田連阡陌，桑麻萬頃，而別墅山莊求竹木之勝，無有也」（《西吳枝乘》，《浙江通志》卷九十九，〈風俗上〉引）。明張羽在〈芙蓉莊記〉中亦云：「吳興為東南沃野，山居竹木材草，水居菱芡芰荷，田疇粳稌，陸地桑麻菽麥蔬果，此其利皆可致千金，故富民率好為兼併，愛地重於金玉，雖尺寸不以假人。其為卉木花草，芬葩豔麗，可以娛耳目而妨地利者，悉棄不為」（張羽：《張來儀文集》，〈芙蓉莊記〉）。吳興湖州之外，江南的其他地區亦大多類此，「嚴州及於潛等縣，民多種桐、漆、桑、桕、麻、苧。紹興多種桑、茶、苧。台州地多種桑、桕。其俗勤儉，又皆愈於杭矣。蘇人隙地，多榆、柳、槐、樗、楝、穀等木。浙江諸郡，惟山中有之。餘地絕無，蘇之洞庭山，人以種桔為業，亦不留惡木，此可以觀民俗矣」（陸蓉：《菽園雜記》卷十三）。江南等農業比較發達的地區，通過多種經營的方式，來促進地方的開發和利用，促進了農業生產的發展。對於河、海等低洼灘涂地，則通過水利改良等措施，把大量斥鹵汙積之地，變成高產的糧倉，如寶坻一帶，「瀕海之地，潮水往來，汙泥常積，有咸草叢生，……其地初種水稗，斥鹵即盡，漸可種稻」（袁黃：《寶坻勸農書》）。太僕卿董應舉曾經在北直隸經營沿海屯田，「浚渠築防」，成效甚佳，「規劃數年，開田十八萬畝，積穀無算」（《明史》卷八十八）。在廣東珠江下游三角洲的海灘沙田，經過當地居民一番改造，也都變成高產的良田，「其俗微重樸勤，能盡地力，早禾田兩獲之餘，則蒔菜爲油，種三藍以染紺。或樹黃姜麰麥，或蔓青番薯。大禾田既獲，則以海水淋稈燒鹽。其平阜高田，亦多有荻蔗、吉貝、麻豆、排草、零香、果蓏之植。民皆纖嗇筋力，以本業爲孳孳，亦可謂地無廢壤」（屈大均：《廣東新語》卷十四）。這樣就有效地擴大了土地外延性的利用。

在山區和邊遠地區，土地也得到了大面積的開墾。萬曆時人謝肇淛曾說：「吳之新安、閩之福唐，地狹而人眾，四民之業，無遠不屆，即避陬窮發人跡不到之處，往往有之。……閩中自高山至平地，截截爲田，遠望如梯，真昔人所云『水無涓滴不爲用，山到崔嵬盡力耕』者，可謂無遺地也」（謝肇淛：《五雜俎》卷四，〈地部〉）。在廣東東部山區，嘉靖初年，外地流來田僮佃僕數以千計，屯據象頭山寨，史稱他們在「象頭山，聯絡百餘里，窮峻中垣如石城，有田可耕，不仰給於外」（《明經世文編》卷一一五，楊石淙：〈為修復茶馬舊制第二疏〉）。閩浙贛三省邊界地區，萬山雄踞，山林深邃，明中葉以後，外地流民不斷移居於此，墾山種植，漸成良田，如會昌、汀州交界的覆鼎山一帶，到嘉靖年間，「覆鼎山白葉坂之麓，俱有山田，詢知土人，半係賊人（流民）之所開墾，半係窩主陳弼等物業。……外郡流移之人耕種」（天啓《虔臺續志》卷五）。在江西南部山區，田地山場坐落開曠，吉安及福建各地流民「前來謀求生理，結黨成群，日新月盛」，使落後的山區很快成了「禾稻竹木生殖頗蕃」（康熙《兩江志》卷一四六，周用：〈乞專官分守地方疏〉）的開發區。僻遠地區如海南島，也已得到了一定程度的開發，所謂「儋耳境，山百倍於田，土多石少，雖絕頂亦可耕植，黎俗四五月晴霽，必集眾斫山木，大小相錯，更需五七日皓烈，則縱火自下而上，大小燒盡成灰，不但根幹無遺，上下尺餘，亦日熟透矣。徐徐鋤轉，種棉花，曰貝花，又種旱稻，曰山禾，米粒大而香可食，連收三四，……無窮之利，蓋在此也」（顧岕：《海槎餘錄》）。廣西、雲南等西南邊徼，也有不少內地流民和商賈進入從事開發，「滇雲地曠人稀，非江右商賈僑居之，則不成其地」（王士性：《廣志繹》卷四）。到嘉靖年間，全國十三布政司的稅田中，有十一個布政司失額，只有湖廣和廣西兩個布政司增加，其中廣西布政司增加五千五百四十餘頃。當時各布政司稅田失額的真正原因是明王朝中央政府逐漸失去對社會的有效控制能力，而不是土地面積的下降，但從這個統計數字中，我們可以了解到當時廣西地區的荒田開發是很有成效的。

土地開發最有成效的是湖廣地區。湖廣地區在明初以「田多而地少」而著稱，於是中州、江南及江西各地的大量人口向湖廣移居，其中相當一部分從事農田的開發，如江西，「凡江右之民寓於荊湖，多歷年所，置成產業者，則名以稅戶之目」（《明經世文編》卷七十二，丘濬：〈江右民遷荆湖議〉）。尤其在洪湖、洞庭湖一帶，「湖多易汙，土曠易墾，食物旋給，他方之民萃焉，而江之右為甚，強者侵產，弱者就食。故客常浮於主」。「佃民估客，日益華聚，閑田隟土，易於購致，稍稍墾闢，歲月浸久，因攘其業。又湖田未嘗稅畝，或田數十里，而租不數斛，客民利之，多瀕河為堤以自固，家富力強，則又增修之」（嘉靖《沔陽縣志》又顧炎武《天下郡國利病書》卷七十四，〈湖廣三〉）。萬曆《承天府志》也記載外省商民紛紛來湖廣占耕土地，以致凌辱土著，「地多異省之民，而江右爲最，商游工作者，賃田以耕，僦居以居，歲久漸爲土著，而土著小民恆以賦役煩重，爲之稱貸」，「況在沮洳之鄉，游水成腴，而浮食奇民，操其重資，乘急貰貸，騰踴其息，積重累困，奮（鬥）居民之業，併其身而有之」（萬曆《承天府志》卷六〈民數〉、〈風俗〉）。潛江、鍾祥一帶湖田新開發區，「藝田多者，皆流富豪恣之民。」（萬曆《承天府志》卷六〈民數〉、〈風俗〉）據萬曆丈量結果，江西北八府共有田地三十四萬二千三百五十六頃，爲洪武二十四年（一三九一年）統計數的百分之一一七點二；南五府共有田地十三萬七千八百二十六頃，爲洪武二十四年統計數的百分之一三二點三。湖北北四府共有田地二十三萬一千一百四十四頃，爲洪武二十四年（一三九一年）統計數的百分之四四三點九；南四府共有土地二十九萬四千四百五十七頃，爲洪武二十四年（一三九一年）統計數的百分之三四二點二。湖南北三府共有田地十六萬零一百零四頃，爲爲洪武二十四年（一三九一年）統計數的百分之二四二點一，南六府州共有田地十一萬九千九百四十五頃，爲洪武二十四年（一三九一年）統計數的百分之二二七點八。其中田地增加最多的是鄖陽府，爲洪武二十四年（一三九一年）的百分之三二二二點三。增長比率在百分之五百以上的，還有襄陽府（百分之七四一點六）、承天府（百分之六二八點三）、靖州（百分之五九五點二）、德安府（百分之五三四點九）（引自吳金成《中國近世社會經濟史研究——明代紳士層的形成及其社會經濟作用》，（南朝鮮）一潮閣一九八六年十月初版）。

湖廣耕地面積的擴大，既由於山區的開發，也由於水庫、溝渠、堤垸等水利設施的修築。

據有關地方志的記載，嘉靖、萬曆年間鄱陽湖周邊各府縣興修水利工程在八百件以上，洞庭湖周邊各府縣興修水利工程在一百七十件以上，承天、荊州、漢陽府興修水利工程在七十件以上（引自吳金成《中國近世社會經濟史研究——明代紳士層的形成及其社會經濟作用》，（南朝鮮）一潮閣一九八六年十月初版）。水利的開發，對保障農作物的收成和單位面積產量的提高，起了重要的作用。

湖廣耕地面積的擴大超過人口的增長，糧食有餘，已逐漸穩定化，長江下游各地的商民紛紛來湖廣運糴糧食。嘉靖、萬曆年間，江南各地的糧食供應，已經在相當程度上依賴於湖廣的運銷，史謂「向年關中不熟，全恃湖廣、江西」（陳繼儒：《晚香堂小品》卷二三）。萬曆時人餘姚邵陛亦曾經記云：「楚地古稱澤國……近奉明旨，不許遏糴，外省巨商，鱗集輻輳，搬運不絕，以致本省（湖廣）米價騰踴」，「災地之赴（湖廣）糴者已百倍曩時，而各省商人射利，皆捨其本業，百千萬艘，入楚糴穀，……各府皆然，蘄、黃爲最」（邵陛：《兩臺奏議》卷七）。明代後期福建地區一遇荒年，便「分委廉能勤敏官員，領往江（江西）、楚（湖廣）產穀地方，照依彼處時價，如法搬運」（周之夔：《棄草文集》卷五）。湖廣作爲天下穀倉，已是名實相符。「湖廣熟，天下足」的諺語，屢見於嘉靖刊行的《餘冬序錄》和明末刊行的《地圖綜要》等書中。

第二節 地主經濟的變化

一 地主階級構成的變動

嘉靖、萬曆時期，地主階級仍以皇室勳戚官僚縉紳等特權地主爲主幹，但庶民地主債息、商業、手工業及其他方面的收入，充實補強地主經濟的內容，地主經濟更富有通融性和堅韌性。這是嘉靖、萬曆時期地主經濟的一個最顯著的特點。

嘉靖、萬曆時期的地主經濟，從根本上說，仍然是一種掠奪性的封建經濟，他們靠占有大量土地和勞動力，獲取封建地租。而明代中葉以來農業生產力的提高，商品性農產品的種植，在一定程度上刺激了地主占有土地的慾望，因此在嘉靖、萬曆時期，地主兼併土地的情況又有了新的發展。

嘉靖初年，雖曾進行過清查皇室、勳戚莊田，遏制貴族地主的過度膨脹，但貴族地主占有土地的數量仍十分驚人。嘉靖時，景王朱載圳封國湖北安陸，占地數萬畝。萬曆時，潞王在湖廣有田五萬畝。福王在河南、山東、湖廣等地有田二萬頃。其他藩王的占有土地也很驚人，就是小小的武岡州岷宗，也「每每強占人田房子女」（包汝楫：《南中紀聞》）。至於那些手握大權的高官貴宦，也都以廣田巨富著稱。嘉靖前期，以議禮顯貴的方獻夫、霍韜兩家在廣東數千畝役官寺觀田（《明史》卷二〇〇），嘉靖中後期，嚴嵩、徐階均占有田地二十多萬畝，所占皆膏腴之地，「今袁州一府四縣之田，七在嚴（嵩）而三在民，在嚴者皆膏腴，在民者悉瘠薄，在嚴則概戶優免，在民則獨累不勝」（《明經世文編》卷三二九，林潤：〈申逆罪正典刑以彰天討疏〉）。徐階之富，范守己《曲洧新聞》言之甚詳：「其田賦在華亭（徐階）者，歲運米萬有三千石，歲租銀九千八百餘兩，上海、青浦、平湖、長興者不計也，佃戶不下萬人」（范守己：《曲洧新聞》卷二）。次者，錦衣衛陸炳，「積貲數百萬，營別宅十餘所，莊園遍四方」（《明史》卷三〇七，〈陸炳傳〉），再則湖州董份、松江董其昌，亦皆田過萬頃。福建的仕宦富室，亦「相競蓄田，貪官勢族，有畛隰遍於鄰境者，至於連疆之產，累而取之，無主之業，囑而丐之，寺觀香火之奉，強而寇之，黃雲遍野，玉粒盈艘，十九皆大姓之物，故富者日富，而貧者日貧矣」（謝肇淛：《五雜俎》卷四）。

一般的低層士紳，地方上的舉貢生員之類，也都佔有不少土地，並且其占有土地的手段也是十分蠻橫的。海瑞曾記江南鄉官舉監等占產的情況，云：「蘇松四府，鄉官賢者固多，其厲民致富者，誠不爲少。爲富不仁，爲仁不富，自然之理也。果有實買文契耶？臣於他府縣告係白奪之狀，間行一二。惟華亭縣告鄉官所淮頗多。蓋華亭鄉官田宅之多，奴僕之眾，小民詈怨而恨，兩京十三省無有也。臣於十二月內，巡歷松江，告鄉官奪產者幾萬人。向縣官問故，群舉而告曰：夫民今而後得反之也！向諸生員問故，則又群聲而言，夫民今而後得反之也！鄉官之賢者亦對臣言曰：「二十年以來，縣官偏聽鄉官舉監囑事，民產漸銷，鄉官漸富。再後狀不爲受理，民亦畏不告訴，日積月累，至有今日，事恨歎！」（海瑞：《海忠介公集》卷三，〈

被論自陳不職疏〉）

這一時期，庶民地主也有長足的成長。「江南庶姓之家，三萬六千畝者恆是也」（黃省曾：《五嶽山人集》卷二八，〈難前賢封建論一首〉）。常熟譚曉、譚照兄弟有田數萬畝。湖廣湘潭周氏，「田兼四縣，至南京沿道並有館舍，至府不履他阡，皆其田土」（光緒《湘潭縣志》卷四下）。桂陽府的鄧、傅諸氏，則是典型的由小生產上升到地主，他們靠剝削鄰人而逐漸起家，據載：「鄧氏、傅氏皆用力田富，鄧文盛者，居上田坊，明萬曆時，農人也，有七子列宅分地，數十里田舍相望。」（王闓運：《桂陽直隸州志》卷二十，〈貨殖傳〉）江西「安遠葉楷，世居黃鄉雙橋間，……有田十八萬畝，世專之，不賦」（談遷：《國榷》卷六九）。江蘇興化縣，「泰州民竈開種河北人戶，俱是田多糧少，如徐蘭、劉椿等，號稱巨富，而在冊糧米，不及三石之數」（顧炎武：《天下郡國利病書》卷三十，〈江南十八〉）。有的庶民地主通過勾通官府，強取豪奪，武曲鄉里，如福建同安的豪霸地主，「多有結交官府憑恃氣力，收納門義，凌辱鄉里者矣。……大則脅取田地房產山蕩果園銀兩，小則或在海取蛤者、取蠣房者，每一把納錢四文，或一刀納錢二文；或在陸道經其門者，凡一肩之柴，一挑之靛，自山而至者，彼必縱狼虎之僕，橫路攔截，取其半以供私奉，如古之官市然，謂之挑分」（洪朝選：《洪芳洲先生讀札稿》，〈代本縣回勞軍門咨訪事宜〉）。在階級分化的威脅下，許多庶民地主和鄉族勢力結合起來，通過捐贈、分產提留等方式，擴大義莊、祠田、族田、祭田等鄉族共有地。當時如江南、廣東、福建、江西一帶，鄉族擁有千畝以上的義田，數頗不少。鄉族土地名義上雖爲鄉族所共有，實際上操縱在少數地主和富農手中，是明代地主經濟剝削的主要形式之一。特別是這種鄉族地主，利用宗法的封建勢力，以其族大丁多，挾眾行兇，欺凌弱家小姓，形成明代封建壓迫的特點之一。丁元薦在《西山日記》中記其鄉族的情景云：「曾大父湖南公曜，少年自雄其才，起家數萬，族有數百人，世居湘濱，敢而負氣，公好施，收其豪有力者，歲時椎牛置酒高會，威惠並行，有事夜半一鼓而集。族子多戇，好然諾，即平生素有嫌隙，遇急輒奮身以往不復顧。無賴者駕巨艇湖中，使酒好鬥。陽羨人聞丁氏船，多咋舌避易。湖西數里有下場李，亦勇敢多力士，凡地方相毆，必倩曰李氏人，然不敢與吾族抗，蓋丁氏子弟齊，不顧利害故也」（丁元薦：《西山日記》卷下）。而這種鄉族相凌的風氣，又進一步促進了鄉族經濟的發展，提高了鄉族地主控制地方的權力。

儘管庶民地主經濟在發展的過程中，仍然採取種種暴力掠奪行爲，但從總體上看，庶民地主兼併土地更多依靠經濟手段，土地買賣的地位日益提高，通過訂立契約「正買正賣」的地權轉移十分普遍和頻繁。顧公燮《消夏閑記摘抄》云：「居間者輒轉請益，彼加若干，此加若干，甚至鷄鳴而起，密室成交。諺云：『黃昏正是奪田時』。此之謂也。」土地買賣契約不斷增添新的內容和形式，並在各地形成使用契約的習慣——「鄉規」、「俗例」。萬曆時期，在土地契約關係上形成了種種民間契式，並通過日用雜書《翰府錦囊》、《萬書萃寶》、《三臺萬用正宗》、《學海群玉》、《家禮簡儀》等的刊刻進行推廣，具有一定的規範性（參見楊國楨《明清土地契約文書研究》，人民出版社一九八八年二月第一版）。

通過契約購買土地的，除了原有的鄉村地主和富裕農民外，還有商人。嘉靖、萬曆時期，東南地區的商人占有土地，爲數不少。舉江南的王守璽爲例：

> 王君名守璽，……父高峰翁知其才，縱之賈游，賈輒售，累至千金，……一日行賈江陰，涉江至平寧沙而熟睨之，曰：是足以豪矣。聞者揜口，謂此間唯有荒葦蔓草，恐無所助君豪。君曰：不然，唯人棄所以取也。乃決策構廬舍，買犢治器，擇田而授之，三年大墾，五年大闢，會天幸連得歲稔，而沙之趾芽而為新田者，數倍其身，畝益拓，土益腴，雞犬桑麻，居然樂壤矣。
>
> ——亢思謙：《愼修堂集》卷一八，〈壽官蕭溪趙公墓誌銘〉

內陸地區著名的山區商人，不少以「積穀」稱富，如絳縣的趙氏，「溪翁慷慨爲義，賈茶馬於西寧，積穀數千石，……趙翁以久旅道獨奉母居，……力田爲養，節約自持，家用以饒。……躬率僮僕治田畝，供賦稅，優游養和，終歲不入城郭」（《天下郡國利病書》卷七十四，〈湖廣三〉）。焦茲記述南京許承謙，「謂治生當以末起家，以本守之，買田數頃，歲課童力耕，以給公上，而食其餘，所入倍常農」（焦竑：《澹園續集》卷十四）。具體地道出了嘉、萬時期商人地主的思想境界。商人們嚮往於封建性的剝削方式，逐漸失掉商人和商業資本的獨立性，終於成爲地主階級的一員，造成中國封建土地所有制的複雜化。

商人↓以封建式剝削保持資本，失去商業独立性，成爲地主階級嘉靖、萬曆年間，不在地主和地主城居化的趨向有了進一步的加強。在富庶的江南地區，寸土如金，是官紳地區闤集門富之所，土地連跨數州者甚眾，顯官如大學士徐階、尚書董份及董其昌、徐履祥等，都在城中營構華堂麗室，擅其名勝，過著奢侈的生活，而其土地，則散布各鄉。蘇州華氏，「世居東亭，田跨三州，每歲收租四十八萬」（錢泳：《登樓雜記》）。徽州巨商經營在外，多挈家定居於各省衝要繁華城市，「如上元、淮安、維揚、松江，浙江杭州、紹興，江西饒州、滸灣等處」，而田產祖業，則「概行寄託窮親當役應卯」（廖騰煃：《海陽紀略》卷下）。福建各地也是如此，閩清縣的田地，多係住居於福州省城的不在地主所有，「邑七都平街地方，……省中富室多寓此收租，因之築屋暫住。」住在興化府治的官紳地主們，在莆田各地農村田連阡陌，「求田問舍，每戶數千租，郭尚書租至一萬三千石，惠洋庶民方南川租亦一萬二千石，富者千倉萬箱，往往閉糶，每至春末穀價湧高，由是富者愈富，窮者愈窮」（陳鴻：《熙朝莆靖小紀》）。泉州府城中的地主，在安溪、德化各地廣置田產，收租多係家人，「三五成群，乘輿而至，大斗浮量，額外需索」（《德化縣志》卷七，〈民賦屯糧〉）。這些城居地主雖然也有不少兼營工商業，但是他們以囤穀出售、出穀入銀、逐末生息爲事，這正是體現了後期封建經濟的特點和地主經濟的寄生性。

明代中葉以後的社會變遷和商品經濟的繁榮，激烈地衝擊著土地所有權的內部結構運動，使私人地主所有權本身也產生層次權利的分割。在我國東南沿海的一些地區，地主爲逃避賦役負擔，通過買賣、虛懸、詭寄、授產等方式，把土地所有權分割爲田底權和田面權；一些佃戶因繳納押租或付出工本取得永佃權，又通過「私相授受」、轉佃、轉頂土地，爭得田面權，使一部分土地形成「一田二主」的狀況。嘉靖、萬曆時期，「一田二主」現象在福建、江蘇、安徽等地有了初步的發展。

從地主層分化產生的「一田二主」，以閩南漳州府最爲典型。萬曆《漳州府志》記載：

惟是漳民受田者，往往憚輸賦稅，而潛割本户米，配租若干石，以賤售之。其買者亦利以賤得之，當大造年，輒收米入户，一切糧差，皆其出辦。於是得田者坐食租稅，於糧差概無所與，曰小稅主。其得租者，但有租無田，曰大租主（**民間買田契券，大率計田若干畝，歲帶某户大租穀若干石而已**）。民間仿效成習，久之租與稅遂分為二。

——萬曆《漳州府志》卷八，〈田賦〉

這種現象早在正德年間就發其端，「民間棄業者，多減米加租，以圖一時高價，得業者只照契收戶，不管中有那移」（正德《漳州府志》卷八，〈户紀〉），但成爲地方俗習，大致在嘉靖前後。嘉靖時期編纂的縣志已有明確的記載。如龍溪縣：

柳江以西，一田二主。其得業帶米收租者，謂之大租田；以業主之田，私相貿易，無米而錄小稅者，謂之糞土田。糞土之價，視大租田十倍，以無糧差故也。

田名糞土稅子，謂之無米租；名大租，謂之納米租。無米租皆富家巨室蟠踞，納米租則有力者攘取。

——嘉靖《龍溪縣志》卷一，〈地理〉

——嘉靖《龍溪縣志》卷四，〈田賦〉

龍岩縣的「授產田」：

富家田多，則賦必重，乃授田於人，頂戴苗。計其租，僅足以供其賦，貪狡者受之，一有不支，則人田俱沒矣。

——嘉靖《龍岩縣志》卷上第二，〈民物志・土田〉

到了萬曆年間，土地所有權分割為田底、田面分別買賣，已在契約格式上固定下來。田面買賣稱為「賠契」，其式如下：

某里某人名姓，承父分受得晚禾田一段，坐落土名某處，原計米某籮，年供苗穀某桶鄉，自某至□某處，四〔西〕至某處，南至某處，北至某處，已上俱出四至明白。今來不成業次，情願託得知識人為中說諭，即將前項田土出賠與某里某人耕作，當同中見三面言議，時值倍〔賠〕價係銀幾兩正，當時立契之日，價銀一併交收足訖外，不欠分厘。自倍〔賠〕之後，某田且某人仍從前去耕作管業。係是兩家甘允，並無抑勒、准拆〔折〕債負之類，亦無重張典掛外人財物之理。若有來歷不明，不涉倍〔賠〕者之事，原主自用出來抵當。若有上手契字，一聯繳照。今恐口說難憑，故立契字一紙，附與永遠收執為照用。

——《萬錦全書》萬曆刊本

從永佃權轉化爲「一田二主」，在明中葉便已存在。正德《江陰縣志》卷七〈風俗〉記載

其佃人之田，視同己業，或築為場圃，或構以屋廬，或作之墳墓，其上皆自專之，業主不得問焉。老則以分之子，貧則以賣於人，而謂之傕；得其財謂之上岸，錢或多於本業初價。

嘉靖《龍岩縣志》卷上第二〈民物志·土田〉記載的「糞土田」：

糞土即糞其田之人也。佃丁出銀幣於田主，質其田以耕，田有上下，則質有厚薄，負

租則沒其租。沿習既久，私相授受，有代耕其田，輸租之外，又出稅於質田者，謂之小租。甚至主人但知其租，而不知其田之所止。

到了萬曆年間，佃戶轉佃田面的契約在閩北、徽州等地均有發現，僱田契約也在格式上固定起來（詳見楊國楨《明清土地契約文書研究》，人民出版社一九八八年二月第一版，第一〇一～一〇二頁。）。

在閩南漳州府，從這兩種渠道產生的「一田二主」更是複雜交織，從而形成「一田三主」。萬曆《漳州府志》在上述地主層分化爲「一田三主」後說：「而佃戶又以糞土銀，私授受其間，而一田三主之名起焉」。萬曆《南靖縣志》記載：

同此田也，買主只收稅穀，不供糧差，其名曰業主。糧差割寄他户，收田之稅配之，受業而得租，名大租主。佃户則出資佃田，大租、業稅皆其供納，亦名一主。此三主之說。

——萬曆《南靖縣志》卷四，〈賦役〉，〈稅糧〉

小租主是因原地主衰落而興起的新的地租剝削者。雖然小租主中還有一部分是帶有少量小租剝削的小土地所有者，但其發展的方向，是導致二地主階層的形成。這是嘉靖、萬曆時期地主經濟演變的一個新特點。

二 地主家庭收入的多元化與經營地主的出現

嘉靖、萬曆時期的地主經濟，仍以地租剝削爲其經濟收入的核心，因此從整體上看，他們組織的經濟活動，仍是強調「耕織原是本業」。廣東南海官僚地主霍氏（韜）、龐氏（尚鵬）的家訓，爲我們研究明代地主如何組織他們的經濟，提供了具體的材料。《霍氏家訓・田圃》說：「人家養生，農圃爲重，末俗尚侈，不力田，不治圃，坐與衰期。」並規定「凡子侄，年二十五受田，五十出田」，力言「非力耕不得食」，「子侄不可不力農作」。《龐氏家訓・嚴約束》中亦規定：「累世鄉居，悉有定業，子孫不許移住省城，三年後不知有農業，十年後不知有宗族，驕奢遊惰，習俗移人，鮮有能自拔者，予嘗言鄉居有十利，惟避寇方許暫寓城中」。把整個家族凍結於小塊土地之上，只以力田爲上策，其目的在於牢固地保持男耕女織的經濟體系和宗法組織。《霍氏家訓・衣布》中還有分配吉貝和麻供織之例：「凡女子六歲以上，歲給吉貝十斤，麻一斤；八歲以上，歲給吉貝二十斤，麻二斤；十歲以上歲給吉貝五十斤，麻五斤」。並規定：「凡丈夫衣服婦自供，兒女衣服母自供。」《龐氏家訓・務本業》中亦有同樣的規定，並且更加明確：「俱令親自紡織，不許雇人」。他們對於全面處理家族內部的生產資料和生活資料方面，也有很詳盡的規定，如《霍氏家訓》云：「凡耕田三十畝，歲別儲穀十五石爲種。凡耕田三十畝，歲給公糞五十擔，給糞資錢千文，蒔秧錢四百。凡耕牛，皆圜之一欄，凡畜豬，皆圜之一圈。積糞均資田圃，年輪綱領者一人均之（原注：不如是則散漫無統故也）。池塘養魚須要供糞草，築塘牆，桃李荔枝，培泥種草，人無遺力，則地無遺利，各派定某管某處，開列日期，不時查驗，毋令失業」。此外，對於食穀、酒醋、膳食、衣布皆按規定分散。這班地主豪族對於當時廣東沿海地區商品交換的頻繁和白銀的使用，反應極爲靈敏，不自覺地意識到商品生產的可怕，因此力圖在《家訓》中穩住舊秩序，如《霍氏家訓》中說：「柴用耕田稻草，如不足，即於收穫時，併工獲取，用船載回，堆積隔溪樹下，如空間去處，務足一歲之用而後已。若用銀買柴，必立見困乏，豈能常給乎」！

但是，在工商業豐厚的經濟收入的誘惑下，地主們爲擴大其經濟的內容，插足於工商活動，這就使地主經濟中所包含的商品經濟因素有所增長，地主的經濟收入，有地租，有商業，有手工業，還有其他的收入。據記載，明代中葉以後，一般地主率多兼營商業，嘉靖《江陰縣志》云：「鄉落大姓，居貨而賈者，數不可紀」（嘉靖《江陰縣志》卷二，〈市集〉）。這種地主商人曾遍布於全國各地，河南「武安最多商賈，廂坊村墟，罔不居貨」（顧炎武：《天下郡國利病書》卷五二，〈河南三〉）。這裡所謂廂坊村墟，罔不居貨，當亦係地主所兼營的商業。有不少資料證明，當時有些市集，即由地主階級所創立的。其沿海地主大姓，販海通商者，爲數甚多，如福建詔安的梅嶺，此村有林、田、傅三大姓，多通番行劫（俞大猷：《正氣堂集》卷二，〈呈福建軍門朱公揭〉）。浙江餘姚謝氏、黃岩黃綰皆「通閩舶，沒其值，舶倭切憾致亂」（談遷：《國榷》卷五十九）。即使是以維持封建傳統秩序為己任的廣東南海霍氏，在經營農業之外，亦不得不兼營工商業，《霍渭崖家訓·貨殖》中說：「凡石灣窯冶、佛山炭鐵、登州木植，可以便民同利者，司貨者掌之。……司窯冶者，猶兼治田，非謂只司窯冶而已。益本可以兼末，事末不可廢本故也」（霍韜：《霍渭崖家訓》，〈貨殖第三〉）。在絲織業發達的江南地區，「吳人以織作為業，即士大夫家多以紡織求利」（于愼行：《穀山筆塵》卷四）。上海的大理寺評事顧氏，「家故勤織紝，織布美，有蘭花、菱花、紫花、天水碧諸名，賴是以佐客」（《皇明文海》卷七十六，陳所蘊：〈明文林郎大理寺左事左評事研山顧先生墓誌銘〉）。大官僚徐階，亦「多蓄織婦，歲計所積與市為賈」（于愼行：《穀山筆塵》卷四），並在松江、蘇州、北京設立徐氏官肆與私邸，經營匯兌業務（參考范濂《雲間據目抄》）。顧炎武談及明代地主經濟時曾云：「自萬曆以後，水利、碾磑、渡場、市集，無不屬於豪紳，相沿以為常事矣」（顧炎武：《日知錄》卷十三）。經商、從工和放高利貸成為地主增值財富的重要途徑，史稱「江以南豪殖者，競為質邸，操其奇贏，逐什一之息」（《皇明文海》卷七十九，惲紹芳：〈光祿寺丞兼翰林院典籍夢竹胡公墓誌銘〉）。范守己的《御龍子集·曲洧新聞》卷二，描述嘉萬時期江南一些身分性的官僚地主從事商業、高利貸活動，頗為生動有趣：「王元美（世貞）席有先業，其家亦巨萬，……時歲將終矣，諸質舍算子錢者類造帳目呈覽，主子錢者昇簿白元美曰：已算明。元美問曰：幾何？曰：今歲不往年若也，三十萬耳。元美頷而收之」。又云：「董尚書（份）富冠三吳，田連蘇、湖諸邑殆，千百頃。有質舍百餘處，各以大商主之，歲得子錢數百萬。家畜僮僕不下千人，大航（即游船）三百餘艘，各以號次聽差遣」（范守己：《曲洧新聞》卷二）。其他的官僚亦是如此，如黃省曾的《吳風錄》云：「自劉氏、毛氏創起利端，爲鼓鑄囤房，王氏債典，而大村名鎮，必張開百貨之肆，以榷管其利，而村鎮之負擔者俱困，由是累百萬。至今吳中縉紳大夫多以貨殖爲急，若京師官店，六郭開行債典，興販鹽酤，其術倍剋於齊民」。其他一般地主的高利貸取息也十分殘酷，如「長興有鄉民王某者，素狡而橫，武斷鄉曲，每設計買人田，僅償半價，放債則揹其原契，既還復索，習以爲常，人畏其橫，莫敢與爭，惟飲恨而已」（魏大中：《最樂編》卷五）。再如廣東的欽州，「雖上戶鮮十金之積，遇有供輸，輒問貸於賈人軍家，利上加利，不知幾極，有一金不二年取十數金者，民習爲常，恬不爲怪，賈人軍家常積貲以待其乏，外至匠作，不二年，皆捨本業而事放債」（嘉靖《欽州志》卷一，〈風俗〉）。還有一部分地主，爲逃避賦役，棄田而專以權子母爲業，如虞陽黃氏，「任陽爲虞邑之極東南境，地洼民貧，而黃氏獨以貲雄鄉里，居大橋，世謂之大橋黃家，余及見者，曰黃亮功，自伊祖積貲起家，專以權子母爲業。蓋見中原多故，增餉增役，業田苦於賠累，不若貸粟於人，其息倍收，又無餉役累也」（《過墟志感》卷上，見《虞陽說苑》甲編）。

在地主家庭收入多元化傾向有所發展的情勢下，經營地主也開始孕育而生，較早的如河南杞縣的張氏：

張公者，杞人也，名廷恩，字世榮，號雲莊子，世居西崗，曰張大公者，國初自墾地數千畝，……景泰元年（一四五〇年）八月三日生張公，張公弱冠耳，勃勃英氣逼人矣。土俗租地畝錢百，張公則八十，已而曰：吾地畝租五十，於是人爭來租，地無閑者。計其入，反倍於他，由是富盛。而張公智，負氣用才，然又施，故布衣雄數郡。……地嘗水，公力主藝稻，稻熟，水且復至，或幸之曰：「雲莊子智乎？」公令佃人曰：「稻第堆之田，人雙其堆，多則四之。」又令曰：「崇土如堆數。」公旦往第分其稻堆，已堆則標之幟。又令紉其秸，囤稻崇土上，人眾而力齊，卒免之水，人服其才。是歲獲稻巨萬數，張氏益富而盛。乃於是大治屋廬於西崗。歸睢曠斥，墟莽藪盜，公之室重垣復塹，轉樓懸梯，暗户明牖，入者迷不知其所出。遺縑之警，雖德其施者，印之心，亦勢使然耳。初公治室，造土車百，人一車，一車一長，首止而尾動，厥環無端，略如水車戽之義，齊而均，無憂於惰勤。其糴倉穀，曰入錢緡，竟無弗明者。或問之曰：凡倉穀入記之簿，予第令一僕主其出，如簿數則已。又令一僕主入緡，緡頭封識其姓名，有弗明，責之渠也。

——李夢陽：《空同集》卷四十二，〈明故例授宣武衛指揮使張公墓碑〉

杞縣是河南四通之地，交通便利，商業發達，這張氏大地主是把農業作爲一種農場去經營的，在地租份額、耕種方法、會計管理等方面都訂立有一套完整的措施，這在十六世紀中國農業經營史上是值得重視的。當然，它的經營形式還是相當原始和落後的，勞動者還是以佃戶爲主，其身分還不是自由的。另有一些經營地主則利用僮僕從事農業生產。如何良俊所記訥軒先生的事跡：「府君視豐美田產，多買僮僕，歲時督課耕種，芟闢灌莽，築堤防，修通水渠，自歲旦以至窮冬，無風雨寒暑，恆身臨視之，未嘗一日怠廢，任使僮客，各有方略，有勞苦即勸勞周悉，能中人隱曲，故亦無不人人樂於推誠勸功，由是收息漸廣，十倍於前」（何良俊：《何翰林集》第二十四集，〈先府君訥軒先生行狀〉）。王世貞所記金孺人的事跡：「課耕及理紡織絲枲場圃委乘，起宿不辨色，籌其贏，什一而息之。臧獲之指千，所役任必中能，撲責其惰進勤者，而恆其智力不令盡，以故爭願事孺人，業充然裕矣」（王世貞：《弇州山人稿》卷九十三，〈明故金孺人墓誌銘〉）。又記屠淑人事跡云：「委家政太宜人，……諸臧獲逾百指，疇力耕，疇技工作，疇行賈，疇女紅，纖巨一切以材受署，時治饔粥勞勉之，而杖其不治者，蓋人人自強也」（同上書，卷九十五，〈都察院右都御史談公室屠淑人墓表〉）。王世貞記其伯母龔孺人的事跡尤爲典型，「孺人質明輿櫛，坐寢堂，男女大小數千指，……所任使亡弗稱材，陸字畜牸蹄角以百計，水孳魚鱉以百計，圃人治果蓏芥蔬以頃計，諸水陸之饒，計口程其羨，時贏縮而息之，醯醬鹽豉不食者新之，手植之木可梓而漆，才石屑瓦，必任毋廢，以故孺人坐起不離寢，而子母之利歸焉」（王世貞：《弇州山人稿》卷八十五，〈龔孺人小傳〉）。大量地使用僮僕勞動，帶有奴隸勞動的烙印，但是中國的地主經濟長期是土地集中，經營卻是不集中的，農業勞動生產率十分低落，所以這種大經營的出現，在地主經濟管理土地方面也具有某種進步的意義。況且，他們對於僮僕也不主張一味地採取封建的強制，而是「役任必中能」

，「時治羹粥勞勉之」，「勤者爲勞苦，手治卮酒，調髓修飲之」，以此來鼓勵僮僕對於生產的積極性，這比起純以收取地租的地主，有其不同之處。

在一些地區，某些地主專門經營經濟作物的種植，如歸安的茅氏，就是種桑數十萬株的地主，「君諱艮，……起田家子，少即知田，年十餘歲，隨府君督農隴畝間，輒能身操畚鍤，爲諸田者先，其所按壤分播，薙草化土之法，一鄉人所共首推之者，已而樹桑，桑且數十萬株。而君並能深耕易耨，輦糞菑以饒之，桑所患蛀與蛾，君又別爲劀之拂之，故府君之桑首里甲」（茅坤：《茅鹿門先生文集》卷二三，〈亡弟雙泉墓誌銘〉）。當時福建福州、莆田等地也有家種萬株桑樹的地主。再如北方山東臨邑的邢氏，不僅擁有棉田數千畝，而且是一大棉花商，「（嘉靖）壬戌（一五六二年）吉貝以數千萬計，狼籍與倉城，囷窌沖矣。販者方至，……府君則視市價贏其貨，縮其值，販乃蟻集。府君布木棉盈隴，採才十七八，其二三悉恣鄰郡男婦、遠方流乞捃取，秋行盡矣，手墨弛干掫，蓋棄地之貨，人獲挾纊者，百千曹矣」（邢侗：《來禽館集》）。

農業生產與市場聯繫的加強，爲某些經營地主組織和擴大生產開拓了前景，爲了取得更大的利潤，他們注意生產的集約經營，注意改良土壤和水利，注意於農業生產技術的提高和改進。如江南的歸椿：「夫婦晨夜力作，白茆在江海之濡，高仰瘠鹵，浦水時浚時淤，無善田，府君相水遠近，通溪置閘，用以灌溉。……晚年諸子悉用其法，其治數千畝如數十畝，役屬百人如數人。吳中多利水田，府君家獨以旱田，諸富室爭逐肥美，府君選取其磽者曰：顧吾力可不可，田無不可耕者。人以此服府君之精」（歸有光：《震川先生集》卷十九，〈歸府君墓誌銘〉）。有的還使用大量的雇佣勞動者，如常熟的譚曉、譚照兄弟：

譚曉，邑東里人也，與兄照俱精心計，居鄉湖田多洼荒，鄉之民皆逃而漁，於是田之棄弗治者以萬計，曉與照薄其值，買佣鄉民百餘人，給之食，鑿其最洼者為池，餘則圍以高塍闢而耕，歲入視平壤三倍。池以百計，皆畜魚，池之上架以梁為茇舍，畜雞豬其中，魚食其糞又易肥。塍之上植海桃諸果屬，其汙澤則種菇茈菱芡，可畦者以藝四時諸蔬，皆以千計。凡鳥凫昆蟲之屬，悉羅取而售之。室中置數十甒，日以其入分投之，若某甒魚，某甒果，入盈乃發之，月發者數焉，視田之入又三倍。曉、照俱纖嗇，憚費不紈綺服，非大故不宰割，於是資日益。

——《常昭合志稿》卷四十八，〈軼聞〉

再如徽商吳榮讓的務農桐廬，經營二十年而致巨萬富：

吳處士名榮讓，歙西溪南人，……奉母率妻子徙桐廬，卜焦山居焉，處士喜曰：此吾畏壘也，於是部署土著，以身先之，度原隰使田，度山林使種樹，山林故多薪木，於時易以茶漆楂栗之利，和薪水滸，以十歲市之，民利視昔有加。三年而聚，三年而穰，居二十年，居士自致巨萬，遠近襁至，庶幾埒都君云。

——汪道昆：《太函集》卷四十七，〈明故處士吳公孺人陳氏合葬墓誌銘〉

他們「買佣鄉民百餘人」或「部署土著，以身先之」，改變了以往單純食租和課督僮奴的方式，而且在他們的經濟計算中，在稻粟穀物，有魚豬，有果樹，有茶漆，有薪柴，有鳥凫昆蟲，已不是單一性的傳統農業，這些產品都不是他們自己所能消費得了的，有相當部分要作爲商品出售，其「視田之入又三倍」，足見當時地主的收入，有一部分是依賴於市場，這和單純地依靠地租的剝削收入，是有區別的。特別是在當時白銀使用較爲普遍的情況下，一部分地主經營商品性農業，從原料的購買，勞動力的使用，到產品的出售，往往都是以白銀計算的，萬曆間湖州莊元臣在《曼衍齋草》中記載其治家條規，其中曾提到他家的桑地雇工經營和工價銀兩的計算：

凡桑地二十畝，每年雇長工三人，每人工銀二兩二錢，共銀六兩六錢。每人算飯米二升，每月該飯米二石八斗，逐月支放，不得預支，每季發銀二兩，以定下用，四季共該發銀八兩。其葉或梢或賣，俱聽本宅發放收銀，管莊之人不得私自作主，亦不許莊上私自看蠶。

這些記載，不僅證明了嘉靖、萬曆時期江南地區蠶桑區使用雇工的普遍，同時也反映當時地主經濟在生產經營方式的變化。

嘉靖、萬曆時期經營地主的形態還是很原始的、不穩定的，相當一部分還是靠封建的徭役制進行生產，有的雖然雇役多人，從事開墾和經濟作物的生產，但在其最後的場合，還是採取封建的統治方式，雇佣勞動者得不到人身的自由，如江陰的王守璽，他雖然組織許多沙民墾闢沙田，「畝益拓，土益腴，鷄犬桑麻居然樂壤矣」，但他爲了控制雇佣者，「復請於令立十家法，間以意行之，如鄉三老故事，摘其非良者，力護其良而見連者，沙民帖然」（繆昌期：《從野堂稿》卷四，〈仰峰王君傳〉）。經營地主未能轉化爲農業資本家，他們的經營方式反而補強了庶民地主經濟的內容。

第三節　農民經濟的變化

一　農民經濟商品化傾向的加強

嘉靖、萬曆時期，隨著土地兼併的擴展，各地的土地占有狀況愈來愈不平均，徐渭談及浙江會稽縣的戶口土地分配情景時說：

夫口與業相停而養始不病，養不疾而後可以責民之馴。今按於籍口六萬二千有奇，人丁不籍者奚啻三倍之，而一邑之田僅四十餘萬畝，富人往往累千至百十，等其類而分之，止須數千家，而盡有四十餘萬之田矣。……此外則不沾寸土者，尚有十餘萬人也。

——徐渭：《徐文長集》卷十八

這種情況，在當時頗有一定的代表性，失地和少地的農民，依靠傳統的經營方式，其生活是十分艱難的。但是，商品化作物種植的擴大，也使農民的生產、生活和市場發生了一定的聯繫。農民經濟商品化傾向的加強，在南北許多地區均有出現。如江南秀水縣，「土腴可植果實，農隙業草履，或客魚塘」（萬曆《秀水縣志》，〈輿地〉卷一，〈風俗〉）。無錫等地，「居民田事稍閑，即以織席爲業，成則負鬻於滸墅虎丘之肆中」（康熙《無錫縣志》卷十，〈土產〉）。湖北蘄水的農民，「入夏以來，於地之元爽者，多植棉花，七月十五日以後，從而拾之，紡而織之，機杼之聲，戶相聞焉」（《古今圖書集成·職方典》卷一一七八，《黃州府部》）。湖南「各郡之爲農者，種黍種麥種什豆棉花，或二熟或三熟，此詘則彼贏」（同上書，《食貨典》卷一五二，《賦役部》）。福建莆田一帶，「有綿布，織吉貝爲之，……下里人家女婦，治此甚勤，每四五日織成一布，丈夫持至仙游，易穀一石」（《興化府志》卷十二）。廣東珠江三角洲一帶的農民，也都在種植糧穀之外，種植果樹花草，養殖魚豕等，屈大均在《廣東新語》中曾記載云：「大荔、細荔，……龍眼本荔枝之族，具體而微，……粵人以荔枝、龍眼為業，隨土壤所宜種之」，「橄欖有青、烏二種，……青欖利微，人少種，種者多是烏欖，下番禺諸鄉為多」，「珠江之南，……其土沃而人勤，多業藝茶，春深時，大婦提籯，少婦持筐，於陽崖陰林之間，凌露細摘，綠芽紫笋，薰以珠蘭，其芬馨絕勝松籮之莢，每晨茶估，涉珠江以鬻於城，是曰河南茶。……今山中人率種茶，間以苦葵」（《廣東新語》卷十四、二十五）。在長江下游三角洲的松江、太倉一帶，棉花的種植尤為普遍，成為農民經濟生活中的一個重要組成部分，當地人記載：「吾邑地產木棉，行於浙西諸郡，紡織成布，衣被天下，而民間賦稅，公私之費，亦賴以濟，故種植之廣，與粳稻等」（葉夢珠：《閱世編》卷七）。「紡織不止鄉落，雖城中亦然，嫗晨抱棉紗入市，易木棉花以歸，機杼軋軋，有通宵不寐者。田家收穫，輸官償外，未卒歲，室廬已空矣，其衣食全恃此」（顧炎武：《肇域志》，〈江南九〉，〈松江府〉）。故一旦商販阻塞，棉花和棉布滯銷，農民經濟的運轉就會出現危機。吳梅村所寫〈木棉吟〉云：「眼見當初萬曆間，陳花富戶積如山，福州青襪烏言賈，腰下千金過百灘，看花人到花滿屋，船板平鋪裝載足，……劉河塞後遭多故，良田踏作官軍路。……天邊估客無人到，門裡妻孥相向啼」（葉廷琯：《鷗波漁話》卷四引）。這如實地反映了江南棉衣經濟與市場經濟緊密聯繫的事實。

在廣大山地，僻遠的山區，商品生產也有一定程度的發展，如福建的北部山區邵武府，「杉，舊本地少種者，故邵之老屋猶多用松木為棟樑，近三、四十年來，邵人種杉彌滿崗阜，公私宇屋悉用之，皆取諸本土而足，且可轉販以供下四府宮室之用。蓋駸駸乎與建延之杉等矣，邵人所謂貨，此其最重者也」（萬曆《邵武府志》卷九，〈物產〉）。在閩、粵、贛邊界山區，禾稻竹木生殖頗繁，各地農民「搬運穀石，砍伐竹木，及種靛栽杉」等（《西江志》卷一四六），所在多有。在閩、浙、贛、粵、湘、皖南等山區，都有專門從事種植染料的農民，稱爲「藍戶」、「靛戶」、「箐客」、「蔴戶」、「棚民」等，爲數甚多。如江西西南部山區，「萬羊山跨連湖廣、福建、廣東之地，……各省亦常流聚其間，皆以種藍爲業」（同治《萬載縣志》卷七，〈學校〉）。袁州府的萬載山區，「萬邑棚籍一項，其始原係閩廣等處失業窮民，荷鍤而來，墾山種蔴，拾棚棲止，深山之中，或數家爲一處，或數十家爲一處」（熊人霖：《南榮集》卷十二，〈防菁議上〉）。浙東山區「括婺大木間，……山林深阻，人跡罕至，惟汀之菁民刀耕火耨，藝藍爲生，遍至各邑」（馮夢龍：《壽寧待志》，〈風俗志〉）。福建的永福山區，「則漳泉汀之民，種菁種蔗，伐山採木，其利乃倍於田，久之窮岡邃谷，無非客民」（萬曆《永福縣志》卷一，〈風俗〉）。山區經濟作物的大量種植，更非農民們自身所消費，必須投向市場換回其他生活必需品，因此這部分農民的經濟生活，在很大程度上亦受市場規律的支配，他們的經濟內容，與以前那種自耕自足、安土重遷的農民，顯然有所不同。

二 自耕農的狀況及其分化

農村捲入商品經濟与市場必造成貧富分化

農民經濟中的商品經濟成分有所加強，在一定程度上促進農村小生產者經濟的發展，所謂「三吳之野，終歲勤動而爲上農者，不知其幾千百人」（吳寬：《匏翁家藏集》卷三十六，〈心耕記〉）。但在另一方面，它又必然造成小生產者的兩極分化，有的從自耕農的地位下降爲佃農、奴僕或雇工人；也有一些人，從小農的身份，以努力耕作，改進生產技術，擴大生產，逐漸上升爲富農或地主，如鄒迪光所記的無錫鄒氏：

> 吾族有鄒思溪翁者，……故業農，家窶甚，無尺土可耕，佃田耕焉。耕必強力昏作，炙於涂足，終歲勤勤，畚構斤欘，靡所不良利，遂能畝無奧草，易磽而腴，一坺可獲數桔，號為上農。……久之，有田數畝，而力作如故，又久之而加倍，而亦力作如故，又久之，田且及百，乃始收犁置耜，召庸保合作，而身為督。
>
> ——鄒迪光：《始青閣稿》卷十八，〈吾族思溪翁夫婦墓誌銘〉

歸有光文集中亦有許多這般「力田起家」的例子：

> 誠甫姓魏氏，……以力穡致富，甲於縣中。
>
> ——歸有光：《震川先生文集》卷二十一，〈魏誠甫行狀〉

嘉定之南有地曰南翔，……迨適耕翁力田積居，家至不貲。

——歸有光：《震川先生文集》，卷十八，〈鴻臚寺司賓署丞張君墓誌銘〉

張翁居昆山之大慈，……翁以多耕致饒足，而兄弟友愛不肯析居，殖私產。

——歸有光：《震川先生文集》卷十三，〈張翁八十壽序〉

農業耕作技術的講求，採用雇佣勞動，無疑對於當時一部分自耕農上升爲富農或地主，起著很大的作用。朱國楨曾記吳江的業農者，因注重興修水利改良土壤而致富：「堤之功莫利於下鄉之田，余家湖邊，看來洪荒時，一派都是蘆葦之灘，卻天地氣機節宜，有深有淺，有斷有續，中間條理原自井井，明農者因勢利道，大者堤，小者塘，界以埂，分爲塍，久之皆成沃壤。今吳江人往往用此法力耕，以致富厚。余目所經見二十里內有起白手致萬金者兩家，此水利築堤所以當講也」（朱國楨：《湧幢小品》卷五，〈堤利〉）。

一部分自耕農因經營得當而上升爲富農、地主，但爲數是有限的，而一般的自耕農家庭，雖然日夜勞作，多方經營，也只能艱難維持簡單再生產，顧炎武的《肇域志》說：「農家最習勤以爲常，至有終歲之勞無一朝之餘。苟免公私之擾，則以自爲幸，無怨尤者，婦女饁餉外，耘獲車戽，率與男子共事」（顧炎武：《肇域志》，〈江南九〉，〈松江府〉）。即使是以絲織業聞名天下的湖州農村，一般小農只能以勤儉持溫飽，所謂「勤儉二字，湖人立家，可以無愧。多務本力穡，終歲無復閑暇之時，方得免於饑寒之困。凡衣服食飲，率多野樸，以茶飲一事言之，湖人上戶視松人中戶猶薄，自中戶以下，至有不費茶錢者，茶本土產，而樸習如此。隨時蔬菜廚料備足，村居野老間一得肉，而未嘗乏蔬，……其勤生可知矣」（徐獻忠：《吳興掌故集》卷十二）故當時有「女子織矣，而反不得衣；男人耕矣，而反不得食」（田藝衡：《留青日札》卷三）之歎，可見一般農家的維持再生產是相當困苦的。經不起任何風浪的衝擊，一旦稍遇意外之變，便有破產的危險，萬曆《通州志》曾對嘉靖、萬曆年間的農民生活，有一段較爲全面的論述：

蓋一夫一婦，大約種田五千步，五千步者，古之二十畝也。以一歲之所費，則自蒔秧、耨草，至於獲稻，每畝十餘人，則有東阡西陌比屋之家相與合作，不足則佣之有餘力者。又時時修其溝洫，備其耒耜，飯牛車水所費，亦不貲焉。以一歲之所入，則每田一畝，豐年得穀三石，次則二石，又次之則一石而已。主人得其十六，農得其十四焉。以一歲之所入，較一歲之所費，農夫之四，已費其一矣。而況不止於一也，方其穀秀於田，則有催租之胥，放債之客，盼盼然履畝而待之，比其登場，揭囊荷擔者，喧囂滿室矣。終歲所得，僅了官逋私債，皆不能一粒入口，乃衣食婚嫁喪葬之需，未能猝辦也，乃踆踆然叩諸富人之門，而稱貸之，以俟來年取足焉。若不幸而有一朝蝗水旱之災及意外之變，則二十畝之間，皆化為蓬蒿，鞠為沮茹。乃有惡主人者，方執籌而臨之，以算十六之利，必如往時，曾不減少。於是鬻其妻子而逃之，否則駢首就斃為溝中瘠耳。

——萬曆《通州志》卷二，〈疆域志〉，〈風俗〉

這段記載很具體地揭示了在封建土地所有制下，農民不可能根本擺脫其貧困而脆弱的經濟地位，他們與高利貸結下了不解之緣，試看機杼之聲相聞的無錫農村：「棉布之利，獨盛於吾邑，爲他邑所莫及。鄉民食於田者，惟冬三月，及還租已畢，則以所餘米舂臼，而置於困；歸典庫以易質衣。春月則闔戶紡織，以布易米而食，家無餘粒也。及五月田事迫，則又取冬衣，易所質米歸，俗謂種田飯米。及稍有雨澤，則機杼聲又遍村落，抱布貿米以食矣」（黃卬：《錫金識小錄》卷一）。尤其是自耕農始終無法擺脫封建政府的賦役剝削，成爲官僚地主轉嫁賦役的受害者，這樣，一部分自耕農的破產流亡便不可避免了，所謂「小民被狡鷙者霸占田地而不收糧，或賣以與人而收糧不盡，……物料、夫差，百端催迫，至不能存，而竄徙於他鄉，或商販於別省，或投入勢要，爲家奴佃僕，民之逃亡，此其故也」（《明經世文篇》卷二二六，錢琦：〈設縣事宜〉）。農民經濟商品化傾向的加強，固然在一定程度上促進了自耕農經濟的發展，但是一部分自耕農不斷淪爲佣工、佃農，也是一種必然的趨勢。

三　佃農經濟獨立性和社會地位的提高

佃農 人身依附 ← 土地依附（契約）

嘉靖、萬曆時期，佃農依然處於低賤的地位。在比較落後的北方地區，地主對於佃農的壓榨是十分驚人的，呂坤《實政錄》中談及佃戶的情景云：「梁宋間百畝之田，不親力作，必有佃田，佃田者，主家手足也。夜警資爲救護，興修賴其筋力，雜忙賴其使令。……佃戶缺食，便向主家稱貸，輕則加三，重則加五，各花始收，當場扣取，勤凍一年，依然凍餒」（呂坤：《實政錄》卷二）。即使是經濟較爲發達的南方各地，有些佃農的處境也是相當悲慘的，特別是稱爲佃僕、莊僕、地僕、火佃的下層佃農，與地主的人身依附關係很強，其社會地位十分低下，如江南：「富家大族役使小民，動至千百，至今佃戶蒼頭有至千百者」（于愼行：《穀山筆麈》卷四）。湖北麻城，「耕種鮮佃民，大戶多用價買僕，以事耕種，長子孫，則曰世僕」（光緒《麻城縣志》卷五，〈方輿志〉，〈風俗〉引舊志）。江西新淦則「本地大戶，收養遊手逃民，稱爲佃僕」（錢琦：《東畬先生家藏集》卷十四，〈公移〉，〈招撫事宜〉）。浙江江山別有「伙餘」，蓋亦奴僕之屬：「田畝倩人種植，成熟分收，即佃戶也。別有一種曰伙餘，多自家僕，令其居守看守，或外鄉單丁，以莊居棲之，給以偶，如奴隸」（光緒《江山縣志》卷一，〈輿地〉，〈風俗〉引舊志）。徽州地區的莊僕、地僕，其制度尤稱完整。這是一種與奴隸制殘餘相結合的租佃形態。

在一般租佃制下，隨著農業生產力的提高和地主經濟的變化，租佃關係比較普遍地採用契約的形式，定額地租盛行，佃農對地主從人身依附爲主向著土地依附爲主的方向過渡，地主直接干預佃農生產的情況有所減弱。佃農有選擇農作物的自由，從而提高了生產的積極性。在許多地區，佃農已從傳統的稻米種植，向多種種植轉變，經濟發達的江南，出現花田、花租與稻田、稻租的區別；浙東海寧一帶，「今遍地皆桑，佃戶亦植數十株於田畔，一春可得二三兩，能濟播種之費」（許敦俅：《敬所筆記》）。紹興一帶的佃農，爲了釀酒取利，把租田大量用於栽種秫穤，致使田主無米可炊，「蓋自釀之利一昂，而秫者幾十之四，稅者僅十之六，釀日行而炊日阻，農者且病農而莫之制也」（徐渭：《徐文長集》卷十八）。福建壽寧縣「民本務農，山無曠土，近得種苧之利，走龍泉、慶元、雲和之境如鶩，田頗有就蕪者，此不可不責之田主也」（馮夢龍：《壽寧待志》，〈風俗志〉）。佃農還得到支配生產物的某些自由，和市場發生緊密的關係，如浙江之秀水縣的佃農，「上米貿銀，別以下中者抵租」（萬曆《秀水縣志》卷一，〈風俗〉），福建之泉州府，「佃農所獲，朝登壟畝，夕貿市廛」（萬曆《泉州府志》卷三，〈風俗〉）。

由於佃農經濟獨立性的提高，在定額地租普及的地方，還出現貨幣地租的萌芽。如嘉靖四十年（一五六一年）徽州的佃約：「一都四圖住人曹廷祿，今自情願立約，佃到城居蘇□名下田二丘，……計租一十五砠，每年議每銀八錢五分，其銀約秋收交還，不敢少欠」（原件藏中國社會科學院歷史研究所）；萬曆十一年（一五八三年）的佃約：「十三都住佃張二得，……今承佃到房東康名下，……共計成地三畝八分三□二毛，前去鋤種，議交租銀四錢正，秋熟之時，送租銀上門，照分交納，不敢少欠」（原件藏中國社會科學院歷史研究所）。湖北漢川縣，「租例，半粟也，而悉代以金」（萬曆《漢陽府志》卷六，〈藝文志〉）。福建佃田之俗，

「或與分割禾稻，或是納穀、納銀」（許孚遠：《敬和堂集》，〈照俗收租行八府一州〉）。雖然這一時期的銀租，有相當一部分是貨幣折租，但租銀方式的出現，意味著地主和生產環節失去了直接的聯繫。

由於佃農經濟獨立性的提高，佃農敢於採取霸田抗租的形式保衛和爭取自己的經濟權利。如福建泉州府的佃農，「至有豫相約言，不許輸租巨室者」（萬曆《泉州府志》卷三，〈風俗〉）。福寧直隸州的佃農，「其在村落惡少，動以逋租自毒」（萬曆《福安縣志》卷一，〈風俗志〉）。建寧府，「黠佃逋主之租，又從而流移其田，顧先膚訴以惑聽」（萬曆《建寧府志》卷四，〈風俗〉）。佃農經濟鬥爭的最直接的成果，是使一部分佃農得到了永佃權。

永佃權指佃農在不欠的條件下，有「永遠」耕種和自由退佃的權利，但不得自行轉佃私頂、另典。與此相對應，地主方面要履行永不增租、永不撤佃的保證。萬曆年間，永佃權已經流行於東南省份的某些地區，並在契約形式上固定下來。如萬曆十三年（一五八五年）刊《翰府錦囊》中的「不限年月」的租佃契式：

> 某里某人置有晚田某段，坐落某里某處，原計田若干種，年該苗米若干桶鄉，原有四至分明。今憑某人作保，引進某人出賠價約銀若干，當時交收足訖明白。自給曆頭之後，且佃人自用前去管業，小心耕作，亦不賣失界至、移丘換段之類。如遇冬成，備辦一色好穀若干，挑送本主倉使〔所〕交納，不致拖欠。不限年月，佃人不願耕作，將田退還田主

，接取前銀，兩相交付，不致留難。今給曆頭一紙，付與執照。

萬曆三十五年（一六〇七年）刊《家禮簡儀》中的「永遠耕作」的租佃契式：

某宅有田一段，坐落某處，今有某前來承佃，每冬約經風乾淨穀若干，收穀之時，挑載至本主倉前量秤，不敢升合拖欠。倘遇豐荒，租穀不得增減。永遠耕作，如佃人不願耕作，將田退還業主，不許自行轉佃他人，任從業主召佃，不得執占。今欲有憑，立此佃批付照。

獲得永佃權的佃戶，和地主只有經濟強制的關係，而沒有人身依附關係，其社會地位得到了進一步的提高。

以上變化雖還是局部地區的，而且不時出現反覆和曲折，但在中國佃農經濟史上，這是值得注意的新變化。

四 雇農階層與短工身份的解放

中國古代，很早就使用農業雇工。這種雇工的性質，基本上還是農奴。嘉靖、萬曆時期，在經濟較爲發達的江南地區，農業雇佣勞動具有兩個明顯的特點，一是短工、忙工大量出現，二是雇佣勞動者經常被用於商品生產的勞動。嘉靖《吳江縣志》：

> 若無產者赴逐雇倩，抑心殫力，計歲受值者曰長工，計時而受值者曰短工，計月而受值曰忙工。
>
> ——嘉靖《吳江縣志》卷三，〈典禮〉

嘉靖《江陽縣志》：

> 田於人曰佃，受值而賦事曰工，獨耕無力，倩人助己而還之，曰伴工。
>
> ——嘉靖《江陰縣志》卷四，〈風俗〉

萬曆《秀水縣志》：

> 富農倩佣耕，或長工，或短工，佃農通力耦耕曰伴工。
>
> ——萬曆《秀水縣志》卷一，〈輿地志〉，〈風俗〉

當時江南盛種經濟作物，農田集約化程度也比較高，生產環節的季節性極強，這是普遍使用短工的原因。同時，以經濟效益看，雇請短工、忙工，比長年豢養僮僕合算得多，所以，「洞庭兩山習於雇倩，便於留棄，金玉滿堂，僮僕不過一二，以省費食」（張萱：《西園聞見錄》，卷六）。

農業短工，普遍不用書面契約，只憑口頭契約。短工是從鄰里親族間的互相換工衍變而來的，因此，只憑口頭契約，本是換工受傳統的血緣關係和地緣關係制約的表現，他和雇主的關係，在身份上既可是平等的，也可是不平等的。從短工的季節性、流動性的特點推斷，沒有人身依附關係的短工勞動在明中葉就已出現了，直到萬曆十六年（一五八八年）正月明朝制訂「新題例」，明確規定：「今後，官民之家凡倩工作之人，立有文契、議有年限者，以雇工人論；止是短雇月日、受值不多者，依凡（人）論」（《明神宗實錄》卷一九四），才從法律上正式解除了短工的人身依附關係。短工在法律身份上的解放，在我國雇佣勞動史上是一件具有歷史性進步的大事。

至於農業長工，「新題例」規定立有文券、議有年限者，以雇工人論，在法律上和雇主處於不平等的地位。那些既未立文券，又未議有年限的長工，顯然是不能算作雇工人的。可以說，「新題例」又在法律形式上把這種雇佣勞動者排除在雇工人等級之外了。

立有文券、議有年限的農業長工，屬於雇工人等級，他們和雇主訂立的契約又如下例：

某縣某都某，今為無活，情願將空身出雇於某縣某都某家，佃田生理一年，當日議定工錢銀若干正，其銀定限按月支取，所有主家什色動器械毋得疏失，如有天行時契，蛇傷虎咬，皆係自己命，並不干主人事。今恐無憑，立此為照。

——《翰府錦囊》，萬曆十三年刊本

長工「佃食於人，而身則爲人有矣」（李日宣：《讞豫勿喜錄》卷十二），他們和奴僕的區別僅在於一是限年服役，一是終身服役而已。但和前代相比，雇工工價部分從實物向貨幣轉變，是一種歷史的進步，反映了剛從農奴式勞動分裂出來的一種不成熟的原始形態，這也是值得注意的一個變化。

頭

第八章 城鎮工商業的繁盛

第一節 國內外貿易的繁榮

一 國內商品流通與區域分工

嘉靖、萬曆時期農業生產力的提高，推動了商業和手工業的發展，使得這一時期商品經濟的繁榮，形成了一個高潮。

嘉靖、萬曆時期，國內外貿易空前活躍。商品交換的區域和內容更加廣闊，生產資料在商品交換中的地位越來越重要，社會區域的分工日見明顯，某些官方控制的貿易日益向民間貿易轉變。

明代隆慶、萬曆時人張翰曾在《松窗夢語》中對當時國內的商業狀況作了概括的敘述。當時的商人足跡，北至塞外真定、永平、廣大、順平，「南北舟車，並集於天津，下直沽漁陽」

，南至兩粵雲貴，「食不待賈，而賈恆集」，東則齊魯閩越，「多賈治生不待危身取給，若歲時無豐，食飲被服不足自通」，西到巴蜀漢中關外，「往來貿易，莫不得其所欲」（張翰：《松窗夢語》卷四）。由徽州商人黃汴撰寫的《全國一統路途圖記》等書，對當時全國的大小商路，作了詳盡介紹。如該書卷五記由江南到陝西潼關的水陸路程云：「淮安由徐州至汴城爲北河，即黃河，走塞不定。今至黃家樓起車，陸路四百里，至河南府，又二百六十里，至三門集津，又五十里至陝州。船止於集津，三門在集津之西，神門鬼門人門，以緩急而名也。三門廣僅二十丈，水聲如雷，門之東百五十步，河中孤石如柱，即砥柱，禹鑿爲三以疏黃河水也。漢時運船由此入關，石上纜痕尚存，今不能上矣。車至陝州，或換小船，一百七十里至潼關。……北直隸各府遼薊邊客貨皆由漕河而去，止於臨清河西務張家灣起陸，通州之北須有水之名，舟楫不通。陝西、河南二省，大同、寧夏等邊，蘇杭客貨，皆由南北二河而上至汴城五家樓或孫家灣起車至陝西者，或自南京大江至漢口，換船由襄陽府淅川縣入武關至西安等府」。這本書是作者及其父兄朋友多年經商的經驗積累，商路的介紹可謂無遠不屆，從這些介紹中，我們也可以領略到當時商人的足跡，遍布於全國各地。

當時各地一些較爲著名的集市場地，其間所集散的商品，不但名目眾多，而且大半來自全國各地，如北直隸河間府：

> 河間行賈之商，皆販繒、販粟、販鹽鐵木植之人。販繒者，至自南京、蘇州、臨清。

販粟者，至自衛輝、磁州、並天津沿河一帶，以歲之豐歉，或糴之使來，糶之使出，皆輦而致之。販鐵者，農器居多，至自臨清、泊頭，皆駕小車而來。販鹽者，至自滄州、天津。販木植者，至自真定。其諸販磁器、漆器之類，至自饒州、徽州。至於居貨之賈，大抵河北郡縣俱謂之鋪户，貨物既通，府州縣間亦有徵之者。其有售票於京師者，青縣、滄州、故城、興濟、東光、交河、景州、獻縣等處，皆漕挽；河間肅寧、阜城、任丘等處，皆陸運，間亦以舟運之。

——嘉靖《河間府志》卷七，〈風俗〉

在這遙遠的北方河間府，其聚集的貨物，有來自南方安徽、江西等處者，而南方各市場亦是「商賈輻湊、貨物畢集」，舉江西廣信府屬的偏僻鉛山爲例，萬曆《鉛書》載：「其貨來自四方者，東南福建則延平之鐵，大田之生布，崇安之閩筍，福州之黑白砂糖，建寧之扇，漳海之荔枝、龍眼，海外之椒椒、蘇木，廣東之錫、之紅銅、之漆器、之銅器。西北則廣信之菜油，浙江之湖絲、綾綢，鄱陽之乾魚、紙錢灰，湖廣之羅田布、沙湖魚、嘉興西塘布、蘇州青、松江青、南京青、瓜州青、連青、紅綠布、松江大梭布、小中梭布、湖廣孝感布、臨江布、信陽布、定陶布、福青生布、安海生布、吉陽布、粗麻布、布坊生布、漆布、大刷競、小刷競、葛布、金谿生布、棉紗、淨花、子花、棉帶褐子花、布被面、黃絲、絲線、紗羅、五色絲布、杭絹、綿綢、彭劉綢、衢絹、福絹。此皆商船往來貨物之重者」（《鉛書》卷一，〈食貨〉）。西南的巴山老林，雖然遠僻兩京沿海等經濟發達的地區，但這時的商品流通情況亦頗足稱道，王士性的《廣志繹》載云：「蜀棉、蜀扇、蜀杉古今以爲奇產，……深山大林，千百年斫伐不盡，商販入者，每住十數星霜，雖僻遠萬里，然蘇、杭新織種種文綺，吳中貴介未披而彼處先得。妖童變姬，比外更勝，山珍海錯，咸獲先嘗。則錢神先聚，無脛而至，窮荒成市，河磧如春，大商緣以忘年，小販因元度日」（王士性：《廣志繹》卷五）。

嘉靖、萬曆時期國內貿易的繁榮，已經具有了某些社會區域分工的特點。當時在東南沿海地區和運河沿岸地區，許多地方都形成了具有地方特色的手工業產品和經濟原料作物的生產據點，不同地區之間的專業性商品流通，逐漸出現。舉原料生產和成品製造的區域分工爲例，當時棉布的生產中心是江南的松江一帶，其原料棉花則有相當一部分依靠北方供給，徐光啓說：「吉貝（棉花）則泛舟而鬻諸南，布則泛舟而鬻諸北」（徐光啓：《農政全書》卷三十五，〈蠶桑廣類〉）。王象晉在〈木棉譜序〉中亦云：「北方廣樹藝而昧於織，南土精織紝而寡於藝，故棉則方舟而鬻於南，布則方舟而鬻諸北」（姚之駰：《元明事類鈔》卷二，引王象晉〈木棉譜序〉）。安徽蕪湖的漿染業頗負盛名，史稱「織造尚松江，漿染尚蕪湖」，而漿染業所用的原料則要依靠福建等地的供給，故福建的藍靛，有「利布四方」之稱（王應鐘：萬曆《閩大紀》卷一一，〈食貨志〉）。再如絲織品著名中心的蘇州，其原料蠶絲則販自浙江的湖州。廣東織造的綢緞，亦「必用吳蠶之絲」（《嶺南叢述》引明《廣州府志》），以致當時湖州有蠶絲「遍天下，而湖民卻身無一縷」的傳說（宋雷：《西吳里語》卷三）。東南沿海地區以盛產手工業品和經濟作物而著稱，這樣又不能不使這裡的糧食供應，有賴於外區糧食產區的販運，如以棉布被天下的松江、嘉定一帶，「不產米，仰食四方，夏麥方熟，秋禾既登，商人載米而來者，舳艫相銜也，中人之家，朝炊夕負米而入者，項背相望也」（《天下郡國利病書》原編第六冊，〈蘇松〉）。福建是著名的果品、蔗糖、藍靛等商品的產區，這些具有地方專業特點的商品，據云「無日不走分水嶺及浦城小關，下吳越如流水，其航大海而去者，尤不可計」（《泉南雜志》卷上）。由於許多稻田改種經濟作物，「故稻米益乏，皆仰給於浙直海販」（王世懋：《閩部疏》）。再如廣東的珠江三角洲一帶，「人多務賈與時逐，以香糖、果箱、鐵器、藤、蠟、番椒、蘇木、蒲葵諸貨，北走豫章、吳浙，西北走長沙、漢口，其黠者南走澳門，至於紅毛、日本、琉球、暹羅、斛、呂宋，帆踔二洋，倏忽數千萬里，以中國珍麗之物相貿易，獲大贏利。農者以拙業，力苦利微，輒棄耒耜而從之」。因而這一帶的糧食，要依靠廣西供給，所謂「東粵少穀，恆仰資於西粵，……穀多不可勝食，則以大車載至橫州之平佛，而賈人買之，順烏蠻灘水而下，以輸廣州」（屈大均：《廣東新語》卷十四）。

與此同時，內地與邊疆各少數民族之間的貿易往來也有較大的發展。明代前期，明王朝以開設茶、馬、木市的形式控制與少數民族的貿易往來，到了嘉靖、萬曆時期，明政府對茶、馬市貿易放寬了某些限制，公私貿易從此出現了較繁榮的景象。

當時的邊疆茶、馬、木市貿易，主要是針對蒙古、烏斯藏（藏）、畏吾兒（維吾兒）和女真這四個民族。蒙古族自隆慶年間俺答汗封貢以來，雙方進入和平時期，明政府為了擴大雙方的貿易，開設了宣府的張家口、大同的守口堡、得勝堡、新平堡，山西的水泉營、寧夏的清水營等馬市，馬市的開市間隔時間也由每月一次改爲每月數次或連續開市十數天。這樣，在宣、大一帶馬市交易的蒙漢兩族人員和貨物品種都大大增加了，蒙古族人民「以金銀、牛馬、皮張、馬尾等物，商販以綢緞、布匹、釜鍋」等物，相互交易（《明史》卷三二七，〈韃靼傳〉），氣氛十分融洽。根據當時的報導，由於雙方貿易的加強，宣府、大同一帶的繁榮情景，幾與江南相匹美，如萬曆《宣府鎮志》記云：「先年大市中，賈店鱗比，各有名稱，如雲南京羅緞鋪，蘇杭羅緞鋪，潞州綢鋪，澤州帕鋪，臨清布帛鋪，絨線鋪、雜貨鋪，各行交易，鋪沿長四五里許，賈皆爭居之」（萬曆《宣府鎮志》卷二十）。謝肇淛《五雜俎》亦云：「九邊如大同，其繁華富庶不下江南，而婦女之美麗，什物之精好，皆邊塞之所無者。市款既久，未經兵火故也」（謝肇淛：《五雜俎》卷四，〈地部二〉）。

藏族與內地的茶馬貿易，主要在秦州（今甘肅天水）、洮州（今甘肅臨潭）、河州（今甘肅臨夏）、松潘等地進行。藏族用馬匹、氆氌、畫佛、銅塔、犀角、刀劍、珊瑚等特產，來換取內地的茶葉、綢緞、布帛以及食鹽、錢鈔等。藏族與內地的貿易，以官方的「朝貢」方式爲主，隨著經濟往來的加強，藏族的入貢隊伍愈來愈龐大，明初每次入貢不過三四十人，嘉靖十五年（一五三六年）大乘法王來貢，使者竟多達四千餘人，這些情況說明嘉靖、萬曆時期西藏地方與明朝內地的友好往來和貿易的繁榮。

隨著西域的開發和內地經濟的繁榮，畏吾兒等族人民要求加強與內地往來的願望與日俱增，於是貢市貿易有了新的發展，史載西域各部「迄萬曆朝，奉貢不絕」（《明史》卷三二九，〈西域一〉）。特別是畏吾兒族人民善於經商，他們把西域的特產馬匹、金鉑、珊瑚、犀角及其牲畜運往內地，而換取茶、鹽、糖、絲綢、布匹等貨物，不但促進了西域與內地的貿易往來，也加強了各民族之間的友好關係。

明朝與東北女真及其他各民族的貿易往來，在明前期主要設馬市三：「一在開原南關，以待海西（女眞）；一在開原城東五里，一在廣寧，皆以待朵顏三衛」（《明史》卷八十一，〈食貨五〉）。到了萬曆年間，隨著各民族貿易往來的增長，明政府又在清河、寬奠、靉陽三地建立馬市，雙方貿易的規模不斷擴大，東北各民族以其特產人參、貂皮、磨菰、馬匹、蜜糖以及各種珍禽奇獸等，換取內地的耕牛、鐵器、鞋靴、衣服、布匹等，史稱當時遼東大量商品運銷內地市場，對內地市場的物價都產生了一定的影響，所謂「每歲終輦至京師，物價爲之減半」（嘉靖《金遼志》卷二，〈賦役志〉）。

明代前期內地與邊疆各民族的貿易往來，主要是以官方的朝貢方式即官市爲主，這種貿易帶有很濃厚的政治色彩。到了嘉靖、萬曆時期，對邊疆民族的貿易有了一些新的變化，即由單純的官市貿易發展到多渠道的貿易，既有官市的茶馬貿易，又有民市以及走私的貿易，並且民間的各種貿易有日益超過官市貿易的趨勢。如隆慶五年（一五七一年），大同得勝堡、宣府張家口堡、山西水泉堡等處馬市，民市貿易牛羊馬等牲畜共達二十二萬頭，官市成交馬匹則只有六千九百餘匹（張萱：《西園聞見錄》卷七十一，〈馬政後〉）。藏族在四川的茶馬貿易，民間走私活動十分活躍，據云：「近年以來，法弛人玩，雖有禁茶之名，而無禁茶之實，商旅滿於關隘，而茶船遍於江河。……爾者巡按盧公稍一盤詰，即得十數餘萬，則其平日可知也」（《明經世文編》卷一四九，王廷相：〈呈盛都憲公撫蜀七事〉）。再如遼東的馬市，名曰馬市，其實很少馬匹貿易，當時人指出：「蓋東夷惟米布豬鹽，既無馬匹，又非違禁它物，與廣寧、開原（馬市）迥異」（《萬曆武功錄》卷十一）。因此這裡所貿易的大多是民間的手工業品和農產品，遼東和內地的人民私下貿易往來不絕於道，即所謂「金州登萊南北兩岸間，漁販往來動以千計」（《明世宗實錄》卷四八五）。這種情況的出現，說明了嘉靖萬曆年間內地商品經濟的發達已對邊疆的民族間貿易產生了一定的影響。

二 私人海外貿易與太平洋航路的接通

嘉靖、萬曆時期，東南沿海地區的對外貿易活動已經突破官方朝貢貿易的限制，民間的私人海上貿易得到了迅速的發展。明初，封建政府厲行鎖國政策，限制商人的活動，與外國的海上經濟交往，只能在政府的控制朝貢形式下進行。這種朝貢貿易根本不能滿足國內外經濟發展的需要，許多朝貢國的商人經常違禁與沿海商民交往。尤其是至十六世紀初葉，西方葡萄牙人、西班牙人相繼東航，他們各以滿剌加、呂宋為根據地，逐漸伸張勢力於中國的沿海。這些歐洲人的東來，刺激了東南沿海地主商人的海上貿易活動。於是，民間私人海上貿易活動，衝破封建政府的重重阻礙，取代朝貢貿易而迅速興起。到了嘉靖年間，隨著國內商品經濟的發展，這種私人海上貿易活動得到迅速發展，如福建的海商，已遍布沿海各地：「福建遂通番舶，其賊多諳水道，操舟善鬥，皆漳泉福寧人，漳之詔安有梅嶺，龍溪海滄、月港，泉之晉江有安海，福鼎有銅山，各海澳僻，賊之嚮、窩船主、喇哈、火頭、舵公皆出焉」（乾隆《福建通志》卷七十四，〈藝文〉引趙文華語）。當時人指出：「中國而商於夷者，未有如今日之夥也」（張燮：《東西洋考》卷七，〈餉稅考〉）。

中國沿海海商的足跡幾乎遍及東南亞各國，其中尤以日本、呂宋、暹羅、滿剌加等地為當時轉口貿易的重要據點。他們把內地的各種商品，其大宗者有生絲、絲織品、瓷器、白糖、果品、鹿皮以及各種日用珍玩等，運銷海外，而換取大量白銀以及胡椒、蘇木、香料等回國出售。由於當時的歐洲商人已經染指於東南亞各國及我國沿海地區，因此這一時期的海外貿易活動，實際上也是一場東西方爭奪東南亞貿易權的競爭。據許多外國商人的記載，當十七世紀前後，中國的商船曾遍布於南海各地，從事各項貿易，執東西洋各國海上貿易的牛耳。嘉靖前後，閩粵沿海經商者眾多，且分布相當廣大。

嘉靖時期東南沿海地區參與海外貿易者，成員十分廣泛，不僅有破產的農民，小商小販、佣工勞作，還有大量的地主富豪官僚參加，這說明海外貿易的發展，對於沿海社會產生了強烈的衝擊。他們為了維護私人海上貿易的利益，曾在中國政府及沿海地方政府中形成一定勢力，嘉靖年間沿海巡視大臣朱紈嚴行海禁，結果為那班與海外貿易有聯繫的沿海世家官僚所陷，服毒自殺，這說明當時海外貿易集團勢力之大，可在一定程度上左右朝政。然而儘管如此，終嘉靖之世，明朝政府始終採取海禁的政策，於是沿海商民爲了掙得經濟活動的自由，則採取海寇的方式，率領半商半盜的艦隊，以從事海上貿易活動，發展自身的經濟。而有的則和日本的倭寇相與勾結，搶掠沿海各地，給中國南方沿海各地的社會經濟帶來了不良的影響。

隆慶、萬曆時期，明朝政府雖然竭盡全力消除了倭寇之患，但是對於沿海商民的海上走私貿易，實際上已經無力禁止。於是明朝政府不得不採取主張解除海禁的官僚們的意見，對私人海上貿易作事實上的承認。史載：「隆慶改元，福建巡撫都御史涂澤民請開海禁，准販東西二洋」（張燮：《東西洋考》卷七，〈餉稅考〉），得到中央政府的允准。於是福建地方官府在漳州府月港設立督餉館，建立「稅引」制度，有條件地允許中外商船報稅貿易。這次開放海禁，儘管還是限制良多，如不得直接與日本貿易等等，但它畢竟打破了自明初以來的海禁政策，爲私人海上貿易活動取得了某種合法地位。

隨著海禁的開放，沿海各地的海外貿易活動進入了一個新時期。周起元描述其盛況說：「我穆廟時，除販夷之律，於是五方之賈，熙熙水國，刳艅艎，分市東西洋，其捆載珍奇，故異物不足述，而所貿金錢，歲無慮數十萬，公私並賴，其殆天子之南庫也」（張燮：《東西洋考》卷首，〈周起元序〉）。

隆慶、萬曆時期，中國商船在蘇門答臘以東的西洋貿易中仍然十分活躍，中國商品不僅滿足當時的需求，還有相當一部分被中轉到歐洲。雖然明朝禁止與日本通商，但私人海商走私到日本的商品仍然十分巨大。萬曆初年，葡萄牙人以每歲向香山縣付五百兩租銀獨據澳門互市之利後，接通澳門——果阿——里斯本與澳門——長崎的航路，轉販中國商品。從澳門運往果阿的中國商品，以生絲和絲織品爲大宗。僅萬曆八年至十八年（一五八〇～一五九〇年），每年輸往果阿的生絲達三千餘擔，值銀二十四萬克魯沙多（Cruzado，葡萄牙銀元，每一克魯沙多約合白銀一兩）。向長崎販運中國商品，其貿易額亦頗爲驚人，據估計，萬曆十三年至十九年（一五八五～一五九一年）間，葡萄牙人每年運往日本的中國商品約值六十至一百萬克魯沙多，萬曆末年，有時每年高達三百萬克魯沙多。

尤爲重要的，是福建月港——菲律賓馬尼拉——墨西哥阿卡普魯可（Acapulec）之間的橫越太平洋的航路的接通。福建與菲律賓之間的貿易，早在宋代即已開始，但其大規模發展起來，是在嘉靖四十四年（一五六五年）西班牙占領菲律賓之後。由於羅馬教皇曾經劃定葡萄牙、西班牙兩國擴張的界線，規定自歐洲經南非好望角至東方航路由葡萄牙獨占，西班牙在占領美洲墨西哥、祕魯之後，進而占領菲律賓作爲西屬美洲的屏障。爲了加強美洲與菲律賓的聯繫，西班牙政府便每年都派遣一艘至四艘（以兩艘為多）載重三百噸至一千噸（有時重至二千噸）的大帆船（Galleon），往返馬尼拉與阿卡普魯可之間。當時的菲律賓尙未開發，物資匱乏，既不能保證西班牙殖民者的消費需要和軍需接濟，更不生產什麼重要商品可供大帆船運回美洲出售獲利。而中國通過東洋貿易航路輸入菲律賓的傳統商品，物美價廉，無不爲西班牙殖民者所急需（如糧食和硝磺、器械等軍需品），或是大帆船回程的理想貨物（如絲貨、瓷器等）。

另一方面，西班牙人運到菲律賓的巨額美洲白銀，恰爲中國所缺，並且銀價低下，這就大大刺激了中國商人的興趣，「於是射利愚民，輻輳競趨，以爲奇貨」。萬曆十年（一五八二年），西班牙國王菲力普二世兼葡萄牙王位，澳門葡人因此取得在菲律賓貿易的最優惠關稅待遇，也大力發展澳門——馬尼拉貿易。在這些因素的交互作用下，當中國的東洋航路與西班牙的大帆船航路實現對接之後，中國的生絲、絲綢等商品便源源不斷地經由馬尼拉輸往美洲市場。中國對菲主要貿易港海澄月港的餉稅收入，在萬曆二十二年（一五九四年）達到二萬九千餘兩，比隆慶年間（一五六七～一五七二年）年均增長十倍，其後稍爲減少，但也有隆慶年間年均的八倍上下。由此可以推知，月港在萬曆年間每年對菲出口貿易量比隆慶年間增長了八至十倍左右。馬尼拉海關徵收中國商品的入口稅，在萬曆十四至十八年（一五八六～一五九〇年）每年平均爲四千九百零九比索（Peso，西班牙銀元，每比索約合白銀七錢五分），占入口稅總額的百分之三十六點六十八；萬曆十九至二十三年（一五九一～一五九五年）每年平均爲二萬二千零六十五比索，占入口稅總額的百分之六十一；萬曆二十四至二十八年（一五九六～一六〇〇年）爲二萬四千一百五十五比索，占百分之五十六點〇四；萬曆二十九至三十三年（一六〇一～一六〇五年）爲三萬三百九十比索，占百分之七〇點五；萬曆三十四至三十八年（一六〇六～一六一〇年）爲四萬六千三百九十比索，占百分之七十八點五二；三十九至四十三年（一六一一～一六一五年）爲六萬四千四百八十二比索，占百分之九十一點五。中國商品爲菲律賓的繁榮奠定了基礎。自馬尼拉開往阿卡普魯可的大帆船，在隆慶、萬曆時期每艘載運中國生絲和各種絲織品約爲三百箱至五百箱。這種絲貨以品質優良、價格低廉深受歡迎，取代西班牙本國產品稱霸於新大陸市場，成爲維繫長達二個半世紀的太平洋大帆船航路的物質基礎。「就新西班牙（墨西哥及其附近地區）的人民來說，大帆船就是中國船，馬尼拉就是中國與墨西哥之間的轉運站，……在墨西哥的西班牙人，當無拘無束地談及菲律賓的時侯，有如談及中華帝國的一省那樣」（William Lytle Schurz, The Manila Galleon New York, 1939, P. 63。轉引自全漢昇：〈明季中國與菲律賓間的貿易〉，《中國經濟史論叢》第一冊）。

萬曆時期，即十五世紀末，十六世紀初，歐洲陷入經濟蕭條，大西洋貿易衰退，以轉販中國商品爲主的太平洋貿易發展爲世界市場中最活躍的部分。中國商品大量進入世界市場，在一定程度上緩和了世界市場貴金屬相對過剩與生活必需品嚴重短缺的不平衡狀態；由嗜好中國精美商品而掀起的「中國熱」，刺激和影響了歐洲工業生產技藝的革新，促進了經濟的發展。中國商品爲十七世紀西方資本主義的興起作出了不可磨滅的貢獻。

第二節　城市經濟的發達

一　工商型城市的出現

嘉靖、萬曆時期，城市經濟亦比以前有較快的發展。當時商人眼中的著名城市，「則大之而為兩京、江、浙、閩、廣諸省（會），次之蘇、松、淮、揚諸府，臨清、濟寧諸州，儀真、蕪湖諸縣，瓜州、景德諸鎮」（萬曆《歙志》卷十，〈貨殖〉）。這些城市不單是商業的中心，而且是手工業的中心，不單是國內貿易的中心，往往也是對外貿易的港口和轉運碼頭，和國內少數民族的互市場所。

江南的蘇州，在嘉靖、萬曆時期被人們譽為富饒之鄉，商業十分發達，「貨物輻輳，四方旅寓之人，皆在其地開張字號行鋪」（《古今圖書集成・食貨典》，《賦役部》，〈蘇松溪賦議〉）。隆慶時，徽州商人黃汴曾記其所親見的蘇州市場，是「聚貨緞匹外，難以盡述，凡人一身諸行日用物件，從其所欲」（黃汴：《一統路程圖記》，《江南水路》卷之七）。這說明凡是日常生活所需要的東西，都可以從蘇州市場上購得。當時在蘇州城中，有著聞名國內外的專門商業區，自玄妙觀以至閶門內外，百貨畢集，而南北濠，上下塘，為市尤繁盛。特別是國內外市場的開拓，蘇州城又成了當時著名的手工業品產地，「綾錦紵絲紗羅紬絹皆出自郡城闟房，產兼兩邑，而東城為盛。比屋皆工織作，轉貿四方，吳之大資也」（嘉靖《吳邑志》卷十四，〈土產物貨穀菽蔬果上〉，〈物貨〉），「靛裝炫服，墜馬盤鴉，操籌倚市，封、婁、齊蓋罕矣，惟以織造為業者，俗曰機房」（萬曆《長洲縣志》卷一，〈風俗〉）。至於其他的各種手工業生產，在蘇州城內及其市郊亦相當發達。嘉萬時期的蘇州，已是一個以工商業經濟為主的新型城市。

再看松江，萬曆時人范濂在《雲間據目抄》中記載了該地手工業的發達：「郡中舊無鞋店與蒲鞋店，萬曆以來，始有男人製鞋，後漸輕俏精美，遂廣設諸肆於郡治東。……松江舊無暑襪店，暑月間穿氈襪者甚眾，萬曆以來，用尤墩布為單暑襪，極輕美，遠方爭來購之，故郡治西郊，廣開暑襪店百餘家。合郡男婦皆以做襪為生，從店中給籌取值，亦便民新務。……細木家俱，如書桌禪椅之類，余少年曾不一見，……隆萬以來，雖奴隸快甲之家，皆用細器，而徽之小木匠，爭列肆於郡治中」（范濂：《雲中據目抄》卷二，〈紀風俗〉）。松江郡治的東西門，是商賈輻湊之地，也是手工業者集中的處所。當時松江有「衣被天下」之稱，以棉紡織業聞名於世，因此，這裡又是棉布商行的集中地，「凡數千里外，裝重貲而來販布者曰標嘀，領各商之貲收布者曰莊戶，鄉人轉售於莊，莊轉售於標」（陳眉公：《陳眉公全集》卷五十九，〈布稅議〉）。這些記載足見松江在當時國內棉紡織業上的重要地位以及市內人口對於城市工商業的依賴程度。再如南京，其紡織業亦相當發達，「瓜連數省，五方輻湊，萬國灌輸，三服之官，內給尚方，衣履天下，南北商賈爭赴」（張翰：《松窗夢語》卷四）。就嘉靖、萬曆時期的一般情況而言，當時較著名的工商業城市，首推江南的蘇松杭嘉湖，其次是沿長江和運河兩岸等交通較為發達的口岸。其他帶有地方特色的專業城市，亦頗足稱道，如江西的景德鎮，「天下窯器所集，其民繁富，甲於一省。……萬杵之聲殷地，火光燭地，夜令人不能寢」（王世懋：《二酉委譚摘錄》）。廣東的佛山鎮，則以鐵器製造業而聞名，「佛山多冶，業冶者必候其工而求之，極其尊奉，有弗得則不敢自專，專亦弗當，故佛山之冶遍天下」（屈大均：《

廣東新語》卷十六）。當時人說：「（佛山）兩廣鐵貨所都，七省需焉。每歲浙、直、湖、湘客人腰纏過梅嶺者數十萬，皆置鐵器而北」（《明經世文編》卷三六八，霍與瑕：〈上吳自湖翁大司馬〉）。

廣州、漳州、泉州、寧波等港口，是對外貿易的據點，不僅有外國商人來臨，本國商人亦群集其地，開展各項商業活動。廣州原為暹羅、占城、爪哇、浡泥諸國的互市之地，設有市舶司，正德時外國貢船移泊於高州之電白縣，嘉靖十四年（一五三五年）以後，乃允許葡萄牙人租住香山縣的澳門，「高棟飛甍，櫛比相望，閩粵商人，趨之若鶩」。關於當時的情景，龐尚鵬有一篇比較詳細的報告：

> 廣州南有香山縣，地當瀕海，由雍麥至濠鏡澳計一日之程，有山對峙如臺，曰南北臺，即澳門也。外環大海，接於牂牁曰石硤海，乃番夷市舶交易之所。往年夷年入貢，附至貨物，照例抽盤，其餘番商私賚貨物至者，守澳官驗實中海道，聞於撫按衙門，始放入澳，候委官封籍，抽其十之二，乃聽貿易焉。其通事多漳、泉、寧、紹及東莞、新會人為之。……往年俱泊浪白等澳，限隔海洋，水土甚惡，難於久駐，守澳官權令搭篷棲息，迨舶出洋即撤去。近數年來，始入濠鏡澳，築室以便交易，不踰年多至數百區，今殆千區以上。日與華人相接濟，歲規厚利，所獲不貲，故舉國而來，負老攜幼，更相接踵，今築室又不知其幾許，而夷眾殆萬人矣。

——《明經世文編》卷三五七，龐尚鵬：〈題為陳末議以保海隅萬世治安事〉

對外貿易的發達，又促進廣州手工業的發達，當時廣紗有甲於天下之稱，佛山鐵器以及石灣的彩釉陶瓷，還有果品海珍，都有廣闊的國內外市場，因而各地商人爲牟求厚利，號稱「走廣」，來者甚眾。「嘉靖三十五年（一五五六年）海道副使乃立客綱、客紀，以廣人及徽、泉等商爲之」（《天下郡國利病書》卷一百四，〈廣東八〉），以便於管理貿易事務。

成化年間福建市舶司從泉州移設福州，專門以待琉球入貢。從此以後，漳州府的月港，成爲東西洋貿易的重要口岸，商業繁富，「漳州府龍溪縣月港地方，距府城四十里，負山枕海，民居數萬家。方物之珍，家貯戶峙，而東連日本，西接暹球，南通佛郎、彭亨等國，其民無不曳繡躡珠者，蓋閩南一大都會」（朱紈：《甓餘雜集》卷三，〈增設縣治以安地方事〉）。又有云：「澄之賈，淫於海，指南所至，累譯所通，紫貝文甲之玩，異香華毳之奇，耀宇內而飾天府，歲益縣官緡輓費九千緡，中貴人至倍徵三之，幾與中原大都會埒矣」（張燮：《東西洋考》卷七。）。在對外貿易的刺激下，福建沿海各地的手工業生產得到了相應的發展，如漳州的絲織品、紗絹、天鵝絨等，皆爲明代有名的商品，「天鵝絨本出倭國，今漳州以絨織之，置鐵線其中，織機割出，機制云蒸，殆奪天巧」（《重纂福建通志》卷五十九）。漳州城門之內，百工鱗集，機杼爐錐，心手俱應」，形成爲一個重要的手工業城市。

二 專業市鎮的發展

嘉靖、萬曆時期城市經濟的繁榮，不僅體現在兩京、蘇州、臨清以及佛山、月港等這些著名的大中城市中，還體現在鄉村市鎮的發展方面。這些市鎮一般擁有居民數百家以至數千家，有的達到萬家。以江南蘇州吳江縣爲例言之，其較著名而又發達於嘉萬年間的市鎮有如下述：

> 震澤鎮，在十都，元時村鎮蕭條，居民數十家，明成化中至三四百家，嘉靖間倍之，而又過焉。
>
> 平望鎮，在二十四都，明初居民千百家，自弘治以後，居民日增，貨物齊備，而米及豆麥尤多，千艘萬舸，遠近畢集，俗以楓橋目之。
>
> 雙楊市，在十一都，在縣治西南五十里，明初居民止數十家，以村名，嘉靖間始稱為市，民至三百餘家，貨物略多，始自成為市。
>
> 嚴墓市，在十七都，明初以村名，時已有邸肆，而居民止百餘家，嘉靖間倍之，貨物頗多，乃成為市。
>
> 檀丘市，在十八都，去縣治西南五十里，明成化中，居民四五十家，多以鐵冶為業，

至嘉靖數倍於昔，凡銅鐵木坊樂藝諸工俱備。

梅堰市，在十九都，去縣治西南六十五里，明初以村名，嘉靖間居民止五百餘家，自成市井，乃稱為市。

盛澤鎮，在二十都，明初以村名，居民止五六十家，嘉靖間倍之，以綾綢為業，始稱為市。

黎里鎮，在二十三都，明成弘間為邑巨鎮，居民千百家，百貨並集，無異成市。自隆慶迄今貨物貿易如明初，居民更二三倍焉。

縣市，自縣治達於四門內外，元明前無千家之聚，明成弘間居民乃至二千餘家，方巷開路，棟宇鱗次，縣貨具集，通衢市肆以貿易為業者，往來無虛日，嘉隆以來，居民益日增，貿易與昔不異。

八斥市，在三都，明初居民僅數十家，嘉靖間乃至二百餘家，多設酒館，以待行旅，久而居民輻湊，百貨並集。

庉村市，在二十七都，明初以村名，有前後二村，嘉靖間始稱為市，時居民數百家，鐵工過半。

——乾隆《吳江縣志》卷四，〈鎮市村〉

由以上記載可見蘇州鄉村市鎮於嘉萬年間的發展情景。類似的情況，在江浙一帶隨處可見，如常熟縣、有支塘市、沙頭市、福山鎮、梅李鎮（以上各有二千餘家）。上海縣有三林塘鎮、北橋鎮、塘橋市、法華鎮。寶山縣有江灣鎮、羅店鎮、月浦鎮、真如鎮、高橋鎮。嘉興府的濮院鎮、新城鎮，「今可萬餘家」；王江涇鎮，「居民可七千餘家」（萬曆《秀水縣志》卷一）。湖州歸安的雙林、菱湖、璉市，烏程的烏鎮、南潯，亦係如此，「所環人煙小者數千家，大者萬家」（茅坤：《茅鹿門先生文集》卷二，〈與李汲泉中丞議海寇事宜書〉）。有些鄉村市鎮的規模，甚至能抵得中州或近邊的州縣，「如直之羅店、閔行，浙之塘西，硤石等處，廛宅連雲，可當近邊二三縣」（《明經世文編》卷二一三，康太和：〈擬應詔陳言以備安攘大計疏〉）。這些市鎮中，有不少係從偏僻的鄉村，發展爲市，再發展爲鎮的，如上舉吳江縣的雙楊市、盛澤鎮、嚴墓市，還有嘉定的新涇、南江的周浦鎮等。不僅數量增加，而且從質量上講，這些市鎮有一定程度係依據於當時的商業、手工業、商品生產、貨幣流通等方面的發展情況，並成爲全國性的國內市場的一個組成部分。如盛澤、濮院、王江涇、雙林、菱湖、烏鎮、南潯等地的繁榮，即和絲織業有密切的關係，盛澤鎮的興起幾乎完全依仗絲織業的發展，其發展經過，縣志言之甚詳：「綾綢之業，宋元以前惟郡人爲之，至明熙、宣間，邑民始漸事機絲，猶往往雇郡人織挽。成弘以後，土人亦有精其業者，相沿成俗，於是盛澤、黃溪四五十里間，居民乃盡逐綾綢之利，有力者雇人織挽，貧者皆自織而今其童稚挽花，女工不事紡績，日夕織絲，故兒女自十歲以外皆蚕暮拮据以糊其口，而絲之豐歉，綾綢價之低昂，即小民有歲無歲之分也」（乾隆《吳江縣志》卷三十八）。據明末馮夢龍的描寫，鎮上「絡緯機杼之聲通宵徹夜，那市上兩岸綢絲牙行約有千百餘家，遠近村坊織成綢匹，俱到此上市，四方商賈來收買的，蜂攢蟻集」（馮夢龍：《醒世恆言》卷十八，〈施潤澤灘闕遇友〉）。再如浙西的菱湖鎮，「歸安菱湖市廛家，主四方鬻絲者多，廛臨溪，四、五月間，溪上鄉人貨絲船排比而泊，自菱湖前後左右三十里許，多蓮芡藕蘆葦，絡繹於溪傍」（《吳興備志》卷二十九）。有的市鎮則與棉布業的發展直接相關，如楓涇、洙涇、朱家甪、新涇、安亭、魏塘、硤石等市鎮，據載：「前明數百家布號，皆松江、楓涇、洙涇、樂業，而染坊、踹坊悉從之」（顧公燮：《消夏閑記摘抄》卷中）。朱涇「明季多布行，有小臨清之目」（光緒《朱涇志》卷一，《疆域志》）。朱家甪鎮「在五十保，商賈湊集，貿易花布京省標客往來不絕，今爲巨鎮」（崇禎《松江府志》卷三）。昆山安亭則出藥斑布，嘉定的新涇鎮，「爲棉花、管屨所集」，其「卉織爲布，出海寧硤者，視他縣爲佳」（嘉靖《昆山縣志》卷四、萬曆《嘉定縣志》卷一）。像這一類新興的專業市鎮，在江南地區是很多的。浙江崇德縣石門鎮則因榨油業的發達，成爲擁有數千家的雄鎮。嘉善的千家窯鎮，「民多業陶，甓埴繁興，貿遷日伙」（光緒《嘉定縣志》卷二）。有的則成爲商業中心，貨物的集散地。浙江唐棲爲魚米布木之場，「素號哄市，歲計食貨貿遷，毋慮數十百萬」（光緒《唐棲志》卷十七，丁養浩：〈明故存濟沈公夫婦墓誌銘〉）。海鹽的沈蕩鎮，列廛五六百家，五穀、絲布、竹木、油坊、質店、大賈往往雲集」（光緒《嘉興府志》卷四，〈市鎮〉）。他如「嘉定南翔，大聚也，多歙賈」，「羅店，嘉定巨鎮，商賈之湊，人多機利」（歸有光：《震川集》卷十八、二十）。清初上海人葉夢珠曾記明代上海市鎮的棉花銷路，已達大河上下，長江南北，「棉花布吾邑所產，已有三等，……上闊尖細者曰標布，出於三林塘者爲最精，周浦次之，邑城爲下，俱走秦晉京邊諸路，……其較標布稍狹而長者曰中機，走湖廣江西兩廣諸路，價與標布等。前（明）朝標布盛行，富商巨賈，操重貲而來市者，白銀動以數萬計，多或數十萬兩，少亦以萬計，以故牙行奉布商如王侯，而爭布商如對壘」（葉夢珠：《閱世編》卷七）。可見這些市場的經濟活動，有的已超出地區的限制，而和全國各大都市發生了聯繫，有力地促進了當時商品經濟的繁榮和社會分工的擴大。

這種具有全國性意義的市鎮，在江南以外還有不少，如河南鄧州「穰東鎮，……街市居民千餘家，商賈輻湊，爲鄧首鎮」（《鄧州志》卷八，〈輿地志〉）。江西樟樹鎮，「在豐城、清江之間，煙火數萬家，江廣百貨往來與南北藥材所聚，足稱雄鎮」（王士性：《廣志繹》卷四）。山東青州的顏神鎮，「其利民亦不下江右之景德鎮」（王士性：《廣志繹》卷四）。湖北漢陽的劉家隔「在漢川縣治之北，其始居民十數家，宣德正統年間，商賈占籍者億萬計，生齒日繁，貿遷益眾，率成巨鎮。四方商賈輻湊，煙火連井，舟楫連津，徙附之民，視日加眾，氣象巨麗，顧逾於縣」（嘉靖《漢陽府志》卷三，〈創置志〉）。

在大中型市鎮之外，全國各地又有星羅棋布的市集，以補充城市、市鎮的不足。這些定期或是臨時性的市集，從北方至南方到處都有存在，「嶺南之市謂之虛，言滿時少，虛時多也。西蜀謂之亥，亥者，痎也，痎者瘧也，言間日一作也。山東人謂之集」（謝肇淛：《五雜俎》卷三）。鄰近鄉村的人到集市上交換，各地稱謂亦有所不同，「江南謂之上市，河北謂之走集」，「嶺南謂之趁虛」（謝肇淛：《五雜俎》卷三）。這種市集在各地數量不一，有一些交通比較便利，經濟比較發達的地方，一縣可達數十個之多，如嘉靖《尉氏縣志》的記載，全縣城鄉共有二十六個集市：「在城：東街集、東門外集、小十字街集、小東門集、北街集、北門外集、小西街集、小西門外集、新街集、縣前街集、西街集、西門外集、南街集、大十字街集。在鄉：戶部集，在縣東南五十里。吳照集，在縣東三十里。南曹寨集，在縣南三十里。蔡家莊集，在縣南四十里。白家潭集，在縣東南五十里。北曹寨店，在縣東南二十里。隗村店集，馮村店，在縣西南二十里。聖水店，在縣北七里。栗林店，在馮村南十里。歇馬營店，在縣北三十里。盧館店，在縣北二十里」（嘉靖《尉氏縣志》卷一，〈風土類〉，〈市集〉）。再如山東萊州地區，「掖縣：城集十，鄉集九，神集二。平度州：城集十，鄉集三十有一，神集一。昌邑：城集五，鄉集二十八，神集一。濰縣：城集十有七，鄉集十有五。膠州：城集五，鄉集十有二。高密縣：城集六，鄉集十有二。即墨：城集五，鄉集十有三」（萬曆《萊州府志》卷五，〈市集〉）。在這些市集之間，爲了便利交易，其交易的日期亦有一個合理的安排，如河間府：「日中爲市，人皆依期而集，在州縣者，一月期日五、六集，在鄉鎮者，一月期日二、三集，府城日一集」（嘉靖《河間府志》卷七，〈風俗〉）。定期集市之外，各地還有爲數不少的廟會貿易，如江陰的觀音會市：「季夏一舉者，有觀音會市，在乾明廣福寺中，吳會、金陵、淮、楚之商，迎期而集，居民器用多便之，既月而退，歲六月十九日以爲節」（嘉靖《江陰縣志》卷二，〈市鎮〉）。鄭州有藥王廟會，每年四月初，「河淮以北，秦晉以東，宣大薊遼諸邊，各方商賈輦運珍異並布帛菽粟之屬，入城為市」（萬曆《野獲編》卷二十四），貿易遊覽，閱兩旬方漸散。福建清流的樊公會，「每歲八月二十八日，樊公誕辰，邑人迎神賽願。先期，京、浙、江、廣各地客商，俱賫土貨，集縣貿易，周月始散」（崇禎《汀州府志》卷一，〈街市〉）。固然，這些定期的市集是一種地方性的活動，有一些還只是農村的低級米穀市場。然而這大量鄉村市集的興起，只有在商業繁榮的條件下才能出現，而這些基層市集的出現，又為繁榮商品交換提供了更廣闊的場所，溝通了生產者與消費者之間的聯繫。特別是有的基層市集，如上引的江陰、清流、鄭州的廟會，四方商賈輻湊，卻又具有全國性的某些意義，這些現象都反映了當時社會經濟的發展和國內貿易的繁榮。

第三節　白銀流通和商人資本的積累

一　白銀數量的激增

商品生產的發展，城市經濟的發達，專業市鎮的出現，給商人的活動開闢了廣闊的天地。而白銀的大量流通，又給予商人積累財富和促進商品經濟的進一步繁榮提供了有利的條件。明代初期，封建政府實行禁止使用白銀以維持自然經濟的政策，但自宣德以後，這種禁止逐漸被打破，白銀的使用範圍日漸擴大，「民間交易惟用金銀」。從政府方面言之，「英宗即位，收賦有米麥折納之令」（《明史》卷八十一，〈食貨五〉），憲孝之際，班匠、鹽課、關稅亦相繼折銀。正德年間，政府俸祿則銀錢兼用，爲銀九成，錢一成。至於民間交易，當憲孝時，米、布等商品已用銀來表示價格，其後用途日廣，在工商業比較發達的南方地區，白銀幾乎成了通用貨幣，「雖窮鄉亦有銀秤」（《天下郡國利病書》卷九十三，〈福建三〉）。即使在經濟相對落後的北方地區，雖銀錢並用，亦以白銀爲主，萬曆年間給事中郝敬說：「今海內行錢，惟北地一隅。自大江以南，強半用銀。即北地，惟民間貿易，而官帑出納仍用銀，則錢之所行無幾耳」（孫承澤：《春明夢餘錄》卷四十七，〈錢法議〉）。所以當時在商品經濟發達和經濟作物種植發展的長江中下游地區以及東南沿海地區，還出現有白銀計算工資和繳納地租的現象。

嘉靖、萬曆時期白銀使用的普遍，不僅和國內銀礦的開採有關，據稱景泰以前，銀礦的開採主要在浙江、福建，天順以後，雲南、四川的銀礦開採迅速發達，就中雲南的銀礦尤爲重要，「合八省所生，不敵雲南之半」（宋應星：《天工開物》卷下）。隆慶、萬曆以後，由於對外貿易的關係，輸入了大量的白銀，特別是從西班牙人統治下的呂宋馬尼拉輸進的白銀，影響更大，當時人記載云：「東洋呂宋地無他產，夷人悉用銀錢易貨，故歸船自銀外，無他攜來，即有貨亦無幾。故商人回澳，徵水陸二餉外，屬呂宋船者，每船更追銀百五十兩，謂之加徵」（張燮：《東西洋考》卷七，〈稅餉考〉）。隆慶年間政府在月港設立榷稅機構，月港的稅額不斷上升，至萬曆初年，「餉額溢至萬金」，萬曆十一年（一五八三年），「累增至二萬有餘」，萬曆二十三年（一五九五年），「餉驟溢至二萬九千餘兩」（張燮：《東西洋考》卷七，〈稅餉考〉），此後，月港每年商稅收入保持在三萬兩左右。

月港稅餉當然只是當時白銀輸入的極小部分，其絕大部份則是通過民間渠道而流入中國市場。據估算，萬曆十四年（一五八六年）以前每年約輸入三十萬比索，是年達五十萬比索；萬曆二十六年（一五九八年）前後每年增至八十至一百萬比索；萬曆三十年（一六〇二年）前後每年驟增至二百萬比索；萬曆三十二年（一六〇四年）更達到二百五十萬比索以上。另外葡萄牙人每年從歐洲和印度運往澳門的白銀也有二十至一百萬比索（引自艾維四《明史與世界史》）。日本生產的白銀，每年約有五十、六十萬兩至一百餘萬兩經葡萄牙人運往澳門而流入中國（引自全漢升〈明代中葉後澳門的海外貿易〉）。所以有人估計，自萬曆元年至崇禎十七年（一五七三～一六四四年）的七十二年間，葡萄牙、西班牙、日本諸國由於貿易關係而輸入中國的銀元，至少在一億元以上（梁方仲：《明代糧長制度》，上海人民出版社一九五七年版，第一二七頁）。

嘉靖、萬曆時期海外白銀的大量輸入，大大增加了國內白銀的儲藏量，擴大了白銀的流通範圍。萬曆年間，全國普遍推行一條鞭法，每年賦稅的總徵銀量達一千五百萬兩以上，明代賦役貨幣化的傾向，不能不在相當程度上歸功於國外白銀的大量流入，它爲賦役折銀的改革提供了更成熟的條件。至於它對於推動中國商業的發展所起的積極作用，更是不言而喻。當海商從呂宋攜歸墨西哥銀錢，馬上流行於東南沿海市場間，當時的記載云：「錢用銀鑄造，字用番文，九六成色，漳人今多用之」（顧炎武：《天下郡國利病書》卷九十三，〈福建三〉）。洋銀至廣州，「攬頭者就舶取之，分散於百工之肆，百工各爲服食器物，償其值。承平時，商賈所得銀皆以易貨，度梅嶺者，不以銀捆載而北也，故東粵之銀出梅嶺十而三四」（屈大均：《廣東新語》卷十五）。在繁華的蘇州，「富商大賈數千里輦萬金而來，摩肩連袂」（康熙《吳江縣志》卷十七）。在松江、太倉等棉布產地，「閩廣人販其歸鄉者，每秋航海來賈於市，無慮數十萬金」（《鎮洋縣志》卷一），「標布盛行，富商巨賈操重貲而來者，白銀動以數萬計，多或數十萬兩，少亦萬計」（葉夢珠：《閱世編》卷七）。到了後來，內地商人到閩粵沿海來購貨物，也無不腰纏萬金，霍與瑕曾云：「兩廣鐵貨所都七省需焉，每歲浙、直、湖、湘客人，腰纏過梅嶺者數十萬，皆置鐵貨而北」（霍與瑕：《霍勉齋集》卷十二，〈上吳自湖翁大司馬書〉）。嘉靖、萬曆時期白銀逐漸成爲中國市場的主要貨幣，這是中國貨幣史上的一個劃時代變化。

二　商人集團的活躍

伴隨著嘉靖、萬曆時期商品經濟發達的是全國各地商人的活躍。從明代中葉起，棄農經商的現象日益增多，顧炎武《天下郡國利病書》曾引萬曆《歙志風土》說：「（弘治）平時家居人足，居則有室，佃則有田，……婦人紡織，男人桑蓬。……尋至正德末、嘉靖初，則稍異矣。出賈既多，土田不重，操貲交接，起落不平，……迨嘉靖末隆慶間，則尤異矣，末富居多，本富居少，富者愈富，貧者益貧。」這段描述，道出了嘉靖、萬曆年間「出賈既多」的一般趨勢。我們從各地的地方志，都可以看到同樣的消息。如山東之民，「不賤商賈」，濰縣「則民務農賈」；臨邑「地無遺利，人慣貿易」，安邱「富人則商賈爲利」。河南一帶，偃師「爲農商者，重耕貨」；郟縣，「民務耕商」；睢寧，「廟灣民庶，食貨得流，後多富者」（以上轉引自傅衣凌〈明代經濟史上的山東與河南〉，載《社會科學戰線》一九八四年第三期）。再如陝西各地，「涇陽爲西安劇縣，政繁而道衝，俗美而習敝，民逐末於外者八九」（雍正《陝西通志》卷四十五，〈風俗〉，轉引《康對山集》）。三原縣，「士勤學問，民多商賈，……商賈遠出，每數年不歸，……思欲轉移令務本輕末，其道良難」。朝邑縣，「富者皆棄本逐末，各以服賈起其家，蜀卓宛孔之流，甲於通省」（同上書，卷四十五，轉引《三原縣志》；民國《同州府志》卷二十一，〈風俗〉）。

在南方各地，經商從賈者尤眾，如江西各地，「吉（安）郡土薄鑿繁，慮走四方爲生」（羅大紘：《紫原文集》卷五，〈吳香山姻丈七十序〉），南昌一帶，「人挾子母錢，入虔入粵，逐什一之利，趾相錯也」（郭子章：《郭青螺遺書》卷十二，〈山溪白溪石塘三橋碑記〉）。撫州府，「金溪民務耕作，故地無餘地，土狹民稠，爲商賈三之」（嘉靖《金溪縣志》引自《西江志》）。再如浙西山區，西安「穀賤民貧，恆產所入，不足以供賦稅，而賈人皆重利致富，於是人多馳騖奔走，競習爲商，商日益衆」（《浙江通志》卷一百，〈風俗下〉。）。常山，「閩浙之會，習尙勤儉，業事醫賈」（《衢州府志》卷二十五，〈風俗〉）。江山，「民殷富，人肩摩，廬舍鱗次，商賈輻輳」（《浙江通志》卷一百，〈風俗下〉）。福建的西北山區也是如此，如將樂縣，「鄉有苧布之利，喜於爲商」；建寧，「土地膏腴，專有魚杉油漆苧麻之利，以通於商賈」；「永定僻壤也，……民田耕作之外，輒工賈」（何喬遠：《閩書》卷三十八，〈風俗〉）。

在嘉靖、萬曆時期棄農經商的浪潮中，不僅商人的人數比以往有成倍的增長，而且在此基礎上逐漸形成了一些各具特色的地方性商人集團，如實力最雄厚的徽州、山西商人，財富稱雄於天下，所謂「富室之稱雄者，江南則推新安，江北則推山右。新安大賈，魚鹽爲業，藏鏹有至百萬者，其它二三十萬，則中賈耳。山右或鹽或絲，或轉販，或窖粟，其富甚於新安」（謝肇淛：《五雜俎》卷四）。他們的商業組織和經營方法也很具特色，如沈思孝《晉錄》中所記載的山西商人的夥計制度，「平陽、澤、潞，豪富大賈甲天下，非數十萬不稱富，其居室之法善也，其人以行止相高，其合夥而商者，名曰夥計。一人出本，衆夥共而商之，雖不誓而無私藏。祖父或以子母息丐貸於人而道亡，貸者業舍之數十年矣，子孫生而有知，更焦勞強作以還其貸。則他人有居積者，爭欲得斯人以爲夥計，謂其不忘死肯背生也」。徽州亦同此俗，「新都勤儉甲天下，故富亦甲天下，……大賈輒數十萬，則有副手而助耳目者數人，其人皆銖兩不私，故能以身得幸於大賈而無疑，他日計子母息，大羨，副者始分身而自爲賈，故大賈非一人一手足動也」（顧炎武：《肇域志》，〈江南〉）。

閩、粵商人，則以海商聞名天下，如福建的安平商人，「經商行賈，力於徽歙，入海而貿夷，差強貲用」（何喬遠：《閩書》卷三十八，〈風俗〉），「安平市獨矜賈，逐什一趨利，……賈行遍郡國，北賈燕，南賈吳，東賈粵，西賈巴蜀，或衝風突浪，爭利於海島絕夷之墟，近者歲一歸，遠者數年始歸」（李光縉：《景壁集》卷四，〈史母沈孺人壽序〉）。再如江蘇的洞庭商人，處身於棉布、絲綢的產區，故以布商雄踞一方，「巴陵洞庭，天下壯區也。而吳中太湖之山亦名洞庭。……人工作布，而以布賈者，多吳之洞庭人」（轉引自傅衣凌〈明清時代商人及商業資本〉，〈明代江蘇洞庭商人〉）。浙江的龍游商人，經營珠寶細玩獨擅一方，「龍游善賈，其所賈多明珠翠羽寶石貓睛輕軟物，千金之貨，只一人自賫京師，敗絮僧鞋，蒙耳藍縷，假癰巨疽，膏藥內皆寶珠所藏，人無知者，異哉賈也」（王士性：《廣志繹》卷四）。陝西商人，則以經營西北邊疆的茶馬、布花、鹽粟為本色，「陝以西稱壯縣，曰涇陽、三原、而三原為最，沃野百里，多鹽筴高貲賈人，闤闠駢坒，果布之湊，鮮車怒馬者，相望太倉，若蜀給四方鎮餉，歲再三發軔，若四方任輦車牛，實綰轂其口，蓋三秦大都會也」（《關中溫氏獻徵集》，李維楨：〈溫恭毅公創建龍橋碑記〉）。還有江西商人，其足跡亦幾遍天下，「為商者其言適楚，猶門庭也。北賈汝宛徐邳汾鄠，東賈韶夏夔巫，西南賈滇僰黔沔，南賈蒼梧桂州柳州，為鹽麥竹箭鮑木旃罽皮革所輸會」（徐世溥：《榆溪集選》，〈楚游詩序〉），有經營四方至老不歸者。其他如河南的武安商人，河北的束鹿商人，山東的黃縣商人等等，也都負有盛名，在當時繁榮的商業史上占有一定的地位。

這大大小小商人集團的活動，大大促進了各地的商品流通，繁榮了市場經濟，對於中國傳統的封閉性經濟起到了一定的衝擊作用。這裡試舉嘉靖《太平縣志》的記載，說明活躍的商人對於當地經濟和生業的影響：

> 民業，……今志之可著，則有業於農者，或田而稼，或圃而蔬，或水而漁，或山而樵，或畬而種植，或操舟於河，或取灰於海，或為版築，或為佣工各食其力，而無或惰焉。……遠而業於商者，或商於廣，或商於閩，或商蘇杭，或商留都。嵊縣以上載於舟，新昌以下率負擔於陸，由閩廣來者間用海船。近而業於賈者，或貨食鹽，率擔負鬻於本縣諸民家，……或貨米穀，毋敢越境；或貨材木，率於黃岩西鄉諸山，近年有至温州閩中者；或貨海魚者，率用海舶在附近海洋網取黃魚為鮝，散鬻於各地，頗有羨利；……貨海錯者，率在海塗負擔鬻於縣境諸民家。其次是屠酤，亦有利。……又其次有貨雜物，肆其居者比比不能盡者。
>
> ——嘉靖《太平縣志》卷三，〈食貨志〉，〈民業〉

從這記載中，我們可知道嘉靖年間的太平縣，不但有巨商大賈遠販於閩廣蘇杭，而縣城市鎮，又有眾多的坐賈居肆，更有許多短途販賣以至擔負鬻於各鄉村，沿家叫賣。商人的活動，已經滲透到城鄉人民的日常生活中。

三 商業資本積累的途徑

明代的大小商人，一般說來還是依靠榨取直接生產者的血汗，依靠著與地主、官僚的結納和與高利貸資本的結合，來擴展壯大資本。但是，嘉靖、萬曆時期社會經濟環境的影響，使商人積累財富的辦法亦與早期商人有所不同，具有其自身的特點，歸納起來，嘉靖、萬曆時期商業資本積累的途徑有以下幾種。

㈠從賤買貴賣到大批發商

買賤賣貴是封建時代商人活動的主要方式。從零星的轉販到批發性的長途販賣，是當時商人積累資本的主要途徑。當時商人所經營的業務，除了傳統的地方珍奇特產等奢侈品之外，生活資料和生產資料已越來越占有相當的比重，米穀、木棉、布匹、絲絹、陶器、竹木、染料、藥材等，都成了商品中之大宗者。著名的山西商人，即善於窖粟，「三晉富家，藏粟數百萬石，皆窖而封之，及開，則市者紛至，如趕集然。常有藏數十數年不腐者」（謝肇淛：《五雜俎》）。徽商亦然，嘉靖時，徽商程鎖，「中年客溧水，其俗春出母錢貸下戶，秋倍收子錢，長公居息市中，終歲不過什一，細民稱便，爭赴長公，癸卯（嘉靖二十二年）穀賤傷農，諸賈人持穀價不予，長公獨予平價，囷稅之。明年，穀價踊貴，長公出穀，出諸下戶。……長公乃部署門下客，分地而居息吳越間」（汪道昆：《太函集》卷六十一，〈明處士休寧程長公墓表〉）。當時如蘇州的楓橋、平望鎮，海寧的乍浦等地，都是有名的米穀集散中心，商人們「千艘萬舸，遠近畢集」（乾隆《吳江縣志》卷四，〈鎮市村〉）。陝西商人、徽州商人、洞庭商人多在松江、山東、湖廣等地從事棉花、布匹的販賣。蘇杭的絲綢，則商人視爲利藪，無不爭趨其地。就是窮鄉僻壤，只要有利可圖，也能引起商人的注意。如安徽廬陽，「地產紅米，豐歲一金可易四石，尤多藥材，江南、江右商賈咸集聚焉」（張瀚：《松窗夢語》卷二，〈東遊記〉）。福建泉州的長市，「集髮爲髢，髢通於江浙賈人，而徽賈爲盛」（何喬遠：《閩書》卷八，〈方域志〉）。江西靖安的龍丘，爲一山區，也有徽商的插足，「隙地種竹，竹巨而茂，其巨者，剖之可爲篾，歙人貿以通舟楫所不及」（《古今圖書集成‧職方典》卷八五二，《南昌府部》）。甚至西南邊疆一帶，「滇雲地曠人稀，非江右商賈僑居之，則不成其地」（王士性：《廣志繹》卷五）。由於當時生產品的豐富和市場的廣闊，於是有不少商人通過買賤賣貴而漸成爲大批發商。嘉靖時，無錫有三大富室，曰安國、鄒望、華麟祥，「富幾敵國」，其發家過程，便是由「居積諸貨，人棄我取」（康熙《無錫縣志》卷二十二，〈義行〉），而最後成爲大批發商的。據載鄒望家至嘉靖時，「會計簿編號至六百，米穀數匯儲至百萬，錢不索而廒，銀不匣而室，至櫃藏於床前阿堵，零賸物也」（花村看行侍者：《花村談往》卷二）。華麟祥（號海月），「縱步金山江口，同牙行人等商南北貨物之翔沈，億則屢見，意念勃如也。……徊翔百貨間，立志人棄我取，積久無用者，方爲收置。牙行人急指曰：有一物矣，積已年久，儲非一家，荊湖川蜀遠下客商所帶扳枝花，俱結算在主，撥除飯食牙用，向無定價，大約百斤一包，作四錢可也。海月……蓄貯四廒固封焉。未閱月，……價已昂極，一斤對兩，迫無貨見也。販賣遠商艤舟猥集，海月徐發，匝月方完，實銀幾百萬矣」（花村看行侍者：《花村談往》卷二）。洞庭東山的翁少山，「以有縷、青靛、綿花貨賂，往來荊襄、建業、閩粵間，甚至遼左。江北聞其名，非翁少山布勿衣勿被。於是南北轉轂無算，海內有翁百萬之稱」（翁季霖：《縣區志》卷十三，〈人物〉）。席左源、右源兄弟，「北走齊燕，南販閩廣」，「布帛衣履天下，名聞京師、齊魯、江淮」（乾隆《席氏家譜》，〈載記四〉，〈伯宏先生傳〉）。在江南蘇松一帶的著名棉花絲綢產區，市鎮里專營布、緞、米穀批發的行店亦處處可見。

㈡從事高利貸金融業起家者

山陝、徽州、江右、洞庭商人中，都有大量從事高利貸剝削、經營典當業而起家的。典當業當時稱爲質庫、典鋪、解庫、解鋪等。徽州休寧的商山吳氏，號稱百萬富翁，即是以開典鋪爲世業：「商山吳氏於邑爲殷族，……家多素封，所殖業，皆以典質權子母，不爲鹺商大賈，走隴蜀，而與朝家爲市。……而吳子雲中星自其先遠祖起家，至今源遠流長，幾乎殆十世不失」（金聲：《金太史集》卷七，〈壽吳親母金孺人序〉）。汪氏等亦以開當而致富，「今徽富開當，遍於江北，貲數千金課無十兩，見在河南者，計汪克等二百十三家」（《明神宗實錄》卷四百三十四）。吳中的富商巨室，亦紛紛以放債典業爲務，黃省曾的《吳風錄》云：「自劉氏、毛氏創起利端，爲鼓鑄囤房，王氏債典，而大村名鎮，必張開百貨之肆，以榷管其利，而村鎮之負擔者俱困，由是累百萬。至今吳中縉紳大夫多貨殖爲急，若京師官店，六郭開行債典興販鹽酤，其術倍克於齊民」。有的則係開設錢鋪、兌店，以及牙行經紀等金融機關，開始經營錢糧兌換、存放款及匯兌等業務，並在其中發展了二種會票制度。如《石棚閑話》所記汪興哥，「不一月間，那一萬兩金錢，俱化作莊周蝴蝶，正要尋同鄉親戚寫個會票，接來應手」（《石棚閑話》，〈朝奉郎揮金倡霸〉），可知當時徽商中開展了會票的匯兌業務。又如范濂的《雲間據目抄》中亦記載徐氏在京師開設官肆以開展匯兌業務：「里人馬姓者，攜貲客於京，（蘇）克溫覘知之，往納交，敘鄉情甚密，其人已篤信克溫，克溫乘間紿之曰：「聞君將以某日歸，而孤身涉數千里，得無患盜乎？我當爲君寄貲徐氏官肆中，索會票若券者，持歸示徐人，徐人必償如數，是君以空囊而賫實貲也，長途可帖然矣。馬姓乃深德克溫，即以一百五十金投之，克溫佯入徐肆，若爲其人謀者，出持贗票示之曰：貲在是矣。其人亟持歸，付徐人，徐人以爲贗不與」（范濂：《雲間據目抄》卷三，〈記祥異〉）。可見徐氏經營匯況業務之縝密，不容贗假會票所騙詐。我們還看到《萬曆汝南志》的記載，有囤錢取利者：「月者鹺價忽騰，錢法頓滯，不知其所自起。蚩蚩之氓，負戴入市，出粟一斗，僅易鹽二斤，且所得錢，暮不能用，如大定、大觀、開元、正元、祥符、太平等錢，皆格不行。一夫倡言，千人附和，雖有厲禁，視若弁髦。無何，有客來買前錢，以一當三，捆載而去，此所謂壟斷之尤，而奸人之尤也。富商大賈，坐弁厚利，細民重困，無有已時」（萬曆《汝南志》卷二）。這樣利用貨幣經濟，操縱金融，攫取重利，也是以前所少見的現象。

㈢從事鹽茶買賣起家者

嘉靖間，由於邊商中引，內商守支俱不得利，引價彌賤，於是出現「專以收買邊引爲事」的囤戶，賤買貴售，坐規厚利。從事這些囤戶活動的，主要是徽商和山陝商，他們在全國各地經營鹽筴，尤以揚州、浙江、漢口、長蘆、四川爲多。其中淮揚的鹽業，幾爲徽商獨占的局面，汪道昆的《太函集》，不止一次地提及「吾鄉賈者，首魚鹽，次布帛，販繒，則中賈耳」，「新都……上賈棲淮海，治魚鹽」，「邑（歙縣）中上賈賈鹽筴，都淮南」（見汪道昆：《太函集》卷五四、十七、十九）。而長蘆，則爲西賈的天地，其中，有不少是政治的當權者。萬曆時，大學士張四維與王崇古二家則壟斷河東、長蘆的鹽利，如云：「四維父鹽鹽長蘆，累貲數十百萬，而崇古鹽在河東，相與控二方利」（王世貞：《嘉靖以來內閣首輔傳》卷七）。至於邊疆與少數民族的茶馬貿易，山陝、徽州等實力雄厚的商人亦多插足其間，牟取厚利。

經營鹽茶貿易作爲致富的首要業務的商人，依賴於封建政治，謀取超額的壟斷利潤。每隨著政治的變動，而起落不常。但巨萬的鹽商，往往可以憑藉其雄厚的財力，操縱行鹽市場和官府的鹽法管理，如嘉靖萬曆時期揚州的鹽引，向爲徽商吳氏等所控制，董應舉於天啓年間到揚州整理鹽法，鹽商與奸胥相爲表裏，通同作弊，結果董應舉的舉動深受阻撓，董應舉本人亦被迫乞罷（見董應舉《崇相集》，〈辯鹽院揭帖乞罷疏〉）。有的商人甚至還插手或控制鹽業生產。

㈣從事海外貿易起家者

從事海上貿易起家的大商人，以浙江、福建、廣東爲最多，亦有徽州、山西、江西等地商人。他們的活動方式，有的採取間接的方式，承當對外貿易的牙行和轉運業務，如泉州、徽州等地商人在廣東擔任對外貿易的客綱、客紀，而浙江的商人，「竊賣絲綿、水銀、生銅、藥材一切通番之貨，抵廣變賣，復易廣貨歸浙，本謂交通，而巧立名曰走廣」（《籌海圖編》卷十二）。直接參加海外貿易者，則造舟置貨，歲出諸番貿易。自嘉靖初年，福建官吏一再報道：「漳泉等府黠猾軍民私造雙桅大舡下海，名爲商販，時出剽劫」（《明世宗實錄》卷三十八），「龍溪、嵩嶼等處，地險民獷，素以航海通番爲生，其間豪右之家，往往藏匿無賴，私造巨舟，接濟器食，相倚爲利」（《明世宗實錄》卷一八九）。這個時期的海上貿易組織，採用商人與船戶合伙的經營方式，所謂「富家以財，貧人以軀，輸中華之產，馳異域之邦，易其方物，利可十倍」（《海澄縣志》卷十五，〈風土〉引明舊志）。商人舶主們顧請把舵、水手、銀匠等，利害相關，「每舶舶主爲政，諸商人附之，如蟻封衛長，合併徙巢，亞此則財副一人，爰司掌記，又總管一人，統理舟中事，又舶主傳呼。其司戰具者，爲直庫，上檣桅者，爲阿班，司椗者，有頭椗二椗，司繚者，有大繚、二繚，司航者，爲舵工，亦二人更代，其司針者，名火長。……夫一船，一商主司之，即散商負載而附者，安能逃其耳目」（張燮：《東西洋考》卷七）。

嘉靖萬曆時期的商人主要依靠賤買貴賣的手段在商品流通領域中取得優厚利潤，積累資本，而這些資本除一部分繼續用於商業活動外，大多轉化爲資本或窖藏，或用於宗族消費和迷信活動，僅有極少數的投資在生產領域，出現直接控制和掌握生產的某些萌芽。如嘉靖年間永康鹽商施文六在浙江義烏山區參加開礦活動，「嘉靖三十七年（一五五八年），永康鹽商施文六載鹽過閭里，熟睨八寶山之麓，一帶小山，土色照耀產礦，輒起盜心，及構黨方希六等九十餘人，由楓坑到山挖掘近坑」（顧炎武：《天下郡國利病書》，〈浙江四〉）。徽州商人，則在福建沙縣山區開礦鼓鑄，「鐵嶺多產鐵礦，媒利徽人，恆鳩結無賴，動逾千人，鼓鑄其間，得利則擾害鄰鄉，鷄犬不寧，失利則盤據嘯集，奔突四出，其爲沙患豈淺鮮哉」（《沙縣志》卷一，〈方輿志〉）。有的雇佣大量勞動者從事鐵冶的開採，如「朱處士云治，……從兄賈閩，蓋課鐵冶中山，諸佣人率多處士長者，爭力作以稱，處士業大饒」（汪道昆：《太函集》卷四三，〈海陽新溪朱處士墓志銘〉）。在著名的瓷都景德鎮，也出現有商人掌握生產的端倪：「先是處士賈昌江，居陶器，……昌江巧販者率以下齊什良金，次君至，則治牛酒會諸賢豪與之約，自今以往，毋什下齊，以勵陶眾服盟言，乃黜下齊」（汪道昆：《太函集》卷五十一，〈明故太學生潘次君暨配王氏合葬墓誌銘〉）。商人爲了統一生產價格，提出「毋什下齊」的盟約，說明商人的力量已經開始干預陶器的生產。其他如江南的紡織業，福建、廣東的榨糖業，兩浙鹽場等處，亦都出現有商人包買主的活動。這些雖然在當時商人資本的流向上顯得微不足道，但它透露了一絲新的氣息，卻又是值得注意的。

四　商人經濟發展的限度

嘉靖、萬曆時期，工商業在人民經濟生活中的比重大大提高，但商業經濟遇到外部和內部的重重制約，帶有濃厚的封建性和落後性的色彩。

首先，明朝統治者對於工商業活動的壓制和掠奪，嚴重地摧殘了商業經濟的順利開展。封建統治者對於他們認爲有礙於封建統治穩定的各種工商業活動，往往採取禁絕的政策，特別是對開礦、海上貿易以及鹽茶貿易等，都制定了十分嚴厲的懲治的條例。至於中央政府和地方政府對於工商業者的直接經濟掠奪，則更加阻礙了工商業經濟的順利成長。萬曆年間，在神宗的支持下，礦監、稅使的四出搜括，造成社會性的破壞惡果。臨清等地本爲工商業繁盛的城市，因稅使騷擾之故，便日趨衰落。據趙世卿於萬曆三十年（一六〇二年）的報告，「在河西務關，則稱稅使徵斂，以致商少，如先年布店計一百六十餘座，今只存三十家矣。在臨清關，則稱往年商伙三十八人，皆爲沿途稅使盤驗抽罰，資本盡折，獨有兩人矣。又稱臨清向來緞店三十二座，今閉門二十一家；布店七十三座，今閉門四十五家；雜貨店六十五座，今閉門四十一家；遼左布商，絕無一至矣。在淮安關，則稱南河一帶剝來貨物，多爲儀真、徐州稅監差人挾捉，各商畏縮不來矣」（《明經世文編》卷四一一，趙世卿：〈關稅虧減疏〉）。萬曆間的北京官店，曾經規定「各項客商雜貨，俱入官店發賣，不許附近私店擅行停宿」。至於官府對各地商販和鋪行的勒買，更是處處可見。傅振商於萬曆末年曾見河北各縣「衙內買辦諸物，時值百文，只給六七十文」，「又索王典銀二百兩，絨單五十條，珠子十八兩」。對於日用米穀蔬菜等物，亦「俱差皂隸，……報票取用，值十文者，只給一文，行戶稟討，即加怒責，闔縣行戶怨詈」（傅振商：《恆南稿》卷四、五）。這樣隨便掠奪民間財富，摧殘工商業活動，自然大大妨礙了工商業的財富集中，破壞了商業經濟的正常成長。

其次，從商業經濟的內部構造看，由於它和地主經濟、官僚經濟有著千絲萬縷的聯繫，組織成分是相當複雜的，畸形的。比如嘉靖、萬曆之際，行幫、會館制度尤見發達，如《歙縣志》記載：「隆慶三年（一五六九年），江西撫州推官黃公願素碑記云：今天下一統，歙人輻輳都下，以千萬計，嘉靖辛酉年（一五六一年）既捐資創會館以聯屬之矣」（道光重修《歙縣志》卷二，〈續修會館記序〉）。但這種行幫、會館的當權者，往往不是真正的工商業者，而是封建官僚或鄉紳舉子，使它喪失了成爲獨立的行會的可能，變成地主經濟的附屬品，起不著保護工商業利益的作用。又如過於繁盛的牙行制，由於採取殘酷的剝削，往往造成商業的衰退。如江蘇的天長縣，「本縣遊手者眾，鎮市僅四處，而所謂經紀者，乃千餘人，皆不力稼穡，衣食於市，物價之低昂，惟在其口，而民間之貿易，必與之金，甚至一肩之草，一籃之魚，皆分其值而後售，此天下之所未聞也」（嘉靖《天長縣志》卷三，〈風俗〉）。這種經紀牙行，除了地方霸棍把持之外，更有不少由地主宦家掌握，如松江的布業，「牙行奉布商如王侯，而爭布商如對壘，牙行非借勢要之家不能立也」（葉夢珠：《閱世編》卷七）。因此，這一種類似牙行制的商人，既是商人，又是官吏，可謂亦官亦商的人物。山東萊蕪的集市上，把持市場的便有集頭、斗秤、牙役等三種人：「萊爲集十七，斛斗秤尺，官爲之謹，又有牙役以分之，集頭以總之。……東關集（斗秤牙行共四十名，三八日期），西關集（斗秤牙行共二十八名，一六日期），顏莊集（縣東南三十里，斗秤十二名，五十日），……」（嘉靖《萊蕪縣志》卷二，〈集市〉）。這大量集頭、牙役的存在，一方面維護了封建政府對於市鎮貿易的控制，另一方面，他們都是居間取利脫離生產的階層，只能以吮吸生產者、消費者和商賈而獲利，這只能造成商業的畸形化和國內市場的狹隘化。

再次，這時的工商業經濟仍受到血緣關係和地緣關係的影響，族賈、族商、族工的現象在許多地方存在。如在徽州，「海陽之東里草市，與歙比鄰，諸孫相望而居，……舉宗賈吳興，率用積著起」（汪道昆：《太函集》卷五十，〈明故禮部儒士孫長君墓誌銘〉）。「（程）長公乃結舉宗賢豪者約十人，俱人持三百緡爲合從，賈吳興新市，時諸程鼎盛……業駸駸起，十人者皆致不貲」（同上書，卷六十一，〈明處士休寧程長公墓表〉）。他們的領導者，在鄉是族長，在外爲賈長，所謂「賈人祭酒」，便是控制族商行動的權勢人物。在山西商人中，則流行夥計制度，「一人出本，眾夥共而商之」（沈思孝：《晉錄》），但他們的結合，封建的宗法性關係，亦往往超過了經濟上的關係。至於工商業活動中使用奴僕勞動，更體現了它的濃厚封建性殘餘。如徽州商人使用奴僕經商，「休寧程翁，……課僮奴數十人，行賈四方，指畫意授，各盡其材，橐中裝贏於曩時矣」（繆昌期：《從野堂存稿》，〈故光祿丞敎——程翁墓表〉，見潘錫恩輯《乾坤正氣集》卷三一六）。福建的海商們盛行養子經商之俗，實是一種變相的奴僕制，「海澄有番舶之饒，行者入海附貲，或得婁子棄兒，撫如己出，長使通番，其存亡無所患者」（何喬遠：《閩書》卷三十八，〈風俗〉），「或以他人子爲子，不以竄宗爲嫌，其在商賈之家，則使之挾貲四方，往來冒霜露，或出沒巨浸，與風濤爭頃刻之生，而己子安享其利焉」（《龍溪縣志》卷四，〈風俗略〉）。這更增添了商業經濟中的落後成份。

官僚經商，官商一體，更助長了商業經濟的畸形傾斜。嘉靖「時嚴嵩當國，……梓樹鎮貨藪也，嚴氏僕欲綰其利，當道或慫恿之」（同治《番禺縣志》卷三十九，〈列傳八〉，〈唐守明〉）。徐階「方在政，而奴已賈於蘇者橫矣。」（王世貞：《嘉靖以來首輔傳》卷六）縉紳士大夫經商更是比比皆是，如云：「吳中縉紳多以貨殖爲急」（黃省曾：《吳風錄》），「楚宗錯處市廛者甚多，經紀貿易與市民無異」（包汝楫：《南中紀聞》，〈經紀貿〉）。市鎮的創市者，大多是官僚、地主或鄉族集團，如南匯周浦鎮，便是由地主士紳姚壎所創，「廣建廛舍，招集商賈，漸成大鎮」（光緒《南匯縣志》卷十三，〈人物〉）。常熟縣「徐家市在南沙鄉，徐氏所聚；唐市在雙鳳鄉，唐氏所聚居；李市，居民李氏所創；何家市，何氏世居其地；歸家市，歸氏所創」（康熙《常熟縣志》）這種市鎮的支配權，自然控制在地主士紳和鄉族勢力手中，不可能成爲工商業者的自由場所。

商業經濟的封建性和落後性，導致社會財富不是向商人，而是向官僚、地主集中。王世貞曾記載嘉靖萬曆年間的天下巨富情況：

> 嚴世蕃積貲滿百萬，……嘗與所厚屈指天下富豪居首等者，凡十七家。雖溧陽史恭甫

最有聲，亦僅得二等之首，所謂十七家者，已與蜀王、黔公、太監黃忠、黃錦及成公、魏公、陸都督炳，又京師有張二錦衣者，太監永侄也。山西三姓、徽州二姓、與土官貴州宣慰，積貲滿五十萬以上，方居首等。前是無錫有鄒望者將百萬，安國者過五十萬。今吳興董尚書家過百萬，嘉興項氏將百萬。……大璫馮保、張宏家貲皆直二百萬以上，武清李侯當亦過百萬矣。

——王世貞：《弇州史料後集》卷三十六

以上所舉天下巨富二十二家，高官權貴占了十七家，顯然，地主顯貴們依靠封建特權，巧取豪奪，壟斷工商業利益，在財富的積累方面占了主要的地位。真正經營商業起家的巨富（山西三姓、徽州二姓、無錫鄒望、安國）亦大多依賴於與封建財政有密切聯繫的鹽筴貿易和茶馬貿易，或者是高利貸和典當業的贏利。這說明正常的工商業財富積累是相當艱難的，封建的經濟剝削仍然在社會財富的積累上占有重要的地位。這也正是大批工商者最終轉化爲地主、官僚和高利貸者的根本原因。

不過，商人在商業活動中使用了商業雇佣者的夥計制度，創建並推廣了代表商業行會意義的會館制度等等。這一系列的變化，都是值得重視的經濟現象。

第四節　手工業生產的發展和資本主義萌芽的出現

一　手工業技術的提高和民營手工業的發展

嘉靖、萬曆時期的手工業，無論是生產技術還是經營方式，都有顯著的進步。

紡織業是明代最重要的手工業，其生產技術的提高相當突出。如棉紡織業，明初軋棉時需要「二人掉軸，一人喂上棉花」，萬曆以後，則又改爲四足腳踏纜車，一人可抵三人的工作量。明初的手搖紡車，紡工大多一手搖紡車，一手紡織一根線，萬曆以後，亦有改爲足踏紡車者，「一手握三管」（宋應星：《天工開物》卷二，〈乃服〉），生產效率提高三倍，有地方甚至可以一手紡織四根以至五根線。在絲織業方面，「機杼之巧殆天工」，如織綢緞的花機，中間「花樓」高丈餘，兩人操作，一人在樓門下，專職織緯，叫織匠；一人在花樓上，專職提經，叫挽花工，二者相互配合，經緯交織，生產出精麗的綢緞（宋應星：《天工開物》卷二，〈乃服〉）。再如江南濮院鎮織紗綢，多用土機，萬曆年間，有沈氏機戶改造爲「紗綢機」，所產之紗綢「質細而滑，且柔韌耐久，「擅絕海內外」（金准：《濮川所聞記》卷三，〈織作〉）。

冶鐵業也是明代比較突出的手工業，據茅元儀《武備志》的記載，各地的冶煉技術亦各擅特色。如生鐵則以廣東最佳，熟鐵則以山西及四川瀘州者最精。而煉鋼的工藝則尤爲講究，「

其性脆，拙工煉之爲難，……惟巧工能看火侯，不疾不徐，捶擊中節」（茅元儀：《武備志》卷一百五）。據《天工開物》的記載，遵化的鐵爐深一丈二尺，可容礦石二千餘斤，每天能煉六次，每次出鐵二百斤，日出千餘斤（宋應星：《天工開物》卷二）。廣東佛山的煉鐵爐，「日得鐵二十餘版」，一版重可十鈞（三百斤），每天產鐵六七千斤（屈大均：《廣東新語》卷十五，〈貨語〉）。煉鐵術的進步，對於促進新的生產工具的改良和製造，技術水平的提高，社會生產的分工，都提供了不少極爲有利的條件。再講動力方面，據《農政全書》、《天工開物》等書的記載，當時已知利用風力、水力、煤炭、火井等從事生產，而水力的利用尤爲普遍。如福建、江西、浙江等處有紙碓，利用水力造紙。廣東有香水車，香碓，利用翻車、水碓以制香。中原地區有水轉大紡車。西北平涼等地有治曲造紙的磑磨。這一系列生產技術的進步，在不同程度上提高了生產效率，推動了手工業生產的發展。

手工業發展的另一個標誌，是手工業者的封建束縛得到進一步的鬆弛。明初，在籍的工匠分爲住坐、輪班兩種，還有軍匠，這種工匠制度有著較強的封建人身依附關係。隨著社會生產力的發展，匠役制度亦出現瓦解現象。成化二十一年（一四八五年），工部允許班匠以銀代役，「北匠出銀六錢，到部隨即批放，不願者仍舊當班」（《大明會典》卷一八九，〈工匠二〉）。但這只是一種和當班並行的辦法，並無一律改銀。嘉靖四年（一五二五年）工部還規定「見在工匠無力者，亦止令上班，不許一概追價類解」（《大明會典》卷一八九，〈工匠二〉）。八年（一五二九年）還令「南直隸等處遠者納價，北直隸等處近者當班」（《大明會典》卷一八九，〈工匠二〉）。直到嘉靖四十一年（一五六二年），銀幣的使用已更爲普遍，於是出現班匠的普遍徵銀。是年工部題准各司府：「自本年春季爲始，將該年班匠通行徵價類解，不許私自赴部投當，……以舊規四年一班，每班徵銀一兩八錢，分爲四年，每名每年徵銀四錢五分」（《大明會典》卷一八九，〈工匠二〉）。根據這一法令，北京工部所屬的三十一個地方共一十四萬二千四百八十六名班匠，每年須繳納六萬四千一百一十七兩八錢。至於南京工部所屬各省的班匠徵銀，尙未計算在內，估計全國徵班匠銀不在十萬兩以下。班匠的改徵白銀，雖然沒有改變政府對工匠的剝削，但它緩和了工匠的人身依附關係，使他們獲得更大的工作自由，提高了他們勞動的主動性和積極性。

嘉靖萬曆時期手工業生產中另一個值得注意的跡象，是民營工業漸居於主要的地位。就紡織業而言，明初曾設立南北織染局，在南京設立供應機房，又建蘇杭織造、陝西織造，控制官紡織業，其生產的目的是爲了滿足皇室的需要。但從明中葉始，由於民間市場需求的旺盛，民間紡織手工業已大大超過了官紡織業，特別是江南鄉村紡織業主和手工業者，都因經營紡織業而致富，如杭州張瀚的先世，就是從「購機一張，織諸色紵帛，備極精工，每一下機，人爭鬻之，計獲利當五之一，積兩旬復增一機，後增至二十餘，商賈所貨者，常滿戶外，尙不能應，自是家業大饒，後四祖繼業，各富至數萬金」（張瀚：《松窗夢語》卷六，〈異聞記〉）。至於一般百姓家庭，依賴家庭紡織而謀生度日，更是比比皆是，所謂「吳民生齒最繁，恆產絕少，家杼軸而戶纂組，機戶出資，織工出力，相依爲命久矣」（《明神宗實錄》卷三六一）。這都說明嘉靖萬曆時期的私營紡織業已經成爲江南社會經濟的一個重要組成部分。

明代陶瓷業的集中之地，著名的有浙江龍泉，福建建窯，江西景德鎮，尤以景德鎮爲著。明初在許多地方設立官窯，又派中官前往景德鎮等地督造。嘉靖萬曆時期，景德鎮陶瓷業中，開始出現「官搭民燒」制度，一部分已經是爲滿足市場而從事生產。同時，民窯的數量也在不斷增加，並且有許多民窯的主人和工人，係外地商人和無籍遊民，《饒州府志》云：「景德鎮窯戶多都昌人，本府（饒州）與杭州府及安徽之婺源縣、祁門縣司其業者，十僅一二，而本縣之人無幾」（《饒州府志》卷三，〈輿地志〉，〈土產〉）。這都反映了景德鎮的陶瓷業中，爲市場而生產的民窯業正在日益超越官窯而向前發展。

製鹽業，是最爲典型的官營手工業，一向受著官府的嚴厲控制，作爲直接生產者的竈戶，具有農奴制性格。然而到了明中葉以後，由於商品經濟的發展，也引起了某種程度的變化。鹽課折銀，使竈戶在生產過程和流通過程中，獲得一定的自由。萬曆年間，兩淮鹽區便出現商人執引買鹽、「與竈丁相市」的現象（《續文獻通考》卷二十，〈徵榷考三〉）。

由於竈戶的生產與市場發生了聯繫，於是加劇了竈戶的貧富分化，有許多貧戶不但喪失了草蕩，喪失了鹽田，部分因生活無著，流入城市爲佣者，「市中之佣者，率多竈間人，胼手胝足，殊不憚勞」（張萱：《西園聞見錄》卷三十六，〈鹽法後〉），而留在鹽區的貧竈或無產者，一般都變爲富竈的家佣或商人安置在鹽業生產中的直接生產者。反之，有一部分「豪強竈戶，田畝千餘，人丁百十」（張萱：《西園聞見錄》，卷三十五，〈鹽法前〉），由於經營成功，發家致富。龐尚鵬記嘉靖末年兩淮鹽區的情況時說：「各場富竈家置三五鍋者有之，亦置十鍋者有之，貧竈爲之佣工，草蕩因而被占，巨船興販，歲無虛日。問一鍋日煎火鹽幾何？謂每鍋一伏火，可得大鹽一桶，一伏火者，一日一夜也。一桶者，以斤計之，可得二百餘斤也。夫一鍋日計火鹽可得二百斤，則十鍋一日可得二千斤，百鍋可得二萬斤，各場終歲殆算計其幾千百萬矣」。這裡，竈戶產鹽量是驚人的。龐尚鵬還指出竈戶曾私置鹽鍋，雇佣工人，「今欲將鐵匠即日遣回鎮江原籍，不許留住揚州開鑄，以絕其私煎之具」，「置私鐅私池以私煎者，非貧竈之戶所能爲也」（《明經世文編》卷三五七，龐尚鵬：〈清理鹽法疏〉）。這些都顯示竈戶內部的階級分化與官府控制力量的逐漸削弱，鹽業生產亦正向民營化邁進。

其他如礦冶、採珠、伐木等以往受官府控制較嚴的行業，也都在不同程度上出現了私營化的傾向。這裡還應特別指出的是，鄉村手工業的發展，一部分曾經脫離農家副業的地位，而獨立地前進，他們生產的目的，不只是在於自給自足，有很大部分係爲著出售，爲市場而生產，嘉靖以後江南手工業市鎮的大量出現，正是這種趨勢的有力反映。這種情況，不僅在明代以前所不易見到，就是在明代初年也不是普遍的現象。

二　民營手工業中資本主義萌芽的出現

在市場經濟的衝擊下，嘉靖、萬曆時期大力發展起來的民營手工業，爲了適應新的形勢，不斷地改善經營方式，其中最突出的一點，是有些部門正在逐漸採用雇佣勞動、組織手工工場的生產。這就是我們通常所說的「資本主義萌芽」。

手工業部門中使用雇佣勞動比較突出的有紡織業、礦冶業、榨油業以及製鹽業、造紙業、製瓷業等行業。江南蘇州，是明代最著名的絲紡業中心，這裡的雇佣勞動也特別引人注目，蔣以化《西臺漫記》中所記述的生產關係，值得重視：「我吳市民罔籍田業，大戶張機爲生，小戶趁織爲活。每晨起，小戶百數人，嗷嗷相聚玄廟口，聽大戶呼織，日取分金爲饔飧計，大戶一日之機不織則束手。小戶一日不就人織則腹枵，兩者相資爲生久矣」（蔣以化：《西臺漫記》卷四）。萬曆年間蘇州地方官員也報道了這種「機戶出資、機工出力」的事實（《明神宗實錄》卷三六一）。絲織業主們爲了市場而生產，固然「以機杼致富者尤眾」（張瀚：《松窗夢語》卷四），而一般的佣工，則「皆自食其力之良民」，「朝不謀夕，得業則生，失業則死」（《明神宗實錄》卷三六一），說明他們缺乏必要的生產資料，只能靠出賣勞動力爲生。同時，從江南絲織業的整個生產過程看，一個機房中，機工有絡工、拽工、織工、牽經工，還有刷邊、運經、紮扣、接頭等工，各有專門的技術，進行分工的流動作業。這種生產過程的改進，正與雇工勞動的經營方式相互適應，具有工場手工業的某些特點。

榨油業中的雇佣勞動，以浙江嘉興府崇德石門鎮較爲典型，「崇（德）爲吾郡上游，當孔道，……（石門）鎮油坊可二十家，杵油須壯有力者，夜作曉罷，即丁夫不能日操杵，坊須數十人，間日而作，鎮民少，輒募旁邑爲佣。其就募者類赤身無賴，或髡鉗而匿名逃罪者，二十家合之八百餘人，一夕作，佣直二銖而贏。……千百爲群，即坊主人亦畏之」（康熙《石門縣志》卷七，〈紀文〉，賀燦然：〈石門縣彰憲亭碑記〉）。可見這裡的榨油作坊雇工數量可觀

礦冶業一般都在較爲偏僻的山區，封建統治相對薄弱，因此，商人或工場主往往採取「盜礦」的形式，雇工開採冶煉，規模頗巨。如廣東韶惠等處山區，每個礦區經常使用上千以至數千人的雇工，「凡韶惠等處係無主官山，產生鐵礦，先年節被本土射利奸民號山主礦主名邑，招引福建上杭等縣無籍流徒，每年於秋收之際，糾集凶徒百千成群，越境前來分布各處山崗創寮住紮，每山起爐，少則五六座，多則一二十座，每爐聚集二三百人，在山掘礦，煽鐵取利。山主、礦主利其租稅，地鬼總小甲利其常例，土腳小民利其雇募」（嘉靖《廣東通志初稿》卷三十）。這些礦冶工場，不僅雇工人數眾多，其生產過程還有相當明確的分工，如福建政和山區：「每爐一座，做工者必須數十百人，有燒炭者，有鑿礦者，有煽爐者，其餘巡爐、送炭、運礦、販米、販酒等役，亦各數十百人，是以一爐常聚數百人」（民國《政和縣志》卷九）。礦冶業的這種生產形態，也可以說具有手工工場的初步雛形了。

王宗沐的《江西大志》，描述廣信府的紙槽作業，從原料的購買，產品的銷售，勞動力的獲得，都與市場發生緊密的聯繫，其中的雇佣勞動者從事著工序複雜的技術勞動：「廣信府紙槽前不可考，自洪武間創於玉山一帶，至嘉靖以來始有永豐、鉛山、上饒三縣續告官司，亦各起立槽房。……楮之所用爲構皮、爲竹絲、爲簾、爲百結皮，其構皮出自湖廣，竹絲產於福建

，簾產於徽州、浙江，自昔皆屬吉安、徽州二府商販，裝運本府地方貨賣，其百結皮玉山土產。槽戶雇倩人工，將前物料浸放清流急水，經數晝夜，足踹去殼，打把撈起，甑火蒸爛，剝去其骨，扯碎成絲，用力剉斷，攪以石灰，存性月餘，仍入甑蒸。……方始成紙，工難細述論，雖隆冬炎夏，手足不離水火。諺云：片紙非容易，措手七十二」（《江西通志》卷四十九，〈物產〉引王宗沐《江西大志》）。

明代嘉靖、萬曆時期手工業生產中的資本主義萌芽，雖然還只是出現在個別生產部門和個別地區，它的發展道路十分曲折艱難，遠遠不足爲社會發展的導向，甚至出現夭折的現象。但是無論如何，這種爲市場需求而使用雇佣勞動的手工業生產，是社會經濟特別是商品經濟發展到一定水平之上所產生出來的，具有進步的意義。

以農村經濟的新變化爲背景，國內外貿易的繁盛，城鎮經濟的發達，商品貨幣流通的拓展，促進手工業生產的發展及其經營方式的變化，社會經濟走上了「原始工業化」（近代以前的工業化）的歷史進程。這是嘉靖、萬曆時期社會經濟變遷的特點。

第九章 劇變的社會風氣和燦爛的科學文化

第一節 逐利與奢侈之風的盛行

一 逐利拜金，機械相爭

嘉靖、萬曆時期，社會風尚發生巨大的變化，固守舊觀念者大歎「僭分違常」、「風教不施」，而有遠見卓識者則認爲是開一代之風，是新時代的曙光。清人龔定庵說：「俗士耳食，徒見明中葉氣運不振，以爲衰世無足留意，其實爾時優伶之見聞，商賈之氣習，有後世士大夫所必不能攀躋者。不賢識其小者，明史氏之旁支也夫」（龔自珍：《定庵文集》文四，〈江左小敘辨〉）。龔氏的卓見，在於他透過封建政治衰世表象，看到了當時活躍、開朗、新鮮的時代氣息，看到了新時代的朦朧開端。

首先，由於商品和貨幣的誘惑，社會各階層都程度不同地出現了「錙銖共競」的風氣。江南之蘇州，「洞庭之民，鮮務農耕，多商於遠」（嘉靖《吳邑志》卷首），滸墅關一帶，「人競錐刀，逐馹儈仰機利而食」（申時行：《賜閑堂集》卷十七，〈滸墅關修堤記〉）。浙江寧紹民人，「競賈販錐刀之利」（顧炎武：《肇域志》，〈浙江〉）。福建福州「閭巷少年仰機利，泛溟渤危身取給，不避刀鑊之誅」（萬曆《福州府志》卷七，〈土風〉）。山東博平縣「逐末遊食，相率成風」（道光《博平縣志》卷四，〈民風解〉）。鄆城「逐末營利，填衢溢巷，貨雜水陸，淫巧恣異」（崇禎：《鄆城縣志》卷七，〈風俗〉）。濟寧也是「多商賈，民競刀錐，趨末者眾」（道光《濟寧府志》卷三，〈風土〉引明志）。李大沁記載湖北的京山，「自後密邇郡色，車馬繁會，五雜奇巧之選，遞相慕尚，加之商賈負販，坐食富厚，百工技藝，雜然並集，蓋在丙午（一五四六年）、丁未（一五四七年）之間，縣之風俗又一變也」（《古今圖書集成・職方典》第一一四二卷，《安陸府部》）。河北南宮「多去本就末，以商賈負販爲利」（嘉靖《南宮縣志》卷一），藁城「民酷經營，而逐末計利之風熾」（嘉靖《藁城縣志》卷一）。山西汾州，「民率逐於末作，走利如鶩」（萬曆《汾州府志》卷二，〈風俗〉）。這種追逐金錢的社會風氣的形成，不僅使大量商人、手工業者煞費心機地追求營利，也導致農村出現棄農經商的傾向，時人林希元說：「今天下之民，從事於商賈技藝、遊手遊食者十而五六」（林希元：《林次崖先生文集》卷二）。

在商品經濟發達的地區，出現「土田不重，操貲交接，起落不常」・「末富居多，本富益少」（顧炎武：《天下郡國利病書》卷三十二，〈江南二十〉）的情景。如江南儀真縣，「地充貨集，商旅並集，故其民操贏算者販賈，握籌者駔儈，土曠而殖貨，罔事農業。」（光緒《儀眞縣志》卷三，〈風俗〉引嘉靖舊志）陝西的三原一帶，「民多商賈，……勸令買地耕種，多以爲累，思欲轉移令務本輕末，其道良難。」（《陝西通志》卷四十五，〈風俗〉）徽州「田價日低，而本富日少也。……商則即本鄉者少，而走外鄉者多，……小者雄一集，大者甲兩河」（萬曆《歙志》卷五，〈風土〉）。至明清之交的浙江衢州，「今之富人無不起家於商者，於是人爭馳騖奔走，競習爲商。而商日益眾，亦日益饒，近則黨里之間，賓朋之際，街談巷議，無非權子母」（康熙《西安縣志》卷六，〈風俗〉，〈舊志〉；又卷一，〈輿地志〉）。當時社會上的許多文人學士，也大力爲商人標榜稱道，如萬曆時的馮應京說：阜財通商所以稅國餉而利民用，行商坐賈治生之道最重也」（馮應京：《月令廣義》卷二，〈歲時〉）。同時代的胡宥也說：「四民固最次商，此在古民鮮而用簡則然，世日降而民日眾，風日開而用日繁，必有無相通而民用有所資，匪商能坐致乎」（光緒《石門縣志》卷六，胡宥：〈崇邑蔡侯去思亭記〉）？

社會上下競相逐利，到處爲金錢奔走呼號，錢在人們的觀念中成了崇拜的對象。朱載堉《山坡羊・錢是好漢》寫道：

世間人睜眼觀見，論英雄錢是好漢。有了他諸般趁意，沒了他寸步也難。拐子有錢，走歪步合款。啞巴有錢，打手勢好看。如今人敬的是有錢，蒯文通無錢也說不過潼關。實言，人為銅錢，遊遍世間。實言，求人一文，跟後擦前。

人際關係也以錢爲標準，「年紀不論大與小，衣衫整齊便爲尊。恐君不信席前著，酒來先敬有錢人」（〈歎人敬富〉。）。窮人見富人，「口裡挪肚裡僭，與他送上禮物，只當沒見。手拉手往下席安，拱了拱手，再不打個照面」（《山坡羊・富不可交》）。即使身份是地主士紳，無錢也受人冷落，以致有「滿路尊商賈，窮愁獨縉紳」之說。

在金錢至上的時代氛圍下，地主官紳們亦無不競相追逐金錢，營私枉法。萬曆《上元縣志》風俗論曰：「甚哉風俗之移人也。聞之長者，弘、正間居官者，大率以廉儉自守，雖至極品，家無餘資，此如胡之弓，越之劍，夫人而能之也。嘉靖間始有一二稍營囊橐爲子孫計者，人猶其非笑之。至邇年來則大異矣。初試爲縣令，即已買田宅盛輿販金玉玩好，種種畢具。甚且以此被譴責，猶恬而不知怪。此其人與白晝攫金何異」（萬曆《上元縣志》卷十）。許多官僚把仕途當作權錢交易的籌碼，所謂「方今仕途如市，入仕者如往市中貿易，計美惡，計大小，計貧富，計遲速」（周順昌：《燼全集》卷二，〈與朱德升孝廉書〉）。學子爲官，「則於平日同堂之友，謝去恐不速」，「非難厭見其面，亦且惡聞其名，而逐日奔走於門下者，皆言利之徒也。或某處有田莊一所，歲可取利若干；或某人借銀幾百兩，歲可生息若干；或某人爲某事求一覆庇，而可以坐收銀若干，則欣欣喜見於面，而待之唯恐不謹」（李樂：《見聞雜記》卷十）。士大夫以往所標榜的清操廉恥，此時大多已蕩然無存，諂諛請託之風大行，即使是一般生員，「初生員見學官則稱老先生，自稱先生，今則老師門生，此變於諂諛，乏昔日樸茂之風矣」（許敦俅：《敬所筆記》）。

金錢的威力無比，傳統的道德觀念受到了猛烈的衝擊，「末富居多，本富居少，富者益富，貧者益貧，起者獨雄，落者闢易，資爰有屬，產自無恆，貿易紛紜，誅求刻核，奸豪變亂，巨猾侵侔。……貧者既不能敵富，少者反可以制長，金令司天，錢神卓地，貪婪罔極，骨肉相殘，受享於身，不堪暴殄」（顧炎武：《天下郡國利病書》，〈江南二十〉引萬曆《歙志》）。財帛神當道，白丁可以做官，忠良賢才可以不用；社會公德可以不講，殺人無須償命，無理詞訟贏上風，閭閻市井間動蕩不安，機械相爭，強凌弱，眾暴寡，爭訟，械鬥，賭博之風大盛。如山東鄆城一帶，「重俠少年多聚黨招呼，動以百數，槌擊健訟，武斷雄行，胥隸之徒，亦以華侈相交」（崇禎《鄆城縣志》卷七，〈風俗〉）。浙東地區，「賭博之事，當初止有市中叢人之處，間有不良落此陷中，今鄉村曠野，無處無之。……又有一等棍徒，自稱牙行主人，其實白晝強盜，鄉人持鷄鵝鴨羊之類出市，彼則代爲變賣，成則任意與數錢，或知其素行，不肯與之，彼將鷄鵝鴨釋其縛而縱之曠野，少與攖角，此輩群起毀之，使鄉人控訴無門。更有舊家子弟，幼習舉業，不成家事，淪落無依，農工商賈，不屑爲之，妻孥衣食，何以爲生，頭帶方巾，身著長衣，假作斯文體態，與鎮上光棍結爲弟兄，遇人家有爭鬥，挨身處事，索其謝禮，若有構訟，攘臂下車，爲寫狀，爲干證，分派使用鋪堂，打點過付，惟恐其完事，如有官家子弟內無主見者，彼此則視爲奇貨，餂其意趣，誘嫖局賭，無風起浪，靡所不爲」（許敦俅：

《敬所筆記》）。

社會上人倫綱常，也逐漸被這種機械相爭的風氣所沖決，本是長幼有序、尊卑分明的等級關係，如今是「比族忌嫉，富貴貧賤，上下欺虐。」過去「卑幼遇尊長，道傍拱讓先履，今冠人財主，駕車乘馬，揚揚過閭里；芻牧小奚，見仕官輒指呼姓名無忌憚，貴賤皆越矣」。連父子兄弟之間也缺乏情誼，「今或弟強兄弱，橫臂驕途，眇目布老，車馬簇從，赫奕臨之」（何喬遠：《名山藏》，〈貨殖記〉）。

許多以往社會地位十分低下的娼優隸僕子弟，通過營利提高自己的經濟地位，而身價頓增，甚至躋身於士紳之列。伍袁萃在《林居漫錄》中說：「令甲娼優隸卒之子不許入學，邇來法紀蕩廢，膠序之間，濟濟斌斌，多奴隸子，而吳之蘇、松、常，浙之杭、嘉、湖爲最盛，甚至有登甲第入翰苑獵清華秩者，豈不辱朝廷面羞當世士耶」（伍袁萃：《林居漫錄》，《前集》卷二）！「奴富至數百萬，初縉紳皆醜之，而今則樂與爲朋矣，即地方監司亦多與往來，宴飲餽遺，恬然無復廉恥之色」（伍袁萃：《林居漫錄》，《前集》卷三），「抑有更甚者，縉紳家之女惟財是計不問非類。……昔人所醜，今人所趨也」（伍袁萃：《林居漫錄》，《別集》卷六）。雖然伍袁萃本人對於嘉靖年間良賤身份秩序的瓦解深痛惡絕，但從他的記載中也反映了當時的許多人，包括士大夫縉紳之流，對於下層民眾社會政治地位的提高「恬不爲怪」，這說明了在商品經濟的衝擊下，社會階級構成也發生了分化。

在這一情勢下，社會上所謂「下陵上，少侮長」層出不窮。管志道在《從先維俗議》中指出：嘉靖萬曆之世，「少可以陵長，則賤亦可以陵貴，於是未婚未冠之弱子，稍有文名，便分先達之席，不士不農之俠客，一聯詩社，即躐大人之班，而異途亦且攘臂焉。以爲下流既可混於上流，則雜流豈不可混於正流也。」而「民間之卑脅尊，少陵長，後生侮前輩，奴婢叛家長之變態百出」（管志道：《從先維俗議》卷二）。這種「犯上作亂」的事件，在明代的地方志中屢有反映，如福建的沙縣，「庚申、辛酉（一五六〇～一五六一年）之後，干戈倥傯，竟以機械爲名高，吞噬搶攘，恣以漁獵爲厚利。鑿齒之徒，傷鼓吻而爭之錐刀之微，狺狺相搏，民之無良不特伹儈已也，而小民爲甚。故賤至於妨貴，少至於凌長，小至於加大。……甚至強奴悍卒，得以劫其主君，不才子姓，得以挾其父老。訟獄煩滋，告訐熛起，異方逋逃之民，又從指木教猱而升之，而世胄保家之主，惴惴然顧成業如捧槃水，尚敢出一息與之角哉？……嗚呼！至無等也，至迫上也，可勝言哉」（康熙《沙縣志》卷一，〈方輿〉，〈風俗〉引舊志）！

嘉靖、萬曆時期社會上逐利拜金、機械相爭風氣的形成，體現了商品經濟、貨幣關係發展對於傳統社會的衝擊，但「吞噬搶攘」的風氣，在某種程度上加劇了社會經濟發展的不穩定因素，特別是那班號稱「重俠少年」、「闖將」、「打行」等的城鄉流氓無產者，強奪凌弱，有很大的破壞性。

二 去樸從豔，相競奢侈

嘉靖、萬曆時期商品經濟的發達，大大刺激了社會的消費能力，奢侈成爲當時社會的另一個時興的風尙。上層社會的官紳士子，以追求服飾時髦、豪華享受的方式展示特權，求勝競富；下層社會的暴發戶群起效尤，誇富鬥富，進而導引社會奢侈風氣的下移。何良俊在《四友齋叢說》中描述坐轎風的下移：

憲廟時（成化年間，一四六五～一四六七年），士夫始騎馬；至弘治、正德間（一四八八～一五二一年），皆乘轎矣。……今舉人無不乘轎者矣。……今監生無不乘轎者矣。大率秀才以十分言之，有三分乘轎者矣。其新進學秀才乘轎，則自隆慶四年（一五七〇年）始也，蓋因諸人皆士夫子弟或有力之家故也。

古俗鄉官步行，有品位者騎馬。官員坐轎起於南宋，到弘治、正德間，蔚然成風。「夫士君子既在仕途，已有命服，而與商賈揆雜於市中，似爲不雅」，乘轎是官員特權的一種標誌。上行而下效，此時連離職家居的鄉官，還未當官的舉人、監生、秀才、士夫子弟，無不止步棄馬，動輒乘轎，「雖屢經禁革，終不能止」了。轎子「以人代畜」，比起步行、騎馬，舒服、威風得多，而且官員、鄉官、役使、轎夫、護衛等，均由官府提供：「今每人要皂隸二名，轎夫四名，直傘一名，每人總七名。若有五十鄉官，則是又添一處兵餉矣」。而未當官的秀才之流乘轎，「蓋因諸人皆士夫子弟或有力之家故也」。到了萬曆中期，乘轎更下移爲民間一般富室子弟也能享受的交通工具。范濂《雲間據目抄》云：

春元用布圍轎，自嘉靖乙卯（一五五五年）張德瑜起，此何元朗所致慨也，自後率以為常。……尤可笑者，紈綺子弟為童生，即乘此轎，帶領僕從，招搖過市，與春元一體。

請客宴樂，講求排場，也從官家下移到民間的社交活動中。以往父子聚處燕會、共敘天倫之樂的場面爲友朋之間的聯誼所取替，宴席的規格越來越高，不惜一擲千金，滿足一時的享樂。何良俊記錄自己的親身聞見說：

余小時見人家請客，只是果五色、肴五品而已。惟大賓或新親過門，則添蝦、蟹、蜆、蛤三四物，亦歲中不一二次也。今尋常燕會，動輒必用十肴，且水陸畢陳；或覓遠方珍品，以求相勝。前有一士夫請趙循齋，殺鵝三十餘頭，遂至形於奏牘。近一士夫請袁澤門，聞殽品計百樣，鴿子、斑鳩之類皆有。

爲了擺闊氣，顯威風，主人隨帶家童侍候，所在多有。如：

沈小可（玄華，一五六二年中進士）曾言：我一日請四個朋友吃晚飯，總帶家童二十

> 人。坐至深夜，不得不與些酒飯，其費多於請主人。
>
> ——何良俊：〈四友齋叢說〉

一般老百姓也是如此。在杭州：「人無擔石之儲，然亦不以儲蓄爲意，即與夫、僕隸，奔勞終日，夜則歸市淆酒，夫婦團醉而後已，明日又別爲計」（王士性：《廣志繹》卷四，〈江南諸省〉）。湖州府烏程縣的南潯鎮：「今則筵宴肴饌，必極豐腆，謂非是即陋，即貧窶之家，或不惜典貸爲之。凶喪之中，亦用葷饌，珍惜爭奇，鼓樂歌唱，竟同宴飲者」（咸豐《南潯鎮志》卷二十三，〈風俗〉引明《董志》）。嘉興府桐鄉縣青鎮：「貧民負擔之徒，妻多好飾，夜必飲酒，病則禱神，稱貸而賽」（李樂：《續見聞雜記》卷十一）。萬廷言在萬曆〈南昌府志序〉中說：「（南昌）閭巷冠裳燕會之侈，頓非其舊」。連閩北山區小縣泰寧，也是「一有讌會，品必羅列，味必珍奇，亦糜費之一也」（萬曆《邵武府志》卷十，〈風俗〉）。

民間冠裳服飾也愈趨浮華。在富庶的江南，如張瀚所述：

> 國朝士女服飾，皆有定制。洪武時，律令嚴明，人遵劃一之法。代變風移，人皆志於尊崇富侈，不復知有明禁，群相蹈之。如翡翠珠冠，龍鳳服飾，惟皇后王妃始得為服，命婦禮冠四品以上用金事件，五品以下用抹金銀事件；衣大袖衫，五品以上用紵絲綾羅，六以下用綾羅緞絹，皆有限制。今男子服飾綺，女子飾金珠，是皆僭擬無涯，逾國家之禁者

也。

——張瀚：《松窗夢語》

沈朝陽《皇明嘉隆兩朝聞見錄》記：

嘉靖以來，浮華漸盛，競相誇詡，不為明冠、明服，務為唐巾、晉巾，金玉其相，錚誘其飾，揚揚閭里。

顧起元也說：

俗尚日奢，婦女尤甚。家才儋石，已貿綺羅；積未錙銖，先營珠翠。

——顧起元：《客座贅語》卷二

范濂敘述他的親見親聞是：

余始為諸生時，見朋輩戴橋樑絨線巾，春元戴金線巾，縉紳戴忠靖巾。自後以為煩，俗易高士巾、素方巾；復變為唐巾、晉巾、褊巾。丙戌（一五八六年）以來，皆用不唐不晉巾，兩邊玉屏花一對，而少年貌美者，如犀玉奇簪貫髮。……布袍乃儒家常服，邇年鄙為寒酸。貧者必用紬絹色衣，謂之薄華麗。而惡少且從典肆中覓舊段舊服，翻改新制，與豪華公子列坐，亦一奇也。春元必穿大紅履，儒童年少者，必穿淺紅道袍。上海生員，冬必服絨道袍，暑必用綜巾綠傘，雖貧如思丹，亦不能免。更多收十斛麥，則絨衣巾蓋，益加盛矣。余最貧，最尚儉樸，年來亦強服色衣，乃知習俗移人，賢者不免。

婦人頭髻，在隆慶初年，皆尚員褊，頂用寶花，謂之挑心，兩邊用棒，鬢後用滿，冠用倒插，兩耳用寶嵌大環，年少者，用頭箍，綴以團花方塊。身穿裙襖，襖用大袖員領，裙有銷金拖，自後翻出，挑尖頂髻、鵝膽心髻。漸見長員並去前飾，皆尚雅裝。梳頭如男子直羅，不用分髮，蝶鬢髻皆後垂，又名墜馬髻，旁插金玉梅花一、二對，前用金絞絲燈籠簪，兩邊兩番蓮俏簪，插兩三對，髮股中用犀玉大簪橫貫一、二隻，後用點翠卷荷一朵，旁加翠花一朵，大如手掌，裝綴明珠數顆，謂之鬢邊花插。兩鬢邊又謂之飄枝花，耳用珠嵌金玉丁香。衣用三領窄袖，長三尺餘，如男人穿褶，僅露裙二、三寸，梅條裙、拖膝、褲拖，初尚刻絲，又尚本色、尚畫、尚插繡、尚堆紗，近又尚大紅綠繡，如藕連裙之類。

——范濂：《雲間據目抄》卷二

李樂在《見聞雜記》中對此深爲感歎：

厭常喜新，去樸從豔，天下第一件不好事，此在富貴中人之家，且猶不可，況下此而賤役多年，分止衣布食蔬者乎？余鄉二三百里內，自丁酉至丁未年（一五三七～一五四七年），若輩皆好穿絲綢、縐紗、湘羅，且色染大類婦人，余每見驚心駭目，必歎曰：此亂象也。

其他地區也出現類似的變化。如山東之博平：「由嘉靖中葉以至如今，流風愈趨愈下，……以歡宴放飲爲豁達，以珍味豔色爲盛禮，其流至於市井販鬻、廝隸、走卒，亦多纓帽湘鞋，紗裙細褲」。滕縣：「閭閻服飾，恣所好美，益僭濫。……男子冠巾絲履，婦女珠翠金寶，綺縠繡羅紈，但有財盡能索耳。此皆五十年所無也」（《博平縣志》，〈風俗志〉，據吳晗《燈下集》轉引）。鄆城：「邇年競尙奢靡，齊民而士人之服，士人而士夫之服，飲食器用及婚喪遊宴，盡改舊意，貧者亦槌牛擊鮮，合饗群祀，與富者鬥豪華，至倒囊不計焉」（崇禎《鄆城縣志》卷七，〈風俗〉）。又如浙江烏程南潯：「衣服向多野樸，布衣之外，紬絹本自土產，民間尋常衣服亦不以爲異。今則佻達少年，喜爲婦女紅紫之服，新巧屢更，甚可怪哉」（咸豐《南潯鎭志》卷二十三，〈風俗〉引明《董志》）。溫州：「今富家子弟多以服飾爲炫耀，逮輿隸亦寄紬緞，侈靡甚矣」（萬曆《溫州府志》卷二）。再如福建：「方巾儒履係縉紳學士所用，吏典用之，已爲逾僭。乃有奴隸、庸流、豪俠、惡少，濫著前項冠履，混跡街衢」（許孚遠：《敬和堂集》，〈公移文〉，〈頒正俗遍行各屬〉）。閩南同安：「往者衣皆布素，即學校亦然。今則人著彭段紡絲，無白布道袍者。往時市肆綢緞紗羅絕少，今則蘇緞、潞綢、杭貨、福機行市，無所不有者。往時惟有方巾圓帽二種，今則唐巾、雲巾、帽巾，無人不用。瓦楞或用縐紗瓣幅。甚至奴隸之輩，亦頂唐巾，著朝履者。往昔富貴人家裏衣無不用布，今則市井少年，無不著綢羅短衫、綢紗裙、綢綾褲者」（蔡獻臣：《清白堂稿》卷十七）。閩東福安：「俗侈而凌僭，方巾盈路，士夫名器爲村富所竊，而屠販奴隸亦有著雲履而白領緣者」（萬曆《福安縣志》卷　，〈風俗志〉）。閩北泰寧：「泰之產只苧布耳，苧布之外，一絲一絮，必易於外。而今之富民子弟，服必羅綺，色必紅紫，長袖大帶，自爲得意。一人倡之，十人效之，浮侈已極」（萬曆《邵武府志》卷十，〈風俗〉）。他如江西之贛州，「不分貴賤，不論賢愚，戴方巾被花繡，躡朱履黃裝銀頂」（順治《贛州府志》卷三，〈風俗〉）。山西之曲沃，「其齊民服飾恣所好美，僭侈無度。男子冠巾絲履，女子珠翠金飾，但有財盡能索矣」（萬曆《沃史》卷十三，〈風俗考〉）。

住宅建築、家庭居室的擺設，婚喪誕壽、節慶迎神賽會等的消費，也是日趨浮華。江南城鎮盛行園林式住宅建築，如嘉靖中御史巡撫王獻臣始建的蘇州「拙政園」，廣十餘頃，「堂宇亭榭，橋池花木之盛，甲於茂苑」（徐原一：《拙政園記》）。庶人屋舍，唐時規定不得過三間四架，宋代許五架一間兩廈，「我朝庶人亦許三間五架，已當唐人六品官矣。江南富翁，一命未沾，輒大爲營建，五間七間，九架十架，猶爲常耳，曾不以越分爲愧。澆風日滋，良可慨也」（唐錦：《龍江夢餘錄》卷四。）。家庭居室的擺設，以三吳最爲講究，如吳江吳昌時家，「坐榻四面，環列梅花一百盆，梅花之外，稍下一、二尺，鋪以氍毹，又列水仙一百盆，盆皆極精好磁器」（歸莊：《歸莊集》卷十，〈雜著〉）。家具、用具款式新潮，亦以三吳爲最，「四方貴吳器，而吳益工於器」（張瀚：《松窗夢語》卷四，〈百工記〉）。如蘇州：

又如齋頭清玩、几案、床榻，近皆以紫檀、花梨為尚，尚古樸不尚雕鏤，即物有雕鏤，亦皆商、周、秦、漢之式，海內僻遠皆效尤之，此亦嘉、隆、萬三朝為盛。至於寸竹片石摩弄成物，動輒千文百緡，如陸於匡之玉馬，小官之扇，趙良璧之鍛，得者競賽，咸不論錢，幾成物妖，亦為俗蠹。

——王士性：《廣志繹》卷二，〈兩都〉

隨著海外貿易的興盛，西方用具如眼鏡、自鳴鐘也開始進入江南富民之家。紅白喜事，大操大辦，亦成社會風尚。徐文長說：

吾鄉近世嫁娶之俗浸薄，嫁女者以富貴相高，歸之曰，擔負舟載，絡繹於水陸之途，繡袱冒箱笥如鱗，往往傾竭其家。而有女者益始自衿高，閉門拱手，以要重聘。取一弟若被一命，有女雖在襁褓，則受富家子聘，多至五、七百金，中產半之，下此者輕之，談多不及也，相率以為常。

——徐渭：《徐文長三集》卷十九，〈贈婦翁潘公序〉

地處福建貧瘠山區的邵武，婚嫁、宴會的消耗也十分驚人，諺云：「千金之家，三遭婚娶而空；百金之家，十遭宴賓而亡」（嘉靖《邵武府志》卷二，〈風俗〉）。喪葬單棺材一項，富家必用楠木，「一棺之直，皆百金以上矣」（謝肇淛：《五雜俎》卷十）。

壽誕請客送禮，亦極盡奢華之能事。節慶、迎神賽會，也無不大擺闊氣。如北京：

每歲，元旦則拜節。十六過橋走百病，燈光徹夜。元宵燈市，高樓珠翠，轂擊肩摩。清明踏青，高粱橋盤盒一望如畫圖。三月東嶽誕，則要松林，每每三五為群，解裙圍松樹團坐，藉草呼盧，雖車馬雜沓過，不顧。歸則高冠大袖，醉舞驢背，間有墜驢臥地不知非家者。

——王士性：《廣志繹》卷二，〈兩都〉

浙江：

燈市綺靡，甲於天下。人情習為固然，當局者不聞禁止。且有悅其侈麗，以炫耳目之觀，縱宴遊之樂者。

——張瀚：《松窗夢語》卷四，〈百工記〉

江西之金谿：

上元迎燈，端午迎船，誇奇競勝，所費不貲，甚有因而毆鬥致死者。俗謂此可祛疫，故竭力為之。

——《撫州府志》卷十二，〈風俗〉

由於「豪門富室，導奢導淫」，消費性的服務行業興盛，「酒壚茶肆，異調新聲，淚淚侵淫，靡然不振，甚至嬌聲充溢於鄉曲，別號下延於乞丐，……相率成風」（道光《博平縣志》卷四，〈民風解〉。）。泰安州爲進香泰山所設的客店，「未至店里許，見驢馬槽房二三十間，再近有戲子寓二十餘處，再近則密戶曲房，皆妓女妖冶其中。……投店者，先至一廳事上簿掛號，……店房三等，……夜至店設席賀，賀亦三等：上者專席，糖餅、五果、十肴、果核、演戲；次者二人一席，亦糖餅，亦肴核，亦演戲；下者三四人一席，亦糖餅、肴核，不演戲，亦彈唱。計其店中演戲者二十餘處，彈唱者不勝計。庖廚炊爨亦二十餘處，奔走服役者一二百人。下山後，葷酒狎妓惟所欲，此皆一日事也」（張岱：《陶庵夢憶》卷四）。從商品經濟中巧取豪奪的暴發戶，如在江南的新安商人，「暇則招客高會，侍越女，擁吳姬，四坐盡歡，夜以繼日，世所謂芳華盛麗而非不足也」（汪道昆：《太函集》卷四，〈汪長君論最序〉），促使江南青樓妓院林立，時稱「大抵吳人濫觴，而徽人導之」（王世貞：《觚不觚錄》）。在新興的專業市鎮，如蘇州之盛澤，湖州之雙林、菱湖，嘉興之王店、青鎮等，也多有妓院之設。

奢侈的高消費從宮廷、貴族、官僚蔓延到庶民身份的地主、商人以至一般貧民，使社會消費結構大為改變，和明初的俗尚淳樸形成鮮明的對照。

值得一提的是，這時有一位出生上海的文人陸楫，他對於江南俗尚奢靡，不但不感到驚訝，反而大為鼓吹，認為禁奢節財不足以使民富，反之，奢侈卻可以助長社會經濟的發達，工商業的繁榮，他說：

> 論治者類欲禁奢，以為財節則民可與富也。噫！先正有言，天地生財，正有此數，彼有所損，則此有所益。吾未見奢之足以貧天下也。自一人言之，一人儉則一人或可免於貧；自一家言之，一家儉則一家或可免於貧。至於統計天下之勢則不然。治天下者，欲使一家一人富乎，抑將欲均天下而富之乎？予每博歡天下之勢，大抵其地奢則其民必易於生；其地儉則其民必不易為生者也。何者？勢使然也。今天下之財賦在吳越，吳俗之奢，莫盛於蘇杭之民，有不耕寸土而口食膏粱，不操一杼而身衣文繡者，不知其幾何也，蓋俗奢而逐末者眾也。……若今寧紹金衢之俗，最號能儉，儉則宜其民之富也，而彼諸郡之民，至

不能自給，半遊食於四方，凡以其俗儉而民不能以相濟也。……吳越之易為生者，其大要在俗奢，市易之利，特因而濟之耳，固不專恃乎此也。長民者因俗以為治，則上不勞而下不擾，欲徒禁奢可乎？嗚乎，此可與智者道也。

——陸楫：《蒹葭堂雜著摘抄》

通觀全篇的立旨，貫串著奢侈不足以貧天下，地儉則其民反不易爲生的思想。這種消費觀的提出，是商品經濟要求沖決傳統經濟秩序的呼喚。

逐利和奢侈之風的盛行，反映嘉靖、萬曆時期的社會生活方式發生了重大的變化。對財富的狂熱追求和奢侈消費，本來只是上層官僚貴族和大地主們的專利，對社會經濟的發展本無積極意義可言。這種風氣的下移，固然也存在妨礙積累的財富轉化爲資本的消極作用，但它的基本面則反映了商品經濟對傳統社會結構的衝擊和挑戰。

第二節　活躍的思想界

一　王學餘緒與泰州學派

明中葉風靡一時的王學在嘉靖七年（一五二八年）王陽明去世後，產生了激烈的變化，分化爲許多門派，其中以浙中王門、江右王門和南中王門影響最大。這些門派的學術觀點也各有不同，有的向右以因襲王學保守的一面，流於空疏，而以王艮所開創的泰州學派則發展了王學的積極因素，把王陽明主張獨立思考的學說，大大推進了一步。

浙中王學的主要代表是錢德洪和王畿。錢德洪是個循規蹈矩的人，他雖然亦極力防止王學流於空疏，以恢宏師說爲己任，但是他缺乏創新精神，只是在「先師」思想的基礎上作些大同小異的修飾，故黃宗羲謂錢德洪於陽明之學「把纜放船，雖無大得，亦無大失」（《明儒學案》卷十一，〈浙中王門學案〉，〈錢德洪傳〉）。這樣的學術指導思想，不能不漸趨保守。

王畿字汝中，別號龍溪，浙江山陰人，是王陽明最有影響的弟子，《明儒學案》記其「林下四十餘年，無日不講學，自兩都及吳、楚、閩、越、江、浙皆有講舍，莫不以先生爲宗盟」（《明儒學案》卷十二），爲王學的傳播作出了積極的貢獻。但是他的學術思想受到佛教禪宗的影響很深，他認爲王學的「良知」即是「無知」、「無不知」，「良知即是獨知」，「獨知便是本體，愼獨便是工夫」（《龍溪先生集》卷十三，〈歐陽南野文選序〉）。因此他主張「以良知致良知」，把「良知」說成是一種「天然之靈機，時時從天機運轉，變化之爲自見天則，不須防檢，不須窮索」（《明儒學案》卷十二）的東西。這種認識方法，更加把王學的「良知」神祕虛無化了。

江右王學的主要代表是鄒守益和歐陽德，他們的學術風格亦偏於守成，黃宗羲稱「姚江之學惟江右爲得其傳」（《明儒學案》卷十六），因而被視爲王學正傳。他們以護衛師說爲己任，「凡以弘師旨之傳，廣與人爲善之量，心獨苦矣」（耿定向：《耿天台先生文集》卷十四，〈東廓鄒先生傳〉）。「能守其師傳而不疑，能述其師說而不雜」（徐階：《經世堂集》卷十九，〈歐陽公神道碑〉）。但是在理論上沒有什麼建樹，抱殘守缺，因此雖然他們在世時，授徒甚眾，每次講學，聽者數以百千計，「負牆側聆者肩摩，環橋跂睹者林立」（耿定向：《耿天台先生文集》卷十四，〈東廓鄒先生傳〉），但這種缺乏創新的學說，不能不使王學逐漸走向衰退。

當浙中王學和江右王學興盛一時並日趨保守空疏的同時，王陽明的弟子中也出現了一批不拘道學門戶的進步思想家，他們在繼承王學的同時，也敢於對王學進行不同程度的批判，其早期的代表，有黃綰、楊慎、羅欽舜、王廷相等人，而其中以王艮所創始的泰州學派，尤以具有強烈的「異端」色彩而著稱。

王艮，字汝止，號心齋，泰州人。他出身於竈戶平民家庭，早年經商，壯年時曾從學於王陽明門下。王陽明去世後，他回到家鄉泰州講學，自立門戶，信徒甚眾，從而形成泰州學派，人稱之爲心齋先生。

王艮作爲一名平民出身的學者，力圖把高深的儒學變爲士農工商「人人共明共同之學」。他繼承了王陽明關於致知格物高官平民人人皆可做到的人性平等思想，更進一步發展爲「百姓日用之道」。王艮否認宋儒們所強調「道」的神聖性，他們講的「道」，不是士大夫們所講的

「君子之道」，而是平民百姓日用常行之道，「愚夫愚婦，與知能行即是道」。他還認爲，「百姓日用」是「道」的核心，也是「道」的標準，「聖人之道」也是以「百姓日用」爲準則的，「聖人經世，只是家常事。」「聖人之道無異於百姓日用」（《明儒王心齋先生遺集》卷一，〈語錄〉）。「百姓日用條理處，即是聖人之條理處」。凡是脫離百姓日用的玄談，「皆謂之異端。」他還說：「即事是學，即事是道，人有困於貧而凍餒其身者，則亦失其本而非學也」。這就是說，人民因飢寒困苦而失去起碼的生存權利，就是「失本」，就是違背「聖人之學」的。同時，他還肯定飢食享用、男女之性是「自然天則」，認爲人慾就是天理，「天理者，天然自有之理也，才欲安排如何，便是人慾」（《明儒王心齋先生遺集》卷一，〈語錄〉）。可見他的「百姓日用之道」，是與「存天理，去人慾」的禁慾主義相對立的。

王艮學說的另一個與王學不同之處，是所謂的「淮南格物」。他的格物論，也是以「安身立本」爲核心的。他認爲「身與天下國家」都是「物」，只是這些「物」有本末的差別，身爲本，天下國家爲末。「物格，知本也。知本，知之至也，故曰『自天子以至於庶人，壹是皆以修身爲本』也。修身，立本也；立本，安身也」（《心齋先生全集》卷三，〈答問補遺〉）。只有「安身立本」，而後才能齊家治國平天下。王艮的「安身立本」論，蘊含著爭取人的生存權利和維護人的尊嚴的雙重意義。首先，他要求滿足吃飯穿衣等最基本的生活需求，否則，凍餒其身就是失「本」。其次，他要求維護人的尊嚴，人身不受侵犯，自己也不應以利祿害身，求尊身、愛身、保身，避免辱身、害身和失身。既要享有個人的獨立意志，不爲別人所干涉，也不能利己害人，應當人己平等對待。他這種正己正物、愛人敬人、「人人君子比屋可封」的社會理想，多少帶有點均平的幻想，是不可能實現的。然而他的這些主張，反映了他追求社會平等，否定封建特權和等級的革新思想，這是與嘉靖時期社會經濟的發展相適應的。

王艮所開創的泰州學派，在嘉靖萬曆時期得到了廣泛的傳播，當時比較著名的泰州學派學者有王艮的族弟王棟（一庵）、子王襞（東崖）、弟子林春（子仁）、徐樾（波石）等，其後有趙貞吉（大洲）、顏鈞（山農）、何心隱、羅汝芳以及李贄等人。這班學者雖各具有不同的特點，但都否認道學所捏造的人性的先天差別，主張百姓與聖賢並無根本區分，提倡人的個性，肯定人們的物質慾望，駁斥道學的禁慾主義，並且大膽懷疑經傳，強調獨立思考的精神。毫無疑問，這種思想反映了當時社會經濟激烈變動中的下層平民的要求，特別是反映了那些從事工商業活動的城市市民的要求。黃梨洲在《明儒學案》中說得好，泰州學派「其人多能以赤手搏龍蛇，傳至顏山農、何心隱一派，遂復非名教之所能羈絡矣。顧端文曰：『心隱輩坐在利慾膠漆盆中，所以能鼓動得人，只緣他一種聰明，亦自有不可到處。』羲以爲非其聰明，正其學術也」（黃宗羲：《明儒學案》卷三十二，〈泰州學案〉）。這裡所謂泰州學派以利慾鼓動得人，正說明他們的思想衝破了傳統儒教的束縛，有著強烈的追求個性和發展自主經濟的要求。

二　李贄的異端思想

在泰州後學離經叛道的浪潮中，福建的李贄則異軍突起，以「橫議」而天下宗之。李贄字卓吾，又號篤吾，泉州府晉江縣人，出生於商人世家，二十六歲中舉人，歷官河南共城教諭、南京國子監博士、北京禮部司務、南京刑部員外郎、雲南姚安知府。中年時期與泰州學派諸人頻頻交往，並以王艮的兒子王襞爲師。隨著嘉靖萬曆時期商品經濟的繁榮和社會風尚的變遷，他的思想在泰州學派反傳統的基礎上，又大大地進了一步，成了當時最激進的叛逆思想家。

李贄敢於對正統的儒教提出挑戰。他對六經、《論語》、《孟子》等儒家經典，抱著輕蔑的態度，說這些書「非其史官過爲褒崇之詞，則其臣子極爲讚美之語，又不然則其迂闊門徒懵懂弟子記憶師說，有頭無尾，得前遺後」（《焚書》卷三，〈童心說〉），大半非聖人之言，即使出自「聖人之口」，也不過是因時而發，「豈可遽以爲萬世之至論乎」！這些經典後來只是成了「道學之口實，假人之淵藪」（《焚書》卷三，〈童心說〉），應當允許後人懷疑其謬誤。他在否認儒家經典神聖性的同時，也反對神化孔子，宣稱不能以「孔子之是非爲是非」（《藏書》，〈世紀列傳總目前論〉），而是要按照自己時代的標準來評價聖人的言行以及其他古今人物和歷史是非，這種精神，體現了他強烈要求社會變革的信念。

李贄的叛逆思想還著重體現在他強烈追求個性，歌頌人的價值，提倡及時行樂主義，反對封建的人身依附關係。他認爲人是天然平等的，「人見其有貴有賤，有高有下，而不知其致之一也，曷嘗有所謂高下貴賤者哉」（《李氏叢書》丑，〈老子解〉下篇）！他特別提出了男女平等的觀點，駁斥「以女人學道爲短見」的謬論，他說：「謂人有男女則可，謂見有男女豈可乎？謂見有長短則可，謂男子之見盡長，女子之見盡短又豈可乎」（《焚書》卷二，〈答以女人學道見短書〉）？

關於儒家所標榜的「道」，他也作了針鋒相對的論說，他發揮了泰州學派「百姓日用即道」的見解，指出「道」並不是什麼高深玄妙的道理，僅僅是人民的日常生活而已，他說「穿衣吃飯即是人倫物理，除卻穿衣吃飯，無倫物矣」（《焚書》卷一，〈答鄧石陽〉）。因此，他主張人們的物質和精神慾望應當得到應有的滿足，堅決反對道學的禁慾主義，大膽追求世間的幸福和歡樂，他對傳統的人生哲學提出挑戰，認爲只有自私心才是人類的天性，「夫私者，人之心也。人必有私而後其心乃見，若無私，則無心矣，……此自然之理，必至之符」（《藏書》卷三十二，〈德業儒臣論〉）。他主張一切順其自然之性即個性而行，不必吞吞吐吐，躲躲藏藏，提倡人性的本真，「成佛證聖，惟在明心，本心若明，雖一日受千金不爲貪，一夜御十女不爲淫」（周應賓：《識小篇》）。順應人們的生理要求和物質慾望，允許個性的自由發展，「就其力之所能爲與心之所欲爲，勢之所必爲者以聽之，則千萬其人者各得其千萬人之心，千萬之心者各遂其千萬人之慾，是謂物各付物」。從而使「天下之民，各遂其生，各獲其所望」（李贄：《明燈道古錄》卷上）。這種思想充分地反映了當時工商業者和城市市民階層要求發展自主經濟的社會心理。這些主張抒發自然情感和縱慾主義的人生觀，在當時形成了巨大的衝擊波，「情之所向，俚下亦可；才之所向，博綜猥瑣亦可」（屠隆：《由拳集》卷二十三，〈與友人論詩文〉）。過去講究「坐懷不亂」，以禮義廉恥爲生命的文人士大夫們，這時公然悞情煙花，有的同妓女一起騎驢跨馬，招搖過市。有的擁妓歌舞，終日不休，「男女雜坐，絕纓滅燭之語，喧傳都下」（《列朝詩集小傳》丁集上），有的聚集歌兒舞女、名妓高唱，品評高下，選女狀元、女探花，「若舉子之望走鎖院」（《列朝詩集小傳》丁集上）。有的士大夫則「如傅粉墨」，甘爲優伶，連唐寅、祝允明這樣的名人都公然幹起「良家子弟亦羞爲」的梨園勾當來了（參見陸容《菽園雜記》卷十）。有的蔑視禮法，放蕩佻脫，或酗酒瘋狂，或冠裳無忌，穿女人衣服，或徒跣行乞，「遨遊於通邑大都」（《列朝詩集小傳》丁集上）。這種縱慾主義的人生觀和生活情趣，多少包含有些變態的社會心理，帶有某些封建士大夫和文人的腐朽骯髒的成分，顯得狹促庸俗。就是李贄的行爲，有時亦不免顯得有些不僧不道，不人不鬼，削弱了其戰鬥批判的意義。這種變態的縱慾主義，充分反映了叛道思想家們的自身弱點。

儘管如此，在沉悶寂窒的時代氛圍下，李贄以自己的學說和行爲，大力鼓吹個性自由，感情解放，不能不是一股清新、開朗、活躍的氣息，它猛烈地衝擊著傳統的封建價值觀和倫理觀，衝擊著明王朝的封建統治秩序。他因而被人稱爲異端「教主」，從者如流。他所倡導的「童心」等學說，許多士大夫文人爭相附合，對其以後的思想文化界，起著了一定的推動作用。明末某些進步的思想家和文學家，都直接或間接的受過他的影響。如當時著名的文學「公安派」創始人袁宗道、袁宏道、袁中道兄弟，他們的思想情趣，都直接受到李贄思想的影響，其中以袁宏道最爲明顯。袁宏道極爲推崇李贄的「童心」說，他認爲人生的思想情趣應當得其自然本真，「趣得之自然者深，得之學問者淺，當其爲童子也，不知有趣，然無往而非趣也。面無端容，目無定睛，口喃喃而欲語，足跳躍而不足，人生之至樂，真無逾於此時者」（《袁中郎全集》卷一，〈敘陳正甫會心集〉）。說穿了，就是順應人的自然慾望，不必僞裝道學，羞羞答答，遮遮掩掩，強爲壓抑。因此他認爲，世界上人生有五大快樂，除了吃喝玩樂之外，還應該包括攜妓冶遊。明末又一位著名的文學家湯顯祖，也十分推薦李贄的爲人和學問，他曾多次公開表示極心服於李贄，他的以情反理的人生主張，也是提倡維護人的本性真理，「人生而有情，思歡怒愁，感於幽微，流於嘯歌，或一往而盡，或積日而不能其休」（《湯顯祖詩文集》卷三四，〈宜黃縣戲神清源師廟記〉）。他們這些主張自然情感和個性的思潮，與李贄的所謂「一旦見景生情，觸目興歎」，可以「發狂大叫，流悌慟哭」（《焚書》卷三，〈雜說〉），甚至挾妓攜姬淺斟低唱，「強似與道學先生作伴」（《列朝詩集小傳》閏集，〈卓吾先生李贄〉）的論調，可以說是一脈相承的。他們受啓發於李贄的學說，從另一個角度對傳統的價值觀和倫理觀提出了挑戰，從而豐富了明代後期進步思想的內容和影響。

李贄的思想體現了明代嘉靖萬曆時期社會經濟變化的時代特徵，反映了城市居民的生活情趣，以及要求衝破傳統束縛的開創和變革精神，儘管他的講學傳道屢被禁止，其著作《焚書》、《藏書》等也屢次遭到統治者下令禁毀銷版，但這種禁毀和迫害，在當時並沒有有效地起到阻止人們探討新思想的行動，李贄被迫害致死以後，其「書益傳，名益重」，《續焚書》、《續藏書》等稿本又相繼刊行。他的弟子汪本鈳說：「海以內無不讀先生之書者，無不欲盡先生之書而讀之者」（《續焚書》卷首，汪本鈳：〈續刻李氏書序〉）。到了明末，其學說仍然有很大的感染力，「士大夫多喜其書，往往收藏」（顧炎武：《日知錄》卷十八）。並且流傳到海外，後來成爲日本明治維新運動先驅者們的思想武器。

三　禪宗與「狂禪」

和心學的發展相對應，是佛教禪宗的大盛。

中國禪宗的世界觀爲「梵我合一」。在他們看來，我心即佛，佛即我心，世界萬物，日月星辰，山河大地，無非是我心幻化，如果沒有了我心，哪裡還有什麼世事滄桑，人倫道德。因此，他們認爲一切外在的戒律，神聖的偶像，經典的教條，都是多餘的，我的心不僅是衡量一切的標準，又是一切行動的天經地義的出發點。明代禪宗這種只承認自心的權威性，否定拘泥於教條的僵化方式，提倡「非人之是，是人之非」，「大疑大悟，小疑小悟，不疑不悟」（《博山和尚參禪警語》卷下）的世界觀體系，正好符合於明代中葉以來反傳統思想家們的理論口味。於是，「心學」便與禪宗的學說結下了不解之緣。陳獻章曾說：「爲學當求諸心，必得所謂虛明靜一者爲之主，……此心學法門也」（陳獻章：《白沙子全集》卷一，〈書自題大塘書屋詩後〉）。他教人爲學首先靜坐，並且不諱言這是接近禪宗的修煉辦法。延至王陽明，他的禪宗色彩就更濃厚了，曾一再說過：「夫禪之學與聖人之學，皆求盡其心也，亦相去毫厘耳」（王陽明：《王文成公全書》，〈重修山陰縣學記〉）。他有一首〈示諸生詩〉說得更明白：

「爾身各自天真，不用求人更問人，但致良知成德業，漫從故紙費精神，乾坤是易原非畫，心性何形得有塵，莫道先生學禪語，此言端的爲君陳」（王陽明：《王文成公全書》卷二十）。這是要把禪宗的那一套傳道講學了。所以當時人說王陽明是「一生所尊信者達摩、慧能，而於孔、曾、思、孟皆有所不滿」（陳建：《學蔀通辨》卷九）。而劉宗周則乾脆稱之爲「陽明禪」（劉宗周：《劉子全書》卷十九，〈答胡嵩高、朱綿之、張奠夫諸生〉）。

到了嘉靖、萬曆時期，禪宗的理論在這班叛逆思想家中就更有市場了，一時禪悅之風大盛。當時人描寫京師的禪悅之風盛況時說：「其時京師學道人如林，……宰官則有黃慎軒、李卓吾、袁中郎、袁小修、王性海、段幻然、陶石簣、蔡五嶽、陶不退、蔡承植諸君，聲氣相求，函蓋相合」（王元翰：《凝翠集》，〈與野愚和尚書〉）。當時的泰州學派諸門徒，大多受過禪宗的薰陶，如倡「日受千金不爲濫，日姦百女不爲淫」異說的楊起元，就曾認真結屋參禪：「居閑究心宗乘，慕曹溪大鑑之風，遂結屋韶石」（《居士傳》卷四十四，〈楊起元〉）。趙大洲更爲自己學禪辯護：「僕之爲禪，自弱冠以來，敢誰欺哉？試觀僕之行事立事，於名教有悖謬者乎？則憚不足以害人明矣」（《居士傳》卷三十八，〈趙貞吉〉）。叛逆思想家的中堅人物李贄更是禪宗思想的狂熱信徒與心學的大膽引申者，他曾乾脆落髮當了個和尚。袁宏道曾十分自豪地宣稱自己的禪理知識，天下僅李贄可以與他匹敵，他給他的女兒起的名字叫「禪那」（《珂雪齋近集》卷三，〈袁氏三生傳〉），以示對禪宗的信奉。湯顯祖亦屢拜當時著名的禪師達觀、明德等爲師。

就明代後期的禪宗而言，他們的理論內涵亦比前代的禪宗有著較大的變化，其重要的一點，是深受明代社會經濟發展和風尙變化的撞擊。因而這一時期禪宗的學說，十分注重於順應人的自然本性生活，提倡個性的自由。隆慶萬曆時期著名的達觀禪師有個用血書寫的對聯說：「若不究心，坐禪徒增業苦；如能護念，罵佛猶益真修」（《憨山大師夢遊全集》，〈達觀大師塔銘〉）。這就是說，只要有了「本心」、「護念」，任何權威、束縛都可不必在乎，禪僧的放蕩縱慾、不拘細節，也不妨礙對「心佛」的追求。這種腔調，正與李贄的所謂「成佛證聖惟在明心」、楊起元的「一了此心，臨萬跡不論」的異說，如同一轍。當時的不少禪師，也確實因而幹出許多異端的行爲來，《萬曆野獲編》曾記載說著名禪宗大師「性佻達，不拘細行」，既赴宴，又觀戲，還有穿紅著紫的侍者（沈德符：《萬曆野獲編》卷二十七）。

明代禪宗學說的異端和文人士大夫異端的結合，在某種程度上推動了嘉靖萬曆時期叛逆思想的發展。當時禪宗不僅風靡一時，而且還同時出現了好幾個具有進步思想意識的禪宗大師，「南北法席之盛，近代未有」（重刊《江寧府志》卷五十一）。達觀紫柏禪師，影響尤巨，「名振東南，縉紳趨之若鶩」。他與湯顯祖、焦竑、袁宏道、陶望齡等都是極好的朋友，與李贄被當時並稱爲「兩大教主」，他的學說「直截痛快，佻達少年驟聞無不心折」（沈德符：《萬曆野獲編》卷二十七）。他還積極投身於市民的反封建鬥爭，曾與一些有正義感的士大夫一起反對萬曆時期礦稅的橫徵暴斂，並因而受到封建統治者的迫害，「視紫柏爲狂，不得不死」（陶望齡：《歇庵集》卷四十四，〈紫柏和尚像贊〉）。這種「狂禪」的思想和行爲，構成了嘉靖萬曆時期思想潮流的一個重要組成部分。清人陸世儀說過：「隆萬之時天下幾無日不講學，無人不講學，『三教合一』之說倡言無忌，而學脈之瞀亂，於斯爲極」（《陸桴亭遺集》卷一，〈高顧兩公語錄大旨〉）。這如實地反映了禪宗學說在當時叛逆思潮中的重要影響，它爲衝破僵化的思想束縛起著了一定的積極作用。

四 三教合一與儒耶結合

嘉靖萬曆年間的異端思想，還有林兆恩創建的「三一教」（又名「三教」、「夏教」）。林兆恩，字懋勳，號龍江，倡道以後自號子谷子、心隱子、爾虛子等。生於正德十二年（一五一七年），卒於萬曆二十六年（一五九八年），福建莆田人。他少習舉業，至三十歲省試未中後棄去，出入於佛、老，又融佛、老於儒，倡明「函三合一」，並逐漸形成「三一教」。三十五歲始收徒，此後五十年間，影響日大，「魯、江以南，方內方外，聞風麕至，北面師之，稱三教先生」（何喬遠：《閩書》卷一二九，〈林兆恩傳〉。）。著作有萬曆二十二年（一五九四年）弟子盧文輝編集的《林子三教正宗統論》三十六冊、《夏午尼經》三十六卷十二冊等。

林兆恩青年時代，深感「儒流陋於威儀詞章，而無實學之者，失其原也」（《林子三教正宗統論》），「三綱既淪，風俗斯懷，救其失而釐正之」。（《林子三教正宗統論》），棄舉業而致力於身心性命之學。他反思的結果，認爲「三代以上，教出於一」（《林子三教正宗統論》），「孔子之學，心性也；黃帝老子之學，心性也；釋迦之學，心性也。心性，本體也」（林兆恩：《中和位育經》）。又說：「釋氏曰：明心了性，儒者亦曰：盡心盡性；道家曰：性命雙修，儒者亦曰：盡性至命。曰心、曰性、曰命之既同，則天下之道原於一矣」（林兆恩：《林子三教正宗統論》）。他批評後世的儒流「以冒威儀騰口說爲事，入於闢焉，而非儒也」；道流「以迂怪爲尊，入於誕焉，而非道也」；釋流「以斷滅爲宗，入爲幻焉，而非釋也」（林兆恩：《中和位育經》）。主張合三氏之教而一元，以「三綱四業而爲教之始也；見性入門，而爲教之中也；虛空本體，而爲教之終也。合始、中、終而大之，述而非作，而變而通，……不知有儒，不知有道，不知有釋，而爲教之一也，非古非今，無是無非，此余三教之本旨」（林兆恩：《林子三教正宗統論》）。也就是以三綱正二氏之失，合而一之，歸儒宗孔。他還創立融三教修持工夫爲一體的「九序心法」，教人療病，吸引眾多信徒，進而被奉爲神明，繪像傳祀。萬曆時，三教從地方性的新學派向民間宗教演化。

林兆恩創立三教，本意在於對當時社會思想空疏、失於實學的現狀加以匡正，他雖和李贄一起被正統儒家目爲「閩中三異端」（《靜志居詩話》卷十四，〈林兆恩〉），但他們所走的道路是不同的。

在反正統的社會潮流中，還出現了因西方天主教的傳入，而主張儒耶結合的人物。

從嘉靖三十一年（一五五二年）方濟各・沙勿略（Francois Xavier）開始，歐洲耶穌會士紛來中國傳教。萬曆四年（一五七六年），羅馬教皇下令在澳門建立教區，負責在遠東地區傳教，但在萬曆七年（一五七九年）以前，在中國傳教並未取得什麼效果。是年，意大利籍神父羅明堅（Michel Ruggieri ）和利瑪竇（Matthieu Ricci）來華後，改變傳教策略，學習中國語言，適應中國傳統習慣，身穿僧服，並以饋贈西洋器物爭取地方官員的承認和支持。萬曆十年（一五八二年），羅明堅前往肇慶，以西洋器物饋贈兩廣總督，獲准在「天寧寺」居住傳教，但不久即退回澳門。萬曆十一年（一五八三年），羅明堅和利瑪竇重至肇慶，會見新任兩廣總督郭應聘，獲准定居「遷花寺」，陳列西洋器物、書籍、地圖，介紹西方的科學文明以博取官紳士民的好感，推進傳教。萬曆十七年（一五八九年），利瑪竇遷居韶州，建立首座教堂。萬曆二十三年（一五九五年），北上南昌，建立第二座教堂，改穿儒服，自稱「西士」。萬曆二十七年（一五九九年），在南京建立第三座教堂。二十九年（一六〇一年），上京入貢方物，神宗欽賜官職，並賜第於順承門（後改名宣武門）外居住，從此長期留居北京。至三十八年（一六一〇年）利瑪竇病死，耶穌會在中國的信徒已達二千五百人。在這期間，利瑪竇等耶穌會士採取尊孔聯儒的策略，利用原始儒家思想解釋天主教義，攻斥宋明理學和佛禪，寫作《天主實義》、《二十五言》、《畸人十篇》等作品，更以講求天文曆算、渾儀度數之學相標榜，把交往的範圍從一般居民轉向士大夫階層。由於這一做法切合「喜新厭常」的時代風尚，許多高官名流與之往來酬答，從而激起追求科技知識和實學的新潮。通過科技知識的先導，傳播天主教義，培養了一批由儒入耶，儒耶結合的新型士大夫。著名的有李之藻、徐光啓、楊廷筠、王徵等人，而以李之藻最具典型。

李之藻，號我存，嘉靖四十年（一五六五年）生，浙江仁和人，生於官宦之家，萬曆二十六年（一五九八年）進士，分發南京工部營繕司爲員外郎，二十九年（一六〇一年）到北京，歷任工部分司等職。他少時「於諸家之學，無所不窺」（《開州志》，引自方豪《中國天主教史人物傳》，（香港，一九七〇年）第一冊，第一一三頁），「平居非讀即寫，無論宮會、乘輿、入城、下鄉，皆隨身攜書瀏覽，並作札記，習以爲常」（李之藻：《叛宮禮樂疏》，〈敘錄〉），不滿時尚之空談。進京那年，他結識利瑪竇，從習西學，交誼頗厚，嘗合譯《經天該》，刊印《坤輿萬國全圖》，翻譯《渾蓋通憲圖說》，漸從對西方科學的信仰到對西方宗教的信仰。三十八年（一六一〇年），之藻忽患重病，經利瑪竇調護治愈，幡然受洗加入天主教，使用新名（Leo，中文為良，又作涼庵），捐資興建教堂，休妾以表虔誠。但他由儒入耶之後，在思想和行動上仍維持其儒者的生活和心態，力圖體現儒耶的結合。他極力宣傳天主教義「質之堯舜、周孔之訓則略同，……六經中言天，言上帝者不少，一一參合」（李之藻：〈聖水紀言序〉），而且強調西方的「理」（宗教）和「器」（科技），都可以補充儒學的不足。李之藻的思想，是中西文化矛盾調適的產物，反映接受吸收西方科學宗教的那部分士大夫的共同特點。

從信仰西學到信仰天學的儒者在士大夫中只是極少數，以天學補儒易佛，在當時中國社會也缺乏基礎。天主教與儒、佛衝突的結果，導致萬曆四十四年十二月（一六七七年一月）神宗下旨禁教，歐洲耶穌會士被「督令西歸」，逐往澳門。儘管如此，他們激起的追求科技知識和實學的新潮，爲西方科學文明在中國的傳播作出了重要貢獻。

第三節 科技進步與文藝繁榮

一 科學技術的進步

嘉靖、萬曆時期，科學技術取得了一定的進步，紡織、冶鑄、建築、造船、製瓷、造紙、印刷、航海、水利等各項生產技術普遍發展和提高，並產生了具有世界先進水平的科學巨著：李時珍的《本草綱目》和朱載堉的《樂律全書》。

李時珍，字東璧，湖廣蘄州人，生於正德十三年（一五一八年），卒於萬曆二十一年（一五九三年）。他一生「好讀醫書」，立志爲大眾解除病困，尤精通於中醫藥物學。他以多年的醫學經驗，深深感受到中國古代藥物典籍的優點及其缺陷，「品類既煩，名稱多雜，或一物而析爲二三，或二物而混爲一品，時珍病之」。於是親赴各地考察辨正，「窮搜博采，芟煩補闕，歷三十年，閱書八百餘家，稿三易而成書」（《明史》卷二九九，〈李時珍傳〉），萬曆六年（一五七八年）完稿，名曰《本草綱目》。

《本草綱目》有五十二卷，共收進藥物一千八百九十二種，附圖一千一百多幅，其中由李時珍新增藥三百七十四種（《明史》卷二九九，〈李時珍傳〉）。《本草綱目》還對中國藥物進行了比較科學的分類，「通列一十六部爲綱，六十類爲目，各以類從，三品書名，俱注各藥之下，一覽可知，免尋索也」（李時珍：《本草綱目》卷首，〈凡例〉）。對於各種藥物，還詳盡地記載了各自的產地、形狀、氣味、生產及其效用、忌諱等等。「諸品首以釋名，正名也，次以集解，解其生產，形狀採取也，次以辨疑正誤，辨其可疑，正其謬說也，次以修制，謹炮炙也，次以氣味，明性也，次之主治，錄功也。次以發明，疏義也，次以附方，著同也」（李時珍：《本草綱目》卷首，〈凡例〉）。全書共附藥方一萬一千零九十七個。《本草綱目》科學地總結了中國古代的醫藥學成就，還涉及生物學、化學、礦物學、結晶學、環境與生物，遺傳與變異等自然科學課題。因而它無論在中國或是世界醫藥科技史上，都占有一個重要的地位。萬曆年間《本草綱目》刊行天下後，得到了廣泛的流傳，後來並被譯成多種外國文字。

朱載堉，字伯勤，號句曲山人，宗室鄭王朱厚烷世子，生於嘉靖十五年（一五三六年），卒於萬曆三十九年（一六一一年）。他自幼喜歡音樂、數學，十五歲時父被廢爲庶人，幽禁安徽鳳陽，他亦被奪除世子冠帶，「痛父非罪見繫，築土室宮門外，席藁獨處者十九年」（《明史》卷一百十九，〈諸王列傳〉）。隆慶元年（一五六七年）復世子冠帶，萬曆三十四年（一六〇六年）讓出國爵，遷居王城懷慶府（河南沁陽縣）外，自稱道人。他從「席藁獨處」時起，潛心研究音律學、數學、天文學、計量學、音樂學和舞蹈等科學和藝術課題，著述宏富，主要有萬曆三十四年（一六〇六年）雕印上進的《樂律全書》，包括《律曆融通》、《聖壽萬年曆》、《萬年曆備考》、《律學新說》、《算學新說》、《樂學新說》、《律呂精義》、《操縵古樂譜》、《旋宮合樂譜》、《鄉飲詩樂譜》、《小舞鄉樂譜》、《六代小舞譜》、《靈星小舞譜》、《二佾綴兆圖》等十四部，以及《瑟譜》、《律呂正統》、《律呂質疑辨惑》、《嘉量算經》、《圜方句股圖解》等。

朱載堉的學術成就，突出表現在音律學上創建了十二平均律。十二平均律是數理調音律體系之一，朱載堉在其父的指導和啓示下，總結千餘年來我國探索平均律的理論和實踐應用，用了十四年時間，完成數理原理和計算方法的研究，「創立新法：置一尺爲實，以密率除之，凡十二遍，所求律呂真數比古四種術尤簡捷而精密。數與琴音互相校正，最爲吻合」（朱載堉：《律學新說》卷一，〈密率律度相求第三〉）。爲此，他在世界上最早解答了已知等比數列的首項、末項和項數，如何求解其它各項的方法；最早找到了不同進位制的小數換算方法。爲了解決繁重的數學演算，他最早運用珠算進行開方計算。爲了找到歷史上的高音標準，他深入研究了歷代度量衡制的變遷，提出了一個系統的管口校正方法及其計算公式；精確地測定了水銀密度，透徹地研究並實驗了完全八度和純五度等的和聲問題。他還研究天文曆法，精確地計算了回歸年長度值和測量了北京的地理緯度和地磁偏角（詳細論證請參看戴念祖：《朱載堉——現代的科學和藝術巨星》，人民出版社一九八六年六月第一版）。

朱載堉創建十二平均律及其計算原理——「新法密率」，是一項劃時代的科學發明，在世界科學史上佔有重要地位。它曾有力地影響了近代歐洲音樂界，獲得第一個使平均律數學上公式化的聲譽，現代英國學者李約瑟盛贊他「雖然遠離歐洲，但他是『文藝復興時代的人』」。不幸的是，他的發明在當時「未及實行」（《明史》卷六十一，〈樂志〉），以後又長期不受重視，直到近現代，才逐漸恢復他在科學史上應有的地位。

科技知識的普及和應用，也是這一時期值得注意的現象。如商業數學和珠算的推廣，早在景泰年間，吳敬的《九章算法比類大全》，便是一部很有特色的商業數學著作，其中所收集的許多應用問題，有不少是與商業有關的新課題，如計算利息、合夥經營、就物抽分等等。到了嘉靖、萬曆時期，隨著商業和市場經濟的進一步發展，這類商業數學的著作就更多了，其中如《算法統宗》、《四民便用不求人博覽全書》等等，都是爲了當時社會經濟活動而設計撰寫的實用性數學著作。珠算的發明，大體是在宋元之間，但它的普遍推廣，則是在明代，特別是嘉靖萬曆時期，珠算技術完全取代了中國古代的籌算技術。又如隆慶年間黃成著成的《髹飾錄》一書，是我國歷史上唯一的漆藝專書。

嘉靖、萬曆以來科學技術的進步，是在城鎮工商業繁盛、商品經濟發展的基礎上取得的。由於傳統社會機制的制約，缺乏自然科學技術正常發展的土壤和環境，整個科技界主要還是總結整理固有成果，進行傳統的學術積累，雖然出現幾位科學巨匠，但他們的努力沒有得到社會的共鳴和強有力的支持，因而他們的科學成果與社會生產的實踐相脫節，未能推廣應用，轉變爲推進社會變革的動力。

二 通俗文學的勃興

嘉靖、萬曆時期，大眾化的小說、戲曲等文學形式逐漸取代了以士大夫爲主要欣賞對象的舊體詩辭文學。

中國的傳統文學素來以詩文爲正宗，明中葉以後，這種正宗的傳統文學日趨衰微。嘉靖年間，繼李夢陽、何景明等「前七子」的餘緒，李攀龍、王世貞、謝榛、宗臣、梁有譽、徐中行、吳國倫的所謂「後七子」再度興起，進而把文學復古運動推向一個高潮，他們發揮前七子的主張，「文主秦漢，詩規盛唐」（《明史》卷二八五，〈文苑傳序〉），結社宣傳，互相鼓吹，彼此標榜，聲勢極盛，從而徹底摧毀了「臺閣體」對於詩壇、文壇的統治。然而後七子的文學運動，重複著前七子的錯誤道路，以形式主義反對「臺閣體」的形式主義，仍然是一種力圖挽救傳統文學的復古運動，缺乏時代的創新精神。

當文學復古思潮風靡天下的時候，也還有一些卓然自立不依門戶的作家，不爲復古的習氣所束縛。以唐順之、歸有光、茅坤、王慎中等爲首的唐宋派，在理論上、創作上不隨波逐流，與前、後七子相對抗。他們對「文必秦漢」之說，深表不滿，歸有光曾說：「今世相尚以琢句爲工，自謂欲追秦、漢，然不過剽竊齊、梁之餘，而海內宗之，翕然成風，可爲悼歎耳」（歸有光：《震川集》卷十七，〈與沈敬甫〉）。因此主張文學應當要有時代的色彩，不可一味仿擬古人，「學爲文章，但直據胸臆，信手寫出如寫家書，雖或疏鹵，然絕無煙火酸餡習氣，便是宇宙間一樣絕好文字」（唐順之：《荊川集》，〈答茅鹿門知縣〉）。特別是在歸有光、茅坤等人的詩文中能夠面對現實、大量反映社會民生的實際情況，描繪平凡瑣事，抒情真摯，記事生動，不事雕飾，具有一定的現實意義。

唐宋派雖然對前、後七子的文學復古運動進行了反抗，但在當時影響還不很大。萬曆時期，繼續起來猛烈反對前、後七子的，有袁宗道、袁宏道、袁中道兄弟，因爲他們是湖廣公安人，故被稱爲「公安派」。公安派的文學理論，更直接地受到當時叛逆思想的影響。袁宏道曾經受業於李贄，深受李贄行爲的薰陶，因此，他們的文學理論中，具有強有力的反形式主義，反擬古主義，他們以社會發展的眼光來看待文學的創作，提出了「獨抒性靈」，真實描寫內心感情的文學主張，所謂「獨抒性靈，不拘格套，非從自己胸臆流出，不肯下筆」（袁宏道：〈序小修詩〉），應發前人之所未發。由於公安派的詩文創作適應了當時社會變革的潮流，表現了浪漫主義的藝術色彩，因此，「中郎（宏道）之論出，王、李之雲霧一掃，天下之文人才士始知疏論心靈，搜剔慧性，以蕩滌摹擬塗澤之病，其功偉矣」（錢謙益：《列朝詩集小傳》，丁集中）。

和「公安派」同時，反對古文復古主義的，還有以湖廣竟陵人鍾惺、譚元春爲代表的「竟陵派」。鍾惺等人對於公安派所倡言反擬古、反傳統，「獨抒性靈」這些方面，並無異議，但是他們把袁宏道等人力主詩文大眾化的主張認爲是「鄙俚公行」，過於俗氣，應予糾正，於是，「自宏道矯王、李詩之弊，倡以清真；惺復矯其弊，變爲幽深孤峭」（《明史》卷二八六，〈文苑傳〉），「竟陵代起，以凄清幽獨矯之，而海內之風氣復大變」（錢謙益：《列朝詩集小傳》，丁集中）。他們所造就的這種冷僻苦澀的詩文，走向了另一個形式主義的極端。

嘉靖萬曆時期唐宋派、公安派、竟陵派的反對文學復古主義，雖然在一定程度上反映了社會變革的趨向，但是從他們的詩文創作及其思想整體而言，仍然是屬於傳統文學的改良主義，雖然說其中亦出現了如深受李贄思想影響的袁宏道，極力主張詩文創作的「真心」、「性靈」，主張詩文的大眾化，然而他卻被世人視爲矯枉過正，「雅故滅裂，風華掃地」，即使是他的弟弟袁中道，也難於理解，曾辯解說：「中郎詩云〈錦帆〉、〈解脫〉，意在破人執縛，間有率易遊戲之語，或快爽之極，浮而不沉，情景太真，近而不遠，要亦自出靈竅，吐於慧舌，寫於新穎，足以蕩滌塵垢，清除熱惱。學者不察，效顰學語，其究爲俚俗，爲纖巧，爲莽蕩，烏焉不寫，弊有必至，非中郎之本旨也」（錢謙益：《列朝詩集小傳》，丁集中）。他們都害怕詩文的大眾化，以致失卻高雅而淹於俗流，正說明他們對於詩文的改良是很有限度的，帶有對傳統正宗文學抱殘守缺的味道。因此這種改良是無法使傳統文學擺脫頹勢的，於是，詩文的沒落，使其文學主流的地位，逐漸被發展成熟的小說、戲曲等市民和大眾化的文學所占據。嘉靖、萬曆時期成了明代小說發展的黃金時代。

明代初期，雖然出現了《三國志通俗演義》和《水滸傳》這樣的不朽小說巨著，但是在明初保守專制的政治體制和封閉的自然經濟體制下，這兩部小說並沒有得到廣泛的流行。在此之後的很長一個時期內，小說的創作也一直處於低潮。到了弘治、正德以後，特別是嘉靖、萬曆時期，隨著封建政治的日益腐敗，社會經濟的迅速發展，社會的變革已經在許多方面不斷地進行著。在這種情況下，這兩部不朽的白話長篇巨著，才得到迅速的刊刻流傳，我們現在所能見到的《三國志通俗演義》的最早刊本係嘉靖元年（公元一五二二年）刊刻的（前有弘治七年〔一四九四年〕蔣大器序）。而《水滸傳》則都是嘉靖以後的本子。這一方面是白話長篇小說適合於嘉靖萬曆時期社會經濟地位得到提高的市民和一般民眾的口味，另一方面則是書坊作為一種工商業的企業而找到了謀利的便徑。

《三國志通俗演義》和《水滸傳》在嘉靖萬曆時期的刊行問世，立刻得到了士大夫文人的讚賞。如唐宋派詩人唐順之、王慎中等人評云：「《水滸》委曲詳盡，血派貫通，《史記》而下，便是此書」（李開先：《詞謔》，〈論時調〉）。公安派的三袁兄弟多次為詩作文推讚《水滸》，如袁宏道有詩云：「後來讀《水滸》，文字益奇變。六經非至文，馬遷失祖練，一雨快西風，聽君酣舌戰」（袁宏道：〈聽朱先生說水滸傳〉）。李贄等人則大力強調了《水滸》、《三國志演義》的社會現實意義，他說：「《水滸傳》者，發憤之作也，……故有國者不可以不讀」（李贄：《焚書》卷三，〈忠義水滸傳序〉）。余象斗亦云：「英雄豪傑，憤國治之不平，憫民庶之失所，……彼益強者鋤之，弱者扶之，富者削之，貧者周之，冤屈者起而伸之，按其行事之跡，可謂桓文仗義，並軌君子，……昔人謂《春秋》者，史外傳心之要典，愚則謂此傳者（水滸傳）紀外敘事之要覽也，豈可曰此非聖經，此非聖傳，而可藐之哉」（余象斗

：〈水滸志傳評林序〉）！李贄等人對於《水滸傳》的評說，反映了這個時期一部分文人士大夫文學觀念的改變，歷來受到輕視的小說，適應城市居民特別是工商業者和下層市民的欣賞要求，影響日大，其文學價值和社會價值受到了文人士大夫的認識和肯定。

在這種社會風氣之下，由羅貫中、施耐庵等人所開創的白話長篇歷史小說在明中葉以後得到了長足的發展，如各種模仿《三國志演義》的講史小說，不下數十種，所謂「自羅貫中《三國志》一書，從國史演為通俗演義百餘回，為世所尚，嗣是效顰者日眾，因而有《夏書》、《商書》、《列國》、《兩漢》、《唐書》、《殘唐》、《南北宋》諸刻，其浩瀚與正史分簽並架」（馮夢龍：《新列國志》，可歎道人：〈序〉）。其中流傳較廣的有秦淮墨客（紀振倫）校閱、煙波釣叟考訂的《新編全像楊家府世代忠勇演義志傳》（秦淮墨客序：《楊家府演義》，見上海古籍出版社一九八〇年九月版），初刊於萬曆三十四年（一六〇六年）。《隋唐志傳通俗演義》現存最早的刊本為萬曆四十七年（一六一九年）所刻的日本尊經閣文庫藏本。

隨著嘉靖、萬曆時期封建統治秩序的分化，上下尊卑觀念的變化，城市居民和一般下層民眾要求解除封建束縛的願望日益強烈。這一社會意識反映在文學作品上，則有嘉靖時人吳承恩著的《西遊記》。《西遊記》描寫了唐三藏玄奘和尚師徒四人上西天取經的故事，這是一部富有積極浪漫主義的優秀神魔小說，它成功地塑造了孫悟空這一敢於反抗、勇於鬥爭、不畏艱險的藝術形象，把神奇的神話題材和深刻複雜的現實內容緊緊地結合在一起，並通過孫悟空大鬧天宮、與神魔鬼怪作堅決鬥爭的一系列情節，曲折地暴露了封建社會的醜惡和統治者的昏庸殘暴，寄託了下層民眾要求衝破封建人身依附、爭取個體自由發展的理想。《西遊記》無論是思想內容或是藝術成就，在中國古代神話小說的領域裡，達到了高峰。

反映社會風尚巨變和社會寫實的白話小說，最著名的是萬曆年間的《金瓶梅》。

《金瓶梅》共一百回，作者自署「蘭陵笑笑生」，真實姓名不詳。《金瓶梅》的題材係由《水滸傳》中武松殺嫂故事演變而來，全書以土豪惡霸西門慶的發跡、荒淫、暴亡的事蹟為核心，反映了嘉靖萬曆時期封建統治的沒落、社會矛盾的激化以及社會風氣、倫理道德的改變。全書一方面著筆於社會黑暗的暴露，把地主權貴、劣紳奸商的互相勾結，市井無賴、地痞惡棍的橫行霸道等當時社會上的各種骯髒和罪惡，生動地展現在讀者的眼前。而另一方面，又將明代商品經濟的發達，金錢的妙用，市民階層的意識形態及其行為，淋漓盡致地溶入作品中。通篇反映了誰有錢誰就有地位，誰有錢誰就可以稱王稱霸、為非作歹。作者通過西門慶之口說道：「咱只消盡這家私，廣為善事，就使強姦了嫦娥，私奸了織女，拐了許飛瓊，盜了西王母的女兒，也不減我潑天富貴」（《金瓶梅》第五十七回）。這等橫蠻自負的口氣，正是當時社會上價值觀念變化的反映。

《金瓶梅》中還有大量露骨的色情描寫，這對於嘉靖萬曆時期及晚明的小說寫作影響很大，一大批宣揚色情的小說紛紛問世，文人士子不以談淫詞為羞，作者不以寫性慾為恥，書肆裡公開刊刻出售誨淫色情書籍，銷路暢通。這種情況一方面固然反映了市民階層庸俗的心理和情趣，同時也包含著封建士大夫腐朽骯髒的成份。但從另一個方面看，這些誨淫色情的書籍，能夠前所未有地大量出現在這個時期，這不能不是當時社會經濟變遷在文學小說界的一種強烈反映，它在一定程度上也起了衝擊傳統觀念的作用，這與當時叛逆思想家們所主張的個性自由、感情解放的社會意識，多少起著了相互配合的作用。

民間「說話」伎藝的發展，促使「話本」小說的流行。嘉靖前後，開始出現匯集許多單篇刊印成書的「話本」，即短篇小說集，如《京本通俗小說》、《清平堂話本》等。這一形式深刻地影響晚明的小說界，到天啓年間，產生「話本」小說集大成的作品，如馮夢龍的《喻世明言》（《古今小說一刻》）、《警世通言》、《醒世恆言》，通稱「三言」，凌蒙初的《初刻拍案驚奇》、《二刻拍案驚奇》，通稱「二拍」。馮夢龍等十分推崇李贄、袁宏道等人，有著較進步的社會思想。他們繼承了嘉靖萬曆時期小說表現社會現實和大眾化的作風，把宋元話本以及明代的擬話本收集整理，加工潤色，選編成「三言」、「二拍」等短篇小說。集在這些作品裡，有的深刻地揭露了官僚地主、奸商惡霸的陰險殘酷，有的深情地描寫了自由的愛情和婚姻，表達了被壓迫婦女追求幸福的美好願望，有的作品則反映了嘉靖萬曆時期以來經濟生活、階級關係等社會變革的真實面貌。「三言」、「二拍」的出現，對於推動中國文學的大眾化和通俗化，起著了一定的積極作用，它體現了嘉靖、萬曆社會發生一系列變化後城市居民和一般民眾對於文學欣賞的需求。

伴隨著思想界、小說界的反傳統浪潮，戲曲的創作也打破了明初以來的沉寂局面，出現了一批優秀的劇作家和戲曲作品，如徐渭、李玉、湯顯祖等人，他們的作品不僅具有很高的藝術價值，而且還有相當明顯的現實主義和反傳統的色彩。其中湯顯祖的《牡丹亭》，描寫南安太守杜寶的女兒杜麗娘，敢於衝破封建禮教的束縛，生死離合，最終與自己所愛慕的書生柳夢梅，結成夫妻，這部強烈要求個性自由的作品堪稱明代戲曲傳奇之冠。

湯顯祖字義仍，號海若、若士，又號清遠道人，江西臨川人。萬曆十一年（一五八三年）進士，十九年（一五九一年）在南京禮部祠祭司主事任內，上〈論輔臣科臣疏〉，抨擊朝政腐敗，被貶斥廣東徐聞。後復調爲遂昌縣令，治績卓著。二十六年（一五九八年）棄官歸里，二十九年（一六〇一年）大計時被罷斥。他厭惡官場傾軋，與吏部清議派人物趙邦清等交誼很深，頗有革新社會的抱負。在《牡丹亭》和《紫釵記》中，他狂熱地憧憬著人間的光明前景；在《南柯記》中塑造徵徭薄、無暴苛、夜戶不閉、家安戶樂的「南柯善政」。官場上的遭遇和清議派在吏部政爭的失敗使他的政治理想破滅，從期望社會改良轉爲對社會的批判。在《邯鄲記》中，借盧生的荒唐夢境，「把人情世故都交談盡」，諷刺科舉的不公、官場的黑暗、人際關係的卑鄙骯髒，實際上對現實社會作了無情的否定。

湯顯祖的戲曲作品，不但在創作技巧上敢於打破戲曲的音韻格律限制，注重作品的流暢和大眾化，而且在創作思想上，追求平等自主，主張作品的情感流露，「爲情作使」，謳歌「情」的偉大力量——「生者可以死，死可以生」（湯顯祖：《湯顯祖詩文集》卷三十三，〈牡丹亭記題詞〉）。強調作品的現實意義和思想內容，所謂「明之中葉，士大夫的談性理，而多矯飾，科第利祿之見深入骨髓，若士一切鄙棄，故假曼倩詼諧，東坡笑罵，爲色莊中熱者下一針砭」（吳梅：〈四夢傳奇總跋〉）。正因爲如此，他的作品在當時影響很大，爲明代南曲傳奇的興起，作出了決定性的貢獻。

隨著戲曲的繁榮，胡琴類拉弦樂器和嗩吶類蘆簧樂器都得到較大的發展，器樂也有顯著的成就。如萬曆年間在南京一帶流行的「十番鼓」，運用笛、管、簫、弦、琴、鑼、板、鼓等十種樂器，演奏出多種多樣變化的樂曲。民間歌舞的內容和形式，豐富多彩。

適應市民生活的需要，民歌從農村進入城市，經過藝人的加工或再創作，衍變出大量城市小曲，輔以樂器伴奏，在各地說唱。聞名南北的有彈詞、弦詞、鼓詞、牌子曲、琴書等等，形成各地不同的地方風格。民歌不僅深受人民歡迎，而且也影響了文壇，不少文人運用民歌形式，寫出不朽的作品；或搜集民歌，匯集刊行。沈德符說：「嘉、隆間，乃興〈鬧五更〉、〈寄生草〉、〈羅江怨〉、〈哭皇天〉、〈乾荷葉〉、〈粉紅蓮〉、〈桐城歌〉、〈銀絞絲〉之屬，自兩淮以至江南，漸與詞曲相遠。比年以來，又有〈打棗竿〉、〈掛枝兒〉二曲，其腔調約略相似，則不問南北，不問男女良賤，人人習之，亦人人喜聽之，以至刊本成帙，舉世傳誦，沁人心腑」（沈德符：《萬曆野獲編》。）。卓人月說：「我明詩讓唐，詞讓宋，曲又讓元，庶幾〈吳歌〉、〈掛枝兒〉、〈羅江怨〉、〈打棗竿〉、〈銀絞絲〉之類，爲我明一絕」（陳宏緒：《寒夜錄》引）。

嘉靖、萬曆時期通俗文學的勃興，組成中國文學史上的一個大放異彩的篇章。

第十章 天啓崇禎間的政治危機和社會矛盾

第一節 魏忠賢亂政與明末黨爭

一 魏忠賢亂政

萬曆四十八年（一六二〇年），神宗去世，皇太子常洛嗣位，號光宗，改元泰昌。常洛當上皇帝後，鄭貴妃一改常態，「以前福王故，懼帝銜之，進珠玉及侍姬八人啗帝」（《明史》卷二一八，〈方從哲傳〉），極力巴結光宗，其中選侍李氏最得帝寵，鄭貴妃因請立李選侍爲皇后，李選侍亦爲鄭貴妃求封太后，光宗俱從之，內廷雙方頗有化干戈爲玉帛的氣象。不料光宗常洛即位不到一個月即病，「時都下紛言中官崔文升進洩藥，帝由此委頓」（《明史》卷二一八，〈方從哲傳〉），群臣又猜疑崔文升係鄭貴妃所指使。光宗病危後，鴻臚寺丞李可灼連進紅色藥丸二粒，服之次日即死，當時稱爲「紅丸」案。光宗死後，東林黨人與方從哲等浙黨的矛盾再度激化，東林黨人力指「梃擊」、「紅丸」案均爲鄭貴妃要害光宗而令福王取而代之的陰謀，方從哲阻抑言官，庇護陰謀，罪可誅殺。方從哲等浙黨則因「輕薦狂醫」（《明史》卷二一八，〈方從哲傳〉），於理有虧，處處息事委蛇，以守爲攻。最後，方從哲被迫致仕歸里，本來與光宗同居乾清宮的李侍選，也被楊漣、左光斗等迫使移居噦鸞宮，當時稱爲「移宮」案。

光宗去世後，楊璉、左光斗與劉一燝、周嘉謨等擁立光宗的長子朱由校即位，是爲熹宗，明年（一六二一年）改元天啓。浙黨首領方從哲因「紅丸」諸案被論歸去，東林黨人暫占上風。天啓初年，東林黨人葉向高復出爲首輔，其他東林幹將如「鄒元標、趙南星、王紀、高攀龍等皆居大僚，左光斗、魏大中、黃尊素等在言路」（《明史》卷三百五，〈魏忠賢傳〉。）。一時東林黨人得勢，掌握了朝廷大權，但是並沒有從此息事寧人、穩定政局，而是報復相仍，嚴斥異己，「與東林忤者，衆目之爲邪黨，天啓初，廢斥殆盡，識者已憂其過激變生」（《明史》卷三百五，〈魏忠賢傳〉）。於是，那些被排斥壓制的非東林黨人，不得不另投靠山，重新與東林黨人對抗，這座靠山便是宦官魏忠賢，「及忠賢勢成，其黨果謀倚之以傾東林」（《明史》卷三百五，〈魏忠賢傳〉）。從此，天啓年間的黨爭，進入了東林黨人與魏忠賢爲首的閹黨混戰的新局面。

魏忠賢，肅寧人，少無賴，爲賭債所逼，自施宮刑，變姓名曰李進忠，混入宮中爲宦官，初在甲子庫供職，後因與皇長孫朱由校的乳姆客氏相勾結，而朱由校幼年喪母，由乳姆客氏撫養長大，由於這一層的關係，李進忠深得朱由校的信任，「其後乃復姓，賜名忠賢」，當上惜薪司太監。

朱由校繼登皇位，「忠賢、客氏並有寵，未逾月，封客氏奉聖夫人，……忠賢尋自惜薪司遷司禮秉筆太監兼提督寶和三店。忠賢不識字，例不當入司禮，以客氏故，得之」。司禮監秉筆太監是內廷最有權勢的宦官，剛上臺的熹宗年輕不懂事，而外廷黨爭不休，是非難判斷，於是，「深信任（魏忠賢、客氏）此兩人」。魏忠賢、客氏亦趁此機會，清理內廷，排逐異己宦官，並把自己的心腹布置在內廷各個衙門，「用司禮監王體乾及李永貞、石元雅、涂文輔等爲羽翼，宮中人莫敢忤」（《明史》卷三百五，〈魏忠賢傳〉），控制了內廷的實權。從此一股新的政治勢力，即自嘉靖以來一度衰微的宦官勢力，重新以魏忠賢爲首而樹立起來。

魏忠賢掌握了內廷大權後，開始染指朝政。他們利用熹宗年少好遊玩不愛過問朝政的特點，引導熹宗整天嬉戲玩樂，「勸帝選武閹、練火器爲內操，密結大學士沈漼爲援。又日引帝爲倡優聲伎、狗馬射獵」（《明史》卷三百五，〈魏忠賢傳〉）。據說熹宗尤好蓋造房屋爲樂，「自操斧鋸鑿削，巧匠不能及，日與親近之臣涂文輔、葛九思輩朝夕營造。造成而喜，不久又棄，棄而又成，不厭倦也。當其斤斫刀削，解衣盤薄，非素昵近者不得親覿。王體乾等每聞其經營鄙事時，即從房傳奏文書。奏聽畢，即曰：『你們用心行去，我知道了』。所以太阿下移，魏忠賢輩操縱如意」（《三朝野記》卷三）。這樣，朝政大權落在魏忠賢手裡，擅作威福，爲所欲爲。「歲數出，輒坐文軒，羽幢青蓋，四馬若飛，鐃鼓鳴鏑之聲，轟隱黃埃中，錦衣玉帶靴袴握刀者，夾左右馳，廚傳、優伶、百戲、輿隸相隨屬以萬數，百司章奏，置急足馳白乃下。……客氏居宮中，脅持皇后，殘虐宮嬪，偶出歸私第，騶從赫奕照衢路，望若鹵簿。忠賢故騃無他長，其黨日夜教之，客氏爲內主，群凶煽虐，以是毒痡海內」。（《明史》卷三百五，〈魏忠賢傳〉）。

當時，執政的東林黨人對於宦官勢力的再起深有疑忌，侍郎陳邦瞻、御史周宗建、王心一等在熹宗即位之初便上言力請抑制魏忠賢和客氏的勢力，「請遣客氏出外」，但沒有成功，「俱被詰責」。不久，刑部主事劉宗周彈劾魏忠賢導帝嬉玩，熹宗大怒，「賴大學士葉向高救免」（《明史》卷三百五，〈魏忠賢傳〉）。由於魏忠賢、客氏有熹宗作爲他們的堅實靠山，東林黨人抑制宦官力量的嘗試均遭失敗。東林黨人在天啓初追論「三案」是非，進而抨擊魏忠賢，奏請逐客氏出宮，雖意在打擊內廷，但其結果勢必架空皇權，這是熹宗所無法接受的。客氏、魏忠賢反而設計奏逐內監王安出宮，加以殺害，斬斷東林黨人與內廷的聯繫，又進而攻訐奏逐客氏的大學士劉一燝，劉被迫辭官。天啓二年（一六二二年），東林黨人猛攻交通內閣的大學士沈潅，沈不得已辭官。而攻劾的朝官也相繼得罪，黜侯震暘、王紀，去鄒元標，逐文震孟。三年（一六二三年），東林黨人趙南星出掌吏部，使葉向高、韓爌等執政獲得黜陟之權，但他們排斥政見不合的朝官，使非東林黨官僚人人自危，紛紛投依閹黨求存，並借魏忠賢的勢力打擊東林黨人。「初，朝臣爭三案及辛亥、癸亥兩京察與熊廷弼獄事，忠賢本無預。其黨欲藉忠賢力傾諸正人，遂相率歸忠賢，稱義兒，且云：『東林將害翁』。以故，忠賢欲甘心焉」（

《明史》卷三百五，〈魏忠賢傳〉）。這樣，魏忠賢閹黨與東林黨人的矛盾，又與萬曆以來的黨爭交織在一起，政治局勢更加混亂複雜。

魏忠賢得到非東林黨官僚的支持，勢力頓增。三年（一六二三年）十二月，受命總督東廠，掌握鎮壓異己的生殺大權。東林黨人看到形勢不妙，於天啓四年（一六二四年）初群起向魏忠賢發動猛烈的攻擊，「是時御史李應升以內操諫，給事中霍守典以忠賢乞祠額諫，御史劉廷佐以忠賢濫蔭諫，給事中沈惟炳以立枷諫，忠賢皆矯旨詰責」。於是，東林黨幹將副都御史楊漣親自出陣，上疏痛斥魏忠賢二十四大罪，其中有：自行擬旨，擅權亂政；斥逐直臣，重用私黨；親屬濫加恩蔭；利用東廠，陷害忠良；以及生活糜爛腐化、窮奢極侈等等。「疏上，忠賢懼」，向熹宗哭訴，客氏從旁爲他辯解，王體乾等其他宦官也極力爲他辯護。熹宗遂對魏忠賢偏信不疑，「溫諭留忠賢，而於次日下漣疏，嚴旨切責」。但是，朝中魏大中、袁化中、周宗建以及給事中陳良訓、許譽卿，撫寧侯朱國弼，南京兵部尚書陳道亨，侍郎岳元聲等七十多個官員群起上疏，「交章論忠賢不法」，大學士葉向高與禮部尚書翁正春亦「請遣忠賢歸私第以塞謗」（《明史》卷三百五，〈魏忠賢傳〉），皆不許。爲了壓制東林黨人的攻擊，王體乾復倡言用廷杖，威脅廷臣，「未幾，工部郎中萬燝上疏刺忠賢，立杖死。又以御史林汝翥事辱向高，向高遂致仕去。廷臣俱大讋。一時罷斥者，吏部尚書趙南星、左都御史高攀龍、吏部侍郎陳於廷及楊漣、左光斗、魏大中等先後數十人，已又逐韓爌及兵部侍郎李邦華。正人去國，紛紛若振槁」（《明史》卷三百五，〈魏忠賢傳〉）。

通過這次較量，東林黨人在朝中失去了權力優勢。與此同時，魏忠賢把自己的親信安插於內閣及六部各衙門。早在天啓三年（一六二三年），他就引其私人魏廣微、顧秉謙入內閣參預機務，扼制葉向高、韓爌等。四年（一六二四年）葉向高、韓爌罷后，顧秉謙遂代爲首輔，控制了內閣大權，他在《縉紳便覽》中點出「邪人」百餘人名單，密告魏忠賢，設計陷害，「自四年（一六二四年）十二月至六年（一六二六年）九月，凡傾害忠直，皆秉謙票擬」。其後入閣者，有黃立極、施鳳來、張瑞圖之流，「皆依媚取容，名麗逆案」（《明史》卷三百六，〈閹黨〉）。六部堂官，則魏廣微掌吏部，顧秉謙、黃立極等掌禮部，崔呈秀掌兵部兼都察院，吳淳夫等掌工部，這些人均爲魏忠賢閹黨的核心人物。到了天啓末年，「內外大權一歸忠賢，內豎自王體乾等外，又有李朝欽、王朝輔、孫進、王國泰、梁棟等三十餘人，爲左右擁護。外廷文臣則崔呈秀、田吉、吳淳夫、李夔龍、倪文煥，主謀議，號『五虎』。武臣則田爾耕、許顯純、孫雲鶴、楊寰、崔應元，主殺僇，號『五彪』。又吏部尙書周應秋、太僕少卿曹欽程等，號『十狗』。又有『十孩兒』、『四十孫』之號。而爲呈秀輩門下者，又不可數計，自內閣、六部至四方總督、巡撫、遍置死黨」。至於魏忠賢本人，更是「一手障天」（《明史紀事本末》卷七十七，〈魏忠賢亂政〉），權勢登上頂峰，「進上公，加恩三等」，「前後賜獎敕無算，誥命皆擬九錫文」（《明史》卷三百五，〈魏忠賢傳〉）。舉朝阿諛者，「俱拜爲乾父，行五拜三叩首禮，口呼九千九百歲爺爺」（《明朝小史》卷十三，〈天啓紀〉）。其遠近親屬及義子乾孫，亦皆列位要津，以至「今日蔭中書，明日蔭錦衣，金吾之堂，口皆乳臭，誥敕之館，目不識丁」，「濫襲恩蔭，褻越朝常」（《明史》卷二四四，〈楊漣傳〉）。

隨著魏忠賢閹黨勢力的惡性膨脹，東林黨人遭受了自萬曆中葉以來最爲沉重的打擊。閹黨幹將崔呈秀造《天鑑錄》、《同志錄》。王紹徽造《東林點將錄》，阮大鋮造《百官圖》，「皆以鄒元標、顧憲成、葉向高、劉一燝等爲魁，盡羅入不附忠賢者，號曰東林黨人」（《明史》卷三百五，〈魏忠賢傳〉），魏忠賢又定《三朝要典》，「追論並封、妖書、之藩三事，凡擁衛光宗者，悉加醜詆」（《明史》卷三百六，〈崔呈秀傳〉），按名罷斥捕殺。當是時，魏忠賢自領東廠，以義子田爾耕、許顯純掌錦衣衛，「廣布偵卒羅織平人，鍛煉嚴酷，入獄者卒不得出」。天啓五年（一六二五年），魏忠賢興起大獄，首先逮捕東林黨著名領袖楊漣、左光斗、袁化中、魏大中、周朝瑞、顧大章等六人，誣以受賄，交給錦衣衛拷打追贓，受刑極爲慘烈，「全刑曰械，曰鐐，曰棍，曰拶，曰夾棍。五毒備俱，呼謈聲沸然，血肉潰爛，宛轉求死不得」。楊漣首先被折磨死於獄中，「漣死，光斗等次第皆鎖頭拉死。每一人死，停數日，葦席裹屍出牢戶，蟲蛆腐體」（《明史》卷九十五，〈刑法志〉）。天啓六年（一六二六年），魏忠賢又捕殺高攀龍、周起元、周順昌、繆昌期、周宗建、黃尊素、李應升等七人，「攀龍赴水死，順昌等六人死獄中」。於是，東林黨人或被殺，或自殺，或遭禁錮，或放逐罷免，幾無倖免者，「凡忠賢所宿恨，若韓爌、張問達、何士晉、程注等，雖已去，必削籍，重或充軍，死必追贓破其家。或忠賢偶忘之，其黨必追論前事，激忠賢怒」（《明史》卷三百五，〈魏忠賢傳〉）。其他黨羽也借機報復，以洩舊恨。聽任魏忠賢擺布的熹宗，在群閹慫恿下，打破朱元璋內臣不得典兵的禁令，派出太監至各地典軍、監軍。

這時，魏忠賢的權勢已到了一手遮天的地步，「所有疏，咸稱『廠臣』不名。大學士黃立極，施鳳來、張瑞圖票旨，亦必曰『朕與廠臣』，無敢名忠賢」（《明史》卷三百五，〈魏忠賢傳〉）。魏廣微為巴結忠賢，始以同姓尊之為兄，繼自貶輩份而稱其為叔，所寫書信，外題曰「內閣家報」（《三朝野記》卷二）。魏忠賢外出，士大夫遮道拜伏，至呼九千歲。他和客氏的弟侄親朋，也一個個平步青雲，高官厚祿，他的侄兒魏良卿、魏良棟、侄孫魏鵬翼分別被封為公、侯、伯，而後又分別被加封為太師、太子太保和少師。「時鵬翼、良棟皆在襁褓中，未能行步也。良卿至代天子饗南北郊，祭太廟」。其黨羽則對魏忠賢極盡阿諛奉承之能事，「佞詞累牘，不顧羞恥」，「山東產麒麟，巡撫李精白圖象以聞，立極等票旨云：『廠臣修德，故仁獸至』，其誣罔若此。」天啟六年（一六二六年）浙江巡撫潘汝楨在西湖首創為魏忠賢建生祠，從此，各地寡廉鮮恥的官吏爭相效尤，「諸督撫大臣閻鳴泰、劉詔、李精白、姚宗文等，爭頌德立祠，洶洶若不及，下及武夫、賈豎、諸無賴子亦各建祠，窮極之巧，攘奪民田廬，斬伐墓木，莫敢控訴」（《明史》卷三百五，〈魏忠賢傳〉）。

天啟七年（一六二七年）八月，熹宗去世，無子，「遺詔以皇五弟信王朱由檢嗣皇帝位」（《明史》卷二十二，〈熹宗紀〉），以明年為崇禎元年（一六二八年）。是為懷宗、莊烈帝（清謚），思宗、毅宗。朱由檢此時已是壯年，他為信王時，「素稔忠賢惡，深自儆備」。因此，他的上臺，使魏忠賢失去了牢固的靠山，「其黨自危」。東林黨人看到形勢有變，大為振奮，「楊所修、楊維垣先攻崔呈秀以嘗帝，主事陸澄原、錢元慤、員外郎史躬盛遂交章論忠賢」，均未遭到切責。於是，嘉興貢生錢嘉徵劾忠賢十大罪，其他東林黨人亦群而攻之。是年十一月，崇禎帝「遂安置忠賢於鳳陽，尋命逮治，忠賢行至阜城，聞之，與李朝欽偕縊死，詔磔其屍，懸首河間，笞殺客氏於浣衣局」（《明史》卷三百五，〈魏忠賢傳〉）。魏忠賢、客氏一死，閹黨迅速瓦解，內監魏良卿、侯國興等並棄市，外廷「五虎」崔呈秀自殺身亡，吳淳夫、倪文煥、田吉、李夔龍逮治論死。崇禎二年（一六二九年）又命大學士韓爌等定逆案，凡黨附魏忠賢者均列為逆黨，除魏、客二人外，處決者二十五人，充軍者十一人，論徒三年輸贖為民者一百二十九人，革職閑住者四十四人，忠賢親屬及內官黨附者五十餘人，共二百餘人。至此，「盡逐忠賢黨，東林諸人盡進用」（《明史》卷三百五，〈魏忠賢傳〉）。

二　崇禎間東林黨、復社與閹黨的攻訐

崇禎初年，崇禎帝雖然果斷地鏟除了魏忠賢，重新召用了一些有聲望的東林黨人和不依附閹黨的官僚，並對宦官稍加壓抑。但是他師心自用，獨斷多疑，以英主自命，求治躁急。因此，他雖痛恨萬曆以來的朋黨惡習，欲痛加禁絕，但不具備知人善任的才能，良莠不分，動輒撤換以至逐、殺朝官，僅內閣大學士便前後易置五十一人，致使正直者多明哲保身，而「浮薄喜事之人，皆飾詭而釣奇」，「巧言孔壬之徒，皆乘機而鬥捷」（《明史》卷二六七，〈宋玫傳

））。而執政的東林黨人，亦不能以國事爲重，多熱衷於門戶報復，「其號爲君子者，亦皆樹私人而忌朝廷，爭標榜而無實在」（《四書講義》卷一八），「群臣皆背公營私，一日甚一日，外患愈逼，黨局愈多，雖其持論，互有短長，大抵所謂小人，皆真小人，而所謂君子，則未必真君子……百官不知職守，但知苛刻，雖以烈皇帝之憂勤，而不能挽江河於日下也」（《月蟬筆露》卷下）。崇禎二年（一六二九年）以後，周延儒、溫體仁等相繼入閣。溫體仁，是魏忠賢餘黨，善於逢迎，「陽託嚴正之名，陰行媢嫉之私，凡正人君子，彼必百計摧抑」（《春明夢餘錄》卷二四）。於是，閹黨勢力與東林黨人之間的門戶之爭再度激化，「朝廷之上，玄黃互戰，不講固境恢圉之術，而但務於口鋒舌劍」（《南明野史》卷上）。崇禎六年（一六三三年），溫體仁傾覆周延儒，代爲首輔；八年（一六三五年），陷東林黨人文震孟落職。十一年（一六三八年），繼溫體仁之後的首輔劉宇亮以罪罷職。十三年（一六四〇年），首輔薛國觀爲復社官員劾罷，周延儒復出。十六年（一六四三年），周延儒又爲廠衛、宦官攻倒，削官自盡。這種朋黨門戶混爭的局面一直延續至明朝滅亡。

從萬曆中後期至崇禎年間，朋黨混爭加速了政治的腐敗，當然，就東林黨的演變而言，早期的東林黨人，稍具有一定的社會正義感和政治改革的主張，天啓年間，一些東林黨人不畏強暴，與宦官勢力作堅決不妥協的鬥爭，這也和當時一般民眾痛恨宦官集團的禍國殃民，有相通之處。因此當天啓六年（一六二六年）魏忠賢派緹騎到江南等地逮捕東林黨人時，曾激起江南人民的強烈反抗。但是，隨著黨爭報復的愈演愈烈，到了崇禎年間，東林黨人也爲朋黨門戶之見弄昏了頭，逐漸放棄了他們的改革主張，早期東林黨人的那種代表社會下層的呼聲已越來越聽不到了，他們不關心國計民生，卻汲汲以黨爭門戶爲務，「是時，明室之亡決矣，外則防邊，內則禦寇，無餉無兵，而將士不用命，士大夫袖手高談，多立門戶，雖在賢者，亦復不免」（鄭廉：《豫變紀略》卷二），「東林勢盛，羅天下清流，士有落然自異者，詬誶隨之矣。……核人品者，乃專以與東林厚薄爲輕重，豈篤論哉」（《明史》卷二五六，〈贊〉）！這種毫無原則的朋黨爭鬥，只能加劇明王朝政治的進一步腐敗。當時的記載稱，各朋黨在相互爭鬥之外，唯知營私枉法、賣官鬻爵、貪污受賄、培植私人，所謂「吏、兵二部，用人根本，近來弊端最多，未用一官，先行賄賂，文武俱是一般。近聞選官動借京債若干，一到任所，便要還債，這債出在何人身上，定是剝民了，這樣怎的有好官，肯愛百姓」（孫承澤：《春明夢餘錄》卷四十八）！「文武大小之官，俱是用錢買的，文的無謀，武的無勇，……上下內外，通同扯謊，事事俱壞極了」（《明清史料》丙編第一本，〈張文衡疏〉）。這樣，在明末愈演愈烈的黨爭和日益敗壞的官僚體制之下，明王朝的政治統治終於走上了它的窮途末路，出現了土崩瓦解的局面。

更有甚者，崇禎帝在即位之初，曾一度以裁抑宦官勢力爲己任，但是事過不久，宦官勢力又四處猖獗起來。「帝初即位，鑑魏忠賢禍敗，盡撤諸方鎮守中官，既而廷臣競尚門戶，兵敗餉絀，乃思復用近侍」（《明史》卷三〇五，〈宦官二〉）。於是於崇禎二年（一六二九年）十二月，「以司禮太監沈良佐、內宮太監呂直提督九門及皇城門，司禮太監李鳳翔提督忠勇營

崇禎即位初裁抑宦官，然廷臣朋黨之爭不斷，故乃重新復用宦官

。四年（一六三一年）辛未四月，以太監唐文政提督京營戎政」（孫之淥：《二申野錄》卷八），宦官掌握了京師的軍事大權。從此以後，宦官們典兵、預政，又重新橫行在明末的政治舞臺上，從而加速了崇禎年間政治的腐敗和局勢的惡化。他們在外督邊典軍，或扼掣大將，或避敵殃民，或侵蝕軍餉，致使邊防更加衰敗。如《明史・宦官傳》載：「諸監多侵剋軍資，臨敵輒擁精兵先遁，諸將亦恥爲之下，緣是皆無功」（《明史》卷三〇五，〈宦官二〉）。《平寇志》亦載：「禁軍在江北，內臣所監，不受督撫節制，又通賊不戰，民甚苦之」，「太監劉元斌，監禁軍南征，擁兵不戰，班師歸山東，焚掠擄污，殺良冒功，欺蔽不法」（《平寇志》卷五）。在朝中，宦官利用和控制朝官，擅作威福，「邇年已來，（內官）參疏日上，論劾漸廣，內則糾科道六曹，外則糾方面督撫，遂使內臣得以操其短長，肆其剌詆」（孫承澤：《春明夢餘錄》卷四十八）。朝中官員亦紛紛巴結宦官，「廷臣通內，漸漸不以爲恥，曹瑺喪父，大臣言路，多往致祭，小瑺喪母，大臣亦多往送，甚至倡爲傳單，揚揚不諱。九卿不往者，惟程國祥、鄭三俊耳。廉恥之道既喪，國事又烏得而不敗哉」（夏允彝：《倖存錄》卷下）。崇禎帝把國家大權委任於這般宦官，只能加速明朝的滅亡，《明史・職官志》云：「莊烈帝初翦大憝，中外頌聖，既而鎮守、出征、督餉、坐營等事，無一不命中官爲之，而明亦遂亡矣。」（《明史》卷七十四，〈職官三〉）這是有一定道理的。

第二節 遼東危急和清軍南下

一 瀋、遼陷落與廣寧之潰

天啓元年（一六二一年），努爾哈赤率領後金大軍，順渾河而下，進攻瀋陽。明總兵賀世賢出城迎戰，被射殺。後金大軍用楯車攻城，又挖土填壕，逼近東門，混在城中的奸細砍斷橋繩，放下吊橋，後金兵一擁而上，攻入城中，瀋陽遂陷。趕來增援的明軍萬餘人，在城外和後金大軍展開殊死戰鬥，終因兵力懸殊而全軍覆沒。「自遼左用兵，將士率望風奔潰，獨此以萬餘人當數萬眾，雖力絀而覆，時咸壯之」（《明史》卷二七一，〈童仲揆傳〉）。

努爾哈赤取瀋陽後，乘勢長驅，直指遼陽。遼東經略袁應泰急調奉集、威寧等地明軍入衛遼陽，並引水注壕，環列火器，固壘以待。三月十九日，袁應泰督明軍出城五里，與後金大軍交鋒，戰敗退走。次日，後金兵分兩路，在城西掘閘以泄壕水，在城東運石以塞水口。明軍三萬人出東門安營，狙擊後金兵行動，但未成功。後金兵越過壕溝，明軍退入城內。後金兵從西城登上城牆，占據了兩角樓。入夜，明軍舉火與後金兵鏖戰達旦，但阻擋不住後金軍的猛烈攻勢。二十一日，袁應泰自縊，遼陽失守，遼河以東地區，隨之盡落入後金手中。

遼、瀋失守後，明廷命熊廷弼爲遼東經略，並以王化貞爲巡撫。熊廷弼創「三方布置法」，以廣寧駐步騎軍，以天津及登萊駐水軍，沿遼河構築防線，其戰略意圖仍然以積極防禦爲主，而巡撫王化貞「爲人駿而愎，素不習兵，輕視大敵，好漫語」（《明史》卷二五九，〈熊廷弼傳〉），不顧遼東的實際情況，一意鼓吹進攻，處處阻撓熊廷弼的防禦計劃。天啓初年朝廷執政的是以葉向高爲首的東林黨人，熊廷弼早年屬楚黨，爲御史時，「並以排東林，攻道學爲事」。（《明史》卷二五九，〈熊廷弼傳〉），而王化貞則拜葉向高爲座主，東林黨人把王化貞視爲已黨，事事袒護他。因此熊廷弼的穩固防禦計劃無法得到實現，巡撫王化貞在廣寧擁兵十四萬，而「廷弼關上無一卒，徒擁經略虛號而已」（《明史》卷二五九，〈熊廷弼傳〉）。天啓二年（一六二二年），努爾哈赤率軍渡過遼河，圍攻西平，王化貞大發廣寧軍救援，一觸即潰。明將孫得功逃回廣寧後，陰爲後金內應，大呼後金兵已到，造成城內軍民驚惶潰散，王化貞不知所措，匆匆出逃。熊廷弼只好下令清野，保護潰兵潰民退入山海關。廣寧失守後，明朝在遼東的局勢更加嚴峻。

廣寧失敗後，熊廷弼和王化貞都被追究了責任，但熊廷弼爲人剛直負氣，不善黨附，故尤受嚴懲。起初，東林黨人偏護王化貞，東林黨幹將鄒元標、魏大中輩，「必欲置之死地」（章炳麟：《太炎文錄》卷一），不顧熊、王二人的責任輕重，一併論死。熊廷弼無奈，只好乞救於閹黨，「令汪文言賄內廷四萬金祈緩」，既而無銀可賄，又得罪了閹黨，「魏忠賢大恨，誓速斬廷弼」（《明史》卷二五九，〈熊廷弼傳〉）。閹黨一恨廷弼，東林黨人又紛紛改其初衷，申救其冤。這樣，魏忠賢又認爲熊廷弼與東林黨人有瓜葛，於是非死不可。天啓五年（一六二五年）八月二十五日，熊廷弼被殺，其首領傳送「九邊示眾」（《明熹宗實錄》卷五十七）

。從遼、瀋、廣寧失守到熊廷弼的被殺，可以說完全是當時政治腐敗的結果，熊廷弼成了東林黨和閹黨相互攻擊的犧牲品。熹宗對遼東戰局束手無策，朝臣中各朋黨則借「遼事」互相攻訐。反對閹黨的東林黨人，在遼事上也只是喋喋不休，「持論過高，而籌邊制寇，並無實著」（夏允彝：《倖存錄》卷上）。在這一片混爭聲中，遼東的邊防日益敗壞。

天啓三年（一六二三年），明廷以大學士孫承宗出鎮山海關，他繼承熊廷弼的「以守為攻」的戰略方針，與兵備僉事袁崇煥、孫元化等密切配合，以寧遠城（今遼寧興城）爲中心，在錦州、寧遠、松山、杏山、右屯以及大、小凌河城一帶構築了比較牢固的防禦陣線。史載：「承宗在關四年，前後修復大城九，堡四十五，練兵十一萬，立車營十二，水營五，火營二，前鋒後勁營八，造甲胄、器械、弓矢、炮石、渠答、鹵楯之具合數百萬，拓地四百里，開屯五千頃，歲入十五萬」（《明史》卷二五〇，〈孫承宗傳〉）。「自承宗出鎮，關門息警，中朝宴然，不復以邊事爲慮矣」（《三朝野記》卷二）。

但是孫承宗不久亦成了黨爭的犧牲品。孫承宗在朝廷中，功高權重，資歷也深，時「忠賢益盜柄，以承宗功高，欲親附之」（《明史》卷二五〇，〈孫承宗傳〉），但孫承宗素來與首輔葉向高等關係較密切，故不願依附魏忠賢。這就使魏忠賢對他擁兵關外深懷憂忌，想方設法陷害他。天啓五年（一六二五年）十月，閹黨借柳河明軍小敗，極力參劾孫承宗，孫承宗被迫去職歸里。

二 袁崇煥冤死與松錦大敗

孫承宗去後，繼任的是魏忠賢的黨羽高第。高第一聽到朝廷要他經略遼東，「日夜憂泣」（《三朝野記》卷二），無奈出關後，則極力主張放棄關外各地，退守山海關，「乃撤錦州、右屯、大小凌河及松山、杏山、塔山守具，盡驅屯兵入關，委棄米粟十餘萬，而死亡載途，哭聲震野，民怨而軍益不振」（《明史》卷二五九，〈袁崇煥傳〉）。這時袁崇煥已升任寧前道，他誓死不服從高第的命令，曰：「我寧前道也，官此，當死此，我必不去」（《明史》卷二五九，〈袁崇煥傳〉），號召士卒軍民堅守寧遠城。

天啓六年（一六二六年）正月，努爾哈赤乘高第倉皇退走之機，「舉大軍西渡遼河」（《明史》卷二五九，〈袁崇煥傳〉），南下抵寧遠城下。袁崇煥與總兵滿桂、副總兵左輔、朱梅、參將祖大壽以及中軍守備何可綱等刺血爲書，「堅執塞門死守之議」（《明熹宗實錄》卷六十三），誓死與寧遠城共存亡。二十四日，後金兵進攻，「戴楯穴城，矢石不能退，崇煥令閩卒羅立，發西洋巨炮，傷城外軍。明日，再攻，復被劫」（《明史》卷二五九，〈袁崇煥傳〉）。後金兵損失慘重，其「攻具焚棄，喪失殆盡」（《明熹宗實錄》卷六十七）。努爾哈赤見強攻不下，只好撤圍。努爾哈赤自興兵以來，身經百戰，「戰無不勝，攻無不克，惟寧遠一城不下，遂大懷忿恨而回」（《清太祖實錄》卷四）。是年八月十一日，努爾哈赤因癰疽突發，療治無效，在靉鷄堡逝世，第八子皇太極被擁立繼承後金汗位。

寧遠大戰失敗之後，皇太極遣使與袁崇煥議和，遼東的局勢有所緩和。天啓七年（一六二七年）五月，皇太極侵略朝鮮得手後，改變對明議和的態勢，率軍向寧錦防線發動進攻，袁崇煥等人仍然採取以固守爲主的作戰方針，錦州、寧遠兩城守軍不懼重圍，浴血奮戰，終於重創後金大軍，取得了「寧錦大捷」。自此，明軍在遼東的防線由寧遠前移到錦州。但在明廷的一片慶功聲中，袁崇煥卻遲遲不得封賞，被論乞休罷去，直到崇禎帝即位，方才重新起用爲薊遼督師。

皇太極從進攻寧遠和錦州中吸取了教訓，即八旗騎兵擅長於野戰，而不擅長於攻堅戰，他改變策略，暫時不向明朝軍隊的堅固城鎮發動攻擊，而是發揮野戰的特長，擴大戰線，向京師、宣、大以及遼東、山東一帶沿海奔襲騷擾，「惟多得人爲可喜耳」（《清太宗實錄》卷六），以掠奪財物和人口爲主要目的。崇禎二年（一六二九年），後金分兵三路，越邊進入長城，直擾北京城下。袁崇煥和祖大壽率兵入關，回援，大創後金軍。皇太極下令放棄進攻北京，又利用明廷內部樹朋結黨的弱點，使用反間計，放回被俘太監楊春，密告「袁巡撫有密約」，以促使崇禎帝將袁崇煥除掉。崇禎帝果然中計，下袁崇煥獄。史載當時魏忠賢遺黨王永光、高捷等「謀興大獄，爲逆黨報仇，見崇煥下吏，遂以擅主和議、專戮大帥二事爲兩人罪。……法司坐崇煥謀叛，（錢）龍錫亦論死。三年（一六三〇年）八月遂磔崇煥於市，兄弟妻子流三千里，籍其家，崇煥無子，家亦無餘資，天下冤之」（《明史》卷二五九，〈袁崇煥傳〉）。袁崇煥一死，抗戰將士大爲憤慨，軍心解體，遼東局勢再度惡化，「崇煥既縛，（祖）大壽潰而去，武經略滿桂以趣戰急，與大清兵戰，竟死，去縛崇煥時甫半月。……自崇煥死，邊事益無人，明亡徵決矣」（《明史》卷二五九，〈袁崇煥傳〉）。

崇禎四年（一六三一年），皇太極圍攻大凌河城得手，平毀其城而回，接著，又先後統一了漠南蒙古，收降明將孔有德、耿仲明、尚可喜，聲勢大振。崇禎九年（一六三六年），皇太極正式定國號大清，改元崇德元年，之後連連從長城突入關內，騷擾襲擊京師和山西、山東等地，殘破地方，擄掠大批人口、財物和牲畜。崇禎十年（一六三七年，清崇德二年）二月，皇太極又下達了向皮島進攻的命令，四月九日，清軍占領了皮島。皮島是明朝在遼東沿海防線的大本營，明朝慘淡經營十五年，它對牽制清軍全力南下起了很大的作用，是清軍的腹心之患。皮島一失，清軍已無後顧之憂，從此可以傾注全力到遼西戰場與明朝決一雄雌。

崇禎十四年（一六四一年），皇太極一切準備就緒，向明軍的正面防線發動了進攻，包圍了錦州。當時明朝負責前線作戰指揮的是薊遼總督洪承疇。洪承疇治兵有方，善於征戰，當錦州告急時，洪承疇親率十三萬大軍前往救援，但他深知對清軍作戰萬不可躁進浪戰，而應當步步為營，「議以兵護糧餉輜重，由杏山輸松山，再由松山輸錦州，步步為營，以守為戰」（魏源：《聖武記》卷一，〈開國龍興記三〉）。即使是被圍困在錦州城中的明軍宿將祖大壽，亦認為援軍不可躁急，「應以東營逼之，切勿輕戰。」（談遷：《國榷》卷九十七）但是，遠在北京的崇禎帝與兵部尚書陳新甲等人，卻不顧前線實際情況，屢下急令，「刻期進兵」（談遷：《國榷》卷九十七）。洪承疇不敢違抗命令，只好把糧餉留在寧遠、杏山及錦州七十里外的筆架岡，自率六萬兵馬先進，諸軍繼之，至距錦州城南十八里的松山城集結。八月，皇太極發動清軍所有力量，親赴松山錦州與明軍決戰，清兵「自山至海，橫塹大路，斷其杏山之餉，並分軍敗其塔山護餉之兵。遂獲筆架岡積粟」（魏源：《聖武記》卷一，〈開國龍興記三〉）。同時又切斷洪承疇與後援明軍的聯繫，重重圍困了松山城。次年（一六四二年）二月，清軍攻破松山城，洪承疇被俘後投降，堅守錦州的祖大壽亦被迫降清，接著塔山、杏山等相繼被破。至此，自熊廷弼、孫承宗、袁崇煥等苦心經營起來的寧錦防線，完全被清軍摧毀了。

崇禎十五年（一六四二年）三月，明朝被迫派使到錦州清營，請求「講和」，而皇太極亦認爲松山決戰雖勝，但要完全打敗明朝一時還不可能，必須先鞏固既得的基地，再圖進取，於是雙方約定「休戰」，寧遠前線的戰事暫時得到了緩和。但是，清軍利用休戰時機，大力擴充實力，積極創造條件，爲進一步攻克寧遠、山海關而全面南下做充分的準備。而明廷一方，君臣依然昏庸如故，黨爭不休，「檢括申商，勞苦天下，十六年間，九列蠅蠅，大半持祿，唯喏成風，賄賂競尚……雖曰不乏名流，而群小掔手絆足，使其任事之勞，不勝其救過之念，出嗟於朝，入歎於室，一旦勢成，土崩瓦解」（鄒漪：《明季遺聞》序）。明朝的敗亡，已經無可挽回了。

第三節　東南海商海寇的活動和荷蘭殖民者的侵擾

一　東南海商海寇的活動和鄭芝龍海上勢力的成長

隆慶年間月港開放海禁後，海商轉販東、西洋貿易絡繹不絕，「神廟（萬曆）末年，海舶千計，漳泉頗稱富饒。其時即令之爲賊，亦所不屑」（《崇禎長編》卷四十一，崇禎三年十二月，兵部尚書梁廷棟等上言）。但是，由於對日本實行海禁，而「奸民以販日本之利倍於呂宋，夤緣所在，官司擅給票引，任意開洋，商棇巨舶，絡繹倭國」（《明神宗實錄》卷四七六）。不少海商「往往托引東番，輸貨日本」（許孚遠：〈疏通海禁疏〉），或「違禁以暹羅、占城、琉球、大西洋、咬留吧爲名，以日本爲實」（《重纂福建通志》卷八十六，周之夔〈海寇策〉），進行走私貿易。

從萬曆末年到天啓、崇禎年間，隨著國內外形勢的變化，沿海許多貧民因生計無著逃亡海上爲盜，海外貿易商人爲對抗官府的迫害和西方殖民者的劫掠，置備武器，重新走上由商而寇的道路，由是形成「海寇」橫行的局面。

明朝官府對海上貿易徵收引稅和餉稅，本是抑制走私增強海防的重要措施。但官吏在徵收過程中，層層盤剝中飽，差官「賣放指嚇，倍索常例」；衙役「報貨則匿其半，而輸半直於吏書，量船則匿其一，而酬其二分於吏書」，以至「官壞而吏肥，餉虧而書悉飽」（張燮：《東西洋考》卷七，〈餉稅考〉）。海防關卡官兵，又「嗜爲利孔，盡行留難，總哨目兵，次第苞苴，藉聲揹詐，阻滯拖延」（張燮：《東西洋考》卷七，〈餉稅考〉）。甚至爲了牟取巨利，不惜誣商爲寇，慘加迫害。如崇禎時，漳州發生一起寨帥陷害海商的大冤案，「其事株連四省，凡七十有四人，皆販洋回帆而負重資者，偶爲逆風艤舟至岸，寨帥利其有，且誣爲海寇，欲並殲以滅口」（汪康謠：《萊漪園集》，《閩獄漫述》）。這種倒行逆施的做法扼殺了合法的海上貿易，逼使大批海商淪爲海寇，以武裝走私保護自己的利益。

葡萄牙殖民者壟斷通日本之利，荷蘭殖民者東來，占據澎湖，打擊了沿海的海外貿易活動，「商販不行，米日益貴，無賴之徒，始有下海從夷者」（《崇禎長編》卷四十一，崇禎三年十二月兵部尚書梁廷棟等上言）。而明朝於天啓二年（一六二二年）、崇禎元年（一六二八年）屢申海禁，造成海商生路阻塞，傾家蕩產，船工束手斷餐，闔地呻嗟。於是，「向十餘萬待哺之眾，遂不能忍飢就斃，蒿師長年，今盡移其技爲賊用」（《崇禎長編》卷四十一，崇禎三年十二月兵部尚書梁廷棟等上言）。「入海從盜，其始尙依一二亡命爲之酋長，既而嘯聚漸繁，羽翼日盛」（何喬遠：《鏡山全集》，〈請開海禁疏〉）。萬曆後期，出沒東南的海寇首領，前有袁進，後有李忠。袁進、李忠橫行海上數年後，先後投降明朝（沈頤仙：《遺事瑣談》，〈附記・漳泉海寇〉）。到萬曆末年，海寇活動又活躍起來，如四十七年（一六一九年），「福建漳州奸民李新僭號弘武老，及海寇袁八老等，率其黨千餘人流劫焚毀，勢甚猖獗」（《明神宗實錄》卷五八二）。四十八年（一六二〇年），「粵海逋寇許彬老、鍾大番、余老三等係袁進餘黨，出沒海島，嘯聚剽掠，跳梁於白沙、虎門、廣海、蓮頭之間，商民受其荼毒」（

《明神宗實錄》卷五八三）。

天啓以後，閩粵海上除了零星海盜出沒之外，還出現一批劫掠商旅爲生的海寇集團和亦商亦寇的海商集團。著名的海寇集團，前有惠安人李魁奇（李芝奇），「從幼出入湄州沿海，深識水性，身藏海底半日不起，口能轉氣，眼見諸物，年二十九，兩臂有七百斤之力，糾合諸漁船，劫掠商船」（江日升：《臺灣外紀》卷一），最盛時有大小船百隻，賊夥三千餘人。後有海澄人劉香，「五短身材，性極驍勇，勾引無賴，賀小船出金門，劫掠商船，突起猖獗，聚眾數千，有船大小百餘號，横行粵東碣石、南澳一帶地方」（江日升：《臺灣外紀》卷二）。其他如楊六（楊祿）、楊七（楊策）、褚綵老、鍾斌等，也擁有相當的實力。著名的海商集團，有經商日本、一度曾任荷蘭東印度公司通事的泉州人李旦（又作李旭、李習等），及其同夥後任中左（廈門）把總官的許心素。「游棍李旦及通夷許心素之流也，夙通日本，近接紅夷。茲以討債而來，且祭祖爲名目，突入廈門……不過乘官禁販，密買絲綢，裝載發賣諸夷，並爲番夷打探消息者」（沈鐵：〈上南抗臺移檄暹羅宣諭紅夷書〉，《詔安縣志》卷十二，〈藝文〉）。「若奸臣之許心素，外通賊寇，內洩軍情，私貨絡繹海上，紅夷闌入於內洋，使官兵不敢問」（〈兵科抄出江西道御史周昌晉題〉，《明清史料》戊編第一本）。經商日本、占臺灣爲據點的漳州海澄人顏思齊（又作顏振泉），「爲勢家所凌，毆其僕致斃，慮罪逃入日本。久之，積蓄頗饒」（道光《福建通志》卷二六七，〈明外紀〉）。天啓初入臺，爲十海寨之主（岩生成一：〈明末日本僑寓支那人甲必丹李旦考〉，《東洋學報》第二十三卷，一九三九。岩生成一氏認為李旦與顏思齊應屬一人，待考。）。取代李旦、顏思齊而起的是鄭芝龍。

鄭芝龍，小名一官，字日甲，號飛黃（飛虹），福建南安石井人，萬曆二十三年（一五九五年）生。父紹祖，充泉州庫吏。一官五歲發蒙，取名國桂，頗聰明，稍長，不喜讀書，好拳棒。天啓元年（一六二一年），到廣東香山澳（今澳門）投靠母舅黃程。黃程從事澳門、日本、馬尼拉之間的海上貿易，一官跟隨他行賈，學會了葡萄牙語，受洗禮加入天主教，教名尼古拉・賈斯帕（Nicholas Gaspard）或尼古拉・一官（Nicholas Iguan）（G.Phillips :The Life of Koxinga。）。他曾從澳門到馬尼拉，積累了海上貿易的知識。

天啓三年（一六二三年）五月，「程有白糖、奇楠、麝香、鹿皮欲附李旭（即李旦）船赴日本，遣一官押去」（江日升：《臺灣外紀》）。芝龍「少年姣好，以龍陽事之」（張遴白：《難遊錄》，〈平國公鄭芝龍傳〉），取得李旦的信任，到日本平戶後，爲其娶妻田川氏。四年（一六二四年）一月，芝龍從日本到台灣，擔任荷蘭東印度公司的通事，參與荷蘭殖民者攔劫中國商船的活動。五年（一六二五年）春，脫離東印度公司，加入李旦的隊伍。是年七月，李旦返日，芝龍代爲首領。八月十二日，李旦染病死於平戶，芝龍得其資財，投顏思齊海寨爲盜。半年後，顏思齊病亡，鄭芝龍繼爲諸寨首領，「盡以之募壯士，若鄭興、鄭明、楊耿、陳暉、鄭彩等皆是」（張遴白：《難遊錄》，〈平國公鄭芝龍傳〉），以臺灣爲基地，發展自己的海上勢力。陳哀紀、楊六（楊祿）、楊七（楊策）、李魁奇（李芝奇）、鍾斌、陳盛宇、方芝驥、郭芝葵、郭芝蘭、紫蘭哥、劉香等海寇頭目與之結盟，領芝龍銀備米糧器械，四出福建、廣東沿海活動，號「十八芝」。

天啓六年（一六二六年）三月，芝龍襲漳浦舊鎮，泊金廈樹旗招兵，「旬日之間，從者數千人，勒富民助餉，謂之報水」（周凱：《廈門志》卷十六）。四月，犯粵東靖海、甲子兩所，七年（一六二七年），回攻福建銅山（東山）、舊鎮、中左等，屢敗明軍。在擴展勢力的過程中，芝龍採取和一船海寇不同的做法，趁福建沿海年荒民飢的機會，「假仁假義，所到地方，但令報水，而未聞殺人，有徹貧者且以錢米濟之」（曹履泰：《靖海紀略》卷二，〈答朱明杲撫臺〉）。「遇諸生則饋以贐，遇貧民則給以錢。重賞以招接濟，厚糈以餌間諜，使鬼神通，人人樂爲之用」（《明熹宗實錄》卷八十七）。這就爭取到瀕海貧民的支持和地方鄉族勢力的好感，以至「城社之鼠狐，甘爲爪牙；郡縣之胥役，盡屬腹心。鄉紳偶而殺陣，事未行而機先洩；官府才一告示，甲造謗而乙訛言。……一人作賊，一家自喜無恙；一姓從賊，一方可保無虞。族屬親故，擊揖相訪，虛往皆得實歸，恍若向現任官抽豐。偶或上岸買貨討水，則閭閻市里牽羊載酒，承筐束帛，唯恐後也」（江日升：《臺灣外紀》卷三）。他爲維護海上走私利益，一方面爭取荷蘭殖民者的支持，「其船器則皆制自外番，艟艨高大堅致，入水不沒，遇難不破；器械犀利，銃炮一發，數十里當之立碎」（〈兵科抄出兩廣總督李題〉，《明清史料》乙編，第七本）；另一方面並不堅決反對官府，屢次大勝，卻「捨洪都司不追，獲盧遊擊不殺。又自舊鎮至中左所，督臣俞咨皋在中左，聞風亦縱其微服以遁。中左之人開城門，哀求不殺，芝龍又約眾不入」（〈河南道監察御史蘇琰為再詳臣鄉亂情事〉，《明清內閣大庫史料》卷十五）。同時又顧及鄉土的地域利益，「侵漳而不侵泉」，對地方官吏也起了分化的作用，「漳人議剿，泉又議撫，兩郡相持久不決」（沈頤仙：《遺事瑣談》，〈附記・漳泉海寇〉）。於是，鄭芝龍隊伍日益壯大，初起時不過數十船，天啓六年（一六二六年）增爲一百二十隻，七年（一六二七年）達到七百隻（董應舉：《崇相集》，〈福海事〉）。

崇禎元年（一六二八年）九月，在泉州知府王猷建議下，福建巡撫熊文燦派盧毓英招撫鄭芝龍，授予海防遊擊一職。是時閩南連年荒旱，「穀價騰湧，斗米百錢，飢莩載道，死亡橫野」（曹履泰：《靖海紀略》，〈請賑申文〉）。芝龍向熊文燦獻計移民入臺，「乃招飢民數萬人，人給銀三兩，三人給牛一頭，用海舶載至台灣，令其芟舍開墾荒土爲田。厥田惟上上，秋成所獲，倍於中土；其人以衣食之餘，納租鄭氏」（黃宗羲：〈賜姓始末〉）。芝龍由寇而官，地位發生變化，他一面以剿平海寇爲己任，於崇禎二年（一六二九年）六月斬楊六、楊七於浯州港；八月，滅褚綵老於南日；十一月，擒李魁奇於海澄；三年（一六三〇年）十二月，設伏迫鍾斌投海死；八年（一六三五年）四月，滅劉香於田尾洋，逐步統一海上勢力，掌握了制海權。另一面鄭芝龍又對明朝保持相對獨立，「督撫檄之不來，惟日夜要挾請餉，又坐擁數十萬金錢，不恤其屬」（〈福建巡撫熊殘揭帖〉，《明清史料》戊編，第一本）。這樣，鄭芝龍利用官職的便利和海上武裝力量，獨攬通洋巨利，「海舶不得鄭氏令旗，不能往來，每一舶稅三千金，歲入千萬計，龍以此居奇爲大賈。……又以洋利交通朝貴，寖以大顯。泉城南三十里有安平鎮，龍築城，開府其間，海梢直通臥舶內，可泊船，竟達海。其守城兵自給餉，不取於官。旗幟鮮明，戈甲堅利。凡賊遁入海者，檄付龍，取之如寄。故八閩以鄭氏為長城」（林時對：《荷閘叢談》下冊，卷四）。

鄭芝龍以鄉族關係為紐帶，在繼承安平商人的經商傳統和海外貿易網的基礎上，與日本幕僚、暹羅、越南、柬埔寨商人以及澳門葡萄牙商人建立了商業關係，或通過本家族掌握的船隻、僑居馬尼拉的泉州商人、留居臺灣的舊部，為他們轉運貨物，或利用自己掌握的海上武裝，為他們的貿易船隻提供護航，這就使他所控制的中國海外貿易，在國際競爭中占據了優勢地位。天啓四年（一六二四年）後，竊據臺灣的荷蘭殖民者也不得不和他多次簽訂通商契約。為了向海外提供銷售對路的產品，鄭芝龍家族不僅兼營國內採購業務，以包買主的形式控制貨源，仿制西式產品，而且還在廣州、澳門，直接組織一百五十名工匠從事絲織品的生產。崇禎十三年（一六四〇年），由於當年澳門貿易異常不振，鄭芝龍乃將這一百五十名織工招回安海城外就業（博克塞：《澳門大帆船》，里斯本一九五九年版第一六九頁）。

隨著鄭氏海上勢力的成長，鄭芝龍更熱心於謀取政治權勢，通過平海寇、焚荷蘭、鎮壓閩粵農民起義為明朝效力，從遊擊升至總兵。到崇禎末，他實際上掌握了福建的軍事大權。他把經營海上貿易和劫掠的財富，大量用於購買土地，「增置莊倉五百餘所」，田園遍閩廣，「有數萬頃」（《管户部尚書事車克等題本》，《明清史料》丁編，第二本）他集海商、官僚、地主於一身，成為本末東南商人地主階層的政治代表人物。

二 荷蘭殖民者騷擾東南沿海和竊據臺灣

萬曆三十年（一六〇二年），歐洲新興的資本主義國家荷蘭，組織「荷蘭東印度聯合公司」（Verenigde Oostindische Compagnie），同葡萄牙、西班牙爭奪東方的商業和殖民利益。三十一年（一六〇三年），荷蘭東印度公司派出一隻十二艘帆船組成的艦隊，攜帶荷蘭國會和奧倫治親王的函件，要求明朝允許通商。荷蘭艦隊抵達大泥（北大年）後，勾引福建海商李錦（荷文資料中記導引荷人的海商爲恩浦（Impo），而無李錦等人之名，參見包樂史《中荷交往史》，路口店出版社一九八九年版）、潘秀、郭震等人密謀，一面派潘秀、郭震攜帶大泥國王書先期潛回月港活動，一面由艦隊指揮官韋麻郎（Wijbant Van Warwijck）親率帆船兩艦，於三十二年（一六〇四年）七月侵入澎湖，「是時汛兵俱撤，如登無人之墟，夷遂伐木駕屋」（張燮：《東西洋考》卷六），作久居之計；同時派遣李錦賄賂稅監高寀以求通商。福建官吏發覺荷蘭的圖謀，拘捕奸商，嚴密防範海上，並派都司沈有容隻身前往澎湖，拒絕互市要求，勸諭他們退出。韋麻郎自揣兵力單薄，接濟路窮，不得不於十月退出澎湖。三十五年（一六〇七年），荷蘭東印度公司艦隊指揮官迪·盎格（Cornelis Matelieff de Jarge）又率艦七艘，到南澳一帶要求通商，由於封鎖嚴密，沒有取得結果而回。三十七年（一六〇九年），荷蘭東印度公司董事會指示第一任荷印總督彼得·皮特（Pieter Both）直接打通對華貿易道路，以後又屢加催促，但終萬曆之世，由於中國方面態度堅定，未能成功。

天啓二年（一六二二年），第四任荷印總督庫恩（Jan. Pieterszoan Coen）派遣雷約茲（Cornelius Reyerez ）率荷艦十二艘、英船二艘襲擊澳門。失敗後，駛往澎湖，在娘媽宮附近的紅木埕登陸，加以占領，「復築城澎湖，掠漁舟六百餘艘，俾華人運土石以築」（《明史》卷三二五，〈和蘭傳〉）。被擄掠的中國人大部分在強制苦役中被折磨致死，倖存者則被運往巴達維亞當奴隸販賣。荷蘭殖民者強占澎湖後，向福建當局要求互市，「及見所請不允，突駕五舟，犯我六敖」，被明軍擊敗，計沉其一艇，俘斬十餘名，荷艦退泊浯嶼，轉攻中左所，「又登岸攻古（鼓）浪嶼，燒洋商黃金房屋船隻，已遂入泊圭嶼，直窺海澄」（《明熹宗實錄》卷三十）。明軍內外夾攻，將其擊退。三年（一六二三年）秋，荷蘭殖民者再犯鼓浪嶼，守備王夢熊等「率親丁興戰，奪其三艘，夷敗走。（荷蘭殖民者）復率大䑸，直逼內地，夢熊乃以小艇數十，扮漁舟，藏火具，潛迫其旁，乘風縱火，……焚甲板十餘艘」（周凱：《廈門志》卷十六）。荷蘭殖民者騷擾福建沿海，截掠過往商船，造成「絲綿貨物，悉爲彼有」（沈國元：《兩朝從信錄》），「海運不通，米粟騰踊，人民艱窘死亡，無可輸錢糧」（何喬遠：《鏡山全集》，〈海山小議〉）的惡果。

天啓四年（一六二四年）正月，福建巡撫南居益派王夢熊等率舟師直入澎湖鎮海港，壘石城爲營，屢出奮攻，又派顧思忠統領第二次舟師至鎮海港會齊策應，荷蘭殖民者退守風櫃城。五月，第三次舟師駛抵娘媽宮前，六月十五日誓師，一面派兵運火銃登陸紮營，「分布要害，絕其汲道，禦其登岸，擊其銃城夷舟」，一面「移策應兵船泊鎮海營前海洋，直逼夷船，候風水陸齊進」（《明熹宗實錄》卷四十七）。荷蘭新任澎湖長官宋克（Martinus Sonck）看到明軍萬餘，舟師二百餘艘環列澎湖諸島「風櫃、案山、蒔上澳等處，四面皆王師，樵汲俱絕」（〈彭湖平夷功次殘稿〉，《明清史料》乙編，第七本），而荷兵總數不過千人，自揣難於抵抗，便於七月初三日明軍逼進風櫃城時，豎起白旗，派使至娘媽宮投遞公文，「乞緩進師，容運糧米上船，即拆城」（《明熹宗實錄》卷四十七）。十三日，荷蘭殖民者開始拆城，運米下船，二十八日，全部退出城還澎湖（〈彭島紅夷拆城遁去殘稿〉，《明清史料》乙編，第七本）。

荷蘭殖民者退出澎湖後，遁入臺灣，在臺南臺江外無人居住的一鯤身島上建築熱蘭遮（Zeelandia）堡。接著，宋克以甘言蜜語和十五匹粗棉布騙取新港社平埔族人的大片土地，把勢力伸入臺灣本島，以後在此建築普羅文查（Provintia）堡，即赤嵌城。從天啓五年（一六二五年）起，荷蘭殖民者逐漸伸張勢力於鄰近的蕭壠、痲豆、目加溜灣、哆羅嘓、諸羅山、大小放索、郎嶠等平埔族聚居的「番社」和北港漢人移墾的區域，經過十數年的經營，基本上完成對臺灣南部的占領。

荷蘭竊據臺灣後，一面對占領區內的人民進行殘暴的經濟掠奪，在霸占的土地上實行「王田」制度，「就中土遺民，令之耕田輸租，以受種十畝之地名爲一甲，分別上、中、下則徵粟」（黄叔璥：《臺海使槎錄》卷一），還強逼他們繳納貢物、人頭稅和各種捐稅，把搜刮到的大量米、糖、鹿皮等產品外運販賣；一面騷擾福建沿海，屠殺、掠奪人口，攔劫中國商船，打擊中國對日本、呂宋和東南亞的海上貿易，並與葡萄牙、西班牙、日本角逐東亞的商業霸權。

天啓七年（一六二七年），荷蘭第二任台灣長官迪・韋特（Yerard Frederiksgoon de With）爲打通和中國的直接貿易，率艦配合明軍攻打在銅山一帶活動的鄭芝龍，被鄭芝龍擊敗，迪・韋特率殘艦逃往巴達維亞。崇禎元年（一六二八年），鄭芝龍受撫，成爲荷蘭東印度公司的競爭對手，荷蘭第三任台灣長官彼得・納茨（Pieter Nuyts）乃與鄭芝龍簽訂爲期三年的通商契約。崇禎三年（一六三〇年），荷蘭第四任台灣長官普特曼斯（Hans Putmans）又與鄭芝龍約定荷方保護鄭氏船隻的協議。崇禎六年（一六三三年），荷蘭殖民者勾引海寇劉香共同騷擾福建沿海，「比之天啓二年（一六二二年）百倍猖獗。」（鄒維璉：《達觀樓集》卷十八，〈奉剿紅夷報捷疏〉）六月初六日，普特曼斯率荷艦突犯南澳，焚明水師船一隻，打死官兵十七人。初七日，荷艦乘風突入中左，焚毀明軍水師船五隻，並焚鄭芝龍擱岸修整戰船十隻」（〈兵科抄出福建巡按路振飛題〉，《明清史料》乙編，第七本）。南澳、中左相繼失事後，沿海加強戒備。七月初八日，泉南遊擊張永產、同安知縣熊汝霖擊退再犯中左的荷艦（〈兵科抄出福建巡按路振飛題〉，《明清史料》乙編，第七本）。八月初六日，漳浦知縣傅元功、陸鰲哨官朱昆在古雷、吉釣灣擊敗進犯的荷艦（〈兵科抄出福建巡撫鄒題〉，《明清史料》乙編，第七本）。荷蘭殖民者撤躉浯嶼，不敢蠢動。八月十二日，福建巡撫鄒維璉趕到漳州，檄調諸將，大集舟師，以鄭芝龍爲前鋒，高應岳爲左翼，張永產爲右翼。九月十三日，誓師海澄，出海攻剿。二十日，與荷艦決戰於料羅灣，「各路會師，前衝者真如摧枯拉朽，隨後者無不乘勝長驅，將士渾身是膽，各效一臂，夾板焚者，火焰衝天」，「燒沉夷眾數千計，生擒夷眾一百一十八名，馘斬夷級二十顆，焚夷甲板巨艦五隻，奪夷夾板巨艦一隻，擊破夷、賊小舟五十餘隻」，「閩粵自有紅夷來，數十年間，此捷創聞」（鄒維璉：〈奉剿紅夷報捷疏〉，《達觀樓集》卷十八）。這是明朝抗荷以來最大的一次勝仗，也是荷蘭殖民者在明末遭致的最大慘敗。此役以後，直至明亡，荷蘭殖民者不再敢於武裝進犯大陸沿海了。

崇禎年間，荷蘭以臺灣爲中繼站，發展巴達維亞與中國、日本、呂宋之間的貿易，逐漸排擠葡萄牙、西班牙的勢力。荷蘭與鄭芝龍簽訂通商契約，打破澳門葡萄牙人壟斷對日貿易的局面。崇禎九年（一六三六年）以後，日本禁止與葡萄牙、西班牙通商，荷蘭更成爲獨占日本貿易利益的唯一西方國家。崇禎十五年（一六四二年）駐守臺南的荷軍北上攻取西班牙人竊踞的淡水即聖多明各（Santo Domingo）城和鷄籠即薩爾瓦多（San Salvador）城，拔除西班牙人對日貿易的中繼站，完成對臺灣北部的占領。

終明之世，荷蘭竊據臺灣，取代葡萄牙、西班牙成爲侵略中國的主要西方國家。但它始終未能擊敗鄭芝龍控制的海上勢力，打開和明朝的直接貿易，獨占東亞和東南亞的商業霸權。

第四節　明末經濟的衰敗與人民負擔的加重

一　風雨飄搖的財政經濟

天啓、崇禎年間，隨著明王朝政治腐敗、邊疆危機的加劇，國家財政經濟發生了前所未有有的危機，人民負擔日益加重，社會經濟出現了衰敗的局面。

天啓年間，國家財政更形匱乏，而「熹宗一聽中官，採造尤夥」（《明史》卷八十二，〈食貨六〉），「營建織造，溢經制數倍，加以徵調，開採，民不得方休」（《明史》卷七十八，〈食貨二〉）。宗室消費膨脹，崇禎末年宗祿占二稅收入的百分之二二五，達到財政難以承受的地步，經常出現宗祿支出無法兌現的現象。如陝西慶王府，「於崇禎六年（一六三三年）方給萬曆二十六年（一五九八年）之祿」；代王派下的一些子孫，據說「宗祿八年未給」（談遷：《國榷》卷九三）；而靈邱王的部分祿米，竟有「缺五十年不支者」（《明經世文編》卷四一五，呂坤：〈停止砂鍋潞綢疏〉）。隨著宗室需求的日益增加，宗室祿米的供應已越來越成了附在國家財政上的一顆毒瘤。

龐大的軍費開支，又是造成明代末期國家財政危機的另一個重要原因。萬曆末年至崇禎年間對後金的用兵，戰爭費用不可勝數。據崇禎年間戶部尚書畢自嚴的奏疏，從萬曆末年至天啓七年（一六二七年），中央政府僅拖欠各邊鎮年例錢糧一項，就高達九百餘萬兩（畢自嚴：《度支奏議》卷四，〈詳陳節欠各邊年例錢糧數目疏〉）。

國家財政日見支絀，而皇帝的內帑又不肯往外拿，爲了應付日益增多的軍費開支和宮廷宗室糜費，明朝政府只好再增田賦加派。

崇禎初年，後金軍隊在寧錦一帶與明軍展開陣地爭奪戰，軍餉開支再次膨脹，崇禎三年（一六三〇年），「兵部尚書梁廷棟請增田賦，戶部尚書畢自嚴不能止，乃於九厘之外復徵三厘」，稱爲「新餉」。全國共加徵田賦銀一百六十五萬。崇禎八年（一六三五年），加徵助餉，先是「總督盧象升請加官戶田賦十之一，民糧十兩以上同之」，既而概徵每兩一錢，名曰助餉（《明史》卷八十七，〈食貨二〉）。

崇禎十年（一六三七年）以後，西北、西南一帶的農民暴動日益激烈，爲了鎮壓農民暴動，兵部尚書楊嗣昌於是年三月建議「增兵十二萬，增餉二百八十萬」（《明史》卷二五二，〈楊嗣昌傳〉），「每條銀一兩加銀三分，名爲因糧就餉」（《烈皇小識》卷五。）。這就是通常所稱的「剿餉」。崇禎十二年（一六三九年），楊嗣昌又建議加派「練餉」，每畝一分，「增練餉七百三十萬」（《明史》卷二五二，〈楊嗣昌傳〉），前後共增餉銀一千六百餘萬兩，超過常年歲入一倍以上。明朝政府在加派田賦的同時，還實行所謂的帶徵和預徵。帶徵是指追徵歷年拖欠未完的錢糧；預徵指除了完納當年賦稅外，提前徵收來年的部分錢糧。如劉宗周在〈赴京兆日謝恩疏〉中說：「今日之所切切於近功者，遼事也，所規規於小利者，貨財也。而一時所講求者，聚斂掊克之政也。正項不足，雜派繼之，料銀不足，加以火耗，又三四年內並徵，水旱災傷，一切不問」（《荷閘叢談》卷三）。這種田賦的帶徵和預徵，實際也是一種變相的田賦加派。

天啓、崇禎年間除了大量加派田賦之外，還有關稅、鹽課的加派和其他雜項的增收和搜括。關稅每年加增額均二十萬兩，而鹽課加增額高達九十餘萬兩（參見朱慶永：〈明末遼餉問題〉）。至於雜項的增收，其稅目十分龐雜，諸如房產稅契銀、典鋪酌分銀、抽分工食銀、馬夫祗候銀、衛所屯田銀等等，這些雜項除適量增派稅額外，主要的還是想方設法把地方政府所控制的經費款項，搜括歸中央政府，所謂「以軍興兵餉不敷，四差亦多裁充餉」（康熙《漳浦縣志》卷七，〈田賦志〉），「扣裁四差以充餉者又三分之一」（康熙《寧化縣志》卷五，〈賦役志〉）。而地方財政被中央政府所搜括，地方政府的開支，就不得不依賴於地方的私派了。還有一些貪官污吏，更利用明末賦稅徵收混亂之機，巧立名目，暗行加派，從中侵漁，大飽私囊。崇禎帝即位時說過，「加派之徵，勢非得已，近來有司復敲骨吸髓以實其橐」（孫承澤：《思陵勤政記》）。崇禎年間任兵部尚書的梁廷棟也說：「今日閭左雖窮，然不窮於遼餉。一歲之中，陰爲加派者不知其數。……合海內計之，國家選一番守令，天下加派數百萬。……國家遣一番巡方，天下加派百餘萬」（《明通鑑》卷八十二）。御史金光宸在談到河南的官場舞弊時也指出：「有等不肖有司，……有借兵以私加，有假餉以擅派，有因修築而科斂，有借解運而重徵，或立雜支名色，或託費用不充，凡言設處，借一派十。……追呼倍急，比責更嚴，反留正項在後，假口民久，聳聽吁苦，其實先已飫私橐矣」（《金雙岩中丞集》，〈兩河封事〉）。可見當時官吏借加派而從中漁利是相當普遍而嚴重的。

明末由於各處發生戰爭和動亂，徭役的僉派比起以前更加急迫。本來，萬曆初年張居正推廣一條鞭法，徭役已合併在條鞭內徵發，「一歲之役，官爲僉募」，「小民得無擾」（《明史》卷七十八，〈食貨二〉）。立法號爲簡便。但是到了萬曆中後期，各地施行的一條鞭法大多走了樣，額外派差僉役的現象十分嚴重，「條鞭法行十餘年，規制頓紊」（《明史》卷七十八，〈食貨二〉），「條鞭既屬正供，一遇度外事故，不得不額外羨取，條鞭未行不過取之額外而已，至是則額外之後又額外焉」（《明史》卷七十八，〈食貨二〉）。天啓年間，御史李應升已經力陳：「馬夫、河役、糧甲、修辦、白役擾民之弊」（康熙《堂邑縣志》卷四，〈賦役志〉）。崇禎年間，各地徭役擾民的現象更爲嚴重。如里甲一役，御史祁彪佳曾指出：「夫自條鞭之法行，一應差徭咸入正賦，官自收而官自辦，安所得里甲用之也，乃今僻邑遐陬，公然僉派，歲節之饋送，過客之供應，新官之鋪設，軍戶之起解，事無難易，概令承當」（崇禎存實疏鈔》卷三下，〈祁彪佳題本〉）。河南巡撫范景文也指出：「民所患苦，莫如差役，錢糧有收戶、解戶，驛遞有馬戶，供應有行戶。……民間仍歲奔走，罄資津貼」（《明史》卷七十八，〈食貨二〉）。徭役的僉發比起田賦的加派更加沒有一定之規，因此更給地方官吏任意舞弊貪污肥私提供了好時機。如當時北方最繁重的驛遞之役，百姓「非破家蕩產以供，則鬻妻賣子以應，當此民窮財盡之秋，更罹狼吞虎噬之慘」（吳甡：《柴庵疏集》卷五）。官吏的侵漁往往超出了驛站的經費正額。「驛夫無所得食，至相率從流賊爲亂云」（《明史》卷七十八，〈食貨二〉）。

二　天災人禍交迫下的人民負擔

天啓、崇禎年間，隨著王朝政治的日益腐敗，地主的大土地所有制又有了進一步的發展，兼併土地的現象有增無減。天啓年間，熹宗賜「桂、惠、瑞三王及遂平、寧德二公主莊田，動以萬計」（《明史》卷七十八，〈食貨二〉），據雲瑞王分制於陝西漢中，不足贍田三萬頃，由陝西、河南、山西、四川四省攤繳租銀（《明熹宗實錄》卷七十六，《崇禎長編》卷三十六）。熹宗對「魏忠賢一門，橫賜尤甚」（《明史》卷七十七，〈食貨志一〉）。「忠賢封公，膏腴萬頃」（計六奇：《明季北略》卷三，〈錢嘉徵〉）。連其侄魏良卿、魏良棟兄弟的賜田亦達三四百餘頃（《明書》卷十八）。勳臣國戚請乞田地之風，亦「與國相終」。如崇禎帝的岳父嘉定伯周奎，一次就「援例乞給贍地七百頃，隨從尉軍三十名」（《崇禎長編》卷四十一）。

除了貴族地主之外，一般的官僚之家，也都千方百計地兼併土地。浙江奉化縣鄉宦戴澳，所納錢糧數占全縣一半之數（文秉：《烈皇小識》卷七）。無錫東亭的華氏，「每歲收租四十八萬石」。蘇州各門外的錢槃，「每歲收租九十七萬石」（錢泳：《登樓雜記》）。河南的縉紳勢豪之家，亦相率以田廬僕從相雄食，「僕隷多於數百，奸民乘勢投獻，百姓受其魚肉」（《崇禎長編》卷三十六）。田之多者千餘頃，即少者亦不下數百頃。他們爲禍一方，「鄉官曹某、褚太初、苗思順、范良彥等，居鄉極惡」，號稱「四凶」（鄭廉：《豫變紀略》卷二）。

陳鴻《熙朝莆靖小記》提到福建莆田郭尚書租達一萬三千石，惠洋庶民方南川租一萬二千石。湖南《祁陽縣志》指出明末該地大地主何兆辰有田三萬五千多畝，張大山田約萬五、六千餘畝，食租數萬石（《祁陽縣志》志餘），可見當時的大量土地都集中在一小部分的貴族、官僚、富豪地主手中。

當時貴族、縉紳地主，還擁有政治特權和賦役「優免」權，因此，他們雖然霸占了大量的土地，卻可以通過種種手段把他們應納的賦稅徭役，轉嫁到農民身上。如河南各地，「小民所最苦者無田之糧，無米之丁，田鬻富室，產去糧存，而猶輸丁賦」（乾隆《獲嘉縣志》卷六，〈賦役志〉）。江南地區「一切差役，俱累小民代當，致使一二愚民，歲歲困於輸挽，日日苦於追呼」（《江蘇省明清以來碑刻資料選集》，第五一九頁）。再如湖廣等地，小民失去土地，卻承擔賦役如故，「以致阡陌其田者無升合之稅，稅至數十石者地鮮立錐」（范守己：《曲洧紀聞》卷二）。再加上官吏從中貪污，中央政府爲了籌集急需的軍餉，往往又對各地區的賦稅實行「包課」的催徵辦法，於是，各種負擔都攤派到貧窮的下層民眾身上。「人去糧猶在，則坐賠於本戶，戶不堪賠則坐之本里，或又坐之親戚」（文秉：《烈皇小識》卷七），「有赤子無立錐地而包賠數十畝空糧者，有一鄉屯而包賠數十頃空糧者」（錢泳：《登樓雜記》）。這些被迫賠納錢糧的老實百姓，無不陷入深深的困境，出現了「代納之戶，慘於剝膚」（《崇禎長編》卷三十六），「自賠糧遺累，而死亡流離，四野蕭條之象不堪見聞」（鄭廉：《豫變紀略》卷二）的局面。

因此，在明代末年，土地高度集中，農民紛紛破產，兩極分化已經十分鮮明了。崇禎年間，盧象升在奏疏中指出：「貧者日益貧，富者日益富，大約貧民之髓富民實吸之」（《盧忠肅公集》卷十〈報明屯田牛具以備核銷疏〉）。辛升亦曾上言：「仕進出身，自非齊民敢望項背，乃高門大閥，僕從如雲，田連阡陌而不知休，窖藏金錢而不知止，殺人於寸幅之中，破家於立談之頃」（《寒香館遺稿》卷二）。失去田地的農民，只有淪落成地主的佃戶和奴僕，倍受奴役和剝削。地主利用他們對土地的壟斷權，不斷提高地租率。在江南蘇松一帶，私租高達一石五六斗至二石者，是相當普遍的現象（葉夢珠：《閱世編》卷一）。河南等地的王莊租粒銀，原來法定畝徵三分，至明末實際上多是畝收八分以至一錢以上。福建的寧化縣，「大抵富者有田，坐享七成之利，農民佃其田，終歲勤動，獲止三分，籽種耨獲之費在其中，仰食俯畜，食指少繁則不給」（康熙《寧化縣志》卷十）。正租之外的種種剝削也是十分驚人的。江西石城一帶的大小斗與加耗，「舊例每租一石，收耗一斗，名爲桶面」（順治《贛石城縣紀》卷八〈紀事〉）。地主豪紳在收租時，「於莊田租粒之入，俱改用大斛」（康熙《西江志》卷一〇七，〈祥異〉）。河南汝南一帶的地主，可以任意役使佃戶及其家人，「甚有呼其婦女至家服役，佃戶不敢不從者」（乾隆《光山縣志》卷十九，〈條議汝南利弊十事〉）。福建德化縣，「田主之橫已極，而虎幹之虐更慘，亂布法馬官斛之祖制，擅造加倍等斗，勒佃運租，盤山越嶺，……入山收租，轎馬連雲，酷索下程土產夫錢，斗頭飯米，尖量折水……田家作苦，所餘幾何？蕩家財，鬻妻子，露體殍丐，尚未了局」（民國《德化縣志》卷七，〈民賦屯糧〉）。

有的地主則利用高利貸的手段，當農民困難不敷之時，借給銀錢，以土地和租穀作爲抵押。呂坤《實政錄》云：「佃戶缺食，便向主家稱貸，輕則加三，重則加五，穀花始收，當場扣取，勤動一年依然凍餒」（呂坤：《實政錄》卷二）。崇禎初年，周之夔的《棄草文集》記述福建的高利貸尤爲典型：

> 每歲末及春杪，各村農佃早已無耕本，無日食，不得不向放生穀之人，借生作活。及至冬熟時，先須將田中所收新穀加息完債。穀債未了，租債又起。又須預指餘粒，借銀財主，以還田主租錢。其極貧者，生穀債本，竟莫能償，只隨冬收加息，子什其母，甚有寧負田主租，不敢負穀主債，恐塞下年揭借之路者，如是而收成甫畢，貧佃家已無寸儲矣。
>
> ——《棄草文集》卷五，〈廣積穀以固閩圉議〉

這樣，在官府和地主的層層剝削之下，破產的農民無法找到更好的生計，除了餓死和逃亡之外，有不少人不得不被迫賣身爲奴，或投靠於地主勢家成爲佃僕，從而出現了明末蓄奴之風甚盛的現象。如當時經濟比較發達的江南地區，「今日江南士大夫多有此風，一登仕籍，此輩（奴僕）競來門下，謂之投靠，多者亦至千人」（顧炎武：《日知錄》卷十三）。嘉定縣的地主，有的「僮僕多至萬指」（顧炎武：《天下郡利病書》卷二十，〈江南八〉）。明季上海縣的縉紳之家，其奴僕之衆，致使全縣「幾無王民」（乾隆《上海縣志》卷十二，〈祥異〉）。湖廣麻城縣的梅、劉、田、李四姓官宦人家，每戶家僮不下三四千人（吳偉業：《綏寇紀略》卷十）。其他在福建、徽州、廣東、山東、江西等省，奴僕制度亦所在多有。主人與奴僕之間的地位是十分不平等的，如「福建長樂奴庶之別極嚴，爲人奴者子孫不許讀書應試，違者必群擊之。新安之俗，不禁出仕，而禁通婚。江蘇婁縣具主僕之分尤嚴。」（謝肇淛：《五雜俎》卷十四，〈事部〉）明末張履祥談及江南地主御奴之酷，令人髮指：「予所見，主人之於僕隸，蓋非復人道處之矣。飢寒勞苦，不之恤無論，已甚者，父母死不聽其縗麻哭泣矣，甚有淫其妻女若宜然矣，甚者奪其資業，莫之問矣，又甚者私殺之而私焚之，莫敢訟矣」（《楊園先生全集》卷十九，〈義男婦〉）。

明代末期的奴僕，固然有不少是因破產而賣身或投靠於官宦地主之家的，受盡奴役。但是也有相當一部份的奴僕，一經投靠豪門，則又忘其根本，依仗地主官宦的政治特權，轉而欺凌壓迫其他的下層民眾，這種情況尤以江南爲甚，張履祥云：「近見富家巨室，……一任紀綱僕所爲……或乃恃目前之豪橫，陵虐窮民，小者勒酒食，大者逼其錢財妻子，寘之獄訟」（《楊園先生全集》卷五十，〈補農書〉下）。葉夢珠《閱世編》中述：「崇禎初，……時松江縉紳大僚最眾，子弟僮僕，假勢橫行，兼併小民，侵漁百姓，攖其鋒者，中人之產無不立破」（葉夢珠：《閱世編》卷四，〈宦績〉）。顧公燮在《消夏閑記摘抄》中亦云：「前明縉紳，……豪奴悍僕，倚勢橫行，里黨不能安居，而市井小民計維投身門下，得與此輩水乳交融，且可憑爲城狐社鼠，由是一邑一鄉之地，掛名僮僕者，什有二三」（顧公燮：《消夏閑記摘抄》卷下，〈明季縉紳田園之盛〉）。這班流氓痞棍式的奴僕，倚勢橫肆，更加劇了下層民眾的痛苦。江南、江西、福建的佃農經濟日益衰敗，其中一個重要原因便是田主家人僮僕對佃戶的額外需索。如德化縣佃農租種泉州府城勢家的田地，「收租多係家人，……遂以德邑收租爲樂境，三五成群，乘輿而至，大斗浮量，額外需索，收租已畢，不肯回家，日則賭錢飲酒，夜則乘醉圖奸，佃戶不堪」。（民國《德化縣志》卷七，〈民賦屯糧〉）農民佃戶在這般地主爪牙的剝削下更加日趨窮困。

因此，天啓、崇禎年間，隨著封建統治的腐敗和外患的加劇，在官府和官僚、地主以及各種剝削分子的壓榨下，生產者的經濟狀況日益惡化，社會生產力遭到嚴重的破壞。人口流亡和土地荒蕪的情況到處出現，如天啓年間，吳應箕談到他途經河南真陽的見聞：「自晨發，出郭門二十里，又行四十里，此日天色甚霽，搴帷而眺，則四十里中一望皆黃茅白草，察所過之地，皆行地畝中，畝之疆界尚在，而禾把之跡無一存者，計耕作久廢矣」（吳應箕：《樓山堂集》卷二）。崇禎元年（一六二一年）馬懋才談到陝西的人口逃亡情景時云：「國初每十戶編爲一甲，十甲編爲一里，今之里甲寥落，戶口蕭條，……官司束於功令之嚴，不得不嚴爲催科，如一戶止有一二人，勢必令此一二人而賠一戶之錢糧，一里止有一二戶，勢必令此一二戶而賠一甲之錢糧。等而上之，一里一縣無不皆然，則見在之民止有抱恨而逃，飄流異地，棲泊無依」（雍正《陝西通志》卷八十六，〈藝文二〉，馬懋才：〈備陳災變疏〉）。崇禎七年（一六三四年），呂維祺訴說了河南省的凄慘悲涼景象：「野無青草，十室九空，……舊徵未完，新餉已催，額內難緩，額外復急，村無吠犬，尚敲催追之門，樹有啼鵑，盡洒鞭撲之血，黃埃赤地，鄉鄉幾斷人煙，白骨青磷，夜夜常聞鬼哭」（鄭廉：《豫變紀略》卷一，呂維祺：〈請免河南糧疏〉）。這裡農村的破壞已到了慘不忍睹的地步。

即使是自嘉靖、萬曆時期得到長足發展的工商業城鎮經濟，在官府和地主階級的層層剝削和摧殘之下，某些地方也出現了衰退的現象。如浙江嘉興府，「夙稱沃土」，工商業相當發達，到了崇禎年間，官吏乾沒物價，「創捏借支之名色，借支不已，刊成牌票支拿；或指上司，或指本衙，朝追夜呼，殆無寧刻，編纂當官牌面，行貨搜行，居貨搜店，排門按月，更無遺民。……而乃里長之外，又有里長；坊廂之外，又有坊廂；總甲之外，又有總甲。東南之杼柚既空，西北之徭役方急，而更編非制非法之牌面，煎已枯已」（〈嘉興府痛陳地方民害碑記〉，見浙江社會科學院歷史研究所等編：《嘉興府城鎮經濟史料類纂》第三九八頁）。再如江南嘉定縣的一些市鎮，嘉靖萬曆時期「四方之巨賈富駔，貿易花布者皆集於此，遂稱雄鎮焉。」天啓、崇禎以來，「公私交迫，詐僞萌生，挾資者相戒不前，而民生日促，殆不可爲鎮矣」（崇禎《外岡志》卷一）。城鎮經濟的萎縮，不僅加劇了城鎮居民的社會矛盾，而且它使農村的流民失去了謀求其他職業的可能性，這樣就更增添了社會的動亂因素。

天啓、崇禎間，頻仍的災害和饑荒更把廣大人民逼到絕境。天啓元年（一六二一年）春，京師旱；七月順天發生蝗災。二年（一六二二年）四月，京師大雨雹，毀折禾稼草木無算。三年（一六二三年）五月，黃河決口，睢陽、徐州、邳州百五十里悉成平陸。四年（一六二四年）七月，徐州黃河決口，水淹州城，深一丈三尺。六年（一六二六年）夏，京師大水，江北、山東發生旱災和蝗災。秋，江北大水，河南蝗災。七年（一六二七年），河南蝗、旱，浙江大水，寧夏地震百餘次。崇禎元年（一六二八年），河南雨雹，浙江風雨海溢成災，漂沒數萬人。陝北、陝中大旱，民食蓬蒿。延安府全年無雨，草木枯焦，八、九月間，「民爭採山間蓬草而食，……至十月以後而蓬盡矣，則剝樹皮而食，……殆年終而樹皮又盡矣，則又掘山中石塊而食，……不數日則腹脹下墮而死，……更可異者，……煮人肉以為食，……於是死者枕藉，臭氣熏天，縣城外掘數坑，每坑可容數百人，用以掩其遺骸」（雍正《陝西通志》卷八十六，馬懋才：〈備陳災變疏〉）。以後十餘年，旱、蝗、霜、雪等災，接連襲擊，使陝西處於嚴重饑荒之中。華縣故縣堡發現的〈感時傷悲記〉碑記載：「崇禎八、九年（一六三五、一六三六年）來，蝗旱交加。浸至十三、四年（一六四〇、一六四一年），天降大飢，……四方男婦奔走就食者、攜者、負者、死於道路者，不計其數」，物價奇漲，如稻米、粟米每斗二兩三錢，小麥每斗二兩一錢，大麥每斗一兩四錢，蕎麥一斗九錢，麩子一斗五錢，穀糠每斗一錢（引自洪煥椿《明本農民戰爭史略論》，江蘇人民出版社一九六二年十二月第一版，第十三頁）。河南在崇禎年間也是無歲不苦荒，「庚午（崇禎三年，一六三〇年）旱，辛未（崇禎四年，一六三一年）旱，壬申（崇禎五年，一六三二年）大旱，野無青草，十室九空。於是有斗米千錢者，有採菜根、木葉充飢者，有夫棄其妻、父棄其子者，有自縊空林、甘填溝壑者，有鶉衣菜色而行乞者，有泥門擔簦而逃者，有骨肉相殘食者」（呂維祺：〈請免河南糧〉，見《豫變紀略

》卷一）。內黃縣蘇王尉村發現的〈荒年志〉碑記載：崇禎十三年（一六四〇年）「斗麥價錢六百文，斗米價七百文，斗豆價四百文」；十四年（一六四一年），「（土地）每畝價止三百文，惟物類大貴，斗米價值一千七百文，高糧（梁）價九百文，斗麥價一千六百文，斗豆價一千五百文，獨蕎麥惟正當種時，每斗價三千五百文，牛犋每支三十千」；十五年（一六四二年），「惟有綿花、牛畜大貴，子花每斤價二百四十文，牛大者價七十千，小者四十千，更有銀每兩換錢二千文，豬肉每斤錢二百五十文」（劉如仲：〈《荒年志》碑記載的明末河南物價〉，《平准學刊》第一輯（一九八五年），第四一二頁）。如此怵目驚心的記述，足以證明明末人民的悲慘遭遇，已到了無可復加的地步。

即使在江南以及東南沿海等經濟比較發達的地區，也因天災人禍的交相煎熬，經濟嚴重衰退，下層人民無不在困苦中掙扎。浙江嘉興府，「崇禎十四年夏大旱，蝗飛蔽天，石米四兩五錢。」（陳其德：《災荒紀事》）「萬曆初年，予始成童，在在豐亨，人民殷阜，斗米不過三四分，……己丑（天啓五年，一六二五年）赤地千里，……當時積米一擔，博價一兩有六。……崇禎十三年（一六四〇年）大雨，……四望遍成巨浸，……米價初一兩餘，漸至二兩餘。十四年（一六四一年），米價自二兩驟至三兩，鄉人竟斗米四錢矣。崇禎十五年河溢大飢，斗米四錢人相食，……又大疫，十室九死。……食物倍長於去年，大鷄兩足得錢一千，小而初能鳴者亦五、六百。湯豬一口，動輒自五兩至六、七兩，乳豬一口亦一兩五、六錢至一兩七、八錢。若小廝婦女，不過錢一千、二千，又安見人賤而畜貴耶。」（民國《烏青鎮志》卷二，〈祥異〉。）在湖州地區亦是如此。據明末沈氏的〈奇荒記事〉所載，崇禎十三年至十五年（一六四〇～一六四二年）的連續災荒，湖州府民死者竟達十分之三以上（民國《雙林鎮志》卷三十二，〈藝文〉，沈氏：〈奇荒記事〉）。富庶的江浙地區尚且如此，則其他地區的悲慘情況可以想見。全國各地民不聊生，下層民眾已經到了忍無可忍的地步，在這樣的社會背景下，當陝西農民首先發難時，農民的暴動便很快地風捲著全國各地，明王朝的統治已經處在風雨飄搖之中。

第五節　經世實用之學的崛起

一　儒學的由王返程和佛學的由禪返淨

天啓、崇禎間政治、軍事、經濟的巨大危機，破壞了反傳統的生活方式和反正統的異端思想賴以生存和發展的社會環境。李贄、達觀等人死後，異端思想中的積極、進步方面未能繼續發揚光大，而消極、頽廢的方面卻泛濫開來。占統治地位的王學面臨窮途末路，從內部演化出反動的潮流，這就是東林學派及其後繼復社等。

從萬曆中後期起，立志改良政治、拯救時艱的東林黨人，對於士大夫當官則誤國害民，爲民則空談性命，甚而離經叛道的思想和行爲，深爲不滿，力主從政要有氣節，做學問務求有用。東林領袖顧憲成曾說：

官輦轂，念頭不在君父上，官封疆，念頭不在百姓上，至於水間林下，三三兩兩，相與講求性命，切磨德義，念頭不在世道上，即在他類，君子不齒也。

——《明儒學案》卷五十八，〈林東學案一〉

又說：

孔子表章六籍，程子表章《四書》，凡以昭往示來，維世教，覺人心，為天下留此常道也。……孔子大聖一腔苦心，程朱大儒窮年畢力，都付諸東流也已矣。然則承學將安所持循乎？異端曲說，紛紛藉藉，將安所取正哉？

——《東林書院志》卷二，〈東林會約〉

高攀龍說：

居廟堂之上則憂其民，處江湖之遠則憂其君，此士大夫實念也。居廟堂之上，無事不為吾君，處江湖之遠，隨事必為吾民，此士大夫實事也。

——高攀龍：《高子遺書》卷八，〈答朱平涵書〉

又說：

事即是學，學即是事，無事外之學，學外之事也。……若是個腐儒，不通事務，不諳時事，在一身而害一身，在一家而害一家，在一國而害一國，當天下之任而害天下，所以《大學》之道，先致知格物，後必歸結於治國平天下，然後始為有用之學也。

——《東林書院志》卷八，〈東林論學語〉上

他們創辦東林書院，採用朱熹白鹿洞書院的學規，明確表示出學術由王返朱的傾向，「痛言王氏之弊，使學者復尋程朱之遺規。」（陸隴其：《三魚堂集》卷二，〈學術辨上〉）顧憲成論辨王學「無善無惡」之說，認為：

無善無惡四字，最險最巧，君子一生，兢兢業業，擇善固執，只著此四字，便枉了為君子；小人一生，猖狂放肆，縱意妄行，只著此四字，便樂得做小人。語云：「埋藏君子

，出脫小人」。此八字乃無善無惡四字膏肓之病也。

——顧憲成：〈還經錄〉

又說：

管東溟曰：「凡說之不正而久流於世者，必其投小人之私心，而又可以附於君子之大道者也。」愚竊謂無善無惡四字當之。見以為心之本體原是「無善無惡」，合下便成一個「空」。見以為「無善無惡」只是心之不著於有也，究竟且成了「混」。「空」則一切解脫，無復掛礙，高明者入而悅之，於是將有如所云：以仁義為桎梧，以禮法為土苴，以日用為緣塵，以操持為把捉，以隨事省察為逐境，以訟悔遷改為輪迴，以下學上達為落階級，以砥節礪行為意氣用事者矣。「混」則一切含糊，無復揀擇，圓融者便而趨之，於是將有如所云：以任情為率性，以隨俗習非為中庸，以閹然媚世為萬物一體，以枉尋直尺為捨身濟天下，以委曲遷就為無可無不可，以猖狂無忌為不好名，以臨難苟免為聖人無死地，以頑鈍無恥為不動心者矣。由前之說，何善非惡；由後之說，何惡非善。是故欲就而浩之，彼其所占之地步甚高，上之可以附君子之大道；欲置而不問，彼其所握之機括甚活，下之可以投小人之私心。即孔孟復作，其亦奈之何哉！此之謂以學術殺天下萬世。

——顧憲成：《小心齋札記》卷十八

高攀龍也說：

> 無善之說，不足以亂性，而足以亂教。……著「善」則拘，著「無」則蕩。拘與蕩之患，倍蓰無算。故聖人之教，必使人格物，物格而善明，則有善而惡著。今懼其著，至夷善於惡而無之，人遂將視善如惡而去之，大亂之道也，故曰足以亂教。
>
> ——高攀龍：《高子遺書》卷九，〈方本菴先生性善繹序〉

顧憲成爲王門三傳弟子，他的反王學姿態，主要是針對從王學分裂出來的左派，尤其是把「尊德性」推向「狂禪」的李贄，認爲他們空談心性而不務實學，談空說無而流於禪，企圖進行撥亂反正，因此，明清之際的王夫之曾說：「東林會講，人但知爲儲皇羽翼，不知其當新學邪說橫行之日，砥柱狂瀾，爲斯道衛之尤烈也」（王夫之：《搔首問》）。但此時的程朱理學也已經破綻百出，他們的由王返程也不是完全拋棄王學，回復到程朱的老路上，故實際上東林黨人所走的學術道路，類似於右派王學，即去掉左派王學的「虛」病和「狂」氣，「稽弊而返之於實」（高攀龍：《高子遺書》附錄，〈景逸高先生行狀〉）。

顧憲成、高攀龍之後，劉宗周講學於山陰，建立證人書院，創立蕺山學派，提倡「誠敬」、「愼獨」之說，並主張「學必以古爲程，以前言往行爲則」。（劉宗周：《劉子全書》卷六，〈證學雜解〉十三）宗周「於新建之學（陽明心學）凡三變：始而疑，中而信，終而辯難不遺餘力」（劉宗周：《劉子全書》卷三十九，〈子劉子行狀〉），進一步減弱談玄的成分。爾後，張溥等創立復社，號爲「小東林」，以興復古學、務爲有用相號召，指出：「自世之衰，儒多不通經術，耳剽目竊，以求弋獲於有司，登明堂不能致君，長郡縣不能澤民，人才日下，風俗日偷，皆由於此。溥……期與四方多士，共興復古學，將使異日務爲有用之學」（陸世儀：《復社紀略》卷一，〈復社宗旨〉）。錢謙益發揮嘉隆時人歸有光提出的「夫能明於聖人之經，斯道明矣」（歸有光：《震川先生集》卷九，〈送何氏二子序〉）的說法，在崇禎十二年（一六三九年）十一月所作〈新刻十三經注疏序〉中明確提出：「誠欲正人心，必自反（返）經始；誠欲反（返）經，必自正經學始」，把反經正學作爲「救世之先務」（錢謙益：《牧齋初學集》卷二十八，〈新刻十三經注疏序〉）。陳子龍等結幾社，與復社相呼應，「幾者，絕學有再興之幾，而得知幾其神之義也。」（杜春登：《社事始末》）。

從糾王學病虛發展到返經正學的反動過程中，離經叛道的異端新學受到批判，興復古學，務爲有用之學得到提倡。他們的興復古學，也並非一味復古，而是以返經明道來糾正宋明程朱理學與陸王心學的偏頗，回歸正統思想體係而加以改良，用諸經世，爲現實政治服務。儒學由王返程的反動，預示著王學統治時代的結束。

與此同時，佛學也出現由禪返淨的反動。蓮池大師著《雲棲法匯》，憨山大師著《夢遊集》，濊益大師著《靈峰宗論》，提倡淨宗，反對禪宗。他們一反禪宗末流的參活頭、背公案，主張從極平實的地方立定做極嚴肅的踐履工夫；一反禪宗末流的束書不觀，主張研究學理。憨山注《楞伽》、《楞嚴》、蕅益注《楞嚴》、《起信》、《唯識》，乃至把全藏通讀，著《閱藏知津》一書，回到隋唐人做佛學的途徑（梁啓超：《中國近三百年學術史》一，〈反動與先驅〉）。

儒學和佛學的反動，體現學術、思想向傳統的回歸。這一回歸並非簡單的循環反覆，而是在宋明學術、思想積累基礎上的務實，從而爲經世致用之學的興盛創造了條件。然而，具有某些清新氣息的反正統異端的消失，則又意味著傳統文化崩潰趨勢的延緩。

二 經世、實用著作的湧現

儒學與佛學的反動，帶來經世、實用著作的湧現。總結具體治世措施，供當朝借鑒的有陳仁錫的《皇明世法錄》、陳子龍和徐孚遠、宋徵璧選輯的《皇明經世文編》等。《皇明世法錄》共九十二卷，分十目，記洪武至萬曆明朝典章制度。《皇明經世文編》凡五百〇四卷，另補遺四卷，總目一卷，姓氏爵里一卷，凡例一卷，收錄本朝四百餘家有關議論「國之大計」的奏疏、文章，涉及禮儀、職官、國史、兵餉、馬政、邊防、邊疆、邊情、軍務、海防、火器、貢市、番舶、災荒、農事、治河、水利、海運、漕運、財政、鹽法、刑法、錢法、鈔法、稅課、役法、科舉、宗室、彈劾、諫諍等方面。陳子龍在序中自言是書乃感慨於「三患」即「朝無良史」、「國無世家」、「士無實學」而編輯的，「雖罣漏缺失，不敢當託言之義，使權家尚其謀，儒家守其典，史家廣其事，或有權焉爾。」

以史爲鑑，則有大量「裁量人物」的史書。鍾惺的《史懷》「特向寤寐中借古人之天下發其蘊，上下數百年，掃理障，決解疑，洗沉冤，誅玩死」（《史懷》卷首，陶蜓序）。吳應箕《啓禎兩朝剝復錄》、金日升《頌天臚筆》、文秉《先撥志始》、蔡士順《傃庵野鈔》、鄒漪《啓禎野乘一集》等都是裁量當代人物的作品或史料匯編。

考據之學自楊開庵著《丹鉛錄》等打開風氣後，出現了一批考據糾駁之作，「丹鉛諸錄出，而陳晦伯《正構》繼之，胡元瑞《筆叢》又繼之。當時如周方叔、謝在杭、畢湖目諸君子集中，與用修爲難者不止一人。然其中雖極辨難，有究是一義者，亦有互相發明者」（周亮工：《因樹屋書影》）。到方以智時，考據成爲一門專門學問，稱「考究之門」，「非比性命可自悟，常理可守經而已，必博學積久，待徵而決」（方以智：《通雅》，〈凡例〉）。所著《通雅》五十二卷，皆考證名物象數訓詁音聲，極爲精博。方以智不限於書本上的考據徵實，而且還頗留心於實事實物的考察，「吾與方伎游，即欲通其藝也；觀物，欲知其名也；物理無可疑者吾疑之，而必欲深求其故也。以至於頽牆敗壁之上，有一字焉吾未之經見，則必詳其音義，考其原本，既悉矣，而後釋然於吾心」（《通雅》，錢澄之序）。

藏書及刻書的風氣漸盛，鄞縣人范欽創立天一閣，常熟人毛晉父子的汲古閣，搜藏大量古籍善本。汲古閣所刻《津逮祕書》和許多單行本古籍，對文化遺產的保存作出重大貢獻，大有益於校勘家的利用。

三 明末的科技成就

嘉靖、萬曆時期社會經濟的發展，海外貿易所引起的傳統商品擴大再生產和改革工藝的要求，迫切期待著科學技術的創新和總結。歐洲耶穌會士傳來的西方科技，如天文、曆算、火器鑄造技術、機械原理、水利、建築、地圖測繪等等，又以其新奇和實際應用刺激了講求實學的士大夫的求知慾望。在這雙重因素的交互推動下，出現了一股追求科技知識的新潮，產生一次小型的「科學革命」。

從萬曆後期至明末，中國學者和歐洲耶穌會士合作，編譯了一批介紹西方科技的著作。在天文曆書方面，有《乾坤體義》（利瑪竇著，李之藻譯）等；在火器方面，有《海外火攻神器說》、《祝融佐理》、《則克錄》（湯若望講，焦勖筆錄）等；在物理方面，有《遠西奇器圖說》（鄧玉函著，王徵譯述）等；在水利方面，有《泰西水法》（熊三拔著，徐光啓譯）等；在數學方面，有《幾何原本》（利瑪竇、徐光啓合著）、《圜容較義》（利瑪竇口述，李之藻譯）、《測量法義》（利瑪竇口述，徐光啓譯）、《同文算指》（利瑪竇口述，李之藻譯）等；在地理方面，有《職方外紀》（艾儒略・楊廷筠等編譯）等。這些著作所介紹的，雖然還不是西方當時最先進的科學技術，但在一定意義上填補了中國科學技術的空白。

天啓、崇禎時期，西方傳入的科技有一部分轉化爲實用，和當時政治、軍事關係密切的天文曆法、火炮備受重視，被明廷採納使用。曆法是國家大典，明代規定民人不得私習天文，但明代奉行的「大統曆」（回回曆）在測算方面經常出現問題，歐洲耶穌會士帶來的西洋曆法遂爲朝廷注意。天啓間經過雙方反復測試辨爭，耶穌會士鄧玉函被召入曆局，負責修曆法。崇禎元年（一六二八年）五月日蝕，欽天監推算刻數不合，徐光啓受命監修曆事，「與西洋龍華民、湯若望等精心測驗，上《曆書》，前後共三十一卷，大約按地南北，差其先後，以交食不誤爲準」（查繼佐：《罪惟錄》，〈列傳〉卷十一下）。「其辨時差里差之法，最爲詳密」（《明史》卷二五一，〈徐光啓傳〉）。崇禎十四年（一六四一年）十一月，崇禎帝親臨觀看湯若望測驗日蝕，計算吻合，乃決定採用新曆法。火炮是新式火器，在邊防緊急的情勢下，明廷命湯若望監製西式大砲，並運用於遼東戰場和北京城防。

明末重要的科技著作，有徐光啓的《農政全書》、徐宏祖的《徐霞客遊記》和宋應星的《天工開物》。

徐光啓，字子先，號玄扈，上海人，生於嘉靖四十一年（一五六二年），卒於崇禎六年（一六三三年）。萬曆三十一年（一六〇四年）舉進士，官至禮部尚書，崇禎五年（一六三二年）「以本官兼東閣大學士，入參機務」（《明史》卷二五一，〈徐光啓傳〉）。他雖官居高位，但一生「澹泊自好，生平務有用之學，盡絕諸嗜好，博訪坐論，無間寢食」（查繼佐：《罪惟錄》，〈列傳〉卷十一下）。他曾虛心「從西洋人利瑪竇學天文、曆算、火器，盡通其術，遂遍習兵機、屯田、鹽筴、水利諸書」（《明史》卷二五一，〈徐光啓傳〉），因此他學識十分淵博，在政務之餘，致力於科學技術事業。

徐光啓的家鄉松江上海一帶，是嘉靖萬曆時期我國農業最先進的地區之一，無論是經濟作物的種植，集約化的經營，農田的耕作管理等方面，都有很大的進步。他的青壯年時期，均與農村有緊密的關係；對各種農業技術有較深切的了解。他四十二歲成進士後，一度被委派去管理田政，親自從事了農業科學的試驗。在此基礎上，他廣泛收集了歷代的農業科學資料，結合自己的親身體驗，把宋、元以來的農業科學研究成果與明代的農業實踐相互印證，總結分析，於天啓七年（一六二七年）完成《農政全書》初稿（參見梁家勉：《徐光啓年譜》，上海古籍出版社一九八一年版）。全書六十卷，分農本、田制、農事、水利、農器、樹藝、蠶桑、蠶桑廣類、種植、牧養、製造、荒政等十二目，「自夫溝封，景俟器物，皆可仲指知寸，舒掌知尺。既悉其事，復列其圖，農之爲通，凡既備矣」（徐光啓：《農政全書》，方岳貢序）。《農政全書》是集我國古代農學大成的巨著，它立足於嘉靖萬曆時期我國傳統農業最爲發達這一時代背景，因此，它的成就達到了我國傳統農業科學的頂峰，這對我國這樣一個人口眾多而又長期以農業爲生命線的社會來說，其意義是十分深遠的。

徐宏祖，字振之，號霞客，江南江陰人。生於萬曆十四年（一五八六年），卒於崇禎十四年（一六四一年）。他自幼就喜歡探奇於歷史地理，「厭棄世俗，欲問奇於名山大川」（〈徐霞客墓誌銘〉）。青年時代便開始出外遊歷，年三十，「攜一僕被遍歷東南佳山水，自吳越之閩之楚，北歷齊、魯、冀、嵩，雒，登華山而歸。旋復由閩之粵，又由終南背走峨眉，訪恆山，又南過大渡河，至黎雅尋金沙江，從瀾滄北尋盤江，復出石門關數千里，窮星宿海而還」（《四庫全書總目提要》）。他每到一處，不避艱險，「輒爲文」，把山川、源流、地貌、地質、氣候、動植物生態與分布等等方面詳加探索記述。他的各篇遊記，不僅是地理學著作，具有極大的科學價值，也是很優美的散文作品。《四庫全書總目提要》評曰：「宏祖耽奇嗜僻刻意遠遊，既銳於搜尋，尤工於蓦寫。遊記之夥，遂莫過於斯篇，雖足跡所經，排日記載，未嘗有意於爲文，然以耳目所親見聞較確，且黔滇荒遠，輿志多疏，此書於山川脈絡剖析深明，尤爲有資考證，是亦山經之別乘，輿記之外篇矣」（《四庫全書總目提要》）。

徐宏祖死後，其手稿得不到社會的重視，「沒後手稿散逸」，幸得其友人季夢良等爲其校訂保存，才得以傳世。清代楊名時又對這些《遊記》重加編訂爲十二卷，「第一卷自天台雁蕩以及五臺恆華各爲一篇；第二卷以下皆西南遊記，凡二十五篇，首浙江江西一篇，次湖廣一篇，次廣西六篇，次貴州一篇，次雲南十有六篇」（《四庫全書總目提要》）。乾隆四十一年（一七七六年），宏祖族孫徐鎮根據楊名時校本刊刻，《遊記》才最後正式出版。

宋應星，字長庚，江西奉新人，生於萬曆十五年（一五八七年），萬曆末年舉人，曾在江西、福建、安徽等地任過教諭、推官、知州等地方小官。崇禎十七年（一六四四年），辭官回鄉，約卒於順治年間。他生活在明代工商業經濟發達的年代，正像他自己所說：「幸生聖明極盛之世，滇南車馬，縱貫遼陽，嶺徼宦商，衡遊薊北，爲方萬里中，何事何物不可見見聞聞」

（宋應星：《天工開物》卷首，自序）？萬曆時期發達的工商業經濟激發了宋應星投身科學事業的興趣。他孜孜以求，經過長期的搜求和積累，終於在崇禎十年（一六三七年）寫成了傑出的科學著作《天工開物》。

《天工開物》共三卷十八篇，先介紹農業技術，後介紹手工業技術，取「貴五穀而賤金玉之義」（宋應星：《天工開物》卷首，自序）。全書首論糧食與服飾的生產，分「乃粒第一」、「乃服第二」，其中既包括糧食和棉麻等農作物種植，也包括了糧食原料的加工、製糖、製鹽，以及養蠶、繅絲、染作等手工業操作技術。其次是記載各種日用物品的製造，最後是關於五金開採冶煉以及兵器、火藥等等方面的技術。在各種品物之下，不但詳細記載它們所用原料和生產過程，而且多以形象圖解。據宋應星的〈自序〉可知：《天工開物》本來還有〈觀象〉、〈樂律〉二卷，但因他自己認爲「其道太精，自揣非吾事，故臨梓刪去」（宋應星：《天工開物》卷首，自序。）。體現了他的科學求實的探索精神。

《天工開物》一書充分反映了明代中後期的社會生產力發展水平，尤其是手工業技術的發展水平，可以稱得上是世界第一本有關農業和手工業生產技術的百科全書。

經世、實用之學的興盛，對改變束書不觀的空疏學風，引導人們關心國事、天下事，探討國計民生的問題，具有進步的意義。以東林、復社爲代表的一批知識份子，爲改良政治，挽救明朝危亡，實踐其經世的宣言，精神也是可貴的。但是，他們在學術上的反動趨向，和萬曆時的異端相比較，是保守和改良主義的。這種反動成爲潮流，在學術上遏制了反正統的言行，彌合了傳統文化已經出現的裂痕；在政治上反對和抵制社會革命，爲明王朝縫罅補缺，最終也未能挽救明朝的滅亡。

第十一章 明末農民大起義和李自成攻占北京

第一節 席捲北方的農民反抗風暴

一 天啟間的白蓮教起義和崇禎前期的西北農民軍

天啓、崇禎年間，隨著封建政府的腐敗和經濟剝削的加重，農民以及其他下層民眾的生活日益困苦，民不聊生，怨聲載道，終於爆發了規模宏大的農民反抗運動。

明代北方的農民反抗運動，自正德年間劉六、劉七的起義失敗以後，一度落入低潮，但民間的祕密宗教組織卻暗暗發展起來，山西崞縣人李福達世習白蓮教，「鼓吻驚俗，謂彌勒佛空降，當主世界」（查繼佐：《罪惟錄》，〈列傳〉卷三十一），教徒頗眾。嘉靖、隆慶時，山西呂明鎮（老祖）「以白蓮妖術謀不軌」，趙全、丘富等從之，「事覺，明鎮伏誅，富與全率黨李自馨、劉四、趙龍、呂老十、猛谷王之屬叛歸俺答，駐邊外古豐州，地名曰板升，……眾至數萬。」（《明史紀事本末》卷六十）此後，「亡命者窟板升，開雲田豐州地萬頃，連村數百，驅華人耕田輸粟，反資虜用，所居為城郭宮室，極壯麗。……全叛後，教虜左右疏計課校人牛畜，益事攻取、圍困、掩襲事，諸鎮疲於奔命矣。」（瞿九思：《萬曆武功錄》卷八）萬曆中期以後，政治更加腐敗，經濟剝削不斷加重，人民的反抗鬥爭再度興起，特別是以祕密宗教為聯繫紐帶的民間反抗組織，發展迅速。北直隸薊州皮工王森組織聞香教，其教徒遍布河北、山東、山西、河南、陝西、四川等地。萬曆二十七年（一五九九年），白蓮教徒趙古元在徐州一帶組織農民暴動，「約以二月二日各處兵馬八路齊起，先揚准，次取徐州新河口，阻絕糧運，次取金陵、燕都」（《明神宗實錄》卷三四五），但事洩失敗。萬曆四十二年（一六一四年），白蓮教首領王森在京師傳教被捕，死於獄中。其弟子徐鴻儒繼續組織白蓮教，於天啓二年（一六二二年）聯絡景州于弘志、曹州張世佩等，圖謀起義，「約是年中秋並起兵」，會謀洩，徐鴻儒「遂先期反，自號中興福烈帝，稱大成興勝元年，用紅巾為識」（《明史》卷二五七，〈趙彥傳〉）。當時，山東各地人民生活十分困苦，深受地主、官僚的壓迫，《明史・姬文允傳》載：「文允宰滕縣，白蓮賊反，民皆從亂，文允問故，咸曰：『禍由董二』，董二者，故延綏巡撫董國光子，居鄉橫暴，民不聊生，故被虐者至甘心從賊」（趙翼：《廿二史札記》卷三四，〈明鄉官虐民之害〉）。於是，當地農民「多攜持婦子，牽牛架車，裹糧橐飯，爭趨赴之，竟以為上西天云」（康熙《郯城縣志》卷九，〈災祥〉）。農民隊伍很快就攻陷了鄆城、鄒縣、滕縣、嶧縣，「眾至數萬」（《明史》卷二五七，〈趙彥傳〉）。其時河北景州的于弘志亦在武邑、棗強、衡水等地起兵響應；又有劉永明者，自稱安民王，其頭目二十八人，塗面按列宿，聚眾二萬人」，與徐鴻儒的隊伍會合，起義聲勢大振。他們計劃「南通徐淮、陳、潁、蘄、黃，中截糧運，北達神京，爲帝爲王。」（《括蒼叢書》第一集，王一中：《靖匪錄》）不久，又攻夏鎮，「掠糧艘四十餘號，阻運河。」明朝政府急忙調動各地駐守軍隊，「請留京操班軍及廣東援遼軍」。經過半年多的戰鬥，徐鴻儒不幸被部下侯五、魏七出賣，傳送明軍，結果被殺。其餘部繼續堅持鬥爭至四年（一六二四年）。

山東、河北一帶的農民反抗鬥爭被鎮壓後不久，更大規模的農民運動在西北各地揭開了序幕。明代西北地區社會生產力低下，在封建政府和地主、官吏的壓迫下，人民的生活十分貧困。自萬曆後期至天啓年間，又不斷發生嚴重的自然災害，「連年赤地，斗米千錢不能得，人相食。」而官府又因遼東的軍餉急迫，「徵督如故，民不能供，道殣相望」（《懷陵流寇始終錄》卷一）。人民無以爲生，遂相繼爲盜。因此，早在萬曆末、天啓間，西北的小股「流賊」已經相當活躍。再加上當時明朝政府「因遼事孔棘，精神全注東方」（楊嗣昌：《楊文弱先生集》卷十），忽視了對西北的鎮壓，這給西北農民運動的大規模興起創造了有利條件，各地流民飢軍「強半從賊」，相互聯絡，以漸蔓延，終於釀成了燎原之勢。

天啓七年（一六二七年）二月，陝西澄城知縣張斗耀不顧人民死活，「催科甚酷，民不堪其毒。」（文秉：《烈皇小識》卷二）十五日黃昏時，正當張斗耀坐堂比糧之時，白水王二帶領數百名農民，以墨塗面，手持利器，衝擊縣衙，殺死張斗耀，「團聚山中」（文秉：《烈皇小識》卷二），官兵剿之不得。

澄城農民暴動成功之後，各地農民、飢軍紛紛響應。崇禎元年（一六二八年），陝西各地普遍發生暴動，府谷縣王嘉允、清澗縣王左掛、安塞高迎祥等先後率眾起事。其後，陝西三邊固原、延綏的飢兵也紛紛發生嘩變，先是「援遼兵丁陸續逃回，不敢歸伍，因而結眾搶掠，漸以蔓延……飢民飢軍，大率從賊」（《明末農民起義史料》第二十七頁，〈楊鶴供狀〉）。固原的兵變士卒劫取了固原州的財物，攻掠涇陽、富平、三原等縣，而延綏的飢軍，在神一元領導下，攻克新安邊、寧塞營、柳樹澗三堡。甘鎮總兵楊嘉謨統領的軍隊，在王進才等的率領下，殺死參將、把總。崇禎初年，明政府又裁減西北驛遞的經費和人員，驛卒的生活十分困苦，「赤條寡漢鵠立站頭，候人雇替，一切肩輿重擔，不過十餘錢，即送大地十里餘，謂之招班，得此便苟延一日之命，其窮如此，而秦、晉之間尤甚，故驛遞一裁而此輩無以自活，亦紛紛揭竿而起」（史惇：《慟餘雜記》）。從崇禎元年至三年間，各地暴動此伏彼起，勢若燎原烈火。史載：「崇禎元年，延安大飢，王嘉允起於府谷，王二起於白水，相聚黃龍山爲盜，不沾泥黑煞神等起於洛川，王和尚、混天王等起於延川，各有眾三四千人。漢南盜亦大起，略陽、涇陽、富平、耀州之間囂然也」（嚴如煜：《漢南續郡志》卷二四，引舊《延綏鎮志》）。彭遵泗的《蜀碧》載道：「平涼延安之間，飢民相聚爲盜，首亂者爲王之順、苗美、張聖、姬三兒、王嘉允、黃虎、小紅娘、一丈青、龍得水、混江龍、掠地虎、上天猴、闖王、孟良、劉六等等，名目甚眾，督撫討之，久無成功」（彭遵泗：《蜀碧》卷一）。農民、飢軍、驛卒的暴動，幾乎遍及陝北各地。

崇禎三年（一六三〇年）起，陝西的農民暴動隊伍開始大規模進入山西。是年三月，老回回馬守應、八金剛、王子順、上天猴等部渡過黃河，分兵兩路進入山西西北部，十月，攻佔了山西省西北部的重要城鎮河曲，控制了黃河渡口。其後，陝西農民暴動的另外幾支主力如王嘉允、羅汝才、張獻忠、李自成等，亦先後率部進入山西，他們與山西的飢民合爲一體，聲勢更爲壯大，當時人指出：「始之寇晉者，秦人也，今寇晉者，半晉人矣，二三月間，從賊者十之一，六七月而從賊者十之三，至今冬而從賊者十之五六矣」（康熙《絳州志》卷四，〈藝文〉，王臣直：〈存恤良民以輯流寇議〉）。

起初，陝西各地農民暴動一時並起，發展迅速，各樹一幟，又多以「流寇」形式活動，故相互間缺乏聯繫，一般都各自爲戰，叛撫不常，易爲明朝分化瓦解，各個擊破。崇禎四年（一六三一年）以後，農民暴動隊伍的主力集結在山西，各部勢力趨向於某種聯合，「小並爲大」（彭遵泗：《蜀碧》卷一）。四年五月，實力最強的王嘉允部被明朝悍將曹文詔用計擊破，損失慘重，王嘉允被殺，其部下左丞紫金梁（王自用）收拾餘部，再樹旗幟。他與其他各部首領都認識到相互聯絡的必要性，於是各部眾推王自用爲首領，會合高迎祥、掃地王、邢紅狼、張獻忠、黑煞神、曹操（即羅汝才）、亂世王、闖將李自成、闖塌天劉國能、滿天星、老回回、李晉王、黨家、破甲錐、八金剛、混天王、蝎子塊、點燈子趙勝、不沾泥、張妙手、白九兒、一陣風、七郎、大天王、九條龍、四天王、上天猴、丫頭子、齊天王、映山紅、催山虎、冲天柱、油里滑、革里眼賀一龍等部，稱三十六營，各營相互配合，分頭作戰，攻城略地，在山西取得了很大的發展。四年（一六三一年）底，「山西賊大盛，剽掠鄉寧、石樓、稷山、聞喜、河津間。五年（一六三二年），賊分道四出，連陷大寧、隰州、澤州、壽陽諸州縣，全晉震動」（《明史》卷三〇九，〈李自成傳〉）。

陝西的農民暴動普遍發生之後，引起了明朝政府的重視，但當時陝西多年災害，地方十分破敗，武備鬆弛，「八郡縣無守備」（《明史》卷二五七，〈趙彥傳〉）。較爲精銳的部隊又被調去京畿勤王，明朝政府要對各地暴動的隊伍實行嚴厲的鎮壓，實際上力不從心。因此，時任陝西三邊總督的楊鶴提出了對暴動農民進行招撫的主張。他認爲與其把政府的人力物力花費在沒有把握的剿殺上，還不如把錢花在招撫賑濟農民上，幫助農民復業，這樣不僅可以消弭暴亂，而且還可以使農民重新受到政府的控制，「盜息民安，利莫大焉」（《崇禎長編》卷四）。崇禎四年（一六三一年）正月，崇禎帝採納了楊鶴的建議，派御史吳甡帶帑金十萬兩往陝西放賑招撫。一時在陝西境內的各部農民暴動隊伍，紛紛接受招安。

但是楊鶴的主撫政策未能推行多久，便以失敗告終。其根本原因是明政府的招撫政策並不能真正解決在天災人禍之下農民坐以待斃的問題，吳甡帶來的賑銀十萬兩，杯水車薪，「所救不及十一」（《綏寇紀略》卷一），人民無以存活，只好再次爲盜，搶掠如故。另一方面，明政府的所謂賑撫災民，只是爲了鎮壓農民暴動的一個手段，並不是真正地爲民眾的疾苦著想，因此，許多受招撫的農民暴動首領如王左掛、苗登雲等慘遭殺害，這就迫使各路受撫的農民隊伍紛紛復起。楊鶴招撫失敗，被革職，「扭解來京究問」（楊嗣昌：《楊文弱先生集》卷四）。

明朝政府改變招撫的政策，派洪承疇爲陝西三邊總督，專事剿滅農民暴動隊伍。留在陝西境內的農民軍隊伍，受到了很大的打擊，餘部亦紛紛渡過黃河進入山西境內。於是，明朝政府著手加強山西的圍剿力量。崇禎五年（一六三二年）十二月，臨洮總兵曹文詔奉命率精銳進入山西會剿，授權「節制秦晉諸將」（《明末農民起義史料》第五十九頁）。不久，又派陝西總督洪承疇兼管山西河南軍務。「六年（一六三三年）春，官兵共進力擊，……屢戰皆大克，前後殺混世王、滿天星、姬關鎖、翻山動、掌世王、顯道神等，破自用、獻忠、老回回、蝎子塊、掃地王諸賊。其後，自用又爲川將鄧玘射殺之，山西三大盜俱敗」（《明史》卷三〇九，〈李自成傳〉）。

在官兵的壓迫下，農民軍向京師南部和河南北部轉移，「大掠順德、真定間，大名道盧象升力戰卻賊，賊自邢臺摩天嶺西下，抵武安，敗總兵左良玉，河北三府焚劫遍」（《明史》卷三〇九，〈李自成傳〉）。明朝爲了保護京師的安全，派數省重兵把農民軍圍困在河南北部地區，「京兵蹙其後，左良左、湯九洲等扼其前，連戰於青店、石岡、石坡、牛尾、柳泉、猛虎村，屢敗之，賊欲逸、阻於河，大困。」（《明史》卷三〇九，〈李自成傳〉）

在這危急的時刻，明朝內部的傾軋幫了農民軍的大忙。當時進剿農民軍的官兵中，以陝西曹文詔最爲驍悍，「文詔轉戰秦、晉、河北，遇賊輒大克。御史復劾其驕倨，調大同總兵去」

（《明史》卷三〇九，〈李自成傳〉），合圍的官軍出現了缺口。各路官軍又有宦官典軍，「群帥觀望」（《明史》卷二七三，〈鄧玘傳〉），未能專心事剿。於是農民軍詭辭乞降，並趁天氣驟寒，黃河封凍成橋，突從毛家寨策馬徑渡，連陷澠池、伊陽、盧氏三縣，衝破官軍的重圍，進入河南中部大地，並分頭向陝西和四川進擊，所在告急（《明史》卷三〇九，〈李自成傳〉）。

崇禎七年（一六三四年）春，明朝政府爲了遏止農民軍在中原地區的攻勢，特設山、陝、河南、湖廣、四川總督，以延綏巡撫陳奇瑜爲之，重新調集五省兵馬圍剿農民軍。農民軍連遭重創，張獻忠等奔商、雒，李自成等則被包圍在漢中興安的車箱峽。會大雨兩月，「馬乏芻多死」（《明史》卷三〇九，〈李自成傳〉），農民軍「弩解刀蝕，衣甲浸，馬蹄穿，數日不能一食」（康熙《靈壽縣志》卷十，〈藝文下〉，傅永淳：〈劾總督陳奇瑜疏〉），處境十分狼狽。陳奇瑜以爲農民軍指日可殲，「意輕敵」。李自成等再次採取僞降手段，陳奇瑜中計，決意招撫，「檄諸將按兵毋殺，所過州縣爲具糗傳送」（《明史》卷三〇九，〈李自成傳〉）。農民軍整旅從容出走車箱峽，立即反戈出擊，連克鄠縣、扶風、武功、麟遊、鳳翔、寶鷄、岐山七州縣，而略陽等地農民軍數萬亦來會合，勢力愈張。陳奇瑜被削籍逮問。十一月，明朝提升洪承疇繼任總督山、陝、川、湖、河南五省軍務。

洪承疇調集重兵向在陝、甘一帶活動的農民軍發動進攻。這時，山西、河南、湖廣、四川的明軍分「四道入陝」，準備聚殲高迎祥、李自成等，「迎祥、自成遂竄入終南山」（《明史

》卷三〇九，〈李自成傳〉）。稍作休整，「悉眾東奔，分道入河南」（《平寇志》卷一），攻陷陳州、靈寶、汜水、黎陽等地。這是農民軍第二次大規模地進軍河南。崇禎八年（一六三五年）正月，農民軍在河南再次聯合，號稱十三家七十二營，「有二三十萬之多。」（《平寇志》卷一）在高迎祥、羅汝才、老回回、革里眼、左監王、改世王、射塌天、八大王、橫天王、混十萬、過天星、九條龍、順天王等率領下，自河南東下，十數日內，連下固始、潁州。十五日清晨，農民軍突然進抵明代的「龍興」之地鳳陽，守軍措手不及，農民軍放火燒毀了明皇陵和龍興寺，明廷大為震動，「事聞，帝素服哭，遣官告廟，逮漕運都御史楊一鵬棄市，以朱大典代之，大徵兵討賊」（《明史》卷三〇九，〈李自成傳〉）。

正當農民軍在鳳陽歡慶之時，張獻忠與李自成首次發生了矛盾，「鳳陽之陷也，張獻忠與自成皆在焉。獻忠得陵監所教響於小奄十二人，每飲酒，令之奏樂。自成求之，勿與，固以請，獻忠毀樂器，而後以其人歸，自成殺之，兩人由此相失」（《綏寇紀略》卷九）。張獻忠獨自率眾，東下廬州、安慶，經湖廣回到陝西，李自成則「偕迎祥西趨歸德，與曹操、過天星合，復入陝西」。此時陝西「殘破已極，災荒異常」，人民求生無望，「從賊者如歸市」（盧象升：《盧忠肅公集》卷十一，〈與蔣澤壘先生〉），農民軍隊伍很快就達到百萬人以上。洪承疇調派各部明軍圍堵農民軍，卻屢遭失敗，「副總兵劉成功、艾萬年擊迎祥、自成於寧州，萬年中伏戰死」（《明史》卷三〇九，〈李自成傳〉）。不久，悍將曹文詔亦中伏戰死。「關外豫楚諸官軍聞之，皆為奪氣」（《綏寇紀略》卷三）。

農民軍雖在陝西取得發展，但他們均注重於攻城略地，搶奪政府及地方財物以供軍給，而對經濟生產活動毫不經意，故在陝西極度飢荒的情況下，農民軍在陝西亦難以存活。崇禎八年（一六三五年）下半年，以闖王高迎祥爲主力的各支農民軍再次東下河南、安徽、湖廣一帶掠食。「李自成獨留秦中」（《明史紀事本末》卷七十八，〈李自成之亂〉），在陝西堅持鬥爭。

爲了剿滅大舉出關東下的農民軍主力，明廷又任命湖廣巡撫盧象升總理直隸、河南、山東、四川、湖廣等處軍務，「詔承疇督關中，象升督關外」（《明史》卷三〇九，〈李自成傳〉）。從崇禎八年（一六三五年）底到九年（一六三六年）上半年，明軍與高迎祥的農民軍主力展開了激烈的追逐戰。「秦中洪亨老（指洪亨九，即洪承疇）與之大戰三次。近入豫地，某（盧象升）與之大戰兩次，計禽斬死傷逃散可二萬計」（盧象升：《盧忠肅公集》卷十一，〈與少司成吳葵庵書八首〉）。九年（一六三六年）正月，高迎祥等東下安徽，圍攻滁州，盧象升率明軍馳援，大戰於城東，農民軍失利，撤圍走，旋又進入河南，在明軍的堵截下，消耗很大。農民軍撤回陝西，「由鄖、襄趨興安、漢中」（《明史》卷三〇九，〈李自成傳〉）。七月中旬，高迎祥帶領部隊開進盩厔縣，陝西巡撫孫傳庭和洪承疇所部官軍尾隨而來，雙方在黑水峪展開了激烈的戰鬥，農民軍大敗，高迎祥被俘犧牲，「餘眾殲散殆盡」（孫傳庭：《鑑勞錄》）。

高迎祥被殺，對於當時西北農民軍是一個重大的打擊。自崇禎六年（一六三三年）五月西北農民軍的盟主紫金梁王自用戰死以來，以高迎祥最能服眾，他轉戰於陝西、寧夏、甘肅、山西、河南、安徽、湖廣等地，許多力量較小的農民軍都曾同他聯合作戰，對明軍打擊最大。明軍各將領也把高迎祥視爲第一勁敵，「宜合天下之力，懸重購必得其首，第獲闖（闖王高迎祥），餘賊不足平」（《綏寇紀略》卷五）。因此，高迎祥死後，西北農民軍的活動一度處於低潮。不久，李自成繼爲闖王，張獻忠的隊伍也得到了較大的發展，從此，西北農民軍形成了以李自成和張獻忠爲首的兩大勢力。

二 張獻忠領導的大西農民軍

張獻忠，字秉吾，號敬軒，陝西延安柳樹澗人，出生於萬曆三十四年（一六〇六年），父爲農民兼小販，家境貧寒。獻忠幼年曾入塾讀書，粗通文字。青年時落魄無依，常受欺凌，不勝壓抑。崇禎三年（一六三〇年），陝西各地民眾暴動甚烈，張獻忠在火脂以十八寨之眾投奔王嘉允，號稱八大王。崇禎四年（一六三一年）六月，王嘉允被明軍殺害，張獻忠就撫於總督洪承疇，五年（一六三二年）復叛（查繼佐：《罪惟錄》，〈列傳〉卷三十一）。當時西北農民軍在山西進行聯合，推舉紫金梁王自用爲盟主，「獻忠及高迎祥、羅汝才、馬守應等皆爲之渠」（《明史》卷三〇九，〈張獻忠傳〉）。他已經是三十六營中一營的首領。張獻忠作戰勇敢，「臨戰輒先登，於是眾服其勇」（康熙《陝西通志》卷三十一，〈雜記・盜賊附〉），且策略多變，明朝政府素來把張獻忠當作主要的剿滅對象之一。崇禎六年（一六三三年）冬天，明朝政府調來數省軍隊，雲集在晉、冀、豫三省的交界地區，企圖把進入山西的西北農民軍一網打盡，張獻忠與高迎祥等人再次詐降。明軍監軍太監楊進朝、盧九德等不知是計，馬上向朝廷奏報，接受農民軍的投降，停止對農民軍進剿。十一月底，張獻忠與其他各部農民軍趁機渡過黃河，進入河南等中原大地。「自是，陝西、河南、湖廣、四川、江北數千里地，皆被蹂躪。當此之時，賊渠率眾無專主，遇官軍，人自為鬥，勝則爭進，敗則竄山谷不相顧，官軍遇賊追殺，亦不知所逐何賊也。賊或分或合，東西奔突，勢日強盛」（《明史》卷三〇九，〈張獻忠傳〉）。

崇禎八年（一六三五年），西北各部農民軍轉戰於山西、河南、湖廣、陝西等省後，再次聚眾進入河南，所謂「十三家會滎陽」。張獻忠隨闖王高迎祥連破河南、江北諸縣，進入安徽，克潁州，破鳳陽，燒毀了皇陵。但就在這時，張獻忠與李自成發生了矛盾，高迎祥和李自成等西趨河南，回到陝西。張獻忠獨自率眾東下廬州、舒城，經過湖廣最後也回到陝西。這年冬天，張獻忠與高迎祥、馬守應等再次東出潼關，進入河南。

崇禎九年（一六三六年）正月，張獻忠隨高迎祥等再次東下安徽，不久高迎祥等率部回到陝西，張獻忠則「與迎祥分道走」（《明史》卷三〇九，〈張獻忠傳〉），轉戰在河南、湖廣一帶。是年七月，高迎祥在關中被官軍俘殺，李自成部亦連連受挫，從此至崇禎十三年（一六四〇年），張獻忠率領的隊伍實際上成了農民軍的主力。

崇禎十年（一六三七年）秋天，張獻忠聯絡老回回馬守應、蝎子塊等，從河南進入湖廣，有眾三十餘萬，向襄陽發起進攻。「總兵秦翼明兵寡不能禦，湖廣震動。獻忠糾汝才、守應及闖塌天諸賊，順流東下，與江北賊賀一龍、賀錦等合，烽火達淮揚。……間道犯安慶，連營百里」（《明史》卷三〇九，〈張獻忠傳〉）。南京為之震動，明廷急調左良玉、馬爌、劉良佐等合兵阻截，獻忠戰之不利，從安徽敗回湖廣，退守湖北房、竹一帶。

崇禎十一年（一六三八年）春，兵部尚書熊文燦總理南畿、河南、山西、陝西、湖廣、四川軍務，主張對農民軍進行招撫。張獻忠趁機表示願意接受招撫，「自言能令鄖、襄、荊、承數百里外無一賊」（查繼佐：《罪惟錄》，〈列傳〉卷三十一），正月九日，張獻忠率部進占湖北穀城，並厚賄熊文燦。熊文燦大悅，向朝廷建議招撫張獻忠，太監劉元斌等亦受獻忠厚賄，力贊招撫之策。於是，崇禎帝決定招撫張獻忠，並授予明軍副將的札付。是時，熊文燦以為得計，「益大發檄撫賊，（羅）汝才以戰敗乞降於太和山監軍太監李繼政。明年，射塌天、混十萬、過天星、關索、王光恩等十三家渠帥，先後俱降。陝西總督洪承疇、巡撫孫傳庭復大破李自成，自成竄崤、函山中，朝廷皆謂賊撲剪殆盡」（《明史》卷三〇九，〈張獻忠傳〉）。

張獻忠受撫，後果嚴重，但他仍保持相對的獨立性，「獻忠在穀城，訓卒治甲仗，言者頗疑其欲反，帝方信兵部尚書楊嗣昌言，謂熊文燦辦賊，不復憂也」（《明史》卷三〇九，〈張獻忠傳〉）。在這前後，正是楊嗣昌掌握內閣和兵部大權的時侯，他一方面支持熊文燦招撫農民軍，一方面又加緊策劃用武力鎮壓農民軍。自崇禎初年以來，明朝政府為了剿滅農民軍，屢屢損兵折將，消耗了大量的財餉，明政府已處於財竭力窮的地步。因此，張獻忠等人的受撫，對於雙方來講，都可得到一個暫時喘息、重新調整的機會。楊嗣昌加緊籌軍備戰，增派糧餉，「議增兵十二萬，增餉二百八十萬」（《明史》卷二五二，〈楊嗣昌傳〉），乃有練餉之徵，同時又策劃了「四正」、「六隅」、「十面網」之法，企圖在近期內一舉消滅農民軍。所謂「四正」、「六隅」之法，就是以楊嗣昌爲督師，以陝西、河南、湖廣、鳳陽爲「四正」，責成這四個地方的巡撫「分任剿而協防」，即以剿爲主，防守爲輔；又以延綏、山西、山東、應天、江西、四川爲「六隅」，責成這些地方的巡撫「時分防而時協剿」，即以堵截農民軍進入管區爲主，協剿爲輔，這樣就構成對農民軍的「十面網」大包圍；最後以陝西三邊總督統率西北邊兵、總理中原五省事務直轄的機動兵力作爲專剿的主力，「隨賊所向，專任剿殺」（楊山松：《孤兒籲天錄》卷二），殲滅農民軍。

楊嗣昌力主增兵擴餉的結果，是逼使人民更加貧困，他自己就曾經說過：「黃河以南，大江以北，東西七、八千里，止有州縣城池尙在，其餘村落殘破難堪。臣昨從湖廣荊州、襄陽二府、河南南陽、開封二府過來，親見地方數百里無一莖青草，人民相食，至不忍言」（楊嗣昌：《楊文弱先生集》卷四十三）。加派練餉之後，人民怨聲載道，實際上就是把數以百萬計的飢民趕到農民軍一邊去，所謂「練餉之害，三年以來，農怨於野，商歎於道」（《明史》卷二七五，〈左懋第傳〉）。「嗣昌倡爲聚斂之說，致天下民窮財盡，人胥爲盜」（《明史》卷二五一，〈蔣德璟傳〉）。人民反抗的意識更加強烈。而張獻忠、羅汝才則利用「受撫」的時機，加緊休整操練，「人不散隊，械不去身」（康熙《吳橋縣志》卷七，〈藝文〉，范景文：〈撫賊未可輕信叛形業已漸張疏〉），「每日置造戰船，已積至百有餘號，及打造極精軍器」（〈楊鴻揭帖〉，載《中國史研究》一九七九年第四期），「買馬製器，日夜整辦，惟恐不及」（王鰲永：《撫鄖疏稿》，〈為遵旨自行奏明事〉）。同時還在經濟上積極作準備，一方面屢向明朝政府請地討餉，「至求襄陽一郡屯其軍，部議與餉二萬，，堅請十萬」（查繼佐：《罪惟錄》，〈列傳〉卷三十一）；另一方面，則「差馬兵手持張副總票（張獻忠受撫後被授予副總兵之職），四出於光（化）、穀（城）、襄（陽）、棗（陽）之間，迫分秋糧」（王瑞枏：〈上理按兩院書〉），這樣就使張獻忠的勢力得到了進一步的充實。

崇禎十二年（一六三九年）四月下旬，楊嗣昌認爲時機成熟，與五省軍務總理熊文燦密謀，準備調集陝西、四川邊兵與左良玉、陳洪範等配合，「出師關、洛，趨會鄖襄，與理臣合兵夾擊」（楊嗣昌：《楊文弱先生集》卷三十二），消滅張獻忠。張獻忠看清了明軍的意向，決定先發制人，在崇禎十二年（一六三九年）五月初九日率部重新反叛，「殺知縣阮之鈿，隳穀城」（《明史》卷三〇九，〈張獻忠傳〉）。不久，羅汝才亦起兵響應，張獻忠決定西進房縣，同羅汝才等部會合，陷房縣，擊敗明軍左良玉部，獻忠之勢大振。

張獻忠、羅汝才復起之後，總理熊文燦、河南總兵張任學等被革職，首謀楊嗣昌被迫「自請督師」（《明史》卷三〇九，〈張獻忠傳〉）。於是，崇禎帝授予楊嗣昌禮部兼兵部尚書、東閣大學士的官銜，就任督師，賜尚方劍，「各省兵馬自督、撫、鎮以下俱聽節制，部、參以下即以賜劍從事」（楊嗣昌：《楊文弱先生集》卷三十五）。楊嗣昌到襄陽以後，立即爲左良玉討得「平賊將軍印」，令其總統諸部，專力剿殺。崇禎十三年（一六四〇年）閏正月，左良玉與張獻忠大戰於太平縣瑪瑙山，獻忠大敗，「斬首千三百餘級，擒獻忠妻妾。湖廣將張應元、汪之鳳追敗之水右壩。川將張令、方國安又邀擊於岔溪。獻忠奔柯家坪，張令逐北深入，被圍，應元、之鳳援之，復破賊，獻忠率千餘騎竄興、歸山中，勢大蹙」（《明史》卷三〇九，〈張獻忠傳〉）。

正當張獻忠部危急之時，明軍督師楊嗣昌與左良玉發生了矛盾，「時閣部嗣昌以良玉頗跋扈，欲以賀人龍代之，良玉方內恨」（查繼佐：《罪惟錄》，〈列傳〉卷三十一），獻忠趁機「遣間說良玉，良玉乃圍而不攻」（《明史》卷三〇九，〈張獻忠傳〉）。是年秋，張獻忠與羅汝才等突圍進入四川。陷大昌、劍州，復走巴西，來回轉戰，川撫邵捷春退扼涪江，「涪江師潰，捷春論死，獻忠屠綿州，越成都，陷瀘州，北渡陷永川，走漢川、德陽、入巴州」（《明史》卷三〇九，〈張獻忠傳〉）。正當各路官軍紛紛入川堵截農民軍時，張獻忠於崇禎十四年（一六四一年）正月初，揮師取道達州，東出湖廣。明軍總兵猛如虎、參將劉士傑「追之開縣之黃陂城，賊退戰，官軍大敗」（《明史》卷三〇九，〈張獻忠傳〉）。張獻忠一路乘勝直下。二月初，張獻忠占領了襄陽城，殺死襄王朱翊銘和貴陽王朱常法等，「發銀五十萬以賑飢民」（《明季北略》卷十七）。張獻忠奔襲四川千里，攻克襄陽，宣告了楊嗣昌的「四正六隅」、「十面網」圍剿策略完全失敗。楊嗣昌被迫自殺身亡。

楊嗣昌死後，明廷任命陝西三邊總督丁啓睿接替督師，因積恨楊嗣昌而在一旁觀望的左良玉亦率部前來追剿張獻忠。「秋八月，良玉追擊之信陽，大破之，降賊衆數萬，獻忠傷股，乘夜東奔，良玉急追之」（《明史》卷三〇九，〈張獻忠傳〉）。張獻忠率部由豫東敗入安徽，欲與「革左五營」聯合。「革左五營」就是以老回回馬守應、革里眼賀一龍、左金王賀錦、治世王劉希堯、爭世王藺養成五營聯合而成的農民軍集團。這時李自成正發動大軍圍攻開封，明軍主力均北上救援，是年底，「獻忠乘間陷亳州，入英、霍山中，與革、左、二賀相見，皆大喜」（《明史》卷三〇九，〈張獻忠傳〉），聲勢復振。

崇禎十五年（一六四二年），明軍全力在河南開封一帶與李自成決戰，對張獻忠的壓力相對減弱。張獻忠一直活動在安徽一帶，「陷舒城、六安，掠民益軍。陷廬州，知府鄭履祥死。陷無爲，廬江，習水師於巢湖」（《明史》卷三〇九，〈張獻忠傳〉）。七月，張獻忠在六安夾山擊敗總兵黃得功、劉良佐等部明軍，「江南大震」（《明史》卷三〇九，〈張獻忠傳〉）。這時，李自成在河南得勢。革左五營北上投奔李自成、羅汝才，張獻忠勢孤，於十月間被黃得功打得大敗，退入湖廣，「走蘄水，還屠桐城，陷無爲州及黃梅、太湖」（查繼佐：《罪惟錄》，〈列傳〉卷三十一）。崇禎十六年（一六四三年）初，陷蘄州、黃州，「尋陷羅田，破漢陽」，江漢重鎮武昌直接處在農民軍的鋒芒之下。

崇禎十六年（一六四三年）五月初，張獻忠的先頭部隊攻陷武昌縣，二十九日進攻武昌府城，守城官吏聞風而逃，「楚王所募兵爲賊內應」（查繼佐：《罪惟錄》，〈列傳〉卷三十一），大開城門迎接農民軍。張獻忠進武昌，沉楚王朱華奎於西湖，「盡取宮中金銀各百萬，輦載數百車不盡」（《平寇志》卷六），發銀賑濟武昌、漢陽、六安等地飢民。

張獻忠占領武昌城後，改武昌爲京城，正式建立大西政權，鑄西王之寶，自稱「大西王」。所設官制基本上沿襲了明朝的名稱，有中央六部、五府，京城設五城兵馬司；地方有巡撫、守道、巡道、學道、知府，知府以下設了二十一個州縣的官員。「開科取士」是張獻忠在武昌建立政權時最值得一提的事。由於各級政權建立起來，需要許多知識份子，張獻忠爲了招攬人才，曾特地在王府門前樹立兩面大旗，上面書寫「天與人歸，招賢納士」八個大字。接著，又派監軍李時華主持考試，開科取士，錄取了三十名進士，四十八名廩膳生，分別授予州縣官職。據載當時蘄、黃一帶應試的士子相當踴躍，「士往試者亦十二三，其高第即授僞官，亦有稍稍能筆墨者趨如騖焉」（《竹中記》，見《漢陽魏氏叢書》）。

李自成對張獻忠占據武昌十分不滿，「初，自成兵臨漢陽，不克，聞獻忠取之，怒，榜示遠近：『有能擒獻忠以獻者，賞千金』，及聞取武昌，使人賀曰：『老回回已降，曹革左皆死，行及汝矣。』獻忠懼，謀去之。」（查繼佐：《罪惟錄》，〈列傳〉卷三十一）當時李自成勢大，張獻忠暫時無法與之相抗，只好放棄武昌而向湖南岳州、長沙一帶進軍。至這年冬天，張獻忠幾乎占領了整個湖南，進而向江西發展，「陷吉安、袁州、建昌、撫州、永新、安福、萬載、南豐諸府縣，廣東大震」（《明史》卷三〇九，〈張獻忠傳〉）。張獻忠在湖南、江西一帶設立了地方各級政權，並提出「士民照常樂業，錢糧三年免徵」（《平寇志》卷七）的口號，對穩定新占領地區的民心，起著一定的作用。

張獻忠自從十六年（一六四三年）春進入湖廣以來，一直打算在武昌或長沙等地站穩腳跟，以圖長期的發展。但是，一方面明軍悍將左良玉在安徽一帶駐紮，對張獻忠在湖廣、江西一帶的活動威脅頗大。另一方面，李自成的大順軍已經在中原取得了絕對優勢，對於張獻忠據有湖廣不能容忍。在這種情況下，張獻忠只好再次放棄湖南和江西，決計向四川發展。

張獻忠決策入川後，大西軍便由湖南常德、澧州北上荊州、夷陵。時老回回馬守應懼恨李自成專制而獨自率部在荊州一帶活動，不久病死，其部衆遂加入大西軍，隨同進川。崇禎十七年（一六四四年）春，大西軍「陷夔州，至萬縣，水漲，留屯三月。已，破涪州」（《明史》卷三〇九，〈張獻忠傳〉）。六月，張獻忠占領了重慶城，明瑞王朱常浩、四川巡撫陳士奇、重慶知府王行儉等被處死。大西軍稍作休整後，分水陸二路向成都進軍。這時明王朝已經垮臺，李自成亦從北京敗回西安了。崇禎十七年（一六四四年）八月，大西軍攻陷了成都城，蜀王朱至澍和王妃投井死，明朝巡撫龍文光、總兵劉佳胤等亦自殺。

十一月，張獻忠改王稱帝，國號大西，定年號爲大順，鑄造大順通寶，以成都爲西京，蜀王府邸爲宮殿，設立丞相，「用汪兆齡爲左丞相，嚴錫命爲右丞相。設六部五軍都督府等官，王國麟、江鼎鎮、龔完敬等爲尚書。養子孫可望、艾能奇、劉文秀、李定國等皆爲將軍。」又相應地設置了地方官吏並繼續開科取士。接著，嚴厲鎮壓地方士紳和其他不服從管制者。派諸將「分徇諸府州縣，悉陷之。」（《明史》卷三〇九，〈張獻忠傳〉）又驅逐了李自成派置在保寧、順慶一帶的軍隊和地方官吏。至此，四川地區除了遵義及黎州土司馬金堅之外，全部處在大西政權的控制之下。

三　李自成領導的大順農民軍

李自成，陝西米脂縣繼遷寨人，出生農民家庭，幼時曾為僧，為牧羊奴，成年之後，應募到本縣圁川驛充當驛卒，備受官府和地主豪紳的欺壓。崇禎初年，陝西各地的農民暴動不斷發生，李自成的家鄉米脂縣，「人從賊者十之七，邑幾空」（《綏寇紀略》卷一）。李自成「猛勇有膽略」，「能得眾」（鄭廉：《豫變紀略》卷二），帶領一部分群眾起事，初投王左掛，稱為「八隊」，後投不沾泥。崇禎四年（一六三一年），陝西農民軍大部進山西，「其黨共推王自用號紫金梁者為魁」，李自成與其兄子李過「往從迎祥，與獻忠等合，號闖將」（康熙《延綏鎮志》卷五）。崇禎六年（一六三三年）五月，農民軍的盟主紫金梁王自用死，「其黨歸闖將，無復稱其號」（《懷陵流寇始終錄》卷六），李自成的隊伍得到了擴展。是年冬，農民軍衝出重圍突渡黃河進入河南腹地，李自成的隊伍又有了迅速發展，逐漸有脫離高迎祥之勢。崇禎七年（一六三四年）春，李自成在漢中車箱峽以詐降奇襲明軍總督陳奇瑜的合圍，聲名始著。

崇禎八年（一六三五年）下半年，高迎祥等農民軍主力再次從陝西東下河南，李自成則率部留關中，轉戰於秦嶺南北。是時，「闖將有三、四萬人」（《懷陵流寇始終錄》卷九）。九年（一六三六年），李自成部移師陝北，連續攻克延川、綏德和他的家鄉米脂縣，「其親故從亂如歸」（《懷陵流寇始終錄》卷九）。其後，曾打算渡黃河再入山西，由於山西巡撫吳甡加強了黃河渡口的防禦，只好再折西行，活動在寧夏、甘肅一帶，「與大兵相持於階、成山中者七、八月」（孫傳庭：《孫忠靖公文鈔》卷上，〈恭報官兵兩戰獲捷疏〉），未能取得進展。十年（一六三七年）九月，李自成聯合過天星、混天星等隊伍從秦州地區出發，取道略陽，向漢中進軍，被曹變蛟率領的明軍擊敗。

漢中失利後，李自成、過天星等率部南下四川，「陷寧羌，破七盤關，陷廣元，明總兵官侯良柱戰死，遂連陷昭化、劍州、梓潼、江油、黎雅、青川等州縣」（《明史》卷三〇九，〈李自成傳〉），各地「官吏望風而逃」（李馥榮：《灩澦囊》卷一）。十一月，李自成等部進逼成都，洪承疇等火速入援，李自成只好率軍出川北上，折回陝西。崇禎十一年（一六三八年），「官軍敗賊梓潼，自成奔白水，食盡。承疇傳庭合擊於潼關原，大破之，自成盡亡其卒，獨與劉宗敏、田見秀等十八騎潰圍，竄伏商、洛山中」（《明史》卷三〇九，〈李自成傳〉）。這是李自成自起事以來受到的最沉重的打擊。

李自成退居商、洛山中之後，處境十分狼狽，「夜則山林藏身，不敢入窩鋪宿歇」（《清代檔案史料叢編》第六輯，〈崇禎十一年九月二十五日洪承疇題本〉）。他雖然無法與明軍作有效的周旋，但是他以堅忍不拔的意志，頑強生存，伺機待發。崇禎十二年（一六三九年），李自成曾一度突出武關往投張獻忠，未被接納，又退避「巴西魚腹諸山」中。崇禎十三年（一六四〇年）張獻忠在四川大敗明兵部尙書楊嗣昌的圍剿，李自成看到時機已成熟，於是年六、七月間「乃盡焚輜重，輕騎由鄖、均走河南」（《明史》卷三〇九，〈李自成傳〉）。當時河南正遇到連年旱蝗災害，明政府的遼餉、練餉搜括又十分緊迫，「歲乃大飢」（鄭廉：《豫變紀略》卷二），人競相食。因此，李自成的部隊一進河南，飢民爭相依附，發展極快。他初進河南時，兵力不過千把人，至十月間，「飢民從自成者數萬，……遂自南陽出，攻宜陽，殺知縣唐啓泰，攻永寧，殺知縣武大烈，戕萬安王采鏗」（《明史》卷三〇九，〈李自成傳〉）。之後，又連下偃師、靈寶、新安、寶豐等地，眾至十餘萬。

隨著李自成隊伍在河南的壯大，少數落魄的下層知識份子也開始投身到農民軍中來。其中比較著名的有牛金星宋獻策，還有頗具傳奇色彩的李信。牛金星是寶豐縣人，天啓七年（一六二七年）中舉人，曾因「有罪戍邊」（談遷：《國榷》卷九十七）。投奔農民軍後，成爲李自成的主要謀士，在幫助李自成制定發展策略、招攬人材和後來的建立政權、制定規章制度方面，發揮了很大的作用。宋獻策先以江湖算命占卦爲業，投靠農民軍後，亦專以讖語占卦鼓動李自成，說李自成上膺天命，「十八子（李）主神器」，將來必定當皇帝。李自成聽了很高興，尊他爲軍師。李信即李岩，杞縣人，曾出粟賑飢，頗得民心，後被仇家誣陷下獄。李自成下河南，「岩黨殺邑令出之，歸自成，署制將軍用事」（查繼佐：《罪惟錄》，〈列傳〉卷三十一，〈李自成〉），提出許多重要的建議。儘管這班不得志的下層知識份子投身農民軍反抗運動，多是抱著「成者爲王」的思想，但他們對李自成部隊今後的行動，產生了重大的影響。在崇禎十三年以前，李自成轉戰數省，堅忍不屈，但缺乏應有的目標，攻城略地，隨地搶掠，沒有固定的戰略目標，屢遭失敗。牛金星、宋獻策等人加入李自成的軍隊之後，儘管他們脫離不了以布衣天子的封建帝王思想來引導李自成，但同時也使李自成有了較堅定的奮鬥目標和戰略策略，這對其後的發展，無疑發揮了重大作用。特別是李信針對當時社會的主要矛盾，提出了「均田免糧」的口號（查繼佐：《罪惟錄》，〈列傳〉卷三十一，〈李自成〉），主張把地主侵占的土地，重新奪回還給無地耕種的農民，免除不合理的賦稅負擔和各種各派，在社會上具有極大的號召力，博得了下層群眾的熱烈支持，壯大了農民軍的隊伍。

崇禎十四年（一六四一年）正月，李自成的部隊進逼洛陽，洛陽是福王府的所在地，這位占田二萬頃、富甲天下的皇室地主福王，是造成河南人民貧困化的重要禍害，農民軍把矛頭指向福王府，這對農民軍在河南爭取群眾，站穩腳跟，無疑具有重要意義。二十一日凌晨，農民軍攻克了洛陽城，福王朱常洵被活捉處死，世子朱由崧乘亂逃脫，同時被俘獲處死的還有南京兵部尚書呂維祺等人。李自成在殺死福王朱常洵等人之後宣布：「王侯貴人剝窮民，視其凍餒，吾故殺之，以爲若曹」（《綏寇紀略》卷八）。並且沒收了福王府中的金銀財貨和糧食物資，發布告示大賑飢民，「遠近飢民荷旗而往應之者如流水，日夜不絕，一呼百萬，而其勢燎原不可撲」（鄭廉：《豫變紀略》卷三）。說明從這時起，李自成在一些下層知識份子的幫助下，已經逐漸擺脫了初期那種「流寇」掠食的習氣，在策略上有了很大的轉變和提高，「自是而後，所過無堅城，所遇無勁敵，諸將皆望風走」（鄭廉：《豫變紀略》卷三）。不久，曹操羅汝才率領部眾到河南淅川，同李自成聯合作戰，「土寇袁時中皆歸自成，時中眾二十萬，號小袁營。……自成初爲迎祥旗將，至是勢大盛。」（《明史》卷三〇九，〈李自成傳〉）。

李自成攻克洛陽後，企圖乘勝進攻開封，但明軍在開封嚴守，二次圍攻均遭失敗。崇禎十五年（一六四二年）五月，李自成和羅汝才第三次進攻開封，決定採用長期圍困的策略，「分黨四出，勢如破竹」（白愚：《汴圍濕襟錄》），先攻克開封四周的三十多座州縣，使開封變成孤城，再伺機突破。至九月中，明官僚見開封守城無望，決定決開黃河大堤，放水淹沒開封城和圍城的農民軍，巡撫名衡等「議決朱家寨口河灌賊，賊亦決馬家口河欲灌城。秋九月癸未，天大雨，二口並決，聲如雷，潰北門入，穿東南門出，注渦水。城中百萬戶皆沒，得脫者惟周王、妃、世子及撫按以下不及二萬人，賊亦漂沒萬餘，乃拔營西南去」（《明史》卷三〇九，〈李自成傳〉）。開封攻堅戰雖然使農民軍遭受重大損失，但開封城的毀滅使明朝在中原的統治發生了動搖。當時人指出：「汴城不守是無河南，河南不保是無中原，中原不保則河北之咽喉斷，而天下之勢甚可憂危也」（康熙《香河縣志》卷十一，〈藝文志〉，〈奏疏〉）。從此以後，李自成在中原與明軍的爭奪，在戰略上取得了主動的地位。

李自成在河南取得戰略優勢之後，其他各部農民軍都紛紛聞風相投，其中最重要的一支是所謂「革左五營」。「革左五營」自崇禎十年（一六三七年）以來，一直活動於安徽、河南、湖北三省的交界地區，「善戰者不止數萬」（鄭二陽：《鄭中丞益樓集》卷一），很有戰鬥力。崇禎十五年（一六四二年）十月，「革左五營」北上河南同李自成、羅汝才聯營，「引兵數萬來投闖賊，經蔡城北，甲兵精驍，自卯至酉，行營未盡」（康熙《新蔡縣志》卷七，〈雜述〉），這樣又進一步加強了李自成的勢力。

李自成在河南取得勝利後，決定移師南下湖廣。十五年（一六四二年），閏十一月，李自成率領四十萬大軍由南陽進入湖廣，向湖北重鎮襄陽進發。明守將左良玉敗退。十二月四日，農民軍占領襄陽，之後，連下荊州、棗陽、宜城、穀城、光化等縣，向承天進軍。承天（今湖北鍾祥）是嘉靖皇帝的父親興獻王朱祐杬的封地，被看作「龍潛之地」，崇禎十六年（一六四三年）正月初一日，農民軍攻克承天，巡按御史李振聲被俘，湖廣巡撫宋一鶴自殺。農民軍乘勝東下，「旁掠潛山、京山、雲夢、黃陂、孝感等州縣，皆下」，「先驅逼漢陽」（《明史》卷三〇九，〈李自成傳〉）。至此，李自成已經比較穩固地控制了河南省及湖廣北部地區。

李自成自崇禎十三年（一六四〇年）下河南以來，在金牛星、宋獻策等下層知識份子的幫助下，戰略策略有了很大的改進。他們向李自成灌輸上膺天命的「布衣天子」思想，對樹立農民軍推翻明王朝取而代之的目標，也有一定的積極意義。因此，當農民軍攻下承天之後，李自成於崇禎十六年（一六四三年）春天，改襄陽城爲襄京，自稱「奉天倡義大無帥」（《明史》卷三〇九，〈李自成傳〉），建立了中央政權，下設丞相一人，以牛金星任之，仿明廷的六部，設吏、戶、禮、兵、刑、工六政府，分理政務。襄陽政權的建立，在號召天下民眾起來推翻明朝統治，走出了重要的一步，但李自成帝王思想的樹立，又必然影響到與其他農民軍的關係。「自成下宛、葉，克梁、宋，兵強士附，有專制心」（《明史》卷三〇九，〈李自成傳〉），而羅汝才，賀一龍、袁時中等部，又不肯俯首聽從於李自成的指揮，「流寇」故態時有復發。李自成與羅汝才、賀一龍、袁時中之間的矛盾日益尖銳。史稱李自成「得汝才，戰攻相須，如左右手，所陷河南五十餘城，俘獲自成居六、汝才四之。汝才雖兄事自成，而其下頗爲自成部眾所易，滋不平。嘗自呼曹操，呼自成老齊」（查繼佐：《罪惟錄》，〈列傳〉卷三十一）。自成正以帝王自命，不容羅汝才等粗野不羈的作風，而羅、賀各部，「窺李自成有兼併之心，陰相猜貳」（康熙《商丘縣志》卷十五，〈雜著〉，侯恂，〈論中原流賊形勢疏〉）。於是，李自成於十六年（一六四三年）三月先發制人，「乃召汝才所善賀一龍宴，縛之，晨以二十騎斬汝才於帳中」（《明史》卷三〇九，〈李自成傳〉），旋殺一龍，悉兼其眾。不久，又殺死了袁時中，兼併了小袁營。

崇禎十六年（一六四三年）上半年的殺害羅汝才、賀一龍事件，雖然暴露了李自成的專制帝王意識，但原「革、左五營」，除了老回回馬守應脫離李自成外，賀錦、藺養成、劉希堯則完全歸順了李自成。這就加強了李自成對於中原農民軍的領導，爲進一步打敗明軍增強了實力。

李自成奪取襄陽、荊州之後，明朝在中原已無精兵可與農民軍抗衡，只好調動陝西的孫傳庭出關進剿李自成。孫傳庭深知難於與李自成爲敵，無奈「朝議日督戰，不得已出關，以牛成虎，盧光祖爲前鋒，由靈寶入洛」（《明史》卷三〇九，〈李自成傳〉）。李自成利用孫傳庭部孤軍深入後援不繼的弱點，首先在河南汝州切斷明軍的餉道，明軍軍心大亂，「不可禁，遂爲賊所躡。至南陽，傳庭還戰，賊陣五重，官軍克其三。已而稍卻，火車奔，騎兵亦大奔。賊縱鐵騎踐之，傳庭大敗。自成空壁追，一日夜逾四百里，官軍死者四萬餘人，失兵器輜重數十萬。傳庭奔河北，轉趨潼關，氣敗沮不復振」（《明史》卷三〇九，〈李自成傳〉）。

崇禎十六年（一六四三年）十月，李自成乘勝進軍陝西，克潼關，傳庭死，遂連破華陰、華、商、臨潼，進攻西安。十月十一日，李自成進入西安城，秦王朱存樞被活捉，陝西巡撫馮師孔等被殺。接著又分兵攻取陝西三邊各地，所至風靡。至此，李自成佔領的地方，包括了湖廣西北部、河南大部以及整個陝西三邊。

崇禎十七年（一六四四年）正月初一日，李自成在西安建國，國號大順，改元永昌。封劉宗敏、田見秀等以下功臣以五等爵，更定官制，改內閣爲天佑殿，設大學士平章軍國事，以牛金星爲之，宋獻策爲軍師，以下設六政府尚書、侍郎，分管六政府，又設宏文館、文諭院、都察院（直指使）、知政使司、六科（諫議大夫）、大理寺、光祿寺、尙璽寺、驗馬寺、書寫房等，地方政權亦相應設置了省節度使、巡按直指使以及道防禦使、府尹、州牧、縣令等。爲了搜羅人才擔任各級官員，還在西安開科取士，「出題曰：道得眾則得國」（康熙《延綏鎮志》卷五），中式者授以府、州、縣官。同時還鑄造永昌錢。

李自成在策劃建立大順政權的同時，遣派李友等率先頭部隊渡過黃河向山西進軍。十七年（一六四四年）正月初八日，李自成命權將軍田見秀留守西安，親率大軍向山西挺進。正月二十三日到達山西平陽，二月初攻占了太原，執晉王。接著又北上向寧武進軍，寧武關總兵周遇吉殊死戰，力竭死（查繼佐：《罪惟錄》，〈列傳〉卷三十一）。從此以後，農民軍勢如破竹，沿路重鎮連續克降，「犯大同，總兵姜瓖降，巡撫衛景瑗死之，殺代藩宗室盡。破宣府，巡撫朱之馮自剄。……賊從陽和、柳溝以入居庸關，真、保定、大名皆不守」（查繼佐：《罪惟錄》，〈列傳〉卷三十一）。北京城已經處於農民軍的直接威脅之中。

值得一提的是，李自成自崇禎十三年（一六四〇年）秋進入河南以來，隊伍發展極爲迅速，除了上述各種因素以外，李自成對於軍隊的整頓和紀律的嚴明，大大加強了戰鬥力，這也是不可忽視的方面。李自成本人歷來生活儉樸，「不好酒色，脫粟粗糲，與其下共甘苦」（《明史》卷三〇九，〈李自成傳〉）。在其軍隊內部，從上到下實行了平均主義的供給制度，「所掠金帛、米粟、珠貝等物俱上掌家，凡支費俱出自掌家，但報成數，請食不足，則均短之，人不能囊一金，犯者死」（查繼佐：《國壽錄》卷一，〈徐一源傳〉）。李自成的部隊幾遇絕境而不散，這種同甘共苦的精神，無疑發揮了凝聚的作用。同時，李自成在一些下層知識份子的影響下，注意處理農民軍與各地群眾的關係。李自成曾下令：「殺一人者如殺吾父，淫一女者如淫吾母」（張岱：《石匱書後集》卷六十三）。進攻開封時，發布命令：「窩鋪內藏匿婦女者斬」（《守汴日記》）。在襄陽建立政權後，再次強調禁殺人，約定「殺人償命，且約殺牛一隻，賠馬一匹」（李永茂：《樞垣初刻》，〈襄陽再陷疏〉）。占領西安時，「下令不得妄殺一人，誤者將吏償其命」（《綏寇紀略》卷九）。「一馬儳行列者斬之，騰入苗畦者斬之」

（查繼佐：《罪惟錄》，〈列傳〉卷三十一）。在對城鎮工商者方面，針對明朝官吏的橫徵暴斂，李自成提出了「平買平賣」的政策，規定農民軍「過城市不令處室廬」，一律在自己攜帶的帳篷宿營（《綏寇紀略》卷九）。攻占城市，「嚴禁搶掠」，「犯者立死」（高守樞：《守鄖紀略》，陳濟生：《再生紀略》）。崇禎十七年（一六四四年）三月，農民軍攻陷居庸關等地，李自成「行牌郡縣云：知會鄉村人民，不必驚慌，如我兵到，俱公平交易」（《明季北略》卷二十）。這些政策對於穩定民眾，取得民眾的擁護和支持，起到了較好的作用。

與此同時，隨著農民軍在中原地區的大力發展，李自成對於崇禎十三年（一六四〇年）在河南提出的「均田免糧」的口號，進一步加以充實，並部分付諸實施。如關於「免糧」，崇禎十三年（一六四〇年）底李自成在河南宣布：「一應錢糧，比原額只徵一半」（《明季北略》卷二十三）。崇禎十六年（一六四三年）在湖廣發布告示：「三年免徵」（《明季北略》卷二十）。十七年（一六四四年）初，農民軍進攻大同、宣化一帶，「所過秋毫無犯，發帑賑貧，赦糧蘇困，真若沛上亭長、太原公子復出矣」（《啓禎野乘》卷十一）。同時還在許多布告、檄文、詔書中表達了解除明朝苛斂的決心。如崇禎十六年（一六四三年）初發布的〈剿兵安民檄〉中說：「明朝昏主不仁，寵宦官，重科第，貪稅斂，重刑罰，不能救民水火，日罄師旅，擄掠民財，姦人妻女，吸髓剝膚。本營十世務農良善，急興仁義之師，拯民塗炭」（《平寇志》卷六）。崇禎十七年（一六四四年）發布永昌元年詔書，李自成宣布：「朕起布衣，目擊憔悴之形，身切痌瘝之痛，念茲普天率土，咸罹困窮，詎忍易水燕山，未蘇湯火，躬於恆冀，綏靖黔黎」（《平寇志》卷九）。在一些地方，我們還可以看到農民軍在取消明政府橫徵暴斂的同時，鼓勵和幫助農民恢復生產。如在湖廣一帶，農民軍「以禁殺課耕，張官設吏，簧惑民心，立定根腳」（李永茂：《樞垣初刻》，〈襄陽再陷疏〉）。「賊又給牛種，賑貧困，畜孽牲，務農桑，爲久遠之計」（《啓禎野乘》卷十一）。這些記載都說明崇禎十三年（一六四〇年）以後的李自成農民軍比起其早期的「流寇主義」策略，有著明顯的進步。

正因爲如此，李自成的隊伍受到了河南、湖廣、山西以及河北各地人民的熱烈支持。史稱「賊令嚴明，將吏無敢侵略。明季以來，（明）師無紀律，所過鎮集，縱兵搶掠，號曰『打糧』，井里爲墟，而有司供給軍需，督逋賦甚急，敲樸煎熬，民不堪命。至是陷賊，反得安舒，爲之歌曰：『殺牛羊，備酒漿，開了城門迎闖王，闖王來時不納糧。』由是遠近欣附，不復目以爲賊」（張岱：《石匱書後集》卷六十三）。有些地方的農民則編歌謠說：「吃他娘，著他娘，吃著不盡有闖王，不當差，不納糧」（《綏寇紀略》卷九）。農民積極歡迎和支援農民軍，出現了「民皆附賊而不附兵，賊有食而兵無食」的局面（《明清史料》乙編，第十本，第九六三頁），農民軍過宣化城時，「滿城結彩，或帛或衣，無者繼以紙，百姓胸前皆粘『順民』二字，焚香跪接」（《啓禎野乘》卷十一）。下層民眾對於明軍和農民軍的兩種截然不同的態度，使得農民軍在戰場中占有了主動權，在農民軍的強大攻勢下，明朝統治者已經束手無策了。

崇禎十七年（一六四四年）三月十三日，李自成占領了昌平城，北京西北部的屏障全部被突破，京師一派混亂，許多官吏紛紛逃難，「旬日內外，大車小輪絡繹而出國門」（《皇明李忠文先生集》卷六，〈總憲奏議〉）。大臣們在朝房商討對策，一個個「但相顧不發一論」（劉尚友：《定思小記》）。十七日，農民軍抵達北京城外，「帝召問群臣，莫對，有泣者」（《明史》卷三〇九，〈李自成傳〉）。不久農民軍開始攻城，襄陽伯李國禎統領的京兵三大營屯紮於城外，大順軍一到立即全部投降。當時掌軍之權多為宦官所把持，於是守城的重任完全落到了宦官之手，「命太監分守九門，十七日乙巳聞賊大至，因命內臣皆守城，凡幾千人」（《甲申朝事小紀二編》卷五）。而被宦官臨時拼湊驅趕上城守垛的士兵，老弱病殘，既無訓練又缺糧餉，「守垛之兵，飢不得食，或母或子，攜粥至城下狂呼，不知守之所在，一日再食者十無一二」（史可法：《史忠正公集》卷一，〈請飭禁門戶疏〉）。宦官驕傲已慣，守城事宜自作主張，與外臣矛盾極深，《平寇志》載十八日的守城情景云：「賊薄城，炮聲大作，流矢雨集，左副都御史李邦華至正陽門，欲登城，內監拒之不得上。兵部尚書張縉彥奏：『臣屢至城上，欲觀守禦，輒為監視內臣所阻』。帝手詔遣縉彥登城，阻之如故。示以上傳，始得登。見兵部侍郎張家彥慟哭曰：『賊勢如此，監視調去營兵，李襄城處，尚有十之四，家彥所守，兩堵僅一卒耳。』語未畢，坎城聲亟，賊駕雲梯，攻西直、平側、德化三門甚亟。太常少卿吳麟征累土填西直門，單騎馳入西長安門，吏部侍郎沈維炳曰內官守此，百官不得入。公無奈何。」（《平寇志》卷九）而一些守城宦官早已偷偷投降了農民軍。在這種情況下，崇禎帝完全失去了對北京城防的控制，「城堅勢重」的北京城，已經不堪一擊了。

三月十八日夜間，大順軍攻克了外城，崇禎帝看到大勢已去，完全絕望了，於是，他領著太監王承恩登上煤上（今景山），準備上弔自盡，臨死之前，「令送太子及永王、定王於戚臣周奎、田弘遇第」，促其逃脫以圖再起，之後又「劍擊長公主，趣皇后自盡……書衣襟爲遺詔，以帛自縊於山亭，帝遂崩，太監王承恩縊於側」（《明史》卷三〇九，〈李自成傳〉）。

三月十九日，李自成的大順農民軍占領了北京，各部分別從正陽門、崇文門、宣武門進入北京內城，「軍容甚肅」（《明季北略》卷二十）。李自成「氈笠縹衣，乘烏駁馬，入承天門，僞丞相牛金星、尚書宋企郊、喻上猷，侍郎黎志陞、張嶙然等騎而從。」北京居民設立香案歡迎農民軍。李自成「登皇極殿，據御座」（《明史》卷三〇九，〈李自成傳〉）。至此，統治中國長達二百七十六年的朱明王朝垮臺了。

第二節　明末南方的佃變、奴變、民變

一　佃農的反抗鬥爭

天啓、崇禎時期，南方佃農的反抗鬥爭此起彼伏。

在江南地區，天啓四年（一六二四年），吳江縣的佃農「不辨荒熟，概不完租」（葉紹袁

：《啓禎記聞錄》卷二）；常熟則因「米貴民貧，漕院催糧急迫」，農民起來暴動（葉紹袁：《啓禎記聞錄》卷二）。崇禎四年（一六三一年），鎮洋佃農組織起來，「中夜呼應，燒田主房產。」（乾隆《鎮洋縣志》卷十四，〈雜綴〉）崇禎十一年（一六三八年），吳縣橫金各鄉農民結黨抗租，「田主有鄉居者，徵租於佃戶，各佃聚衆焚其居，搶掠其資」（葉紹袁：《啓禎記聞錄》卷二）。他們在唐左耕、王四、李南洲等人的領導下，「糾合沿湖三十餘村，刑牲誓神，村推一長，籍羅姓名，約佃農勿得輸租業主，業主有徵索，必沉其舟，斃其人，愚民煽惑，揮戈執械，鳴金伐鼓，聚及千餘，焚廬劫資」（葉紹袁：《啓禎記聞錄》卷二，〈葉天寥自撰年譜續纂〉）。崇禎十三年（一六四〇年）江南大飢，米價奇昂，城鄉人民群起搶奪地主的倉廒，「一而而罄千石之儲」，吳江「燒劫尤甚」，「民且閉城以拒」，而「鄉聚村落，無處不登屋而呼，斬門而入」（崇禎《吳縣志》卷十一，〈祥異〉）。松江青浦的金澤鎮，鄉民聚眾，「迫脅富戶之減價平糶，一如吳郡」（葉紹袁：《啓禎記聞錄》卷二）。無錫農民夥同城鎮市民群集城隍廟，反對鄉宦的囤積居奇，並縱火焚其居，毆其人（葉紹袁：《啓禎記聞錄》卷二）。崇禎十四年（一六四一年），蘇州又發生飢民搶奪承天寺富僧地主的風潮（葉紹袁：《啓禎記聞錄》卷二）。當時廣大農民因天災人禍以及封建政府的加派，正處在死亡線上，而有些不仁地主又乘機加重剝削，如「吳中田畝，無麥租之例」，這時「諸大家創爲新例，凡舊歲田禾蒔而荒者，每畝索麥租一斗。」（葉紹袁：《啓禎記聞錄》卷二）。由於商品經濟的發展，人們對於商品糧食的依賴性加強，地主富商又趁機囤積居奇，哄抬物價。這些，都嚴重地損害了城鎮市民和農民的生活。因此，江南農民的反抗地主剝削的鬥爭，往往和城鎮市民的鬥爭聯合在一起，體現了農民與城鎮經濟關係的密切。不過，明末江南農民的鬥爭，還是處於比較低級的階段，他們只以搶米、抗租為主要內容，沒有涉及到土地所有制方面。

福建農民的抗租鬥爭，崇禎初年首先發難於閩南地區。當時的漳泉，「鄉宦弟子多白奪人財產」，「百姓為勢家魚肉，人怨之徹骨」（董應舉：《崇相集》，〈與海道徐公書〉），階級矛盾十分尖銳。早在天啓年間，福建的著名海寇首領鄭芝龍初起時，就曾假借「劫富濟貧」之名資為號召（乾隆《泉州府志》卷五十四）。到了崇禎初年，閩南各地已不斷地掀起了農民的抗租鬥爭。如崇禎四年（一六三一年），泉屬各縣為抗議地主的大斗收租，奮起鬥爭，當時記載云：「泉屬斗栳無定，催租僕役於栳外橫徵，加以淋尖，變起倉卒。」（乾隆《泉州府志》卷十三，〈名宦〉，〈曾櫻〉）崇禎十年（一六三七年），南安佃農又起而鬥爭，「鄉里奸宄，借輸租斗斛太重，聚黨請（縣令）士琦禁革，實生亂階」（乾隆《泉州府志》卷十三，〈名宦〉，〈曾櫻〉）。至十一年（一六三八年），這種要求較準斗斛的運動已遍及鄉閭，所謂「斗栳之會，起者相望」（乾隆《泉州府志》卷五十四）。附近的同安、苧溪十八保的佃農也聯合起來，「相率為平斛之說，其言曰：今夏田熟，不許挑送業主，第留穀在，俟業主自來駝載。吾一石大租，第以十二八升斗與之。且一人不出手攘，一人納租業主，則相率罰之、毆之。如此則業主反為佃戶，而佃戶反為業主。若業主計較則毆打反亂，無所不至」（蔡獻臣：《清白堂稿》卷十，〈與吳旭海新令書〉）。接著，泉州府城又發生了農民圍攻官僚地主史相國

（繼偕）的事件，「負郭田丁集數百人爲彩旗鼓吹，先請史相國家中斗栳而迎之，凡有負郭田者，數百人突至其家，必取栳較定可否」（乾隆《泉州府志》卷二十，〈風俗志〉，引《溫陵舊事》）。不久，這種鬥爭向鄰縣南安、永春、德化、安溪等縣擴展，「未久，南安之變作，一日而殺田主數人，壘土堡於山巔，積穀其上，約無輸租者，無賴之徒，攘臂而爲之首，有穀已收在船至近郊矣，亦眾催之而去，不則焚棄之，併其鄉之厚資者，或自匿而不敢與亂，則殺而戮辱其妻女。永春安溪俱望風起矣」（乾隆《泉州府志》卷二十，〈風俗志〉，引《溫陵舊事》）。其後，漳州府各屬亦群起響應，黃道周曾記云：「漳南自去秋而後，無復淨土，浦、安、和、靖四邑鄰境嘯聚之徒，動至千萬，度其爲患，甚於南安」（《黃漳浦集》卷十五）。其他如福州之永福、閩清，延平之龍溪、大田，興化之仙遊等，農民們也紛紛起來，以「禁租爲名，張掛告示，懸旗排陣，放炮吹螺」（陸清源：《按閩使稿》第八本）。莆田縣則有農民圍城事件，「隆武二年（一六四六年）六月興化佃戶圍郡城，按莆田租額，每石穀計一百二十斤，後鄉紳有議加者，眾不服，遂率眾而成揭竿之事」（《思文大紀》卷八）。這次鬥爭一直延續到清順治五年（一六四八年），「城中田主、債主、官戶、鄉勇及衙蠹，陸續遇害，難以枚舉」（《國朝莆變小乘》）。

當閩南農民運動進入高潮時，閩西寧化留豬坑以黃通爲首的農民亦以「較正斗斛，裒益貧富」（李世熊：《寇變記》）爲口號，「唱諭諸鄉，凡納租悉以十六升之桶爲率，一切移耕、冬牲、豆粿、送倉諸例皆罷。鄉民歡聲動地，歸通惟恐後。通因連各里爲長關，部署鄉豪有力者爲千總，鄉之丁壯悉聽其調撥，通有事則報千總，千總率各部，不逾日而千人集矣」（康熙《寧化縣志》卷七，〈寇變記〉）。隆武元年（一六四五年）六月，黃通還率領田兵一度攻占了寧化城，「城中大戶與諸鄉佃丁，相嫉如仇，……及是，乃潛由安樂突入邑北門，城中愕不知所爲，通等乃殺仇掠富，諸佃客各快報其睚眦，焚城外圍館幾盡」（康熙《寧化縣志》卷七，〈寇變記〉）。寧化黃通的暴動，很快影響到閩西北諸縣，如清流、明溪、連城、上杭、武平、永定、永安、沙縣、將樂、泰寧等地的佃農皆群起響應，如清流，「不逾日而集千人，名曰田兵，相率入城，除信較鬥」（康熙《清流縣志》卷十，〈寇變〉）。泰寧縣，「上高、永興二保六、七百人，白晝持刀橫行城中，無有攖其鋒者」（《泰寧縣志》卷七，〈寇警〉）。

寧化農民暴動後，其鄰近江西的石城縣農民，在佃農吳萬乾的領導下，提出「倡永佃，除桶面」的口號，原來石城舊例，每租一石收耗折一斗，名曰桶面，實爲額外加租。「萬乾借除桶面名，糾集佃戶，號佃兵。凡佃爲愚弄響應，初轄除桶面，後正租止納七八，強悍霸佃，稍有忤其議者，徑擄入城中」（乾隆《石城縣志》卷七，〈兵寇〉）。值得注意的是農民們第一次提出了「爭永佃」的口號。石城暴動後，瑞金則有何志源、沈士昌、張勝等，「效寧化、石城故事，倡立田兵」。他們的鬥爭又向前推進一步，從抗租、減租發展到要求分占土地所有權，「旗幟皆書八鄉均佃，均之云者，欲三分田主之田，而以一分爲佃人耕田之本。其所耕之因，田主有易姓，而佃夫無易人，永爲世業」（乾隆《瑞金縣志》卷七，〈藝文〉，楊兆年：〈上督府田賦始末〉）。不久，響應者日眾，農民們「蟻集入城，逼縣官印均田帖，以數萬計，收五門鎖鑰，將盡擄城中人」（乾隆《瑞金縣志》卷七，〈藝文〉，楊兆年：〈上督府田賦始末〉）。同時，寧都的農民，亦聞風而起，郊區悉爲暴動農民所占據，「始之躪租旅拒田主，馴至稱兵郊隍，西城外萬瓦經其焚虐，悉成丘墟」（魏禮：《魏季子文集》卷九）。佃農們「占租稅，立萬總千總之號，田占履畝，則露刃相向，執縛索貨賄，無敢過問者」（魏禮：《魏季子文集》卷七）。閩西、贛南佃農運動形成高潮，他們互相支援，互相配合，聯成一片，從而形成了南方農民運動的一個中心。這裡的鬥爭雖然遭受嚴厲鎮壓，但抗租霸田的行動，一直延續了數十年之久。

贛南之外，在江西撫州、吉安等府，宜黃、崇仁、樂安、廬陵、永豐、興國、新淦、峽山等縣，佃農、奴僕也早已聯合起來，稱爲「小約」（同治《永豐縣志》卷十一，〈武事〉），連寨數百里。如崇仁、樂安、宜黃三縣山民紛紛參加「穿都、太學、磨平、天王、正網、桃園」小約等會，樂安、永豐兩縣農民又有「六室會、崇德會、同里會、聚眾插血，稱戈拒敵」。他們並在樂安、永豐、寧都、宜黃四縣交界的大徑竹、黎樹嶺一帶，「開耕聚眾」，又在宜黃、小田「開市耕種」。農民占領了這些地區，「目中已無官兵」。這種以「小約」爲組織的農民軍，一直堅持到清順治後期，才被鎮壓下去（《明清史料》丙編，第九本）。在中部的永新等縣，則有「鏟平王」的組織，「佃甲廝役群不逞者從之，刲牛屠豕聚會，睢盱跳樑，每村千百人，各有渠魁，裂裳爲旗，銷鋤爲刃，皆僭號鏟平王，謂鏟平主僕、貴賤、貧富而平之也。諸佃各襲主人衣冠，入高門，分據其宅，發倉廩散之。……此風濫觴於安福、廬陵，其後乃浸淫及永新」（同治《永新縣志》卷十五）。此外，黎川也有數千農民入城，要求較斗減租（同治《新城縣志》卷六，〈保甲〉）。奉新有李肅七、肅十領導的農民軍，自稱紅巾軍，參加者多爲「壯奴窮佃」（同治《奉新縣志》卷十六）。

閩贛兩省佃農運動的蓬勃發展，也影響到浙粵兩省。浙江溫州、瑞安佃農也開始了平斗量、減租稅的鬥爭，「黃小吳爲恚富戶居奇，號稱均平王，號召飢民，揭竿響應」（嘉慶《瑞安縣志》卷十，〈寇警〉）。永嘉則各鄉佃戶數千人，聲言入城殺業主，聲勢甚壯（光緒《永嘉縣志》卷八，〈武備〉）。廣東潮州的九軍，則攻占揭陽城，開庫獄，焚黃冊，殺官紳（民國《潮州志》，〈大事志〉）。海澄、潮陽一帶，農民亦「相率抗官役，吞租稅，駸駸焉有不可遏之勢」（光緒《潮陽縣志》卷十三，〈紀事〉）。

明末南方各省的佃農鬥爭雖然還保存著濃厚的平均主義傳統，但更注重於獲得自己的經濟利益，他們在反對地主壓迫的同時，要求占有土地，平分勞動果實，解除人身依附關係，發展個體經濟，此起彼伏，形成明末農民反抗運動的另一個系統，支持和配合了北方農民的大起義。

二　奴僕的反主叛主

明末湖北、安徽、江蘇、浙江、福建、廣東、湖南各省的奴僕都廣泛展開了反主叛主的行動。崇禎三、四年間（一六三〇～一六三一年），湖北麻城奴僕群來教場，張貼叛主文榜，樹立紅旗，上書「萬人一心」，下懸倭刀，團結一致，反抗主人的奴役（民國《麻城縣志前編》卷五，〈武備・兵事〉）。崇禎七年（一六三四年），安徽桐城的奴僕，在張儒、黃文鼎等人的聯絡下，準備暴動以配合北方農民軍的行動。「張儒者，人奴也，豪於資而志不逞，因是時中外戒嚴，人心數驚，謀為亂以應賊」。他們標榜「代皇執法」，「榜逆檄於邑治前，僭稱代皇偽號」。張儒等人的號召，很快得到當地群眾的支持，「窮民之亡賴者，無遠近少長畢至」。他們在城外設將臺，建令旗、令箭，署文武參謀、中左右前後五哨先鋒等號，「民間訟獄咸取決焉」。不久，暴動的奴僕又率眾攻進縣城，「夜漏三下，東城外火發，城內金銃應之，遂斬關入大樓櫓，由東及西比屋延燒數百間立燼，城內鼎沸，盡啓五門，未曉，賊復潛蹤去，而城郭盡空矣。」（蔣臣：《桐變日錄》）

自崇禎十年（一六三七年）起，江南各地不時發生奴僕的暴動，迨至明清鼎革之際，江南奴變更是風湧而起，遍及太倉、寶山、上海、吳淞、南翔、昆山、嘉定、常熟、金壇、溧陽、宜興、武進等以及浙江的石門、海寧等地。崇禎十七年（一六四四年）四、五月間，上海、吳淞、南翔、昆山、嘉定等地同時而起，「群奴持刀，弒主父子，立時焚燼，延至各鄉大戶，無不燒搶」（孫之騄：《二申野錄》卷八）。暴動的奴僕紛紛向主人索取賣身契，「急書退契，焚劫大室為之一空」（孫之騄：《二申野錄》卷八）。接著，在金壇、大倉、溧陽等地，奴僕們紛紛倡建起「削鼻班」、「烏龍會」、「琺琅黨」等，向主人開展有組織的鬥爭。他們「千百成群，焚盧劫契，煙銷蔽天，臧廝踞坐，家主供饌，稍有難色，按地予杖」（乾隆《寶山縣志》卷二，〈風俗〉）。這次鬥爭到了弘光元年（一六四五年）形成高潮，奴僕「鳴鉦造亂，縛故主，胠其囊篋，索身契，橫行剽慘，去主從亂凡四、五萬人」（于塘：《金沙細唾》，〈僮變記〉）。「叛奴乘釁索券焚弒者絡繹而起，煙火蔽天，大家救死不暇」（陳曦明：《江上孤忠錄》）。由此足見當時江南的奴僕解放運動聲勢之大，威力之強。

在安徽，黟縣的萬黑九、宋乞等首先發難，「聯絡一邑之僕，始而挾取其先世及本身投主賣身文契，繼而挾餉於鄉邑」（喜慶《黟縣志》，〈藝文〉，程功：〈乙酉記事〉）。接著，奴僕的暴動很快波及休寧、祁、歙諸縣，「奴僕結十二寨，列營數十餘處，索家主文書，稍拂其意，遂焚殺之，皆云：『皇帝已換，家主亦應作僕，事我輩矣』」（《明季南略》，〈金聲江天一起兵守績溪〉）。表達了他們不甘於受奴役的願望。

在湖廣，當崇禎末年李自成、張獻忠等農民軍來到麻城一帶時，麻城、黃安等地的奴僕再次起來暴動，他們組織起里仁會、直道會、洗耳會等，以響應李、張等部。里仁會「諸奴遂炮烙衣冠，推及其主，蘄黃凶黠少年多歸之」（光緒《湖北通志》卷六十九，〈武備七〉，〈兵事〉）。洗耳會則「焚殺主人，旬日眾至數千，歡迎獻忠」（《湖廣通志》卷一二〇，〈紀事〉）。湖廣的奴變，一直到清代前期，仍然時有發生。

江西、福建、廣東等地的奴僕解放運動，則往往與佃農的鬥爭緊密地結合在一起，如當時遍及江西中部各地的「小約」組織，便是由奴僕、佃農爲骨幹的，時載「明末奸民乘亂蜂起，黨羽盛者，號為『大約』，焚殺劫掠，歲以為常。其後佃戶奴僕，乘機叛主，又自稱為『小約』云」（同治《寧豐縣志》卷十一，〈武事〉）。在江西永新一帶，奴僕們亦自號「鏟平王」，「蒼頭蜂起，佃甲廝役群不逞者從之，刲牛屠豕聚會，……皆僭號鏟平王」（同治《永新縣志》卷十五，〈武事〉）。他們縛其主於柱，痛加鞭笞。「每群飲，則命主跪而酌酒，批其頰數之曰：『均人也，奈何以奴呼我？今而後得反之也』」（同治《永新縣志》卷十五）反映了奴僕們要求自由平等、解除人身依附的決心。

廣東的奴變持續時間頗長，當時被誣稱為「社賊」，亦稱社軍、僕軍。其初起於順德、新會等縣，「社賊起，奴叛主也，禍起於順德沖鶴堡，延及新會諸鄉。……數年之內，率皆殺逐其主，據其田廬，甚者擄其妻子，掘其墳墓，兵連不解，幾二十年」（《開平縣志》卷二十，〈前事略〉）。其後，奴變則發展至開平、高安、清遠諸縣，各地奴僕「乘多故之時，糾眾為亂，至戕其主，踞其家，倚險負固四十餘年」（《牧令書》卷十九，王植：〈盜案〉）。他們的鬥爭亦經常與佃農的鬥爭結合在一起，「殺主踞田，鄉紳、貢生、生員等俱被殺死」（光緒《清遠縣志》卷十二，〈前事〉）。「互相煽誘，富室之族貧而無賴者多與焉。立社村外，歃血聯謀，與富室為敵，抄掠財穀，往往闔門遭禍」（《開平縣志》卷二十，〈前事略〉）。

明末南方各省奴變普遍興起，從要求人身自由，索取鬻身文契、反對封建奴役、追求個體經濟等方面，衝擊了傳統的等級制度和統治秩序。但在各地的奴僕暴動中，「豪奴」們往往在其中發揮了很大的作用，再加上一定數量的流氓無產者混雜其間，從而使江南的城鎮經濟受到了一定的破壞。奴變更多的是與鄉村的農民鬥爭相結合，得不到城市居民的支援，這不能不大大地削弱了它的歷史作用。

三 礦工、棚民的鬥爭和城市民變

在湖南、江西、浙江、廣東、福建等省，從武夷山脈到羅霄山脈的廣大山區，從事商品生產的靛民、菁民、痲民以及開礦挖煤燒炭的工人，乘著全國農民大暴動的浪潮，紛紛組織起來，反抗封建政府和地主的壓迫。崇禎九年（一六三六年），湖南臨武、藍山的礦徒和農民舉行暴動，首領郭子奴自號鏟平王，這支暴動隊伍向北連克湘潭、湘鄉等縣，向南則進逼廣東乳源、韶州，一度曾圍困廣西的全州，「殘破三湘，直至洞庭」，聲勢大振，明廷被迫調動湖廣、兩廣和江西的官兵聯合圍剿，於崇禎十一年（一六三八年）才被鎮壓下去（汪輝：《湘上癡脱離實錄》；又黎遂球：《蓮須閣集》卷四，〈平湖南山寇紀功碑〉）。這種礦工的鬥爭，在福建、廣東也頗激烈。崇禎十三年（一六四〇年），廣東博羅山區有「長興」的團體，係外地流民在這一帶占耕盜礦時組織的，「大賊鍾凌秀遺孽，流竄長平、冬瓜坑等處，接通土宄，豎幟橫戈，盤挖錫礦。始則佯蠢退耕，繼則引類百千，號爲一約，自號長興。見腴田則必奪，問賦稅則曰無。蹂民田爲礦道，壟畝墳塋，盡遭掘鑿；肆劫掠於荒村，稅租民產，悉充盜糧。告捕則縱火焚驅，觸怒則開刀挺刃，公差田主無不就擒，隊兵驛官概被趕殺」（康熙《惠州府志》

卷五，〈郡事〉）。福建清流一帶，則有爐丁暴動，「鐵石磯山中有鐵礦，明末因冶場人眾，聚以為亂」（康熙《清流縣志》卷十，〈寇變〉）。這一支爐丁和活躍於福建興泉沿海一帶及廣東的農民軍相為呼應，「崇禎十七年甲申（一六四四年）四月，興泉賊大熾，……而粵寇蕭聲、陳丹率眾數千，號閻羅總，漸逼汀州，郡邑告急。八月十二日鐵石巡司報，爐丁竊發，劫掠各鄉村」（康熙《清流縣志》卷十，〈寇變〉）。

明末棚民、菁客的暴動，也相當激烈。浙江括蒼山以及仙霞嶺山區耕種靛麻蔗的福建流民，曾組織起「靛軍」，轉戰於金華、衢州、處州各府屬，並遠及閩贛兩省邊區，堅持鬥爭達二十餘年之久（熊人霖：《南榮集》）。湖南湘鄉、衡山、長沙、臨、藍等地，開山種靛的棚民和挖煤燒炭的工人聯合起來，在江長子、李大用、劉新宇等領導下，稱劃平王，其活動範圍遍及江西的萬載、萍鄉以及廣東的樂昌、乳源等地。而福建棚民在江西袁州堅持鬥爭達數十年之久，「袁州接壤於南，……閩省諸不逞之徒，賃山種麻，蔓延至十餘萬，即在太平無事，陰行劫掠……遇變生輒亂。崇禎壬午（一六四二年），天井盜起，則邱仰寰入據郡城；順治戊子（一六四八年），金王謀逆，則朱益吾播虐鄉邑；己亥（一六五九年），海寇犯金陵，復揭竿樹幟，怙惡不悛。當時因循姑息，釀成大患，頃因康熙十三年（一六七四年）吳逆據長沙，此輩蜂起響應，綿亙數百里，焚殺淫擄，所過為墟」（《袁州府志》卷五，〈武事〉，〈驅逐棚寇功德碑〉）。他們的鬥爭曾在一定程度上推動了山區商品生產的發展。

天啓年間，江南各城鎮的市民騷動依然相當普遍，所謂「何偉然樹萬人一心之旗於杭郡，曾雩結千人之會於維揚，張元建謀逆於姑蘇，葉朗生思逞於檇李」（《明熹宗實錄》卷三十八）。當時的地方官吏曾慨歎道：「江南習氣囂凌，往往連結無賴，逞其咆哮，甚至焚燒搶掠，肆行無忌」（《明熹宗實錄》卷五十四）。天啓六年（一六二六年），江南人民又因閹黨迫害東林黨人，掀起了反對宦官暴行的鬥爭。當閹黨逮捕吏部員外郎周順昌時，蘇州民衆在市民顏佩韋等五人號召之下，集衆數萬人，械擊校尉。蘇州民衆爲搶救被閹黨逮捕的東林黨人黃尊素，「乘勢走胥門城下，焚其舟，投其橐於河，而所齎賀貼遂失，不知所在，緹騎皆泅水過西岸」（《頌天臚筆》卷二十二，附〈開讀傳信〉）。在常州城內，當閹黨逮捕東林黨人李應升時，民衆數萬人集合，有十人手執短棍直呼入憲署，殺魏忠賢所遣校尉，一賣甘蔗小販，用剝刀臠一肥尉之肉餵狗（《五人取義紀略》，《燼餘錄》卷二，附〈忠介遺事〉）。到了崇禎年間，江南民變依然不斷，如崇禎之初，「宜興、溧陽及遂安、壽昌民亂，焚掠巨室」（《明史》卷三六五，〈凌義渠傳〉）。太倉、桐城也有民變（參見《研堂見聞雜記》：《明史》卷二六〇，〈方孔昭傳〉）。閹黨大官僚顧秉謙於崇禎二年（一六二九年）削職回籍時，「昆山民積怨秉謙，聚衆焚掠其家」（《明史》卷三〇六，〈顧秉謙傳〉）。宜興的大官僚周延儒於崇禎四年（一六三一年）因「其子弟家人暴邑中，邑中民爇其廬，發其先壟」（《明史》卷三〇八，〈周延儒傳〉），「縱火顧其連雲之第爲丘墟，搶散其資」（葉紹袁：《啓禎記聞錄》卷二）。

明末南方城市的民變，雖有一部分和統治階級內部的鬥爭相聯繫，但究其社會原因，大多由於明朝官府和地主階級對民間工商業的摧殘而致，與礦工、棚民等山區勞動者的鬥爭目標是一致的。

佃農、奴僕、礦工、棚民和城市居民的鬥爭，次數頻繁，活動分散，沒有像北方農民那樣形成統一作戰的形勢，但他們爲打擊明末的腐朽統治和經濟體制，同樣作出了積極的貢獻。

第十二章 清軍入關與南明政權的覆滅

第一節 清軍入關與李自成、張獻忠的失敗

一 清軍攻占北京

遼東的大清軍隊，自明代萬曆末年以來，一直對於明朝的邊防構成了很大的威脅，到了崇禎年間，明朝在遼東前線已經完全處於防禦的地位。崇禎十四年（一六四一年）薊遼總督洪承疇在錦州松山戰敗被俘後，明朝在遼東的防線更加脆弱，不得不退守到山海關寧遠一帶。而這時正是明朝中原地區農民暴動如火如荼的時刻，明朝的許多精銳部隊被李自成、張獻忠等農民軍打得丟盔失甲，潰不成軍。這種局勢無疑又給清軍提供了一個坐收漁利的絕好良機。崇禎十六年（一六四三年）底，李自成攻占西安，清朝統治者曾一度試圖利用明王朝與農民軍的矛盾，特派使臣到陝西企圖和農民軍通好，寫信給李自成和他的將領說：「諸公協謀同力並取中原

，倘混一區宇，富貴共之矣」（《明清史料》丙編，第一本）。清軍與農民軍聯合滅明的策略因大順政權的拒絕而未能成功，但明王朝與李、張等農民軍在中原的多年逐殺，確實增強了清軍入主中原的信心。

松錦之戰失敗，明朝在山海關前線擁有重兵的實際上只有吳三桂。吳三桂出身於武將世家，膂力過人，「少年勇冠三軍」。關中的明軍精銳被農民軍逐個消滅之後，明朝能征善戰的軍隊，就剩下吳三桂這一支了。因此，清太宗一直想籠絡吳三桂，企圖對他進行誘降，以解除清軍入關的最大障礙。早在崇禎十五年（一六四二年）四月，清太宗就給吳三桂送來一道「敕諭」，極力招撫拉攏（《清太宗實錄》卷六十）。之後又連連招誘，但吳三桂對此無動於衷，繼續效忠於明朝，盡力扼守寧遠至山海關的三百里前線。

崇禎十七年（一六四四年）三月李自成攻占北京之後，對立的各方發生了變化，吳三桂變成了進不得亦退不得的明朝孤臣。但是他手中所掌握的數萬精兵，又是一支不可忽視的力量，無論是清朝統治者還是李自成，都不能不有所顧忌，雙方都極力開展了對吳三桂的招撫工作。當時吳三桂的父親吳襄和其他家屬都留在北京，李自成便派人帶著白銀四萬兩並吳襄的信，勸吳三桂歸降（計六奇：《明季北略》卷二十）。吳三桂爲了保住身家產業，決策投降大順政權，帶領部眾向京師進發。三月二十四日到永平府，曾「大張告示：本鎮率所部朝見新主（李自成），所過秋毫無犯，爾民不必驚恐等語」（佚名：《吳三桂紀略》）。但是這時大順政府卻未能繼續作好吳三桂的招撫工作，權將軍劉宗敏等向吳氏家族追贓勒餉，並奪去吳三桂的愛妾陳圓圓。吳三桂聽到這些消息，以為李自成的招降是把他騙來北京，將不利於己，於是一怒而去，率部奔回山海關。李自成得到吳三桂叛變、山海關被占的消息後，決定親率大軍往山海關平叛。四月十三日晨，李自成、劉宗敏等率領大順軍從北京出發，丞相牛金星等留守北京。

這時清太宗已經去世，擁有實力的睿親王多爾袞擁立年方六歲的福臨即位，這就是清世祖，多爾袞自為攝政王。多爾袞是一個很有戰略眼光的人，他對於關內的這些事變，時刻在密切注視中。當明朝土崩瓦解之時，多爾袞當機立斷集合軍隊，準備入關從而占領整個中國，所謂「今者大舉，不似先番，蒙天眷佑，要當定國安民，以希大業」（《沈館錄》卷七）。

恰在這時，吳三桂投降大順不成，又看到大順軍進逼山海關。吳三桂自知不敵，遂派副將楊坤、游擊郭雲龍請兵於多爾袞，內稱「若及此時促兵來救，當開山海關門以迎大王」（《沈館錄》卷七），「裂地以酬，不敢食言」（蔣良騏：《東華錄》卷四）。多爾袞見信大喜，一面派軍隊向山海關兼程進發，一面向吳三桂回信，百般招降，信中寫道：「今伯若率眾來歸，必封以故土，晉為藩王，一則國仇可報，一則身家可保，世世子孫長享富貴」（《清世祖實錄》卷四）。吳三桂得書後，決定投降，準備與大順軍決一死戰。

四月二十一日，大順軍到達山海關，大順軍前鋒繞道長城口外一片石，企圖上下夾擊山海關，並切斷清軍與吳三桂的聯合，但被清軍擊敗。農民軍分兩路夾擊吳三桂的戰略沒有實現，只好在關內石河一帶與吳三桂正面決戰，雙方戰鬥十分激烈。吳三桂的軍隊有些招架不住，據守北翼城的一部分吳軍向大順軍投降。正在這時，即四月二十二日，清軍馳達山海關城下，吳三桂知清軍到來，如死裡逢生，遂突圍出外城，「馳入大清壁中見九王（多爾袞），稱臣，遂髡其髮」（計六奇：《明季北略》卷二十），投降於清，請求清軍立即來援。多爾袞諭以「汝等願爲故主復仇，大義可嘉，予領兵來成全其美……昔爲敵國，今爲一家，我兵進關，若動人一株草，一顆粒，定以軍法處死，汝等分諭大小居民，勿得驚慌」（康熙《山海關志》卷五，〈政事志〉），並約定吳三桂軍「以白布繫肩爲號」（《清世祖實錄》卷四），以便協同作戰。

吳三桂回到三海關，重新調整軍隊與大順軍決戰，同時打開了南水門、北水門、關中門，讓清軍分三路進關。陣勢布好後，吳三桂即向大順軍陣地發動攻擊，吳三桂的軍隊東西馳突，農民軍的陣線被衝開再合起來，戰場上炮聲雷動，矢飛如雨。激戰自上午持續到中午，吳軍漸漸難以支持。就在這千鈞一髮之際，早已做好準備的清軍，「從三桂陣右突出，衝賊中堅，萬馬奔躍，飛矢兩墜，天大風沙石飛走，擊賊如雹」。農民軍在久戰之餘，猝遇勁敵，難以抵擋。李自成「方挾太子登高岡觀戰，知爲我（清）兵，急策馬下岡走。」農民軍陣勢大亂，「自相踐踏死者無算，僵屍遍野，溝水盡赤」（《明史》卷三〇九，〈李自成傳〉）。大將劉宗敏也負了傷，李自成只好連夜撤退。二十六日，李自成敗回北京。

山海關戰役是順、清之間關鍵性的一戰，大順軍的失敗，從表面上看是因吳三桂的叛變和清軍的突發，從而寡不敵眾。實際上從太順軍的內部找原因，其失敗也是必然的。自從崇禎十三年（一六四〇年）李自成進河南以來，一直所向披靡，大順軍的領導人們，逐漸滋長了驕傲輕敵的思想，對於清軍入關的可能性，缺乏清醒的認識。當吳三桂率部撤離山海關準備投降大順朝時，李自成並沒有派出大將率領重兵去防守，而只是把剛投降過來的明將唐通所部數千人派往鎮守，其他協防官吏也大多是明朝歸降的官僚。當時的丞相牛金星，儼然以開國元勳自居，「諸降人往謁，執門生禮甚恭」（《明史》卷三〇九，〈李自成傳〉）。對於山海關的局勢卻漠然視之，關心甚少。而這時清廷方面的情況正相反，他們對於崇禎年間中原地區局勢的變化，一直在密切注視中，當大順軍向京師進發時，清廷已經認準農民軍是自己真正對手了，他們認為「秦失其鹿，楚、漢逐之，雖與明爭天下，實與流寇角也」（王先謙：《東華錄》，〈順治二〉）。因此，當李自成占領北京後，多爾袞便動員了所有的精銳部隊準備與大順軍爭奪對全國的統治權。在這種情況下，李自成是逃脫不掉失敗的厄運的。

其次，吳三桂的降清，固然是他本人的氣節有問題，但從另一方面看，實際上也是大順軍政權在政策上的失敗。李自成和張獻忠領導的農民軍，從一開始就具有「流寇主義」的嚴重傾向。他們不太注重根據地的建設，熱衷於「攻城略地」，「吃他娘，穿他娘」，靠掠食自給。他們每到一處，強迫地主、富豪、官吏們貢獻糧錢財物以助餉。這一政策對於解決農民軍的軍費以及鼓勵下層被壓迫群眾的鬥爭信心，當然有一定的積極作用。然而過於嚴厲的追贓助餉，卻不能不大大增加了反對者的疑懼，從而削弱了大順政權的廣泛性。大順軍進北京後，這種追贓助餉活動變本加厲，據當時記載云，「派餉於在京各臣，不論用與不用，用者派少，令其自完，不用者派多，一言不辨即夾。……勳戚之家無定數，人財兩盡而後已」（楊士聰：《甲申核眞略》）。「徵諸勳戚大臣金，金足輒殺之」（《明史》卷三〇九，〈李自成傳〉）。大順軍進占北京後，並不存在缺乏軍餉的問題，當時僅從內帑繳獲的銀兩，不下數千萬兩，足夠大順軍數年以內的開支。如果大順政權把追贓的目標局限在皇親國戚、勳臣、太監以及少數罪大惡極有民憤的官紳範圍之內，而適當地團結、拉攏一些有真才實學的官紳和知識份子，則無疑將大有利於大順政權的穩定。但是大順政權的領導人們卻未能較好地作到這一點，他們進北京後，對於舊官僚的棄用主要是根據舊官僚的歸順態度，那班善於見風使舵的阿諛官吏，則紛紛錄用。而對於一些以「氣節」自許和有政治影響的官僚，卻不能「禮賢下士」，甚至大加拷掠。大將劉宗敏、李友等人，在北京以至黃河中下游的廣大占領區內，普遍進行追贓助餉，使各地官紳如罹湯火，人人自危。這種不顧長遠利益的殘酷手段，也波至吳三桂留在北京的家眷，劉宗敏逮捕了其父吳襄，「索餉二十萬」（張怡：《謏聞續筆》卷一），「刑掠且甚」（《甲申傳信錄》卷八），其愛妾亦遭到劉宗敏等人的凌辱。大順軍的這種作法，無疑是在政治上犯了一個極大的錯誤，把擁有重兵、鎮守山海關的吳三桂推給了清朝，這樣就不能不加速了清兵入關的進程。

自從崇禎十三年（一六四〇年）以來，李自成在一些下層知識份子的幫助下，曾一度注意到密切與下層民眾的關係。他們針對當時社會的主要矛盾，提出了「均田免糧」的口號。在剛剛進駐北京之時，他們還能夠嚴加約束各部，禁止抄掠百姓，並且分派大批官員到各地去接管政權、宣傳均田免糧的號令。一些地區確實出現了削奪宗室、勳戚和官紳地主的田產的行動，如山東諸城縣「闖官蒞任，……明示通衢，產不論久近，許業主認耕，故有百年之宅、千金之產，忽有一二窮棍認為祖產者，亦有強鄰業主明知不能久占而掠取資財者，有伐樹搶糧得財物而去者，一邑紛如沸釜，大家茫無恆業」（丁耀亢：《出劫紀略》，〈保存殘業示後人存記〉）。日照縣官僚地主厲寧家「所存田產、牛隻、家屬，悉為二縣民人瓜占」（厲寧奏，《順治史書》史六，中國第一歷史檔案館藏）。這兩個縣的王府莊田及其租粒，也被「僕佃悉行侵欠」（《明清史料》丙編，第五本，〈登萊巡撫陳錦題本〉）。山西大同的代王府，「宗姓約計四千餘，闖賊盤踞六日，屠戮將盡，……宗之房屋盡為賊居，地主莊窩無一不為賊據」（《清代檔案史料叢編》第四輯，第一五〇頁）。農民軍派出接管地方政權的官吏，有一部分亦能悉心辦事，比較廉潔，如《甲申傳信錄》等書所言：「（李自成）號令嚴切，所遣守土之吏，無敢暴民，亦旬月之雄也」（《清代檔案史料叢編》第四輯，第一五〇頁），「時賊法嚴，吏不敢舞文，民不敢犯禁」（光緒《定興縣志》卷二十，〈志餘〉）。

但就整體而言，大順政權並沒有對「均田」問題制定出系統而又切實的實施措施。這一口號的提出，當時的目的主要是在鼓動人心，而不是真正在於落實。正如許多研究者所指出的那樣，「均田在大順政權的活動中並不占重要地位」（參看顧誠：《明末農民戰爭史》）。這是因為在明末破敗的情況下，耕地大面積拋荒，農民軍到達的地方，明宗室、官紳地主大批地被消滅或者逃竄他方，出現了大量無主之田，因而在這種特定的條件下，土地問題反而不顯得那麼突出。就免糧而言，所謂「三年免徵」，「五年不徵」，其口號本身就不切實際。大順軍一貫以流動作戰爲主，沒有堅固的根據地，其數十萬大軍及隨軍家屬的日常供給，幾乎都是靠抄掠府庫和追比富室而來。這樣的經費來源是無法持久的，也不利於大順政權的穩定。因而，「免糧」的口號，其真正意義也在於號召群眾，所謂「欲收民心，須撫仁義」（《明季北略》卷二十三）。事實上，李自成在崇禎十六年（一六四三年）占領西安建立大順政權時，馬上頒布了徵糧的命令，「定以明年（崇禎十七年，一六四四年）正月起，每糧一石，派草六斤，解送省城，搬運之費，倍之」（錢粤只《甲申傳信錄》卷六）。錢糧徵收的辦法，沿襲明朝的舊制。從崇禎十七年（一六四四年）六、七月起，大順政權的一些地方官府確實開始了徵收賦稅。如在陝西麟游縣，大順政權曾經「踏勘荒熟」，徵收稅糧，「計當時共坐闔縣熟地一千五百一十六頃四十五畝，按地該糧一千八百八十三石」（順治《麟游縣志》卷三，〈田賦〉）。在韓城縣，大順軍「發壯夫多所作，徭役繁興，米豆芻茭責之民者萬端，韓人莫必其命（《懷陵流寇始終錄》卷十八）在河南輝縣，「每地一畝派銀五分，追比急如星火。又按畝徵解闊布，花缺布貴，敲樸就斃，人相枕藉。又科派雕羽以充箭翎，……又派打造盔甲」（《清代檔案史料叢編》第六輯，〈國子監司業薛所蘊啓本〉）。再如大順政權在山西忻州，「三丁之中抽軍一名，其餘二丁供田三十畝，銀十二兩」（《清代檔案史料叢編》第六輯，〈山西巡撫馬國柱題本〉）。稅銀是相當重的。當時有人記載說，大順軍在中州一帶徵收賦稅，「雕翎、魚膠，盡派窮民；鋼鐵、牛角，亦入地畝，……。初誘百姓以三年免徵，後輒百端催科」（張縉彥：《菉居文集》卷二）。

以上記載雖不免有污蔑之詞，但從當時李自成軍隊的實際經濟情況來分析，大順政權的徵糧派差是不可避免的。過於激烈的「免糧」口號，固然可以鼓動民眾於一時，但是不能持久。隨著大順政權的變質及其軍隊紀律的敗壞，它與下層民眾之間的距離就越來越疏遠了。大順軍占領北京後，大順政權的一部分上層領導，以爲大功告成，「自成謂真得天命，金星率賊眾三表勸進，乃從之，令撰登極儀，諏吉日」（《明史》卷三〇九，〈李自成傳〉）。大將們忙於追贓比餉，文官們忙於籌備登極典禮，等待加官進爵，士兵們亦安於享樂，渙散了軍隊的紀律，喪失了戰鬥力，史稱「時闖兵入都，恣意淫掠，身各懷重資，無有鬥志」（《明季北略》卷二十），「賊又編排甲，令五家養一賊，大縱淫掠，民不勝毒，縊死相望」（《明史》卷三〇九，〈李自成傳〉）。

李自成從山海關敗回北京後，大順軍的戰鬥力就完全潰散了，將領們忙於斂聚私財、而士兵搶劫財物、淫掠婦女的事屢有發生，北京城內一片混亂。李自成和一些高級將領紛紛做好逃離北京的打算。「自成至，悉熔所拷索金及宮中帑藏、器皿，鑄爲餅，每餅千金，約數萬餅，騾車載歸西安」（《明史》卷三〇九，〈李自成傳〉）。四月二十九日，李自成在武英殿舉行即位典禮，「追尊七代爲帝后，立妻高氏爲皇后，自成被冠冕，列仗受朝，金星代行郊天禮」（《明史》卷三〇九，〈李自成傳〉）。是日晚，放火燒了明代宮殿及九門城樓，開始撤離北京。五月二日，清兵進入北京，「下令安輯百姓，爲（崇禎）帝后發喪，議謚號，遣將偕三桂追自成」（《明史》卷三〇九，〈李自成傳〉）。五月八日，清兵在慶都追上大順軍，「多羅武英郡王阿濟格等追擊流寇於慶都縣，大獲其輜重」（《清世祖實錄》卷五）。大順軍繼續南撤，組織力量在定州再次與追擊清兵作戰，大順軍再次失利，「自成中流矢創甚，西逾故關，入山西，會我（清）兵東還，自成乃鳩合潰散，走平陽」（《明史》卷三〇九，〈李自成傳〉）。

二 李自成、張獻忠先後戰死

李自成自北京敗退後，軍威一蹶不可復振，慶都、定州二戰之後，「賊勢益不支，鳥獸駭散」（《清世祖實錄》卷六）。在這生死存亡的關鍵時刻，農民軍內部又發生了一次影響深遠的內鬨。《明史·李自成傳》記其事云：「李岩者，故勸自成以不殺收人心者也。及陷京師，保護懿安皇后令自盡，又獨於士大夫無所拷掠，金星等大忌之。定州之敗，河南州縣多反正，自成召諸將議，岩請率兵往。金星陰告自成曰：『岩雄武有大略，非能久下人者。河南，岩故鄉，假以大兵，必不可制。十八子之讖，得非岩乎？』因譖其欲反，自成令金星與岩飲，殺之」（《明史》卷三〇九，〈李自成傳〉）。李岩（李信）出身於下層知識份子，較有政治遠見，與牛金星等人的「勝者爲王」的投機思想和劉宗敏等人的草莽作風大有不同。進北京城後，牛金星等人日以登基誘惑李自成，劉宗敏等人又以拷掠官紳爲能事，唯有李岩等還保持著清醒的頭腦，這就不能不使牛金星等人對李岩抱有極大的疑忌心理，並欲置之死地而後快。李岩之死，加速了農民軍的瓦解，宋獻策「私扼腕憒歎，頗欽自異」，劉宗敏亦認爲誅之過甚，「按劍不平，切齒曰：『吾見金星，必手摧之』」（查繼佐：《罪惟錄》，〈列傳〉卷三十一，〈李自成〉）。於是大順軍「眾俱解體」（《明史》卷三〇九，〈李自成傳〉）。

大順軍自定州敗後，經河南、山西，退入西安，企圖以關中爲據點，與清軍爭奪山西、河南一帶。但是，這時農民軍內部已更加渙散，連丞相牛金星也隨時作好逃跑的準備，他在一次醉酒中說道：「幸即出居他所，卒有變，利有逃匿，保此頭顱」（鄭廉：《豫變紀略》卷六）。就是李自成，這時也神情失態，狂暴異常，史載他在西安時，「復強很自用，僞尚書張第元、耿始然皆以小忤死」（《明史》卷三〇九，〈李自成傳〉）。尚書宋企郊也差點被殺。他對一般士兵和民眾，就更加殘暴了，「狼狽必遂，嘗駐韓城二十五日，鞭撻刑剝無不至。於是與作徭役，並芟芻糗具，責民萬端，人莫必其命」（查繼佐：《罪惟錄》，〈列傳〉卷三十一，〈李自成〉）。

大順永昌元年（崇禎十七年，順治元年，一六四四年）十二月，清兵占領了河南、山西各地，逼進潼關，農民軍與清軍在潼關進行了反覆的較量。到第二年即永昌二年（一六四五年）正月十三日，清軍占領了潼關，「自成遂棄西安，由龍駒寨走武岡，入襄陽，復走武昌」（《明史》卷三〇九，〈李自成傳〉）。十六日清軍從潼關出發，兩天後占領了西安。

李自成占領武昌時，士卒及家屬「眾尚數十萬，分爲四十八部，奄有荊州、襄陽、德安、承天四府守之」（查繼佐：《罪惟錄》，〈列傳〉卷三十一，〈李自成傳〉），改江夏縣爲端符縣，鑄永昌錢，準備重新整頓隊伍以圖再起。但是這時農民軍的士氣實在太差，「部眾多降，或逃散」（《明史》卷三〇九，〈李自成傳〉），無力與清兵作有效的決戰。於是，李自成只好率領部眾在河南、湖廣、江西一帶迂迴轉戰，連連失利。四月下旬，清軍在江西九江附近攻入大順軍的大營，大將劉宗敏、軍師宋獻策、明降將左光先以及李自成的兩個叔父和大批隨軍家屬都被清軍俘獲，劉宗敏被殺，宋獻策、左光先投降了清軍，牛金星、宋企郊等人「皆遁亡」（《明史》卷三〇九，〈李自成傳〉），不告而別。

五月初，李自成率領殘部行到湖北通山縣境九宮山，「自成留李過守寨，自率二十騎略食山中，爲村民所困，……村民方築堡，見賊少，爭前擊之，人馬俱陷泥淖中，自成腦中鉏死」（《明史》卷三〇九，〈李自成傳〉）。

正當大順軍節節敗退的時侯，明末農民軍的另一位重要首領張獻忠於崇禎十七年（一六四四年）十一月在成都稱帝，定年號爲大西。張獻忠的大西政權控制四川之後，不能很好地安撫四川百姓，對四川的上層富豪們，也同大順政權一樣極力追贓罰餉，「拘紳袍富室大賈罰餉銀，皆以萬計，少亦數千，不問其力之足否。事甫畢，則又戮之如初」（《蜀難敘略》）。對於一般的老百姓，也是嚴加管制，稍有犯禁，則株連誅殺。在這種政治空氣之下，大西政權是無法得到四川民眾的廣泛支持的。另一方面，李自成占領北京後，明福王朱由崧在南京即位建號，自封正統。是年八月，朱由崧任命樊一蘅爲川陝總督，舊輔王應熊以大學士兼兵部尙書總督川、湖、雲、貴地方。王、樊二人均爲四川人，在四川有一定影響，他們分頭向四川進發。當這一消息傳到四川時，那些對大西政權深懷疑懼的士民，特別是四川士民中的上層份子，紛紛「響應雲合」（《蜀難敘實》），掀起了一場顛覆大西政權的運動。次年（一六四五年）春天，南明總兵曾英擊敗大西軍守將劉廷舉部，占領了重慶。四川各地官紳趁機紛紛叛亂，「起義兵斬僞令者所在皆是。」（《灩澦囊》卷三）甚至連成都百里外，「耰鋤白梃，皆與賊爲難」（康熙《成都府志》卷二十六，〈賊盜〉）。當時的記載稱「四川人性戇愚，特明順逆，不量勢力，不肯被不義之名，故其所置郡縣賊吏，特以兵威迫脅，民勉所從，兵才他適則群起而殺之」（《蜀難紀實》）。

大順三年（一六四六年），清軍在陝西擊潰了大順軍後，把矛頭指向了四川。是年正月，清廷命肅親王豪格爲靖遠大將軍，統率大軍前往四川征討張獻忠。但因大順軍餘部的牽制，清軍迅速進川的目的遲遲未能實現。在這個關鍵時刻，大西軍內部發生了劉進忠的叛變事件。「丙戌，北師以兵取蜀，獻忠使僞總兵劉進忠抗於廣元，進忠導藍旗固山反攻獻忠」（查繼佐：《罪惟錄》，〈列傳〉卷三十一，〈張獻忠傳〉）。在這種情況下，張獻忠不得不放棄成都，八月，「獻忠患盡焚成都宮殿廬舍，夷其城，率眾出川北」（《明史》卷三〇九，〈張獻忠傳〉）。九月，張獻忠率部到達順慶府，攻占了順慶府城，十月，又引兵移往西充縣境。清軍在降將劉進忠的引導下，尾隨張獻忠的行蹤緊追不捨。十一月下旬，清軍得知張獻忠的大營駐紮在西充縣鳳凰山下，遂日夜兼程，「銜枚疾驅，一晝夜行三百里」（張玉書：《張文貞公集》卷七），向大西軍發動了猛烈的攻擊。「是時，賊將劉進忠已降大清肅藩，導之討賊。賊營人馬不戒，弓刀無備。初有言大兵至者，逆獻怒曰：『搖黃賊耳』。即殺言者。大兵將近，復報獻，獻又殺之。大兵已壓賊營，獻不披甲，衣常服，加飛蟒半臂，率牙將出現，與大兵隔太陽溪。劉進忠指曰：『此即張獻忠』。大兵中南伊馬喇射穿逆左乳下，僕馬而斃」（李昭治：〈西充鳳凰山誅張獻忠記〉，又參見張玉書《張文貞公集》卷七，〈紀滅闖、獻二賊事〉）。轟烈一時的張獻忠，便在這種驕橫的執迷中，被清兵射殺了。

李自成和張獻忠死後，北方農民軍的餘部繼續堅持抗清鬥爭，並且和南明政權聯合，堅持達二、三十年之久。最後才與南明政權一道在歷史上消失。

第二節 南明政權的曇花一現

一 福王建國南京與史可法死守揚州

當農民軍進入北京，崇禎帝吊死煤山後，明朝在南方的官僚士紳以及從北方逃亡而來的官吏們，各自懷著不同的政治目的，紛紛擁立朱明的後裔，建立起自稱正統的小王朝，這些小王朝，歷史上稱爲「南明」政權。

最早建立南明小政權的是南京的弘光王朝。南京是明王朝的留都，也是除北京之外官僚最集中的地點，農民軍占領中原大地和北京之後，北方的一些明朝宗室紛紛南逃，其中最重要的有明神宗的侄兒潞王常淓和明神宗的親孫福王由崧。於是，南京的明朝官吏們一致主張重建明朝的統治，討伐農民軍，恢復六明的統一天下。但是在立誰爲君的問題上，卻意見相左，分爲兩派。東林黨人呂大器、姜日廣、張慎言、錢謙益以及南京兵部尙書史可法等人認爲潞王朱常淓無甚劣跡，「昭穆不遠，賢明可立」，而福王朱由崧素多失德，有「不孝、虐下、干預有司、不讀書、貪淫、酗酒」等七不可，故不當立。而以鳳陽總督馬士英的閹黨勢力，與朱由崧的關係較密切，以福王倫序最近，故而當立（《明通鑑》附篇卷一，上；梅村野史：《鹿樵紀聞》卷上，〈福王〉）。正當史可法等人猶疑不決的時侯，馬士英夥同逆黨阮大鋮，陰結內侍韓贊周，並聯合總兵黃得功、劉良佐、高傑、劉澤清以及誠意伯劉孔昭等實力派，強行擁立福王，「廷臣集議，吏科給事中李沾探士英指，面折大器。士英亦自廬、鳳擁兵迎福王至江上，諸大臣乃不敢言。王之立，士英力也」（《明史》卷三〇八，〈馬士英傳〉）五月初三日，朱由崧在南京就任監國，十五日即位稱帝，以明年爲弘光元年（一六四五年），以馬士英、高弘圖、姜日廣、王鐸、史可法五人爲內閣大學士。

南京的弘光朝廷，擁有全國最富庶的地區和數量可觀的軍隊，鎮守武昌的左良玉部有二十萬之眾，素以善戰著稱，其他如劉良佐、黃得功等，都擁有重兵。然而這個政權的建立，並不像當時許多士民所希望的那樣有振興明朝的雄心壯志和收拾殘局的實際措施。這個政權從其推立君主的那一天起，便充滿著爭權奪利的氣息，明末以來的黨爭，在這個小政權內故伎重演。

大學士馬士英以擁立之功深得福王信任，福王把政事統統委任給馬士英，口稱「天下事有老馬在」（顧炎武：《聖安本紀》卷四）。奸詐的馬士英乘機攬權，把朝內比較正直的官僚都排擠出去，大學士史可法則被命往揚州督師。不久又引用閹黨阮大鋮爲兵部尙書。「士英獨握大柄，內侍中官田成輩，外結勳臣劉孔昭、朱國弼、柳祚昌、鎭將劉澤清、劉良佐等，而一聽大鋮計。……朝政濁亂，賄賂公行。四方警報狎至，士英身掌中樞，一無籌畫，日以鋤正人引凶黨爲務」（《明史》卷三〇八，〈馬士英傳〉）。至於福王朱由崧，尤爲荒淫透頂。崇禎十七年（一六四四年）除夕，朱由崧悶悶不樂，大臣們以爲他思念先帝和操心局勢，一個個叩頭請罪，不料朱由崧卻回答說：「朕未暇念此，所憂者梨園子弟無一佳者，意欲廣選良家以充掖庭，惟諸卿早行之耳」（抱陽生：《甲申朝事小紀》卷八，〈弘光失德〉）。在這種情況下，南京弘光朝廷的腐敗很快地暴露出來，所謂的「中興」事業，只能是一堆泡影而已。

當時軍事上的部署是弘光朝廷最需要迫切解決的一個問題，但是弘光的掌權者們並不是積極備戰，以圖重新統一中國，驅逐清兵出關，而是企圖與清妥協，共同剿滅農民軍。弘光朝廷建立後的兩個月，即崇禎十七年（一六四四年）七月，便派遣兵部右侍郎左懋第以及馬紹愉、陳洪範爲使者，攜帶白銀十萬兩、黃金一千兩、緞絹一萬匹，答謝清軍替明朝打退了李自成。並封吳三桂爲薊國公，犒賞銀一萬兩。他們還對使者祕示機宜，力圖與清議和，以割讓山海關外土地，南北互市，歲幣十萬兩，國號隨意等，作爲談判的起點。（陳洪範：《北使紀略》）。

十月，左懋第等人到達北京，清廷除了把使團帶來的禮物如數收下以外，對使者們極其冷遇和凌辱，並堅決表示要「發大兵下江南」（陳洪範：《北使紀略》）。使者陳洪範叛變求榮，洩露了南都許多實況，並建議多爾袞把同行的左懋第、馬紹愉拘留在北京。弘光政權的當權者們看到求和失敗，只好勉強備戰。這時，清軍正集中全力向西面進攻大順軍，清廷在河北、山東、河南、山西的兵力相當薄弱，統治很不穩固。但即使到了這時，弘光朝的君臣們包括史可法在內，都還做著「借虜平寇」的美夢。他們既不敢也不願趁清軍與農民軍決戰的時刻，乘機進兵北上，只是偏安在南京一角，等待著北方局勢的變化。等到清軍把大順軍收拾差不多而揮師南下時，弘光朝已經措手不及了。

朱由崧、馬士英等龜縮在南京城內爲所欲爲，北線防務的重擔就全部落到了督師大學士史可法身上。史可法決定坐鎮揚州，在江北布置防線，以確保江南的安全。他曾提出：「從來守江南者，必於江北。當酌地位，急設四藩。以淮揚泗盧自守，而以徐滁鳳六爲進取之基。兵馬錢糧，皆聽自行徵取，而四藩即用黃得功、高傑、劉澤清、劉良佐爲我藩屏，固守江北，則江南之人情自安」（《明季南略》卷三，〈史可法請設四鎮〉）。然而，史可法的這個布防計劃，卻因弘光朝內的腐敗，馬士英等人處處掣肘，而無法實施。是年十一月，清兵由山東南下海州占領宿遷，包圍邳州，史可法派總兵劉肇基率領軍隊反擊清軍，收復了宿遷，解了邳州之圍。但是，江北局勢仍然十分急迫，史可法飛書告急，馬士英卻誣蔑史可法無中生有，趁年終之際邀功領賞，他對楊士聽說：「此史道鄰（可法號）之妙用也。歲將暮矣，陽河將吏例應敘功，耗費錢糧，例應銷算，蓋爲敘功銷算地也」（應喜臣：《青燐屑》卷上）。在馬士英、阮大鋮等人的阻撓下，史可法在揚州的備戰措施，不僅根本無法得到切實的執行，而且當時的四鎮軍隊均爲驕兵悍將，禦敵不足恃，搶掠百姓卻勝於盜賊，四鎮之間又矛盾重重，經常相互攻伐。弘光元年（一六四五年）正月十一日，駐睢州的總兵許定國置酒誘殺了興平伯高傑。尙未與清軍大戰，一員大將先死於內鬨了。高傑部將興兵報復，攻進睢州，老弱無孑遺，許定國逃走投降了清軍。史可法東奔西走，安撫高傑軍，又勸阻黃得功、劉良佐等欲瓜分其部下的企圖，總算平息了一場風波。史可法固守江北收復中原的計劃卻完全被搞垮了。三月，又發生了左良玉的起兵造反事件。左良玉鎮守武昌，他看到農民軍進入湖廣，便扯起「清君側」的旗號全師東下，聲言討伐馬士英、阮大鋮，行師至九江，左良玉病死，其子左夢庚繼續向南京進兵。馬士英等人急忙抽調黃得功、劉澤清等部西御左軍。這樣，史可法慘淡經營的江北防線就更加脆弱了。

四月，清軍進入江淮地區，下盱眙、泗州、淮安，加入無人之境。十八日，清軍兵臨揚州城下，派人招降史可法，遭到拒絕。二十四日清軍大舉攻城，清豫親王多鐸命令用巨砲轟擊，城牆多處被摧毀。揚州城在孤立無援的情況下，終於被清兵攻破。史可法自刎未死，被俘。他大聲說：「我史督師也！」豫親王多鐸再次勸降，史可法堅決地說：「城存與存，城亡與亡，我頭可斷，而志不可屈」（徐鼒：《小腆紀傳》卷一，〈弘光紀〉）。多鐸無法，「命裨將宜爾頓伴之三日，終不降，乃殺之」（梅村野史：《鹿樵紀聞》卷上，〈福王〉）。劉肇基與部將率軍民堅持巷戰，直至矢盡人絕，清兵屠城十日，揚州軍民死者數十萬。

正當史可法等在江北浴血奮戰的時侯，龜縮在南京城內的弘光朝的君臣們，依舊花天酒地，昏暗荒淫。福王選淑女，好倡優，宮殿懸掛聯語：「萬事何如杯在手，百年幾見月當頭」，「梨園子弟，教坊樂人，出入殿陛，諸大臣呼爲老神仙」（《南明野史》）。馬士英、阮大鋮等人橫行霸道，排斥異己，黨獄繁興。前方將士請餉要糧，他們遲遲不肯發放，而對於人民，則反以籌餉爲名，大肆搜括，萬曆以來的弊政不僅未除，還增加鹽稅、酒酤等，苛斂於民。同時還公開賣官鬻爵，選用文武官員都有定價，當時的記載云：「開助工例。時內操額兵四十餘萬，需餉幾八百萬，司農悉各項所入，止六百餘萬。又內有官俸國用之供，外有水旱災傷之耗，不能給，而宮室服用，百役並作，皆援全盛之例，費無紀極。於是開事例，賤其值，以招納來者。士英輩因而乾沒，民間有『中書隨地有，都督滿街走，監紀多如羊，職方賤如狗，蔭起千年塵，拔貢一呈首，掃盡江南錢，填塞馬家口』之謠。」（梅村野史：《鹿樵紀聞》卷上，〈福王〉）腐敗透頂到如此地步，弘光朝的滅亡指日可待了。清軍攻克揚州之後，弘光朝的防線已全面崩潰。五月上旬，清軍到達長江北岸，占領了瓜洲，沿江明軍守將，非逃即降。五月九日，清軍開始渡江，進占鎮江。弘光朝的君臣們連清軍的影子還沒看到，遂一鬨而散，朱由崧逃到太平府的黃得功軍營，馬士英則護著太后逃到杭州。十五日，清軍抵達南京城下，大學士王鐸、忻城伯趙之龍、禮部尚書錢謙益率領其他官僚開門投降，清軍不刃就進入了南京。四藩之一的廣昌伯劉良佐也投降了清軍，並「請取福王以自贖」（梅村野史：《鹿樵紀聞》卷上，〈福王〉）。劉良佐勾結黃得功部將田雄等謀害了黃得功，朱由崧逃入蕪湖，「伏中軍翁之祺舟，降將蘇養性、田雄搜得之」（梅村野史：《鹿樵紀聞》卷上，〈福王〉）。劉良佐遂把朱由崧押至南京，「丙午，帝乘無幔小輿入城，首蒙緇素帕，身衣藍布袍，以油筐掩面，兩妃乘驢隨後。夾路百姓唾罵，有投瓦礫者。……帝嘻笑自若，但問馬士英奸臣何處爾」（陸圻：《纖言》）」。清豫王多鐸令人把朱由崧解往北京，斬於宣武門外的柴市，南京的弘光小朝廷滅亡了。

二 潞、魯、唐諸王的興滅

弘光朝廷覆滅之後，馬士英、陳洪範等擁簇著弘光太后逃到抗州。六月，馬士英等借弘光太后的諭旨，擁立潞王朱常淓爲監國。朱常淓是南京時東林黨人極爲擁護的人物，但其實才能亦與福王朱由崧相去不遠。他在杭州監國不到三天，傳來了清軍迫近的消息。心驚膽戰，在巡撫張秉貞、總兵陳洪範和宦官們的攛掇下，打開杭州城門，向清軍納士投降，清軍不費力氣就占領了浙西嘉興、湖州等膏腴地區。

當潞王在杭州投降清軍之時，浙江各地的士民們正紛紛起兵抗清，「九江道僉事孫嘉績、吏科都給事中熊汝霖同起兵於餘姚。其明日，諸生鄭遵謙應之紹興，襲殺我（清）招撫使於江上，兵部尚書張國維起兵東陽，又明日，刑部員外郎錢肅樂起兵於鄞」（徐鼒：《小腆紀傳》

卷七，〈監國魯王紀〉）。閏六月，錢肅樂、孫嘉績等聯絡鄞縣名士張煌言等，擁立魯王朱以海就監國位。朱以海是朱元璋的第十世孫，魯肅王壽鏞第五子，封在兗州，北京失守後，朱以海南逃，「弘光帝命移住台州」（徐鼒：《小腆紀傳》卷七，〈監國魯王紀〉）。

魯王在紹興出任監國後，孫嘉績、熊汝霖、張國維等同入內閣輔政，浙中各地的抗清隊伍亦紛紛響應，「同時以兵以餉來歸者：總兵王之仁自定海，黃斌卿遣將自舟山，張名振自石浦，沈宸荃、馮元飂亦應之慈溪，聲勢震興」（徐鼒：《小腆紀傳》卷七，〈監國魯王紀〉）。但是，他們依然把精力大多消耗於內部紛爭之中，而未能採取些切實的抗清措施。當魯王監國之時，福建黃道周、鄭芝龍等擁立唐王朱聿健稱帝於福州，改元隆武。福州隆武帝與魯王以輩份論是叔侄。隆武帝以長輩的身份頒發詔書到浙中希望團結起來，共同禦敵。但在魯王方面，尚書張國維、都御史熊汝霖等從自身的利益出發，主張「堅不奉詔」（徐鼒：《小腆紀傳》卷十一），與隆武帝斷絕關係。於是，雙方互爭正統，勢成水火，給清朝提供了各個擊破的良機。

紹興魯王政權內部爭權爭利，矛盾重重。大將軍方國安和武寧將軍王之仁依恃兵權，飛揚跋扈，他們勾結宦官客鳳儀、李輔國和魯王的岳父張國俊等，把持朝政。魯監國成了傀儡，「整冠而見朝，循故體例，扆前無所裁決，憑票擬」（查繼佐：《罪惟錄》，〈附記〉卷三十九）。他們還引進馬士英、阮大鋮等，排擠正直的朝官，重複黨爭故態。「開納貢例，時東林黨事益堅，寧紹互水火力」（查繼佐：《罪惟錄》，〈附記〉卷三十九）。當時浙東每年錢糧六十多萬兩，全部歸方國安、王之仁所有。但是這支腐朽的官軍，徒然坐耗糧餉，並不以江防爲重，還經常搶掠百姓，爲爭餉鬧得不可開交。兵部尚書錢肅樂看到這班手握重兵的將領們驕橫敗事，曾憤慨地說：「竭小民之膏血，不足供藩鎮之一吸；合藩鎮之兵馬，不足衛小民之一髮」（徐鼒：《小腆紀傳》卷十一）當時浙東還有各路義師不下二十萬。魯王政權的當權者們對他們十分歧視，不發給半兩正餉，他們徒有滿腔的抗清熱血，但在這糧餉極端困難禾屢遭排擠的情況下，也是無所作爲，民心渙散。

清順治三年（一六四六年）六月，清軍乘天旱水淺，大舉渡過錢塘江，直取紹興。把守錢塘江的方國安軍，望風而逃，潰不成軍。錢塘江上游的富春江、桐江防線，相繼潰散，「諸軍以餉缺，心不固，沿江守鋪數百里，一刻自燼，喙走不能制」（查繼佐：《罪惟錄》，〈附記〉卷三十九），台州、溫州、金華三府相繼陷落。方國安、馬士英、阮大鋮等降清，「總兵張國柱乘敗劫監國宮眷北降，元妃張氏見害」（查繼佐：《罪惟錄》，〈附記〉卷三十九）。魯王幸得富平將軍張名振保護，逃入海中。閣部朱大典、張國維等先後殉職。「浙西及江以南，諸鄉較之起應魯者，咸先後散，文武士民嗜義赴鼎鑊不懼，指不勝屈。」（查繼佐：《罪惟錄》，〈附記〉卷三十九）至此，以魯王朱以海爲核心的南明小朝廷，宣告失敗，浙東各地完全爲清軍所占領。

魯王逃入海中，奔往舟山，但是舟山守將黃斌卿是隆武帝的屬下，不肯容納。魯王與張名振只好在海上飄泊，得不到安身的地方。十一月，「永勝伯鄭彩以其軍入海奉王入閩」，到達福建中左所（廈門）。但這時鄭成功已經在海上起兵，以中左所爲據點，仍奉隆武年號爲正統，「竟不欲奉王」（徐鼒：《小腆紀傳》卷七，〈監國魯王紀〉）。鄭彩只得奉著魯王，另居長垣。大學士錢肅樂與張名振、張煌言等圖謀再起，收拾舊部在福建北部和閩浙沿海一帶與清軍周旋。魯王也隨著諸臣在沿海一帶飄泊不定。順治六年（一六四九年）九月，張名振率兵攻破舟山，殺死黃斌卿，迎奉魯王進駐舟山。順治八年（一六五一年），舟山被清兵攻破，張名振和張煌言奉著魯王逃往金門。不久張名振病死，張煌言獨自支撐局面。順治十年（一六五三年）張煌言奏請魯王取消監國名號，接受另一個南明小朝廷——西南桂王朱由榔建立的永曆政權的節制，與鄭成功共同合作，堅持抗清。魯王從此置身於鄭成功的保護之下，直至康熙元年（一六六二年）老死在臺灣。

福建的唐王朱聿鍵是朱元璋的第九世孫，南陽唐定王朱桱的後代。當崇禎十年（一六三七年）北京戒嚴時，「聿鍵自請得尺寸之柄，收諸砦義勇，以效尊攘」，北上勤王。但被御史所劾，「廷議以謀叛例發南京高牆」（查繼佐：《國壽錄》，卷九，〈隆武〉），廢爲庶人。崇禎十七年（一六四四年）北京陷落，弘光帝在南京登極大赦，唐王被釋放出高牆，奉命移住廣西平樂。南行至浙江，南京亦陷落。途中遇見了由南京逃來的鎮江總兵鄭鴻逵和戶部郎中蘇觀生，「觀生說以大計，請稱尊以收人心，圖恢復」（查繼佐：《國壽錄》，卷九，〈隆武〉），而鄭鴻逵及其兄長鄭芝龍等福建地方勢力，也認爲唐王「奇貨可居」，於是相扶入閩，駐蹕福州。故輔蔣德璟、黃景昉、尚書黃道周等人亦相繼勸進。是年閏六月七日，唐王在福州行監國禮，七月二十七日即皇帝位，改元隆武。

隆武帝在少年時飽經憂患，比起福、潞、魯諸王來，稍具發憤之心。他雖有志於恢復天下，但扼於形勢，也無力挽救明朝徹底敗亡的命運。一方面，隆武帝與同時起兵抗清的明朝宗藩們存在矛盾，他們競爭正統，互不相容。特別是對鄰近的浙東魯王政權，更是勢不兩立，互殺來使，爭鬥不已，分散了抗清力量。另一方面，在隆武政權內部，有黃道周、張家玉等文臣一派；又有鄭芝龍、鄭鴻逵、鄭彩等擁有實力的武臣一派。文臣黃道周等人無力左右政權，而鄭芝龍兄弟則擅權專斷，隆武帝實際上也變成鄭芝龍兄弟的傀儡。

鄭芝龍兄弟之所以擁立隆武帝，其真正目的是爲了藉隆武帝的旗號來擴大政治和經濟上的勢力。隆武帝即位後，「以封疆剿恢事委鄭氏，以初入閩時得鄭洪逵護從力，且閩兵非鄭不可使，於是進鄭氏爵有差」（查繼佐：《國壽錄》，卷九，〈隆武〉）。但是鄭氏兄弟在軍事上只是以護衛福建爲目的，並不準備進擊清軍，恢復失地。因此，他們把軍隊布置在福建北部的仙霞嶺一帶，「應守者百處」，對於江西、浙江一帶的抗清活動袖手旁觀，擁兵不發。在經濟上，鄭氏兄弟則藉興兵籌餉爲名，暴斂人民。閩粵等地的正額賦稅不敷軍用，乃於兩稅內，每一石米預借銀一兩，又以清查寺院田產爲名，進行搜括。此外，還大興「助餉」和賣官鬻爵，「部司道三百兩，餘百兩，武札數十兩至數兩，然無俸無署，僅空銜而已」（邵廷寀：《東南紀事》）。這些買官的人，轉而敲詐百姓，鬧得閭里騷然。

隆武帝即位之初，曾發詔親征，「議從贛出豫章」（查繼佐：《國壽錄》，卷九，〈隆武

〉），但鄭芝龍尋找種種藉口，觀望不前。大學士黃道周激於義憤，自請督師北伐，但兵隊和糧餉器械都完全由鄭芝龍把握，不肯發放。黃道周於沿途召集七八千人出關迎敵，轉戰於浙江衢州、江西廣信一帶，終因兵弱餉絀，於隆武元年（一六四五年）十二月，在安徽婺源與清兵作戰失敗被俘，翌年三月被害於南京。

黃道周被殺後，隆武帝更加孤立，想發動親征而脫離鄭氏羈絆，並實踐即位時發詔北征的諾言，「乃駕幸延平以信天下」（查繼佐：《國壽錄》，卷九，〈隆武〉）。隆武二年（一六四六年）春，江西贛州的楊廷麟和湖廣總督何騰蛟準備迎接隆武往湖南，兵科給事中金堡力贊其議，但優柔寡斷的隆武帝始終不敢邁出福建一步。是年六月，清軍渡過錢塘江，魯王敗入海中。清軍直指江西、福建，鄭芝龍已經與清方暗中勾結，盡撤仙霞嶺二百里防線的守軍，福建北部的防守「遂成空壁」（徐鼒：《小腆紀傳》卷六，〈鄭芝龍傳〉）。不久，福州亦被清軍占領。隆武帝和皇后曾氏全被清軍俘獲，「挾至（福州）橫塘暴崩。」（查繼佐：《國壽錄》，卷九，〈隆武〉）存在十五個月的唐王政權宣告滅亡。

隆武帝在福建遇難後，他的胞弟朱聿鐭（亦封唐王）出逃，「航海抵粵之潮州」。這時，大學士蘇觀生恰好從贛州敗回廣州，遂聯絡廣東的一些士紳和流亡的明朝官吏，「倡議與原兵部侍郎陳子壯、湯來賀及鄉紳王應華、吳捷先、原任廣州布政使顧元鏡等合請唐王詣廣州。」（查繼佐：《國壽錄》，卷九，〈隆武〉）順治三年（一六四六年）十一月初二日，朱聿鐭稱監國於廣州。初五日正式改稱爲皇帝，建元紹武，「軍國大計，一倚觀生」（查繼佐：《國壽錄》，卷九，〈隆武〉）。

蘇觀生等擁立唐王朱聿鐭，主要目的仍是抱著一個王子皇孫作爲政治資本。因此，這個小朝廷並沒有積極地準備抗擊清軍，反而竭盡全力與肇慶的桂王政權爭奪名分上的正統。雙方在三水大戰了一場，結果肇慶桂王打敗了。紹武政權的君臣們興高采烈，「就學仿釋菜禮」，忙於那些粉飾太平的無聊舉動，對於福建清軍的行動不作認真的防備。十二月中旬，「清鎮李成棟以十七騎斬關入，殺唐王，觀生乃自縊」（查繼佐：《國壽錄》，卷九，〈隆武〉）。廣州建立的紹武政權，還不到四十天便宣告結束了。

三 永曆王朝的興亡與農民軍餘部的抗清

隨著福、魯、唐諸王的滅亡，東南地區以明宗室爲主的抗清鬥爭基本上結束了。清軍占領了黃河以北和東南沿海的廣大地區，乘勝直下，分兵三路向中南、西南一帶進軍。

在這緊急關頭，中南、西南地區的一些實力派人物和南逃的明朝官吏們，策劃在西南再建立一個新的抗清政權。順治三年（一六四六年）十月十四日，兩廣總督丁魁楚、廣西巡撫瞿式耜、湖廣總督何騰蛟、湖北巡撫堵胤錫以及王化澄、方以智、馬吉翔等，在廣東肇慶擁立神宗孫桂王朱由榔爲監國。十一月十八日，爲與廣州的紹武政權爭正統，丁魁楚等人復擁護朱由榔即皇帝位，以明年爲永曆元年（一六四七年）。

永曆政權建立之初，忙於與廣州的紹武政權發生火拼，清軍趁機分兩路向西南、兩廣進軍，一路由明降將李成棟指揮，由福建攻入廣東，消滅了紹武政權之後，繼續西上，向肇慶進逼。另一路也由明朝降將孔有德指揮，由湖北向湖南、廣西推進。當時永曆政權的防務，是以湖廣總督何騰蛟抵抗孔有德的進攻，以兩廣總督丁魁楚抵抗李成棟的進攻。但是當李成棟率領清軍向肇慶進攻時，丁魁楚不作認真的抵抗，肇慶、梧州、平樂等地相繼失守，永曆帝由肇慶逃至梧州、平樂，再逃至桂林。而丁魁楚卻把在廣東搜括的財富，裝上四十隻大船，背棄永曆帝向清軍投降，結果爲李成棟所殺。其他一批官吏和守土將領如王化澄、王錫袞等也非逃即降。李成棟率領的清軍沿珠江而上，勢如破竹，永曆帝準備放棄廣西向湖南逃竄。大學士瞿式耜堅決反對，在桂林一帶積極備戰，「練兵峽江，壁壘堅」（查繼佐：《罪惟錄》，〈附記〉卷二十一），頑強抵抗，桂林才算保住了。但是，無能的永曆帝還是聞風而逃，先去廣西的全州，之後隨總兵劉承胤逃至湖南的武岡。

永曆元年（一六四七年）春，李成棟部再犯桂林，「時平樂、陽朔諸處皆望風北降，桂林兵單，城且破。」瞿式耜與部將焦璉，協同城內軍民浴血奮戰，「巷戰獲捷」（查繼佐：《罪惟錄》，〈附記〉卷二十一），殺退了清軍。這時廣東的抗清義軍蜂起，降武舊臣張家玉起兵東莞，攻惠州、增城，陳邦彥起兵高明，進攻廣州，李成棟被迫回軍進攻廣東義軍。瞿式耜、焦璉趁機發兵收復陽朔、平樂、梧州等地，廣西的局勢暫時穩定。

但是湖南前線的形勢卻很不妙，孔有德、尙可喜率領的清軍由岳州攻陷長沙，連而進占衡州、永州。駐紮武岡的總兵劉承胤，企圖劫持永曆帝投降清朝。永曆帝連夜倉皇出逃，幾經波折，最後才由瞿式耜派兵迎護回到了桂林。何騰蛟等亦率部退入廣西，同時退入廣西的還有李自成大順軍的餘部。李自成死後，大順軍的舊部二、三十萬人由李錦、郝搖旗等率領，駐紮在湖廣洞庭湖西北地帶，就地屯田。清軍南下時，曾主動和明朝將領何騰蛟、堵胤錫聯繫，聯合抗清，號「忠貞營」。郝搖旗亦改名為「郝永忠」，李錦改名為「李赤心」。他們雖然處處受到永曆政權的歧視和刁難，但是始終堅持鬥爭，成為西南反清鬥爭的一支重要力量。

永曆元年（一六四七年）十一月，何騰蛟、瞿式耜和李赤心、郝永忠的「忠貞營」在全州聯合作戰，大敗清軍，清軍被迫退回湖南，李錦、何騰蛟等乘勝反攻，收復了湖南的許多失地。西南抗清的局勢出現轉機。

在全州大捷的刺激下，各地抗清力量再度活躍，過去一些投降清廷的明朝將領，或因形勢不利，或因與清將領矛盾，或因慾望未能滿足，紛紛舉兵反正。首先是江西的金聲桓、王得仁，他們帶領清軍占領江西之後，自以為功高不次，卻要受到清朝派來的巡撫章於天的節制，十分不滿，遂於永曆二年（一六四八年）正月，殺死章於天，反正於南昌，攻占了九江。廣東的李成棟率領清軍連克福建、廣東，卻只得到一個提督的頭銜，深受清貴族兩廣總督佟養甲的監視和疑忌，無法容忍，於是在是年閏三月反正於廣州。山西的姜瓖，在大同反正抗清。陝西、四川的明舊將李占春、譚文、譚洪等，也紛起反正。隨著江西、廣東兩省反正歸明，深入湘、桂邊境的孔有德軍被迫作了戰略上的撤退，何騰蛟、李錦等乘機收複湖南和湖北大部。福建的鄭成功也不斷進襲沿海各地。抗清局勢大爲好轉，永曆政權進入它的最盛時期，控制了廣東、廣西、湖南、四川、雲南、貴州七省地區，永曆帝也從廣西回到肇慶。

但是永曆政權並沒有趁此反清高潮之際，積極禦敵抗戰，收復失地，相反地，或是縱酒徵歌，荒淫無度，或是分黨分派，爭權奪利。永曆二年（一六四八年），明宗室朱容藩在四川夔州自稱監國，天下兵馬副元帥，永曆政權的君臣們認爲這是叛亂行爲，派大學士呂大器督西南諸軍討之，打了一場內戰，戰爭的結果雖然是永曆朝勝利了，但抗清的力量卻在自相殘殺中削弱了。與此同時，官僚和將領們或以地方區域，或以私人關係，各搞小圈子，建立小集團，重蹈明末黨爭的惡習。其中針鋒相對的，有所謂吳黨、楚黨之爭。大學士朱天麟、王化澄、戶部尚書吳貞毓等吳黨，他們外結督師大學士堵胤錫、慶國公陳邦傅，內結馬吉翔及宦官勢力；楚黨則以都御史袁彭年、副都御史劉湘客、給事中金堡以及丁時魁、蒙正發等爲首，外聯總督軍務兵部尚書瞿式耜，內恃「反正功臣」李成。棟雙方爭權奪勢，愈鬧愈烈，而把軍務拋在一邊。永曆帝對於群臣的結黨爭權和腐敗行爲，一概聽之任之。永曆政權坐失了反功復地的大好時機。

永曆二年（一六四八年）冬，清軍分兵兩路南下，鄭親王濟爾哈朗、孔有德一路進攻湖南、廣西，都統譚泰及尚可喜、耿仲明率軍進攻江西、廣東。永曆三年（一六四九年）正月，東路譚泰軍攻破南昌，金聲桓兵敗自殺。李成棟軍馳援不及，亦敗，二月率部退守信豐，在途中溺水而死。江西遂爲清軍重新占領。同年春，濟爾哈朗、孔有德率部進入湖南。這時在湖南常德前線的主要有何騰蛟屬下的馬進忠部和堵胤錫屬下的忠貞營，何、堵二人本有矛盾，雙方隊伍又發生衝突，馬進忠不願將常德防地讓給李錦、高一功，把常德劫掠一空，付之一炬，退回武岡。李錦等看到常德一片廢墟，無法收拾，率部轉向長沙。這樣，湖南前線不戰而潰。何騰蛟爲排解糾紛，誤入空城湘潭，遂爲清軍所俘，「力勸北歸，騰蛟不屈，絕食嘔血死」（查繼佐：《罪惟錄》，〈附記〉卷二十一）。堵胤錫、李錦、高一功等旋退歸廣西，湖南全境亦爲清軍所有。

永曆四年（一六五〇年）春，譚泰、尚可喜等率領清軍由江西進入廣東，下南雄，克韶州，十一月占領了廣州，廣東全境爲清軍所有。與此同時，孔有德率清軍從湘入廣西，瞿式耜號令各部迎戰清軍，保衛桂林，但各部明軍各懷異志，不聽號令，相率逃避，「式耜單甚，不可守」（查繼佐：《罪惟錄》，〈附記〉卷二十一）。十一月六日，清軍進攻入桂林，瞿式耜和兵部侍郎張同敞被俘，不屈，「咸賦詩從容死」。永曆帝再次倉皇逃跑，「駕驛梧州，暦潯州，慶國公（陳）邦輔叛，半道間去，且劫主爲功於北師，主猝以宮眷先去，於是皇嫂安仁王妃及百官眷屬咸被劫」（查繼佐：《罪惟錄》，〈附記〉卷二十一）。永曆帝歷盡顛波，終於逃到南寧，苟延殘喘。廣西喪失殆盡，永曆政權瀕臨崩潰。但在這時，另一支農民軍支撐了局面，堅持抗清達十三年之久。

本來，李自成的大順軍餘部在李錦、郝搖旗等人率領下，主動聯合永曆政權抗擊清軍，爲挽救永曆政權的厄運發揮了重大作用。但由於明朝統治者的歧視和瓦解，使這支農民軍不能充分發揮戰鬥力。永曆四年（一六五〇年）廣州告急時，李錦、高一力曾率忠貞營千里救援廣州，未成，回師廣西潯梧間，因與慶國公陳邦輔（傳）不和，由潯州退到慶遠，向貴州進發。不幸李錦在慶遠病故，高一功、黨守素等人轉戰貴州，「爲孫可望所遮殺」，高、黨戰死。餘部在李來亨率領下，由貴州東北部進入湖北巴東，與原先到達的郝搖旗、劉體純等會師，並同鄂西、川東一帶義軍結成夔東十三家，堅持抗清十餘年，牽制了南下的清軍。直至康熙初年，劉、郝、李先後死，「餘眾散入秦蜀山中，不知所終」（王夫之：《永曆實錄》卷十五，〈李來亨列傳〉）。表現了不屈的精神。

張獻忠在四川西充戰死之後，大西軍餘部在孫可望、李定國、劉文秀、艾能奇的統率下，由川東退入貴州，以期打開抗清的新局面。不久，艾能奇死去，孫可望任全軍主帥，分兵兩路，一由劉文秀統率，從遵義進入四川，抵擋西路清軍吳三桂部的南下，另一支則由孫可望、李定國率領，向雲貴兩省發展。永曆元年（一六四七年）初，克貴陽，下昆明。永曆二年（一六四八年），孫可望已占有貴州，李定國則占有雲南。而劉文秀一軍亦占有重慶、雅州、涪州等四川東南部地區，聲勢頗大。永曆三年（一六四九年），孫可望、李定國等爲了加強抗清力量，曾遣使表示願擁護永曆政權，共同抗清，並要求永曆朝冊封孫可望等人爲王，遭到永曆政權的拒絕。永曆五年（一六五一年）初兩廣失陷，永曆帝敗走南寧後，手下將領或敗或降，在這走投無路的情況下，永曆帝只好依靠農民軍的支持，接受了孫可望、李定國等的聯合抗清的要求，並冊封孫可望爲秦王。

永曆六年（一六五二年）春，大西軍餘部分兩路展開反功，一路由劉文秀率領，進攻四川，一路由李定國率領，進攻湘桂。劉文秀軍在四川大敗吳三桂，占領了嘉定、敘州、重慶，收復了四川大部分地區。而李定國則連續收復了湖南的武岡、靖州、寶慶等地，並與孔有德大戰於廣西的全州和桂林，皆捷，孔有德畏罪自殺。清廷命謹親王尼堪率十萬大軍來攻李定國，被李定國在衡州設伏擊敗，尼堪被擊斃於衡州城下。「李定國桂林衡州之戰，兩蹶名王，天下震動，此自萬曆戊午（一六一八年）以來所未有也」（黃宗羲：《永曆紀年》）。「清君臣聞警，上下震動，聞定國名，股栗戰懼，有棄湘、粵、桂、贛、川、滇、黔七省，與帝媾和之議」（劉彬：《晉王李定國列傳》），對清軍的打擊極其沉重。

孫可望雖爲農民軍的統帥，但實際是一個政治野心家，他對李定國在湘、桂的重大勝利，深懷妒忌。他一方面對李定國在前線作戰多方掣肘，甚至欲加害之，致使李定國不得不退守兩廣，喪失了抗清的大好時機。另方面則在朝中挾持永曆帝，驕橫專斷，並企圖威逼永曆帝退位，取而代之。李定國屢敗清軍，威望日益提高，成了他實現個人野心的最大障礙，而永曆帝不甘受孫可望擺布，密詔封李定國爲晉王，請其入衛。永曆九年（一六五五年）二月，李定國從廣東回師時，把永曆帝護送到雲南昆明，孫可望看到自己的政治陰謀敗露，十分惱怒。永曆十一年（一六五七年）秋，孫可望發動大軍襲擊李定國，但是孫可望的部將白文選、馬維興等臨陣倒戈，解甲歡呼迎晉王，可望大敗，「狼狽竄回，……可望奔至貴陽，知人心已散，遂挈其妻子至長沙，降於清洪承疇軍前」（劉彬：《晉王李定國列傳》），成了叛徒。

孫可望發動內戰和叛變，破壞了西南抗清的大好形勢。清軍得孫可望，盡知雲貴內部虛實。永曆十二年（一六五八年）春，清軍分三路自四川、湖南、廣東向貴州大舉進攻，四川、貴州各地紛紛陷落，情勢十分危急。李定國由前線回到昆明，商討遷都退敵之策。李定國等提出西出巴蜀，與夔東十三家軍聯合抗戰，或深入湘桂邊區，聯合少數民族，共同對敵的主張，而以雲南貴族沐天波和權臣馬吉翔等人爲首的，則主張退守鎮西，事急逃入緬甸。貪生怕死的永曆帝不聽李定國的勸阻，採納了馬吉翔等人的逃跑退縮計劃。永曆十三年（一六五九年），永曆政權撤出昆明，由永昌敗退騰越，最後進入緬甸。

在永曆朝君臣們的倉皇敗退中，李定國曾多次試圖組織力量阻擊清軍。特別是在永昌磨盤山一帶，曾設下三道埋伏，不料明大理寺卿盧桂生投降了清軍，洩露了機密，清軍與李定國軍大戰，雙方死亡均慘重。李定國的殲敵計劃雖然失敗，清軍亦從此不敢窮追。他繼續在滇邊組織抗清活動，並設法迎接永曆帝，但終因勢孤力單，未能成功。

永曆十五年（一六六一年）秋，吳三桂率十萬大軍進入緬甸，迫緬王獻出永曆帝，押回雲南。翌年四月，吳三桂絞死永曆帝於昆明。南明的最後一個政權，至此滅亡。李定國聽到永曆帝被害的消息，悲痛萬分，「披髮徒跣，號踊搶地，兩目皆血淚，不食七日而薨，時年四十有九」（劉彬：《晉王李定國列傳》）。臨死告其部將及其子曰：「寧死荒徼，不可投降」（《南疆逸史》卷九，〈列傳〉三十五，〈李定國傳〉）。表現了壯烈不屈的民族精神。

第三節 各地人民的抗清活動和鄭成功收復臺灣

一 北方人民的抗清鬥爭

自清軍入關南下以來，除了大順、大西政權的農民軍餘部和南明各個小朝廷進行抗清鬥爭之外，各地人民自發的反抗運動也相當普遍。在廣大北方地區，河北、山東、山西、河南等地的反清鬥爭不斷發生。如早在清軍占領北京之初，三河縣的農民開始反抗，緊接著昌平、天津一帶人民群起響應，大有圍困清軍於北京之勢，使「京師採煤西山，……兩月不至」（《貳臣錄》卷四，〈曹溶傳〉）。真定、保定、霸州等地的農民，也紛紛組成武裝隊伍，其中以韓國璧等為首的農民軍，占據保定附近香爐、喬家等寨，聲勢浩大。第二年，宣化、大同等地的農民也紛紛起來抗清，「但見滿山遍野，俱是賊兵，多持槍刀弓矢，其中又拿椽標者，婦女腰繫紅裙，亦各持椽木雙刀，飛舞跳躍，各各前來」（《明清史料》丙編，第五本）。這些農民武裝隊伍倚山躨寨，「負隅嘯聚……屢敗官軍」（光緒《懷來縣志》卷十五，〈雜記〉），牽制了清軍的兵力。

在山東地區，人民群眾的抗清鬥爭，規模更大，逐漸形成了幾支很有影響的抗清武裝。魯東登萊一帶，有謝遷、于七領導的農民軍，他們「結聚數萬，延蔓東海」（《明清史料》丙編，第五本），時常襲擊膠東各縣城，堅持鬥爭達十幾年之久。魯南地區，兗、沂所屬州縣，農民抗清隊伍不下數十支，著名的嘉祥滿家洞義軍，「聚集數萬」（《明清史料》丙編，第五本），他們「界連四縣，六有千餘，周回二、二百里」（《清世祖實錄》卷十七）。這支隊伍神出鬼沒，主動出擊清軍，截擊和阻止清軍的南下，史稱「官兵所望而卻走」（《明清史料》丙編，第六本）。鄒、滕一帶，則有王俊等領導的抗清武裝，他們以蒼山、花盤山、抱犢崮等險要地點爲抗清基地，聯絡其他農民隊伍，不斷出擊清軍，攻占縣城。順治四年（一六四七年），他們一度攻下嶧縣，並南攻徐州、臺兒莊等地。直至順治八年（一六五一年），王俊的隊伍才被河南、山東、直隸三省總督張存仁的大軍擊敗。

魯西榆園農民軍，則是當時北方地區最具影響的人民反清武裝。北京陷清後，魯西曹州一帶的人民，公推任七、張七、李化鯨、范慎行爲領袖，奮起抗清，隊伍發展非常迅速，「數日之內，襲陷四城，聚眾至數十萬」（《明清史料》丙編，第七本）。因他們經常活動在濮州、范縣一帶的榆樹林子中，被清廷誣稱爲「榆園賊黨」。至順治四、五年（一六四七～四八年）間，榆園軍的勢力發展最盛，他們與魯南滕嶧的農民軍以及河南順德一帶的農民軍發生聯繫，攻下朝城、觀城、鄆城、城武、曹州等地，兵鋒直指徐州、贛榆以及河南的商丘、蘭封、祥符一帶，成爲山東、河南、河北三省交界地方抗清的中心力量，嚴重地威脅著清朝在北方的安全。清朝調集大量軍隊，由總督直隸、山東、河南三省軍務的張存仁率領，圍剿榆園軍。順治八年（一六五一年），清軍水陸並進，榆園軍首領張七等戰死。但榆園軍的餘部繼續鬥爭，直至順治十二年（一六五五年），才最後被清軍鎮壓下去。

山西的抗清活動，主要以呂梁山為中心，當清軍攻占太原之後，廣大農民自順治二年（一六四五年）起，在陽曲、嵐縣、交城、文水、五台、朔州、永寧、平陽、靜樂等地紛紛起兵，襲擊清軍，攻占州縣。特別是順治五年（一六四八年）大同總兵姜瓖起兵反正，山西的抗清鬥爭形成了一個高潮。順治六年（一六四九年）姜瓖失敗後，山西的農民軍抗清鬥爭進入低潮，但是他們堅持活動於呂梁山區，山寨連亙數十百里，給清朝的統治帶來了莫大的威脅。河南地區的抗清武裝也十分活躍，既有農民的武裝，也有地主士紳的武裝。如在汝寧地區，以劉洪起為首的地主武裝，聯合了一百多個寨子，勢力相當雄厚，他們擁護弘光王朝，積極配合南明軍隊北伐。在河南南部一帶，固始的農民軍據守在大別山區，與湖北麻黃的義軍發生聯繫，屢敗清軍。靈寶陝州的農民軍，則與荊襄十三家軍互相接應，威脅南陽。這些農民反清武裝，都堅持了一個很長的時期，阻止了清兵南下進軍，配合了南方的抗清活動，體現了人民的不屈精神。

二　江南人民的反剃髮鬥爭

清軍占領中國北方地區之後，迅速向江南地區推進，每到一處，都實行強制性的統治，繁華的東南之區，倍受戰爭的蹂躪，到處是頹垣廢墟，一派荒涼。清軍的高壓政策，同樣激起了江南人民的強烈反抗，人民自動組織起來，與清軍作戰。

早在崇禎年間，江南地區就有許多反抗地主豪紳壓迫的下層民眾組織，如溧陽的削鼻班、珐琅黨等。清軍南下之後，這些下層民眾組織調轉矛頭，團結廣大人民，開展了抗清鬥爭，如溧陽一地，其力量發展「遂至十六區」（光緒《溧陽縣志》卷八，〈兵事附〉）。清軍占領南京時，弘光朝廷的官兵不戰而潰，而南京周圍的農民則「借練鄉兵爲名」，不斷襲擊清軍（《明清史料》丙編，第六本）。在太湖地區，則有吳江進士吳日生等發動的抗清起義，戰士一律用白布裹頭，稱「白頭軍」。在安徽江北地區，英霍山的抗清鬥爭頗具聲勢，「內撫有二十四寨，外聯絡蘄黃四十八寨」（王葆心：《蘄黃四十八寨紀事》卷二）。在皖南建德地區，有了悟和尚爲首的抗清隊伍，「眾至數萬，彌漫彭都」（《明清史料》丙編，第六本），勢及江西各地。皖南山區和江西、浙江山區的許多棚民，也紛紛組成「棚軍」，抗擊清軍的南下。清軍攻下南京揮師向浙江進軍時，衢州、嚴州、處州一帶，紛紛據險抗擊。如泰順縣的農民軍，就擁有二萬餘眾，打得清軍「棄城鼠竄，縣官印信，俱無下落」（《明清史料》甲編，第三本）。浙江四明山和舟山島，是當時東南沿海著名的抗清基地，與清軍相持很久，影響相當大（以上參考戴逸主編：《簡明清史》第二章）。

清軍占領江南之後，爲了強化對漢族人民的統治，嚴厲推行剃髮令，限十日之內改換明朝衣冠，剃髮梳辮，「遵依者爲我國之民，遲疑者同逆命之寇，必置重罪」（王先謙：《東華錄》，順治朝卷五）。在給各州縣的命令上，更以「留頭不留髮，留髮不留頭」（韓菼：《江陰城守記上》）相威脅。本來，將頭髮束在頭頂，是漢人的習俗，頭中間編成髮辮垂於腦後，周圍剃去，是滿人的習俗。清軍推行這一法令，就是強迫漢人從衣冠裝束到精神觀念，承認清朝對於全國的統治權。剃髮令的頒布激起了江南各階層人民的強烈反抗，提出了「頭可斷，髮決不可剃」（韓菼：《江陰城守記上》）的口號，與清軍的高壓政策展開了針鋒相對的鬥爭，鬥爭的烈火在江南各地轟轟烈烈地燃燒起來，形成了一個抗清高潮。其中，江陰、嘉定兩城的人民鬥爭最爲壯烈。

江陰在南直隸常州府境內，順治二年（一六四五年）六月，清軍渡江陷南京後，派知縣方亨接管政權，下令剃髮。江陰人民推舉代表向方亨要求留髮，方亨大發淫威，欺凌代表，激起全城的公憤。閏六月初一日，明諸生許用德等懸明太祖御容於明倫堂，率眾拜且哭曰：「頭可斷，髮不可剃」。下午，北門鄉兵奮袂先起，「拘知縣於賓館」。緊接著，全縣人民蜂起響應，「四城內外應者數萬人」（許重熙：《江陰城守後記》）。他們推舉典史陳明遇爲主帥，組織抗清衛城鬥爭。全城人民團結一心，出人出物，決心與清軍決一死戰。

六月初，清廷調動十餘萬軍隊攻城，「列營百數，四面圍數十重」（許重熙：《江陰城守後記》），戰鬥十分激烈。「城上壘炮機弩，乘高下殺，傷甚眾」。遠近鄉村的農民亦紛紛赴城英勇抗戰，「距城五六十里者，日入城打仗，荷戈負糧，棄農不顧，……雖死無悔」（韓菼：《江陰城守記上》）。在江陰人民的抗擊之下，清廷雖先後調動了二十四萬軍隊，進行瘋狂圍攻，但一直到八月上旬，江陰城仍巋然不動。陳明遇還派出民兵到城東砂山，請前任典史閻應元入城指揮守城。八月中旬，清軍從南京等地運來了許多大砲，集中轟集城牆。城中人民堅持守城八十天，最後終因力量懸殊，孤立無援，糧盡彈絕，於八月二十日被清軍攻陷。陳明遇堅持巷戰力竭，闔門投火死。閻應元自殺未遂被捕，「見貝勒，挺立不屈，……罵不絕口而死」（許重熙：《江陰城守後記》）。江陰人民的英勇鬥爭，使清軍受到了嚴重的挫折，清方有三個王爺、十八員大將戰死城下，「凡攻守八十一日，清兵圍城者二十四萬，死者六萬七千，巷戰死者又七千，凡損卒七萬五千有奇。城中死者，井中處處填滿，孫郎中池及沖池疊屍數層，然竟無一人降者」（許重熙：《江陰城守後記》）。清軍入城後，大洩淫憤，屠城三日，江陰人民被屠殺者達十七萬人，倖存者據云只有十三人。

繼江陰之後，嘉定縣人民也舉行了英勇的反剃髮鬥爭。順治二年（一六四五年）閏六月十二日，清軍派張維熙任嘉定知縣，嚴布剃髮令，激了城內城外人民的強烈反抗，四周農民紛紛組織鄉兵。城東南王家莊集合七八百人，號王家莊兵；城南石崗鎮聚集鄉兵一千餘人，號石崗兵；南翔亦有鄉兵二千餘人，號南翔兵。他們環集城下，趕走了知縣張維熙，並在城西的羅店與李成棟的部將梁得勝開戰，燒毀清軍的船隻，梁得勝大敗而逃。

爲了對付清軍的瘋狂報復，嘉定城鄉人民推舉素有聲望的開明士紳黃淳耀、侯峒曾來作領導，他們聚眾公議，布置城防措施：「東門峒曾爲主，邑諸生龔孫玹佐之；西門淳耀爲主，其弟邑諸生淵耀佐之；南門孝廉張錫眉爲主，前秀水縣儒學教諭龔用圓佐之；北門國子生朱長祚爲主，鄉衮唐咨禹佐之。處分已定，各率眾上城巡邏」（朱子素：《嘉定屠城紀略》）。他們還在城樓上懸掛著「嘉定恢剿義師」的大旗。

李成棟聽到梁得勝兵敗的消息，果然大爲惱怒，帶領大軍從吳淞直攻嘉定，奪取羅店、新涇、婁塘，一路焚燒屠殺，十分殘酷。侯峒曾率領一支鄉軍在磚橋迎戰清軍，但鄉軍缺乏訓練，不習野戰，只得退守嘉定。雙方對峙十餘日，至七月初七日，清軍大舉攻城，城中士民鄉兵竭力防禦，戰鬥十分激烈，「清兵發大砲衝之，（城牆）頹落不過數版，乃多舁板扉至東北城下，以禦矢石，使數十人伏其下，穿大穴，腰間各繫長繩，有死者即牽去，復用壯丁補之，穴遂透。諸生馬元調、侯元演、元洁等督民夫急用金汁灰瓶盡力防禦，陷處下巨木塞之。清兵乃佯攻東門，潛遣卒至北門，欲從水竇入，城中復連下大石，不能克」。（朱子素：《嘉定屠城紀略》）但是嘉定畢竟只是一座孤城，在清軍的連續進攻之下，守城百姓露立已三晝夜，「兩腿浥爛，瞢騰欲仆，復遇暴雨，舉體沾濕，食飲幾絕，不能自支」（朱子素：《嘉定屠城紀略》），清軍趁機攻城。初四日清晨城破，清軍從東門進攻，侯峒曾、黃淳耀等均英勇殉城。清軍入城後，大舉屠殺，按戶搜尋，「刀聲砉然，遍於遠近，乞命之聲，嘈雜如市，所殺不可數計，……三日後，自西關至葛隆鎮，浮胔滿河，舟行無下篙處，白膏浮於水面，凸起數分」（朱子素：《嘉定屠城紀略》）。但是，嘉定城鄉人民並沒有被屠殺所嚇倒，城外鄉兵，繼續反抗，遇見剃髮的便殺。七月二十三日，義士朱英重新入城，收集流亡，重興義旅。二十四日鄉兵襲擊葛隆鎮。二十七日清軍再度攻進嘉定，又一次對嘉定人民實行大屠殺。八月十六日明把總吳之蕃起兵從江東反攻嘉定，失敗。清軍爲了壓制人民的反抗情緒，對嘉定又進行第三次大屠殺，史稱「嘉定三屠」。清軍的殘酷屠殺雖然把江南人民的反抗鬥爭鎮壓下去，但江陰、嘉定人民不屈不撓的反抗，卻沉重地打擊了清軍的凶殘氣焰，逼使清朝不得不改變對新征服區的野蠻政策。

三 鄭成功起兵抗清和收復臺灣

鄭成功，乳名福松，天啓四年（一六二四年）生於日本平戶，七歲時被父親鄭芝龍接回福建安平，拜師讀書，取名森。十五歲入南安縣學爲秀才，二十一歲到南京國子監爲太學生，與東林復社人士錢謙益等結交師友，受到很深的影響，錢謙益嘗爲之取字大木。鄭芝龍、黃道周等在福州擁立朱聿鍵爲隆武帝，鄭森隨父晉見，得到隆武帝的賞識，賜國姓（朱），名成功，字明儼，從此被中外尊稱爲「國姓爺」（Koxinga）。

隆武二年（一六四六年）三月，鄭成功奏陳據險、選將、通洋、裕國之策，受封忠孝伯，拜御營中軍都督，轉戰閩贛邊。五、六月間，撤師返回延平（南平），尋以母病辭歸安平。是年初冬，清兵大舉入閩，隆武帝在汀州被俘遇害，父鄭芝龍降清，被挾北去，母田川松在安平被清兵姦污羞憤而自縊。年僅二十三歲的鄭成功毅然脫下儒服，換上戎裝，率陳輝、張進等九十餘人入海，定盟烈嶼，招兵南澳，移住鼓浪嶼訓練，打出「背父救國」的旗幟，仍尊奉隆武年號，起兵抗清。

鄭成功起兵後，飄遊於鼓浪嶼、安平、海澄之間，曾與叔父鄭鴻逵合師攻襲同安、泉州，均告失敗。隆武四年（一六四八年），得報桂王朱由榔已於上年在肇慶稱帝消息，遣人間道上表，遙奉永曆年號。次年，鄭成功率領軍隊克雲霄縣城，轉攻潮州，得揭陽、澄海諸縣，屯田於粵東。永曆四年（一六五〇年），回師中左所（廈門），計殺鄭聯，並鄭彩水師，據中左所爲立足之地。五年（一六五一年）三月，清福建巡撫張學聖、總兵馬得功乘鄭成功南下勤王之機，突襲中左所，掠「黃金九十餘萬，珠寶數百鎰，米粟數十萬斛，其餘將士之財帛，百姓之錢穀，何可勝計」（楊英：《先王實錄》，陳碧笙校注本，福建人民出版社一九八一年十二月第一版，第六十三頁）。成功回救，按失守罪殺鄭芝莞等，收鄭鴻逵水師，統一了鄭芝龍舊部，有眾六萬餘人。五月發兵攻海澄、漳浦，破清漳州副將王邦俊部於嵩浦。十一月兵進同安小盈嶺，阻擊清提督楊名舉數千援師。十二月起，又連取漳浦、雲霄、詔安、海澄、平和，圍困長泰。永曆六年（一六五二年）三月，在江東迎戰清軍，清閩浙總督陳錦敗走灌口，被家丁刺殺。接著，鄭軍拔長泰，克南靖，圍攻漳州。九月，固山額真金礪率浙直清軍入閩，成功退守海澄、中左。永曆七年（一六五三年）五月，鄭成功親至海澄督戰死守，擊敗金礪。經過多次苦戰，鄭成功在閩南沿海地區站穩了腳跟。他一面派張名振率師克復浙直州縣，一面與李定國約期會師，以圖恢復中興。

此時，南京、浙江、福州、廣州的南明小朝廷已相繼覆亡，清軍幾乎控制了整個東南地區，抗清形勢十分嚴峻。鄭成功「憑海爲巢，倚船爲窟」，即以金廈爲中心的沿海島嶼爲基地，以鄭氏家族海上武裝為骨幹，擁有水師二十鎮，戰艦五千餘艘，長於海戰，精於奔襲，這就使清軍「備多力分」，難以對付。同時，鄭成功繼承和發揮鄭氏家族經營海上貿易的特長，設山海各五大商，廣泛開展與日本、巴達維亞、東京、廣南（今越南）、暹羅、柬埔塞、呂宋，柔佛（今屬馬來西亞）、北大年等東西洋直線或三角貿易，以及對北京、蘇杭、山東、臺灣等處的國內貿易，以海上貿易的收入作為抗清活動的經濟支持。據研究，鄭成功從事東西洋海外貿易總額，每年約三百九十二萬兩至四百五十六萬兩；所穫利潤總額，每年為二百三十四萬至二百六十九萬兩，單就此一項，足以支付鄭成功軍費及其他開支達百分之六十二強。（楊彥傑：〈一六五〇至一六六二年鄭成功海外貿易的貿易額和利潤額估算〉，載《鄭成功研究論文選續集》，福建人民出版社一九八四年十月第一版，第二二一～二三四頁）誠如鄭成功所言：「東西洋餉，我所自生自殖者也；進戰退守，綽綽餘裕」（楊英：《先王實錄》，陳碧笙校注本，福建人民出版社一九八一年十二月第一版，第六十三頁），這就使鄭成功有可能與清軍長期對峙，成為抗清的東南砥柱。正因為如此，清廷不得不對鄭成功採取剿撫並用的方針，而鄭成功為了改變不善陸戰和糧餉接濟困難的不利處境，對清廷採取和戰結合的策略。

永曆七年（順治九年，一六五二年）十月，清廷開始了對鄭成功的招降活動，令鄭芝龍作書給鄭成功、鄭鴻逵，「許以赦罪、授官、聽駐紮原住地方，不必赴京。凡浙、閩、廣東海寇俱責成防剿，其往來洋船俱著管理，稽察奸宄，輸納稅課」（《清世祖實錄》卷六十九）。八年（一六五三年）正月，鄭芝龍差周繼武賫書到廈門勸降，成功以「張學聖無故擅發大難之端，兒不得不應。今騎虎難下，兵集難散」（楊英：《先王實錄》，陳碧笙校注本，第五十二頁）爲復。五月，清廷封鄭成功爲海澄公，「鎮守泉州等處地方」（〈擬海澄公敕稿〉，《明清史料》丁編，第一本，第八十五頁），賜地議和。八月，差李德、周繼武賫鄭芝龍手書再至中左。成功決定「將計就計，權借糧餉，以裕兵食」（楊英：《先王實錄》，陳碧笙校注本，第六十二頁），復書指出：「兒非不信父言，而實有難信父言者」，清朝果如誠意，應「實以三省地方相畀」（楊英：《先王實錄》，陳碧笙校注本，第六十四頁）。十一月，清廷作出讓步，同意「益以漳州、潮州、惠州三府並泉州四府駐紮」，加封鄭成功爲「靖海將軍」（《清世祖實錄》卷七十九）。永曆八年（一六五四年）正月，鄭成功派常壽寧、鄭奇逢爲正副使前往福州與清朝使者鄭庫納等議和，因抗行腳門參謁禮未成、二月，鄭成功親至安平會見鄭庫納等，答復：「兵馬繁多，非數省不足安插，和則高麗朝鮮有例在焉」（楊英：《先王實錄》，陳碧笙校注本，第六十九頁），談判未有結果。九月，清朝使者葉成格、阿山到安平，鄭成功拒絕剃髮接詔，談判破裂。在此期間，鄭成功利用和談機會補足了糧餉，並將隊伍擴充到十餘萬人。

談判破裂後，鄭成功遣師南下勤王，並於十二月派兵占領漳州、同安，漳、泉屬邑十餘縣先後歸附。永曆九年（一六五五年）正月，攻破仙游。接著，置吏、戶、禮、兵、刑、工六官，改中左所爲思明州，分所部爲七十二鎮，積極準備作戰。九月，濟度率領滿漢大軍三萬入閩，在對鄭成功的最後招降失敗後，於永曆十年（一六五六年）四月自泉港分三艅進犯白沙、金門和思明。十六日，鄭軍水師出圍頭外迎敵，擊沉清船一雙，乘勢追進時，忽狂風大作，襲散清船，鄭軍大勝。七月，成功遣師攻克閩安，乘潮突逼福州。八月，成功率師北上，攻略連江、羅源、寧德等沿海縣邑。十二月，鄭軍在羅源護國嶺大敗清軍，殺其統將阿格商。永曆十一年（一六五七年）七月，成功興師北征浙江，先後克黃岩、台州、太平、天台、仙居等縣。九月，清浙閩總督李率泰率軍襲破閩安，成功被迫回師南下，整頓以思明州爲中心的根據地。

永曆十二年（一六五八年），清軍大舉進攻西南地區的李定國軍，永曆政權危在旦夕。爲了解救西南的危急局勢，鄭成功於五月率師北上，張煌言也從浙江天台來會師。鄭軍迅速攻克浙江的平陽、瑞安、樂清、寧海等地。八月，鄭軍在羊山洋面遇上颶風，損失嚴重。鄭成功遂命令各軍在舟山一帶練兵修整，伺機待發。永曆十三年（一六五九年）四月十九日，鄭成功再次大舉北伐。五月十八日占領崇明，進入長江。六月初一日，到達江陰縣。十六日，甘輝等統率精銳一萬，斬斷清軍防江鐵纜——「滾江龍」，直破瓜洲。二十三日克鎮江。鄭成功令張煌言另率領一軍，趁瓜洲大勝，趨師朔江北上，占領蕪湖，並以蕪湖爲據點，分兵四路，傳令郡邑。大江南北四府三州二十四縣相繼歸附，東南大震，清廷驚慌不安。

瓜、鎮既破，甘輝進言：「瓜鎮南北咽喉，但坐鎮此，斷瓜洲，則山東之師不能下，據北國，則兩浙之路不得通，南都不勞而定矣」。但是瓜鎮的勝利，使鄭成功志驕意滿，不聽。七月初四日，鄭軍進逼南京。

清廷總督郎廷佐被圍困在南京城內，形勢十分危急，眼看決戰一時無獲勝的把握，於是使用緩兵之計，假裝要和鄭成功談判投降。鄭成功信以爲真，下令軍隊暫緩入城。大將甘輝等屢屢進諫：「大師久屯城下，師老無功，恐援虜日至，多費一番功夫，請速攻拔，別圖進取」（楊英：《先王實錄》，陳碧笙校注本，第二〇一頁。又徐鼒：《小腆紀年》卷十九）。但鄭成功不聽勸阻，以爲長期圍困，正可「待援虜齊集，必撲一戰，邀而殺之」（楊英：《先王實錄》，陳碧笙校注本，第二〇一頁。又徐鼒：《小腆紀年》卷十九）。清廷利用這一機會，調集平定西南清軍回師援寧。

七月十五日，清崇明總兵梁化鳳率領三千馳入江寧。二十二日深夜，梁化鳳突襲鄭軍前鋒、中衝二鎮，大敗鄭軍。次日，清軍分水陸兩路夾攻觀音山，鄭軍大潰，兵員損失十之六、七，手下著名將領如甘輝、萬禮、林勝、陳魁、張英、藍衍等，俱戰沒陣中。鄭成功立腳不住，倉卒退出長江，於九月七日返回思明，準備多年的攻取南都計劃變成泡影。張煌言在皖南陷入孤立無援的困境，所得城鎮，又被清軍占領，最後亦不得不隻身從小路逃回浙江天台。

永曆十四年（一六六〇年），清安南大將軍達素統領大軍入閩征剿鄭成功。五月十日，達素同施琅出同安港，李率泰同黃梧出海澄港，集滿漢精銳數萬，戰船五百餘號，分水陸三路合攻思明。雙方在漳州海港圭嶼、浯嶼一帶海面決戰，鄭成功水師沉著迎敵，用火砲轟擊清船，「一時藥發而上，艙面飛裂，虜在船上者，俱死散無存，餘各驚竄」（楊英：《先王實錄》，陳碧笙校注本，第二三四頁）。「虜下水者爲我師堵殺，……其先登岸之虜，大半在水泥中，被我師所殺及淹死者不計」（楊英：《先王實錄》，陳碧笙校注本，第二三五頁）。達素率殘兵退回福州，吞金自盡。七月，清廷命耿繼茂移駐福建，命羅托為安南將軍，征討鄭成功。永曆十五年（一六六一年）正月，順治帝死，一時未暇征戰，乃改取「以守寓戰」策略，宣布福建、浙江、廣東、江南四省禁海遷界。

鄭成功雖然經過艱苦的鬥爭，穩住了金、廈的局勢，但是這時永曆政權已經敗入緬甸，清軍基本上統一了大陸。鄭成功在禁海遷界後，要孤軍在大陸與清軍周旋，已倍感艱難。鄭成功為謀求抗清的根本之地，把眼光放到其父鄭芝龍早年經營過的臺灣。臺灣自明天啓四年（一六二四年）起為荷蘭殖民者所竊據，臺灣人民不堪荷蘭人的統治，曾於永曆六年（一六五二年）在郭懷一領導下發動抗荷起義。永曆九年（一六五五年）鄭成功為保護海外貿易利益，曾「傳令各港澳並東西夷國州府，不準到臺灣通商。」永曆十一年（一六五七年）何斌趁代荷蘭求通貿易之機，向鄭成功訴說「土番受紅毛之苦」，獻策進取臺灣。但此時鄭成功已決策北伐，未被採納。永曆十三年（一六五九年）南京戰敗後，鄭成功嘗議遣前提督黃通、戶官鄭泰率軍往平臺灣，終因金、廈局勢緊急，未能實施。永曆十五年（一六六一年）正月，鄭成功在思明集諸將密議曰：「天未厭亂，閏位猶在，使我南都之勢，頓成瓦解之形。去年雖勝達虜一陣，偽朝未必遽肯悔戰，則我之南北征馳，眷屬未免勞頓。前年何廷斌（即何斌）所進臺灣一圖，田園萬頃，沃野千里，餉稅數十萬。造船製器，吾民麟集，所優為者。近為紅夷占據，城中夷夥不上千人，攻之可垂手得者。我欲平克臺灣，以為根本之地，安頓將領家眷，然後東征西討，無內顧之憂，並可生聚教訓也」（楊英：《先王實錄》，陳碧笙校注本，第二四三～二四四頁）。於是決定進平台灣。

三月二十三日，鄭成功率領水軍二萬五千人，戰船數百艘，自金門料羅灣出發東征。二十四日，各船齊到澎湖，四月初一日，到達臺灣鹿耳門港，由何斌導航，通過北線尾北部航道，「大鯮船並進，泊禾寮港，登岸紮營。」並迅速派兵占領要津，切斷荷蘭守軍據點赤嵌城和臺灣城的聯繫以及荷軍與外界的聯繫。接著，鄭軍採取以衆敵寡的戰術，擊敗荷軍水陸三路的反攻，乘勝進圍赤嵌城。初四日，赤嵌城荷軍守將描難實仃（J. Valentijn ）看到「城孤救乏」（阮旻錫：《海上見聞錄》），堅守無望，向鄭成功投降。這樣，臺灣境內的荷蘭軍隊便被壓縮在臺灣城內。

四月二十八日，鄭軍向臺灣城發動進攻，荷蘭長官揆一（Frederick Coyett）率守軍負隅頑抗。五月初五日鄭成功考慮到「以臺灣孤城無援，攻打未免殺傷」，決定「圍困待其自降」。於是，他在派提督馬信率部圍困臺灣城的同時，改赤嵌城爲東都明京，設承天府，置天興、萬年二縣，調遣各將分派汛地屯墾，從事農業生產，爲久遠之計。屯墾的實施，突破了清朝對鄭成功海上貿易的封鎖，解決了軍糧供應的困難，鄭軍很快在臺灣各地紮穩了根基，並多次擊敗從巴達維亞趕來的荷蘭援軍。至十二月，鄭成功在圍困臺灣城八個多月之後，決定向臺灣城發動最後的進攻。臺灣城外圍的防禦工事被鄭軍的大砲摧毀殆盡，縮小了包圍圈。城內荷軍在長期圍困中，餓死病死多，大部喪失了戰鬥力。十二月十三日（一六六二年二月一日）荷蘭長官揆一不得不宣告投降，臺灣重新回到了祖國的懷抱。

永曆十六年（一六六二年）五月，鄭成功病死臺灣。鄭成功之子鄭經繼承父志，堅持抗清，並進一步開發臺灣島。康熙二十二年（一六八三年），清王朝已經穩定了在大陸的統治，派遣提督施琅率戰船三百、水師二萬，進攻臺灣。時鄭經已死，其子鄭克塽繼位，政治無能，士氣瓦解。是年七月，鄭軍戰敗，鄭克塽率眾出降，臺灣歸入了清王朝的版圖。

大順、大西軍餘部的失敗，南明政權的覆滅，臺灣的歸清，標誌著與滿族貴族爭奪天下的農民軍、明朝殘餘勢力、東南海上勢力的消失。從此，全國一統，處於清王朝的統治之下。

附　錄

明代年表

明太祖朱元璋
洪武元年——三十一年，公元一三六八～一三九八年。

明惠帝朱允炆
建文元年——四年，公元一三九九～一四〇二年。

明成祖朱棣
永樂元年——二十二年，公元一四〇三～一四二四年。

明仁宗朱高熾
洪熙元年，公元一四二五年。

明宣宗朱瞻基
宣德元年——十年，公元一四二六～一四三五年。

明英宗朱祁鎮
正統元年——十四年，公元一四三六～一四四九年。
明代宗朱祁鈺
景泰元年——七年，公元一四五〇～一四五六年。
明英宗朱祁鎮
天順元年——八年，公元一四五七～一四六四年。
明憲宗朱見深
成化元年——二十三年，公元一四六五～一四八七年。
明孝宗朱祐樘
弘治元年——十八年，公元一四八八～一五〇五年。
明武宗朱厚照
正德元年——十六年，公元一五〇六～一五二一年。
明世宗朱厚熜
嘉靖元年——四十五年，公元一五二二～一五六六年。

明穆宗朱載坖

隆慶元年——六年，公元一五六七～一五七二年。

明神宗朱翊鈞

萬曆元年——四十八年，公元一五七三～一六二〇年。

明光宗朱常洛

泰昌元年，公元一六二〇年。

明熹宗朱由校

天啓元年——七年，公元一六二一～一六二七年。

明思宗朱由檢

崇禎元年——十七年，公元一六二八～一六四四年。

附：南明政權年號：

福王朱由崧

弘光元年，公元一六四四年。

唐王朱聿鍵

隆武元年——二年，公元一六四五～一六四六年。

唐王朱聿鐭

紹武元年，公元一六四六年。

桂王朱由榔

永曆元年——十五年，公元一六四七～一六六一年。

中國史研究叢書 ④

明史新編

作　　者／楊國楨　陳支平
發行人／謝俊龍
編　　輯／李桐豪
製　　作／雲龍出版
出　　版／知書房出版社
106 臺北市新生南路三段58號6樓
Tel：(02)2364-0872　Fax：(02)2364-0873
登記證／行政院新聞局局版臺業字第五三八〇號
總經銷／紅螞蟻圖書有限公司
114 臺北市內湖區舊宗路2段121巷28-32號4樓
Tel：(02)2795-3656　Fax：(02) 2795-4100
出版日期／1995年　初版
2003年　12　月　初版第四刷
定　　價／500元
郵撥帳號／16039160　知書房出版社
網　站／http://www.clio.com.tw
E-mail／reader@clio.com.tw

ISBN 986-7938-04-6　Printed in Taiwan

國家圖書館出版品預行編目資料

明史新編 / 楊國楨, 陳支平著. --第一版. --臺
北市 : 昭明, 1999 [民 88]
面 ; 公分. --(昭明文史 ; 4)

ISBN 957-0336-07-2 (平裝)

1. 中國 - 歷史 - 明 (1368-1644)

626 88013244